Zypern

Klaus Bötig

DUMONT RICHTIG REISEN

Inhalt

Wissenswertes über Zypern

Wissenswertes für die Reise

Unterwegs auf Zypern

Kapitel 1 Páfos und Zyperns Westen

Inhalt

Kapitel 2 Limassol und Umgebung

Kapitel 3 Lárnaka und Agía Nápa

Kapitel 4 Nicosia und Umgebung

Kapitel 5 Tróodos-Gebirge

Inhalt

Themen

Alle Karten auf einen Blick

Aphrodite-Felsen: Einst soll hier die Göttin der Liebe dem Meer entstiegen sein

Wissenswertes über Zypern

Kopiaste, welcome, hoş geldiniz!

Zypern ist ein dreisprachiges Land. Griechisch und Türkisch sind die Muttersprachen der beiden großen Volksgruppen auf der Insel, Englisch ist zumindest im Süden omnipräsent. Willkommen heißt man Touristen auf beiden Seiten: im griechisch-zypriotischen Süden ebenso wie im türkisch-zypriotischen Norden. Da ist es gut, dass man seit 2004 endlich wieder beide Inselteile auf einer einzigen Reise besuchen darf.

Wer will, kann auf Zypern einen ganz normalen Urlaub wie überall sonst auf der Welt verbringen. Sand- und Kiesstrände gibt es in großer Zahl, die Sonne scheint im Sommer nahezu täglich. Die Hotellerie bewegt sich vor allem im Süden auf hohem Weltniveau und holt im Norden schnell auf. Die Sportmöglichkeiten reichen vom Mountainbiking bis zum Golf, vom Bungee-Springen bis zum Reiten. Die zypriotische Küche ist vielseitig und schmackhaft, kulinarische Weltreisen sind in allen Städten und Urlaubsorten leicht möglich. Zyperns Winzer finden Anschluss an das Niveau klassischer Weinanbauländer, fürs leibliche Wohl ist also bestens gesorgt. Sollte einem Zypern zu klein werden, kann man in Friedenszeiten sogar Mini-Kreuzfahrten in die nahen Nachbarländer Ägypten und Israel unternehmen oder Tagestouren per Flugzeug nach Syrien und in den Libanon.

Wer mehr vom Urlaub verlangt und das Unverwechselbare der Insel sucht, kann sich auf Zypern auf eine abwechslungsreiche Fahrt durch 9500 Jahre Geschichte begeben. Schon in der Jungsteinzeit lebten die Inselbewohner in steinernen Rundhütten-Dörfern, bereits im zweiten Jahrtausend v. Chr. schufen sie Kunstwerke von hoher Qualität. In Páfos, Koúrion bei Limassol und Salamis bei Famagusta/Gazimağusa kann man stundenlang durch Ausgrabungen aus hellenistischer und römischer Zeit streifen. Im Gebirge locken mittelalterliche Scheunendachkirchen mit bestens erhaltenen Fresken, in Nicosia und Famagusta/Gazimağusa wird der Gast mit gotischen Kathedralen überrascht. Burgen wecken Ritterromantik, Moscheen verleihen Zypern einen orientalischen Hauch. Selbst Großbritannien hinterließ mit seinen Bauten im Kolonialstil sehenswerte Gebäude.

Auch Zyperns Natur kann viele Urlaubstage bereichern. Gut markierte Naturlehrpfade erschließen Hügel, Berge und Wälder, führen an Steilküsten und felsigen Ufern entlang. Die Entfernungen auf der Insel sind relativ kurz, viele Straßen sehr gut ausgebaut. Da kommt man bequem von seinem Urlaubsort an einem Tag zu den meisten Sehenswürdigkeiten und abends auch wieder zurück ins Hotel. Wer lieber Rundfahrten mit Zwischenübernachtungen unternimmt, findet genügend Unterkünfte auch auf dem Land, um Abende unter Zyprioten verbringen zu können.

Zypern gibt dem Reisenden, der das will, aber auch die Möglichkeit zu einer ganz einzigartigen Erfahrung. Hier kann er sich gefahrlos durch ein Land mit vielen ungelösten politischen Problemen bewegen, kann ein weltpolitisches Spannungsgebiet bereisen, ohne sich selbst zu gefährden. Er kann ein geteiltes Land mit, wie einst Berlin, geteilter Hauptstadt kennen lernen, über das man gemeinhin kaum etwas weiß.

Dabei ist Zypern spätestens seit dem EU-Beitritt des griechisch-zypriotischen Südens am 1. Mai 2004 auch für uns ›alte‹ Europäer sehr wichtig geworden. Zypern bestimmt die europäische Politik maßgeblich mit und kann einen EU-Beitritt der Türkei selbst dann verhindern, wenn das übrige Europa ihn will. Zyperns Bedeutung reicht aber noch tiefer: Hier wird sich zeigen, ob fürs übrige Europa und den ganzen Westen militärstrategische Überlegungen und wirtschaftliches Denken über politische Moral siegen oder nicht!

Immerhin ist Zypern erst seit dem Hochsommer 1974 geteilt. Türken leben erst seit knapp 440 Jahren auf der Insel, Griechen schon seit 3200 Jahren. Jetzt schützt im Norden türkisches Militär ein Gebiet, das sich selbst einseitig als Staat proklamiert hat. Anerkannt wird der aber bisher nur von der Türkei, nicht einmal von arabischen und anderen islamischen Staaten.

Wer in seinem Urlaub beide Teile der Insel besucht, wird Zypern besser verstehen, die lange Geschichte ebenso wie die Gegenwart. Und er wird auch nachempfinden können, warum viele ältere Zyprioten sich mit der Teilung und ihrer eigenen Umsiedlung vom Norden in den Süden oder – weitaus seltener – auch umgekehrt nicht abfinden mögen. Zu verschieden sind die Landschaften im Norden, aus denen 1974 über 150 000 griechische Zyprioten flüchten mussten, von denen im Süden, als dass sie sich dort wirklich heimisch fühlen könnten. Zypern hat noch immer ein ›Flüchtlingsproblem‹, wenn auch eins vorrangig psychisch-mentaler Art.

Lässt man sich bei seiner Rundfahrt Zeit, spricht ein wenig Englisch und sucht das Gespräch mit den Einheimischen, lernt man noch viel mehr. Die Zyprioten drängen keinem politische Gespräche auf, führen sie aber gern. Konträre Meinungen sind dabei freilich wenig gefragt, höchstens eigene Erfahrungen aus einem ehemals geteilten Land wie Deutschland. Am Ende wird man sich zwar höchstwahrscheinlich eine eigene Meinung gebildet, aber kaum eine Lösung für das Zypern-Problem gefunden haben. Nur eins wird wohl auf jeden Fall klar: Man sucht eine friedliche Lösung und hat damit nicht unbedingt Eile. Vor allem die jüngeren Leute auf beiden Seiten können gut mit dem Status quo leben, solange es wirtschaftlich weiter aufwärts geht. Ein Zypern wie vor 1974 wird es jedoch nie wieder geben – darüber sind sich alle im Klaren.

Im Farbenrausch: Sonnenuntergang bei Páfos

Steckbrief Zypern

Daten und Fakten

Namen: Republik Zypern: *Kypriakí Dimokratía*. Nordzypern (international nicht anerkannt): *Kuzey Kibris Türk Cumhuriyeti*, Türkische Republik Nordzypern/TRNC.

Fläche: 9251 km², davon Nordzypern 3355 km² (36 %)

Hauptstadt: Nicosia (griech.: Lefkosía, trk.: Lefkoşa)
Amtssprachen: Neugriechisch in Süd-, Türkisch in Nordzypern
Einwohner: ca. 980 000, davon ca. 210 000 in Nordzypern
Bevölkerungswachstum: 0,6 %
Lebenserwartung: 78
Größte Städte: Nicosia, Limassol (griech.: Lemesós), Lárnaka, Páfos
Währungen: In Südzypern Zypriotische Lira (CYL), ab 1.1.2008 voraussichtlich Euro. In Nordzypern Neue Türkische Lira (YTL)
Zeitzone: MEZ + 1 h

Zypern ist den deutschsprachigen Ländern also ganzjährig um eine Stunde voraus.
Landesvorwahlen: Südzypern +357, Nordzypern +903 92.
Internetkennung: cy

Landesflagge: Südzypern: Goldfarben die Insel auf weißem Grund, darunter zwei Ölzweige als Friedenssymbol.
Nordzypern: Türkischer Halbmond und Stern in Rot zwischen zwei roten Streifen auf weißem Grund.

Geografie

Zypern ist nach Sizilien und Sardinien die drittgrößte Insel im Mittelmeer. Zwei Gebirge prägen ihr Gesicht: das schmale, alpin anmutende Kyrénia-Gebirge entlang der Nordküste (1024 m) und das bis zu 60 km breite, wie ein Mittelgebirge wirkende Tróodos-Gebirge im Südwesten (1951 m). Dazwischen liegt die etwa 25 km breite Mesaória-Ebene, die sich von der Bucht von Mórfou im Westen bis zur Bucht von Famagusta im Osten erstreckt. Zyperns größte Ausdehnung beträgt 224 km von West nach Ost und 96 km von Nord nach Süd. Die Türkei ist 65, Syrien 95 km entfernt.

Geschichte

Zypern ist seit über 8500 Jahren besiedelt. Im 2. Jt. v. Chr. bildeten sich von Vorderasien geprägte Stadtkönigtümer heraus, deren Wohlstand auf Kupfergewinnung und -verarbeitung basierte. Um 1200 v. Chr. fand eine erste griechische Besiedlung statt. Im 1. Jh. v. Chr. wurde die Insel Teil des Römischen, dann des Oströmisch-Byzantinischen Reichs. 1191 eroberten französische Kreuzritter die Insel und errichteten 1192 ein Königreich. 1571 nahmen die Osmanen das mittlerweile venezianische Zypern ein und traten es 1878 an Großbritannien ab. 1960 wurde Zypern unabhängig.

Geteilte Insel

Im Dezember 1963 kam es zu Kämpfen zwischen griechischen und türkischen Zyprioten, die 1964 zur Entsendung erster UN-Friedenstruppen führten. Im Juli 1974 inszenierte die griechische Militärjunta einen Putsch gegen den gewählten Präsidenten, Erzbischof Makários, der zur türkischen Invasion Zyperns führte. Türkische Truppen eroberten 36 % der Insel. 150 000 griechische Zyprioten flüchteten aus dem Norden in den Süden, etwa 45 000 türkische Zyprioten siedelten vom Süden in den Norden um. Die Insel war fortan durch eine von den UN kontrollierte Pufferzone geteilt.

1983 wurde der Norden einseitig zur Türkischen Republik Nordzypern proklamiert, die aber nur die Türkei anerkennt. Im April 2004 lehnten die griechischen Zyprioten in einer Volksabstimmung einen Plan des UN-Generalsekretärs Kofi Annan ab, der zu einer Art Wiedervereinigung führen sollte. Am 1. Mai 2004 wurde daraufhin nur Südzypern in die EU aufgenommen, die die wirtschaftliche Entwicklung Nordzyperns fördern will und einen freien Reiseverkehr zwischen Nord und Süd ermöglicht hat.

Wirtschaft und Tourismus

Südzyperns Wirtschaft floriert mit einer Wachstumsrate von ca. 4 %, einer Arbeitslosenquote von ca. 5 % und einer Inflationsrate von ca. 2 %. 70,5 % der Beschäftigten sind im Dienstleistungsgewerbe tätig, 21,5 % in der Industrie, 8 % in der Landwirtschaft. Nordzypern hofft auf eine Aufhebung des Wirtschaftsembargos und ist bis dahin auf massive finanzielle Unterstützung durch Ankara angewiesen. Nach Südzypern kamen 2005 ca. 2,5 Mio. Touristen, nach Nordzypern ca. 180 000 nicht-türkische Besucher.

Bevölkerung, Sprachen, Religionen

Volkszählungen sind auf Zypern ein Politikum, da der prozentuale Anteil von türkischen und griechischen Zyprioten an der Gesamtbevölkerung auch Machtverteilungs- und Gebietsansprüche untermauern soll. Nach Angaben von Südzypern stellen die griechischen Zyprioten mit 80,6 % die größte ethnische Gruppe Gesamtzyperns, gefolgt von türkischen Zyprioten mit nur noch 11,1 %. Nach einer im April 2005 erfolgten Volkszählung in Nordzypern liegt der Anteil der türkisch-zypriotischen Bevölkerung jedoch bei 20 %.

Strittig sind Definition und Zahl der anatolischen Siedler im Norden (35–80 000) und die Zahl der ständig dort stationierten türkischen Soldaten (20–40 000). Auf den souveränen britischen Militärbasen in Südzypern lebt eine der Geheimhaltung unterliegende Zahl britischer Soldaten samt Familien (15–20 000). Im Süden sind zudem etwa 4000 ursprünglich aus dem Libanon stammende Maroniten und etwa 3000 alteingesessene Armenier zu Hause. Beide Volksgruppen sind Inhaber zypriotischer Pässe. Die Maroniten sprechen zumeist ausschließlich Griechisch, die Armenier pflegen auch ihre Muttersprache. Zu diesem Bevölkerungsgemisch kommen noch Tausende von vorwiegend britischen, aber auch russischen und deutschen Ausländern, die auf der Insel Grundbesitz erworben haben.

Die griechischen Zyprioten sind zu über 95 % griechisch-orthodox, die türkischen Zyprioten sunnitische Moslems. Die maronitische Kirche ist mit der römisch-katholischen Kirche vereint, die armenische Kirche ist eine der Orthodoxie nahe stehende, eigenständige Nationalkirche.

Natur und Umwelt

Zwischen Palmenpromenaden am Meer, Erdbeerbäumen in der Macchia und den Schwarzkiefern in der fast 2000 m hohen Gipfelregion des Olymp liegt nur eine gute Stunde Autofahrt. Die waldreichste Insel des Mittelmeers überrascht den Reisenden das ganze Jahr über durch ihre landschaftliche Vielfalt und im Frühling zudem durch den wunderbaren Blütenreichtum ihrer Natur.

Zypern ist eine äußerst überschaubare Insel. Dabei ist sie mit 9251 km^2 Fläche immerhin die drittgrößte im Mittelmeer nach Sizilien (25 462 km^2) und Sardinien (23 818 km^2) vor Korsika (8720 km^2) und Kreta (8373 km^2). Für diese Überschaubarkeit sorgt eine klare geografische Gliederung.

Die Nordküste wird von der Mórfou-Bucht im Westen bis zur Karpass-Halbinsel (Karpaz) im Osten vom schmalen Kyrénia-Gebirge (Pentadáktylos, Beşparmak) gesäumt. Zwischen Meer und Bergen lässt es nur Platz für eine sehr schmale, aber fruchtbare Küstenebene. Die Gipfel des Kyrénia-Gebirges muten alpin-schroff an, der Kyparissóvouno als höchster Berg erreicht 1024 m.

Südlich des Kyrénia-Gebirges durchzieht eine etwa 25 km breite Ebene – die Mesaória – die Insel von der Mórfou-Bucht im Westen bis zur Bucht von Famagusta im Osten. Die Inselhauptstadt Nicosia liegt beinahe im Zentrum der Mesaória. Im Süden wird die Mesaória von dem gewaltigen Tróodos-Gebirge begrenzt. Es reicht von Páfos und Pólis im Westen bis zum Klosterberg Stavrovoúni kurz vor Lárnaka. Sein höchster Gipfel, der Olymp, ist mit 1951 m der höchste Berg Zyperns. Vom Stavrovoúni bis zum Kap Gréko im äußersten Südosten der Insel erstrecken sich schließlich niedrige Tafelberge.

Das Tróodos-Gebirge ist Zyperns älteste Landmasse. Vor etwa 25 Mio. Jahren hob sie sich aus dem Ur-Ozean Tethys hervor, der die afrikanische von der eurasischen Landmasse trennte. Erst 10 Mio. Jahre später tauchte das Kyrénia-Gebirge aus dem Meer auf. Beide Gebirgsmassive waren noch durch ein Flachmeer, die jetzige Mesaória-Ebene, getrennt. Vor etwa 2 Mio. Jahren bestand erstmals eine Landverbindung zwischen den beiden Gebirgszügen, Zypern hatte in etwa seine heutige Gestalt angenommen.

Im Garten der Aphrodite

Für Pflanzenfreunde ist Zypern ein kleines Paradies. Über 1800 verschiedene Wildpflanzen, von denen ca. 125 endemisch sind, gedeihen hier. Die Vielfalt der Bodentypen, die großen Höhen- und die damit verbundenen Klimaunterschiede schaffen günstige Bedingungen für die unterschiedlichsten Pflanzenarten. Während im März an den Küsten bereits der Klatschmohn und die Kyklamen blühen, sprießen in den Höhenlagen des Tróodos nach der Schneeschmelze erst die Krokusse. Im August öffnet in sonnendurchglühten Ebenen und an küstennahen Hängen die Meerzwiebel ihre kleinen, weißen Blüten, im Herbst und frühen Winter tragen die wegen ihrer rötlichen, einzigartig glatten Rinde auffälligen Erdbeerbäume ihre roten, erdbeerähnlichen Früchte. Sie sind genießbar, aber völlig geschmacksneutral. Gleich nach den ersten Regenfällen im Oktober entfaltet sich

Filigrane Schönheit: Blühende Kapern

dann wieder neue Blütenpracht, zu der u. a. 30 verschiedene Orchideenarten beitragen.

Besonders auffällige, weil in großer Zahl vorkommende Blütenpflanzen sind die Zistrosen (s. S. 17), der Riesenfenchel und die Asfodelien.

Die hochwachsende Asfodelie (*Asphodelus*), auch Affodil genannt, bedeckt mit ihren aschfarbenen Blüten im späten Winter und im Frühjahr ganze Küstenstreifen, wächst aber auch in den Bergen bis auf eine Höhe von etwa 400 m hinauf. Sie besitzt nadelartige Kristalle, wird deswegen von Schafen und Ziegen gemieden und kann sich immer weiter ausbreiten. In der Antike galt sie als Totenblume, der große Epiker Homer bezeichnete in der Odyssee sogar die ganze Unterwelt als Asphodelien-Wiese. Sie wäre leicht mit der Meerzwiebel (*Urginea miritima*) zu verwechseln, wenn die nicht im Herbst blühen würde.

Der Riesenfenchel (*Ferula communis*) kommt in tieferen Lagen an vielen Straßenrändern vor. Besonders auffällige Bestände stehen in den Ausgrabungen von Salamis, nahe der Chala Sultan Tekke am Salzsee von Lárnaka oder auch an der Burg Kantára. Er wird über zwei Meter hoch, blüht im Frühjahr und bleibt als trocknender Stängel bis in den Herbst hinein stehen. Der trockene Stängel ist mit einem leicht entzündbaren und lange glühenden Mark gefüllt. Fischer und Seeleute nahmen deswegen früher glimmende Riesenfenchelstängel mit auf See, um immer etwas Glut parat zu haben. Auch in der Mythologie spielt der Riesenfenchel eine Rolle. Prometheus soll mit Hilfe seines glühenden Marks den Menschen das Feuer zur Erde gebracht haben. Der Riesenfenchel war auch Dionysos, dem Gott des Weins, heilig. Mit einem aufgesetzten Pinienzapfen wurden die Stängel zum phallischen Thyrsosstab, den seine Anhänger als göttliches Symbol bei kultischen Handlungen mit sich trugen. Zudem war er denen, die dem Wein zu ausgiebig huldigten, gleich zweifach nützlich: Er war biegsam genug, um damit bei Schlägereien niemanden töten zu können, und doch so stabil, dass man sich notfalls auf ihn stützen konnte.

Große Teile der trockenen Inselböden werden von Macchia oder Phrygana bedeckt. In der niedrigeren Phrygana überwiegen dornenreiche Zwergsträucher und Kräuter wie Thymian, Salbei und Majoran, Sonnenröschen, wilde Tulpen, Narzissen und Herbstzeitlose. In der mannshoch wachsenden Macchia entdeckt man Erdbeerbäume und Goldeichen, zahlreiche dornige, astreiche Sträucher, Zistrosen, Ginster und wilde Tulpen. Der Reisende kann den Reichtum zypriotischer Vegetation zu jeder Jahreszeit erleben. In der Republik Zypern helfen die vielen gut ausgeschilderten Naturlehrpfade auch dem Laien, unbekannte Pflanzen zu entdecken und zu identifizieren. Ein Pflanzenführer erweist sich dabei als nützlich, denn über die lateinischen Namen auf den zypriotischen Erklärungstafeln kann man so die deutschen Bezeichnungen – falls vorhanden – erschließen. Hilfe leistet auch unser Verzeichnis auf S. 304.

Gärten, Haine und Felder

In Städten, Dörfern und Hotelanlagen frönen die Zyprioten der Gärtnerei. Hibiskus, Bougainvilleen und Jasmin sind beliebte Ziersträucher, die sich oft an Mauern und Hauswänden emporranken. Wein überdeckt viele Terrassen, Agaven und Opuntien gedeihen bevorzugt in öffentlichen Parks. Vor allem um Hotels liebt man die aus Südafrika stammende Mittagsblume, eine Blattsukkulente, die Wasser lange speichern kann und sich schnell kriechend ausbreitet. Sie öffnet ihre schönen Blüten nur bei kräftigem Sonnenschein – daher ihr Name.

In der Landwirtschaft gibt es eindeutige Anbauschwerpunkte. In der Mesaória und um Lárnaka wird vor allem Getreide angebaut, während nördlich des Kyrénia-Gebirges sowie in der Umgebung von Mórfou insbesondere Zitrusfrüchte gedeihen. Die rote Erde in der Umgebung von Agía Nápa bringt exzellente Kartoffeln hervor, die u. a. auch nach Deutschland exportiert werden, sowie vielerlei Gemüse. Zwischen Limassol und Koúrion erstrecken sich ausgedehnte Plantagen, in denen neben Zitrusfrüchten auch viele für Zypern neue Früchte wie Kiwis, Papayas, Avocados und Cherimoyas gezüchtet werden. Páfos ist das Zentrum des Bananenanbaus. In den Bezirken Limassol und Páfos sowie im Tróodos-Gebirge bedecken Weinstöcke weite Flächen; im Gebirge wachsen zudem Kirschen und Äpfel, Pflaumen und Nüsse.

Anders als beispielsweise in Griechenland oder Andalusien ist der Olivenbaum auf Zypern nicht dominant. Weitaus häufiger sind die Johannisbrotbäume, die oft auch zusammen mit Ölbäumen lichte Haine bilden. Ihr deutscher Name bezieht sich auf Johannes den Täufer, der sich von seinen Schoten in der Wüste ernährt haben soll. Auf Griechisch heißen die Bäume *karoúbia,* auf Englisch *carob.* Der lateinische Name für den Baum ist *Ceratonia siliqua*. Daraus leitet sich auch die Bezeichnung ›Karat‹ ab. Die Samenkörner in den Schoten haben fast immer ein Gewicht von ziemlich genau 200 g: Deswegen benutzte man sie früher in Indien zum Abwiegen von Gold und Diamanten.

Wasser und Wald

Im Altertum war Zypern dicht bewaldet. Rodungen zur Ackergewinnung, Überweidung durch Ziegen sowie Waldbrände haben die Waldfläche seitdem jedoch gewaltig dezimiert. Hinzu kam die wirtschaftliche Holzverwertung zum Bau von Schiffen und Häusern, zur Befeuerung der Kupferschmelzöfen und häuslichen Herde und nicht zuletzt zur Herstellung von Holzkohle. Als Folge davon wurde an den Berghängen die Muttererde bis auf den blanken Felsen weggewaschen und -geweht, der Grundwasserspiegel sank. Zyperns Wälder blieben auch im Krieg von 1974 nicht verschont: Türkische Brandbomben vernichteten fast 10 % des Waldbestandes und beschädigten weitere 3,5 % so stark, dass dieser Anteil noch zusätzlich gefällt werden musste.

Die Zistrose

Thema

Bis heute sammeln die Zyprioten an Küsten und Straßenrändern Pflanzen für Salate und Kochtöpfe, die bei uns nahezu unbekannt sind. Eine Pflanze mit wirtschaftlicher Bedeutung war früher auch die Zistrose.

Zistrosen blühen im Frühjahr und Sommer überall bis in Höhenlagen von etwa 1000 m. Ihre weißen, rosa- und violettfarbenen Blüten bilden oft dichte Teppiche. Im Altertum und im Mittelalter war die Zistrose eine hoch geschätzte Nutzpflanze. Ihr Harz wurde als Räucherstoff verwendet und in Salben und Tinkturen gemischt. Noch im 18. Jh. galt das Harz auf Zypern als vielseitiges Heilmittel, das sowohl äußerlich als auch innerlich angewandt wurde. Bestand Seuchengefahr, trugen viele Zyprioten Harzstücke in der Hand und rochen häufig daran, um sich vor Ansteckung zu schützen. Im mittelalterlichen Kreta wurde dieses Harz – Labdanum genannt – mit kleinen Lederrechen von den Blättern der Pflanzen abgekratzt. Auf Zypern ersann man eine andere Methode. Zwei österreichische Zypern-Reisende, G. Unger und Th. Kotschy, haben die ›Ernte‹ 1865 folgendermaßen beschrieben: »Es geschieht nämlich, dass die weidenden Ziegen häufig mit krautartigen Theilen dieser Pflanze in Berührung kommen, die obgleich schon früher als im Juni und Juli, aber zu dieser Zeit besonders reichlich mit einer klebrigen Substanz überzogen sind. Diese Substanz bleibt dann an den Barthaaren der Ziegen hängen, verdichtet sich daselbst zu einer dunkelbraunen Masse und wird immer wieder von neuer ähnlicher Substanz überzogen. Es verkleben dadurch sämtliche Barthaare untereinander ... Durch Abschneiden derselben und Ausbringen der harzigen Substanz mit Hilfe des Feuers erlangt man größere und kleinere, mehr oder weniger unreine Klumpen und Kugeln ...

Die Geologie Zyperns

Thema

Das Tróodos-Gebirge ist für Geologen von besonderem Interesse. Vor 25 Mio. Jahren hat es sich aus einem Ur-Ozean emporgehoben. Das Kyrénia-Gebirge entstand erst 15 Mio. Jahre später – und erst seit 2 Mio. Jahren sind beide Gebirge durch die Mesaória miteinander verbunden.

Das 1951 m hohe Gebirgsmassiv des Tróodos ist Relikt eines bis vor 60 Mio. Jahren existierenden Ozeans namens Tethys, der Afrika von Eurasien trennte. Diese an Land geschobenen Fragmente ozeanischer Kruste, Ophiolithe genannt, gehören zu den am besten aufgeschlossenen ozeanischen Gesteinskomplexen der Erde. Wegen ihrer ursprünglichen Struktur liefern die zypriotischen Ophiolithe den Geologen wertvolle Informationen über den Aufbau ozeanischer Kruste.

Die Entstehung dieser Kruste ist eng verknüpft mit den Bewegungen der Kontinente. Als der einstige Großkontinent Pangaea vor 200 Mio. Jahren auseinander brach, drang zwischen der südlichen afrikanischen und nördlichen eurasischen Platte untermeerisch Magma empor, das den Boden des neu entstehenden Tethys-Meeres bildete. Durch die viele Millionen Jahre später umgekehrte Bewegungsrichtung von afrikanischer und eurasischer Platte verschwand ein Großteil dieses Ozeans, indem er regelrecht in das Erdinnere gedrückt wurde. Ein kleiner Bereich dieser Kruste entging jedoch diesem Schicksal und trat als Tróodos-Massiv offen zutage.

Die Heraushebung des Tróodos-Gebirges lässt sich auf die Zeit von vor ca. 25 Mio. Jahren datieren. Erst 10 Mio. Jahre später tauchte das nördliche Pentadáktylos-Gebirge aus dem Meer auf. Beide Gebirgsmassive waren noch durch ein Flachmeer, die jetzige Mesaória-Ebene, getrennt. Vor etwa 2 Mio. Jahren bestand erstmals eine Landverbindung zwischen den beiden Gebirgszügen.

Die unteren Schichten der ozeanischen Kruste werden aus Tiefengesteinen (hauptsächlich Peridotite) gebildet, die der ehemaligen Magmenkammer entstammen und aufgrund ihrer grünlich-schwarzen Farbe namensgebend für den Ophiolith-Komplex sind (griech. ophis = Schlange, lithos = Stein, in Anlehnung an die grünlich gesprenkelte Schlangenhaut). Interessanterweise haben diese Gesteine aus der Magmenkammer im Tróodos den größten Hebungsbetrag erfahren. Sie sind u. a. in 1951 m Höhe auf dem Olymp an der Oberfläche anzutreffen. Oberhalb der Magmenkammer folgen in der Ophiolithabfolge die Magmenaufstiegsgänge sowie die untermeerisch ausgeflossenen Laven, die als Pillow-Laven (engl. *pillow* – Kissen) bezeichnet werden. Diese Abfolge wird durch Diabase und Basalte dokumentiert. Überlagert werden diese magmatischen Gesteine von tief- bis flachmarinen, sedimentären Ablagerungen, die als Tonsteine oder Radiolarite bzw. flachmarine Kalke vorliegen.

Zyperns Bodenschätze sind ebenfalls in Zusammenhang mit der untermeerischen Bildung des Tróodos-Massivs zu sehen. Kupfer kommt als Sulfid vor und hängt direkt mit der Verbreitung der Pillow-Laven zusammen. Am Tethys-Boden drang Meerwasser in Gesteinsklüfte ein und löste im Nebengestein aufgrund der Aufheizung etliche Metalle heraus, die als Kupfer-, Eisen- und Zinksulfide wieder aufstiegen und in den Aufstiegskanälen oder am Meeresboden ausgefällt wurden.

Wolfgang Rupprecht

Seit 1982 konnte durch Aufforstungen der Vorkriegsbestand wieder erreicht werden. Fast ein Fünftel der Insel ist heute von Wäldern oder zumindest Jungforsten bedeckt. Von diesen fast 175 000 ha Wald sind über 90 % in Staatsbesitz. Der Rest gehört der Kirche, Klöstern und Privatleuten.

Eine Baumart herrscht vor: die Aleppokiefer *(Pinus brutia)*. Mit fast 90 % Anteil an der gesamten Waldfläche ist sie fast als Monokultur vertreten. Die Forstbehörden sind allerdings bemüht, verstärkt andere Bäume zu pflanzen. Besonders geeignet sind die schnell wachsenden Eukalyptusbäume und die zypriotische Art der Steineiche, *Quercus alnifolia*. Sie liefert das beste Brennholz und wird von den Köhlern auch für die Holzkohlenerzeugung bevorzugt. Neue Aufforstungsgebiete sind meist schon von weitem gut zu erkennen. Damit die Muttererde nicht sogleich wieder fortgeschwemmt wird, werden in aller Regel die Hänge vor der Bepflanzung terrassiert.

Die größte Gefahr für die Wälder geht heutzutage von Waldbränden aus, die im Unterschied zu Korsika oder Griechenland auf Zypern nur selten willkürlich gelegt werden, um etwa Bau- oder Weideland zu gewinnen. Auf Zypern sind sie zumeist auf Unachtsamkeit zurückzuführen. Die Forstverwaltung trägt durch zahlreiche Maßnahmen zum Brandschutz bei. So sind während der Sommermonate zehn Feuerwarnposten rund um die Uhr besetzt und motorisierte Forststreifen patrouillieren ständig durch die Wälder. Die zu diesem Zweck neu angelegten Waldwege von über 2500 km Länge kommen auch den Urlaubern zugute, denen sich dadurch erst abgelegene Waldgebiete erschließen. Freilich erhöht sich wegen der Vorliebe der Zyprioten für den offenen Holzkohlengrill (s. S. 60f.) auch wieder die Brandgefahr …

Noch viel aufwendiger als die Wiederaufforstung Zyperns gestalteten sich die großen Bewässerungsprojekte, die die Republik seit Erlangung der Unabhängigkeit in Angriff genommen hat. Zypern ist ja keine regenarme Insel – wohl aber eine Insel mit höchst ungleich verteilten Niederschlägen. Über die Hälfte der jährlichen Niederschlagsmenge ergießt sich im Dezember und Januar, über 80 % in dem Halbjahr zwischen November und April. Ganzjährig wasserführende Flüsse gibt es kaum. Quellen waren bis Mitte der 1950er Jahre die wichtigsten Wasserspender der Insel. Dann jedoch begann man, in den im Sommerhalbjahr ausgetrockneten Flussbetten nach Grundwasser zu bohren. Zehntausende solcher Bohrlöcher versorgen heute noch viele Dörfer und Felder mit dem lebensnotwendigen Nass. Diese Bohrungen haben andererseits viele Quellen zum Versiegen gebracht. Außerdem ist der Grundwasserspiegel in vielen Gegenden rapide gesunken. Das Ende für diese Art der Wassergewinnung lässt sich für einige Gebiete der Insel bereits heute absehen.

Wasserfülle im Winter, Wasserarmut im Sommer sind auch der Grund dafür, dass die Republik seit 1960 den Bau von Staudämmen und Bewässerungssystemen als vordringlichstes Ziel ihrer Entwicklungspolitik verfolgt. Unter britischer Kolonialherrschaft wurden 1900–1958 nur 16 Staudämme mit gut 6 Mrd. km^3 Fassungsvermögen realisiert. Die unabhängige Republik brachte es bis heute auf über 80 weitere Dämme, die zusammen über eine Speicherkapazität von fast 300 Mrd. km^3 verfügen. Gleichzeitig hat man zahlreiche Kanäle und Pipelines gebaut, über die das Wasser auf die Felder geleitet werden kann. Zusätzlich wurden Ende der 1990er Jahre östlich und westlich von Lárnaka zwei Meerwasserentsalzungsanlagen in Betrieb genommen.

Zyperns Tierwelt – Mufflon und Schleuderschwanz

Die Tierwelt Zyperns wird den Reisenden weit weniger beeindrucken als die Flora. Am spektakulärsten sind ohne Zweifel die Rosa Flamingos, die zwischen Dezember und Ende März in den Salzseen von Lárnaka und vor allem Akrotíri nach kleinen Krebsen fischen. Im Frühjahr kehren sie dann in ihre Brutgebiete am Kaspischen Meer, im Iran und in der

Türkei zurück. Einige wenige von ihnen bleiben in letzter Zeit auch ganzjährig auf Zypern. Andere Wintergäste an den Salz- und Stauseen sind Stock- und Krickenten, Gänse, Blässhühner und Schwäne sowie Rotkehlchen, Singdrosseln, Amseln und Mönchsgrasmücken.

Unter den heimischen Vögeln fallen die vielen Schwalben und Mauersegler am meisten auf. Sie genießen in vielen Bergdörfern und Klöstern Gastrecht: Um sich vor ihrem Kot zu schützen, zerstört man ihre Nester nicht, sondern hängt Pappen als Schmutzfänger darunter auf.

In der Dämmerung kann man häufig Fledermäuse beobachten, deren zehn auf Zypern vertretene Arten schon mehr als die Hälfte der insgesamt 16 wilden Säugetierarten auf der Insel ausmachen. Ansonsten gehören nur noch Ratten, zwei Mäusearten, Rotfuchs, Hase und das Zypriotische Wildschaf, das Mufflon, dazu. Das Mufflon kommt nur noch im westlichen Teil des Tróodos-Gebirges vor und begegnet dem Reisenden nie in freier Wildbahn.

Ein besonders eindrucksvolles Reptil ist der *hardun,* zu Deutsch ›Schleuderschwanz‹. Diese Eidechse wird bis zu 30 cm lang. Wird sie gestört, flüchtet sie nicht sofort, sondern hebt ihren Kopf in einer Art Imponiergeste wie ein kleiner Drache an. In dieser Haltung verharrt sie manchmal mehrere Minuten und kann bei vorsichtigem Herannahen hervorragend beobachtet und fotografiert werden. Kaum zu Gesicht bekommt man hingegen das Europäische Chamäleon, das nachtaktiv ist.

Zyperns Schlangen wird man – wenn überhaupt – nur bei Wanderungen auf entlegenen Pfaden oder auf der Schlangenstation von ›Snake George‹ bei Páfos begegnen. Acht Arten sind auf der Insel vertreten: Pfeil-, Zorn-, Ringel-, Münzen-, Katzen- und Eidechsennatter sowie Wurmschlange und Levante-Otter. Giftig sind nur Katzen- und Eidechsennatter sowie die Levante-Otter, deren Gift auch erwachsenen Menschen gefährlich werden kann. In freier Natur ist die Chance, Schlangen zu sehen, in der Macchia und der ihr ähnlichen Phrygana am größten.

Zu den besonders bedrohten Gästen Zyperns gehören die Meeresschildkröten. Zwei Arten legen ihre Eier an Zyperns Sandstränden ab: die Suppenschildkröte (Chelonia mydes) und die Unechte Karettschildkröte (Caretta caretta). Beide erreichen Längen von bis zu 150 cm und stehen auf Zypern seit 1971 unter Naturschutz. Die Muttertiere schaufeln alle zwei bis drei Jahre im Schutz der Nacht ihre Nester 50–100 cm tief in den Sand. Sie legen darin jeweils rund 100 Eier ab, decken sie mit Sand wieder zu und glätten mit ihren schweren Leibern den Sand so, dass ihr Gelege nicht auffällt. Diese Aktion wiederholen sie in einem Jahr bis zu fünfmal zwischen Mitte Juni und Mitte August, um ihre weichschaligen Eier abzulegen. Sieben bis acht Wochen nach der Eiablage entschlüpfen die Jungen nachts ihren Eiern und streben – wenn sie nicht durch künstliche Lichtquellen irritiert werden – zielsicher dem Meer zu.

Um den beiden stark gefährdeten Schildkrötenarten in ihrem Kampf ums Überleben beizustehen, hat die zypriotische Fischereibehörde seit 1976 ein für den ganzen Mittelmeerraum beispielhaftes Schutzprogramm entwickelt – das *Lára Project.* Seit 1978 werden die Gelege am Lára Beach durch Käfige vor Füchsen, Krähen, Habichten und Geisterkrebsen geschützt. Darüber hinaus werden an anderen Stränden der Republik abgelegte Eier nach Möglichkeit zu diesem, während der gesamten Brutzeit bewachten Strand gebracht, damit die Gelege nicht durch Touristen zerstört werden. Außerdem experimentiert man mit künstlichen Formen der Nestpflege. Anfangs versuchte man, die Eier in Kunststoffkästen auszubrüten. Da die Temperatur jedoch unter den erforderlichen 29–30 °C lag, entwickelten sich in den Eiern überdurchschnittlich viele männliche Schildkröten – die Festlegung des Geschlechts eines Schildkrötenembryos ist von der Temperatur im Ei abhängig. Je höher die Temperatur, desto mehr (erwünschter) weiblicher Nachwuchs entwickelt sich. Deswegen brütet man jetzt einen Teil der Eier in exakt zu kontrollierenden, gläsernen Brutkästen aus. Dank der Arbeit der Naturschützer konnte

Starthilfe ins neue Leben: Schildkröten-Schutzprogramm in Nordzypern

sich die Zahl der jährlich am Lára Beach schlüpfenden Schildkröten bei ca. 4000 Tieren stabilisieren.

Politische Grenzen sagen Meeresschildkröten natürlich nichts. Ebenso wie im Süden legen sie auch an den Stränden Nordzyperns ihre Eier ab. Auch dort kümmern sich Tierschützer darum, haben gegen die Propagandisten touristischer Entwicklung der bisher noch weitgehend unberührten Sandstrände östlich von Kyrénia und auf der Karpass-Halbinsel jedoch einen schweren Stand.

Sorgenkind Umwelt

Um das Umweltbewusstsein der meisten Zyprioten ist es schlecht bestellt. Man zeigt es noch am ehesten dort, wo es Geld zu sparen hilft: bei Sonnenkollektoren zur Heißwasserbereitung auf den Dächern. Abfalltrennung gibt es kaum, Müllverbrennungsanlagen ebenso wenig. Zypern nutzt keine Atomkraft, aber auch keine Windenergie. Es gibt zwar allgemeine und für die Küsten auch spezielle Bauvorschriften, aber dem maßlosen Ausufern der Siedlungen am Meer und in den Bergen durch neue Urbanisation schiebt keiner einen Riegel vor. So gibt es bisher auch nur zwei kleine Nationalparks auf der Insel: am Kap Gréko und bei Nicosia, wobei der der Hauptstadt nahe kaum mehr als ein Naherholungsgebiet für Städter ist. Ob die Akámas-Halbinsel wie schon lange angekündigt zum Nationalpark wird, ist immer noch unsicher: Die bäuerlichen Landbesitzer dort fordern zumindest eine Verkleinerung von den bisher 230 auf 60 km^2.

Politik, Wirtschaft und Soziales

Ein Thema dominiert noch immer die zypriotische Politik: die Teilung der Insel. Über drei Jahrzehnte mit immer wieder geführten Gesprächen zwischen beiden Seiten haben ebenso wenig eine Lösung gebracht wie der von den Südzyprioten 2004 abgelehnte Annan-Plan. Wirtschaftlich geht es dem Süden ausgezeichnet. Auch der Norden hofft jetzt nach Südzyperns EU-Beitritt auf bessere Zeiten.

Nach der türkischen Invasion von 1974, die beide Seiten insgesamt mindestens 5000 Tote kostete, lag Zyperns Wirtschaft danieder. Bis dahin hatte sie vor allem auf Landwirtschaft, Bergbau, Lebensmittelverarbeitung und Tourismus basiert. Die Verkehrsverbindungen waren unterbrochen, der einzige internationale Flughafen geschlossen. Der bis dahin wichtigste Seehafen, Famagusta, war von Südzypern aus nicht mehr zu erreichen, ebenso wenig wie die Wasserquellen im Kyrénia-Gebirge. Der Norden hingegen besaß kein einziges Kraftwerk. 150 000 Flüchtlinge strömten von Nord nach Süd, 45 000 türkische Zyprioten gingen den anderen Weg. Fast alle von ihnen verloren Grundbesitz und Arbeitsplatz.

Obwohl die türkischen Zyprioten nur gut 18 % der Inselbevölkerung stellten, lagen jetzt 44,4 % der bewässerten und 40,9 % der unbewässerten Anbaufläche im türkisch besetzten Norden, dazu 56,9 % der Bergbaukapazitäten, 32 % der industriellen Arbeitsplätze und gar über 68 % aller Hotelbetten. Im griechischen Teil gab es also plötzlich zu viele Menschen für zu wenig Land, zu wenig Arbeit, zu wenig Wohnraum, während sich das Problem im Norden genau andersherum stellte. Dort blieben viele Hotels, Fabriken und Landwirtschaftsflächen ungenutzt, weil fachkundiges Personal dafür fehlte. Bei der Stromversorgung blieb man noch 25 Jahre lang von Südzypern abhängig.

Südzypriotisches Wirtschaftswunder …

Die griechischen Zyprioten vollbrachten in ihrem Teil der Insel nach 1974 ein Wirtschaftswunder, das durchaus mit dem im Westdeutschland der Nachkriegszeit zu vergleichen ist – obwohl auf Zypern das Flüchtlingsproblem noch größer und die Unterstützung aus dem Ausland geringer war. Die Arbeitslosenquote in Südzypern, die im September 1974 rund 35 % und 1975 im Durchschnitt noch 16,1 % betrug, war bis 1980 auf 2,1 % gesunken. Zwischen 1975 und 1978 entstanden im Süden 284 neue Industriebetriebe mit insgesamt 4450 Arbeitsplätzen, und schon im Jahr 1980 war auch der Verlust an Fremdenbetten wieder wettgemacht. Limassol und Lárnaka hatten den Platz von Famagusta als bedeutendstem Inselhafen eingenommen, die Exporte florierten. Bei Lárnaka war binnen sechs Monaten ein neuer Flughafen als Ersatz für den jetzt in der UN-Pufferzone gelegenen alten Flughafen von Nicosia geschaffen worden. Bereits 1981 hatte über die Hälfte aller Flüchtlingsfamilien wieder eine zufrieden stellende Unterkunft.

Mut und Tatkraft der griechischen Zyprioten waren ein Grund für das Wirtschaftswunder. Der im Wesentlichen durch Auslandskredite finanzierte Bauboom war ein zweiter wesentlicher Faktor. Ein nicht unmaßgeblicher

Glücksfall für den Süden war der 1975 begonnene Bürgerkrieg im Libanon. Die Zyprioten wussten aus ihm ihre Vorteile zu ziehen. Sie lockten zahlreiche europäische und amerikanische Unternehmen, die bis dahin ihre Zentralen in Beirut hatten, in das nur eine halbe Flugstunde entfernte Zypern, räumten ihnen günstige Steuern und Handelsbedingungen ein und konnten genug gut Englisch sprechendes und auch sonst gut ausgebildetes Personal zur Verfügung stellen.

Zudem baute sich Südzypern als große Schifffahrtsnation auf. Durch günstige Bedingungen veranlasste man außerdem etliche ausländische Reeder dazu, ihre Schiffe unter zypriotischer Flagge laufen zu lassen: Heute sind es allein 25 % aller Schiffe in der EU. Zudem gelang es, als ›menschlicher Zwischenhändler‹ in der Seefahrt führend zu werden: Auf Zypern ansässige Firmen vermitteln aus Afrika und Asien stammende Besatzungen für Handelsschiffe in aller Welt und verdienen daran nicht schlecht.

Nach Hongkong und Singapur ist Südzypern heute das bedeutendste Schiffsmanagement-Zentrum der Welt.

Als ein weiterer Glücksfall für Südzypern erwies sich dann der Zusammenbruch der sozialistischen Staatenwelt um 1990. Jetzt strömte erneut viel ausländisches Kapital ins Land. Vor allem Russen gründeten hier etliche Offshore-Unternehmen, die das dadurch gewaschene Schwarzgeld sofort wieder in Russland investierten. Über 20 000 russische Firmen sind heute in Südzypern registriert. Sie zahlten wie alle anderen ausländischen Offshore-Unternehmen bis 2005 auf Zypern nur 4,25 % Steuern; seit 2006 sind es bescheidene 10 %. So wurde Zypern auf dem Papier zum größten Investor in den ehemaligen Sowjetstaaten – und ist es bis heute geblieben!

… und nordzypriotischer Wirtschaftsboykott

Die türkischen Zyprioten hatten an beiden Aufschwüngen keinerlei Anteil. Da sie traditionell überwiegend Bauern oder Verwaltungsangestellte waren, fehlte ihnen das notwendige Fachwissen für eine reibungslose Übernahme der Industriebetriebe und Hotels. Da der Norden international weitgehend boykottiert wurde und nur einen Bruchteil der Hilfsgelder erhielt, die den griechischen Zyprioten zuflossen, fehlte dort das nötige Kapital für einen Neuanfang. Auch die internationalen Absatzmärkte waren ihnen bislang verschlossen: Weil der Norden politisch nicht als Staat anerkannt wird, treibt kein Land außer der Türkei mit ihm Handel. Nordzypriotische Schiffe und Flugzeuge werden im Ausland in Häfen nur dann geduldet, wenn sie unter türkischer Flagge fahren; nordzypriotische Passagierflugzeuge dürfen dort nur landen, wenn sie auf einem türkischen Flughafen gestartet sind. Die landwirtschaftlichen Produkte Nordzyperns müssen bis heute zunächst immer erst in die Türkei gebracht und dort umdeklariert werden, bis sie exportfähig sind – das macht sie teuer, schadet der Frische und lohnt kaum noch den Anbau.

Weil die Nordzyprioten zumindest was die Wohnungsfrage betraf weitgehend in die ›gemachten Betten‹ der von den griechischen Zyprioten verlassenen Häuser fallen konnten, brach kein Bauboom aus. So stagnierte die nordzypriotische Wirtschaft. Heute noch kann Nordzypern nur am Leben erhalten werden, weil es die Türkei großzügig unterstützt. Man munkelt davon, dass Ankara bis zur Hälfte des Staatshaushalts bestreitet.

Neue Wirtschaftszweige wurden im Norden nicht aufgebaut. Der intenationale Boykott ließ das ja auch sinnlos erscheinen. Nur auf dem Gebiet der Bildung ist Nordzypern dem Süden um Längen voraus: Hier hat man bereits in den 1980er Jahren internationale Privatuniversitäten zugelassen, an denen die Unterrichtssprache Englisch ist. Sie locken Studenten aus aller Welt und vor allem vom türkischen Festland, weil sie keinen Numerus clausus kennen. Studenten und ausländische Lehrkräfte sind so inzwischen zu einem nicht unbedeutenden Wirtschaftsfaktor geworden.

Mit bis zu 135 000 Neusiedlern aus der Türkei, die dort bis dahin zumeist arme anatolische Bauern waren, hat man versucht, der ›Unterbevölkerung‹ Nordzyperns entgegenzuwirken. Sie erhielten in Nordzypern sogleich das Wahlrecht, was sie zum willkommenen Stimmvieh für die Regierung von Rauf Denktasch machte, die sie ins Land geholt hatte. Diese Neusiedler trugen aber mit ihren primitiven Landwirtschaftsmethoden nicht zur Exportwirtschaft bei. Sie waren hingegen zusammen mit der wirtschaftlichen Stagnation ein wesentlicher Grund dafür, dass viele besser gebildete und vor allem junge Nordzyprioten die Insel verließen und zumeist nach Großbritannien oder Australien übersiedelten. So machten sie Platz für Festlandstürken, die heute Handel und Gewerbe in Nordzypern beherrschen. Sie sind es auch, die in die großen Hotelprojekte Nordzyperns investieren.

UNFICYP und Pufferzone

Zyperns Boden gehört nicht den Zyprioten allein. Zwei ausgedehnte Flächen bei Limassol und Lárnaka haben sich die Briten als souveräne Militärbasen (SBA) im Unabhängigkeitsvertrag von 1960 ohne jede Gegenleistung für alle Zeiten gesichert (s. S. 38), 3 % des Landes unterstehen seit 1974 als 180 km lange Pufferzone den Friedenstruppen der Vereinten Nationen (UNFICYP, United Nations Forces in Cyprus). Diese Pufferzone (Buffer Zone) verläuft quer durch Zypern und auch mitten durch Nicosia, trennt den Inselnorden vom Inselsüden. In der Hauptstadt ist sie stellenweise nur 10 m breit, anderswo bis zu 7 km und schließt sogar fünf Dörfer wie Pýla bei Lárnaka mit ein. Sie untersteht hoheitsrechtlich den Vereinten Nationen, die hier auch die Polizeigewalt ausüben. Landwirtschaftliche Flächen innerhalb der Pufferzone können von ihren Eigentümern bestellt werden, ansonsten aber ist jegliche Bodennutzung durch Zyprioten in diesem Bereich untersagt. Gebaut werden darf hier außerhalb der Dörfer nicht.

Die Aufgabe der UNFICYP war und ist es, auf beiden Seiten darauf zu achten, dass der Status quo eingehalten wird. Weder Griechen noch Türken sollen neue Befestigungen bauen, stärkere Waffen auffahren oder gar den Grenzverlauf verschieben. Außerdem soll die UNFICYP Zwischenfälle sofort aufklären: Wenn ein Jäger auf einer der beiden Seiten verbotenerweise jagt, sollen seine Schüsse nicht gleich zu militärischen Mutmaßungen führen, wenn ein Motor Fehlzündungen durch die Luft knallt, sollen die Offiziere auf der Gegenseite nicht gleich Alarm auslösen können. Deswegen werden alle Vorfälle sofort an den nächsten Offizier der UNFICYP weitergeleitet. Er versucht dann, sie auf seiner Ebene in Gesprächen mit der griechischen und türki-

Im Zeichen der Europäischen Union: Vor dem Rathaus in Nicosia

schen Seite zu klären. Das Kaffeetrinken mit seinen Kollegen auf beiden Seiten der Pufferzone gehört darum zu den wichtigsten Aufgaben eines UNFICYP-Offiziers. So wenig Vorfälle wie möglich sollen der Klärung auf hoher oder gar höchster Ebene bedürfen.

Zu den wichtigsten Aufgaben der UNFICYP gehörte es bis 2004 auch, sich um die jeweiligen Minderheiten auf der anderen Seite zu kümmern, vor allem also um die auf der Karpass-Halbinsel verbliebenen griechischen Zyprioten und die im Norden verbliebenen christlichen Maroniten. Sie wurden regelmäßig mit Lebensmitteln, Genusswaren und Zeitungen aus dem Süden versorgt. Seit der Grenzöffnung 2003 ist dieser Service weitgehend überflüssig geworden.

Zeitweise umfassten die Truppen der UNFICYP auf Zypern über 2000 Soldaten, die aus vielen verschiedenen Staaten stammten, darunter auch aus Großbritannien, Österreich, Kanada und Dänemark. Inzwischen wurde die Truppenstärke stark verringert. Heute sind noch etwa 930 UNFICYP-Soldaten und -Polizisten auf Zypern stationiert. Im Westen der Pufferzone stellt Argentinien das Militär, im Zentrum Großbritannien und im Osten Slowakien und Ungarn. Zur Polizeitruppe gehören Mitglieder aus Australien, Argentinien, Bosnien-Herzegowina, El Salvador, Indien, Irland, Italien, Kroatien und den Niederlanden. Einen Teil der jährlichen Stationierungskosten in Höhe von 52 Mio. US-Dollar zahlen diese Entsendeländer selbst. Ein Drit-

Der Annan-Plan

Thema

Als die griechischen Zyprioten 2004 gegen die Annahme eines Plans des UN-Generalsekretärs Kofi Annan zur Lösung des Zypern-Problems und für eine Wiedervereinigung stimmten, war Europa entsetzt. Die türkischen Zyprioten, die zugestimmt hatten, standen als friedliche Minderheit da, ihre Landsleute im Süden als uneinsichtige Revanchisten.

Der Plan sah eine Wiedervereinigung in einem gemeinsamen, aber zweikantonalem Staat nach schweizerischem oder belgischem Vorbild vor. Beide Teile sollten eine weitreichende Autonomie erhalten. Das gemeinsame Parlament sollte aus zwei Kammern mit jeweils 48 Mitgliedern bestehen.

Aber die griechischen Zyprioten hatten gute Gründe für ihre ablehnende Haltung. Wie schon beim Londoner Abkommen 1959 hatten wieder einmal fremde Mächte versucht, Zyperns Zukunft zu regeln. Annans erstmals 2002 vorgelegter Plan war zwar nach Verhandlungen mit beiden Seiten viermal abgeändert worden, fand aber nicht die Zustimmung der griechisch-zypriotischen Regierung. Zyperns Präsident Tásos Papadópulos machte sich stark dafür, das 220-seitige Werk mit 9000 Seiten Anhang abzulehnen – und erzielte einen Erfolg.

Nach Ansicht von über 75 % aller griechischen Zyprioten missachtete der Plan Zyperns Souveränität. So sah er u. a. vor, den Obersten Gerichtshof eines vereinten Zypern nicht nur mit je drei Richtern beider Volksgruppen zu besetzen, sondern ihnen auch noch drei ausländische Richter beizugesellen. Griechenland und der Türkei sollte es weiterhin gestattet bleiben, Truppen auf der Insel zu stationieren. Erst 2018 oder bei einem türkischen EU-Beitritt wäre eine Begrenzung des türkischen Truppenkontingents von derzeit 40 000 Mann auf immerhin noch 650 hoch qualifizierte Soldaten wirksam geworden. Über die Präsenz britischer Militärbasen wurde kein Wort verloren. Truppen der Vereinten Nationen wären weiterhin auf Zypern stationiert geblieben. Nach Meinung der Ablehnungsfront diente der Plan vor allem der Absicherung amerikanischer und britischer Interessen im Nahen Osten – und nicht dem friedlichen Zusammenleben der Zyprioten.

Vor allem aber berücksichtigte er die Interessen der 160 000 griechisch-zypriotischen Flüchtlinge von 1974 und ihrer Kinder viel zu wenig. Zwar wäre der türkisch-zypriotische Teilstaat kleiner gewesen als das jetzige Nordzypern (nur noch ca. 28,5 % der Inselfläche). Aber trotzdem hätten nur etwa 85 000 griechische Zyprioten in ihre Heimat zurückkehren dürfen. Außerdem sah der Plan vor, dass 60 000 der nach griechisch-zypriotischen Angaben 135 000 illegalen türkischen Neusiedler auf der Insel bleiben sollten – größtenteils auch auf vormals griechisch-zypriotischem Landbesitz.

Um den geht es den griechischen Zyprioten scheinbar vor allem. Der Annan-Plan sah vor, dass nahezu alle von ihnen für verlorenen Immobilienbesitz im Norden angemessen entschädigt werden sollten, versprach aber keine generelle Rückgabepflicht. Man mag dahinter Habgier sehen, kann aber vielleicht auch ihr Argument verstehen, dass die Zustimmung zum Annan-Plan die türkische Invasion von 1974 und vor allem die anschließende Besetzung des Nordens durch türkische Truppen legalisiert hätte.

tel steuert die Republik Zypern bei, über 10 % Griechenland.

Immer wieder Gespräche

Seit der Teilung Zyperns hatte es immer wieder Gespräche über eine mögliche Wiedervereinigung gegeben. Teilweise verliefen sie nur halboffiziell auf regionaler Basis, manchmal aber auch unter Anwesenheit von UNO-Vertretern. Dass es keine Rückkehr zum Status pro antem geben könne, war beiden Seiten klar. Eine Konföderation beider Inselteile schien eine Lösung. Aber schon da bestanden Verständigungsprobleme. Während für die griechischen Zyprioten der Abzug aller türkischen Truppen und die Rückkehrmöglichkeit für alle Flüchtlinge eine Voraussetzung jeder Konföderation gewesen wäre, konnten sich die türkischen Zyprioten keine Zukunft ohne türkischen Schutz und ohne räumliche Trennung vorstellen. Die Zeit verstrich. Immer mehr junge Zyprioten wuchsen heran, die den jeweils anderen Inselteil gar nicht mehr aus eigener Anschauung kannten. Den meisten griechischen Zyprioten war es durch die türkischen Zyprioten verwehrt, in den Norden zu reisen; seinen eigenen Bürgern verwehrte Nordzypern einen Ausflug in den Süden. Ausländer konnten vom Süden aus zwar Tagesausflüge in den Norden unternehmen, mussten jedoch spätestens um 18 Uhr am Checkpoint Ledra Palace zurück sein. Ausländern, die im Norden Urlaub machten, verwehrte der Süden die Einreise. Einziger offizieller Übergangspunkt war der Checkpoint am alten Ledra Palace Hotel am Rande der Altstadt von Nicosia. Er durfte nur zu Fuß passiert werden.

Wirkliche Bewegung kam erst 2002 in die Gespräche zwischen beiden Seiten. Südzyperns Präsident Glafkos Klerides und Nordzyperns Führer Rauf Denktasch verhandelten direkt miteinander, ohne jedoch Einigungen erzielen zu können. Im April 2003 erklärte Nordzypern daraufhin völlig überraschend die Grenze zwischen beiden Inselteilen für offen. Nach einigen Tagen des Zögerns nahm der Süden das Angebot halbherzig an. Im Neustadtviertel Ágios Dometios im Nordwesten von Nicosia wurde ein Grenzübergang für Autofahrer, Busse und Lkw geschaffen. Viele Südzyprioten konnten zum ersten Mal nach fast 30 Jahren wieder in ihre ehemaligen Heimatorte zurückkehren, alte türkisch-zypriotische Bekannte wieder sehen. Da es in Nordzypern viele in Südzypern verbotene Spielcasinos gab, entwickelte sich zudem ein reger Glücksspiel-Tourismus. Auch Nordzyprioten nutzten die Chance, in ihre ehemaligen Heimatorte zu fahren. Manche kamen, um Rentenanträge zu stellen oder kostenlos medizinische Behandlung in Anspruch zu nehmen. Da die Republik Zypern den Norden ja nicht anerkannte, waren Nordzyprioten für sie weiterhin zypriotische Staatsbürger mit all deren Rechten. So durften sich im Norden lebende Nordzyprioten von da an auch einen südzypriotischen Pass ausstellen lassen. Damit konnten sie problemlos ins Ausland reisen, was ihnen mit einem nordzypriotischen Pass nicht möglich war. Stattdessen hatten sie bisher für Auslandsreisen einen türkischen oder sogar einen britischen Pass beantragen müssen, der für Zyprioten als ehemaliges Kolonialvolk ebenfalls leicht zu erhalten war.

Kofi Annan, UN und EU

Ein entscheidendes Jahr für Zyperns Zukunft wurde dann 2004. Am 1. Mai dieses Jahres sollte Zypern EU-Mitglied werden. Die EU hätte gern ein vereintes Zypern aufgenommen – doch die griechischen Zyprioten sagten in einer inselweiten Volksabstimmung am 24. April 2004 mit einer Dreiviertelmehrheit ›Nein‹ zu einem von UN-Generalsekretär Kofi Annan vorgelegten Plan für die Wiedervereinigung. Die türkischen Zyprioten hingegen stimmten ihm mit nahezu Zweidrittelmehrheit zu (s. S. 26).

Daraufhin wurde nur Südzypern am 1. Mai 2004 EU-Mitglied. Nordzypern hatte jedoch die Sympathien vieler Regierungen Europas und der USA gewonnen. Noch Anfang Mai 2004 wurde der Ministerpräsident Nordzyperns in Washington vom damaligen US-Außenminister Colin Powell empfangen und

– bis dahin nicht denkbar – von ihm als ›Mister Prime Minister‹ tituliert. Die EU setzte umgehend die Reisefreiheit für all ihre Bürger auf ganz Zypern durch – Südzyprioten eingeschlossen. Außerdem versprach die EU Nordzypern eine kräftige Finanzhilfe in Höhe von 259 Mio. €, die bisher jedoch kaum ausgezahlt wurde.

Ein Grund dafür ist das Veto Südzyperns. Der wohl verständliche Grund dafür: Zwischen der EU und der Türkei besteht bereits seit 1995 eine Zollunion. Ein Protokoll zur Ausdehnung dieser Zollunion auch auf die Republik Zypern will die Türkei aber nicht formell unterzeichnen. Südzypern aber besteht darauf und droht, auch ein Veto gegen den EU-Beitritt der Türkei einzulegen bzw. zukünftige Beitrittsverhandlungen zu blockieren. Die Unterzeichnung des Protokolls durch die Türkei würde eine Öffnung der türkischen Häfen und des türkischen Luftraums für zypriotische Schiffe und Flugzeuge bedeuten. Die will die Türkei aber erst zulassen, wenn Südzypern einer Aufhebung des internationalen Embargos gegen nordzypriotische Flughäfen und Häfen zustimmt. Südzypern wiederum hat eine Aufhebung dieses Embargos in Aussicht gestellt, wenn Nordzypern die Geisterstadt Varósia (s. S. 339) zurückgibt. Gegen diesen Deal aber stemmen sich Nordzypern und die Türkei: Sie wollen eine Gesamtlösung des Zypern-Problems und keine Politik der kleinen Schritte, die immer wieder angehalten werden kann, wenn es einer der beiden Seiten gefällt.

Wie diese Gesamtlösung im Detail aussehen kann, ist immer noch nicht klar. Die Zeit spielt sicherlich für Nordzypern.

Bis heute wacht die UN über den Frieden zwischen Norden und Süden

Meinungen von hüben und drüben

Thema

Ein an der ›Insel der Götter‹ interessierter Urlauber, der sowohl Nord- als auch Südzypern bereist und mit den Menschen spricht, wird hinterher kaum entscheiden können, welcher politischen Einstellung – der türkisch-zypriotischen oder der griechisch-zypriotischen – er zustimmt. Hier einige Zahlen und Begebenheiten, die vielleicht zu denken geben:

In einer Meinungsumfrage, die 2005 gestartet wurde, gaben 81 % der griechischen Zyprioten an, keinerlei türkisch-zypriotische Freunde zu haben. Wie sollen sie da die Argumente der anderen verstehen? Eine Umfrage der Rundfunk- und Fernsehanstalt CyBC ergab im Jahr 2006, 48 % der griechischen Zyprioten würden lieber räumlich getrennt von den türkischen Zyprioten leben; nur 45 % sprachen sich für ein Zusammenleben aus. Bei den 18- bis 24-Jährigen waren sogar 63 % gegen ein gemischt bewohntes Zypern.

Wie tief die Vorurteile sitzen, weiß ein griechisch-zypriotischer Pub-Besitzer in Pólis zu erzählen. Sein Lokal wird immer noch von etlichen Landsleuten boykottiert, weil sein Großvater mit einer zum Christentum konvertierten türkischen Zypriotin verheiratet war – vor über 50 Jahren. Dieser Pub-Besitzer hat jetzt viele Cousins und Halbbrüder, die sich aus dieser zweiten Ehe seines Großvaters ableiten, aber Moslems sind und im Norden leben. Sie haben Probleme, weil ihr Großvater Christ war. Einer wurde sogar Parlamentsabgeordneter im Norden. Als seine Herkunft bekannt wurde, musste er sein Parlamentsmandat niederlegen!

Ein Restaurantbesitzer am Strand von Salamis hat bis 1974 noch als Apotheker in einem türkischen Krankenhaus in Limassol gearbeitet. Als der Krieg begann, gingen im türkischen Viertel der Stadt und auch im Krankenhaus schnell die Vorräte an Säuglingsnahrung aus. Er lief zum griechisch-zypriotischen Importeur und flehte ihn um Milchpulver an. Der aber weigerte sich, aus seinen Beständen auch nur die geringste Menge an türkische Zyprioten abzugeben. Seit jenem Tag mag der Wirt von Salamis keine Griechen mehr. Für ihn steht fest: Zypern muss geteilt bleiben. Kürzlich war er zum ersten Mal nach über 30 Jahren wieder in Limassol: Er hat keinerlei Heimatgefühle mehr entwickelt. Er ging durch eine fremde Stadt in einem fremden Land …

Bülent in Famagusta erzählt, warum er 1974 griechisch-zypriotische Zivilisten getötet hat. Als er die Massengräber von der EOKA ermordeter türkisch-zypriotischer Zivilisten in Atlilar, Sandallar und Muratage gesehen habe, sei in ihm grenzenlose Wut aufgestiegen. Von da an habe er keine Skrupel mehr gekannt.

Barnabas in Süd-Nicosia will die Ermordung türkisch-zypriotischer Greise, Frauen und Kinder durch griechische Zyprioten im Krieg von 1974 gar nicht leugnen. Aber auch er hat eine Erklärung dafür: Schon in den ersten Stunden der Invasion hätten türkische Soldaten wahllos jeden griechischen Zyprioten erschossen, der sich noch in seinem Haus im Invasionsgebiet aufhielt…

Spiro in Limassol weiß für Zypern nur eine Lösung: »Wir brauchen einen riesigen Schlepper, der unsere Insel in irgendeine für die Großmächte strategisch unbedeutende Ecke der Weltmeere zieht!«

Geschichte

Zypern war immer ein Schmelztiegel der Kulturen im Fadenkreuz von Großmachtinteressen und ist das bis heute geblieben. Nur zweimal in seiner langen Geschichte war es ein selbstständiger, die gesamte Insel umfassender Staat; von 1192 bis1489, als die Lusignans über die Insel herrschten, und noch einmal von 1960 bis1974, als die Zyprioten sich selbst regieren sollten.

Vorgeschichte und frühe Kulturen

9500–2300 v. Chr.: Steinzeit

Erste Spuren menschlichen Lebens auf Zypern haben Paläontologen an der Küste der Halbinsel Akrotíri bei Limassol gefunden. Sie stammen aus dem 10. Jt. v. Chr. und geben Aufschluss über den Speisezettel jener Jäger und Sammler aus der mittleren Steinzeit, also dem Mesolithikum: Zu ihrer Nahrung gehörten Zwergflusspferde und Zwergelefanten.

Um 7000 v. Chr. kamen neue Siedler auf die Insel. Sie brachten schon eine relativ hoch entwickelte Kultur mit sich, waren sesshaft und bauten Dörfer aus steinernen Rundhütten. Aus der Zeit zwischen etwa 6000 und 4500 v. Chr. fehlen Spuren menschlicher Besiedlung. Vielleicht hatte eine Epidemie die Menschen dahingerafft. Dann kam eine andere, kulturell fortschrittlichere Besiedlungswelle vom Festland herüber: sie kannte bereits handgeformte Keramik. Um 2300 v. Chr. tauchten die ersten Schmuckgegenstände und Werkzeuge aus gehämmertem Kupfer auf. Noch wurde das Kupfer importiert, aber schon bald begann man mit der Erschließung eigener Kupfervorkommen auf Zypern.

2300–1050 v. Chr.: Bronzezeit

Metallgewinnung, -verarbeitung und -handel bedingten einen höheren Organisationsgrad der Gesellschaft. Fortschritte in Ackerbau und Viehzucht schufen die Voraussetzungen dafür, dass Spezialisten für die verschiedensten Arbeitsgänge freigestellt werden konnten. Das machte sich vor allem in der Entwicklung der Keramik bemerkbar. Erste Städte entstanden, um 1500 v. Chr. kam eine erste, von der Linear-A-Schrift des minoischen Kreta beeinflusste und bis heute nicht entzifferte Schrift in Gebrauch. Nach dem Trojanischen Krieg ließen sich um 1200 v. Chr. erste achäische, also griechische Siedler auf der Insel nieder.

Zeit der Stadtkönigreiche

1050–333 v. Chr.

Mythen führen die Gründung der zypriotischen Stadtkönigreiche auf griechische Heroen zurück. Städtische Siedlungen gab es freilich schon früher, doch ist über sie so gut wie nichts bekannt. Als die Achäer im 12. Jh. v. Chr. aus Griechenland nach Zypern kamen, besetzten sie diese Städte bzw. gründeten neue. Die Eteokyprer, also die Urbevölkerung, zogen sich nach Amathoús beim heutigen Limassol zurück; phönizische Einwanderer gründeten die Stadt Kítion an der Stelle des heutigen Lárnaka und übten auch auf Idálion, Lápithos und Amathoús Einfluss aus. Wirtschaftliche Grundlagen der Gemeinwesen waren Landwirtschaft, Seehandel sowie Kupfergewinnung und -verarbeitung. Kulturell wurden Einflüsse aus der Ägäis, Ägypten und Vorderasien wirksam. In den Werkstätten der Töpfer, Vasenmaler, Bildhauer, Elfenbeinschnitzer, Siegelhersteller und Metallbearbeiter bildete sich dabei aber ein eigenständiger zypriotischer Stil heraus, der seine Selbstständigkeit erst im 4. Jh. v. Chr. verlor.

Die genaue Zahl der Stadtkönigreiche ist umstritten. Elf waren es mindestens: Énkomi-Salamis, Kítion, Amathoús, Koúrion, Páfos, Márion, Sóloi, Lápithos, Idálion, Tamassós und Lédra. Über ihre Organisation ist kaum mehr bekannt, als dass sie monarchisch regiert wurden. An der griechischen Entwicklung der Demokratie nahmen sie keinerlei Anteil. Paläste wurden nicht gefunden, nur Gräber weisen auf die überragende Stellung einer kleinen Führungsschicht hin.

Die Stadtkönigreiche konnten ihre Unabhängigkeit nicht lange wahren, schon bald hatten sie als Vasallen verschiedenen Großmächten Tribut zu leisten: erst den Assyrern, dann Ägypten und schließlich von 540 v. Chr. an über 200 Jahre lang den Persern. In der berühmten Seeschlacht von Salamis (nicht dem zypriotischen Salamis, sondern der griechischen Insel in der Nähe von Athen) kämpften 150 zypriotische Schiffe auf Seiten der Perser mit. Gelegentliche Aufstände gegen die Perserherrschaft verliefen erfolglos.

Hellenismus und Römisches Reich

333 v. Chr.–395 n. Chr.

Nachdem Alexander der Große 333 v. Chr. bei Issos die Perser besiegt hatte, schlossen sich die Zyprioten seinem Feldzug an. Ihre Unabhängigkeit erlangten sie damit freilich nicht. Aus den Kämpfen, die nach Alexanders Tod zwischen seinen Generälen ausbrachen, gingen mehrere Sieger hervor, die das hellenistische Weltreich schließlich unter sich aufteilen sollten. Die zypriotischen Stadtkönigreiche nahmen in unterschiedlichen Bündnissen an diesen Diadochenkriegen teil. 294 v. Chr. konnte der ägyptische Feldherr Ptolemaios Zypern seinem Reich einverleiben. Griechische Beamte aus Alexandria bauten eine straffe Verwaltung auf, der ein in Páfos residierender Gouverneur vorstand. Die jetzt eindeutig griechisch geprägte Kunst erlebte eine neue Blütezeit.

Gegenüber dem sich seit 168 v. Chr. auch im östlichen Mittelmeerraum ausdehnenden Römischen Reich hatten die Ptolemäer auf Dauer keine Chance. Rom brauchte Zypern, um Ägypten einzukreisen, und besetzte im Jahr 58 v. Chr. kurzerhand die Insel. Verschiedene Gouverneure, darunter Cato und Cicero, beuteten die neue Eroberung rücksichtslos aus. 27 v. Chr. wurde Zypern schließlich eigenständige römische Provinz, die ein in Páfos residierender Prokonsul verwaltete. Die folgenden Jahrhunderte waren für die Zyprioten wohl eine glückliche Zeit. Die *Pax Romana* bescherte ihnen einen lang währenden Frieden. Als Zwischenstation im Ost-West-Handel erblühte die zypriotische Wirtschaft, Kupfer und Holz für den Schiffsbau sowie eine ertragreiche Landwirtschaft sorgten für Wohlstand. Viele Heiligtümer wurden erweitert und neu ausgeschmückt, die Oberschicht in den Städten führte, wie man an den Mosaiken von Páfos und Koúrion ablesen kann, ein luxuriöses Leben.

Oströmisch-byzantinisches Reich

395–1191

Im 4. Jh. verlagerte sich das Zentrum der römischen Welt von Rom nach *Byzantion*, das Kaiser Konstantin als Konstantinopel zur neuen Kaiserstadt erhob. Das Christentum löste die heidnischen Kulte als Staatsreligion ab, das Oströmische Reich verwandelte sich ohne deutlichen Bruch ins Byzantinische Reich. Obgleich Zypern in diesem neuen Weltreich nur eine geringe Bedeutung zukam, sollten die folgenden 800 Jahre das Gesicht der Insel, ihre Kultur und ihre Menschen nachhaltiger prägen als alle vorausgegangenen Epochen. Die Einheit stiftende Kraft der orthodoxen Religion, die alle Lebensbereiche

Antike Mythologie

Zypern gilt als Insel der Aphrodite. Das verkünden nicht nur die Werbesprüche der Fremdenverkehrszentrale, das lehrte schon im 8. Jh. vor Christi Geburt der sechste Homerische Hymnus. »Das meerumflossene Kypros ward ganz ihr, samt seinen Zinnen, verliehn«, heißt es da. Auch die Römer, die Aphrodite Venus nannten, erkannten die Insel als deren Heimat an.

Aphrodite wurde in der Antike nicht nur als die schöne Göttin der Liebe und der Fruchtbarkeit verehrt, sondern auch als Beschützerin der Prostituierten und der Ehe. Über Aphrodite sind allerdings eher solche Sagen und Mythen überliefert, die sie nicht gerade als vorbildliche Ehefrau ausweisen. Ihr Gatte war ja bekanntlich Hephaistos, der Gott der Schmiede und des Feuers, ein Sohn des Zeus und der Hera. Aphrodite hatte den Gott des Feuers freilich nicht selbst zu ihrem Gatten gewählt, sondern war von den übrigen Göttern mit ihm verkuppelt worden.

Mit Hephaistos hatte es folgende Bewandtnis: Von Geburt an ein Krüppel, ließ ihn seine Mutter Hera vom Olymp hinabstürzen – in der Hoffnung, er möge am Boden zerschellen. Hephaistos aber fiel ins Meer und wurde dort neun Jahre lang von den Töchtern des Okeanos gepflegt. Mittlerweile sann er auf Rache an seiner Mutter und schmiedete ihr einen goldenen Thron von nie zuvor gesehener Pracht. Als Hera den Thron erblickte, nahm sie sofort darauf Platz – und die Falle des Hephaistos schnappte zu: Goldene Ketten, so fein, dass sie unsichtbar waren, hielten Hera auf dem Thron fest. Keiner der Olympier konnte sie befreien und so musste man Hephaistos um Hilfe bitten. Der ließ sich erst gnädig stimmen, als man ihm freie Gattenwahl unter allen Göttinnen gewährte. Und so entschied sich Hephaistos für die schöne Aphrodite.

Die dankte es ihm nicht. Auf Zypern weiß man zu erzählen, sie habe sich immer wieder mit Akámas, einem Sohn des attischen Nationalhelden Theseus, im Bade getroffen. Homer nennt den Kriegsgott Ares als ihren bevorzugten Liebhaber. Wie auch immer, auf jeden Fall zerstörte der Sonnengott Helios Aphrodites zarte Bande: Er setzte Hephaistos über Aphrodites Liebesspiele mit Ares in des Schmiedegottes eigenem Palast in Kenntnis. Das hatte Folgen: Hephaistos, eifersüchtig und schon erfahren im Schmieden unsichtbarer Ketten, ersann eine Vorrichtung, die Ares und Aphrodite bei ihrer nächsten zärtlichen Begegnung gefangen halten sollte. Wieder war es Helios, der Hephaistos vom göttlichen Tête-à-Tête Nachricht gab. Der Schrei des Hephaistos beim Anblick des eng umschlungenen Paares rief die gesamte olympische Götterwelt herbei. Sie war von dem, was sich ihren Augen darbot, so erheitert, dass sie in ein welterschütterndes Lachen ausbrach, was fortan als ›Homerisches Gelächter‹ zum geflügelten Wort werden sollte. Poseidon konnte Hephaistos schließlich erweichen, das Paar von dannen ziehen zu lassen. Ares ging nach Thrakien, Aphrodite kehrte nach Zypern zurück.

Einer der ersten namentlich bekannten Könige einer zypriotischen Stadt ist Pygmalion. Sein Name wurde durch Shaws Komödie (und das darauf basierende Musical »My Fair Lady«) auch in unserer Zeit wieder bekannter. Am Anfang seiner Geschichte steht eine göttliche Strafe der Aphrodite: Da sich die Frauen der Stadt nicht ihrem Gebot beugen wollten, sich vor der Eheschließung einem Fremden hinzugeben, erfüllte die Schaumgeborene sie mit unstillbarer Wollust. Aphrodite hatte gute Gründe für ihre Vorschrift – kein Irdischer sollte seinesgleichen mehr Liebe entgegenbringen als einem Gott. Pygmalion aber war entsetzt: Die jungen Mädchen seines Königreichs liefen halbnackt durch die Gassen und paarten sich mit Mensch und Tier. So wandte er sich der Bildhauerei zu, um hierin Erfüllung zu finden. Weil seine Werke leblos blieben, war er unzufrieden. Da erschien ihm eines Nachts die von Mitleid erfüllte Aphrodite. Diese Vision war ihm Vorlage für ein Werk aus Elfenbein, das so übernatürlich schön, so kostbar war, dass sich Pygmalion sogleich in die von ihm selbst geschaffene Statue verliebte und sie mit zu sich ins Bett nahm. Aphrodite erbarmte sich seiner ein weiteres Mal, indem sie der Figur ihren Odem einhauchte. Die so belebte Statue wurde Pygmalions Gemahlin, der er ihrer milchweißen Haut wegen den Namen Galatea gab.

Kinyras, ein Nachkomme von Pygmalion und Galatea, sollte später zum Gründer und ersten Priesterkönig der Stadt Páfos und deren Aphrodite-Heiligtum werden. Apollodoros von Athen schrieb im 2. Jh. v. Chr. das Schicksal des Kinyras nieder, in das wiederum die Göttin verwickelt ist. Eines Tages rühmte sich Metharme, die Gattin des Kinyras, schöner zu sein als Aphrodite. Das missfiel der Olympierin so sehr, dass sie der Tochter der beiden, Myrrha geheißen, eine unbändige Liebe zu ihrem eigenen Vater einflößte. Eines Nachts, als Metharme nicht zugegen war, machte eine Helferin den Priesterkönig betrunken, woraufhin Myrrha mit ihrem Vater das Lager teilte. Als Kinyras bald darauf bemerkte, dass er zugleich Vater und Großvater der Leibesfrucht seiner eigenen Tochter werden würde, zückte er sein Schwert und verfolgte die Unglückliche durch die Palastgärten. Doch im letzten Moment rettete sie Aphrodite, die Myrrha in einen Strauch verwandelte.

Nach zehn Monaten teilte sich der Strauch und heraus fiel der Knabe Adonis. Aphrodite nahm ihn auf und entdeckte seine unvergleichliche Schönheit. Um ihn vor den Nachstellungen anderer Götter zu bewahren, verbarg sie ihn in einer Truhe und übergab diese der Persephone, der Göttin der Unterwelt. Persephone jedoch war neugierig, öffnete die Truhe und erblickte das Kind. Sie zog es auf und verliebte sich in den heranwachsenden Jüngling. Davon hörte Aphrodite, die Adonis nun ihrerseits als Liebhaber zu gewinnen trachtete. Persephone aber weigerte sich, ihn ziehen zu lassen. Zeus bestimmte, dass Adonis ein Drittel des Jahres in der Unterwelt, ein weiteres Drittel bei Aphrodite und das letzte Drittel schließlich für sich allein verbringen sollte.

Aphrodite aber wollte sich mit diesem Spruch nicht zufrieden geben. Sie besaß einen magischen Gürtel, der jeden in Liebe an sie band, der ihn erblickte. Diesen Gürtel trug sie nun ständig, sodass Adonis sich nicht von ihr abwenden und zu Persephone zurückkehren wollte. Er verbrachte das ganze Jahr bei der Göttin der Liebe. Das berichtete Persephone dem in Thrakien weilenden Ares, der sich daraufhin in einen wilden Eber verwandelte und Adonis auf der Jagd tötete. Jetzt gehörte Adonis ganz der Unterwelt. Aphrodite aber konnte Persephone erweichen, ihn ihr dennoch für eine Jahreshälfte zu überlassen.

dominierte und Kunst wie Architektur formte, kann dabei nicht hoch genug eingeschätzt werden.

Constantia, an der Stelle des heidnischen Salamis neu gegründet, löste Páfos als Inselhauptstadt ab. Die im 4. Jh. von Erdbeben zerstörten Städte wurden neu erbaut. Die von Kaiser Justinian auf Zypern eingeführte Seidenraupenzucht und -verarbeitung ersetzte wirtschaftlich den schwindenden Stellenwert von Handel und Kupferbergbau. Großgrundbesitzer, hohe Beamte und Klerus bildeten eine kleine, wohlhabende Oberschicht, der sich Bauern und Handwerker unterzuordnen hatten.

Mit der Ausbreitung des Islam in der Mitte des 7. Jh. begannen dann für Zypern drei dunkle Jahrhunderte, in denen die Welt der Antike endgültig untergehen sollte. Die Araber ließen sich zwar nicht auf Zypern nieder, kamen jedoch regelmäßig, um immense Tribute einzufordern. Gleichzeitig klagte aber auch Byzanz die Entrichtung von Steuern ein. Diesen Forderungen vermochte Zypern nur schwer nachzukommen und verarmte.

Erst 965 kam Zypern wieder fest in byzantinische Hand. Ein wirtschaftlicher Aufschwung war die Folge, der sich auch in zahlreichen Klostergründungen und dem Bau neuer Städte niederschlug. Mit der Entstehung der Kreuzfahrerstaaten im Heiligen Land um 1100 erlangte Zypern nicht nur als Handelsplatz größere Bedeutung, sondern auch als strategischer Stützpunkt. Das steigerte die Begehrlichkeit verschiedenster Heere und Korsaren, die die Küsten immer wieder überfielen.

Kreuzritter, Lusignans und Venezianer

1191–1571

Das entscheidende Jahr für Zyperns mittelalterliche Geschichte war 1191. Da nämlich wurde es von Richard I. Löwenherz, König von England, dem Byzantinischen Reich entrissen. Fortan blieb es für fast 400 Jahre eine von römisch-katholischen Fremden regierte Insel.

Richard befand sich gerade wie sein ›Amtskollege‹ Philipp II. August von Frankreich auf dem Dritten Kreuzzug; der deutsche Kaiser Friedrich I. Barbarossa war kurz zuvor auf dem Landweg in einem ostanatolischen Fluss ertrunken. Auch seine Frau befand sich auf der Reise ins Heilige Land: Richards zukünftige Gemahlin Berengaria von Navarra. Im Sturm wurden ihr Schiff und zwei andere Einheiten aus Richards Flotte in die Bucht von Limassol getrieben. Der Empfang von Kaiser Isaak Dukas Komnenos war keineswegs herzlich: Er nahm Berengaria gefangen und wollte gerade die Schiffe plündern, als Richard und seine Mannen Berengaria zu Hilfe kamen. Sie wurde freigelassen und schon wenige Tage später, am 12. Mai 1191, in der Burgkapelle von Limassol mit Richard getraut und gleichzeitig zur Königin von England gekrönt. Nachdem Richard die zypriotischen Truppen in einer Schlacht in der Mesaória-Ebene geschlagen hatte und Kaiser Isaak am 1. Juni am Kap Andréas gefangen genommen worden war, segelte Richard schon am 6. Juni weiter nach Syrien – nur zwei Monate hatte er gebraucht, um die Insel in seine Gewalt zu bringen. Als Verwalter ließ er einige Soldaten und zwei seiner Barone zurück.

Schon im Juli desselben Jahres verkaufte er die Insel, weil ihm die Verwaltung zu kostenaufwendig erschien. Für 100 000 Golddinare, von denen 40 000 gleich als Anzahlung fällig waren, überließ er Zypern den Kreuzrittern des Templerordens. Die wiederum sahen sich bald ihrer Aufgabe nicht gewachsen, zumal ihnen ein Aufstand der Bevölkerung von Nicosia zu Ostern 1192 zeigte, dass sie unerwünscht waren. Die Templer veräußerten Zypern im Mai 1192 an einen französischen Adligen aus dem Poitou – Guy de Lusignan – gegen Erstattung der geleisteten Anzahlung.

Als Guy de Lusignan 1194 starb, trat sein Bruder Amaury die Nachfolge an. Auf dem Reichstag von Gelnhausen 1197 wurde ihm die Insel als Lehen von Kaiser Heinrich VI. übertragen. Noch im selben Jahr krönte Reichskanzler Konrad von Hildesheim Amaury de Lusignan auf Zypern zum König. Ein Jahr später übertrugen ihm die Kreuzritterbarone Syriens den Titel des Königs von Jerusalem. 1393 wurde den Lusignans auch noch der Titel eines Königs von Armenien zugesprochen. Die Wappen dieser drei Königreiche trifft man häufig an Bauten der Lusignans an.

Die Untertanen der fränkischen Herrscher durften ihrem griechisch-orthodoxen Glauben treu bleiben. Die orthodoxe Kirche wurde in ihrem Landbesitz und in ihren Rechten jedoch stark beschnitten. Die Zahl der Bistümer wurde reduziert; die Bischofssitze mussten aus den Städten in unbedeutende Dörfer verlegt werden. Teile des Kirchenbesitzes wurden von der römisch-katholischen Kirche eingezogen. Oberhaupt beider Kirchen war fortan der römisch-katholische Erzbischof von Nicosia. Er ernannte nicht nur die orthodoxen Bischöfe, sondern weihte sie auch in einer Art ökumenischem Gottesdienst. Fränkische Barone und Kreuzritterorden erhielten Land als Unterlehen, Förderung erfuhren vor allem römisch-katholische Mönchs- und Nonnenorden. Die Mittel für repräsentative Bauten und luxuriöse Ansprüche der fränkischen Herren hatten zum einen die zypriotischen Untertanen aufzubringen, zum anderen brachten Kaufleute aus aller Welt viel Geld ins Land. Nach dem Fall von Akko 1291, dem letzten Kreuzfahrerstützpunkt in Syrien, war Zypern nicht mehr nur Zwischenstation der Handelsschiffe, sondern wichtigster Umschlag- und Finanzplatz im östlichen Mittelmeer: Mehr noch, Zypern entwickelte sich zum Bindeglied zwischen islamischer und christlicher Welt.

Auch die Republiken Genua und Venedig machten sich das zunutze und richteten auf Zypern Niederlassungen ein. Ihr Einfluss wurde schließlich so stark, dass Genua ab 1372 die Insel teilweise kontrollierte und dass 1489 Venedig Zypern durch Einheirat ins Königshaus sogar ganz übernahm. Doch bald darauf sollte der gesamte Levantehandel

Die Johanniter errichteten im 15. Jh. die Festung von Kolóssi

durch die Entdeckung Amerikas und des Seewegs nach Indien entscheidend an Bedeutung verlieren. Gleichzeitig nahm die türkische Gefahr zu. Die Venezianer beuteten Zypern rücksichtslos aus und intensivierten zugleich durch Zwangsverpflichtung der Bevölkerung den Ausbau und die Erneuerung von Burgen und Stadtmauern. 1539 landeten die Osmanen erstmals vor Limassol und zerstörten die Stadt, 1570/71 vertrieben sie die Venezianer vollends.

Zypern im Osmanischen Reich

1571–1878

Nachdem die Osmanen 1570/71 Zypern erobert hatten, brachen für die einheimische Bevölkerung zunächst einmal bessere Zeiten an. Die Bauern wurden von Frondienst und Leibeigenschaft erlöst und konnten das Land, das sie bewirtschafteten, zu einem bezahlbaren Preis erwerben. Die griechisch-orthodoxe Kirche stand nicht mehr im Schatten der römisch-katholischen und vermochte nun Kirchen und Klöster samt Besitz zurückzukaufen. Einen Widerspruch, der die gesamte Verwaltung des Osmanischen Reichs durchzog, bekamen aber auch die Zyprioten bald zu spüren: Die Vielzahl relativ liberaler *Firmane* (Erlasse) des Sultans wurde durch Korruption und Unfähigkeit in der Verwaltung nur selten ihrem Sinn nach verwirklicht. Immer höhere Steuerlasten bedrückten die Landbevölkerung, der Handel kam weitgehend zum Erliegen. Pestepidemien, Heuschreckenplagen, Dürren und Erdbeben trugen außerdem zum wirtschaftlichen Niedergang der Insel bei.

An diesen Zuständen vermochten auch Verwaltungsreformen wenig zu ändern. Zunächst war Zypern eine selbstständige Provinz unter Führung eines *Beylerbey* (Gouverneur), nach 1600 unterstand sie direkt der Herrschaft des *Kapudan Paşa* (Großadmiral) und 1703 wurde sie schließlich dem Großwesir als Lehen übertragen, der die Statthalterschaft jährlich an den Meistbietenden versteigerte. Aufstände waren dennoch relativ selten: In den 80er Jahren des 17. Jh. erhoben sich türkische Großgrundbesitzer gegen den Kapudan Paşa, 1765 und 1784 revoltierten griechisch-zypriotische und türkische Kleinbauern gemeinsam gegen die drückenden Steuerlasten. Die Vorfahren dieser türkischen Siedler waren größtenteils bald nach der Eroberung von 1571 auf die Insel gekommen, teils als aus dem Kriegsdienst entlassene Soldaten, teils als anatolische Siedler.

Britische Kolonialherrschaft

1878–1960

Im 19. Jh. hatte das Osmanische Reich den Zenit seiner Macht bereits überschritten. Im vierten russisch-türkischen Krieg (1877/78) standen die Truppen des Zaren kurz vor Istanbul. Lediglich die Drohung einer englisch-österreichischen Intervention konnte den Siegeszug der Russen noch aufhalten. Als Gegenleistung erwirkten die Briten die Kontrolle über Zypern. Zur Sicherung des 1869 eröffneten Suezkanals, an dem die Briten seit 1875 44 % der Aktienanteile besaßen, kam Zypern erhebliche strategische Bedeutung zu. Im April 1878 unterzeichnete das Osmanische Reich einen Vertrag, dem zufolge Zypern gegen die Zahlung eines jährlichen Zinses von 90 000 Pfund Sterling an das britische Empire verpachtet wurde. Am 12. Juli desselben Jahres landeten die ersten britischen Truppen auf der Insel, auf der damals 186 000 Menschen lebten, davon 47 000 Türken.

Die Briten leiteten sofort eine Verwaltungsreform ein, ernannten einen Hochkommissar und stellten ihm 1882 einen Exekutivrat an die Seite, der aus neun gewählten griechischen, drei gewählten türkischen Zyprioten und sechs britischen Vertretern bestand. Entstand Stimmengleichheit, weil die Türken mit den Briten stimmten, entschied der Hochkommissar – natürlich ein Brite – allein.

Das Interesse Großbritanniens an Zypern nahm schon bald wieder deutlich ab: 1882 erklärte sich Großbritannien zur Schutzmacht

Die Briten auf Zypern Thema

Die ehemalige Kolonialmacht Großbritannien ist auf Zypern gleich dreifach vertreten: durch die größte Zahl an Urlaubern, durch britische Soldaten unter dem Kommando der Vereinten Nationen und durch das reguläre britische Militär, dass auch nach Zyperns Unabhängigkeit 1960 fast 3 % der Inselfläche als eigenes Hoheitsgebiet behielt.

Zyperns Europa-Abgeordneter Mários Matsákis nennt die ›regulären‹ britischen Soldaten auf der Insel stets Teil der »Britischen Besatzungstruppen auf Zypern«. Jedes Jahr am 1. April, dem Tag, als der Freiheitskampf durch die EOKA A' begann, demonstriert er seit 1955 allein vor einer der beiden britischen souveränen Militärbasen bei Limassol sowie zwischen Lárnaka und Agía Nápa. Matsákis demonstriert nicht nur gegen ihre Präsenz, sondern auch gegen ihre Umweltverschmutzung. So erklomm er einmal eine 58 m hohe britische ›Spionage-Antenne‹ bei Limassol, weil ihre elektromagnetische Strahlung bei nahen Dorfbewohnern angeblich Krebs auslöst.

Matsákis und einige Mitglieder der nicht im Parlament vertretenen Grünen Zyperns sind eine Minderheit, die aktiv, aber ganz friedlich gegen das Weiterbestehen der Militärstützpunkte demonstriert. Den meisten Zyprioten ist sie schlicht egal. Viele sehen in der (geheim gehaltenen) Zahl der Soldaten sogar wirtschaftliche Vorteile. Wahrscheinlich stellen sie mitsamt ihren Familien etwa 20 000 wandelnde Portemonnaies, die einen Teil ihres Solds in zypriotischen Kassen lassen. Außerdem offerieren die Militärbasen (SBA, Sovereign Base Areas) attraktive Arbeitsplätze mit guten Löhnen und gesetzlichen Rentenansprüchen. Eine Schutzfunktion schreibt ihnen freilich kein Zypriote zu: Zu kläglich haben die Briten 1974 versagt, als sie nach dem Coup gegen Makários nicht eingriffen und stattdessen die türkische Invasion duldeten ...

Ägyptens und konnte fortan den Suezkanal direkt sichern. Statt, wie ursprünglich geplant, den Hafen von Famagusta auszubauen, widmeten sich die Briten dem von Alexandria.

1878 waren die griechischen Zyprioten froh, die Türkenherrschaft los zu sein, hofften sie doch, genauso wie Korfu und die Ionischen Inseln 1863, bald von den Briten mit Griechenland vereinigt zu werden. Insbesondere der Klerus war ein starker Verfechter der *énosis* – der Vereinigung mit dem griechischen Mutterland.

Der Kampf um die Énosis wurde in der ersten Hälfte des 20. Jh. von den griechischen Zyprioten fast gewaltlos geführt. Zu größeren Unruhen kam es nur einmal für zehn Tage im Oktober 1931. Deren politische Folgen waren für die Zyprioten jedoch demütigend: Der Exekutivrat wurde aufgelöst, nicht einmal Kommunalwahlen waren mehr zugelassen, zahlreiche Unterdrückungsmaßnahmen setzten ein.

Neue Hoffnungen auf Énosis verbanden die griechischen Zyprioten einerseits mit der Teilnahme von 30 000 Freiwilligen an britischer Seite im Zweiten Weltkrieg, andererseits mit der erzwungenen Übergabe des Dodekanes seitens Italiens an Griechenland 1947. Doch die Briten zeigten keinerlei Bereitschaft, Zypern freizugeben. Dies förderte die Entstehung verschiedener Freiheitsorganisationen, die 1954 von Geórgios Grívas (1898–1974) in der EOKA A'(Nationale Organisation der Zypriotischen Kämpfer) zusammengeschlossen wurden. Ihr blutiger Kampf und das politische Engagement des Erzbischofs Makários III. (s. S. 148f.) führten schließlich zur Unabhängigkeit Zyperns am 16. August 1960.

Von der Unabhängigkeit zur Teilung

1960–1974

Erzbischof Makários III. wurde 1960 der erste Präsident der unabhängigen Insel. Sein vorrangiges Anliegen war es zunächst, Zypern aus der wirtschaftlichen und politischen Abhängigkeit von den Westmächten zu lösen. In diplomatischer Annäherung an die Ostblockstaaten und die arabischen Länder erschloss sich Zypern neue Märkte; außenpolitisch wurde Makários III. zu einem führenden Kopf der blockfreien Bewegung.

Innenpolitisch verfolgte Makários eine ›Politik des Erreichbaren‹. Kurz- bis mittelfristig schien ihm die Énosis nicht erreichbar zu sein. Deshalb versuchte er mit allen Mitteln, das Londoner Abkommen zu unterlaufen, das er in Interviews schlicht als »ungültig« bezeichnete. Er setzte alles an eine Verfassungsänderung. Die Verwaltung der Städte durch getrennte türkisch- und griechisch-orthodoxe Organe hatte sich als unpraktisch erwiesen. Der Zwang zur Mehrheit sowohl innerhalb der griechisch- als auch innerhalb der türkisch-zypriotischen Parlamentsgruppen hatte die gesetzgeberische Arbeit bei bestimmten Abstimmungen z. T. unmöglich gemacht. Insofern waren Änderungen aus praktischen Gründen wirklich notwendig. Zugleich wollte Makários aber auch eine Veränderung des Schlüssels bei der Ämterbesetzung. Den türkischen Zyprioten sollten nicht mehr 30 % oder 40 % der Posten zustehen, sondern nur noch die 18 %, die ihrem Anteil an der Inselbevölkerung entsprachen. Das aber wollten viele türkische Zyprioten nicht hinnehmen.

Ende 1963 kam es zu ersten Schießereien und Massakern; binnen weniger Wochen brach ein regelrechter Bürgerkrieg aus. In den Städten zog sich eine wachsende Zahl von Türken in bestimmte Stadtteile zurück; immer mehr Türken verließen ihre Dörfer und zogen in rein türkische Enklaven. Makários gab den Befehl, diese Enklavenbildung zu verhindern.

In den folgenden fünf Jahren übten die Zyprioten schon einmal die Teilung: Die türkisch-zypriotischen Behörden verwehrten den griechischen Zyprioten den Zutritt zu ihren Gebieten, die griechischen Zyprioten antworteten mit Wirtschaftssanktionen. 1960–1968 sank der Anteil der türkisch-zypriotischen Bevölkerung am Bruttosozialprodukt von 18 auf 11 %.

1964 glaubte Makários III. noch an eine militärische Lösung. Zypriotische Soldaten beschossen und belagerten türkisch-zypriotische Dörfer, die türkischen Zyprioten schossen zurück. Immer wieder kam es beiderseits zu Terrorakten. Waffen und Munition wurden von den Griechen überwiegend über Limassol auf die Insel geschafft; die Türken landeten ihren Nachschub in den kleinen Häfen von Mansoúra und Kókkina (Erenköy) an der Nordküste an. Der Bürgerkrieg eskalierte, als Anfang August 1964 türkische Düsenjäger Pólis und sogar Nicosia bombardierten.

Dass aber auch Makários III. auf gewaltsame Lösungen setzte, zeigte ein Appell des griechischen Ministerpräsidenten Geórgios Papandréou vom 9. August 1964 an den Erzbischof, alle Kampfhandlungen einzustellen. Dass Makários gar nicht an einer friedlichen Lösung interessiert war, behauptete eine Analyse der renommierten *Neuen Zürcher Zeitung* vom 11. August 1964: »Es war Makários, der eine Erfüllung des Vermittlungsauftrags Tuomiojas (seinerzeit finnischer Sonderbeauftragter der UN; Anmerkung des Autors) verhinderte und hintertrieb. Denn der streitbare Ethnarch wünschte keine Vermittlung, sondern eine integrale Durchsetzung seiner Ziele; mit der Aufkündigung sämtlicher vertraglicher Bindungen, der politischen Entrechtung der türkischen Minderheit und schließlich auch der Blockierung jeder positiven Unternehmung der Vereinten Nationen lenkte er die

Entwicklung in jene Bahnen, von denen er glaubte, sie führten am sichersten zu der von ihm erstrebten Beseitigung sämtlicher Fesseln – und die nun stattdessen zur türkischen Intervention geführt haben.«

Freilich gab und gibt es auch Stimmen, die Makários' Handlungen anders bewerten. Deren Analyse zufolge hatten die USA angeblich ein starkes Interesse daran, Zypern als unabhängigen Staat zu liquidieren, da dieser, im Unterschied zu Griechenland oder der Türkei, nicht der NATO angehörte und sogar noch mit den Russen ›flirtete‹. Die Amerikaner schlugen deshalb im Juli 1964 Griechenland und der Türkei den so genannten Acheson-Plan vor, der eine Teilung der Insel und den Anschluss der jeweiligen Landesteile an Griechenland bzw. die Türkei vorsah. Ebenso gibt es auch Analysen, die nicht Makários selbst für die Eskalation der Gewalt zum Hauptverantwortlichen machten, sondern General Grívas, den Helden des Befreiungskampfes gegen die Engländer. Er war im Juni 1964 nach fünfjährigem Exil aus Athen zurückgekehrt und hatte sofort das Kommando über zahlreiche, von Makários nicht zu kontrollierende Freischärler übernommen.

Die drohende Kriegsgefahr zwischen Griechenland und der Türkei zwang die USA zu Vermittlungsversuchen. Schließlich gelang es, den größten Teil der griechischen und türkischen Armee-Einheiten zum Abzug zu bewegen und den offenen Bürgerkrieg zu beenden. Er wurde jetzt mit anderen Mitteln – ökonomischer Blockade der Enklaven und Etablierung einer eigenen türkischen Verwaltung – fortgesetzt. Erst 1968 lockerte Makários die Boykott-Maßnahmen gegen die türkischen Zyprioten.

Zwischenzeitlich hatte mit Hilfe des amerikanischen CIA eine Militärjunta in Athen die Macht übernommen. Ihr war der ›blockfreie‹ Makários ein Dorn im Auge, zumal er seiner Antipathie gegenüber der Junta deutlich Ausdruck verlieh. Die Junta begann, die Terrororganisation EOKA B' des General Grívas zu fördern. Makários war im Zwiespalt: Einerseits verurteilte er die Aktionen der Terroristen, andererseits war Grívas bereits ein Nationalheld. Hätte Makários ihn gefangen nehmen lassen, wäre aus Grívas ein Märtyrer geworden. Als dieser am 27. Januar 1974 in seinem Versteck in Limassol starb, wohnten über 100 000 griechische Zyprioten dem Begräbnis des skrupellosen Terroristenführers bei – Makários inbegriffen.

Für die Militärjunta in Athen wurde Makários immer mehr zum Ärgernis. Zwei von ihr initiierte Attentatsversuche zu Beginn der 1970er Jahre scheiterten jedoch. Als sich griechische und türkische Zyprioten im November 1973 gar in Verfassungsfragen zu einigen schienen, glaubte sich die Athener Junta zu schärferen Maßnahmen gezwungen – ein Putsch rückte in greifbare Nähe. Auf den zunehmenden Druck aus Athen reagierte Makários mit verstärkter Verfolgung der EOKA B'-Mitglieder und ihrer Entlassung aus dem Staatsdienst. Am 6. Juli 1974 forderte er dann in einem Brief an die griechischen Militärmachthaber den Abzug aller noch auf Zypern stationierten griechischen Verbindungsoffiziere bis zum 15. Juli. Daraufhin befahl die Athener Junta am 15. Juli den Sturm griechischer Offiziere der zypriotischen Nationalgarde auf den Präsidentenpalast in Nicosia. Makários gelang in letzter Minute die Flucht. Von Páfos aus sprach er noch einmal über Rundfunk zu seinem Volk, dann brachte ihn eine britische Militärmaschine über Malta nach London und New York. Der Verleger Níkos Sampson übernahm als Marionette der Militärs das Präsidentenamt. Da die Briten nicht intervenierten, reagierte die Türkei auf den Putsch am 20. Juli 1974 mit der Invasion Zyperns. Drei Tage später war der Putsch gescheitert; Sampson überließ sein Amt dem legalen Stellvertreter des Präsidenten, Gláfkos Klerídes. Am 16. August 1974 stellten die türkischen Truppen ihren Vormarsch ein; die Insel war geteilt. Im Dezember 1974 kehrte Makários nach Zypern zurück und übernahm wieder seine Amtsgeschäfte.

In seinen letzten Amtsjahren bemühte sich Makários, die Türkei zum Abzug zu bewegen. Als er am 3. August 1977 um 5 Uhr morgens an einem Herzinfarkt verstarb, war er diesem Ziel noch keinen Schritt näher gekommen.

Zeittafel

9500–7000 v. Chr.	Erste Siedlungsspuren aus der Mittleren Steinzeit
7000–6000 v. Chr.	Jungsteinzeit I, Choirokoitía-Stufe. Erste Dörfer aus steinernen Rundhütten
4500–3700 v. Chr.	Jungsteinzeit II, Sotíra-Stufe. Anfänge der Keramik
3500–2300 v. Chr.	Kupfersteinzeit. Erste Metallwerkzeuge
2300 –1050 v. Chr.	Bronzezeit. Kupfergewinnung und -verarbeitung in großem Stil. Im 13. Jh. erste griechische Siedler
1050–750 v. Chr.	Kypro-geometrische Zeit. Zahlreiche Stadtgründungen
750–480 v. Chr.	Kypro-archäische Zeit. Abhängigkeit von Assyrien und Ägypten
480–323 v. Chr.	Griechische Klassik. Zypern unter persischer Herrschaft
323–58 v. Chr.	Hellenistische Zeit, Teil des Ptolemäischen Reichs
58 v. Chr.–395	Teil des Römischen Reiches
395–1191	Teil des Oströmisch-Byzantinischen Reichs; zwischen 632 und 965 den moslemischen Sarazenen tributpflichtig
1191	Eroberung durch Richard Löwenherz, der die Insel an den Templerorden verkauft
1192	Der aquitanische Kreuzritter Guy de Lusignan kauft die Insel und macht sie zu einem fränkischen Königreich.
1204	Venezianer und römisch-katholische Kreuzritter erobern und plündern Konstantinopel und besetzen weite Teile des Byzantinischen Reichs.
1291–1308	Die Ritter des Johanniterordens residieren auf Zypern und behalten auch danach Besitzungen auf der Insel.
1453	Die Osmanen erobern Konstantinopel, Byzanz.
1489–1571	Venezianische Herrschaft

Eroberung Zyperns durch die Osmanen	**1570/71**
Griechischer Freiheitskampf gegen das Osmanische Reich. Zypern wird davon nicht erfasst.	**1821–1829**
Die Osmanen verpachten die Insel an Großbritannien.	**1878**
Als Folge des türkischen Kriegseintritts auf Seiten der Mittelmächte annektiert Großbritannien die Insel.	**1914**
Bis zu 30 000 griechische Zyprioten kämpfen in der britischen Armee.	**1940–1945**
Makários III. wird zum Erzbischof gewählt.	**1959**
Bewaffneter Freiheitskampf durch die EOKA A' unter Oberst Grívas	**1955–1959**
Am 16. August wird Zypern unabhängig. Makários III. wird erster Präsident.	**1960**
Am 21. Dezember kommt es zu blutigen Kämpfen zwischen griechischen und türkischen Zyprioten, die acht Monate lang andauern.	**1963**
Am 4. März kommen die ersten UN-Friedenstruppen. Die Altstadt von Nicosia wird geteilt.	**1964**
Militärdiktatur in Griechenland	**1967–1974**
Griechischer Militärputsch gegen Makários III., daraufhin türkische Invasion Zyperns am 20. Juli	**1974**
Tod von Makários III.	**1977**
Proklamation der ›Türkischen Republik Nordzypern‹ durch deren Führer, Rauf Denktasch	**1983**
Volksabstimmung über einen Wiedervereinigungsplan von Kofi Annan. Die griechischen Zyprioten lehnen ihn ab; daraufhin wird am 1. Mai nur der Süden EU-Mitglied.	**2004**
Voraussichtliche Einführung des Euro als Landeswährung	**2008**

Lebensart und Alltagskultur

Südzypern ist ein ganz und gar westlich geprägtes, modernes Land mit hohem Lebensstandard. Dem Norden geben Neusiedler und türkische Soldaten ein ganz leicht anatolisches Gepräge. Die Religion spielt bei den Moslems eine weitaus geringere Rolle als bei den Christen – und Feste werden auf beiden Seiten gleichermaßen gern und intensiv gefeiert.

Für den Reisenden ist die Verstädterung Südzyperns eins der augenfälligsten Phänomene. Fast jeden Tag gibt ein südzypriotischer Bauer seinen Betrieb auf; nur noch etwa 20 000 Südzyprioten leben von der Landwirtschaft, während fast drei Viertel der Bevölkerung in den Städten wohnen (Deutschland: 88,1 %) – mit Trend zum Sommerhaus am Meer oder in den Bergen. Der Bauboom ist ungebrochen, frisst immer mehr Landschaft auf. Der Norden möchte dem Süden gern nacheifern. Kyrénias idyllische Altstadt ist inzwischen von einem wuchernden Neubauten-Polyp umgeben; in Famagusta steht die Altstadt fast leer, während die Neustadt um sie herum in schnellem Tempo wächst. Auch hier bedecken immer mehr Urbanisationen die Küstenlandschaften und schieben sich langsam auf Zyperns letzte Naturoase – die Karpass-Halbinsel – vor.

In den Städten wird spürbar, dass Zypern ein Land mit vielen jungen Leuten ist. Fast 22 % der Bevölkerung ist unter 15 Jahre alt, in Deutschland sind es nur knapp 15 %. Während in Deutschland der Anteil der über 65-Jährigen bei 17,3 % liegt, beträgt er auf Zypern nur 12 %.

Die Jugend bleibt nicht in den Dörfern, die dadurch überaltern und teilweise zu Geisterdörfern herunterkommen, die nur noch am Wochenende von Leben erfüllt sind. In Nordzypern ist die Landflucht kein so großes Problem. Die vielen anatolischen Neusiedler, die zumeist froh sind, endlich eigenen Grund und Boden zu besitzen (obwohl die Besitzverhältnisse häufig ungeklärt sind), bleiben auf ihrer Scholle.

Verstädterung und Landflucht haben auch auf Zypern zur Auflösung der traditionellen Großfamilie geführt. Die soziale Kontrolle durch die Gemeinschaft spielt dennoch weiterhin eine große Rolle. In einem solch kleinen Land wie Zypern muss man immer damit rechnen, von Bekannten und Angehörigen gesehen zu werden. Familiäre Bande und freundschaftliche Beziehungen sind auch bei Geschäften sehr nützlich. Offene Korruption spielt dagegen zumindest scheinbar eine geringere Rolle: Nach dem Internationalen Korruptionsindex, an dem auch die Weltbank mitarbeitet, schneidet Zypern besser ab als Griechenland, die Türkei oder Italien und liegt unter 146 untersuchten Ländern an 36. Stelle, während die Türkei nur Rang 77 erreicht.

Religiosität und Aberglaube

Fast alle griechischen Zyprioten gehören dem griechisch-orthodoxen Bekenntnis an. Der Einfluss der Kirche auf Politik und Staat ist groß (s. S. 44). Ins Alltagsleben ihrer Bürger greift sie aber weit weniger ein als die römisch-katholische Kirche. Ehescheidungen sind möglich und zur Empfängnisverhütung

Eine Kerze für den Heiligen: Viele Gläubige stiften sie beim Kirchenbesuch

nimmt die Kirche keine Stellung, auf Zypern hat sie sich selbst in der Frage der Abtreibung jede moralische Grundlage entzogen, als sie nach der türkischen Invasion 1974 die Abtreibung von Kindern billigte, die durch Vergewaltigungen durch türkische Soldaten gezeugt worden waren.

Die Volksfrömmigkeit der griechischen Zyprioten tritt im Straßenbild anders als in Griechenland kaum in Erscheinung. Weitaus weniger Menschen bekreuzigen sich hier, wenn sie an Kirchen vorbeifahren oder -gehen, Bilderstöcke am Straßenrand sieht man kaum. Der tägliche Gang in die Kirche ist eher die Ausnahme. Trotzdem sind die Gottesdienste an Sonn- und Feiertagen gut besucht, Taufe und kirchliche Trauung gehören zum Lebensritual. Auch in der Kirche hält man sich an die alten Rituale, bekreuzigt sich, zündet Kerzen an, küsst die Ikonen und Gebeine von Heiligen. In vielen Gotteshäusern kann man Gebete auf Zettel schreiben und nahe einer Ikone oder Reliquie hinterlassen, damit es noch fortwirkt, wenn der Gläubige längst woanders ist. Während solche Handlungen von der offiziellen Kirche unterstützt werden, bekämpft sie jedoch andere, bis vor wenigen Jahren noch weit verbreitete, typisch zypriotische Eigenarten. So gab es früher viele Bäume und Sträucher nahe Kirchen, an denen die Menschen Tücher festknoteten, um ihre Gebete zu unterstützen. Einige Kirchen wurden sogar mit dicken Bindfäden umschnürt – eine Reminiszenz an den Stoffgürtel der Liebesgöttin Aphrodite. So wie sich jeder Mensch, der den Gürtel der Aphrodite sah, in die Gottheit verliebte, sollte der Gurt aus Bindfaden ein heiliges Attribut Mariens sein.

Die orthodoxe Kirche

Die orthodoxe Kirche auf Zypern ist jedoch von der griechischen völlig unabhängig und als Nationalkirche sogar viel älter als die griechische. In frühchristlicher Zeit war die Kirche in fünf Patriarchate untergliedert: Rom,

Maroniten und Armenier

Thema

Drei Minderheiten sind im Parlament der Republik Zypern durch gewählte, aber nicht stimmberechtigte Abgeordnete vertreten: Armenier, Maroniten und römische Katholiken. Eine eigene Sprache pflegen nur die Armenier, eine eigene Schule haben auch die Maroniten.

Die größte dieser drei anerkannten Minderheiten stellen mit 0,6 % der Bevölkerung die Maroniten. Etwa 6000 von ihnen leben auf der Insel, davon knapp die Hälfte in vier Dörfern Nordzyperns. Im Süden konzentrieren sich diese Christen auf Nicosia. Die Zahl armenischer Christen ist in den Ergebnissen der letzten Volkszählung von 2001 mit 1341 angegeben, die der römischen Katholiken mit 279. Die Zahl der letzt genannten steigt jedoch durch Einbürgerungen von Ausländern in den letzten 15 Jahren rasant: bei den Parlamentswahlen von 2006 gaben schon 372 von ihnen ihre Stimme ab.

Die Maroniten waren 1974–2004 die einzigen Zyprioten, die nahezu problemlos die Green Line überqueren konnten, um ihre Glaubensbrüder im jeweils anderen Teil zu besuchen. Auch jetzt nehmen sie eine geringfügige Sonderstellung ein: Südzypriotische Maroniten, die ursprünglich aus dem nordzypriotischen Dorf Kormakitis stammen, dürfen dort seit 2004 wieder wohnen, Häuser bauen und sogar – eine allerdings begrenzte Fläche – Land verkaufen. Die maronitische Kirche ist im Libanon zu Hause und mit der römisch-katholischen Kirche uniert. In den Kafenía der Maroniten in der Altstadt von Nicosia sieht man daher neben den Fotos des libanesischen Staatspräsidenten auch immer die Flagge des Libanon und ein Bildnis des Papstes. Der Bischof der zypriotischen Maroniten residiert in der Altstadt von Nicosia gleich neben der maronitischen Hauptkirche. Die Maroniten sprechen untereinander Griechisch; mit ihren Glaubensbrüdern im Libanon, deren Muttersprache überwiegend Arabisch ist, kommunizieren sie auf Französisch.

Die ersten Armenier sind bereits im Jahr 591 nach Zypern gelangt. Im 12. Jh. gab es gar zwei armenische Bistümer auf der Insel, eins in Nicosia und das andere in Famagusta. Als die Mamelucken 1426 Kilikien eroberten, ergoss sich ein erneuter armenischer Flüchtlingsstrom über Zypern, ebenso wie 1914–22, als die Armenier in der Türkei verfolgt wurden. Nach der Errichtung der Green Line in der Altstadt von Nicosia 1964 zogen nahezu alle Armenier bereits in den Süden; heute lebt keiner von ihnen mehr in Nordzypern. Die Armenier unterhalten eigene Grundschulen und Kirchen in Nicosia, Limassol und Lárnaka. Der armenische Bischof residiert in der Neustadt von Nicosia, wo ganz in der Nähe des Hilton-Hotels auch die armenische Domkirche steht. Dogmatisch unterscheidet sich die armenische Kirche von der zypriotisch-orthodoxen vor allem durch den von ihr vertretenen Monophysitismus; d. h., dass die armenische Glaubenslehre Christus nur eine göttliche, nicht aber auch eine menschliche Natur zuspricht. Die Spaltung vollzog sich bereits kurz nach dem Konzil von Chalkedon im Jahr 451.

Die römisch-katholische Gemeinde Zyperns vertritt nicht die Ausländer gleicher Konfession, sondern nur zypriotische Katholiken. Sie sind außer im Glauben völlig ins griechisch-zypriotische Leben integriert. Kirchenrechtlich unterstehen sie dem Lateinischen Patriarchen von Jerusalem.

Konstantinopel, Alexandria, Antiochia und Jerusalem. Deren Patriarchen übten die Jurisdiktion über alle christlichen Gemeinden des Mittelmeerraums aus. Zypern genoss bereits im 4. Jh. eine gewohnheitsmäßige Unabhängigkeit bei der Einsetzung seiner Bischöfe, deren Rechtmäßigkeit freilich immer wieder der Patriarch von Antiochia zu bestreiten suchte. Doch den Zyprioten kam im Jahr 477 eine Vision ihres Bischofs Anthémios zu Hilfe: Sie wies ihm den Weg zum Grab des Apostels Bárnabas (bei Salamis). Man fand den Apostel in seinem Grab, ein handgeschriebenes Matthäus-Evangelium auf der Brust. Damit war der Nachweis erbracht, dass die Kirche von Zypern eine apostolische, also eine von einem Apostel selbst gegründete Kirche war. Eine Synode erkannte nun die Unabhängigkeit der zypriotischen Kirche an. Bischof Anthémios wurde zum Erzbischof erhoben. Zypern war damit nach den Patriarchaten die erste autokephale (von griech. *autós* = ›selbst‹ und *kephalé* = ›Haupt‹) Kirche überhaupt – also in gewissem Sinne die erste Nationalkirche der Christenheit. Erst 692 erlangte Georgien die Autokephalie, als dritte 927 Bulgarien. Die griechische Kirche, bis dahin dem Patriarchen von Konstantinopel unterstellt, ist sogar erst seit 1850 autokephal.

Für orthodoxe Christen sind Katholiken und Protestanten Häretiker; ihre Taufe ist ungültig. Ökumenische Bestrebungen fallen in Griechenland und Zypern weitgehend auf unfruchtbaren Boden. Als einzige Möglichkeit zur Überwindung der Kirchenspaltung erscheint der Orthodoxie die Rückkehr der Häretiker zum wahren Glauben.

Zur offiziellen Kirchenspaltung, dem Schisma, kam es im Jahr 1054. Die Wurzeln dazu legte schon die Teilung des Römischen Reichs in ein west- und ein oströmisches im Jahr 395. Nachdem die Ostgoten. 476 Westrom vernichtet hatten, trat Byzanz endgültig die Nachfolge des Römischen Reiches an. In Rom kristallisierte sich in der Folgezeit das Papsttum als geistliche Macht heraus, die bald auch imperiale Ansprüche stellte. Sie gipfelten 800 in der Kaiserkrönung Karls des Großen durch den Papst. Zum großen Bruch kam es dann 1054 einerseits aus machtpolitischen Gründen, zum anderen aber auch aus theologischen. Die römisch-katholische Kirche vertrat das *Filioque*, also die neue These, dass der Heilige Geist außer vom Vater auch vom Sohn ausgehe. Darauf konnten sich die Orthodoxen nicht als Dogma einlassen, denn es war ja einseitig vom Papst und nicht von einer Ökumenischen Synode verkündet worden. Weitere dogmatische Unterschiede kamen hinzu. Die römischen Katholiken feierten die Kommunion mit ungesäuertem Brot, während die Ostkirche auf dem alltäglichen, gesäuerten Brot beharrte. Und sie vertreten das Zölibat für den Klerus, während in der Ostkirche auch heute noch Priester verheiratet sein dürfen, wenn die Eheschließung bereits vor der Priesterweihe stattgefunden hat. Das Zölibat gilt in der Ostkirche nur für Mönche und Bischöfe.

Weitere dogmatische Unterschiede zwischen der griechisch-orthodoxen und der römisch-katholischen Kirche liegen z. B. darin, dass die Ostkirche kein Fegefeuer kennt, dass die leibliche Himmelfahrt Mariens kein Glaubenssatz ist und dass bei der Kommunion grundsätzlich auch der Gemeinde mit Wasser gemischter Wein gereicht wird.

Dogmen zu beschließen ist in der orthodoxen Kirche allein der Ökumenischen Synode, der Versammlung aller orthodoxen Bischöfe, vorbehalten. Die letzte Ökumenische Synode trat vor rund 1200 Jahren zusammen, beim 7. Ökumenischen Konzil zu Nicäa 787. Nicht zuletzt deshalb ist die orthodoxe Kirche so ›orthodox‹ geblieben – neue Dogmen wurden seitdem nicht verkündet.

Ein orthodoxes Element ist auch das Festhalten an demokratischen Prinzipien der Urkirche. Es gibt keinen Papst und keine päpstliche Unfehlbarkeit; selbst der Patriarch von Konstantinopel genießt nur ein Ehrenprimat, das keinerlei Weisungsrechte gegenüber den anderen Patriarchen und autokephalen Kirchen impliziert. Auch innerhalb seiner eigenen Kirche hat der jeweilige Patriarch oder Erzbischof keine geistige und materielle Weisungsbefugnis gegenüber seinen Bischöfen.

Feiertage im Süden

1.1. – Neujahr
6.1. – Epiphanias, Tag der Taufe Jesu und der Wasserweihe
25.3. – Griechischer Nationalfeiertag zur Erinnerung an den Beginn des griechischen Freiheitskriegs gegen die Osmanen im Jahr 1821
1.4. – Griechisch-zypriotischer Nationalfeiertag zur Erinnerung an den Beginn des Freiheitskampfes gegen die Briten 1955
1.5. – Internationaler Tag der Arbeit
15.8. – Mariä Entschlafung
1.10. – Zypriotischer Unabhängigkeitstag
28.10. – Griechischer Nationalfeiertag (Ochi-Tag) zur Erinnerung an das ›Nein‹ Griechenlands zu einem Ultimatum Mussolinis im Jahr 1940, das zum Überfall Italiens auf Griechenland führte
24.–26.12. – Weihnachten

Bewegliche Feiertage:
Rosenmontag – 22.2.2007, 10.3.2008, 2.3.2009
Karfreitag – 6.4.2007, 25.4.2008, 17.4.2009
Ostermontag – 9.4.2007, 28.4.2008, 20.4.2009
Pfingstmontag/Kataklysmós – 28.5.2007, 16.6.2008, 8.6.2009

Der Erzbischof von Zypern schließlich wird nicht einmal von einer Bischofssynode gewählt, sondern vom Kirchenvolk: Die Laien wählen ein Wahlmännerkollegium, das wiederum einen kleineren Kreis von speziellen Repräsentanten bestimmt, die dann den neuen Erzbischof küren.

Islam auf Zypern

Die zweite große Religionsgemeinschaft auf Zypern stellen die Moslems. Sie gehören mehrheitlich der sunnitischen Richtung an. Nachdem Atatürk 1922 in der Türkei weltliche und geistige Herrschaft voneinander geschieden und 1928 gar den Islam als Staatsreligion abgeschafft hatte, verloren auch die Hodschas und Imame auf Zypern noch mehr Einfluss, als das durch die Herrschaftsübernahme der Briten ohnehin schon der Fall gewesen war.

Heute macht Nordzypern einen ganz und gar weltlichen Eindruck. Nur die Moscheen mit ihren Minaretten und die Gebetsrufe der Muezzin erinnern daran, dass die Bewohner dieses Inselteils Moslems sind. Das strikte Alkoholverbot des Propheten wird kaum eingehalten, zum Freitagsgebet gehen längst nicht mehr alle in die Moschee. Türkische Fundamentalisten konnten noch keinen nennenswerten Einfluss gewinnen; die türkischen Zyprioten fürchten allerdings den Tag, an dem sie die Macht im Mutterland übernehmen. Dann, so meinen sie, wird der Übergriff des fundamentalistischen Fanatismus auf Zypern nicht mehr zu verhindern sein. Ein Nährboden dafür wären die vielen zehntausend völkerrechtswidrig angesiedelten Anatolier, die auf dem Lande heute schon durch größere Religionsstrenge auffallen. Sie halten sich zum Beispiel meist penibel an die Fastenvorschriften im Monat Ramadan, die die türkischen Zyprioten eher lasch handhaben.

Zyperns Moscheen darf man als Nicht-Moslem betreten. Ihr Innenraum ist klar gegliedert. Jede Moschee besitzt eine Gebetsnische, *Mihrab* genannt, die den Gläubigen die Richtung nach Mekka weist, dem heiligen Ort des Islam. Neben dem Mihrab steht in der Regel der *Minbar*, eine Kanzel aus Holz oder Stein, zu der eine Treppe hinaufführt. Von hier aus verkündet der Gemeindevorsteher am Freitagmittag alle wichtigen, die Gemeinde betreffenden Nachrichten. Fast jede Moschee besitzt ein *Minarett*. Früher rief vom Minarett aus der *Muezzin* die Gläubigen zum Gebet; heutzutage steht der Muezzin an einem Mikrofon am Boden des Minaretts und verbreitet seine Koranverse über Lautsprecher. Damit auch taube Gläubige den Ruf zum Freitagsgebet vernehmen können, wird freitagmittags am Minarett eine Gebetsfahne gehisst.

Fünf Pflichten für den Gläubigen bilden die Grundsäulen des Islam:

1. Das Glaubensbekenntnis zu Allah als einzigem und allmächtigem Gott.
2. Das fünfmalige Gebet am Tag zu vorgeschriebenen, von Tag zu Tag wechselnden Gebetszeiten.
3. Das Fasten von Sonnenauf- bis Sonnenuntergang während des Fastenmonats Ramadan.
4. Das Almosengeben an Bedürftige.
5. Die Pilgerfahrt nach Mekka mindestens einmal im Leben, wenn man sie sich irgendwie leisten kann.

Feste und Festivals

Im Süden ...

Die meisten Festtage im Süden sind an den Kirchenkalender gebunden. Jede Kirche und jedes Kloster feiert einmal im Jahr Kirchweihfest, wobei sich die Feierlichkeiten manchmal auf einen Gottesdienst beschränken. Häufig ist er mit einer Prozession verbunden, bei der die Ikone des Kirchenpatrons um das Gotteshaus, durchs Dorf oder durch sein Kirchspiel getragen wird. Oft trinken die Kirchgänger im Anschluss an die Prozession zusammen Kaffee oder verzehren mitgebrachte, einfache Speisen.

Einige Kirchweihfeste werden in größerem Rahmen gefeiert. Dann trifft sich die ganze Gemeinde mit Gästen aus nah und fern schon am Vorabend zu einem Gottesdienst mit anschließender Feier auf dem Dorfplatz oder in einer Taverne. Die Kirchweihfeste der Klöster sind zudem häufig mit bunten Jahrmärkten verbunden, auf denen an den Marktständen zypriotische Spezialitäten, Spielzeug, Kleidung, Musikkassetten und Haushaltswaren verkauft werden und fliegende Händler zu improvisierten Glücksspielen auffordern. Der Einsatz richtet sich dabei nach dem Wert des Preises.

Das bedeutendste Fest des Jahres ist Ostern (s. S. 46). Ein weiteres bedeutendes Fest im Jahreskreis ist der Kataklysmós, der am Pfingstmontag begangen wird. Das Fest steht in einer mystischen Verbindung zum Wasser. Es erinnert an die Errettung der Menschheit von der Sintflut und dient spirituell der seelischen Reinigung der Lebenden wie der Toten, aber auch der realen Reinigung von liturgischen Geräten und Gewändern. In den meisten Küstenorten zieht die Gemeinde nach dem Morgengottesdienst ans Meer. Der Priester wirft ein Kreuz ins Wasser; junge Männer tauchen danach. Wer es wieder herausholt, darf auf ein segensreiches Jahr hoffen. Besonders ausgiebig wird der Kataklysmós in Lárnaka gefeiert, wo er mit einem mehrtägigen Volksfest verbunden ist. Entlang der Uferpromenade gibt es dann einen Jahrmarkt, in der ganzen Stadt werden zahlreiche kulturelle Veranstaltungen sowie sportliche und musische Wettbewerbe angeboten. Das dritte große kirchliche Fest im Jahr ist der Tag Mariä Himmelfahrt, der hier als Tag des Marientodes, Mariä Entschlafung, begangen wird. In fast allen Stadtgemeinden und Dörfern mit Marienkirche wer-

Feiertage im Norden

1.1. – Neujahr
23.4. – Tag des Kindes
1.5. – Internationaler Tag der Arbeit
19.5. – Tag der Jugend und des Sports
20.7. – Tag des Friedens und der Freiheit zur Erinnerung an den Beginn der türkischen Invasion 1974
1.8. – Tag des Widerstandes
30.8. – Tag des Sieges zur Erinnerung an den türkischen Sieg 1974
29.10. – Tag der Türkischen Republik
15.11. – Tag der ›Türkischen Republik Nordzypern‹ zur Erinnerung an deren Proklamation 1983

Bewegliche Feiertage:
Seker Beyrami – Ende des Fastenmonats Ramadan 23.–25.10.2006, 12.–14.10.2007, 30.9.–2.10.2008
Kurban Bayrami – Opferfest zur Erinnerung an die Bereitschaft Abrahams, seinen Sohn Isaak Gott zu opfern 31.12.2006–3.1.2007, 20.–23.12.2007, 8.–11.11.2008

Früh übt sich: Auch die Jüngsten beherrschen schon die traditionellen Tänze – wie hier bei einem Fest in Limassol

den dann besonders fröhliche Kirchweihfeste mit Musik und Tanz gefeiert. Viele Zyprioten fahren an diesem Tag aber auch zum Picknick an die Strände und in die Berge, nehmen reichlich zu essen und kräftige Ghetto-Blaster mit.

Kulturelle und sportliche Veranstaltungen finden überall auf Zypern den ganzen Sommer über statt. Ende Juni wird alljährlich im Rahmen eines Shakespeare-Festivals eines seiner Stück im antiken Theater von Koúrion inszeniert, im Juli findet im Theater von Koúrion und im Odeon von Páfos ein Festival des antiken griechischen Theaters statt. Opernfreunde zieht es Anfang September nach Páfos, wenn hier vor dem türkischen Fort am Hafen an drei Abenden eine klassische Oper unter freiem Himmel zur Aufführung gelangt. Ein Ort der Begegnung zwischen Einheimischen und Urlaubern ist das Weinfest im Stadtpark von Limassol in der ersten Septemberhälfte, in dessen Mittelpunkt zahlreiche folkloristische Darbietungen stehen. Als spektakuläres Ereignis gelten auch die an Río

Unterschiede zwischen Griechen und Zyprioten

Thema

Was macht den Unterschied zwischen Griechenland und Zypern aus? Einige Schriftsteller haben schon versucht, darauf eine Antwort zu geben. Aber auch der Urlauber, der Hellas gut kennt, wird schnell den anderen Charakter der Insel und ihrer Bewohner verspüren.

Níkos Kazantzákis, der berühmte kretische Dichter und Autor des »Alexis Sorbas«, schrieb einst, er habe noch niemals eine Insel mit so weiblichem Charakter gesehen wie Zypern.

Johannes Gaitanides, in den 1960er und 70er Jahren Doyen der Griechenland-Autoren in Deutschland, verglich den Unterschied zwischen Hellas und Zypern mit dem zwischen Bariton und Tenor: »Eher auf Bariton als auf Tenor eingestimmt, ist die Tonlage dieser Insel gedämpfter, im Rhythmus verhaltener, ihre Melodik schwingt weniger weit aus zu den Extremen der Lust und der Klage« (Merian-Heft Zypern, Oktober 1970).

Ein gutes Beispiel dafür waren und sind die *bouzoukias* – die Musiklokale, die man spätabends besucht, um griechisch zu tanzen. Während man in Griechenland zu Ehren der tanzenden Freunde bis vor wenigen Jahren Teller und Gläser, mit Originalinhalt gefüllte teure Whisky- und Champagnerflaschen vor ihren Füßen zerschmetterte, warf man ihnen auf Zypern längst Blumen zu. Im Straßenverkehr wird der Unterschied auch hörbar: Wo die Griechen schon beim Ansatz eines Verkehrsstaus in lautes Hupen ausbrechen würden, drehen die griechischen Zyprioten höchstens ihr Autoradio lauter.

Aber nicht nur im Alltäglichen, auch in der Politik wird der Unterschied sichtbar: Während Griechenlands Gewerkschaften noch immer gern zu Streiks und Generalstreiks aufrufen, sind die kommunistische Partei und deren Gewerkschaft auf Zypern stolz darauf, fast nie zu streiken und Probleme lieber im Gespräch zu lösen. Auch Studentenunruhen hat es auf Zypern bislang nicht gegeben.

de Janeiro erinnernden Paraden zur Karnevalszeit, insbesondere am Faschingssonntag in Limassol. Die Büros des zypriotischen Fremdenverkehrsamtes geben allmonatlich ein umfangreiches, kostenloses Verzeichnis aller Feste, Festivals sowie kultureller und sportlicher Einzelveranstaltungen heraus. Man besorgt es sich am besten gleich bei Ankunft am Flughafen.

... und im Norden

Da in Nordzypern keine Heiligen verehrt werden, gibt es dort weitaus weniger Dorffeste als im Süden. Hier stehen eher die privaten Ereignisse Geburt und Beschneidung im Vordergrund, die jeweils im großen Rahmen begangen werden. Es gibt aber auch zwei große, religiöse Feste: das Zuckerfest am Ende des Fastenmonats Ramadan und das Opferfest während des Wallfahrtsmonats. Beide sind vor allem mit ausgiebigen Essgelagen verbunden.

Kulturfestivals gibt man in Nordzypern in der gotischen Abteiruine von Bellapaís, im antiken Theater von Salamis und im mittelalterlichen Festungsturm des Othello Tower in Famagusta einen besonders schönen Rahmen. In Bellapaís finden Festivals klassischer Musik statt, in Salamis und Famagusta erklingen Konzerte aller Musikrichtungen.

Kunst und Kultur

Auf Zypern haben viele Kulturen Europas, Klein- und Vorderasiens ihre Spuren hinterlassen. Kunst und Kultur unterlagen zahllosen Einflüssen, haben aber dennoch immer wieder zu eigenen Formen gefunden. So wird man auf einer Reise durch 11 000 Jahre zypriotischer Kunstgeschichte auf manch Bekanntes stoßen, aber auch viel Überraschendes und Neues entdecken.

Von den Anfängen bis zum Ende der Bronzezeit

Die Steinzeit war die längste Epoche der Menschheitsgeschichte (9500–1500 v. Chr.). Der Übergang vom Nomadentum zur Sesshaftigkeit, vom Leben als Jäger und Sammler zum Leben als Bauer und Viehzüchter, markierte den ersten wichtigen Schritt in der kulturellen und wirtschaftlichen Entwicklung für die Menschen. Auf Zypern wird er insbesondere in Choirokoitía und Kalavasós-Ténta greifbar.

Das Kupfer hat dann die vorgeschichtliche Welt erneut verändert. Es war das erste Metall, das die Menschen zu nutzen verstanden. Auf Zypern tauchten die ersten kupfernen Gegenstände um 3500 v. Chr. auf. Die darauf folgenden 1200 Jahre nennt man denn auch die Kupfersteinzeit, das Chalkolithikum. Noch wurden die meisten Objekte vom anatolischen Festland importiert, Kupferwerkzeuge verwendete man nur neben den weiterhin gebräuchlichen Steinwerkzeugen. Im 2. Jahrtausend nutzten die Zyprioten dann bereits ihre eigenen Kupfervorkommen, die so ergiebig waren, dass Zypern in anderen Regionen ganz einfach als ›Kupferland‹ bezeichnet wurde.

Kupferabbau, -verarbeitung und -export bedingten einen Wandel der Gesellschaftsstruktur. Die neue Technik der Metallurgie verlangte nach Spezialisten und einem hohen Organisationsgrad der Arbeit. Da für die Bronzelegierungen, bei denen dem Kupfer 4–30 % Zinn und unterschiedliche Mengen von Zink, Blei und manchmal auch Arsen zugesetzt werden mussten, auch Rohstoffe benötigt wurden, die es auf der Insel nicht gab, kam nun auch dem Außenhandel eine bedeutende Rolle zu. In Kreta und Mykene bildete sich als Lösung die Palastwirtschaft heraus. Auf Zypern entstand mit Enkómi beim heutigen Famagusta die erste schon fast bürgerlich anmutende Stadt der Insel. Wenn es hier eine Art König gab, war er nicht viel mehr als ein ›Erster unter Gleichen‹ ohne eine alles dominierende Residenz.

Städte: Enkómi und Kítion

In Enkómi wie im rund 300 Jahre später gegründeten Kítion auf dem Gebiet des heutigen Lárnaka war die Kupferverarbeitung topografisch aufs Engste mit den Tempeln verbunden. Die Werkstätten lagen, obwohl sie viel Lärm, Rauch und giftige Abgase produzierten, innerhalb der Stadtmauern. In Enkómi erkennt man die vielen kleinen Werkstätten heute noch – nur wenige Meter von den durch große, sauber behauene Steinquader gekennzeichneten bronzezeitlichen Heiligtümern entfernt. In Kítion hat man noch engere Verbindungen nachweisen können: Da führen Maueröffnungen, Passagen und sogar Türen direkt in die Arbeitsräume der Metallurgen.

Die enge Verbindung zwischen Kultbauten und Produktionsstätten war mit Sicherheit ökonomisch bedingt. Vom Tempel mag die Arbeitsorganisation ausgegangen sein, über den Tempel und den ihn beherrschenden Priesterkönig lief die Verteilung des erzielten Mehrwerts.

Skulpturen: Die Bronzegötter von Enkómi

Das Kupfererz galt den Menschen jener Zeit als Geschenk der Götter. In welcher Gestalt diese Götter verehrt wurden, zeigen zwei Funde aus Enkómi, die heute im Zypern-Museum in Südnicosia zu sehen sind. Sie stellen eine männliche Gottheit dar, die als Kopfbedeckung eine Haube oder einen Helm und daran befestigte Stierhörner trägt. Beide sind mit einem kurzen Rock bekleidet. Die eine trägt einen Schild und einen Speer, die andere hat ihre rechte Faust auf die Brust gedrückt und den linken Arm gebeugt. Die bewaffnete Skulptur steht auf einem so genannten Ochsenhautbarren, der Standardform für den Handel bestimmter Kupferbarren. Die Waffen zeigen an, dass das Kupfer unter dem Schutz der Gottheit steht. Deren Hörner bedeuten wohl, dass auch der Gott des Erzes als eine Art Fruchtbarkeitsgottheit angesehen wurde.

Kult und Alltag: Vier Tonmodelle im Zypern-Museum

Im Zypern-Museum von Nicosia sind in Saal 2 bei drei frühbronzezeitlichen Tonmodellen aus der Zeit um 2000 v. Chr. kultische Handlungen plastisch festgehalten. In den beiden Tonmodellen eines Stierheiligtums ist ein Mensch neben einem brusthohen Tongefäß zu sehen, das vor einer Wand steht. In diese Wand sind reliefartig drei mächtige, sich nach oben verjüngende Pfeiler hineingearbeitet, die über dem Abschluss der Wand als vollplastische Stierköpfe heraustreten. Die Tongefäße scheinen zum Inventar des Heiligtums zu gehören und dienten wohl der Aufnahme von Opferflüssigkeiten wie Öl oder Milch.

Das dritte kultische Tonmodell, gefunden in der Nekropole von Vouní, ist eine Schale von 30 cm Durchmesser, die mit 19 menschlichen und vier Tierfiguren bestückt ist. Ein Tor führt ins Heiligtum hinein, das offensichtlich nicht betreten werden durfte, denn eine Figur ist außen an der Schalenwand – an der Mauer des Heiligtums also – emporgeklettert, um einen neugierigen Blick auf die hier vollzogene Kulthandlung zu werfen. Mit dem Rücken zum Tor sitzt auf einem breiten Thronsessel eine besonders große Figur mit eigenartiger Kopfbedeckung. Sie repräsentiert vielleicht einen Toten, dem zu Ehren die Kulthandlung vollzogen wird. Der Figur gegenüber befindet sich an der Innenwand der Schale eine halbkreisförmige Opfergrube oder Feuerstelle, an der eine kleine, knieende Figur irgendeine Tätigkeit ausübt. Hinter der Opfergrube sind im Relief drei menschliche Figuren mit Stierköpfen zu sehen, die sich an den Händen halten. Von ihnen hängen Schlangen herab. Sie verkörpern wohl die Gottheiten, die in dieser Kulthandlung angerufen werden. Links und rechts von ihnen sitzen zwei bzw. vier weitere Figuren auf einer Bank. Wie alle anderen in dieser Schale fallen auch diese Figuren durch außerordentlich lange Hälse und vogelförmige Körper auf – Phallussymbolen nicht unähnlich. Eine Gruppe von fünf weiteren Figuren steht fast in der Mitte der Schale im Kreis; eine davon hält offenbar einen Säugling. Soll er vielleicht wie die vier Stiere, die in Zweiergruppen jeweils von einem Diener betreut werden, als Opfer dargebracht werden?

Eine ländliche Szene aus der gleichen Zeit ist direkt daneben ausgestellt. Auf einem kleinen Tisch sind drei bäuerliche Tätigkeiten verewigt: Zweimal ziehen je zwei Stiere einen hölzernen Pflug über den Acker, wobei jeweils ein Mensch hinter dem Pflug hergeht. Dahinter hütet ein Mensch ein Tier, offenbar ein Schaf oder einen Widder. Zwei weitere Figuren halten gemeinsam ein siebähnliches Gerät. Solchen Szenen landwirtschaftlicher Tätigkeiten konnte man auf Zypern und anderswo noch bis vor einigen Jahren überall auf dem Lande begegnen – diese jahrtausendealten Arbeitsweisen sind erst in letzter Zeit endgültig untergegangen.

Kypro-archäische Zeit bis zum Römischen Reich

Anders als in Griechenland, wo die Einwanderung neuer Stämme und der Untergang der mykenischen Kultur zu dunklen Jahrhunderten führte, in denen das Kunst- und Kulturschaffen nahezu zum Erliegen kam, wahrte Zypern auch nach der Einwanderung der griechischen Achäer und etwas später der Phönizier seine kulturelle Kontinuität. Zypern blieb bis zur Eingliederung ins hellenistische Reich eine Insel voneinander weitgehend unabhängiger Stadtkönigtümer. Die kypro-minoische Silbenschrift wurde bis ins 4. Jh. hinein weiter benutzt, wobei parallel dazu die von den Phöniziern entwickelte Alphabetschrift Einzug auf der Insel hielt. Die Gräber der Reichen baute man bis zum Ende der Stadtkönigreiche in der Art der mykenischen Kuppelgräber und praktizierte weiterhin den Stierkult der Bronzezeit. In der Sakralarchitektur blieb man beim Typus des orientalischen Hofheiligtums, der in Alt-Páfos heute noch am deutlichsten erkennbar ist, und baute nirgends Tempel im griechischen Stil.

Als Material setzte sich seit Beginn des 1. Jt. zunehmend Eisen durch. Man verwandte es für Werkzeuge und Waffen. Für Kunstobjekte wurde jedoch weiterhin Bronze verwendet, die nicht rostet und bei Bedarf auch wieder eingeschmolzen werden kann. Jede Stadt bevorzugte je nach Herkunft ihrer maßgeblichen Bewohner bestimmte Stilrichtungen in der Kunst. So war sie einerseits stark vom Orient geprägt, insbesondere von Assyrien und Ägypten, näherte sich zugleich aber auch Griechenland an. Besonders schön findet man all das im Zypern-Museum in Nicosia (s. S. 253ff.) dokumentiert.

Erst in hellenistischer und römischer Zeit wurde Zypern fast ganz vom griechischen Geist des Römischen Reiches erfasst. Griechische Tempel im klassischen Stil entstanden allerdings immer noch nicht; die Rekonstruktion eines römischen Tempels im Heiligtum des Apollo Hylates in Koúrion bei Limassol zeigt deutlich nabatäische Einflüsse, die so genannten Königsgräber von Páfos sind seltsame Mischformen. Nur bei den Zweckbauten setzt sich die allgemeine Architektur Roms durch: bei Thermen und Theatern, bei Brunnenhäusern und Sportstätten.

Kypro-Archäik: Vasen im Free-Field-Stil

Eine genuin zypriotische Schöpfung sind die meist 20–35 cm hohen Vasen im Free-Field-Stil des 7. Jh. v. Chr. Der formale Rahmen der vorangegangenen geometrischen Epoche ist gesprengt. Der Maler setzte seine Motive nicht mehr in Bildstreifen oder Felder, sondern stellte sie frei in die Fläche. In Rot und Schwarz zeichnete er Menschen, Säugetiere, Vögel, Fische und Pflanzen auf Gefäße und stilisierte sie dabei so, dass sie fast wie die Stickereien der späteren zypriotischen Volkskunst wirken. Fast immer stehen zwei Motive in Spannung zueinander: Ein Stier schnüffelt an einer Lotusblüte, ein Vogel steht vor einem geschwungen Zweig oder hält einen Fisch im Schnabel. Nur selten nehmen die Motive Bezug zu einem Mythos wie im Falle einer im Zypern-Museum ausgestellten Vase, wo ein sehr großer Vogel vor einem kleineren, frontal dargestellten Mann mit Widderkopf steht. Hier ist wahrscheinlich der aus Äthiopien stammende Mythos vom Kranich und dem Pygmäen angedeutet, den schon Homer um 800 v. Chr. erwähnte.

Militärarchitektur: Geschichte einer Belagerung

Als sich im Jahr 500 v.Chr. die griechischen Küstenstädte Kleinasiens unter der Führung Milets im so genannten Ionischen Aufstand gegen die persische Herrschaft erhoben, schlossen sich ihnen auch die zypriotischen Stadtkönigreiche außer Amathoús an. 498 v. Chr. landeten starke persische Truppenverbände auf der Insel und marschierten gegen die zypriotischen Städte. Alt-Páfos wurde im Winter 498/497 v. Chr. belagert. Was damals geschah, konnten Archäologen aus Bodenbefunden deutlich rekonstruieren.

Grundrisszeichnung Militärarchitektur

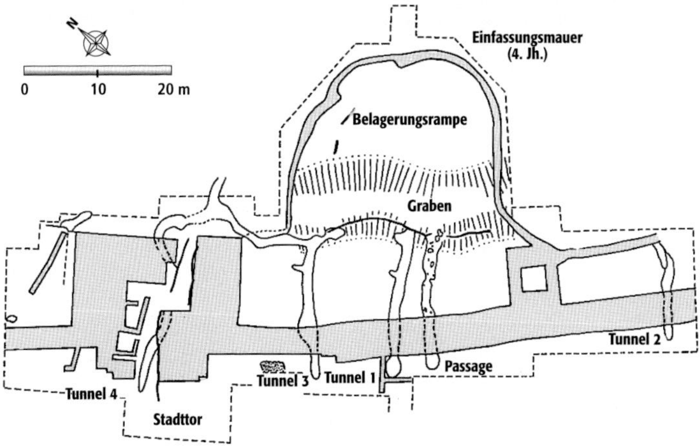

Die Grabung liegt auf einem niedrigen Hügel am Rande von Koúklia. Über den Hügel verlief die antike Stadtmauer. Auf einem knapp 50 cm tiefen Steinfundament hatte man Lehmziegel in unbekannter Höhe aufgeschichtet. Die Mauer war 4,80–6,30 m dick. Diesen Hügel sicherte zudem eine kleine, viereckige Bastion, ein Tor führte in die Stadt hinein. Dieses Tor war durch zwei weitere Bastionen geschützt und gewährte mit einer Innenbreite von 12,5 m mehreren Fahrzeugen gleichzeitig Durchlass.

Als sich Alt-Páfos dem Ionischen Aufstand angeschlossen hatte, schien man offenbar schon Gegenaktionen der Perser zu befürchten und baute die Verteidigungsanlagen aus. Die Mauer wurde auf der Innenseite mit Steinen um bis zu 1,65 m verbreitert. Auf der Außenseite schützte man die regenanfälligen Lehmziegel ebenfalls durch Vorlagerung einer Steinschicht. Vor der Mauer wurde ein über 12 m breiter Wallgraben angelegt und das Tor durch den Einbau zweier rechter Winkel schwer passierbar gemacht.

Als die Perser vor den Mauern erschienen, waren sie gezwungen, sich erhöhte Standorte für den Beschuss der Verteidiger auf den Mauern und Bastionen zu schaffen. Sie schütteten eine gewaltige Rampe auf, die den Boden des Wallgrabens um 7 m und den Erdboden um 4,5 m überragte. Die Verteidiger ließen sie dabei freilich nicht ungestört gewähren. Die Archäologen fanden in verschiedenen Schichten der Belagerungsrampe insgesamt rund 500 Speer- und Pfeilspitzen, die von heftigen Kämpfen zeugen. Sie fanden auch über 450 abgerundete Steine mit einer flachen Seite, die bis zu 22 kg wogen und belegen, dass die Perser bereits Katapulte einsetzten.

Die Rampe konstruierten die Perser aus gefällten Bäumen und Erde, die sie aus der weiteren Umgebung herbeitrugen. Das erwies sich als Glück für die Archäologen, denn darunter befanden sich auch zahlreiche Inschriftensteine sowie Statuen aus einem Heiligtum, das außerhalb der Stadtmauern lag. Derart konserviert sind uns diese Zeugnisse erhalten geblieben und heute im kleinen Museum von Koúklia (s. S. 134) ausgestellt, wo man auch einige der Pfeil- und Speerspitzen sowie Katapultsteine findet.

Als Maßnahme gegen den Bau der Belagerungsrampe gruben die Alt-Páfioten fünf Tunnel unter der Stadtmauer hindurch. Einer davon, die so genannte Passage, durchbrach den unteren Teil der Stadtmauer und führte durch das zwischen Mauer und Wall aufgeschüttete Erdreich. Er wurde durch eine Holzverschalung geschützt, die auf hölzernen Pfosten und Pfeilern aus Lehmziegeln ruhte. Die anderen vier Tunnel mussten durch den anstehenden Fels unterhalb der Mauer hindurchgeschlagen werden. Die Stollen brauchten keinerlei Abstützung, sondern nur einen Schutz gegen abbröckelndes Gestein und Erdreich am Tunneleingang. Die Tunnel sind 1,20–1,70 m breit und 1,70–2,30 m hoch. Nur zwei dieser Felstunnel konnten allerdings erfolgreich beendet werden. Tunnel 2 brach schon während des Baus ein, Tunnel 4 wurde offenbar so spät begonnen, dass Alt-Páfos bereits vorher in die Hände der Perser fiel.

In roh ausgehauenen Stollennischen fanden die Archäologen Öllämpchen, die den Arbeitern Licht spendeten. Nahe den außerhalb der Mauern gelegenen Tunnelenden stellten sie Ausbuchtungen fest, in denen auf einem Fuß aus zwei oder drei übereinander geschichteten Lehmziegeln Bronzekessel standen, in denen noch Reste von Holz und Kalk lagen. Brandspuren fanden sich auch neben und oberhalb dieser Kessel. Die Verteidiger hatten offenbar so viel nicht brennbares Erdreich und Steine aus der Rampenaufschüttung herausgeholt wie möglich, um die so entstandenen Hohlräume mit brennbarem Lehm und Holz auszufüllen. Dann versuchten sie, die Rampe durch Feuer in den Stollen zum Einsacken zu bringen. Doch der Kampf der Alt-Páfioten war vergeblich. Den Persern gelang es, in die Stadt einzudringen. Die Verteidiger wurden vermutlich alle getötet.

Römische Theater, Thermen und Sportstätten

Gut erhaltene römische Theater stehen noch in Salamis, Koúrion und Sóloi, freigelegt wird gerade das Theater von Páfos. Ein kleineres, einst wahrscheinlich überdachtes Theater, ein so genanntes Odéon, ist gut erhalten in Páfos zu sehen. Thermen sind insbesondere in Salamis und ansatzweise im Heiligtum des Apollo Hylates erhalten, antike Sportstätten in Koúrion und Salamis.

Drei Typen von Sportstätten gehörten zu jeder römischen Stadt. Im Stadion wurden vor allem Leichtathletik-Wettbewerbe, in der Palästra, einem von Säulengängen oder Gebäuden umgebenen Komplex, Ring- und Faustkämpfe ausgetragen. Das Gymnasion bestand ebenfalls aus einem geräumigen Hof, einer häufig überdachten Laufbahn und verschiedenen Übungsräumen für die Wettkämpfer.

Thermen gab es überall im Römischen Reich. Auf Zypern sind ihre Reste wenig eindrucksvoll. Auch hier bestanden sie aus Kalt-, Warm- und Heißbad mit Temperaturen zwischen etwa 17 und 37 °C. Beheizt wurden die Badehäuser nach einem ausgeklügelten System. Die Böden der Warm- und Heißbaderäume ruhten auf Ziegelpfeilern, was in Salamis noch gut zu sehen ist. Die Pfeiler standen auf einem Boden aus Ziegelplatten, der zum in Salamis noch sichtbaren Heizraum hin sanft abfiel. Darin wurde gut getrocknetes Holz oder Holzkohle verbrannt. Durch eine kaminartige Abzugsanlage wurde der Rauch langsam durch den Hohlraum unter dem Fußboden geleitet. Der Rauch stieg dann aus diesen ›Hypokausten‹ in senkrechte Tonröhren, die in die Wände eingelassen waren.

Römische Theater nehmen im Gegensatz zu klassischen griechischen Theatern exakt einen Halbkreis ein. Typisch für römische Theater ist auch die halbrunde Spielfläche, also die Orchestra. Im klassischen griechischen Theater war sie noch kreisförmig. In römischen Theatern fanden auch Gladiatorenkämpfe und Tierhatzen statt: Die Zwinger für die Raubtiere werden im Theater von Koúrion noch gezeigt.

Frühchristliches und byzantinisches Zypern

Nach dem Verbot der heidnischen Kulte und der Erhebung des Christentums zur Staatsreligion im späten 4. Jh. wurden über 200

Jahre lang in allen spätantiken Stätten große Basiliken erbaut, die den heidnischen Kultbauten an Pracht in nichts nachstanden. Man nutzte weiterhin die alten Kunsthandwerksfähigkeiten und schmückte den Boden der neuen Gotteshäuser mit farbigen Mosaiken. In den Zeiten der Arabereinfälle im 7. Jh. wurden diese Großbauten zerstört, heute zeugen nur noch Grundmauern, Mosaikreste und manchmal wieder aufgestellte Säulen von ihnen.

Noch während der Zeit, als Zypern den Arabern tributpflichtig war, kam es zu Kirchenneubauten. Die Gotteshäuser waren jetzt sehr viel kleiner. Statt des hölzernen, ziegelgedeckten Flachdachs der Basiliken waren die kleinen Grundflächen von einfachen, abgeflachten Kuppeln überspannt. Gut erhaltene Beispiele dafür sind die Kirche Agía Paraskeví in Geroskípou bei Páfos und die Kirche Ágios Hilárion in Peristeróna bei Nicosia.

Nachdem Zypern 965 wieder ein Teil des Byzantinischen Reichs geworden war, kam es in den folgenden 200 Jahren zu zahlreichen Klostergründungen. Zugleich veränderte sich die Kirchenarchitektur. Man baute Kreuzkuppelkirchen, also Kirchen mit kreuzförmigem Grundriss und einer oder mehreren Kuppeln, wie die Kirche Ágios Nikólaos tis Stégis bei Kakopetriá. Auch Kirchen mit sechs- oder achteckigem Grundriss wie im Kloster Antifonítis in Nordzypern entstanden. Zwei weitere architektonische Typen fanden ebenfalls Verbreitung: einschiffige Kirchen mit nur einer Kuppel wie die Panagía tou Aráka bei Lagouderá im östlichen Tróodos-Gebirge und schlichte Einraumkirchen mit Tonnengewölbe wie die Panagía Forviótissa von Asínou am Rande der Mesaória-Ebene.

Rätselhafte Herkunft: Zyperns Scheunendachkirchen

Die Kirche von Asinoú wird im deutschen Sprachraum zum Typus der ›Scheunendachkirchen‹ gezählt. Dieser Typus ist vor allem im Tróodos-Gebirge weit verbreitet. Scheunendachkirchen haben tief heruntergezogene, mit Ziegeln oder Schindeln gedeckte Dächer auf Holzbalkenkonstruktion. Sie entstanden überwiegend in den Jahrhunderten der Fremdherrschaft durch Lusignans und Venezianer, also zwischen dem 12. und 16. Jh. Unklar ist, ob der Typus schon in byzantinischer Zeit auf Zypern entwickelt wurde oder ob ihm eine Anregung durch die Baumeister der Kreuzritter zugrunde liegt. Es gibt nämlich zwei verschiedene Arten von Scheunendachkirchen. Manchmal sind die Holzdächer fertigen Kirchen mit steinernen Tonnengewölben und Kuppeln nur übergestülpt (so in Asinoú und Lagouderá). Manchmal stellen sie wie bei den Kirchen von Galáta aber auch das einzige Dach dar. Die bislang unbeantwortete Frage ist nun: Wurden die Scheunendachdächer älteren Kirchen mit Tonne und Gewölbe erst später übergestülpt, weil sie sich als guter Schutz gegen Feuchtigkeit und Schneelasten erwiesen hatten? Oder wurden sie anfangs gleich mit diesem Doppeldach geplant, das später dann aus Kostengründen entfiel?

Lusignans und Osmanen

Als das französische Adelsgeschlecht der Lusignans die Herrschaft über Zypern übernahm (1191), wurde ihr Hof ein viel besuchter Anlaufpunkt während der Reise von Kreuzrittern und Pilgern auf dem Weg zwischen Europa und Heiligem Land. So blieben die Lusignans ständig in Kontakt mit ihrer französischen Heimat, in der die Gotik erblühte. Die Könige von Zypern wollten ihren Reichtum zur Schau stellen und ließen zwei prächtige gotische Kathedralen in Nicosia und Famagusta erbauen. Auch Mönchsorden kamen ins Land, residierten in repräsentativen Konventen wie dem von Bellapaís. Die Nordküste Zyperns sicherten die Lusignans gen Anatolien hin durch eine Kette von drei Burgen, wie sie schöner selbst am Rhein nicht stehen. Sogar ihre Zweckbauten waren gotisch geprägt, wie man in der Zuckerrohrmühle von Kolóssi oder dem Verwaltungssaal in ihrer Festung Covocle in Alt-Páfos sehen kann. Ihre Paläste dürften nicht minder

Gemalte Theologie

Eine orthodoxe Kirche ohne Ikonen ist unvorstellbar. Wenn irgend möglich, sind sogar die Innenwände der Gotteshäuser mit Wandmalereien bedeckt. Was man sieht, ist allerdings nicht der individuelle Ausdruck eines Künstlers, sondern die kanonisierte Darstellung ewiger und allgegenwärtiger Wahrheiten.

Orthodoxe Ikonen und Wandmalereien stecken voller verschlüsselter theologischer Aussagen. Das sei hier an einigen Themen aus dem Zwölffestezyklus erläutert, der in nahezu jeder Kirche vollständig vertreten ist. Er beginnt mit Mariä Verkündigung und führt über die Taufe Jesu, seine Darstellung im Tempel, die Verklärung und Auferweckung des Lazarus, den Einzug in Jerusalem am Palmsonntag bis hin zur Kreuzigung. Der Charakter der Kreuzigungsszene reicht vom stillen Meditationsbild bis hin zu jener hochdramatischen Darstellung in der Kathedrale Ágios Ioánnis in Nicosia (s. S. 248f.).

Die schlichtesten Bilder zeigen nur eine Dreiergruppe: Christus, Maria und den Lieblingsjünger Johannes. Christus hängt am Kreuz mit der INBI-Tafel (INBI statt des bei uns üblichen INRI, weil das lateinische ›Rex‹ dem griechischen ›Basileus‹ entspricht). Christi Körper bildet eine nahezu perfekte S-Form. Dadurch knicken die Arme nach unten ein. Die Daumen sind gen Himmel abgespreizt. Die Füße ruhen auf einem Podest, das Haupt ist auf die rechte Schulter gesenkt, die Augen sind geschlossen. Maria und Johannes, die die Trauergemeinde repräsentieren, sind im antiken Trauergestus mit erhobenen Händen wiedergegeben.

Mit dieser Darstellung wird der leibliche Tod Jesu zum Ausdruck gebracht, aber dennoch seine göttliche Natur durch den ›würdevollen‹ Tod angezeigt. Anders als in der westlichen Kunst wird Christus nie als Schmerzensmann gezeigt; auch fast nie als Objekt der Verspottung mit der Dornenkrone. Aus den Fußmalen Christi fließt Blut auf einen Totenschädel hinunter. Er liegt in einer Höhle, über der das Kreuz errichtet wurde. Es ist der Schädel Adams im Totenreich, der durch Christi Opfertod zum ewigen Leben erweckt werden wird. Damit wird stellvertretend der ganzen Menschheit die Erlösung verheißen.

Zu diesen rudimentären ikonografischen Elementen können sich eine ganze Reihe weiterer gesellen. Die Kreuzigungsszene kann vor die stilisierte Stadtmauer Jerusalems gesetzt sein. Aus den Wunden können Blut und Wasser fließen als Anspielung auf die Vermischung von Wasser und Wein in der Eucharistiefeier. Zur Rechten des Kreuzes kann der römische Soldat Longinus mit der Lanze stehen, zur Linken Stephaton mit dem Schwamm. Der Blutstrahl aus der Brustwunde kann von einer kleinen Figur mit einer Schale aufgefangen werden, wobei diese Figur die Kirche personifiziert. Dann ist aber auch immer noch eine zweite Personifikation zu sehen – die Synagoge als Symbol für das Judentum –, die gerade von einem Engel weggeführt wird. Am Himmel können Sonne und Mond stehen. Sie spielen einmal auf die Sonnenfinsternis während der Kreuzigung an, von der im Markusevangelium (Mark. 15,33) berichtet wird. Zugleich stehen sie für den kosmischen Herrschaftsanspruch Christi. Ebenfalls auf die Ereignisse während der Kreuzigung verweist auch der in zwei Teile

Thema

zerrissene Vorhang: der Tempelvorhang, der im Augenblick des Todes Christi in zwei Teile barst (Mark. 15,38).

Die nächste Darstellung im Zwölffestezyklus war im Mittelalter auch im römisch-katholischen Europa noch weit verbreitet. Heute kennt man das Thema im katholischen Raum kaum noch: Christi Abstieg in die Unterwelt. In der Bibel finden sich nur zwei Andeutungen auf eine Hadesfahrt Christi (im 1. Petrusbrief und beim Propheten Hosea). Ausführlich davon berichtet wird im apokryphen, also nicht in den Kanon des Neuen Testaments aufgenommenen Nikodemus-Evangelium aus dem 4. Jh., in dem von den Toten auferstandene Augenzeugen detailreich darüber berichten. Christus steigt, umgeben von einer leuchtenden Aureole, in die Unterwelt hinab. Er dringt gewaltsam in das Reich des antiken Totengottes Hades ein, wie die herumliegenden, aufgebrochenen Türschlösser beweisen. Er steht auf den aus den Angeln gehobenen Pforten der Unterwelt, die meist kreuzförmig auf dem Boden liegen und so die Erlösung des Menschen durch den Kreuzestod Christi andeuten.

Als Erstem reicht Christus Adam die Hand und zieht den Stammvater der Menschheit aus seinem Sarkophag empor. Hinter Adam steht Eva. Auf der anderen Seite harren die alttestamentarischen Könige David und Salomon aufrecht stehend ihrer Erlösung. Manchmal liegt inmitten der Türschlösser auch noch der gefesselte Satan als Sinnbild der Sünde, während Christus den Gott Hades mit seinen Füßen niederhält.

In alter Tradition: Ikonenmaler im Kloster Agía Várvara

Dem Himmel entgegen: Gotische Spitzbögen in Bellapaís

prächtig als die Kathedralen gewesen sein, hinterließen aber keine sichtbaren Spuren.

Als dann die Venezianer 1489 die Herrschaft über die Insel übernahmen, war die osmanische Gefahr schon ganz konkret geworden. Die Truppen des Sultans hatten 1453 Konstantinopel erobert, große Teile Griechenlands waren bereits in ihrer Hand. So widmeten die Venezianer ihre ganze Kraft dem Ausbau der Stadtbefestigungen und der Burg am Hafen von Kyrénia.

Genutzt hat es ihnen nichts, 1571 fiel Zypern ans Osmanische Reich. Für die Osmanen war Zypern fortan jedoch nur ein unbedeutender Teil ihres Weltreichs. Sie maßen ihm nicht einmal große strategische Bedeutung zu, pflegten Burgen und Festungen kaum. Bald schon saugten jährlich wechselnde Statthalter die Insel aus. Die gotischen Kathedralen und viele andere christliche Kirchen wurden kostengünstig durch Anbau eines Minaretts, Einbau eines Mihrab und Zerstörung bildlicher Darstellungen in Moscheen verwandelt, neue islamische Kultstätten entstanden kaum. Erst im frühen 18. Jh. erbaute man mit der Arab Ahmet-Moschee in Nicosia eine Moschee im klassischen Stil. Außer ihr zeugen nur zwei Karawansereien in Nicosia von osmanischer Baukunst: Büyük Han und Kumarcılar Han.

Zyperns gotische Kathedralen

Als in Nicosia 1209 mit dem Bau der Sophienkathedrale begonnen wurde, hatte man in Paris gerade den Bau der Kathedrale Nôtre Dame abgeschlossen und in Chartres erst gerade mit dem Bau der Kathedrale begonnen. Baubeginn in Reims war erst 1211, in Amiens gar erst 1220. Die Sophienkathedrale in Nicosia ist also ganz gewiss keine Kopie irgendwelcher französischer Prachtbauten der Gotik, sondern gehört zu ihren frühen Zeugnissen. Baumeister und Handwerker waren sicherlich aus Frankreich geholt worden oder selbst auf der Suche nach dem Glück in diesem sagenhaften Kreuzritterreich nahe dem Heiligen Land gelandet. So weist die Kathedrale denn alle Merkmale der französischen Gotik mit Spitzbögen und Kreuzrippengewölben, Maßwerkfenstern, Fenstergiebeln, Strebepfeilern, Fialen und Türmen auf. Gespart hat man bei den Dächern: Weil es in Nicosia und Famagusta nicht schneit, konnte man sie kostengünstig flach halten. Ein zweites Merkmal der zypriotischen Gotik sind Säulen statt Pfeilern als Stützenform im Innenraum.

Die Sophienkathedrale in Nicosia wirkt insgesamt etwas monumentaler als die Nikolauskathedrale in Famagusta (Baubeginn erst 1298), ist doch ihr Maßwerk wesentlich elaborierter und erinnert an das der Kathedrale von Amiens oder des Kölner Doms. Portale und Westfassade waren üppig mit dekorativen Skulpturen verziert, die von den Osmanen allerdings weitgehend zerstört worden sind. Die Steinmetze waren sicherlich aus Frankreich angereist. Sie arbeiteten nicht nur für das Königshaus der Lusignans. Ihr Wirken ist auch an anderen Kirchen in Famagusta wie der Kirche Ágios Geórgios zu sehen. Sie gaben auch der Sophienkathedrale in Nicosia ihren letzten Schliff, indem sie deren Narthex und Eingangshalle mit figürlichem Schmuck bereicherten, der dem islamischen Bildersturm weitgehend entging.

Zyperns Kunstentwicklung unter britischer Herrschaft

Die Briten befassten sich auf Zypern zunächst einmal wie in all ihren Kolonien mit dem Aufbau einer straffen, gut funktionierenden Verwaltung. So entstanden in den Stadtzentren große funktionale Bauten wie Postämter und Gerichtsgebäude, Schulen und Polizeistationen. Man bevorzugte den gängigen Kolonialstil für heiße Länder, legte Wert auf überdachte Veranden, Arkaden und Balkone. Dem antiken Griechenland erwies man mit klassizistischen Bauten seine Ehrerbietung, wie sie in Páfos besonders schön und gut erhalten sind. Daneben widmete man sich der besseren Organisation des Handels, schuf große Markthallen oder Fabrikgebäude wie die Johannisbrotmühle in Limassol, das Elektrizitätswerk in der Altstadt von Nicosia oder große Lagerhäuser wie an der Marina von Lárnaka. Briten und Zyprioten, die es sich leisten konnten, errichteten in den Städten stattliche Villen wie die Pierides-Villa in Lárnaka, die heute ein Museum beherbergt.

Das unabhängige Zypern

Das erste große Bauwerk, das sich das unabhängige Zypern leistete, war bezeichnenderweise der monumentale Erzbischöfliche Palast in Nicosia. Die Klöster erlebten dank Erzbischof und Präsident Makários III. einen gewaltigen Aufschwung, bauten an, bauten neu, renovierten. Sie schufen dadurch die eigentlichen, heutigen Prachtbauten der Insel. Außerhalb der Altstädte entwickelten sich zunächst nur Nicosia und Famagusta rasant; alle anderen Orte behielten ihre koloniale Beschaulichkeit. Erst die türkische Invasion 1974 und die darauf folgende Vertreibung der griechischen Zyprioten aus dem Norden führte zu einem schlagartigen Bauboom im Süden. Stadtplanung und Bauqualität blieben auf der Strecke. Es galt, möglichst schnell wieder auf die Beine zu kommen. Aber auch nach dem zypriotischen Wirtschaftswunder setzte kein Umdenken ein – Zypern wird zugebaut, ohne auf Natur, Umwelt und Ästhetik Rücksicht zu nehmen.

Zyperns Künstler haben weder in der Kolonialzeit noch in den Jahren der Unabhängigkeit einen wirklich eigenständigen und überregional bedeutenden Stil entwickeln können. Fast alle, die etwas erreichen wollten, sind nach Griechenland oder in andere Staaten der westlichen Welt emigriert und werden international kaum als Zyprioten wahrgenommen. Von den im Land lebenden Künstlern ist nur der eigenwillige Stáss Paráskos über die Inselgrenzen hinaus bekannt. Er betreibt im Dorf Lémba bei Páfos ein internationales Kunstkolleg und stellt dort auch viele seiner Arbeiten aus.

Essen und Trinken

Was für die Briten das Wetter ist, ist für die sonnenverwöhnten Zyprioten das Essen – Gesprächsthema Nummer eins. Sie schätzen die üppige einheimische Küche ebenso wie die Raffinesse trendiger Szene-Restaurants und kulinarische Weltreisen im eigenen Land. Immer mehr Privat-Kellereien sorgen für den edlen zypriotischen Tropfen dazu.

Wer wann wo was gegessen hat, ist immer von Interesse. Auch Männer tauschen untereinander Kochrezepte aus und sammeln in der Natur Zutaten für ein gutes Mahl. Busfahrer nutzen Wartezeiten zum Schneckensammeln oder Kapernzweigpflücken; ganze Familien ziehen los, um wilden Spargel, Waldpilze und frische Pfefferminze zu finden.

Es gibt nicht eine zypriotische Familie, die keinen Holzkohlengrill besitzt. Die Geräte werden noch immer in kleinen Handwerksbetrieben gefertigt; nur die Motoren werden importiert. Die Holzkohle, die allerorten in kleinen, blauen Plastiktüten angeboten wird, stammt in Südzypern zum größten Teil aus Páno Pýrgos an der Nordküste, dem Zentrum der griechisch-zypriotischen Köhlerei.

Gegrillt wird auf der Dorfstraße vor dem eigenen Haus, in Restaurants und Tavernen, am Strand und auf den Picknickplätzen, die das Landwirtschaftsministerium überall auf der Insel und insbesondere im Gebirge in großer Zahl angelegt hat. Im August stehen an manchen Grillplätzen sogar Metzger mit lebenden Tieren auf ihren Lastwagen bereit, um je nach Bedarf an Ort und Stelle zu schlachten, wenn die mitgebrachten Picknickvorräte mal nicht reichen sollten.

Szenetrends

In Südzypern hat die Globalisierung auch vor der Gastro-Szene nicht Halt gemacht. Augenfällig wird das durch die Präsenz aller internationalen Fast Food-Ketten und Coffee Shops in prominenter Lage. McDonald's und Pizza Hut, Kentucky Fried Chicken und Starbucks liegen oft unmittelbar nebeneinander. Dazwischen drängt sich noch Goody's, die griechische Variante von Mac. In Nordzypern gibt es sie alle nicht: die ›Nichtanerkennungspolitik‹ schiebt den Franchise-Gebern bisher einen politischen Riegel vor.

Viel Positives ist aber auch zu vermelden. Wer auf Zypern eine kulinarische Weltreise unternehmen will, ist dafür in Nicosia und Limassol am richtigen Ort. Chinesen, Inder, Mexikaner und Italiener gehören zur Grundausstattung auch der Urlaubsorte. Die syrische, libanesische, armenische, japanische, polynesische und französische Küche lockt ebenfalls viele Zyprioten an, während russische Restaurants eher für ihre Landsleute sorgen. In Nordzypern ist das Angebot schmaler. Dort kann man vor allem zum Festlandstürken, Chinesen, Inder oder Italiener gehen.

Ein angenehmer Trend der letzten Jahre ist das steigende Bewusstsein zypriotischer Wirte und Gäste für ein gepflegtes Ambiente. Noch vor 15 Jahren glichen die meisten zypriotischen Tavernen Wartesälen dritter Klasse. Häufig waren sie für große Tauf- und Hochzeitsgesellschaften konzipiert und viel zu trostlos-groß für normale Tage. Jetzt entstehen zunehmend kleine, folkloristisch eingerichtete zypriotische Tavernen und moderne Szene-Restaurants in historischen Gebäuden.

English Breakfast und Hotelbuffets

Der Einfluss der Briten auf die Speisekarten zypriotischer Restaurants ist unübersehbar. Ein englisches Frühstück wird von vielen Lokalen bis mittags und manchmal noch weit darüber hinaus für relativ wenig Geld angeboten, Sandwiches und Salads gehören zum Standardangebot in der Mittagszeit. Zum typischen ›Sunday Lunch‹ mit Braten und Yorkshire Pudding muss man sich in vielen Restaurants einen Tisch reservieren, da die Nachfrage groß ist.

In den meisten Hotelrestaurants der gehobenen Klassen wird beim Halbpensionsessen für die Pauschalreisegäste aber erfreulicherweise ein starker Akzent auf einheimische Gerichte gelegt. Meist stehen Buffets bereit, auf denen sich vieles von dem findet, was auch zu einem typisch zypriotischen *Mezé*-Essen gehört. So kann man viele der regionalen Spezialitäten ohne Zusatzkosten kennen lernen.

Soúvla, Sheftaliá und Kléftiko

Soúvla, Sheftaliá und Kléftiko sind die drei Nationalgerichte ganz Zyperns. Man kann sie vor allem an Wochenenden und Festtagen in vielen Tavernen und Restaurants bestellen, isst sie aber bevorzugt in Ausflugslokalen auf dem Lande, im Gebirge und vor Klöstern. Dort ist Platz genug zum Aufstellen großer Holzkohlengrills im Freien, dort gehören große Lehmbacköfen zur Standardausrüstung eines jeden Lokals.

Beim *soúvla* werden große Fleischstücke vom Schwein, Huhn oder auch Lamm mit Salz, Pfeffer und Oregano gewürzt, auf einen langen Spieß gesteckt und langsam über Holzkohle gegrillt. Mitteleuropäern ist meist das in Griechenland viel gegessene *souvláki* ein Begriff, das es auf Zypern kaum gibt: *souvláki* ist der Diminutiv von *soúvla*, ein Spieß mit nur happengroßen Fleischstückchen.

Sheftaliá (tk.: *sheftali kebap*) werden ebenfalls über Holzkohle gegrillt. Man mischt dafür Schweine- oder Rinderhackfleisch mit viel Zwiebel, frischen Minz- und Korianderblättern oder Petersilie und wickelt sie in den bauchfellähnlichen Fettschurz des Tieres ein. Das hört sich vielleicht nicht verlockend an, schmeckt aber ausgezeichnet.

Aus den Lehmbacköfen, die man auch in vielen Gärten alter und moderner Privathäuser, vor Klöstern, Tavernen und auf Dorfplätzen sieht, kommt das *kléftiko* (tk.: *küp kebap*, engl. *oven kebab*). Es handelt sich dabei um große Stücke von Lamm- oder Zickleinfleisch, die zusammen mit Kartoffeln auf großen Blechen in den Backöfen langsam gegart werden. Neuerdings wird das Fleisch auf diesen Blechen auch häufig noch in Folie gewickelt, damit es saftiger bleibt. Wer *kléftiko* bestellt, geht immer ein kleines Risiko ein. Meist wird dafür das gesamte Tier verwendet. Wer Glück hat, bekommt ein gutes, mageres Stück. Zyprioten allerdings würden eine Portion mit viel Fett mehr schätzen.

Mezé und Full Kebap

Wenn Zyprioten mit Freunden oder Familie zum Essen gehen, bestellen sie in traditionellen Tavernen normalerweise ein *mezé* (sprich: *Me-see*, nicht ›Metze‹!). Das *mezé* ist kein bestimmtes Gericht, auch keine bestimmte, genau festgelegte Speisenfolge. Das *mezé* ist vielmehr ein Stück Lebensstil, in dem die Zyprioten wahre Meister sind. Ein *mezé* besteht aus 15–30 oder noch mehr verschiedenen Gerichten, den einzelnen *mezédes* (tk.: *mezeler*). Jedes Gericht wird auf einem eigenen Teller angerichtet und garniert, von dem sich jeder Gast ein wenig auf seinen Teller nimmt. Meist hat der Gast drei Grundarten von *mezé* zur Auswahl: ein Fleisch-*mezé*, ein Fisch-*mezé* und ein Mixed oder *full mezé* mit Fisch und Fleisch. Für Touristen wird manchmal auch ein vegetarisches *mezé* angeboten, wie es Zyprioten freilich nur zu Hause essen.

Zunächst kommen mehrere *mezédes* gleichzeitig auf den Tisch. Danach bringt der

Kellner, was gerade in der Küche fertig geworden ist. Den Auftakt bilden meist Salate, kleine Leckerbissen und Teigwaren. Dann folgen Fisch- oder Fleischgerichte Schlag auf Schlag. Zum Abschluss werden manchmal Süßspeisen, auf jeden Fall aber Früchte serviert. Jeder Koch hat sein eigenes Programm, das zudem auch weitgehend vom Angebot auf den Märkten abhängt. Die wichtigste Redewendung, die der ausländische Gast beim *mezé*-Essen beherrschen sollte, ist »sigá, sigá« – »langsam, langsam«, denn die Kellner servieren die Speisenfolge meist schneller, als man essen kann.

In einigen Restaurants der südzypriotischen Touristenzentren ist in letzter Zeit ein offener Preiskampf um das billigste *mezé* ausgebrochen. Wer wenig zahlt, muss auch damit rechnen, dass das *mezé* recht spärlich ausfällt. Auf jeden Fall gehört zu einem *full mezé* aber ein Salat. Lokale, in denen der Kellner dem Gast einen Salat zusätzlich zum *mezé* verkaufen will, sollte man umgehend verlassen.

Eine nordzypriotische Variante des *mezé* wird dort als *full kebap* verkauft. Dabei werden am Anfang die gleichen kleinen Salate wie beim *mezé* auf den Tisch gestellt, dazu Mixed Pickles, Zwiebeln, Oliven, rohe Gemüse und vielleicht auch ein Ei. Danach werden Platten mit Grillfleisch und gegrillten, deftigen Landwürsten serviert.

Fisch und anderes Meeresgetier

Frischer Fisch ist ausgesprochen teuer. Meist zahlt man für Wildfisch der besten Qualität 30–45 €/kg. Besondere Raffinessen bei der Zubereitung darf man nicht erwarten. Er wird fast überall schlicht über Holzkohle gegrillt und à la nature auf den Tisch gestellt – als Sauce kennen die Zyprioten nur Olivenöl und Zitrone.

Tintenfisch ist weitaus preiswerter. *Kalamária,* also Kalamares, werden allerdings so häufig bestellt, dass sie fast überall aus der Tiefkühltruhe kommen. Besser ordert man die ganz ähnlichen *supjés*, die immer frisch sind. Man bekommt sie auch zusammen mit Nudeln gegart als eine Art Eintopfgericht oder gefüllt. Krake, griechisch *chtapódi*, ist im östlichen Mittelmeer noch häufig. Vor manchen Tavernen und Kaffeehäusern sieht man sie an Wäscheleinen oder Stacheldraht in der Sonne trocknen. Ihn lassen sich die griechischen Zyprioten sowohl gekocht als *chtapódi stifádo* als auch sauer eingelegt (*ksidáto*) und gegrillt (*tis charás*) schmecken. Hummer und Langusten (*astakí*) werden in edlen Fischrestaurants angeboten, kosten aber meist 80–100 €/kg.

Gängige Spezialitäten

Natürlich kann man alle Gerichte, die beim *mezé* in kleineren Mengen serviert werden, auch als Hauptgerichte bestellen. Genuin zypriotische Spezialitäten sind dabei *afélia* und *tawás*. Beim *tawás* werden Lammfleisch, kleine Gemüsezwiebeln und Tomaten langsam in einem Tontopf geschmort. Beim *afélia* wird meist recht fettiges Schweinefleisch

Gaumenfreuden: Ein *mezé* ist vielseitig und – lecker!

in einer Rotweinsauce serviert, die mit viel Koriandersamen gewürzt ist. Eine oft angebotene Spezialität sind auch zypriotische *ravióles*: Meist mit geriebenem *haloúmi*-Käse und frischer Minze gefüllte Ravioli, die bevorzugt in Hühnerbrühe gegart werden.

Ein zypriotisches Gemüse, das es in Europa nur auf dieser Insel gibt, ist *kolokássi* (tk.: *kolokas*). Die aus dem asiatischen Raum stammende, in der afrikanischen Küche geschätzte, stärkereiche Sumpfpflanze heißt auf deutsch Tarowurzel oder Taroknolle. In der Konsistenz ähnelt sie mehlig kochenden Kartoffeln, vom Geschmack her sind sie aber süßlicher. Sie werden meist wie ein flüssigkeitsarmer Eintopf mit relativ fettem Schweinefleisch serviert.

Vor allem in Markttavernen erhält man auch eine Auswahl kräftiger Suppen. Schon zum Frühstück geschätzt wird *trachaná*, eine Suppe aus Weizen und Sauermilch, die bevorzugt vom Schaf oder der Ziege stammt. Beliebt ist auch *louvaná*, eine Suppe mit gelben Erbsen, Reis, Kartoffel, Zwiebel und Zitronensaft. Die kräfige Fleischbrühe *kreatósupa* und die Kuttelsuppe *patsá* (tk. *işkembe çorbası*) isst man bevorzugt nach durchzechter Nacht oder harter Arbeit am frühen Morgen.

Eine beliebte Vorspeise, häufig auch als Imbiss genossen, sind die *bourékia* (tk.: *börek*). In Nordzypern findet man sie häufiger als im Süden. Es sind Blätterteigpasteten mit den verschiedensten Füllungen, die sowohl pikant als auch süß sein können. Am häufigs-

Haloúmi: Der auf Türkisch *hellim* genannte, oft kräftig gesalzene Käse ist eine in Griechenland und der Türkei nahezu unbekannte Spezialität. Er wird aus Schafs- und/oder Ziegenmilch gewonnen und kann frisch, gegrillt und gebraten gegessen werden. Über 40 Tage alter *haloúmi* kann auch zum Reiben benutzt werden, um mit ihm *ravióles* zu füllen oder Nudeln zu bestreuen.

ten sind die mit Hackfleisch gefüllten *bourékia tou kimá* (tk.: *kiyma börek*) oder die mit dem süßlichen *anáris* (tk.: *nor*), einem Ricotta ähnlichen Sahnekäse gefüllten *bourékia tis anáris* (tk.: *nor börek*).

Kaffee und Süßes

Zu den Inselspezialitäten gehören auch zahlreiche süße Leckereien. *Loukoúmia* (tk.: *lukum*) sind eine Spezialität, die vor allem im Dorf Geroskípou bei Páfos hergestellt wird: Würfel aus Fruchtsirup und Mehl, mit Puderzucker reichlich bestäubt. Man bekommt sie häufig in Klöstern gereicht; auch in Privathaushalten gehören sie fast immer zur Bewirtung der Gäste.

Nicht zu verwechseln mit *loukoúmia* sind die *loukoumádes*, auf Zypern auch *lokom* genannt. Das sind heiß servierte, in Öl ausgebackene Teigbällchen in Sirup oder Honig, die manchmal noch mit Sesam bestreut werden. Man isst sie vorwiegend am Nachmittag. Auf allen Kirchweihfesten gehören sie zum kulinarischen Programm.

In kleinen Manufakturen, aber auch in vielen ländlichen Privathaushalten werden die verschiedensten Früchte in Zuckersirup eingelegt: grüne Walnüsse und Kirschen, Tomaten und Feigen, Bergamotte und Wassermelone, Orange und Quitte. In Südzypern nennt man sie schlicht *gliká*, was so viel wie ›Süßes‹ heißt, in Nordzypern *macun*. Sie werden auf kleinen Tellerchen serviert und auf dem Lande auch in vielen Läden, Tavernen und an Ständen am Straßenrand in Gläsern zum Mitnehmen angeboten.

Neben Kuchen und Torten europäischen Stils sind in ganz Zypern auch orientalische Kuchen beliebt. Sie kann man nicht in gebotener Kürze erklären – *baklavá*, *ekmek* und *katéyfi* muss man probieren!

Das traditionelle Heißgetränk Zyperns ist der Kaffee. Auch in Nordzypern war es bis vor kurzem das Standardgetränk, da die Insel ja nicht vom Kaffeeverbot Atatürks betroffen war, das die Festlandstürken zu Teetrinkern machte. Heute bekommt man in Nordzypern zumindest in allen Städten auch türkischen Tee in den typischen kleinen Gläsern serviert – ein sicherer Beweis für die Türkisierung Nordzyperns.

Kaffee wird in vielerlei Variationen genossen. Klassisch wird er als eine Art Mokka getrunken (*kafés ellinikós* oder *kafés kipriakós,* tk.: *kahve*). Das Kaffeepulver wird dabei zusammen mit der gewünschten Menge Zucker und vorgewärmtem Wasser in ein kleines Messingkännchen mit Stiel gegeben. Wenn das Gebräu aufzuwallen beginnt, wird es von der Flamme genommen. In manchen Lokalen wallt der Kaffee nicht über der Flamme auf, sondern wird so lange in ganz heißem Sand gedreht, bis er zu schäumen beginnt. Man bestellt diesen Kaffee immer ohne Milch und gibt schon bei der Bestellung den individuell bestimmbaren Süßegrad an: *skétto* (ohne Zucker, tk.: *sade*), *métrio* (mit etwas Zucker, tk.: *orta*), *glikó* (mit viel Zucker, *şekerli*). Möchte man ihn nicht in einer kleinen Mokkatasse, sondern die doppelte Menge in einem Glas oder in einer normalen Kaffeetasse, fügt man der Bestellung das Wort *dipló* (tk.: cifte) an.

Jüngere Leute trinken nur noch selten Mokka. Ihr Standardgetränk ist der *frappé*: Ein mit Wasser und Eiswürfeln angerührter und kräftig aufgeschäumter Instantkaffee, der immer kalt serviert wird. Auch hier gibt man den gewünschten Süßegrad schon bei der Bestellung an und sagt dazu, ob man Milch möchte oder nicht.

Außer diesen Kaffeearten gibt es überall heißen Instantkaffee, der generell als *ness* (von Nescafé) bezeichnet wird. Langsam beginnen sich zudem Filterkaffee und Cappuccino durchzusetzen. Tee ist auch in Südzypern fast überall erhältlich, wird jedoch nahezu immer mit billigen Teebeuteln zubereitet und ist mit dem exzellenten türkischen Tee im Norden nicht zu vergleichen.

Vom Wasser zum Wein

Das Standardgetränk zum Essen ist gekühltes Wasser (gr.: *neró,* tk.: *su*). Manchmal wird noch kostenlos gekühltes Leitungs- oder in Dörfern sogar frisches Quellwasser in Karaffen auf den Tisch gestellt. Häufiger muss man inzwischen jedoch in Flaschen abgefülltes Mineral- oder Tafelwasser ordern. Wer Wasser mit Kohlensäure wünscht, muss *sóda* (mit scharfem ›S‹ gesprochen) bestellen. Limonaden- und Cola-Getränke gibt es überall. In Nordzypern sind Coca und Pepsi und deren Limonaden wie Fanta und Sprite allerdings noch nicht erhältlich.

Frisch gepresste Säfte werden im Norden häufiger als im Süden angeboten, sind auf der ganzen Insel aber angesichts der vielen Orangenhaine unangemessen teuer.

Bier ist vor allem im Sommer ein sehr beliebtes Getränk. In Südzypern trinkt man *Keo* und das schon seit Jahrzehnten in Lizenz gebraute *Carlsberg*, in Nordzypern das türkische *Efes* und das auf Nordzypern selbst schon lange in Lizenz gebraute *Goldfassl*. In Südzypern gibt es zudem zunehmend moderne Mini-Brauereien, die ihre Biere nur im eigenen Lokal ausschenken. Manche von ihnen produzieren sogar Weizenbier. Überall in Zypern sind kleine Flaschen Bier (0,33 l) nur unwesentlich preiswerter als große; es ist durchaus üblich, eine große Flasche Bier (0,63 l) mit zwei oder auch drei Gläsern zu bestellen.

Das Spektrum zypriotischer Weine hat sich in den letzten zehn Jahren erfreulich vergrößert. Die Großkellereien KEO, SODAP und LOEL beherrschen zwar mit einfachen Tafelweinen wie Othello und Aphrodite noch immer den Markt, aber daneben haben sich zahlreiche kleine Winzer fest etabliert. Wein zu trinken ist auf Zypern *en vogue,* die Zahl der Wein-Bars nimmt stetig zu. Viele gute Lokale bieten die Möglichkeit, die verschiedensten zypriotischen und ausländischen Weine aus aller Welt glasweise zu bestellen, um sie verkosten zu können. In Nordzypern wird hingegen kaum Wein angebaut. Dort trinkt man überwiegend Weine aus der Türkei.

Sekt wird auf Zypern nur wenig getrunken. Wer sich keinen teuren Champagner, deutschen Markensekt oder italienischen Billig-Schaumwein kaufen will, greift auf die südzypriotische Marke *Duc de Nicosie* zurück, die es in einer trockenen und einer halbtrockenen Variante gibt.

Einheimische Sherrys hingegen hat Südzypern in allen Varianten zu bieten. Die britischen Kolonialherren waren seine Hauptabnehmer. Heute wird er in allen Restaurants und Bars offeriert.

Der Wein der Kreuzritter: Der wohl berühmteste Wein Zyperns ist der süße *Commandaría*. Die Trauben werden seit Jahrhunderten im südöstlichen Tróodos-Gebirge angebaut. Die Johanniterritter machten den Wein unter dem Namen, der nichts weiter als Kommandantur bedeutet, im Mittelalter zum Exportschlager. Insbesondere in Italien und Frankreich wurde er gern genossen. Heute schätzt man ihn in Südzypern als Dessertwein.

Hochprozentiges

Die meistverkaufte Spirituose auf Zypern ist der Whisky. Oúzo wird zwar in Südzypern in kleinen Mengen destilliert, aber dort fast nur von Ausländern getrunken. Seine türkische Entsprechung, der Raki, ist hingegen in Nordzypern noch sehr beliebt.

In beiden Teilen Zyperns schätzt man den lokalen Brandy. In Südzypern genießt man ihn traditionell im Winter auch als Tischgetränk statt Wein oder Bier. Gängige Marken sind *Anglías* und *Keo VSOP*, die Edelmarke heißt *Five Kings*. Der einzige zypriotische Likör ist der *Filfar*. Dieser Orangenlikör ähnelt dem Cointreau, ist aber weniger süß.

Die traditionelle Standard-Spirituose der Südzyprioten war bis vor kurzem der Tresterschnaps *tsivanía*, der ursprünglich nur in bäuerlichen Destillen gebrannt werden durfte. Man hat ihm nicht nur zum Essen und Feiern schlechthin zugesprochen, sondern mit ihm auch Tische gereinigt und im Winter Gliedmaßen eingerieben. Heute bekommt man ein Gläschen *tsivanía* in vielen ländlichen Tavernen kostenlos nach dem Essen kredenzt – meist tituliert als ›Cyprus Whisky‹.

Kulinarisches Lexikon: Griechisch

Allgemeines

Salz	Aláti
Tasse	Flindzáni
Herr, Dame (gängige Anrede für Kellner und Kellnerin)	Kiría, kírie
Teelöffel	Koutaláki
Löffel	Koutali
Messer	Machéri
Zahnstocher	Odondoglifídes
Teller	Piátto
Serviette	Petsétta
Pfeffer	Pipéri
Gabel	Piroúni
Glas	Potíri

Suppen

Fassoláda	Bohnensuppe
Kakavjá (auch: Psarósoupa)	Fischbrühe, zu der ein Fisch auf einem getrennten Teller serviert wird
Patsá	Deftige Kuttelsuppe mit Innereien

Salate und Pürees

Angoúro saláta	Gurkensalat
Choriátiki saláta	Gemischter Salat mit Schafskäse
Chórta saláta	Mangoldsalat
Láchano saláta	Krautsalat
Maroúli saláta	Endivien- oder Römersalat
Melindsáno saláta	Auberginenpüree
Hoúmous	Püree aus Kichererbsen und Knoblauch
Taramá	Fischrogen-Püree
Tachíni	Yogurt-Creme mit Sesam oder Erdnuss
Tomáto saláta	Tomatensalat
Tónno saláta	Tunfischsalat
Tzazíki/Tallatoúri	Yoghurt mit Gurken und Knoblauch

Fisch und Meeresfrüchte

Astakós	Languste
Bakaljáros	Dorsch (oder Stockfisch)
Barboúnja	Rotbarbe, ein kleiner, grätenreicher Fisch mit zartem Fleisch
Garídes	Scampi
Glóssa	Scholle oder Seezunge
Kalamarákja	Tintenfisch, meist frittiert oder in der Pfanne gebraten
Kolljós	Makrele
Ksifías	Schwertfisch
Lavráki	Barsch
Mídja	Muscheln
Oktapódi	Krake (als Salat, gegrillt oder mit Gemüse gekocht)
Péstrofa	Forelle
Solomós	Lachs
Soupjés	Sepia, ein den *kalamáres* ähnlicher Tintenfisch, der meist im Ganzen und manchmal auch gefüllt serviert wird
Stríthja	Austern

Fleischgerichte

Arnáki, arní	Lammfleisch
Balsétta	Schweinerippchen
Biftéki	Frikadelle
Brizóla	Kotelett (entweder vom Rind oder Schwein)
Chirinó	Schweinefleisch
Dolmádes/Koupépia	Warm in einer Ei-Zitronen-Sauce servierte, mit Reis und Hackfleisch gefüllte Weinblätter
Gída	Ziege
Gourounópoulo	Spanferkel

Gouvarlákja	Eine Art Königsberger Klopse
Jemistés	Mit Reis und Hackfleisch gefüllte Tomaten und/oder Paprikaschoten
Katsíki	Zicklein
Kefaláki	Gegrillter Lammkopf
Keftédes	Hackfleischbällchen
Kléftiko	Lamm/Zicklein aus dem Lehmbackofen
Kokorétsi	Innereien, gegrillt
Kotópoulo	Hühnchen
Kounélli	Kaninchen
Kreatópitta	Blätterteigtasche mit Fleischfüllung
Láchano dolmádes	Dolmádes, für die Kohlblätter genommen werden
Loukaniká	Landwürstchen, gebraten oder gegrillt
Makarónja karbonára	Spaghetti mit einer Sahne-Schinken-Pilz-Sauce
Makarónja me kimá	Spaghetti mit Hackfleischsoße
Mouskári	Rindfleisch
Moussaká	Auberginenauflauf mit Hackfleisch
Païdákja	Lammkoteletts
Papoutsákja	Gefüllte Auberginen
Pastítsjo	Nudelauflauf mit Hackfleisch
Ravióles	Ravioli mit Käse oder Hackfleischfüllung
Sikóti	Gebratene Leber
Stifádo	Rindfleisch/Kaninchenfleisch) mit Zwiebelgemüse in einer Tomaten-Zimt-Sauce
Sheftaliá	Hackfleisch in Bauchfell
Souvláki	Fleischspieß (vom Rind oder Schwein)

Gemüse

Angoúri	Gurke
Bámjes	Okraschoten
Fassólja	Grüne Bohnen
Gígantes	Pferdebohnen
Kolokithákja	Zucchini
Melindsánes	Auberginen
Spanáki	Spinat

Obst

Achládi	Birne
Eljés	Oliven
Fráules	Erdbeeren
Karpoúsi	Wassermelone
Kerássja	Kirschen
Mílo	Apfel
Moúsmoulla	Mispeln
Peppóni	Honigmelone
Portokáli	Orange
Rodákino	Pfirsich
Síka	Feige
Staffílja	Weintrauben

Desserts

Frútto saláta	Obstsalat
Karidópitta	Walnusskuchen
Milópitta	Apfelkuchen
Pagotó	Eiscreme
Risógalo	Dünner Reispudding
Yaoúrti	Yoghurt
... me karídia	... mit Walnüssen
... me méli	... mit Honig

Getränke

Bíra (Pl. bíres)	Bier
Chimós	Saft
Gála	Milch
Krassí	Wein
Lemonáda	Limonade
Neró	Wasser
Portokaláda	Orangeade
Soda	Mineralwasser
Soumáda	Mandelmilch
Tsái	Tee
Tsivanía	Tresterschnaps

Kulinarisches Lexikon: Türkisch

Allgemeines

Einen Tisch für zwei Personen, bitte!	İki kişilik masa lütfen!
Sie wünschen?	Buyrunuz?
Ich möchte ...	İstiyorum ...
Nicht scharf!	Acı yok (adsche jok)!
Wie viel kostet das?	Bu ne kadar?
Guten Appetit!	Afiyet olsun!
Prost!	Şerefe!
Bezahlen, bitte!	Hesap lütfen!
Wo ist die Toilette?	Tuvalet nerede?
Messer	bicak (bidschak)
Gabel	çatal (tschatal)
Löffel	kaşik (kaschik)
Teller	tabak

Frühstück

kahve	Kaffee
türk kahvesi, orta şekerli	Mokka, mittelsüß
çay	Tee
şeker	Zucker
ekmek	Brot
tereyağı	Butter
reçel	Konfitüre
bal	Honig
peynir	Käse
sucuk	Wurst
yumurta (-ler)	Ei (-er)
sahanda yumurta	Spiegelei
hiyar	Gurke
domates	Tomate
zeytin (-ler)	Olive (-n)

Vorspeisen

antep ezme	scharfes Püree aus Tomaten, Peperoni, Petersilie
arnavut ciğeri	gebratene Leberstückchen mit Zwiebeln
caçık	Joghurt mit Gurke, Dill und Knoblauch
çerkes tavuğu	tscherkessisches Hühnerfleisch in Sauce mit Walnüssen
çiğ köfte	scharf gewürzte Fleischbällchen aus rohem Hackfleisch und Weizenschrot
çoban salatası	gemischter Salat mit Tomaten, Gurken, Zwiebeln, Paprika
haydari	Püree aus Spinat, Schafskäse, Joghurt
humus	Kichererbsenpüree
mantı	türkische Ravioli mit kalter Joghurtsauce
mücver	geraspelte Zucchini, in Öl ausgebacken
patlıcan salatası	Auberginenpüree
patlıcan kızartması	frittierte Auberginenscheiben mit Knoblauchjoghurt
piyaz	Salat aus weißen Bohnen in Essig und Öl mit Zwiebeln
sigara böreği	Teigröllchen mit Schafskäse
su böreği	Pastete aus dünnem Teig mit Hackfleisch oder Käse gefüllt
tahin	Sesamcreme
tarama	Fischrogencreme
yaprak dolması	gefüllte Weinblätter

Suppen

balık çorbası	Fischsuppe
düğün çorbası	›Hochzeitssuppe‹, mit Ei legierte Fleischsuppe
güzel hanım çorbası	Suppe mit Nudeln und Hackfleischbällchen
işkembe çorbası	Kuttelsuppe
mercimek çorbası	pürierte Linsensuppe
yayla çorbası	Reissuppe mit Joghurt

Grillgerichte

adana kebap	scharf gewürztes Hackfleisch am Spieß
biftek	Beefsteak
bonfile	Filet
çöp şiş	kleine Fleischspieße vom Grill
döner kebap	Lammfleisch vom Drehspieß
iskender kebap	gegrilltes Fleisch auf Fladenbrot mit Joghurt
izgara köfte	gegrillte Fleischbällchen
pirzola	Lammkotelett
şiş kebap	Fleisch am Spieß
tavuk kebabı	Hühnchen vom Grill

Schmorgerichte

güveç türlü	Fleisch mit Gemüse geschmort
izmir köfte	mit Kartoffeln und Tomatensauce geschmorte Hackfleischbällchen
kabak dolması	mit Hackfleisch gefüllte Zucchini
kuzu tandır	Lammfleisch im Tontopf
saç kavurma	auf dem Blech gegartes Lammfleisch
tandır	Fleisch aus dem Tontopf
tas kebap	Rindfleisch mit Gemüse, wie Gulasch

Fisch

ahtapot	Oktopus
alabalık	Forelle
barbunya	Meerbarbe
çupra	Goldbrasse
dil balığı	Seezunge
istakoz	Hummer
karides	Krevetten
kefal	Meeräsche
kılıç balığı	Schwertfisch
levrek	Meerbarsch
midye	Muscheln
mercan	Rotbrasse
mürrekkep balığı	Tintenfisch
orfoz	Riesenbarsch
ton balığı	Tunfisch

Gemüse

bulgur pilavı	Weizengrütze
pilav	Reis
imam bayıldı	vegetarisch gefüllte Auberginen
kabak kızartması	frittierte Zucchinischeiben mit Joghurt
zeytinyağlı fasulye	rote Bohnen in Olivenöl

Süßspeisen

aşure	Trockenobst, Nüsse, Bohnen in sämiger Zuckersauce
baklava	mit Walnüssen oder Pistazien gefüllter Blätterteig
dilber dudağı	Brandteigküchlein, mit Sirup durchtränkt
dondurma	Speiseeis
elma tatlısı	gedünstete Äpfel mit Schlagsahnefüllung
hanım göbeği	Brandteigküchlein, mit Sirup
helva	türkischer Honig
lokum	aromatisiertes Gelee
sütlaç	Milchpudding

Obst

elma	Apfel
karpuz	Wassermelone
kavun	Zuckermelone
kayısı	Aprikose
muz	Banane
şeftali	Pfirsich
üzüm	Weintrauben

Hoch hinaus: Parasailing bei Paralímni-Protarás

Wissenswertes für die Reise

Zypern-Infos im Internet

www.kypros.org: Der Internetauftritt einer in den USA von Zyprioten gegründeten Non-Profit-Organisation zum Wohl Zyperns. Zahlreiche Links, u. a. zu allen Ministerien und staatlichen Organisationen, zur UNFICYP, zu Zeitungen u. a. m. Hier kann man auf 182 Seiten den Annan-Plan vollständig nachlesen, sich in zypriotische Radioprogramme live einklicken und an einem über 25-stündigen Griechisch-Sprachkurs teilnehmen. Englischsprachig.

www.cyprus-mail.com: Täglich (außer Mo) gegen 12 Uhr neu erscheinende elektronische Ausgabe der englischsprachigen Tageszeitung, So sogar inklusive Sonntags-Magazin. Gut geeignet, um über Politik und Wirtschaft auf dem Laufenden zu bleiben, außerdem Wetterbericht, Sport und Restaurantempfehlungen.

www.cyprusweekly.com.cy: Elektronische Ausgabe der englischsprachigen Sonntagszeitung. Weniger ergiebig als die Cyprus Mail, aber als Ergänzung geeignet. Außerdem wöchentlicher Veranstaltungskalender.

www.nicosiamasterplan.com: Ausführliche Informationen zum von den UN unterstützten Masterplan für die Revitalisierung und Restaurierung der gesamten Altstadt von Nicosia. Englisch.

www.visitpafos.com: Bestenfalls mittelmäßige kommerzielle Site zur Region. Englisch.

www.wandern-zypern.de: Infos zu geführten Wanderungen und Wanderreisen auf Zypern, Vorstellung einiger Ferienapartments im Raum Páfos/Pólis. Deutsch.

www.cypnet.co.uk: Umfangreiche Informationen über Nordzypern. Englisch.

www.zypern-touristik.de: Homepage eines deutschen, auf Nordzypern spezialisierten Reiseveranstalters. Deutsch.

www.unficyp.org: Englische Website der UN-Friedenstruppen auf Zypern. Infos über ihre Arbeit und den Friedensplan (s. S. 26).

Fremdenverkehrsamt

Es gibt keine gemeinsame Auskunftsstelle für beide Inselteile. Für den Süden ist die Fremdenverkehrszentrale Zypern (Cyprus Tourism Organisation, C.T.O.) zuständig, für den Norden das Nordzypern Tourismuszentrum. Beide arbeiten zügig und effektiv. Insbesondere für den Süden stehen zahlreiche ausführliche Spezialbroschüren kostenlos zur Auswahl, so z. B. zum Thema Golf, Mountainbiking, Radfahren oder Naturlehrpfade.

Im Internet

Fremdenverkehrszentrale Zypern
www.visitcyprus.org.cy

Nordzypern Tourismuszentrum
www.nordzypern-touristik.de

In Deutschland

Fremdenverkehrszentrale Zypern
Zeil 127
60313 Frankfurt/Main
Tel. 069/25 19 19, Fax 25 02 88
CTO_FRA@t-online.de

Fremdenverkehrszentrale Zypern
Wallstr. 27
10179 Berlin
Tel. 030/23 45 75 90, Fax 23 45 75 92
CTO_berlin@t-online.de

Nordzypern Tourismuszentrum
Baselerstr. 35–37
60329 Frankfurt/Main
Tel. 069/24 00 79 46, Fax 24 00 79 48
info@nordzypern-touristik.de

In Österreich

Zypern Tourismus (Süd)
Parkring 20
1010 Wien
Tel. 01/513 18 70, Fax 513 18 72
zyperntourism@aon.at

In der Schweiz

Fremdenverkehrszentrale Zypern
Gottfried-Keller-Str. 7
8001 Zürich
Tel. 044/262 33 03, Fax 251 24 17
ctozurich@bluewin.ch
Genf/Tel.: 022/741 33 03

Auf Zypern

Die Fremdenverkehrszentrale Zypern (C.T.O.) unterhält in Südzypern zahlreiche stets hilfsbereite Informationsbüros, in denen häufig auch Deutsch verstanden wird. Hier bekommt man aktuelle Veranstaltungskalender, Stadtpläne und zahlreiche andere aktuelle Informationen kostenlos. An den Flughäfen von Lárnaka und Páfos sowie am Seehafen von Limassol sind Auskunftsbüros zu allen Auslandsankünften geöffnet.

In Nordzypern unterhält das zuständige Tourismus-Ministerium Informationsbüros in Nicosia, Kyrénia/Girne und Famagusta/Gazimağusa Ammóchostos sowie am Flughafen Ercan. Das Informationsmaterial fällt allerdings sehr viel dürftiger aus als im Süden.

Diplomatische Vertretungen Zyperns

Da Nordzypern von keinem anderen Staat als von der Türkei offiziell anerkannt wird, darf es auch keine diplomatischen Vertretungen im Ausland unterhalten.

In Deutschland

Botschaft der Republik Zypern
Wallstr. 27
10179 Berlin
Tel. 030/308 68 30, Fax 27 59 14 54
info@botschaft-zypern.de

In Österreich

Botschaft der Republik Zypern
Parkring 20
1010 Wien
Tel.: 01/513 06 30-31, Fax 513 06 32
embassy@cyprus.vienna.at

In der Schweiz

Generalkonsulat der Republik Zypern
Wiesenstr. 7
8008 Zürich
Tel. 043/488 61 40, Fax 48 86 02

Diplomatische Vertretungen auf Zypern

Wegen der fehlenden politischen Anerkennung unterhalten ausländische Staaten keine Botschaften oder Konsulate in Nordzypern. In Notfällen muss man sich an seine Vertretung in Südzypern halten.

Deutsche Botschaft

Nikitáras St. 10
1080 Nicosia
Tel. 22 45 11 45, Fax 22 66 56 94
info@germanembassy-nicosia.org.cy

Konsulat der Republik Österreich

Dimosténous Sevéri Ave. 34
1687 Nicosia
Tel. 22 41 01 51
Fax 22 68 00 99
Nicosia-ob@bmaa.gv.at

Botschaft der Schweiz

Themistocles Dervis St. 46
1066 Nicosia
Tel. 22 46 68 00, Fax 22 76 60 08
vertretung@nic.rep.admin.ch

Karten

Eine auch nur annähernd perfekte Zypern-Karte gibt es nicht auf dem Markt. Hauptproblem ist auch hier wieder die Politik. Im Süden erhältliche Karten geben für den Norden meist nur die griechischen Ortsnamen an, die dort auf kaum einem Wegweiser oder Ortsschild zu finden sind. Für den Nordteil von Nicosia fehlen auf griechisch-zypriotischen Karten grundsätzlich die Straßennamen. Karten aus dem Norden sind weniger dogmatisch, aber grafisch schlechter und für den Süden nie aktuell.

Die bei Redaktionsschluss (Sommer 2006) beste Zypern-Karte überhaupt war die **›Road & Tourist Map of Cyprus‹** aus dem Verlag Selas Ltd. Für 2,50 CYL war sie in allen Buchhandlungen und an vielen Zeitungsständen und in Souvenirläden erhältlich. Allerdings sind in dieser Karte für den Norden auch nur die griechischen Ortsnamen angegeben. Für Nordzypern gibt es keine wirklich guten Karten. Man muss sich mit denen behelfen, die Tourist-Informationen und Autovermieter kostenlos abgeben.

Die Karten in diesem RICHTIG REISEN ZYPERN basieren auf verschiedenen Quellen und eigenen Recherchen des Autors vor Ort.

Lesetipps

Erzählungen, Romane, Reiseberichte

Durrell, Lawrence: Bittere Limonen. Erlebtes Cypern. Reinbek 1962. Der englische Dichter schreibt über seine persönlichen Erlebnisse auf Zypern während der Jahre 1953–1956 und fängt dabei die politischen Ereignisse jener Zeit aus britisch-kolonialer Sicht ein.

Eideneier, Hans (Hg.): Hier, wo das Wunder noch wirkt. Stationen der zypriotischen Dichtung. Köln 2000. Ein Einblick in die zypriotische Dichtkunst des 20. Jh. (zweisprachige Ausgabe).

Huber, Lotti: Diese Zitrone hat noch viel Saft! München 1998. Temperamentvolle und informative Lebensbeichte einer deutschen Jüdin, die in den 50er Jahren des 20. Jh. auf der Insel lebte.

Marangou, Niki: Und sie feierten Hochzeit vierzig Tage und vierzig Nächte lang. Märchen aus Zypern. Köln 2001. Ein schönes Märchenbuch nicht nur für Kinder.

Sachs-Collignon, Jetta: Caterina Cornaro. Königin von Zypern. Herrin von Asolo. München 1998. Ein historischer Roman.

Zeilinger, Johannes: Cypern. Orient und Okzident. Ein Lesebuch. München 1997. Texte vieler Autoren aus über zwei Jahrtausenden, die sich auf Zypern beziehen oder von Reisen dorthin berichten.

Fotokopien mitnehmen

Nehmen Sie sich eine Kopie von Friedrich Schillers Hymnus ›An die Götter Griechenland‹ mit und lesen Sie es am Bad der Aphrodite (S. 155f.).

Geschichte, Kunst und Archäologie

Buchholz, Hans-Günter und Untiedt, Klaus: Tamassos. Ein antikes Königreich auf Zypern. Jonsered 1996. Allgemein verständliche Darstellung der Ausgrabungsergebnisse durch den Leiter der Ausgrabungen.

Drousiótis, Makários: Cyprus 1974 – The Greek coup and the Turkish invasion. Nicosia 2006. Umfangreicher und recht neutraler Versuch zu rekonstruieren, was im Sommer 1974 wirklich geschah. Sehr exakte Schilderungen von Augenzeugen, schonungsloser Umgang mit der griechischen Militärjunta und der EOKA B'. Nur auf Zypern erhältlich!

Karageórghis, Vássos: Zypernmuseum Nicosia. Nicosia 1989. Ausführlicher Führer durch das Museum mit exzellenten Fotografien und guten Texten. Vor Ort im Museum erhältlich.

Maier, Franz Georg: Cypern. Insel am Kreuzweg der Geschichte. München 1982. Gut lesbare, durchgehende Darstellung der zypriotischen Geschichte von den Anfängen bis zur Erlangung der Unabhängigkeit durch den Professor für Alte Geschichte und Leiter der Archäologischen Expedition nach Alt-Páfos. Nur noch antiquarisch erhältlich.

Maier, Franz Georg und Karageórghis, Vássos: Paphos. History and Archaeology. Nicosia 1984. Umfangreiche, reich bebilderte Darstellung der Geschichte und der Ausgrabungen in der Region Páfos. Auf Zypern erhältlich.

Michaelides, D.: Cypriot Mosaics. Nicosia 1987. Guter Bildband mit guten Texten über alle bis 1987 in Zypern entdeckten antiken Mosaike. Auf Zypern noch erhältlich.

Panteli, Stavros: The History of Modern Cyprus. New Barnet 2005. Geschichte Zyperns von etwa 1500 bis zum EU-Beitritt 2004 aus der Sicht eines moderaten griechischen Zyprioten.

Schneider, Andreas: Zypern. Köln 1997. Ein DuMont-Kunst-Reiseführer, der sich als ergänzender Reiseführer anbietet.

Soren, David und James, Jamie: Kourion. The Search for a Lost Roman City. New York 1988. Lebendige Darstellung und Interpretation der Ausgrabungen von Koúrion, geschrieben von einem bedeutenden Vertreter der Erdbeben-Archäologie. Auf Zypern erhältlich.

Religion und byzantinische Kunst

Beck (Hg.), Hans-Georg: Lust an der Geschichte: Leben in Byzanz. München 1982. Eine Zuammenstellung von leicht lesbaren Texten aus byzantinischer Zeit, die einen guten Einblick in viele Bereiche des mittelalterlichen Lebens in Byzanz geben.

Onasch, Konrad und Schnieper, Annemarie: Ikonen. Faszination und Wirklichkeit. München 2001. Ein hervorragendes Buch, das auch über Herstellungstechniken und Bildinhalte umfassend informiert.

Stylianou, Andreas und Judith A.: The Painted Churches of Cyprus. Treasures of Byzantine Art. London 1985. Das Standardwerk über alle Kirchen Zyperns, in denen noch byzantinische Wandmalereien oder Mosaike zu finden sind. Viele Fotos, zumeist aber nur schwarz-weiß. Auf Zypern erhältlich.

Für Ihren MP3-Player

Versetzen Sie sich auf den Burgen Nordzyperns oder im Kloster Bellapaís auch akustisch ins Mittelalter zurück. Dazu benötigen Sie auf Ihrem MP3-Player die ›Music from the Court of King Janus at Nicosia‹, erschienen in der Reihe Sony Classical (SK 53 976). Darauf erweckt das Huelgas Ensemble unter Leitung von Paul Van Nevel die Musik der Lusignans zum Leben. Als Vorlage diente den Künstlern eine zypriotische Handschrift aus der Nationalbibliothek von Turin. Sie enthält auf 159 Folios mehr als 200 geistliche und weltliche Kompositionen. Die Handschrift war Teil der Mitgift, die König Janus I. de Lusignan (1374–1432) seiner Tochter Anna übergab, als diese einen Grafen von Genf heiratete. Musik und Text sind eindeutig zypriotischen Ursprungs, lassen aber deutlich den französischen Kompositionsstil des 14. Jh. erkennen.

Bildbände/Kochbücher

John Vickers und Vassos Stylianou Studios: Zypern in Farbe. Limassol 1987. Der Bildband mit dem besten Preis-Leistungs-Verhältnis. Nur auf Zypern erhältlich.

Sitas, Amaranth: Kopiaste. Limassol 1991. Das beste zypriotische Kochbuch. Exakte Rezepte, gute Fotos, viele brauchbare Hintergrundinformationen zu Sitten und Gebräuchen. In Zypern auch als deutsche Version erhältlich.

Zypern als Reiseland

Südzypern hat sich auf dem europäischen Reisemarkt schon seit langem als ganzjähriges Sonnenreiseziel etabliert. Die Tourismuswerber haben der Insel unter Mottos wie ›360 Tage Sonne im Jahr‹ oder ›Wo die Götter Urlaub machen‹ ein von Griechenland ganz unabhängiges Image verschaffen.

Nach Südzypern fährt man nicht einer bäuerlichen Ursprünglichkeit oder günstiger Preise wegen. Südzypern ist ein modernes und teures Reiseland. Selbst in entlegenen Bergregionen sieht man kaum noch Bauern auf Eseln und Maultieren oder alte Frauen, die morgens ihre zwei Ziegen zum Weiden auf aufs Feld führen. Armut, die idyllisch wirkt, gibt es hier nicht. Einfache Unterkünfte wie in Hellas werden kaum angeboten, dafür eine Reihe wirklich erstklassiger bis luxuriöser Hotels. Man setzt auf Wellness- und Golf-Tourismus – und auf die Anziehungskraft der antiken Liebesgöttin Aphrodite, die in der Tourismuswerbung eine zentrale Rolle einnimmt, ohne an den antiken Stätten oder in Museen sonderlich präsent zu sein. Südzyperns kulturhistorische Höhepunkte sind keine klassischen Tempel wie in Griechenland oder Süditalien, sondern Steinzeitdörfer, römische Mosaike, byzantinische Kirchen und noch immer von Leben erfüllte Klöster.

Über Politik spricht man mit dem Fremden nur dann, wenn er es wünscht. Die politischen Querelen zwischen Nord und Süd wirken sich auf den Urlaubsalltag überhaupt nicht aus – solange der Gast die Demarkationslinie nicht überqueren will. Dann hat er sich an die wenigen Checkpoints zu halten, was zwar Umwege, aber keine weiteren Probleme beschert. Ansonsten ist Zypern ein völlig sicheres Reiseland.

Nordzypern galt bis 2004 noch als echter Geheimtipp unter den Reisezielen am Mittelmeer. Jetzt finden rasante Veränderungen statt. Neue Großhotels entstehen, selbst in abgelegenen Regionen wie der Karpass-Halbinsel oder im äußersten Westen findet man gute Unterkünfte. Trotzdem hat man in vielen ländlichen Regionen das Gefühl, die Zeit sei stehen geblieben. Vor allem die von Ostanatoliern aus der Türkei neu besiedelten Orte wirken ursprünglich, ohne dabei schön zu sein. Das Preisniveau im Norden ist noch deutlich niedriger als im Süden, passt sich diesem aber zunehmend an. Sehenswürdigkeiten gibt es auch im Norden in großer Zahl. Hier sind es vor allem mittelalterliche Burgen, gotische Kathedralen, Kirchen und Klöster sowie die Gräber und Ruinen des antiken Salamis.

Sprachprobleme hat man in Südzypern kaum, wenn man zumindest etwas Englisch spricht. Hier sind alle Wegweiser in griechischer und lateinischer Schrift zu finden und die meisten Menschen sprechen auch auf dem Land zumindest etwas Englisch. In Nordzypern hingegen tragen die Schilder nur die türkischen Ortsnamen – mit einer in Südzypern gekauften Karte kommt man hier nicht weit. Selbst in Cafés und Restaurants begegnet man häufig Festlandtürken, die nur ihre eigene Sprache verstehen.

Fürs leibliche Wohl wird überall gesorgt. Eine Eigenart der Insel sind die vielen Picknickplätze in Nord und Süd, die vor allem von Einheimischen an Sommerwochenenden eifrigst genutzt werden. Tavernen außerhalb der Städte und Touristenzentren sind im Norden zwar spärlicher gesät als im Süden, aber in beiden Inselteilen improvisieren auch einfache Kaffeehäuser für den Gast schnell einen Snack wie gegrillten Haloúmi-Käse, Spiegeleier und Omelette oder einen Salat.

Individualreisende haben es auf ganz Zypern in einer Hinsicht schwer: Ohne Mietwagen sieht man nur wenig von der Insel. Busse verkehren lediglich zwischen den Städten, sind unbequem, langsam und nicht auf Gepäcktransport eingestellt. Taxis sind vor allem im Süden teuer, Hotelzimmer pau-

Wie es Euch gefällt: Urlaubsgrüße aus Zypern!

schal gebucht oft sehr viel preiswerter als vor Ort angeboten.

Was ist sehenswert?

Zyperns größte Sehenswürdigkeiten sind nicht von Menschenhand geschaffen, sondern geologischer Natur: das Tróodos- und das Kyrénia-Gebirge. Die Vielfalt ihrer Kleinlandschaften ist ebenso faszinierend wie die Einsamkeit im Páfos-Wald oder die bizarren Felsmassive entlang der Nordküste. Auch Zyperns Küsten haben viel zu bieten: steile Klippen zwischen Koúrion und den Pétra toú Romioú (Felsen der Aphrodite) westlich von Limassol, Dünenlandschaften auf der Karpass-Halbinsel, eine Vielzahl kleiner Sandbuchten bei Agía Nápa und Paralímni-Protarás im Südosten. Zyperns lange Geschichte hat überall auf der Insel ihre Spuren hinterlassen. Nahe der Südküste zwischen Lárnaka und Limassol kann man durch zwei 9000 Jahre alte Dörfer gehen.

In Páfos, Koúrion und Salamis ist die Antike am eindrucksvollsten präsent. Man sieht stattliche Gräber und noch immer während Festivals bespielte Theater, erzählfreudige Mosaiken und frühchristliche Basiliken. Noch weitaus zahlreicher sind die Monumente aus Mittelalter und früher Neuzeit: Burgen, gotische Gotteshäuser und vor allem die äußerlich so unscheinbaren Scheunendachkirchen im Tróodos-Gebirge mit ihrem reichen Freskenschmuck, die zum Unesco-Welterbe der Menschheit gehören.

In den Archäologischen Museen der Insel stehen zwar nur wenige Kunstwerke von internationalem Rang, dafür aber umso mehr Objekte, die von Kult und Alltag in vergangenen Jahrtausenden erzählen. Ein Wärmflaschensystem aus römischer Zeit im Museum von Páfos gehört dabei zu den einzigartigen Ausstellungsstücken. Vergangener Alltag wird auch in den vielen volkskundlichen Museen der Insel lebendig – und in kleinen Museen und klösterlichen Sammlungen, die vom Kampf der Zyprioten gegen die britische Kolonialherrschaft erzählen.

Zyperns Klöster sind sehr lebendig. Meist schon im Mittelalter gegründet, sind viele Konvente noch immer zahlreich von Mönchen und Nonnen bewohnt. Man besucht sie am besten an Sonntagen, wenn auch die Einheimischen dorthin pilgern.

Eine traurige ›Sehenswürdigkeit‹ der Insel ist die Demarkationslinie, in der sich die Teilung Zyperns manifestiert: die Checkpoints und die Green Line, die die Altstadt von Nicosia durchzieht, die Wachttürme der griechischen und türkischen Zyprioten sowie der Vereinten Nationen entlang der gesamten Demarkationslinie.

Nicht zu viel erwarten darf man sich von den zypriotischen Dörfern. Ihre landschaftliche Lage ist zwar häufig sehr schön, ihr architektonisches Bild hingegen weniger. In manchen Gegenden sind wie im Marathása-Tal die meisten Dächer mit Wellblech gedeckt, fast überall einige wenige Alt- von zahllosen Neubauten umzingelt. Bemerkenswerte Ausnahmen bilden da vor allem Vouní, Fikárdou und Lófou, Ómodos mit seinem schönen Dorfplatz und Kakopetriá mit seinem denkmalgeschützten historischen Kern.

Vergangene Planlosigkeit macht auch Zyperns modernen Städten zu schaffen. Sie sind nach der Teilung der Insel viel zu schnell und planlos gewachsen, um als attraktiv bezeichnet werden zu können. Eine romantische Atmosphäre findet man bestenfalls in der Altstadt von Girne/Kyrénia. Historisch interessant sind die noch immer vollständig von ihren venezianischen Stadtmauern umgebenen Altstädte von Nicosia und Famagusta, noch aktiv ins heutige Leben eingebunden ist zumindest an Werktagvormittagen das historische Marktviertel von Limassol mit seinen Bauten aus der britischen Kolonialzeit. Dort haben die Zyprioten erfreulicherweise auch ihrer Leidenschaft entsagt, historische Bauten zugunsten neuer Apartmentblocks niederzureißen: Aus einer historischen Johannisbrotmühle entstand dort ein trendiger Szenetreff mit Cafés, Restaurants, Museum, Ausstellungshalle und Vergnügungspark. Ähnliches hat man nur noch in Nicosia mit der Umwandlung eines alten Elektrizitätswerks in eine Kunstgalerie geschaffen.

Vorschläge für Rundreisen

Zypern-Rundreisen sind kaum mit öffentlichen Verkehrsmitteln, sondern nur mit Mietwagen möglich. In jeweils einer Woche kann man damit die Höhepunkte Süd- und Nordzyperns kennen lernen. Wer beide Rundreisen miteinander kombiniert, ist also 14 Tage unterwegs.

Mietwagen können an den Flughäfen von Lárnaka, Páfos und Ercan/Nordzypern, aber auch in allen Urlaubsorten und Städten übernommen werden. Wer mit einem einzigen Mietwagen beide Inselteile besuchen will, muss diesen in Südzypern übernehmen und darauf achten, dass der Vermieter Fahrten in den Norden gestattet.

Zwei Vorschläge für Rundreisen

8 Tage Südzypern

Gesamtlänge: ca. 700–800 km

1. Tag: Ankunft in **Lárnaka.** Stadtspaziergang, je nach Ankunftszeit evtl. Ausflug an den **Salzsee** und nach **Kíti** (ca. 25 km).

2. Tag: Bei Nachtankunft mit Lufthansa kurzer Stadtspaziergang. Weiter über das **Klos-**

ter **Stavrovoúni** nach **Léfkara.** Über das Kloster **Ágios Minás** weiter nach **Choirokoitía** und **Kalavasós-Tenta.** Baden am **Governor's Beach,** Weiterfahrt an **Limassol** vorbei nach **Episkopí** (ca. 130 km).

3. Tag: Besuch von **Limassol,** dann Fahrt durch die **Plantagen von Fasoúri.** Im Winter Abstecher zu den Flamingos im Salzsee von **Akrotíri.** Besichtigung von **Kolóssi** und **Koúrion,** Stopp am Aphroditefelsen **Pétra toú Romioú,** Besuch von **Palaiá Páfos.** Übernachtung in Páfos (ca. 110 km).

4. Tag: Besichtigungen in **Páfos,** Fahrt zum Kloster **Ágios Neófytos.** Übernachtung in Páfos (ca. 20 km)

5. Tag: Früher Aufbruch. Fahrt zum Bad der Aphrodite und nach **Pólis.** Weiterfahrt über die Forststation **Stavrós tis Psókas** zum **Kýkko-Kloster.** Übernachtung in **Pedoulás** oder **Páno Plátres** (150 km).

6. Tag: Besichtigung von **Ómodos, Kakopetriá** und der **Scheunendachkirchen von Galatá.** Abstecher nach **Asínou.** Nachmittags Ankunft in **Nicosia,** Stadtbummel im Süden (ca. 130 km).

7. Tag: Ausflug mit dem Taxi nach **Kyrénia, St. Hilárion** und **Bellapaís.** Anschließend Spaziergang durch **Nordnicosia** (ca. 70 km).

8. Tag: Besuch des **Zypern-Museums in Nicosia,** danach Rückfahrt nach Lárnaka (ca. 45 km). Bei nächtlichem Abflug mit Lufthansa Gelegenheit zu einem Abstecher an den Salzsee und nach Kíti (ca. 25 km) oder sogar nach Agía Nápa (ca. 80 km).

8 Tage Nordzypern

Gesamtlänge: 630–770 km

1. Tag: Ankunft in **Ercan,** Aufenthalt und Übernachtung in **Kyrénia,** Abstecher nach **St. Hilárion** und **Bellapaís** (ca. 70 km).

2. Tag: Fahrt nach **Nordnicosia,** Besichtigung der ganzen Altstadt. Übernachtung in Kyrénia (ca. 60 km).

3. Tag: Fahrt über den **Kamm des Kyrénia-Gebirges** am **Fünffingerberg Beşparmak** und dem armenischen **Kloster Sourp Magar** vorbei nach **Esentepe.** Weiter über **Kantára** nach **Bogaz** und **Salamis.** Übernachtung in Bogaz oder Salamis. (ca. 120 bzw. 150 km).

4. Tag: Besichtigung von **Salamis** und **Famagusta/Gazimağusa/Ammóchostos,** Übernachtung wie am Vorabend (ca. 70 bzw. 30 km).

5. Tag: Fahrt auf die **Karpass-Halbinsel,** Übernachtung bei **Dipkarpaz/Rizokárpaso** (ca. 100 bzw. 130 km).

6. Tag: Rückfahrt bis **Büyükkonuk/Kómi,** von dort an die Nordküste und Fahrt entlang der Nordküste über **Esentepe** nach **Kyrénia** (ca. 170 km).

7. Tag: Ruhetag oder Ausflug nach **Güzelyürt/Mórfu, Lefke, Sóloi** und **Vouní.** Übernachtung in **Kyrénia** (ca. 140 km).

8. Tag: Rückfahrt zum Flughafen Ercan (ca. 40 km).

Reiseorganisation

Zypern ist ein typisches Pauschalreiseziel. Low Cost Carrier fliegen nicht auf die Insel, Charter- und Linienflieger verlangen mangels echter Konkurrenz hohe Preise. Hotels sind oft viel preisgünstiger, wenn man sie im Paket über Reiseveranstalter bucht, und auch beim Transfer kann man als Individualreisender kaum sparen, da die Anbindung der Flughäfen an die Städte und Ferienhotels in beiden Inselteilen schlecht ist. Selbst Mietwagen sind selten teurer, wenn man sie über einen Veranstalter oder Spezialanbieter schon zu Hause bucht. So bleibt als starkes Argument für einen Urlaub auf eigene Faust nur die größere Freiheit: Man kann vor Ort nach Lust und Laune entscheiden, wo man die nächste Nacht verbringen will.

Als Reisevorbereitung sollte man sich von den jeweiligen Touristeninformationsbüros der Zyprioten im Heimatland auf jeden Fall ein jeweils aktuelles Verzeichnis aller Hotels

zusenden lassen. Flugpreise kann man im Internet bei den jeweiligen Fluggesellschaften (s. S. 81f.) oder über folgende Reisebüroportale recherchieren und buchen:
www.opodo.de
www.airline-direct.de
www.traveltopia.de
www.travelchannel.de

Auch die Mietwagenangebote kann man am günstigsten im Internet vergleichen.

Wie können Reiseveranstalter helfen?

Südzypern wird von allen großen und mehreren kleinen Reiseveranstaltern pauschal angeboten. Rundreisen und Hotelangebote ähneln sich stark, Preisvergleiche lohnen auf jeden Fall. Die Kataloge der großen Veranstalter bekommt man in allen Reisebüros. Zu den kleineren Anbietern, deren Kataloge man unbedingt auch einsehen sollte, gehören u. a. **Voni Touristik** (Dorotheenstr. 93, 22301 Hamburg, Tel. 040/279 89 88, www.voni-touristik.com) und **Cypern Travel Service** (Kölner Ring 136, 50374 Erftstadt, Tel. 02235/95 28 20, www.cypern-travel-service.de). Ein breit gefächertes Angebot an Studien- und Wanderstudienreisen auf Zypern bietet **Studiosus** (Kataloge in Reisebüros, www.studiosus.de). Wanderreisen bietet auch **Wikinger Reisen** (Kölner Str. 20, 58135 Hagen, Tel. 02331/90 46, www.wikinger.de) an.

Nordzypern-Reisen haben bisher außer Studiosus und Wikinger nur kleinere Firmen und Türkei-Spezialveranstalter im Angebot. Dazu gehören **Fener Reisen** (Brauhausstr. 20, 22021 Hamburg, Tel. 040/689 49 50, www.fener-reisen.de), **Öger Tours** (Sportallee 4, 22335 Hamburg Tel. 040/32 00 10, www.oeger.de), **Hausdorf Tours** (Hindenburgdamm 58a, 12203 Berlin, Tel. 030/84 41 98 98, www.hausdorf-tours.de) sowie auch **Lupe Reisen** (Weilbergstr. 12a, 53844 Troisdorf, Tel. 0228/65 45 55, www.lupereisen.com).

Reisen mit Kindern

Zypern ist gut auf Urlauber mit Kindern eingestellt. In Hotels und vielen Restaurants stehen Hochstühle für ganz kleine Gäste bereit, viele Restaurants bieten auch Kindermenüs an – die sich freilich meist auf Fastfood-Niveau bewegen. Babynahrung und Windeln sind in Supermärkten und Apotheken erhältlich, jedoch teurer als bei uns. Kindersitze für Mietwagen sollten schon bei der Buchung mitbestellt und vor Ort auf ihre sichere Funktion überprüft werden.

Außer in Hotelbars der gehobenen Kategorie sind Kinder überall willkommen. Zyprioten nehmen ihren Nachwuchs auch abends spät noch mit in Tavernen und Parks; manchmal tollen die Kinder bis Mitternacht auf Spielplätzen herum.

Spezielle Angebote für Kinder sind jedoch selten. In allen großen Küstenorten finden sich hier ›Luna Park‹ genannte Rummelplätze mit Kinderkarussells und oft auch Autoscootern, in den großen Spaßbädern (Aqua Parks) in Südzypern sind Plansch- und Nichtschwimmerbecken ebenso vorhanden wie für Kinder jeden Alters geeignete Riesenrutschen.

Reisen mit Handicap

Durch die starke britische Prägung und die vielen auf Zypern lebenden Briten und Iren ist die ganze Insel für mediterrane Verhältnisse gut auf Körperbehinderte und insbesondere Rollstuhlfahrer eingestellt. Die meisten Museen sind rollstuhlgerecht gebaut, Ausgrabungsgelände jedoch nicht entsprechend gestaltet. Hotels, die für Rollstuhlfahrer geeignet sind, sind im Unterkunftsverzeichnis von Südzypern besonders gekennzeichnet.

Ein deutscher Reiseveranstalter, der auch Angebote für Behinderte unterbreitet und dafür auch schon Preise von Behindertenverbänden erhalten hat, ist **Voni Touristik** (s. o.).

Einreise- und Zollbestimmungen

Zur Einreise nach Zypern (Nord und Süd) genügt für Deutsche, Österreicher und Schweizer ein gültiger Personalausweis. Kinder unter 16 Jahren müssen im Pass der Eltern eingetragen sein oder benötigen einen Kinderausweis (ab 10 Jahren mit Lichtbild).

Bei Einreise mit dem eigenen Fahrzeug müssen der nationale Führerschein und der Kraftfahrzeugschein mitgeführt werden. Die Internationale Grüne Versicherungskarte ist nicht zwingend vorgeschrieben, aber ebenso wie Zusatzversicherungen (Vollkasko, Auslandsschutzbrief) empfehlenswert.

Die Republik Zypern sieht nur eine Einreise über ihre Häfen und Flughäfen als legal an. De iure dürfen Urlauber, die über Nordzypern eingereist sind, den Inselsüden nicht besuchen. De facto wird das aber nicht kontrolliert, zumal es auch kaum kontrollierbar ist.

Zollbestimmungen: Im Verkehr zwischen EU-Ländern dürfen alle Waren, die zum persönlichen Gebrauch bestimmt sind, zollfrei mitgeführt werden. Für Tabakwaren und alkoholische Getränke gibt es so genannte ›Indikativmengen‹: Mehr als 800 Zigaretten, 10 l Spirituosen und 90 l Wein oder Bier pro Person gelten nicht mehr als persönlicher Bedarf.

Für die Einreise nach Nordzypern und generell für Schweizer Staatsbürger sowie für Waren, die in Duty-free-Shops oder zollfrei an Bord von Schiffen und Flugzeugen gekauft wurden, gelten jedoch weiterhin die alten Mengenbegrenzungen: 200 Zigaretten, 1 l Spirituosen und 2 l Wein. Beim Grenzübertritt von Nordzypern nach Südzypern dürfen Reisende ab 17 Jahren maximal 40 Zigaretten mit sich führen!

Hunde

Im EU-Heimtierausweis müssen die Kennzeichnung des Hundes durch Mikrochip oder Tätowierung und eine gültige Tollwutimpfung (mindestens 30 Tage, höchstens 12 Monate vor Grenzübertritt) eingetragen sein. Bei der Einreise über Nicht-EU-Länder müssen Tollwut-Antikörper nachgewiesen werden. Das ist frühestens 30 Tage nach der Impfung durch eine Blutprobe möglich und muss vom Tierarzt im EU-Heimtierausweis bestätigt werden.

Anreise

Per Flugzeug in den Süden

Lufthansa (www.lufthansa.com), Austrian Airlines (www.aua.com), Cyprus Airways (www.cyprusairways.com) und Eurocypria (www.eurocypria.com) verbinden Deutschland, Österreich und die Schweiz mit Lárnaka; Páfos wird nur von Eurocypria angeflogen. Viele weitere Verbindungen bieten Charterfluggesellschaften wie Condor (www.condor.com), LTU (www.ltu.de) und HapagFly (www.hapagfly.com) an.

Die Flugzeit beträgt ab Frankfurt etwa 3,5 Std. Die gängigen Flugrouten führen entweder über Thessaloníki, den Berg Áthos und die griechischen Inseln vor der kleinasiatischen Küste einschließlich Rhodos oder über Rumänien, den Großraum Istanbul und Antalya. Preislich oft am günstigsten sind Umsteigeverbindungen mit der griechischen Fluggesellschaft Aegean Air (www.aegeanair.com) über Athen. Low Cost Carrier wie Germanwings oder Easy Jet fliegen Zypern noch nicht an.

Vom Flughafen Lárnaka kommen Individualreisende außer per Taxi tagsüber auch mit dem Linienbus weiter nach Lárnaka, Limassol und Nicosia. Fahrplanauskünfte bei der Tourist-Information im Flughafengebäude. Vom Flughafen Páfos fährt ein Linienbus tagsüber ca. alle 2 Std. zu den Strandhotels von Geroskípou, Páfos und Coral Bay (s. S. 129).

Per Flugzeug in den Norden

Wegen der fehlenden völkerrechtlichen Anerkennung gibt es keine Non-Stop-Flüge nach Nordzypern. Eine Zwischenlandung in der Türkei ist immer erforderlich. Einige Reiseveranstalter bieten jedoch günstige Charterflüge ab Deutschland an, bei denen die Umsteigezeit in Istanbul oder Antalya möglichst kurz gehalten und das Gepäck direkt umgeladen wird. Inklusive Zwischenlandung beträgt die kürzeste Anreisezeit nach Nordzypern ca. 6 Std. Linienflüge sind auf jeden Fall langwieriger, umständlicher und sehr viel teurer.

Hauptflughafen von Nordzypern ist **Ercan** bei Lefkoşa/Nicosia. Ist er aus technischen Gründen gesperrt, wird der Verkehr nach **Geçitkale** umgeleitet, wo ein von den USA finanzierter Militärflughafen als Ausweichmöglichkeit genutzt wird. Flughafenbusse verkehren zu den meisten Ankünften.

Per Schiff

Schiffsverbindungen mit italienischen Häfen gibt es nicht. Über eventuelle Fährverbindungen zwischen Griechenland und **Südzypern** informiert die Fremdenverkehrszentrale Zypern (s. S. 72).

Nach **Nordzypern** besteht eine tägliche Fährverbindung zwischen der türkischen Kleinstadt Taşucu und Kyrénia; 3 x wöchentlich verbinden Autofähren Mersin mit Gasimağusa/Famagusta. Im Sommerhalbjahr gibt es zusätzliche Verbindungen mit Kyrénia ab Alanya, Anamur und Antalya. Aktuelle Informationen über die Fährverbindungen gibt die Nordzypern-Information (s. S. 72).

Verkehrsmittel im Land

Autofahren

Auto- und Motorradreisen durch Zypern sind problemlos. Tankstellen sind zahlreich, bleifreies Benzin ist überall erhältlich. Nachts und an Sonntagen sind einige Tankstellen ganz geschlossen, an den anderen tankt man am Automaten: Dort wird mit Bargeld oder Kreditkarte bezahlt. Bei allen Pannen außer Reifenpannen rufen Mietwagenfahrer ihre Autovermietung an. Wer mit dem eigenen Wagen unterwegs und Mitglied eines Automobilclubs ist, kann sich in der Republik Zypern rund um die Uhr an die **Cyprus Automobile Association,** Tel. 22 31 31 31, www.cyprusaa.org, wenden.

Straßenverhältnisse: Von Páfos bis Agía Nápa und Paralímni sowie von der Südküste bis Nicosia reicht das Autobahnnetz der **Republik Zypern** schon jetzt. Eine Autobahn oder zumindest vierspurige Schnellstraße zwischen Páfos und Pólis ist in Planung.

In **Nordzypern** verbinden Autobahnen Nicosia mit Girne/Kyrénia und Gasimağusa/Famagusta. Mautgebühren werden nirgendwo erhoben.

Auch die übrigen Fernstraßen Zyperns befinden sich in einem guten Zustand. In den Bergen sind sie allerdings häufig schmal und kurvenreich. Auf Nebenstraßen fehlen meist Fahrbahnmarkierungen und Katzenaugen.

Staugefahr: Die Zufahrtsstraßen nach Girne/Kyrénia sind fast immer verstopft; Staugefahr besteht auch sonst auf allen Ein- und Ausfahrtsstraßen der Städte. Besonders groß ist sie im Sommer, wenn an Samstag- und Sonntagabenden die Wochenendausflügler heimwärts fahren. Auf den Autobahnen hingegen kommt es nur im Umfeld von Nicosia und Limassol häufiger zu schleppendem Stop-and-Go-Verkehr.

Verkehrsvorschriften: Auf ganz Zypern wird links gefahren. Innerhalb geschlossener Ortschaften beträgt die zulässige Höchstgeschwindigkeit 50, auf Landstraßen 80 und auf Autobahnen 100 km/h. Auf gleichberechtigten Straßen hat Vorfahrt, wer von rechts kommt. Ebenso haben Fahrzeuge im Kreisverkehr Vorfahrt. Das Anlegen von Sicherheitsgurten auf Vorder- und Rücksitzen ist Vorschrift; Kinder unter 5 Jahren dürfen nicht auf die Vordersitze. Handy-Telefonate und Rauchen am Steuer sind untersagt und können mit hohen Bußgeldern geahndet werden. Falsch zu parken kostet 50 CYL. Die Promillegrenze in **Südzypern** liegt bei 0,5. In **Nordzypern** gilt striktes Alkoholverbot für Autofahrer.

Mietwagen

Mietwagenfirmen gibt es in allen Städten und allen größeren Urlaubsorten auf ganz Zypern sowie an allen drei Flughäfen. Fast immer ist es günstiger, seinen Mietwagen schon vorab im Internet oder über ein Reisebüro zu buchen. Ein genauer Preisvergleich unter Berücksichtigung des inkludierten Versicherungsschutzes und anderer Nebenkosten lohnt auf jeden Fall. Am besten recherchiert man die aktuellen Preise für die **Republik Zypern** unter www.hertz.de, www.avis.de, www.e-sixt.de, www.tui.de, www.holidayautos.de usw. In **Nordzypern** sind keine internationalen Unternehmen tätig. Hier kann man Mietwagen über Reiseveranstalter (s. S. 80) buchen.

Zur Anmietung eines Fahrzeugs genügt der nationale Führerschein. Fahrer unter 25 Jahren, die weniger als drei Jahre im Besitz eines Führerscheins sind, müssen eine Extra-Versicherung abschließen.

Viele Autovermietungen übergeben den Wagen mit nahezu leerem Tank. Ist der Tank nicht fast leer, muss man den geschätzten Inhalt bei Anmietungen bezahlen. Der Mietwagen darf dann mit fast leerem Tank auch wieder zurückgegeben werden – wenn man die Nerven dafür besitzt. Eine Möglichkeit, sich gegen diese unverschämte Sitte zu wehren, gibt es leider nicht!

Linienbusse

In allen zypriotischen Städten verkehren Linienbusse. In Limassol und Páfos sind sie gut auf die Bedürfnisse von Urlaubern abgestimmt, fahren also vom westlichen bis zum östlichen Stadtrand entlang der Uferstraße und verbinden so die meisten Hotels mit den beiden Ortszentren. Ganz und gar auf die Bedürfnisse der Touristen abgestellt sind die Busverbindungen zwischen Paralímni-Protarás, Agía Nápa und Lárnaka. Auch die Verbindung zwischen Pólis und Páfos sowie zwischen Limassol und Páno Plátres im Tróodos-Gebirge sind für Urlauber gut nutzbar. Die Fahrpreise sind niedrig, bezahlt wird beim Fahrer.

Die wenigen übrigen **Fernbuslinien Südzyperns** sind nicht empfehlenswert. Größere Gepäckstücke werden nur ungern oder gegen Zuzahlung mitgenommen. Die Busse fahren nie nonstop, sondern halten unterwegs in vielen Dörfern. Samstagnachmittags und sonntags verkehren fast keine Fernbusse. Einheimische benutzen sie kaum, die Fahrgäste sind überwiegend auf Zypern lebende und arbeitende Afrikaner und Asiaten. Für wenig mehr Geld reist man schneller und bequemer mit den Service-Taxis.

Das gilt auch für **Nordzypern** außer auf der Strecke zwischen Nicosia und Girne/Kyrénia, wo Kleinbusse in dichtem Abstand unterwegs sind.

Service-Taxis

Service-Taxis sind auf Zypern das bevorzugte öffentliche Verkehrsmittel der Einheimischen.

In **Südzypern** verkehren sie allerdings nur zwischen den großen Städten. Plätze werden telefonisch gebucht. Die Sammeltaxis holen ihre Fahrgäste am Ausgangsort zu Hause oder am Hotel ab und bringen sie auch am Zielort zu jeder gewünschten Adresse. Normalerweise werden maximal sieben Fahrgäste mitsamt Gepäck befördert. Der Fahrpreis ist unabhängig von der Zahl der Passagiere. Sammeltaxis verkehren auf den Routen Páfos–Limassol, Limassol–Lárnaka, Lárnaka–Nicosia und Limassol–Nicosia. Alle Service-Taxi-Unternehmen in Südzypern sind in der Vereinigung ›Travel & Express‹ zusammengeschlossen (Tel. 77 77 74 74, www.travelexpress.com.cy).

In **Nordzypern** werden die dort *dolmus* genannten Service-Taxis nicht nur zwischen den großen Städten, sondern auch zwischen Städten und größeren Dörfern eingesetzt. Ansonsten gleicht das System dem im Süden. Eine zentrale Rufnummer für Sammeltaxis gibt es jedoch im Norden nicht; eventueller Sprachprobleme wegen lässt man es sich ohnehin besser von einem Einheimischen rufen.

Taxis

Taxis gibt es in allen Städten und vielen größeren Dörfern Zyperns. Sie sind billiger als in Deutschland, aber teurer als in der Türkei oder in Griechenland. Im Norden sind sie zur Zeit noch etwas preiswerter als im Süden. Taxis transportieren maximal vier Fahrgäste. In den Städten sind sie mit Taxametern ausgerüstet. In Dorftaxis gelten die gleichen Preise, sie werden jedoch nach dem Kilometerzähler abgerechnet.

In **Südzypern** beträgt der Grundpreis 1,73 CYL (20.30–6 Uhr 2,30 CYL). Pro Kilometer zahlt man 0,32 (0,39) CYL, pro Wartestunde 7,48 (8,63) CYL und pro Gepäckstück 0,58 CYL. An Feiertagen wird ein Zuschlag von 1,15 CYL erhoben.

In **Südzypern** zahlt man für eine Fahrt von Nicosia zum Flughafen Lárnaka 23 CYL. In In **Nordzpyern** haben die Taxis keine Taxameter. Für eine Fahrt von Girne/Kyrénia nach Nicosia zahlt man z. B. 10 CYL, zum Flughafen von Lárnaka 35 CYL, von Gazimağusa/ Famagusta zum Flughafen von Lárnaka 25 CYL.

Gute Verkehrsanbindung: Per Bus kann man viele Orte erreichen

Südzypern

Alle Hotels und Ferienunterkünfte in Südzypern unterliegen der Kontrolle der staatlichen Cyprus Tourism Organisation. Sie werden von ihr kategorisiert; die von den Hoteliers geplanten Preise müssen alljährlich von der C.T.O. genehmigt werden. Die C.T.O. gibt ein Verzeichnis aller Unterkünfte heraus, das von der Fremdenverkehrszentrale Zypern in den deutschsprachigen Ländern und von den C.T.O.-Büros in Südzypern kostenlos erhältlich ist. Das Verzeichnis ist für Individualreisende hilfreich, denn anders als beispielsweise in Griechenland kann man in Zypern nicht damit rechnen, in fast jedem Dorf irgendeine Übernachtungsmöglichkeit vorzufinden.

Unterkunftstypen und -kategorien

Die wichtigsten Unterkunftstypen sind Hotels, Hotel-Apartments, Tourist-Apartments, Guesthouses und Traditional Houses.

Hotels werden in sechs Kategorien von null bis sechs Sternen eingestuft, **Hotel-Apartments** in vier Kategorien von C bis Deluxe. In beiden Unterkunftstypen gibt es eine zumeist rund um die Uhr besetzte Rezeption und eine tägliche Zimmerreinigung. Hotel-Apartments müssen keinerlei weitere Gemeinschaftseinrichtungen aufweisen. Sie besitzen aber dennoch häufig zumindest eine Bar und einen Raum, in dem auf Wunsch ein extra zu bezahlendes Frühstück serviert wird. Die Apartments sind meist recht geräumig, mit einer mehr oder minder guten Küchenzeile eingerichtet und auf jeden Fall sehr viel preisgünstiger als vergleichbare Zimmer in Hotels.

Tourist-Apartments liegen in Häusern oder Anlagen, die keine ständig besetzte Rezeption besitzen müssen. Eine tägliche Reinigung ist nicht zu erwarten. Bettwäsche und Handtücher werden hier jedoch ebenso gestellt wie in allen anderen Unterkunftstypen. Tourist-Apartments werden ebenso wenig wie Guesthouses und Traditional Houses kategorisiert. **Guesthouses** ähneln einfachen Hotels, haben keine ständig besetzte Rezeption und häufig nur Etagenbäder. Sie servieren Frühstück, aber keine weiteren Mahlzeiten. **Traditional Houses** sind Hotels oder Hotel-Apartments in historischen Gebäuden. Man findet sie fast nur in ländlichen Regionen; einzige Ausnahmen sind zwei Hotels in Páfos-Ktíma und ein Guesthouse in Lárnaka.

Preise

Die im offiziellen Hotelverzeichnis genannten Zahlen sind immer Höchstpreise, die vom Hotelier jederzeit unterschritten werden dürfen. Zwischen dem 16. November und 15. März werden fast überall außer in den Weihnachtsferien Ermäßigungen bis zu 50 % und mehr gewährt. Alle angegebenen oder an der Rezeption vereinbarten Preise beinhalten bereits das Bedienungsgeld und verschiedene Steuern, sind also Endpreise.

Preisspannen für Unterkünfte in der Hochsaison werden hier am Beispiel von Páfos jeweils für ein Doppelzimmer (in Hotels mit Frühstück, sonst ohne) genannt:

5-Sterne-Hotel	73–300 CYL
4-Sterne-Hotel	50–206 CYL
3-Sterne-Hotel	41–129 CYL
2-Sterne-Hotel	28–55 CYL
1-Stern-Hotel	17,50–50 CYL
Hotel	8–12 CYL
Hotel-Apt. A	29–150 CYL
Hotel-Apt. B	29–50 CYL
Hotel-Apt. C	18–110 CYL
Tourist -Apt.	12–67 CYL

Ferienhäuser und Traditional Houses

Ferienhaus-Neubauten werden in Südzypern so gut wie gar nicht vermietet. Dafür gibt es aber eine ganze Reihe von **Traditional Houses,** die Ferienhäusern gleichen. Meist handelt es sich um historische Gebäude, die technisch modernisiert und stilvoll in traditioneller Form möbliert wurden. Einige davon findet man auch in Veranstalterkatalogen, eine große Auswahl im Internet unter www.agrotourism.com.cy.

Campingplätze

In Südzypern gibt es fünf offizielle Campingplätze, zwei davon unterstehen der Verwaltung der Cyprus Tourism Organisation. Man findet sie am **Governor's Beach** (ganzjährig, Tel. 25 63 28 78), an der **Coral Bay** östlich von Páfos (ganzjährig, Tel. 26 62 15 34), in **Geroskípou** südöstlich von Páfos (Apr.–Okt., Tel. 26 94 22 77), in **Pólis** in einem Eukalyptuswald (März–Okt., Tel. 26 81 50 80) sowie im **Tróodos** unterhalb der Straße von Tróodos nach Kakopetriá (Mai–Okt., Tel. 25 42 02 05). Die Übernachtung kostet ca. 1–3 CYL pro Tag für einen Stellplatz plus 1–1,50 CYL pro Person/Tag. Es gibt keine Straßenangaben und keinen www-Kontakt; einfach hinfahren!

Wild zu zelten ist in Südzypern zwar offiziell verboten, wird von Einheimischen aber insbesondere im Gebiet zwischen Pólis und Loutrá tis Afrodítis im Hochsommer gern praktiziert.

Jugendherbergen

Die vier zypriotischen Jugendherbergen der **Cyprus Youth Hostels Association** stehen in Nicosia, Lárnaka, Páfos und Tróodos. Die Übernachtung kostet 3,50–5 CYL/Person. Ein Internationaler Jugendherbergsausweis ist zwar theoretisch erforderlich, wird aber praktisch nie verlangt. Adressen bei den jeweiligen Orten.

Nordzypern

Auch für Nordzypern gibt es ein Hotelverzeichnis, das vorab bei der Nordzypern-Information kostenlos angefordert oder bei den Tourist-Informationen in Nordzypern abgeholt werden kann. Die Preise sind darin in Euro angegeben.

Unterkunftstypen und -kategorien

In Nordzypern wird zwischen Hotels, Self Catering Units und Guesthouses unterschieden. **Hotels** sind in fünf, **Self Catering Units** (Selbstverpfleger-Einheiten, also Apartments) in drei Kategorien unterteilt. Die Kategorisierung nimmt das Hotels Board Nordzypern vor, das auch die Einhaltung der angegebenen Höchstpreise überwacht. **Pensionen** sind zwar ebenfalls vorhanden, werden aber fast nur von anatolischen und anderen asiatischen ›Gastarbeitern‹ genutzt. Für Touristen ist eine Übernachtung dort allerdings fast immer unzumutbar.

Agrotourismus: In Vávla wird das ›House in Nature‹ liebevoll in Schuss gehalten

Preise

Die im Hotelverzeichnis genannten Zahlen sind Höchstpreise, die meist nur zwischen Mai und September verlangt werden. Außerhalb dieser Zeit sind Preisnachlässe zwischen 20 und 50 % üblich.

Preisspannen für Unterkünfte in der Hochsaison werden am Beispiel von Girne/Kyrénia, jeweils für ein Doppelzimmer (in Hotels mit Frühstück, sonst ohne) genannt:

5-Sterne-Hotel	100–270 €
4-Sterne-Hotel	48–100 €
3-Sterne-Hotel	36–93 €
2-Sterne-Hotel	28–80 €
1-Stern-Hotel	28–45 €
Self Catering * **	30–80 €
**Self Catering ** **	25–60 €
**Self Catering * **	25–40 €

Ferienhäuser und Campingplätze

Ferienhäuser werden in Nordzypern bisher kaum angeboten. Das größte Angebot findet man im Dorf Karaman bei Girne/Kyrénia (s. S. 324ff.), einige weitere Ferienhäuser kann man aber auch aus Veranstalterkatalogen buchen.

Nordzyperns **Campingplätze** sind sehr einfach, wildes Zelten ist auch heute noch vor allem im Kyrénia-Gebirge und auf der Karpassía-Halbinsel allgemein üblich. Der Sanitäranlagen und des Trinkwassers wegen schlägt man sein Zelt häufig in der Nähe von Picknickplätzen oder Tavernen auf. Frauen ohne Männerbegleitung sollten jedoch aufs Zelten aus Sicherheitsgründen lieber verzichten!

Sport und Aktivurlaub

Zypern ist eine sportliche Insel. Wassersport kann man von fast allen Stränden aus betreiben, die Bergwelt bietet viele Möglichkeiten zum Wandern und im Süden sogar zum Wintersport. Weil die Insel relativ klein und durch Autobahnen gut erschlossen ist, stehen einem die meisten Sportangebote auch zur Verfügung, wenn sie sich nicht am eigenen Urlaubsort befinden.

Angeln

21 südzypriotische Stauseen sind für Angler freigegeben. Sie finden darin bis zu 17 verschiedene Fischarten. Jeweils bis zum Jahresende gültige **Angelscheine** sind in den Büros des **Department of Fisheries** in Nicosia, Lárnaka, Limassol, Paralímni und Páfos erhältlich. Sie kosten 3 CYL für einen und 10 CYL für alle Stauseen. Allgemeine Auskünfte:
Head Office of Fisheries Department:
Aiólou Street 13, Nicosia,
Tel. 22 80 78 30, Fax 22 77 59 55.
Tagespauschalprogramme für Angler, bei denen Transfers und Ausrüstung bereits im Preis von ca. 30 CYL inbegriffen sind, bietet **Angling Tours of Cyprus** in Limassol, Tel. 25 32 27 63.

Das Angeln im Meer ist für jedermann kostenlos; eines Angelscheins bedarf es dafür nicht. Möglichkeiten zum Hochseeangeln bieten Bootsvermieter in Limassol, Páfos und Agía Nápa (Adressen bei den jeweiligen Orten im Reiseteil).

Biking

Das beste **Radwegenetz** Zyperns gibt es in der **Region von Agía Nápa.** Einfache Fahrräder werden hier für 5–10 CYL/Tag vermietet.

Für **Mountainbiker** sind vor allem die vielen kleinen Straßen und Forstwege im **Tróodos-Gebirge** sowie in der **Region um Pólis** ideal. Dort kann man gute Mountainbikes für individuelle Touren mieten oder an organisierten Bike-Exkursionen teilnehmen.

Gepflegte Mountainbikes und Rennräder vermieten **Thomas Wegmüller** im **Hotel Hawai Grand** bei Limassol (s. S. 173) und im **Hotel Hánipa** in **Oróklini** bei Lárnaka (Tel. 24 64 50 01, Fax 24 64 42 43, www.veloferienzypern.com). Eine gute Adresse für Mountainbiker ist auch die Radstation von **Cyprus Villages** in **Kalavasós,** die außer MTBs auch Touren-, Kinder- und Rennräder vermietet sowie geführte Mountainbiketouren durchführt (Tel. 24 33 29 98, www.cyprusvillages.de).

Trainingscamps für Rennfahrer und Mountainbiker hat ein deutsches Unternehmen im Angebot: **Lifestyle Travel Team,** Zur Lauterhecke 6, 63877 Sailauf, Tel. 06093/97 37-0, Fax 06093/97 37 16, www.zypernbike.de.

Mountainbike-Rennen und geführte -Touren unter Beteiligung vieler Einheimischer bietet **The Cyprus Cycling Federation,** P. O. Box 24572, CY-1301 Nicosia, Tel. 22 66 33 44, Fax 22 66 11 50.

Bungee-Sprünge

Im Sommerhalbjahr bei Agía Nápa möglich (s. S. 229).

Golf

Die drei 18-Loch-Golfplätze Südzyperns liegen alle im Bezirk Páfos. Der **Tsáda Golf Club** 8 km nördlich von Páfos und der **Secret Valley Golf Club** 18 km östlich von Páfos werden von **Cyprus Golf Resorts** (Tel. 26 64 27 74, www.cyprusgolf.com) betrieben. Der Golfplatz **Aphrodite Hills** liegt 25 km östlich von Páfos oberhalb der Pétra tou Romioú (Tel. 25 31 65 60, www.aphroditehills.com). Weitere Golfplätze sind in Südzypern in Bau. Auskunft über alle Golfplätze und aktuelle Golfsport-Ereignisse in Südzypern gibt die Cyprus Golf Federation unter www.cgf.org.cy.

In Nordzypern ist mit der Eröffnung des ersten Golfplatzes frühestens im Jahr 2008 zu rechnen.

Marathonläufe

Im Winterhalbjahr werden an verschiedenen Orten Marathonläufe organisiert. Besonders attraktiv ist der Marathon- und Halbmarathonlauf, der alljährlich Anfang März in Páfos organisiert wird. 2006 nahmen daran Teilnehmer aus über 20 Nationen teil; die Bestzeit für die volle Strecke lag bei 2:52:01. Start des Laufs ist an den Aphroditefelsen Pétra tou Romioú, Ziel ist das Fort am Hafen von Páfos. Ausführliche Infos auch über einen Marathonlauf bei Limassol unter www.ultrasportspafosmarathon.com

Reiten

Reitgelegenheiten bieten sich bei Agía Nápa, Limassol und Girne/Kyrénia (Adressen bei den jeweiligen Orten). Für spezielle Auskünfte zuständig ist **The Cyprus Equestrian Federation,** P. O. Box 24860, CY-1304 Nicosia.

Pferderennen werden das ganze Jahr über auf einer Rennbahn nahe Nicosia veranstaltet. Veranstalter ist **Nicosia Race Club,** P. O.-Box 21783, CY-1513 Nicosia, Tel. 22 37 95 66, Fax 22 37 92 51, www.nicosiaraceclub.com.cy. Renntermine werden auch in der englischsprachigen Tageszeitung Cyprus Mail veröffentlicht.

Tauchen

Tauchstationen und -clubs findet man in allen Küstenstädten und größeren Badeorten ganz Zyperns. Ein vollständiges Verzeichnis der Tauchstationen Südzyperns erhält man von **Cyprus Federation of Underwater Activities** (C.F.U.A.), P. O. Box 21503, CY-1510 Nicosia, Tel. 22 45 46 47. Eine Auswahl von Tauchschulen ist bei den jeweiligen Ortsbeschreibungen angegeben.

Tennis

Fast alle größeren Hotels auf ganz Zypern verfügen über Tennisplätze, meist mit Flutlicht. Häufig stehen sie auch Spielern offen, die nicht in diesen Hotels wohnen.

Wandern

Zum Wandern ist ganz Zypern mit seinen zahlreichen, schön angelegten und gut gepflegten Wanderwegen und Naturlehrpfaden eigentlich ideal. Es gibt nur einen schwerwiegenden Nachteil: Die wenigsten Wege sind als Rundwanderwege angelegt, viele Ausgangs- und Endpunkte sind mit dem Linienbus nicht zu erreichen. So ist man oft gezwungen, den gleichen Weg hin und zurück zu gehen oder sich ein Taxi an den Endpunkt der Wanderung zu bestellen. Weder für Nord- noch für Südzypern gibt es allerdings brauchbares Wanderkartenmaterial.

Gut markierte Wanderwege und Naturlehrpfade, auf Zypern als **›Nature Trails‹** bezeichnet, gibt es vor allem im Tróodos-Gebirge, auf der Akámas-Halbinsel und in der Umgebung von Agía Nápa, Paralímni und Protarás. Ein Teil dieser Wege wird auch in der **Broschüre** ›Nature Trails‹ beschrieben, die kostenlos von der Fremdenverkehrszentrale Zypern bezogen werden kann.

Eine Kopfbedeckung als Sonnenschutz und eine Flasche Wasser sollte man bei allen Wanderungen mit sich führen. Festes Schuhwerk ist unerlässlich. Auf vielen schmaleren Pfaden sollte man selbst an heißen Tagen lange Hosen tragen, da man öfters dorniges Gestrüpp passieren muss – und weil es auf Zypern auch Schlangen gibt.

Geführte Wanderreisen bieten mehrere deutsche, österreichische und Schweizer Reiseveranstalter in ganz Zypern an. Geführte Tageswanderungen für seine Gäste organisiert das **Hotel Forest Park** in **Páno Plátres** (s. S. 292). In Páfos veranstaltet **Ecologia Tours & Travel** auch deutschsprachig geführte Tageswanderungen (s. S. 120).

Windsurfen und andere Wassersportarten

Gut organisierte und ausgestattete Wassersportstationen gehören zu vielen Strandhotels der gehobenen Kategorien auf der gan-

Einfach mal abtauchen ...

zen Insel. Sie können auch von Nicht-Hotelgästen genutzt werden. Außerdem gibt es gute **Wassersportstationen** an den von der **Fremdenverkehrszentrale Zypern** geführten **öffentlichen Stränden** (Public Beaches) von Geróskipou, Lárnaka und Limassol sowie in Pissoúri, Latsí und an der Coral Bay bei Páfos.

Große Preisunterschiede gibt es nicht, da die Höchstpreise alljährlich vom **Central Beach Committee Zypern** festgelegt werden. So zahlt man fürs Windsurfen pro Stunde 6 CYL, für eine halbe Stunde Unterricht im Windsurfen ebenfalls 6 CYL. Eine 1-km-Runde Wasserski kostet 7 CYL, 15 Minuten Unterricht im Wasserskifahren 10 CYL. Ein 10-minütiger Fallschirmflug übers Wasser kostet 16 CYL, die Tretbootmiete für eine Stunde je nach Bootsgröße 4–5 CYL.

In **Nordzypern** sind die Preise etwa 10–20 % niedriger. Die meisten Wassersportstationen liegen hier vor den großen Hotels zu beiden Seiten von Girne sowie am Hotel Salamis Bay Conti in Salamis und vor dem Palm Beach Hotel in Famagusta.

Wintersport

An den **Hängen des Olymp** liegt über 1700 m zwischen Weihnachten und Ende Februar meist so viel Schnee, dass man gut Ski laufen kann. Vier Schlepplifte (2 x 150, 1 x 350 und 1 x 500 m lang) sind dann in Betrieb, Pisten präpariert. Der Tagesskipass kostet ca. 13 CYL, die Einzelfahrt mit dem Lift ca. 0,80 CYL. In der **Hütte des Cyprus Ski Club** an der Straße von Tróodos ins Skigebiet können auch Skier und Skistiefel ausgeliehen werden (ca. 10 CYL/Tag). Skilehrer stehen für etwa 90-minütige Kurzlektionen zur Verfügung. Aktuelle Schneehöhen und Preise kann man beim Cyprus Ski Club auch im Internet abrufen: **Cyprus Ski Club,** P. O. Box 22185, CY-1518 Nicosia, Tel. 22 67 53 40, Fax 22 66 96 81, www.cyprusski.com.

Yachtcharter

In **Südzypern** kann man Segel- und Motoryachten chartern. Man darf mit diesen Yachten aber keine Häfen in Nordzypern oder der Türkei anlaufen. Daher ist ein Yachtcharter auf Zypern völlig uninteressant.

Teurer Alltag, wenig Souvenirs

Die internationalen Supermarktketten haben auf Zypern bisher noch nicht Fuß gefasst. Auch darum ist das Preisniveau für Lebensmittel und alltägliche Verbrauchsgüter hoch. Im Inselvergleich ist ein standardisierter Warenkorb in südzypriotischen Páfos am teuersten.

Obst und Gemüse kauft man am besten in den Markthallen der Städte oder auf Wochenmärkten. Die Waren dort sind mit Kilopreisen ausgezeichnet. Zu handeln, ist allerdings nicht üblich, aber die Ware kann problemlos mit den Fingern auf ihre Qualität geprüft werden.

Das Angebot an Souvenirs ist sowohl in Nord- wie auch in Südzypern gering. Als landestypisches Mitbringsel kann Keramik gelten. In Südzypern findet man auch gute Web- und Stickarbeiten sowie die traditionellen Hohlsaumstickereien, *lefkarítika* genannt. Bekannt für diese Handarbeit sind Páno Léfkara und Ómodos. Auch Korbwaren und Silberfiligranarbeiten finden ihre Liebhaber.

Einen guten Überblick über das südzypriotische Kunsthandwerk verschafft ein Besuch in einem der Läden des staatlichen **Cyprus Handicraft Service.** Die Auswahl ist zwar nur gering, doch dafür ist alles Angebotene garantiert zypriotischer Provenienz und kommt nicht aus Fernost. Außerdem wird alles zu einem fairen Preis verkauft. Solche Läden gibt es in Lárnaka, Limassol, Nicosia und Páfos (Adressen im Reisekapitel im Adressteil bei den jeweiligen Orten). In Nordzypern existieren solche Handicraft-Läden bisher noch nicht.

Vor allem in Nicosia können Sammler in Antiquitätengeschäften auch allerlei kleine Objekte vorwiegend aus britischer Kolonialzeit entdecken. Vielversprechend ist die Auswahl an kulinarischen Mitbringseln: Südzypriotische Brandies (am besten der ›Five Kings‹), Tresterschnaps und Liköre, Weine und Sherrys bieten sich ebenso an wie eingeschweißter *haloúmi*-Käse, schön verpackte *loukoúmia* (türkischer Honig) und *dschoudschoúko* (in Traubenmost getunkte mandeln), Johannisbrotsirup oder Olivenöl. Gut und preiswert sind zudem südzypriotische Schuhe. Anzüge und Hemden, Blusen und Kleider fertigen viele Geschäfte in den Städten binnen weniger Tage nach Maß. Ikonenmaler hingegen benötigen bis zu sechs Monate, bevor sie Zeit finden, in Auftrag gegebene Ikonen zu vollenden und zu verschicken.

Öffnungszeiten Südzypern

Geschäfte: Mo–Fr 8–19.30 (Okt.–Apr.) bzw. 8–20.30 (Mai–Sept.) und Sa 8–18 Uhr. Mittagspause 13–16 (Mai–Sept.) bzw. 13–14.30 Uhr (Okt.–Apr.). Zweimal wöchentlich dürfen Geschäfte nachmittags geschlossen bleiben, meist Mi und Sa.

Märkte: vormittags.

Banken: an den Flughäfen rund um die Uhr; sonst meist Mo–Fr 8.15–13, Sept.–April auch Mo 15.15–16.45 Uhr.

Postämter: Mo–Fr 7.30–13.30, Do zusätzlich 15–18 Uhr; in den Städten und Touristenzentren zusätzlich Mo, Di, Do, Fr 15–18 Uhr.

Öffnungszeiten Nordzypern

Geschäfte: Mo–Sa 8–17 (Okt.–Apr.) bzw. 8–14 und 16–18 Uhr (Mai–Sept.).

Banken: an den Flughäfen rund um die Uhr; sonst meist Mo–Fr 8.30–14 und Mo 15–18 Uhr. **Wechselstuben:** meist tgl. 8–20 Uhr.

Postämter: Mo–Fr 8–13 und 14–17 Uhr, Sa 9–12 Uhr.

Ausgehen

Wer Pubs und Diskotheken schätzt, findet vor allem in den Küstenorten Südzyperns und im nordzypriotischen Girne/Kyrénia ein großes Angebot. Agía Nápa gilt sogar als Party-Metropole des östlichen Mittelmeers. Andere Arten von Abendunterhaltung sind hingegen kaum zu finden. Außerhalb der Sommerpause regelmäßig bespielte **Theater** gibt es nur in Südnicosia. In Lárnaka, Limassol und Páfos finden nur gelegentliche Gastspiele statt. **Musik-Tavernen** in allen Städten Südzyperns spielen griechische Live-Musik. Hier wird jedoch erwartet, dass man Mezé bestellt. In manchen tanzen Folklore-Ensembles, in den meisten aber ist das Tanzen der Lust und Laune der Gäste anheim gestellt.

Wirklich traditionelle Nachtvergnügen bieten die **Bouzoúkias,** die in der Regel von 23 bis 3 Uhr geöffnet sind. Dort tanzen die Zyprioten zu griechischer Live-Musik. Der Besuch dieser Bouzoúkias kann zum Erlebnis werden, wenn genug gut gelaunte Einheimische kommen; er kann aber auch mit einer kostspieligen Enttäuschung enden, falls die Gäste nicht in Tanzlaune kommen. Schließlich werden sie ja für ihren Auftritt anders als die Folkloregruppen in den Hotels nicht bezahlt. Geht man als Ausländer allein in die Bouzoúkia, sollte man auf jeden Fall einen unauffälligen Platz im Hintergrund suchen und sich höchstens nach Aufforderung unter die Tanzenden mischen, denn sonst kann man den Einheimischen nur den Abend verderben.

Warnung!

Cabarets sind keine familienfreundlichen Orte mit artistischen Darbietungen, sondern Bars der übelsten Sorte, in denen zumeist aus Osteuropa stammende, oft unter falschen Versprechungen ins Land gelockte junge Damen die ausschließlich männlichen Gäste dürftig bekleidet zum Konsum teurer Getränke animieren.

Vor allem in Nicosia gibt es auch so genannte Cabaret-Night Clubs, in denen eine Art absolut geschmackloser Striptease-Show stattfindet. Die Gäste sind zumeist ausländische Geschäftsleute und Soldaten sowie zypriotische Bauern.

FKK

Das Nacktbaden ist auf ganz Zypern strikt verboten. Oben ohne zu baden ist nur in Südzypern üblich, nicht aber im Norden.

Fotografieren und Filmen

Das Fotografieren und Filmen in der Nähe von Militäranlagen und der Green Line oder Demarkationslinie sowie an den Checkpoints ist strikt verboten und kann zur Beschlagnahme von Film und Kamera führen. Verbotsschilder sind unbedingt zu beachten. In manchen Kirchen herrscht generelles Foto- und Filmverbot; das Fotografieren von Ikonen wird nicht gern gesehen. Aufnahmen mit Stativ und Blitzlicht bedürfen in Museen einer besonderen Genehmigung; Videoaufnahmen sind in vielen archäologischen Stätten gebührenpflichtig. Filme und Fotobatterien sind auf Zypern teuer; die Qualität ist nicht immer gesichert. Man nimmt besser genügend Vorräte mit.

Die Digitalfotografie greift auch auf Zypern um sich. In den meisten Fotogeschäften, aber auch in Internet-Cafés kann man bei Bedarf seine Aufnahmen auf CD brennen lassen. Um später keine Enttäuschung zu erleben, sollte man allerdings vor dem Löschen der gespeicherten Daten auf seinem Chip zumindest kurz überprüfen, ob die Fotos auch auf der CD gelandet sind.

Kirchen, Klöster und Moscheen

Auf korrekte Kleidung ist in allen christlichen und islamischen Gotteshäusern zu achten. Zu vielen Klöstern haben Männer in Shorts und Frauen in Hosen keinen Zutritt. Meist liegen für Frauen Überröcke bereit, aber verlassen sollte man sich darauf nie! Schulterbedeckung ist in Kirchen überflüssig, aber Badebekleidung wird nicht geduldet. Vor dem Betreten von Moscheen zieht man in ganz Zypern die Schuhe aus, Frauen setzen ein Kopftuch auf.

In den vielen Kirchen, Klöstern und Moscheen herrscht zwar kein striktes Flüstergebot, aber allzu laut sollte man nicht reden. Kerzen kann jeder in den Kirchen entzünden, der dafür seinen Obolus entrichtet. Ikonen wendet man nicht den Rücken zu, wenn man unmittelbar vor ihnen steht. Wer sich in Kirchen setzt, sollte die Beine nicht verschränken. Will man wie auch viele orthodoxe Christen nur für ein paar Minuten am Gottesdienst teilnehmen, ist das kein Problem. Wer sich für den Gottesdienst setzt, sollte auf die häufig noch immer strikte Geschlechterzuordnung des Gestühls achten. In Moscheen werden Andersgläubige während der Gebetszeiten nicht geduldet.

Kriminalität

Die Kriminalitätsrate in ganz Zypern ist eine der niedrigsten in Europa. Trotzdem kommen natürlich Taschendiebstähle und Autoaufbrüche vor. In Nordzypern sollten vor allem Frauen ohne Männerbegleitung abends und an einsamen Stränden Vorsicht walten lassen. In den Nightlife-Vierteln von Limassol und Agía Nápa sollte man Streit mit angetrunkenen jungen Briten und Iren tunlichst vermeiden!

Kultur-Knigge

Die Fremdenverkehrszentrale Zypern hat vor Jahrzehnten einmal acht goldene Regeln für Zypern-Reisende formuliert. Auch wenn viele Zyprioten längst nicht mehr so gastfreundlich und am Fremden interessiert sind wie vor 30 Jahren, sind sie im Falle eines Falles auch heute noch auf der ganzen Insel gültig:

1. Sei nicht überrascht, wenn ein Unbekannter dich auf der Straße freundlich grüßt.
2. Genieße die Gastfreundschaft der Zyprioten. Iss, was auch immer man dir anbietet. Sollte es dir einmal nicht schmecken, so versuche wenigstens ein kleines Stück zum Zeichen, dass du die Gastfreundschaft annimmst.
3. Wenn dir in einer Familie konservierte Früchte angeboten werden, so koste nur eine. Man erwartet nicht, dass du das ganze Glas leerst.
4. Wenn Dir Kaffee angeboten wird, darfst du nicht davonlaufen, ehe die Kaffeetasse kalt geworden ist.
5. Eine zypriotische Mahlzeit besteht aus mehreren Gängen. Es ist besser, von jeder Speise nur wenig zu nehmen, als einen Gang vorübergehen zu lassen.
6. Sei nicht überrascht, wenn dich ein Ladenbesitzer bittet, mit ihm Limonade oder Kaffee zu trinken. Das ist die beste Voraussetzung für den glücklichen Abschluss eines Geschäfts.
7. Die Klöster verlangen für einen angebotenen Kaffee oder eine Süßigkeit keine Bezahlung; man erwartet jedoch, dass eine Spende im Opferstock zurückgelassen wird.
8. Sei freundlich zu den Bauern. Sie können Dir interessante Geschichten erzählen von ihren Heiligen, ihren Quacksalbern, ihren Sitten, Sagen und Gebräuchen.

Dem sind eigentlich nur noch zwei Verhaltens-Tipps anzufügen:

9. Am Strand kann sich jeder kleiden, wie er will. In Dörfern und Städten jedoch macht

man sich lächerlich, wenn man obenherum als Frau nur ein Bikini-Oberteil oder als Mann gar nichts trägt.

10. Auf die politischen Gefühle der Zyprioten sollte man unbedingt Rücksicht nehmen, nach ihren persönlichen Erfahrungen und nach ihrer Meinung fragen, aber nicht mit ihnen darüber kontrovers diskutieren.

Rauchen

Das Rauchen unterliegt in Zypern noch nicht so starken Einschränkungen wie in vielen anderen europäischen Ländern. Rauchverbot herrscht nur in Taxis und Bussen sowie in den Ankunftsbereichen der Flughäfen.

Zigaretten sind in Südzypern sehr viel teurer als in Nordzypern; deswegen dürfen beim Übertritt von Nord nach Süd maximal zwei Schachteln mitgeführt werden. Filterlose Zigaretten gibt es in ganz Zypern nicht, wohl aber Dreh- und Pfeifentabak. Humidore findet man in Tabakgeschäften und zunehmend auch in erstklassigen Restaurants und Bars.

Toiletten

In allen besseren Hotels und Restaurants entsprechen die Toiletten westeuropäischem Standard. In Südzypern gibt es in allen Städten auch sehr gut gepflegte öffentliche Toiletten. Manchmal bitten Hinweisschilder darum, benutztes Toilettenpapier nicht ins Becken zu werfen, sondern in einen bereitstehenden Eimer oder Papierkorb.

Trinkgeld

Trinkgeld wird auch in Zypern von Zimmermädchen, Kellnern und Taxifahrern erwartet. Zimmermädchen sollten je nach Hotelkategorie ca. 0,50–2 €/Tag erhalten, Kellner je nach Zufriedenheit 0–10 %.

Ein lauer Sommerabend, guter Wein und leckere Grillgerichte – was will man mehr?

Reisekasse und Reisebudget

Zypern ist kein Billigreiseland, aber in Bezug auf Hotels und Restaurants billiger als Deutschland. Der Norden ist zurzeit noch etwas preiswerter als der Süden. Ein Zwei-Personen-Apartment in einem Hotel der unteren Mittelklasse kostet etwa 35–45, in einem guten Mittelklassehotel 50–90 €/Nacht. Für ein Hauptgericht zahlt man in einem Durchschnittsrestaurant ab 7 €. Ein halber Liter Bier vom Fass ist ab etwa 2 € zu haben, ein Eisbecher ab ca. 3,50 €, ein Mokka ab ca. 0,90 €, eine Flasche Wein ab etwa 9 €. 1 kg Languste schlägt mit ca. 85 € zu Buche.

Währungen

Bis zum 31. Dezember 2007 bleibt die Zypriotische Lira (CYL), auch Zypriotisches Pfund genannt, die Landeswährung in **Südzypern.** Am 1. Januar 2008 wird voraussichtlich der Euro an ihre Stelle treten. Offizielle Währung in **Nordzypern** ist die Neue Türkische Lira (YTL). Viele Preise sind aber jetzt schon in Euro, Zypriotischer Lira oder in Britischem Pfund (GBP) angegeben. Alle werden überall in Nordzypern als Zahlungsmittel akzeptiert.

Wechselkurse (Juni 2006):

1 CYL = 1,74 €	1 CYL = 3,45 YTL
1 YTL = 0,50 €	1 YTL = 0,29 CYL
1 € = 0,57 CYL	1 € = 1,98 YTL

Banken und Bargeldautomaten

Bargeldautomaten in beiden Teilen Zyperns akzeptieren EC-/Maestro-Karten oder die gängigen Kreditkarten plus Geheimzahl-PIN-Code. Auszahlungen erfolgen im Süden in CYL (ab 2008 in Euro), im Norden in YTL. Devisen und Reiseschecks können in Südzypern in allen Banken, in Nordzypern darüber hinaus auch in privaten Wechselstuben umgewechselt bzw. eingelöst werden. Der Wechselkurs ist in beiden Teilen Zyperns auf jeden Fall sehr viel günstiger als in den deutschsprachigen Ländern! Kreditkarten (vor allem Visa und Euro-/ Mastercard werden von den meisten Autovermietungen, Fluggesellschaften, Hotels und Restaurants der gehobenen Preisklassen akzeptiert.

Sperrung von EC-und Kreditkarten

Bei Verlust oder Diebstahl von EC- und Kreditkarten können Sie die 2005 eingerichtete **Zentrale Sperr-Telefonnummer** anrufen:

0049-116 116

Weitere Sperrnummern:

Karte	für Österreicher	für Schweizer	für Deutsche
Master Card	0043 1 717 01 45 00; 8–16.30 Uhr, sonst: 0043 1 71 11 10	0041 44 271 15 50	0800 819 10 40 (nat.) 001 636 722 66 90 (internat.)
Visa	0043 1 711 12	0041 44 200 83 83	0800 814 91 00 (nat.) 011 410 581 38 36
American Express	0049 69 97 97 77 77	0049 69 97 97 77 77	0049 69 97 97 77 77
Diners Club	0043 1 50 13 50	0041 18 35 44 44	0049 69 66 16 61 23

Sperrnummer für Kreditkarte: ____________________

Sperrnummer für Handy: ____________________

Reisezeit und Reiseausrüstung

Klima und Reisezeit

Zypern ist ein Ganzjahres-Reiseziel. Das Meerwasser ist zwischen Mai und November über 18 °C warm. Seine höchste Temperatur erreicht es im September mit 25 °C, seine niedrigste im Februar mit 14 °C. Mit 11–13 Regentagen pro Monat ist das Quartal zwischen Dezember und Februar am niederschlagsreichsten. Zwischen Mai und September regnet es maximal ein- bis zweimal im Monat.

Die Tageshöchsttemperaturen liegen an der See zwischen Juni und September etwas über 30 °C, in Nicosia können sie bis 37 °C ansteigen. An einigen wenigen Tagen im Juli und August erreichen sie dort sogar bis zu 43 °C. Zwischen Dezember und März erwärmt sich die Luft an der Küste auf 17–19 °C, Nachtfrost ists unter 1000 m Höhe auch im Tróodos selten. An der Küste sinken die Nachttemperaturen selbst in den Wintermonaten selten unter 8 °C.

Wer im Winterhalbjahr nach Zypern reist, sollte die Hotels in Protarás, Paralímni und Agía Nápa meiden! Die drei Orte gleichen dann Geisterstädten, in denen die meisten Hotels, Restaurants und Geschäfte geschlossen sind. Für den Winterurlaub besonders geeignet sind Páfos und Limassol sowie Girne/Kyrénia in Nordzypern.

Die schönste Reisezeit ist der Mai. Dann sind zwar die Getreidefelder in den Ebenen und in der Mesaória schon abgeerntet, aber durch die großen Höhenunterschiede auf kleinem Raum erlebt man noch eine Vielzahl blühender Pflanzen, wenn man durch die Berge fährt oder gar in ihnen wandert. Zugleich ist das Meerwasser schon angenehm warm, die Sonne scheint häufig genug zur Bräunung und die Abende sind wunderbar mild. Zudem zahlt man in den meisten Hotels noch keine vollen Hauptsaisonpreise.

Klimatabelle Limassol

	J	F	M	A	M	J	J	A	S	O	N	D
Tagestemperaturen in °C	17	17	19	23	27	30	33	33	31	28	23	19
Nachttemperaturen in °C	8	7	8	10	14	18	20	20	18	16	12	9
Wassertemperaturen in °C	17	16	17	17	19	21	23	25	25	24	21	18
Sonnenstd./Tag	6	6	8	9	11	12	12	12	11	9	8	6
Regentage/Monat	10	8	7	3	1	0	0	0	0	2	5	9

Kleidung

Eine leichte Jacke oder ein leichter Pullover sollten auch im Hochsommer wegen kühler Winde am Abend nicht im Reisegepäck fehlen. In den Gebirgen kann es auch im Hochsommer gelegentlich regnen, sodass man eine leichte Regenjacke oder einen Schirm mitführen sollte. Wer zwischen November und April reist, braucht auch einen warmen Winterpullover und eine windfeste Jacke, sollte aber dennoch auch einige frühlingshafte Kleidungsstücke einpacken.

Das Tragen einer Krawatte ist für Herren weder in Luxushotels noch Spielcasinos Pflicht, aber am Abend durchaus üblich. Keine Dame muss ein Abendkleid mitnehmen, ist damit in First Class- und Luxushotels aber auch keineswegs ›overdressed‹.

Elektrizität

Überall in Zypern sind 220/240 Volt Wechselstrom gebräuchlich. Die Steckdosen entsprechen denen in Großbritannien. Für Kontinentaleuropäer ist also ein dreipoliger Zwischenstecker (Adapter) erforderlich. In den meisten Hotels werden solche Adapter gegen Unterschrift oder Pfand ausgeliehen. Man kann sie auch in Geschäften für wenig Geld erwerben.

Reiseapotheke, Apotheken

In den Apotheken Zyperns erhält man Arzneimittel aller Art, jedoch nur selten Pharmaka deutscher Herkunft. Man bringt sich seine gewohnten Arzneimittel daher besser von zu Hause mit. In beiden Teilen Zyperns gibt es in allen Städten Apotheken, die auch Nacht- und Feiertagsdienste versehen. Taxifahrer wissen in der Regel, welche Apotheke gerade an der Reihe ist.

Im Krankheitsfall

Bürger der EU können sich unter Vorlage der **European Health Card** ihrer gesetzlichen Krankenkasse in den staatlichen Krankenhäusern Südzyperns kostenlos behandeln lassen. In Nordzypern muss man bei Inanspruchnahme privater Krankenhäuser und Ärzte die Arzneimittel und Arztkosten aus eigener Tasche bezahlen. Es ist daher dringend anzuraten, vor der Reise eine Auslandskrankenversicherung abzuschließen. Sie erstattet die Kosten gegen Vorlage eines Attests und der Quittungen nach Rückkehr ins Heimatland. Man erhält sie bei Automobilclubs und Krankenkassen häufig weitaus preisgünstiger als in Reisebüros.

Notruf

Südzypern

Für **Feuerwehr, Polizei** und **Krankenwagen** gelten **einheitlich** die Notrufnummern **112** und **199.**

Nordzypern

Hier wählt man für die **Polizei 155,** für die **Feuerwehr 199** und für **Krankenwagen 112.**

Trinkwasser

Leitungswasser ist auf ganz Zypern hygienisch unbedenklich, aber in den Städten nicht gerade wohlschmeckend. Da entscheidet man sich lieber für Tafelwasser: Das ist preiswert und überall erhältlich.

Kaffee für den Geschmack, Wasser gegen den Durst

Internetcafés

Internetcafés gibt es in ganz Zypern in großer Zahl. Die Technik ist fast überall auf dem neuesten Stand. Der Stundenpreis für die Internetnutzung liegt bei 2–3,50 €.

Post

In **Südzypern** muss jede Postsendung zusätzlich zum normalen Porto (Postkarten 25, Briefe 30 c) mit der 1-Cent-Notopfermarke zur Unterstützung der Flüchtlinge frankiert werden.

Da **Nordzypern** nicht Mitglied im Weltpostverein werden darf, werden alle Sendungen über die Türkei verschickt, sodass die Postlaufzeit nach Mitteleuropa mindestens 8–10 Tage beträgt. Nordzypriotische Briefmarken gelten offiziell als illegal; Italien oder Griechenland z. B. transportieren damit frankierte Sendungen nicht. Deswegen gibt es auf größeren Postämtern auch türkische Briefmarken. In den deutschsprachigen Ländern werden mit nordzypriotischen Briefmarken frankierte Sendungen problemlos zugestellt.

Bei Postsendungen nach Nordzypern darf in der Anschrift **auf keinen Fall** das Wort **›Zypern‹** erscheinen, da sie sonst *nie* ihr Ziel erreichen. Stattdessen muss der **Zusatz ›Mersin 10/Türkei‹** erscheinen.

Telefonieren

Das zypriotische Telefonnetz ist ausgezeichnet. Für ganz Zypern gibt es Telefonbücher mit Branchenverzeichnissen in lateinischer Schrift. Telefongespräche ins Ausland sind per Direktwahl möglich.

Ein ermäßigter Nachttarif gilt für Inlandsgespräche zwischen 20 und 7 Uhr, für Auslandsgespräche zwischen 21 und 8 Uhr sowie für alle Gespräche an Samstagen, Sonn- und zypriotischen Feiertagen. Weitere Hinweise findet man in den Telefonbüchern und für Südzypern unter www.cytanet.com.cy.

Telefongespräche kann man in Südzypern von den Büros der Cyprus Telecommunications Authority aus führen sowie von zahlreichen Kartentelefonzellen aus. Auf Telefonämtern, an Kiosken und in vielen Geschäften sind Telefonkarten im Wert von 3, 5 und 10 CYL erhältlich. Hotels und Reisebüros erheben für Telefonate einen deftigen Aufschlag.

Handys sind auf Zypern weit verbreitet, die Flächendeckung ist gut.

Von Nordzypern und dem Ausland aus ist die **Vorwahl für Südzypern** 003 57. Da es keine Ortsnetzkennzahl gibt, wählt man nach der Landesvorwahl sogleich die achtstellige zypriotische Rufnummer.

Für Gespräche aus Südzypern und dem Ausland (außer Türkei) ist die **Vorwahl für Nordzypern** 0090 392. Darauf folgt die vollständige siebenstellige Teilnehmernummer.

Die Vorwahlnummern für Gespräche aus ganz Zypern nach:

Deutschland	0049
Österreich	0043
Schweiz	0041

Anschießend lässt man bei Gesprächen nach Deutschland, Österreich und der Schweiz die Null der Ortsnetzkennzahl weg.

Zeitungen

In **Südzypern** sind deutschsprachige Zeitungen und Zeitschriften meist noch am Erscheinungstag erhältlich. Sehr lesenswert ist die englischsprachige, Di–So erscheinende **Cyprus Mail** (Internet s. S. 72).

In **Nordzypern** werden deutschsprachige Zeitungen und Illustrierte in geringer Auswahl in Nicosia, Girne/Kyrénia und Gazimağusa/Famagusta in einigen Urlaubshotels und Zeitschriftenläden mit zumeist einem Tag Verspätung angeboten.

Südzypern

Umschrift

In Südzypern sind fast alle Hinweisschilder sowohl in griechischer als auch in lateinischer Schrift abgefasst, sodass die Orientierung vor Ort keinerlei Schwierigkeiten bereitet. Vor Abzweigungen und Kreuzungen allerdings folgen die transkribierten Hinweise häufig erst so spät, dass es fast schon zu spät zum Abbremsen ist. Daher lohnt es sich, das griechische Alphabet ein wenig zu üben.

Die Umschrift des Griechischen bereitet allerdings einige Schwierigkeiten. Diesem Buch liegt eine Umschrift zugrunde, die sowohl der Aussprache wie der Orientierung vor Ort Rechnung tragen soll (s. S. 100). Akzente markieren die zu betonende Silbe. Falsche Betonung führt oft zu schweren Missverständnissen! (So bedeutet z.B. *miló* = ich spreche und *mílo* = Apfel.)

Begrüßung

Guten Tag	kali méra
Guten Abend	kali spéra
Gute Nacht	kali níchta
Hallo, Tschüss, Prost (einem Einzelnen gegenüber, Du-Form)	jassú
allo, Tschüss, Prost (mehreren gegenüber, Sie-Form)	jassás
Prost	jámmas
Wie geht es dir?/ Ihnen?	ti kánis/ti kánete?
Auf Wiedersehen	adío (adíosas)

Allgemeines

Bitte	parakaló
Danke	efcharistó
Ja	nä
Nein	óchi
Macht nichts	den pirási
Entschuldigung	singnómi
In Ordnung, okay	endáxi
Ich habe nicht verstanden	den katálawa

Nationalitäten

Deutscher, Deutsche, Deutschland	jermanós,jermanída, jermanía
Österreicher, Österreicherin, Österreich	aftriakós, afstriakí (afstriakiá), afstría
Schweizer, Schweizerin, Schweiz	elwetós, elwetída, elwetía

Reisen

Bus	leoforío
Haltestelle	stásis
Flughafen	aerodrómio
Fahrkarte	issitírio
Fahrrad	podílato
Auto	aftokínito
Motorrad	motosiklétta
Ist das der Weg nach ...?	íne aftós o drómos ja ...?
rechts	deksjá
links	aristerá
geradeaus	efthían
hinter, zurück	píso
weit	makría
nah	kondá

Bank, Post, Arzt, Notfall

Bank/Geldwechsel	trápesa/sinállagma
Postamt/Briefmarken	tachidromío/grammatóssima
Quittung, Beleg	apódixi
Arzt/Arztpraxis/ Krankenhaus	jatrós/jatrío/ nossokomío
Apotheke	farmakío
Hilfe!	voíthia
Polizei	astinomía
Unfall	átichima
Panne	pánna

Das griechische Alphabet

	Name	Aussprache	Umschrift
Α/α	álfa	kurzes a wie in Land	a
Β/β	wíta	w wie in ›Wille‹	v (w, b)
Γ/γ	ghámma	j wie in ›Jonas‹ vor i und e	g (j)
		weiches g vor den übrigen Vokalen	g (gh)
Δ/δ	délta	wie stimmhaftes englisches th, z. B. in ›the‹	d (dh)
Ε/ε	épsilon	e wie in ›Bett‹	e
Ζ/ζ	síta	stimmhaftes s wie in ›Rose‹	z (s)
Η/η	íta	kurzes i wie in ›Tritt‹	i
Θ/θ	thíta	wie stimmloses englisches th, z. B. in ›thanks‹	th
Ι/ι	jóta	gleiches i wie beim ›íta‹, also wie in ›Ritt‹; vor einem a wie ein j	i (j)
Κ/κ	káppa	k wie im deutschen ›Kappe‹	k
Λ/λ	lámbda	l	l
Μ/μ	mi	m	m
Ν/ν	ni	n	n
Ξ/ξ	kssie	ks wie in ›Haxe‹	x (ks)
Ο/ο	ómikron	o wie in ›oft‹	o
Π/π	pi	p wie im Französischen ›pomme‹	p
Ρ/ρ	ro	Zungenspitzen-r wie im Italienischen	r
Σ/σ	sigma	stimmloses s wie in ›Tasse‹; im Auslaut stimmhaft	ss (s)
Τ/τ	taf	t wie im Französischen ›tableau‹	t
Υ/υ	ípsilon	i wie in ›Ritt‹	y (i)
		w wie in ›Wonne‹ nach a und e nach stimmlosem Konsonant	v (w)
		f wie in ›Fehler‹ nach stimmhaftem Konsonant	f
Φ/φ	fí	f wie in ›Fehler‹	f (ph)
Χ/χ	chi	ch vor hellen Konsonanten wie in ›ich‹	ch
		ch vor Konsonanten und dunklen Vokalen wie in ›ach‹	
Ψ/ψ	psi	ps wie in ›Pseudonym‹	ps
Ω/ω	ómega	o wie in ›oft‹	o

Buchstabenkombinationen

ΑΙ/αι	e wie in ›Bett‹	ä (e)
ΓΓ/γγ	ng wie in ›lang‹	ng
ΕΙ/ει	i wie in ›Ritt‹	i
ΜΠ/μπ	b wie in ›Bar‹ oder ›Bier‹	b
ΝΤ/ντ	d wie in ›du‹ im Anlaut	d
	nd wie in ›landen‹ im Wortinneren	nd (nt)
ΟΙ/οι	i wie in ›Ritt‹	i (oi)
ΟΥ/ου	u wie in ›Bluff‹	ou (u)
ΤΖ/τζ	ds	tz (ds)

Einkaufen/Essen

Laden	magasí
Kiosk	períptero
Fleisch	kréas
Fisch	psári
Käse	tirí
Eier	awgá
Milch	gála
Zucker	záchari
Brot	psomí
Obst	frúta
Gemüse	lachaniká
Wasser	neró
mit Kohlensäure	sóda
Bier	bíra (Pl. bíres)
Wein	krássi
Gibt es ...?	échi ...?
Was wünschen Sie?	ti thélete?
Bitte, ich möchte ...	parakaló thélo ...
Was kostet das?	pósso káni aftó?
Es ist teuer!	íne akriwós!
Speisekarte	katálogos
Die Rechnung, bitte!	to logarjasmó parakaló!

Auskünfte, Adjektive

Wo ist ...?	pú íne ...?
Wie spät ist es?	ti óra íne?
Ich suche ein/e ...	thélo na wró ena ...
gut	kalós
schlecht	kakós
groß	megálos
klein	mikrós
neu	néos
alt	paljós
mit	mä
ohne	chorís

Wochentage

Montag	deftéra
Dienstag	tríti
Mittwoch	tetárti
Donnerstag	pémpti
Freitag	paraskewí
Samstag	sáwato
Sonntag	kiriakí

Tageszeiten

der Vormittag	to proí
der Mittag	to mésimeri
der Nachmittag	to apójewma
der Abend	to wrádi
die Nacht	i níchta

Zahlen

1	énna, mía (w.)
2	dío
3	tría, trís
4	téssera, tésseris
5	pénde
6	éxi
7	eftá
8	októ
9	ennéa
10	dékka
11	éndekka
12	dodékka
13	dekkatría
14	dekkatéssera usw.
20	íkossi
21	íkossi énna usw.
30	tríanda
40	saránda
50	penínda
60	exínda
70	evdomínda
80	októnda
90	enneninda
100	ekkató
200	diakósja
300	triakósja
400	tettrakósja
500	pendakósja
600	exakósja
700	eptakósja
800	oktakósja
900	ennjakósja
1000	chíljaln

Nordzypern

Die meisten türkischen Zyprioten sprechen Englisch, die vielen Festlandtürken hingegen nicht. Einige wichtige Wörter können bei Problemen allerdings weiterhelfen.

Aussprache

Meist wird auf der ersten Silbe betont, also meydanı statt meydanı, wie es Deutsche oft sagen. Auch einige Buchstaben sind im Deutschen unbekannt oder werden anders gesprochen:

c	entspricht dsch *cami* (Moschee) – dschami
ç	entspricht tsch *kaç* (wie viel) – katsch
e	entspricht kurzem, offenen ä *evet* (ja) – äwät
ğ	– als Längung nach a, ı, o, u *dağ* (Berg) – daa – wie j nach e, i, ö, ü *değil* (nicht) – dejil
h	– wie in Hans zwischen Vokalen *postahane* (Postbüro) – posta'hane – wie in Macht hinter dunklem Vokal am Ende einer Silbe *bahçe* (Garten) – bachtsche – wie in ich hinter hellem Vokal am Ende einer Silbe *salih* (fromm) – salich
ı	wie das dumpfe e in gehen *halı* (Teppich) – challe
j	stimmhaft wie in leger *plaj* (Strand) – plaasch
s	stimmloses scharfes s wie in Wasser *su* (Wasser) – ßu
ş	wie in schnell *şelale* (Wasserfall) – schelale
v	– wie in Wut *ve* (und) – wä – hinter a wie au *pilav* (Reis) – pilau
y	wie in jagen, *yol* (Weg) – jol
z	stimmhaftes s wie in Sonne *güzel* (schön) – güsel

Allgemeines

Guten Tag	iyi günler
Guten Abend	iyi akşamlar *(iyi akschamlar)*
Gute Nacht	iyi geceler *(iyi gedscheler)*
Auf Wiedersehen (sagt der, der geht)	Allaha ısmarladık *(allaha esmarladek)*
(wörtl. ›lächle‹ sagt der, der bleibt)	Güle, güle *(gülä, gülä)*
ja/nein	evet *(äwät)*/hayır *(hajer)*
Entschuldigung	Pardon!
Bitte/Danke	Lütfen!/Teşekkürler
Danke Ihnen	Teşekkür ederim! *(täschekür ederim!)*
es gibt	var
es gibt nicht	yok
groß	büyük
klein	küçük *(kütschük)*
heiß	sıcak *(sedschak)*
kalt	soğuk *(soh-uk)*

Unterwegs

Haltestelle	durağı *(duraje)*
Bus / Kleinbus	otobüs / dolmuş (oder minibüs)
Auto	araba
Ausfahrt	çıkış *(tschekesch)*
rechts/links	sağda *(sahda)*/solda
geradeaus	dosdoğru *(dosdohru)*
Auskunft	danışma
Telefon	telefon
Postamt	postane
Bus(bahn)hof	otogar oder garaj *(garasch)*
Flughafen	havalimanı (oder havaalanı)
Eingang	giriş *(girisch)*
Ausgang	çıkış *(tschekesch)*
geöffnet	açık *(atschek)*
geschlossen	kapalı
Kirche	kilise

Museum	müze
Strand	plaj *(plaasch)*
Platz	meydan

Zeit

Stunde	saat *(sa'at)*
Tag / Tage	gün / günler
Woche/Monat	hafta/ay
Jahr	yil
heute	bugün
morgen	yarın *(jaren)*
Montag	pazartesi
Dienstag	salı
Mittwoch	çarşamba
Donnerstag	perşembe
Freitag	cuma *(dschuma)*
Samstag	cumartesi
Sonntag	pazar *(basar)*

Notfall

Hilfe	imdat
Polizei	polis
Arzt	doktor
Zahnarzt	diş doktoru
Apotheke	eczane *(edschsanä)*
Krankenhaus	hastane
Unfall	kazan
Panne	ariza

Zahlen

1	bir	17	on yedi
2	iki	18	on sekiz
3	üç	19	on dokuz
4	dört	20	yirmi
5	beş	25	yirmi beş
6	altı	30	otuz
7	yedi	40	kırk
8	sekiz	50	elli
9	dokuz	60	altmış
10	on	70	yetmiş
11	on bir	80	seksen
12	on iki	90	doksan
13	on üç	100	yüz
14	on dört	150	yüz elli
15	on beş	200	iki yüz
16	on altı	2000	iki bin

Die wichtigsten Sätze

Allgemeines

Entschuldigen Sie!	Pardon!
Ich verstehe nicht.	Anlamıyorum.
Wie heißen Sie?	Adınız ne?
Ich heiße ... !	Benim adım ... !
Woher kommen Sie?	Nerelisiniz?
Wie geht's?	Nasılsın? (per Du)?
Sehr gut!	Çok iyiyim
Sprechen Sie Deutsch/Englisch?	Almanca/ingilizce bilir misiniz?
Wie spät ist es?	Saat kaç?

Im Lokal

Guten Appetit!	Afiyet olsun!
Prost!	Şerefe!
Ich möchte ...	İstiyorum ...
Gibt es ...?	... var mı?
Wie viel kostet das?	Bu ne kadar?
Es fehlt ...!	... gelmedi!
Bezahlen, bitte!	Hesap lütfen!

Auf der Straße

Wo befindet sich ...	... nerede bulunur
Wo kann ich ... bekommen?	Nerede ... bulabilirim?
Wo ist die nächste Apotheke?	En yakın eczane nerede?
Welcher Bus geht nach ...?	...e (a) hangı otobüs gider?
Wann fährt er los?	ne zaman kalkıyor?

Im Hotel

Kann ich ein Zimmer haben?	Bir oda alabilir miyim?
Die Toilette/Dusche geht nicht.	Tuvalet/duş bozuldu.

Antikes Theater von Koúrion: Das Meer bietet eine grandiose Kulisse

Unterwegs auf Zypern

Am Hafen von Páfos: Blaue Stunde

Kapitel 1

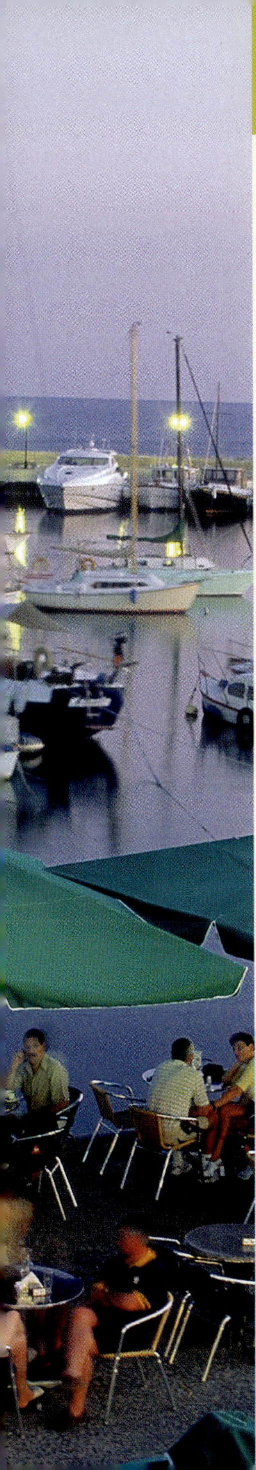

Páfos und Zyperns Westen

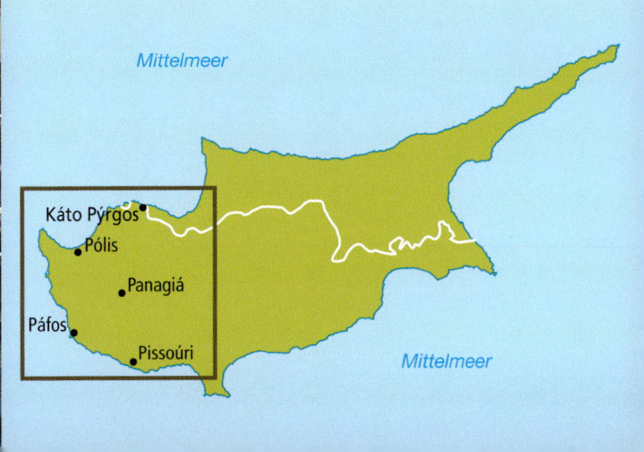

Auf einen Blick: Páfos und Zyperns Westen

Im Reich der Liebesgöttin

Zyperns Westen war die irdische Heimat der Göttin Aphrodite, – sagt die Fremdenverkehrswerbung. Die Archäologen hingegen sind sich nur sicher, dass in Palaiá Páfos das bedeutendste Aphrodite-Heiligtum der griechischen Welt stand. Der Urlauber glaubt den Tourismusexperten gern. Keine andere Insellandschaft ist lieblicher. Der hohe Tróodos ist hier nur noch Kulisse. Rund um Páfos gedeihen Bananen, im Hinterland von Pólis leuchten im Winter Orangen an den Bäumen. Johannisbrotbäume altern an den Hängen, Rebstöcke überziehen sanfte Hügelketten. Auf der Akámas-Halbinsel ist die Natur noch ganz ursprünglich.

Die immer weiter ausufernde Stadt Páfos gleicht einer Schatztruhe der Archäologie. Die selbst in Küstennähe noch recht traditionellen Orte der Laóna bieten mit ihren kleinen Hotels in historischen Dorfhäusern eine reizvolle Alternative zum Übernachten. Einige Dörfer an der Nordküste zwischen Pólis und Káto Pýrgos sind die letzten Badeorte der Republik Zypern, in denen man fast ausschließlich unter Zyprioten ist.

Anders als in Páfos findet der Urlauber an den Stränden bei Pólis noch viel Freiraum. Unverbaut sind die Strände an der Südküste der Akámas-Halbinsel. Aber aufgepasst: Wer dort im Sommer unbedarft badet, gefährdet die Nistplätze von Meeresschildkröten!

Highlights

1 **Páfos:** In Páfos sind Altertum und Gegenwart eng ineinander verwoben. Moderne Strandhotels stehen neben über 2000 Jahre alten ›Königsgräbern‹, der britische Leuchtturm ragt neben einem antiken Theater auf. Römische Mosaike erzählen alte Mythen und Legenden, ein romantischer Hafen lädt zum Verweilen ein (s. S. 110ff.).

2 **Pétra tou Romioú:** Wo die Göttin Aphrodite einst dem Meer entstieg, faszinieren den Betrachter heute die Steilufer und die unverbaute Küste (s. S. 135f.).

Empfehlenswerte Routen

Von Ágios Geórgios über die Akámas-Halbinsel nach Néo Chorió: Ein kleines Abenteuer im Geländewagen mit Badepause in nahezu unberührter Natur (s. S. 142ff.).

Von Panagiá nach Stroumbí: Auf und ab durch endlose Weinfelder mit dem Tróodos im Rücken (s. S. 150).

Von Pólis über Káthikas nach Páfos: Die stillen, alten Dörfer der Laóna und eine Annäherung an Páfos mit Aussichten wie aus dem Cockpit eines Flugzeugs (s. S. 156ff.).

Von Pachyámmos nach Káto Pýrgos: Ein Umweg durchs Gebirge, der die politische Situation Zyperns gegenwärtig macht (s. S. 159ff.).

Reise- und Zeitplanung

Bei organisierten Tagesausflügen aus anderen Inselteilen nach Páfos lernt man meist nur die Mosaike, die Königsgräber und den Hafen kennen. Wer der Stadt auf eigene Faust einen Tagesbesuch abstattet, sollte dafür mindestens acht Stunden einplanen.

Wer in Páfos oder seiner näheren Umgebung wohnt, kann den Besuch der vielen Sehenswürdigkeiten immer wieder gut in einen Shopping-Bummel oder einen Spaziergang entlang dem Meer einbeziehen. Einen Ausflug von Páfos nach Pólis oder umgekehrt kann man problemlos mit dem Linienbus unternehmen; zwischen Ágios Geórgios und Geroskípou sind alle Ziele preiswert mit dem Stadtbus zu erreichen. Für einen Ausflug auf die Akámas-Halbinsel sollte man ein geländegängiges Fahrzeug mieten. Ein Mietwagen für zwei weitere Tage ermöglicht den Besuch der Laóna-Dörfer und eine Fahrt nach Panagiá und zum Kloster Chrysorogiátissa.

Urlauber, die eine Mietwagen-Rundreise durch Zypern unternehmen, sollten für den Inselwesten zwei Übernachtungen einplanen. Ein Tag gehört Páfos und dem Neófytos-Kloster, ein zweiter Panagiá, dem Bad der Aphrodite und der Laóna.

Richtig Reisen-Tipps

Wandern mit Ecologia Tours: Ein gut Deutsch sprechender zyprischer Geologe sorgt dafür, dass die geführten Wanderungen mehr werden als nur ein oberflächliches Naturerlebnis (s. S. 120).

Ostern rund um Páfos: Man kann das orthodoxe Osterfest verschlafen, stets am falschen Platz sein – oder diesen Tipps folgen und die Vielfalt des pafiotischen Ostertreibens erleben (s. S. 132).

Die Bäder des Adónis: Romantischer als in den Felsenbecken unterhalb der Adonis-Wasserfälle kann man auf Zypern nicht baden. Wer mit ihrem Besitzer ins Gespräch kommt, erfährt auch, welche anderen Götter dort bald zu sehen sein werden (s. S. 138).

Anders wohnen: In den Dörfern der Landschaft Laóna am Rande der Akámas-Halbinsel kann man in komfortablen kleinen Hotels mit Pool in dörflicher Umgebung wohnen und ländliche Ruhe genießen (s. S. 157).

1 Die Stadt Páfos

Cityplan
S. 112

Ein besonders mildes Klima, die Nähe des Meeres und eine auffallend große Zahl in die moderne Bebauung eingebundener Sehenswürdigkeiten bilden die besonderen Vorzüge von Zyperns westlichster Stadt. Hier geht man gern zu Fuß und kann doch bei Bedarf auf ein auch für Urlauber konzipiertes Netz von Stadtbuslinien zurückgreifen.

Reiseatlas: S. 1, B 2

Trotz reger Bautätigkeit seit Mitte der 1980er Jahre ist Páfos der beschaulichste Urlaubsort an der Südküste geblieben. Im Vergleich zu Limassol und Lárnaca ist **Páfos** mit nur 51 000 Einwohnern keine Großstadt. Mit Ausnahme einer genossenschaftlichen Weinkellerei fehlen Industriebetriebe völlig. Zwar bestimmen wie in Agía Nápa oder Protarás-Paralímni überwiegend Neubauten das Hotelviertel, doch in Páfos sind hier und dort noch ältere Wohnhäuser eingestreut. Die Umgebung der Stadt ist landschaftlich recht reizvoll. In der Ebene und an den sanft ansteigenden Hängen zwischen den Ausläufern des Tróodos-Gebirges und dem Meer gedeihen Bananen, Johannisbrotbäume und Erdnüsse.

Die Stadt besteht aus mehreren ganz unterschiedlichen Stadtteilen. Drei von ihnen sind für den Urlauber von Bedeutung. Die meisten Hotels und historischen Sehenswürdigkeiten liegen in dem Teil von Káto Páfos, der sich vom kleinen Hafen bis in die Gemarkung Geroskípou erstreckt. Die Hauptachsen seines städtischen Kerns bilden die Uferstraße Poseidon Avenue sowie die größtenteils Fußgängern vorbehaltene Ágios Antónios Street, auch Bar Street genannt.

Jünger ist ein zweiter Teil von Káto Páfos, der sich vom Fábrika-Hügel bis über die Königsgräber hinaus erstreckt. Ihn prägt die breite, viel befahrene Tombs of the Kings Road mit zahlreichen Pubs und Restaurants, aber ohne nennenswerte Seitenstraßen. Eine städtische Atmosphäre kommt hier nicht auf, man fühlt sich eher auf einem einfallslosen Touristenlaufsteg mit starkem Autoverkehr.

Vom Hafen führt die breite, 1700 m lange Apostólou Pávlou Avenue, die beide Teile von Káto Páfos voneinander trennt, auf ein nur etwa 150 m hohes Plateau hinauf, auf dem sich Ktíma als Oberstadt erstreckt. Das gewachsene Handels- und Verwaltungszentrum konnte sich viel kleinstädtisch-ländliche Atmosphäre bewahren. Hier finden sich die Geschäfte der Einheimischen, die städtische Markthalle und das einst von Moslems bewohnte Viertel Moutoullás. Zu Ktíma zählt auch ein Areal mit mehreren sehr schönen klassizistischen Bauten und einem kleinen Park entlang der nach Geroskípou führenden Gríva Digéni Avenue. Dort warten die Museen der Stadt, ihr Bischofspalast und ihre Bischofskirche auf Besucher.

Gemeinsam werden Ktíma und Káto Páfos auch als Néa Páfos – Neu-Páfos – bezeichnet. Außerdem gibt es auch noch Alt-Páfos, auf Griechisch Palaiá Páfos genannt. Das ist die Bezeichnung für die antike Vorgängerstadt von Néa Páfos, deren Überreste weit draußen auf dem Gebiet des heutigen Dorfes Koúklia liegen (s. S. 131ff.).

Kleine Stadtgeschichte

Die Stadt, die heute den Namen Páfos trägt, ist erst gut 2300 Jahre alt. Bis zum Jahr

312 v. Chr. trug eine andere Siedlung diesen Namen, die heute Palaiá Páfos genannt wird. Sie war die Metropole eines der antiken zyprischen Stadtkönigreiche und Standort des berühmten Aphrodite-Heiligtums.

Nikokles, der letzte Priesterkönig von Páfos, hatte 312 v. Chr. mit dem Ausbau des Hafens begonnen, um die Wirtschaftskraft seines Stadtkönigreichs zu fördern. Weitsichtig beschloss er, um den Hafen herum gleichzeitig auch eine neue Stadt zu gründen: Néa Páfos. Das im Binnenland gelegene Palaiá Páfos sollte zwar Kultmittelpunkt und Pilgerziel bleiben, Néa Páfos sich hingegen zum Handelszentrum entwickeln. Die Herrschaft des Nikokles ging jedoch schon elf Jahre später in den Kämpfen der Generäle um die Nachfolge Alexanders des Großen unter. Der neue Herr Zyperns, der in Alexandria residierende, griechisch-ägyptische König Ptolemaios I., wusste aber die Leistung des Nikokles zu würdigen. Er erhob Néa Páfos wegen seines Hafens und vermutlich auch wegen seiner ›Modernität‹ zur Inselhauptstadt. Wie wohlhabend einige ihrer Bewohner vom 3.–1. Jh. v. Chr. waren, zeigen anschaulich die so genannten Königsgräber.

Als die Römer 22 v. Chr. Zypern zur senatorischen römischen Provinz erklärten, wurde Néa Páfos Verwaltungsmetropole und Sitz des Prokonsuls. Für die Handelsroute von Rom in die Levante wurde Néa Páfos ein bedeutender Umschlagplatz. Auch der Apostel Paulus kam: In den Jahren 45 und 46 predigte er hier und gründete wohl eine erste, kleine christliche Gemeinde. Nachdem das Christentum Ende des 4. Jh. Staatsreligion geworden war, entstanden prächtige Basiliken, deren Grundmauern heute noch von eindrucksvoller Größe zeugen.

Nach dem Einfall der Araber 647 verödete Páfos wie all die anderen Inselstädte. Mit der Rückeroberung durch Byzanz 965 zog neues Leben in die Ruinen ein. Die Kreuzfahrer sicherten ihre Eroberung 1197 durch den Bau einer Festung und erhoben Páfos zum katholischen Bischofssitz. Von ihren gotischen Kirchen steht nur noch wenig. Während der

Mit dem Autor unterwegs

Am Anfang in den Linienbus

Offizielle **Stadtrundfahrten** gibt es in Páfos nicht. Trotzdem ist es gut, gleich am Urlaubsanfang eine Übersicht über den Ort zu gewinnen. Das kostet etwa 3 CYL, wenn Sie zunächst mit dem Stadtbus Nr. 15 in östliche Richtung bis zur Endstation in Geroskípou fahren und anschließend bis zur entgegengesetzten Endstation an der Coral Bay. Von dort nehmen Sie dann Bus Nr. 10 zur Markthalle in Ktíma und fahren zuletzt je nach Lage ihres Hotels mit Bus Nr. 10 oder 11 wieder zu Ihrem Urlaubsquartier zurück.

Relaxen in Ruinen

Wenn Sie in der Region Páfos Urlaub machen, sollten Sie sich für den Besuch des **Archäologischen Parks** und der **Königsgräber** sehr viel Zeit lassen. In den beiden großflächigen, dicht am Meer gelegenen Arealen sind die archäologischen Funde nur ein Teil des Sehens- und Erlebenswerten. Kleine Erhebungen im Gebiet der Königsgräber und Aussichtspunkte mit Sitzbänken und Schatten spendenden Dächern im Archäologischen Park gewähren prächtige Rundumblicke auf die See, Páfos und die angrenzenden Hügel. Die Pflanzenwelt ist noch weitgehend naturbelassen. Fast das ganze Jahr über sprießen Wildblumen auf Wiesen und aus Felsspalten, Eidechsen huschen über die Mauern, sogar Schleuderschwänze sind manchmal zu sehen. Da es innerhalb der Areale keine Getränkebuden oder gar Imbissstände gibt, nehmen Sie sich am besten etwas zu trinken mit – oder bereiten sich vielleicht ein kleines Picknick auf geschichtsträchtigem Boden vor (s. S. 113f., 121f.).

Samstagmorgens nach Ktíma

Für einen Besuch in der Oberstadt Ktíma ist der Samstagvormittag die beste Zeit. Dann verkaufen mehr Bauern als sonst vor der Markthalle Obst und Gemüse und die meisten Einheimischen sind zum Shoppen unterwegs (s. S. 122).

Páfos: Cityplan

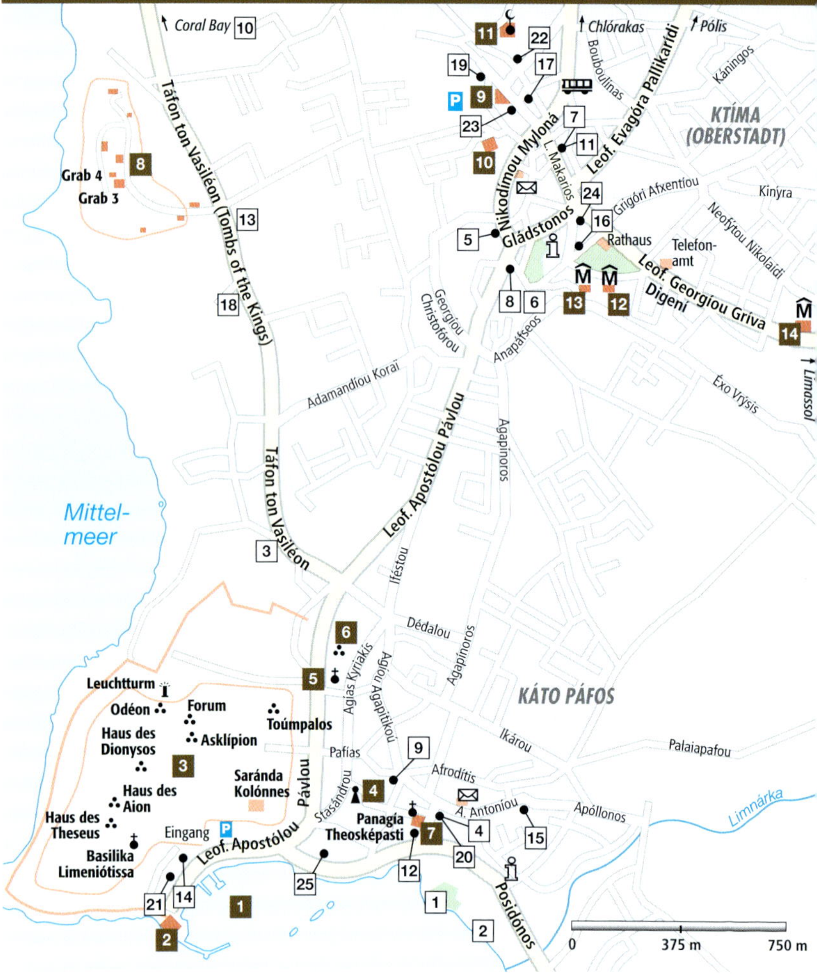

osmanischen Besatzung entwickelte sich Ktíma zum Siedlungszentrum, das es auch noch während der britischen Herrschaft blieb. Bis zur türkischen Invasion 1974 war Páfos ein unbedeutendes, von den Wirtschaftszentren der Insel weit entferntes Provinzstädtchen. Mit dem Bau eines Flughafens setzte erst 1984 die Entwicklung zum Touristenzentrum ein.

Vom Hafen zum Archäologischen Park

Hafen und Fort

Der **Hafen** 1 ist die Keimzelle von Néa Páfos. An der nur etwa 200 m langen, modern gestalteten Uferpromenade reihen sich die Fischrestaurants und Cafés aneinander. Ein

Sehenswürdigkeiten

- 1 Hafen
- 2 Türkisches Fort
- 3 Archäologischer Park
- 4 Agía Kyriakí Chrissopolítissa/ Paulus-Säule
- 5 Agía Solomoní
- 6 Fábrica Hill
- 7 Aquarium
- 8 Königsgräber
- 9 Markthalle
- 10 Türkisches Bad
- 11 Kebir-Moschee
- 12 Volkskundliches Museum
- 13 Byzantinisches Museum
- 14 Archäologische Museum

Übernachten

- 1 Annabelle
- 2 Almyra
- 3 Roman
- 4 Diónysos Central
- 5 Agápinor
- 6 Axiothéa
- 7 Kinirás
- 8 Park Mansion
- 9 Pýramos

Essen und Trinken

- 10 Záffron
- 11 Kinirás
- 12 Leonardo
- 13 Youkoso
- 14 Theo's
- 15 Latérna
- 16 Fetta's Corner
- 17 Laóna
- 18 Thomas Jungle Pub-Restaurant
- 19 Sóli-Aépia
- 20 Amore
- 21 La Boite 67
- 22 Zódia
- 23 Christos
- 24 Maroushia
- 25 Maroushia II

zahmer Pelikan sorgt für Unterhaltung, die Skipper von Glasboden-, Sport- und Ausflugsbooten preisen ihre Touren an. Den ganzen Sommer über sitzt man bis spätabends draußen am Wasser, blickt hinüber aufs touristische Neubauviertel im Osten und auf die Fischer- und Ausflugsboote am Pier. In der Antike lagen in diesem Hafen die Schiffe, die von weither Pilger zum Aphrodite-Heiligtum (s. S. 131ff.) brachten. Hier wurden aus dem Holz der Tróodos-Zedern neue Schiffe gebaut; hier versorgten sich die Galeeren und Segler auf ihrem Weg von Vorderasien und Ägypten nach Griechenland und Rom mit frischem Proviant und Trinkwasser.

Am Ansatz der modernen Hafenmole steht ein **türkisches Fort** 2. Es wurde 1592 unter Einbeziehung der Reste des Westturms einer älteren, fränkischen Burg erbaut, von deren Ostturm noch Überreste auf der Mole zeugen. Die Briten nutzten das Fort als Salzlager; seit 1935 steht es unter Denkmalschutz. Von seinem Dach aus hat man einen schönen Blick über Páfos und die Küste (tgl. 9–17, im Sommer bis 19.30 Uhr).

Archäologischer Park

Den Archäologischen Park betritt man durch ein modernes, vielleicht etwas zu protzig geratenes Empfangsgebäude vom großen Parkplatz am Rand des alten Hafens aus.

Mit der Schaffung eines **Archäologischen Parks** 3 haben die Archäologen zu Beginn unseres Jahrtausends die Schönheit von Páfos gerettet. Ein weites Areal voller Altertümer nahe dem Meer wurde umzäunt und von jeder Bebauung ausgeschlossen. Damit wurde verhindert, dass Páfos zu einer Betonwüste zusammenwächst. Stattdessen ist eine weitgehend natürliche Landschaft von hohem

Freizeitwert erhalten geblieben. Man hat Ruhebänke aufgestellt und schattige Aussichtspunkte geschaffen, ist aber nicht so weit gegangen, wild wuchernde Naturflächen durch gepflegten Rasen zu ersetzen (Tel. 26 30 62 17, Juni–Aug. tgl. 8–19.30, Sept.–Mai tgl. 8–17 Uhr, Eintritt 1,50 CYL).

Hinter dem Empfangsgebäude passiert man die Ruinen der frühchristlichen **Basilika Limeniótissa** und gelangt ins antike Stadtzentrum. Noch immer legen die Archäologen hier mit prächtigen Mosaikfußböden geschmückte, große Privatvillen frei, in denen offenbar die römische Oberschicht von Néa Páfos lebte. Ein großer Teil der Mosaike, von der Unesco in die Liste des Weltkulturerbes der Menschheit aufgenommen, kann bereits besichtigt werden. Die Wissenschaftler haben die freigelegten Häuser jeweils nach einer auf den Mosaiken dominierenden Person benannt.

Das Haus des Dionysos

Die Villa, 1962 zufällig von einem pflügenden Bauern entdeckt, maß 2000 m^2. 556 m^2 der Grundfläche waren mit kunstvoll gearbeiteten, farbigen Mosaiken bedeckt. Die Räumlichkeiten gruppierten sich um einen offenen **Innenhof** (Atrium), in dessen Mitte sich ein von Säulen umstandenes Wasserbecken befand. Westlich des Atriums lag der größte Raum des Hauses, der **Empfangssaal** (Tablinum). Im Nordwesten der Villa fanden die Archäologen Hinweise auf **Werkstätten** und **Wirtschaftsräume;** im Norden und Osten des Atriums wohnte und schlief die Familie des Hausbesitzers. Wie ökonomisch der Hausbesitzer gedacht haben muss, lässt sich daran ablesen, dass nur die Repräsentations- und Wohnräume der Familie mit Bodenmosaiken geschmückt waren, während die privaten Schlafgemächer nur einen Bodenbelag aus Kiesel und Mörtel besaßen und die Werkstätten und Wirtschaftsräume sich gar mit einem Boden aus gestampfter Erde begnügen mussten.

Das Meeresungeheuer Skylla [I]
Dass das Haus des Dionysos auf Vorläuferbauten errichtet war, zeigt ein Mosaik aus schwarzen und weißen Kieselsteinen gleich links vom modernen Eingang. Es stammt aus dem 4. Jh. v. Chr., also aus hellenistischer Zeit und zeigt das Meeresungeheuer Skylla, ein doppelschlündiges Mischwesen aus Frauenbüste und sechsköpfigem Hund mit zwölf Beinen. Es bedrohte die Seeleute vor allem in der Meerenge von Messina und kostete unter anderem auch den Helden Odysseus sechs Mann seiner Besatzung.

Narziss [II]
Das erste der römischen Mosaike aus dem 3. Jh. zeigt Narziss. Der schöne Jüngling verschmäht die Liebe der Nymphen und anderer lieblicher Jungfrauen und wird deswegen von Aphrodite grausam bestraft: Er verliebt sich in sein eigenes Spiegelbild, das er immer wieder an Quellen und Bächen sucht. Schließlich erlöst ihn Aphrodite, indem sie ihn in eine Blume verwandelt, die am liebsten in der Nähe von Quellen und Gewässern gedeiht – eine Narzisse.

Vier Jahreszeiten [III]
Eine der beliebtesten Kompositionen römischer Mosaizisten schließt sich weiter östlich an: die allegorische Darstellung der vier Jahreszeiten. Sie finden sich in den vier Eckfeldern, während im mittleren Feld die Erde personifiziert ist. Die übrigen vier Felder sind von Szenen aus der Natur gefüllt: einem ziegenähnlichen Tier, Vögeln, Pflanzen und Obstkörben.

Triumph des Dionysos [IV]
Das Mosaik zeigt den Gott des Weines auf einem zweirädrigen Wagen, der von seinen heiligen Tieren, zwei Panthern, gezogen wird. Silenos, der Erzieher des jungen Dionysos, hält die Zügel der Raubkatzen. Vor den Panthern kniet ein Dompteur. Hinter dem Wagen des Dionysos folgt als lustiger Gesell ein Satyr mit einem offenbar gefüllten Weingefäß und einem leeren Weinschlauch. Die übrigen Gestalten sind entweder Kampfgenossen des Dionysos mit Insignien des Krieges bzw. Sieges oder erbeutete Sklaven dunkler Hautfarbe.

Szenen einer Weinlese [V]
Das Tablinum ist ganz und gar mit einer Vielfalt von Szenen einer Weinlese geschmückt.

Hier pickt ein Rebhuhn an einer Traube, dort schneiden Arbeiter die Trauben, sammeln sie und bringen sie in Netzen zu ihren Lasttieren. Zwischendrin ist ein fressender Hase versteckt und eine sich einen Rebstock emporwindende Schlange. Eingestreut sind kleine Eros-Figuren und Theatermasken, denn Dionysos war ja auch der Gott des Theaters. Die Motive dieses – zuerst entdeckten – Mosaiks haben den Archäologen Anlass gegeben, das Haus nach Dionysos zu benennen.

Pyramos und Thisbe [VI]

Westlich des Atriums zeigen vier Bildfelder wieder Szenen aus der Mythologie. Im ersten sind Pyramos und Thisbe zu sehen, ein babylonisches Liebespaar, antike Vorgänger von Romeo und Julia. Wie diesen steht auch ihrer Liebe die Feindschaft der Elternhäuser im Weg. Sie vereinbaren ein geheimes Treffen, Thisbe kommt zuerst. Als sie einen Panther erblickt, flieht sie, verletzt sich dabei und verliert ein blutgetränktes Tuch. Pyramos entdeckt das Tuch und die Spuren des Panthers, zieht daraus den falschen, fatalen Schluss und ersticht sich unter einem Maulbeerbaum. Sein Blut verleiht diesen Früchten bis zum heutigen Tag die rote Farbe. Thisbe kehrt zurück, erblickt den toten Geliebten und begeht vor lauter Gram Selbstmord.

Die ersten Weintrinker [VII]

Das nächste Bildfeld hat wieder Bezug zu Dionysos. Es präsentiert die ersten Weintrinker – und damit zugleich die ersten Betrunkenen der Weltgeschichte. Die Mitte des Bildfeldes nimmt der sagenhafte Athener König Ikarios ein. Er führt zwei Ochsen am Zügel, die einen Wagen voller gefüllter Weinschläuche aus Ziegenbälgen ziehen. Ikarios ist der erste Mensch, den der Gott Dionysos in die Kunst des Weinanbaus und der Weinkellerei einführte. Mit seiner ausgestreckten Rechten weist Ikarios auf die halbnackte Akme, die auf das Wohl des vor ihr sitzenden Dionysos trinkt. In der anderen Bildecke ist einer von zwei jugendlichen Hirten bereits trunken zu Boden gesunken, während der zweite gerade den Becher in der Hand hält, um selbst von dem den Menschen bis dahin unbekannten Trank zu kosten. Die Geschichte nimmt übrigens ein böses, im Mosaik nicht dargestelltes Ende: Freunde der Hirten glauben, Ikarios habe jene vergiftet, und töten ihn deshalb.

Amymone [VIII]

Amymone, eine der 50 Danaiden, und der ihr zu Hilfe eilende Meeresgott Poseidon sind das Thema eines weiteren Bildfeldes. Auf der Suche nach einer Quelle hat Amymone einen Satyr aufgescheucht, der sich ihr als echter Gefolgsmann des Dionysos sogleich höchst aufdringlich nähert. Poseidon, deutlich vom

Haus des Dionysos

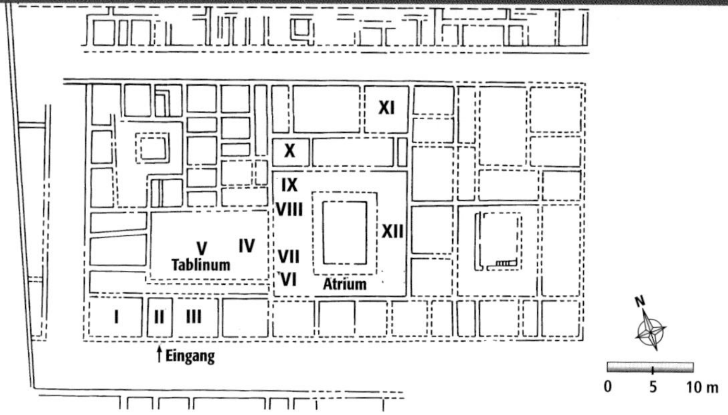

Das Haus des Dionysos wurde zufällig von einem pflügenden Bauern entdeckt

Eros geleitet, kommt hinzu, um der jungen Dame beizustehen. Die nicht dargestellte Folge: Beide zeugen zusammen einen Sohn, den Nauplios.

Die Verwandlung der Daphne [IX]

Auch im vierten Bildfeld geht es wieder um die Liebe. Peneios, Apoll und Daphne sind zu sehen. Der in der Ecke liegende Peneios personifiziert einen Fluss. Ihm ist die schöne Nymphe Daphne zugesellt, in die sich Apoll verliebt hat. Dieser stellt ihr nach und findet sie schließlich auch. Aber sie ruft Zeus zu Hilfe, der sie sogleich in einen Lorbeerstrauch verwandelt – das Mosaik zeigt ihre Unterschenkel bereits als Lorbeer (übrigens heißt Lorbeer noch heute im Griechischen *dáphni).*

Phädra und Hippolytos [X]

Im Nordwesten des Atriums erzählt ein Mosaik die Geschichte von Phädra und Hippolytos. Phädra ist durch Theseus von Kreta nach Athen entführt worden. Dort vermählt er sich später mit ihr. Sie aber entbrennt nach einiger Zeit in Liebe zu ihrem Stiefsohn Hippolytos, der freilich als begeisterter Jäger nichts anderes im Kopf hat als seinen Dienst an der Jagdgöttin Artemis. Daraufhin sendet Phädra ihm einen Brief und befiehlt ihn zu sich. Die entscheidende Begegnung ist im Mosaik festgehalten: Links steht Hippolytos mit einem Jagdhund, den Brief in der Hand und voller kühler Abweisung im Ausdruck. Rechts sitzt Phädra zwischen zwei Feuern, mit Körperhaltung und Mimik enttäuschte Liebe und Trauer zeigend. Eros aber schüttet noch Öl ins Feuer. Die nicht mehr bebilderte Folge: Phädra verleumdet Hippolytos bei seinem Vater Theseus, er habe ihr nachgestellt. Der bittet daraufhin Poseidon, den Frevler zu vernichten. Hippolytos kommt bei einem Wa-

genunglück um, das Poseidon provoziert. Phädra endet durch Selbstmord.

Ganymed mit dem Adler [XI]

Ebenfalls im Norden des Atriums findet sich die Darstellung von Ganymed mit dem Adler. Ganymed ist der Sohn eines trojanischen Königs, dem Zeus in edler Knabenliebe zugetan ist. In Gestalt eines Adlers entführt er ihn kurzerhand als Mundschenk auf den Götterberg Olymp. Das Mosaik zeigt in gelungener Leichtigkeit den Flug der beiden. Aber die Geschichte hat ja auch Goethe schon erzählt …

Tierdarstellungen [XII]

Auf drei Seiten wird das Atrium schließlich von einer Vielzahl bewegungsreicher Jagdszenen umschlossen. Deutlich ist zu erkennen, welche Tiere den Mosaizisten vertraut waren und welche sie wohl noch nie leibhaftig zu Gesicht bekommen hatten. Als etwas Besonderes darf die Mufflon-Darstellung gelten, die beweist, dass es diese Tiere bereits in römischen Zeiten auf der Insel gab.

Haus des Aion

Am Haus des Dionysos beginnt ein kurzer Fußweg in ein weitläufiges Ausgrabungsgelände, in dem die Archäologen immer noch neue Mosaike entdecken. Die fünf Bildfelder im **Haus des Aion** sind bereits zur Besichtigung freigegeben.Im Gegensatz zu denen im Haus des Theseus wirken sie mit ihrer Figurenfülle schon fast barock, stammen sie doch aus der Spätantike und werden in die Zeit um 350 datiert. Besonders interessant ist das rechte Bildfeld in der oberen Reihe. Hier wird Dionysos als Kleinkind dargestellt, das auf dem Schoß des Hermes sitzt. Das Kind trägt einen Heiligenschein (Nimbus), der also ganz offenbar keine christliche ›Erfindung‹ ist.

Haus des Theseus

Nur wenige Schritte weiter gelangt man zum **Haus des Theseus.** Auch hier hat ein Mosaik zur Namensgebung geführt. Das Werk aus dem 3. Jh. zeigt in einem großen, kreisförmigen Bildfeld den Helden Theseus im Kampf mit dem Minotauros. Die Szene wird von einem faszinierend gestalteten, stilisierten Labyrinth eingefasst, das so zugleich den Ort des Kampfes bezeichnet. Zudem wird der Schauplatz des Geschehens durch zwei Personifikationen umrissen, die in Inschriften auch benannt sind. Ein bärtiger Mann steht für das Labyrinth, eine junge, gekrönte Frau für die Insel Kreta. Eine fünfte, ausdrücklich als Ariadne bezeichnete Gestalt schaut der Szene ängstlich zu.

Ein zweites Mosaik im selben Haus ist dem Helden Achilles gewidmet (Achilles-Mosaik). Es zeigt das erste Bad des jungen Heroen, das für ihn schicksalhaft werden sollte. Ganz links eilt eine Dame namens Ambrosia mit einer Kanne, gefüllt mit Wasser des Styx, herbei, das Unsterblichkeit verleiht. Vor ihr sitzt die Amme Anatrophe mit dem kleinen Achill auf dem Schoß. Sie wird ihn gleich in das Wasserbecken eintauchen, hinter dem die Mutter Thetis, noch von der Geburt erschöpft, ruht. Weil Thetis ihren Sohn beim

Bade im Wasser der Unsterblichkeit aber an der Ferse halten wird, wird ihm die sprichwörtliche Achilles-Ferse zum Schicksal werden. Für dieses Schicksal stehen im Mosaik die drei Schicksalsgöttinnen Klotho, Lachesis und Atropos hinter dem Thron des Heldenvaters Peleus. Interessant ist übrigens der Vergleich dieses Mosaiks mit späteren byzantinischen Darstellungen von Christi Geburt – auch dort gehören die erschöpfte Mutter, die Szene der ersten Waschung und die Vorausdeutung auf das spätere Schicksal (Höhle als Symbol des Todes, Altar als Symbol des Opfers) zum Bildprogramm.

Odeon

Vom Haus des Dionysos sieht man deutlich den nahen Leuchtturm aus britischer Zeit, der sich unmittelbar über dem römischen **Odeon** aus dem 2. Jh. erhebt. Das kleine Theater ist in den Hang eines niedrigen Felsens hineingebaut, auf dem in der Antike vielleicht ein Tempel stand. Ob das Theater wie manch anderes Odeon überdacht war, ist unklar. Mit Sicherheit war es gen Osten von einem Skenengebäude begrenzt, von dem noch Spuren erhalten sind. Das Odeon ist zum Teil rekonstruiert. Seine elfte und zwölfte Sitzreihe errichtete man in den 1980er Jahren neu, die Stützmauer wurde restauriert.

Forum/Agorá

Dem Odeon gegenüber liegt das umzäunte Gelände des römischen **Forums,** das 95 m x 95 m maß. Auf drei Seiten sind nur geringe Fundamentreste zu erkennen, im Osten jedoch lässt sich noch erschließen, dass vom Marktplatz drei Stufen zu einem von korinthischen Säulen gebildeten, gedeckten Umgang hinaufführten.

Asklípion

Südlich grenzt das Odeon an ein **Asklípion,** also ein Heiligtum für Äskulap, den Gott der Heilkunst. Kranke legten sich in ihm zum Schlaf nieder, damit ihnen der Gott im Traum erscheine. Ein Priesterarzt übernahm die Deutung und entwickelte daraus dann die Therapie.

Saránda Kolónnes

Vom Odeon sind es nur wenige Schritte bis zur Ruine der Burg **Saránda Kolónnes,** die die Lusignans sogleich nach Übernahme der Herrschaft über die Insel unter Verwendung eines byzantinischen Vorläuferbaus errichten ließen. Schon 1222 fiel sie einem Erdbeben zum Opfer und wurde nicht wieder aufgebaut. Sie bestand aus einem mächtigen Mauerring mit acht Türmen sowie einem 35 m x 35 m großen Bergfried im Innern. Zahlreiche Granitsäulen vom römischen Forum wurden zur Verstärkung des Mauerwerks, für den Bau von Futterkrippen im Pferdestall und als Türschwellen herangezogen – daher rührt der Burgname ›40 Säulen‹. Den Innenhof des Bergfrieds umlief eine Arkade. Zwei der Bögen, die einst auch ein Obergeschoss trugen, wurden rekonstruiert und sind heute ein beliebtes Motiv für Hafenfotos. Die Reste zweier Mühlen neben den Ställen zeugen davon, dass in der Burg auch Platz für wirtschaftliche Aktivitäten war.

Toúmpalos

In der äußersten nordöstlichen Ecke des Archäologischen Parks träumt ein rätselhaftes antikes Felsheiligtum vor sich hin. Ausgeschildert ist es vom Weg zwischen Odeon und Leuchtturm aus mit **›Toumpalos‹.** In den Fels sind mehrere Räume eingeschnitten, darunter ein überkuppelter Saal mit Brunnen und umlaufender Steinbank. Es gibt eine gewölbte Felshalle mit mehreren Wandnischen, eine Apside mit halbrunder Sitzbank und eine weitere Apside mit Wandnische. Vom Felsplateau aus führen 29 Steinstufen hinunter in einen Raum gleich neben dem Kuppelsaal. Die Felsräume öffnen sich zu einer heute offenen, rechteckigen Fläche hin, die offensichtlich zum Teil in einzelne Räume unterteilt war. In den Felsräumen schlafen tagsüber Fledermäuse, überall sprießen aus dem Stein Meerzwiebeln und Kapern, Alpenveilchen und andere Blumen. Geschrieben ist über das Felsenheiligtum noch nichts. Wahrscheinlich stammt es aus dem 4./3. Jh. v. Chr. – für wen es errichtet wurde, bleibt vorerst noch unklar.

Káto Páfos

Káto Páfos ist vor allem das Hotel- und Vergnügungsviertel der Stadt. Nahe der Apostólou Pávlou Avenue sind hier aber auch noch einige historische Sehenswürdigkeiten zu finden.

Agía Kyriakí Chrissopolítissa und Paulus-Säule

Die heute von anglikanischen Christen für ihre Gottesdienste genutzte spätbyzantinische Kreuzkuppelkirche **Agía Kyriakí Chrissopolítissa** 4 aus dem späten 16. Jh. steht am Rande eines von Wohnhäusern umgebenen Ruinengeländes (tagsüber geöffnet). Man erkennt die Grundmauern einer zunächst siebenschiffigen, später auf fünf Schiffe reduzierten Basilika mit großem Vorhof und schönen Mosaikfußböden sowie (links des Zugangs zur Kreuzkuppelkirche) die Ruine einer um 1300 für Franziskanermönche erbauten, gotischen Kirche. In der Nordwestecke des umzäunten Geländes war ein Säulenstumpf jahrhundertelang ein von vielen ehrfurchtsvollen Berührungen glatt geschliffenes Pilgerziel: die legendäre **Paulus-Säule.** In Begleitung des Bárnabas besuchte der Apostel Paulus Néa Páfos im Jahr 45 oder 46. Zu dieser Zeit regierte der Prokonsul Sergius Paulus als Statthalter Roms. Wie die Apostelgeschichte (13.1–13) zu berichten weiß, bat dieser die beiden Apostel zu sich, um Gottes Wort zu vernehmen. Nachdem Paulus u. a. einen Zauberer namens Bar-Jesus mit zeitweiliger Blindheit geschlagen hatte, schenkte auch Sergius Paulus der Botschaft der Apostel Glauben. Mehr weiß die Apostelgeschichte nicht zu berichten; die zyprische Legende ist sich jedoch sicher, dass der Prokonsul zum ersten christlichen Regenten und Zypern quasi zum ersten christlich regierten Land der Welt wurde – ein Grund zum Stolz. Wie dem auch sei, dieser Zustand kann jedenfalls nicht von langer Dauer gewesen sein: Bereits im Jahr 61 starb der Apostel Bárnabas in Sálamis den Märtyrertod. Unlogisch, wie Legenden nun einmal sein können, erzählt die lokale Überlieferung auch, der Apostel Paulus sei in Néa Páfos an ebenjener Paulus-Säule gegeißelt worden.

Am nordwestlichen Rand des Ruinengeländes um die Kirche Agía Kyriakí Chrissopolítissa steht ein verfallender, kleiner Kuppelbau aus der Zeit der Lusignans. Die Kuppel des einstigen **fränkischen Bades** wird sehr fotogen nur noch durch die ausladenden Wurzeln eines abgestorbenen Feigenbaums zusammengehalten.

Agía Solomoní

Eine christliche Pilgerstätte von nur lokaler Bedeutung liegt unmittelbar an der Apostólou Pávlou Avenue: die ständig frei zugängliche Höhlenkirche **Agía Solomoní** 5**.** Ihr Eingang wird durch einen Baum markiert, an dessen Äste Hunderte von Taschentüchern geknotet sind. Heute sind sie meist nur aus Papier und stammen meist von Touristen, die manchmal gar Unterhosen und Socken anknüpfen. Ursprünglich aber dienten die Tücher wie Votivtafeln dazu, ein Gebet zu unterstützen. Wenn man die Stufen in den Vorhof der Kirche hinabsteigt, wird man bemerken, dass man sich im Bezirk einer antiken Grabanlage befindet, die später in ein christliches Heiligtum verwandelt wurde. Die Kirche ist einer vorchristlichen (!) Heiligen geweiht: Solomoní war die Mutter der Sieben Makkabäischen Brüder, die sich wie jene weigerten, die jüdischen Speisegesetze zu brechen, und dafür unter dem syrischen König Antiochos IV. (175–164 v. Chr.) den Tod erlitten. Die römisch-katholische Kirche kennt sie ebenfalls als Protomärtyrer, also als Vorläufer christlicher Märtyrer. Doch nur in der Ostkirche werden sie an einigen Orten als Heilige verehrt. Für Freunde der Kirchenmalerei ist eine der leider stark verblassten Wandmalereien aus dem 12. Jh. in der Apsis der Kapelle von besonderem Interesse: Hier ist erstmals in der Darstellung Christi Opfer (Thisía) das Christuskind sowohl im Abendmahlskelch als auch auf dem Hostienteller präsent – eine Eigenart, die es innerhalb der byzantinischen Kunst nur auf Zypern gibt.

Richtig Reisen-Tipp: Wandern mit Ecologia Tours

Zypern könnte ein wahres Wanderparadies sein. Es gibt zahlreiche gut markierte Wanderwege und Naturlehrpfade – aber so gut wie keine öffentlichen Verkehrsmittel zu den Ausgangs- und Endpunkten der Touren. Darum bleiben viele gut gemeinte und kostenaufwendig angelegte Wanderwege unbegangen. Selbst eine An- oder Abreise mit dem Taxi lässt sich nicht immer organisieren. Taxis sind teuer und die Fahrer oft nicht gewillt, abseits von Asphaltstraßen zu fahren.

In Páfos gibt es ein Reisebüro, das es auch Individualreisenden ermöglicht, Punkt-zu-Punkt-Wanderungen zu unternehmen. Der Diplom-Geologe und staatlich lizenzierte Fremdenführer Chrístos Charalámbous gründete schon 1990 sein Unternehmen Ecologia Tours. Bezeichnenderweise ist der Firmensitz nach wie vor in den Räumen der Geologischen Sammlung, die Chrístos in der Oberstadt von Páfos eingerichtet hat, obwohl das Unternehmen inzwischen sehr erfolgreich ist. Hier wird überwiegend Deutsch gesprochen: Chrístos hat in Zürich studiert, seine Partnerin Sabine Moss ist eine Deutsche.

Ecologia Tours setzt nur Wanderführer ein, die sich auch mit der Natur und der Geologie Zyperns bestens auskennen. Die beliebteste Wanderung ist eine Tour durch die Avákas-Schlucht. Auf 11 km führt sie aus 600 m Höhe zum Meer. Auch Land-Rover-Touren auf Akámas werden angeboten. Im Gegensatz zu üblichen Jeep-Safaris fährt man dabei nicht im Konvoi. Im Preis sind eine Bootsfahrt und ein Fisch-*mezé* inbegriffen.

Agíou Theodórou St. 2, Ktíma, Tel. 26 94 88 08, Fax 26 93 43 32, www.cyprus-ebid.com

Avgás-Schlucht: Wer Zypern auf Wanderungen erkundet, nimmt eindrucksvolle Naturerlebnisse mit nach Hause

Fábrica Hill

Südöstlich der Ampelkreuzung zwischen Káto Páfos und Ktima liegt östlich der Apostólou Pávlou Avenue ein ausgedehntes Felsgelände mit zahlreichen Grabkammern und Felshöhlen, die jederzeit frei zugänglich sind. In einigen von ihnen wurden in osmanischer Zeit Baumwolle und Seide gesponnen, daher der Name **Fábrica Hill** 6. Mehrere der Felskammern haben verputzte Wände, die vielleicht früher bemalt waren. Sie werden in hellenistische Zeit datiert. Im äußersten Südosten des Felsareals legen australische und zypriotische Archäologen zurzeit das hellenistische Theater der Stadt frei. Es soll weitaus größer als das gut erhaltene Theater von Koúrion gewesen sein und etwa 8000 Zuschauern Platz geboten haben.

Aquarium

Das private **Aquarium** 7 zeigt in 72 Becken Fische aus aller Welt. Wer schon einmal in einem Aquarium war, kann angesichts des hohen Eintrittspreises getrost auf einen Besuch verzichten (Artemidos St. 1, Tel. 26 95 39 29, www.tsiolis.com.cy, tgl. 9–19 Uhr, Eintritt 4 CYL).

Die Königsgräber

Die **Königsgräber** 8 (Tombs of the King) tragen ihren Namen zu Unrecht. Sie stammen aus hellenistischer Zeit, als es auf Zypern bereits keine Stadtkönigreiche mehr gab und die Insel von ptolemäischen Statthaltern verwaltet wurde. Zusammen mit anderen wohlhabenden Familien ließen die Ptolemäer im 3. und 2. Jh. v. Chr. etwa 1300 m außerhalb der Stadtmauern prächtige Felsgräber anlegen. Bis in römische und frühchristliche Zeit wurden die Gräber für Bestattungen genutzt. Im Mittelalter waren einige der Gräber sogar bewohnt. Noch im 19. Jh. konnte Luigi Palma di Cesnola, einer der skrupellosesten Schatzgräber auf Zypern und 1865–1877 Konsul der Vereinigten Staaten von Amerika auf der Insel, einige Gräber ausrauben. Erste wissenschaftliche Grabungen wurden 1915 durchgeführt, systematisch erforscht wurden die Gräber aber erst ab 1977. Die noch nicht abgeschlossenen Ausgrabungen haben reiche Grabbeigaben ans Licht gebracht: Münzen und Öllampen, Glasgefäße und Keramik, Gold- und Silberschmuck (zu sehen im Archäologischen Museum von Páfos und im Zypern-Museum in Nicosia).

Die eindrucksvollsten Gräber sind die **Peristylgräber** (Nr. 3–6), die architektonisch damals übliche Wohnhäuser nachahmen. Treppen führen hinunter in einen Atriumhof, der von aus dem Fels herausgearbeiteten dorischen Säulen und Pfeilern umstanden ist. Auf den Säulen und Pfeilern ruht ein Gebälk mit dorischem Fries, also mit Triglyphen und Metopen. Die Grabkammern (oft noch mit Vorkammern) öffnen sich auf einen Innenhof: Die Toten ruhten in Grabnischen, so genannten *loculi.* Grabkammern und -nischen waren in der Regel verputzt und mit Wandmalereien geschmückt, von denen aber nur noch geringfügige Spuren vorhanden sind. Außer den Grabnischen kommen auch Grabschächte vor. Sie sind vermutlich spätere, Raum schaffende Ergänzungen. In römischer Zeit wurden die Atriumhöfe zumindest teilweise überdacht, wie Einkerbungen für Verstrebungen im Gebälk des Grabes Nr. 2 deutlich zeigen.

Ein bisher einzigartiges Grab stellt Nr. 7 dar: Auch hier wurde ein großer Atriumhof aus dem Fels gehauen, zu dem 13 Stufen hinunterführen, die unter einem bogenförmigen Eingangstor enden. In der Mitte des Atriums aber hat man einen gewaltigen Felsblock stehen gelassen, in den Stufen gehauen sind, die zu einem Brunnen hinunterführen. Zwar verfügen alle Gräber über Brunnen, doch dieser ist der eindrucksvollste.

Außer Atriumgräbern wurden zahlreiche **einfachere Grabtypen** entdeckt, wie z. B. Grab Nr. 1, das nur aus einem kurzen Zugang *(drómos)* und einer Grabkammer mit zwei *loculi* für Kinder und fünf *loculi* für Erwachsene besteht. Aber auch dieses einfache Grab zeigt noch Spuren von Verputz und Wandmalereien. Die gesamte Anlage der Königsgräber deutet darauf hin, dass die Begräbnisfeierlichkeiten innerhalb des eigentlichen Grabkomplexes stattfanden. Die Brunnen legen die Vermutung nahe, dass hier auch Gedenkfeiern zu Ehren der Toten abgehalten wurden, bei denen Wasser für Reinigungsriten benötigt wurde (Juni–Aug. 8–19.30 Uhr, April/Mai und Sept./Okt. 8–18 Uhr, Nov.–März 8–17 Uhr, Eintritt 0,75 CYL).

Ktíma

Fast alle städtischen Linienbusse fahren zur **Markthalle** 9, in deren unmittelbarer Nähe auch ein großer Parkplatz liegt. Am Rande dieses Parkplatzes wurde ein großes **Türkisches Bad** 10 restauriert. Die Markthalle steht im Zentrum des von zahlreichen Läden geprägten Altstadtviertels Laikí Gitoniá, in dessen Gassen vor allem an Samstagvormittagen reges Markttreiben herrscht. An dieses Marktviertel grenzt das alte Türkenviertel mit der heute verschlossenen **Kebir-Moschee** 11. Bis 1974 lebten hier mehrere tausend türkische Zyprioten; heute erinnern nur noch die Straßennamen daran. In die Kaffeehäuser dieses Viertels verirrt sich nur selten ein Fremder.

Vom Marktviertel führt die schmale Makaríou Avenue als Haupteinkaufsstraße zur zentralen Straßenkreuzung von Ktíma. Das Gebäude, das heute von der Barclay's Bank genutzt wird, war bis 1974 eins der ganz wenigen Hotels der Stadt! Folgt man der Verlängerung der Makaríou Avenue, die ab hier Gríva Digení Avenue heißt, ca. 100 m weit, gelangt man zum kleinen Stadtpark. Auf der gegenüberliegenden Seite zeugen die klassizistischen Fassaden mehrerer Oberschulen, das alte Rathaus und die Stadtbibliothek von der britischen Kolonialzeit. Wegweiser führen von hier an einer kleinen privaten **Geologischen Sammlung** (Mo–Sa 8–13 und 16–19.30 Uhr, Eintritt frei) vorbei zu zwei größeren Museen: zum privaten Volkskundlichen Museum von Prof. Eliádes und zum Byzantinischen Museum (Ágios Theodoros Street 2).

Das **Volkskundliche Museum** 12 in einem alten Haus aus dem Jahr 1894 zeigt Objekte von der Steinzeit bis zur Gegenwart, darunter vor allem Trachten, Möbel, landwirtschaftliche Geräte, Stickereien, Webereien und Silberschmuck. Die alten Eheleute Eliádes führen Besucher oft auf Deutsch durch ihre Sammlungen (Tel. 26 93 20 10, Mo–Sa 9–18, So 9–13 Uhr, Eintritt 0,50 CYL).

Das **Byzantinische Museum** 13 ist in einem Gebäudeteil des Bischöflichen Palastes von Páfos untergebracht und besticht durch seine Ikonensammlung. Besonders schön sind zwei Bildnisse der Stillenden Gottesmutter aus dem 16. Jh. Die wertvollste Ikone der Sammlung ist eine Darstellung der Agía Marína in Hierantenhaltung, also mit zur Anbetung erhobenen Armen, aus dem 7. oder 8. Jh. Am linken Rand der Ikone sind in kleinen Bildfeldern Szenen aus ihrem Martyrium zu sehen. Die alte Ikone wurde, wie häufiger üblich, später auf der Rückseite mit einem anderen Bildnis geschmückt: Hier ist es ein hl. Georg aus dem 13. Jh. (Tel. 26 93 13 93, Mo–Fr 9–15, Sa 9–13 Uhr, Eintritt 1 CYL).

Die große Kirche hinter dem Byzantinischen Museum ist innen vollständig mit neuen Wandmalereien im byzantinischen Stil ausgestattet.

Archäologisches Museum

An der Gríva Digení Avenue liegt in Richtung Geroskípou das moderne **Archäologische Museum** 14, dessen interessantestes Exponat ein römisches Wärmflaschensystem darstellt.

Der erste Saal birgt Funde aus Neolithikum, Bronzezeit und Kupfer-Steinzeit. In der Vitrine in der Saalmitte liegt das Skelett einer etwa 20-jährigen Frau in Hockstellung, wie sie vor ungefähr 5000 Jahren in Lémba beigesetzt wurde. Eine große Vitrine an der linken Seitenwand zeigt Metallarbeiten aus der Zeit zwischen 3800 v. Chr. und 1500 n. Chr. Aus der Burg Saránda Kolónnes stammen eine große eiserne Bodenabdeckung mit zwei Henkeln und ein eiserner Ritterhelm.

Im zweiten Saal folgen Ausstellungsstücke aus der Zeit von 1050–400 v. Chr. Besonders schön ist ein Grabrelief aus dem 4. Jh. v. Chr. an der hinteren Schmalwand des Saals, das in Páno Aródes gefunden wurde: Rechts sitzt eine (verstorbene) Frau auf einem Stuhl, vor ihr drängt ein Kind zu ihr, dem sie eine Hand gibt. Hinter dem Kind steht eine andere Frau, der sie ebenfalls zum Abschied für immer die Hand reicht.

Im dritten Saal findet man in einer Vitrine an der linken Wand ein einzigartiges antikes Wärmflaschensystem. In der Mitte des gleichen Saals sind zwei kopflose Marmorstatuen der Aphrodite bemerkenswert. Eine von beiden hält ein Schwert in der rechten Hand, das sie anscheinend gerade in eine Scheide zurückführen will. Diese bewaffnete Liebesgöttin wurde im Haus des Theseus in Káto Páfos gefunden; sie stammt aus römischer Zeit.

Ebenfalls im dritten Saal bergen verschiedene Wandvitrinen sehr schönes Glas aus hellenistischer und römischer Zeit sowie viele Terrakottafigurinen, die im Haus des Dionysos gefunden wurden, darunter auch Darstellungen von Hirschen und einem Schwein. Unter den tönernen Öllampen fallen die in Form eines Mannes und eine andere in Form eines Schiffes auf. Eine Öllampe besitzt Henkel, wurde also wohl mitgeführt, wenn man nachts noch außer Haus ging.

Im vierten Saal sind an der rechten Seitenwand vier Freskenreste aus dem 3. Jh. ausgestellt, die im Haus des Aion in Káto Páfos gefunden wurden. Sie zeigen entweder Göttinnen oder Musen. Am Übergang zum fünften Saal stehen in der rechten Ecke zwei Säulenreste mit arabischen Inschriften aus der Zeit der arabischen Überfälle zwischen 649 und 965.

Der fünfte und letzte Saal präsentiert mittelalterliche Keramik: Schüsseln, Vasen, Kannen, alles mit sehr schönen Glasuren, kunstvoll bemalt. Ein überraschendes Zeugnis westlicher Kunst stellt der von vier Engeln getragene Renaissance-Baldachin aus der Zeit um 1495 dar, der einst in der gotischen Franziskanerkirche bei der Paulus-Säule stand (Tel. 26 94 02 15, Mo–Fr 7.30–14.30 und 15–17, Sa u. Fei 10–13 Uhr, Eintritt 0,75 CYL).

i **C.T.O.:** Gladstone St. 3 (Ktíma), Tel. 26 23 28 41. Poseidon Ave. 63 A (Káto Páfos), Tel. 26 93 05 21, beide Mo–Fr 8–14.30, Mo/Di, Do/Fr auch 15–17.45, Sa 8–13.30 Uhr. Ein drittes Informationsbüro am Flughafen ist zu allen ankommenden Flügen geöffnet, Tel. 26 42 28 33.
Hauptpost: Nikodímou Mylóna St. (Ktíma).

In den Katalogen der Reiseveranstalter wird meist nicht zwischen den Hotels direkt in Káto Páfos und jenen entlang der Küste außerhalb der eigentlichen Stadt unterschieden. Wer sein Hotel aus einem Katalog auswählt, sollte auf die Entfernungsangaben zur Stadt achten. Außerhalb gelegene Hotels haben den Nachteil, dass man für Stadtbesuche auf Linienbus, Taxi oder Mietfahrzeug angewiesen ist.

Die Oberstadt Ktíma wird zwar tagsüber von vielen Einheimischen belebt, abends aber wirkt Ktíma wie ausgestorben. Auch die Auswahl an Restaurants ist dann sehr viel geringer als in Káto Páfos.

Annabelle [1]: Poseidon Ave. (Káto Páfos), Tel. 26 23 83 33, Fax 26 24 55 02, www.thanoshotels.com. Teuerstes Luxushotel der Stadt. 218 Zimmer und Suiten, zentrale Lage im Hotelviertel direkt am Meer. Hoteleigener Strand in künstlich aufgeschütteter Bucht, Pool-Landschaft mit tropisch anmutenden Gärten und Wasserfällen. Health- und Beauty-Spa auch mit ayurvedischen Anwendungen, eigene Wassersportstation. DZ je nach Saison ab 60–160 CYL.

Almyra [2]: Poseidon Ave. (Káto Páfos), Tel. 26 93 30 91, Fax 26 94 28 18, www.thanoshotels.com (zu buchen auch über www.airtours.de). Das ehemalige Hotel Páfos Beach wurde 2004 als Design-Hotel mit 190 Zimmern und Suiten wiedereröffnet. Kalkweiße Wände, viel Holz, Naturmaterialien wie Leinen und Leder dominieren das mediterrane Styling der französischen Innenarchitektin Joelle Pléot. Trotz des trendigen Designs wirbt man vor allem um Familien. Die Lage ist zentral, unmittelbar westlich des zur gleichen Gruppe gehörenden Hotels Annabelle, die dortigen Einrichtungen können mitbe-

Teures Pflaster
Nach Angaben der Verbraucherschutzbehörde des Wirtschaftsministeriums ist Páfos in Bezug auf den Lebensunterhalt die teuerste Stadt Zyperns. Am günstigen schnitt im Test die Inselhauptstadt Nicosia ab.

nutzt werden. DZ je nach Saison ab 52–124 CYL.

Roman 3: Agíou Lambriánou Street (Káto Páfos), Tel. 26 24 54 11, Fax 26 24 68 34, www.romanhotel.com.cy. Hier hat ein zypriotischer Architekt seine Visionen vom alten Rom verwirklicht. Von außen gibt sich der weitläufige Komplex mit seinen Zinnen wie eine Burg. Antikisierende und moderne Wandmalereien, Kopien von Mosaiken, Säulen und eine Vielzahl von oft Verwirrung stiftenden Spiegeln zieren alle Flure, die Gästezimmer, die Lobby, das Restaurant und die Bar; auch am Pool kommt man sich wie in einer Filmkulisse vor. Man sollte sich das Hotel auf jeden Fall einmal von innen (oder im Internet) anschauen, auch wenn man dort nicht wohnt. DZ im Winter ab 32 CYL, im Sommer ab 44 CYL.

Diónysos Central 4: Diónysos St. 1 (Káto Páfos), Tel. 26 93 34 14, Fax 26 93 39 08, www.dionysoshotelpaphos.com. Zentrale Lage, legere Atmosphäre, Pool, aber kein Strand vor der Haustür. Besonders im Winter ein idealer Standort für Aktive. 100 Zimmer, davon 14 mit Meerblick. In der Lobby und im Frühstücksraum großformatige, qualitativ hochwertige Kopien der antiken Mosaike von Páfos. DZ HS 109–129 CYL, NS ab 50 CYL.

Agápinor 5: Nikodímou Myloná St. 24–28 (Ktíma), Tel. 26 93 39 26, Fax 26 93 53 08, www.agapinorhotel.com. Modernes Hotel mit 73 Zimmern, Pool und Privatparkplatz in aussichtsreicher Lage, 3 Min. von der Markthalle entfernt. DZ im Winter ab 30, im Sommer ab 47 CYL.

Axiothéa 6: Ívis Malliótou St. 2 (Ktíma), Tel. 26 23 28 66, Fax 26 24 57 90, axiotheahotel@hotmail.com. Ruhiges Wohnen mit

Fotogener Ankerplatz: Über den Hafen von Páfos wacht das trotzige Fort

schönem Blick auf Káto Páfos und Meer völlig abseits des Massentourismus. 37 relativ kleine Zimmer mit teilweise großen Balkons in einem Haus aus den 1970er Jahren, familiäre Atmosphäre. DZ im Winter ab 28 CYL, im Sommer ab 43 CYL.

Kinirás 7: Makários Ave. 91 (Ktíma), Tel. 26 94 16 04, Fax 26 24 21 76, www.kiniras.cy. net. Sehr zentral an der Haupteinkaufsstraße der Oberstadt gelegenes, als ›Traditional House‹ eingestuftes älteres Hotel. Lauschiger Patio mit Palme, Araukarie und vielen Blüten, exzellentes Restaurant, relativ einfache Zimmer. Die Wandmalereien in der Lobby und in den Zimmern stammen teils vom Wirt, teils von begabten Gästen. Seniorchef George spricht sehr gut Deutsch, sein geschäftsführender Sohn Kleánthis bemüht sich darum. DZ im Winter ab 25 CYL, im Sommer ab 40 CYL.

Park Mansion 8: P. Mélas St. 16 (Ktíma), Tel. 99 60 31 38. 2005 vom neuen Inhaber Leónidas Katsarós übernommenes, altmodisches und schlichtes Hotel mit kleinem Pool über einem kleinen Park, familiäres Wohnen abseits des touristischen Zentrums. DZ im Winter ab 20 CYL, im Sommer ab 30 CYL.

Pýramos 9: Ágios Anastasías St. 20 (Káto Páfos), Tel. 26 93 51 61, Fax 26 94 29 39, pyramos@cytanet.com.cy. Schlicht, 20 Zimmer, etwa 200 m von der Uferstraße nahe der Bar Street. DZ im Winter ab 20 CYL, im Sommer ab 25 CYL.

Záffron 10: Tombs of the Kings Rd. 110 (Káto Páfos, nahe Venus Beach Hotel), Tel. 26 93 30 26, tgl. 11–16 und ab 19 Uhr. Mediterrane Küche vom Feinsten in trendigem Dekor, erstklassiger Service, Lounge-Bar als Szene-Treff. Hauptgerichte ab 10 CYL.

Kinirás 11: Restaurant im gleichnamigen Altstadthotel (s. o.), feine zypriotische Küche. Besonders zu empfehlen: das unübertrefflich fein gewürzte *stifádo* für 8,50 CYL.

Leonardo 12: Diónysos St. 8 (Káto Páfos), tgl. ab 18 Uhr, im Winter geschl. Gute italienische Küche in modernem Design. Hauptgerichte ca. 8–11 CYL.

Youkoso 13: Tombs of the Kings Rd., Royal Complex (Káto Páfos), Tel. 26 91 03 64, tgl. 18–23.30 Uhr, telefonische Reservierung ratsam. Authentisches japanisches Restaurant. Hauptgerichte ca. 7–12 CYL.

Theo's 14: am Hafen, Tel. 26 93 28 29, tgl. ab 11 Uhr, Jan. geschl. Wenn man am Hafen speisen will, ist das schon 1962 gegründete Lokal die beste Wahl. Fischgerichte ca. 6,50–13 CYL, Fisch-*mezé* ca. 9 CYL.

Latérna 15: Apollónos St. 2/Ágios Antónios St. (Káto Páfos), Tel. 26 93 23 93, tgl. ab 17.30 Uhr. Dezent folkloristisch eingerichtete, moderne Taverne, deren junger Wirt leidenschaftlich und exzellent kocht. Man sollte sich unbedingt von ihm beraten lassen und auch nach außergewöhnlichen Salaten und Gemüsen der Saison fragen. Neben den üblichen bietet er auf Nachfrage auch alte Weine aus seiner persönlichen Schatzkammer zu sehr moderaten Preisen an. Wer zum zweiten Mal kommt, kann sich schon als besonders umsorgter Stammgast fühlen! Hauptgerichte 4,50–6,50 CYL, *full mezé* 8 CYL, Steaks 7,50–8,50 CYL.

Fetta's Corner 16: Ioánni Agróti St. 33 (Ktíma), Tel. 26 93 78 22, tgl. 19–23 Uhr. Traditionsreiche, Anfang 2006 modernisierte Taverne mit überwiegend einheimischem Publikum. Man bestellt normalerweise *mezé*. In Küche und Service arbeitet nahezu ausschließlich die sehr freundliche Familie des Inhabers. *Mezé* 8 CYL, Flasche Wein 6–9 CYL.

Laóna 17: Vótsi St. 6 (Ktíma), nahe den Markthallen, Tel. 26 93 71 21, Mo–Sa 10–16 Uhr. Für mittags der beste Tipp in der Oberstadt! Familienbetrieb, herzlicher und schneller Service, täglich frisch gekochte Gerichte. Kreidetafel mit Tagesangeboten, z. B. Lammleber in einer Sauce mit Knoblauch, Nelken und Zwiebeln, Lamm mit frischen grünen Bohnen, Hackfleischbällchen mit Reis in Tomatensauce oder die sonst selten angebotenen Schwarzaugenbohnen *louviá*. Hauptgerichte meist 4,50 CYL, Wein vom Fass 5 CYL/l.

Thomas Jungle Pub-Restaurant 18: Tombs of the Kings Rd. (Káto Páfos), tgl. ab 9 Uhr. Modernes Restaurant mit einem ziemlich gut gelauntem Wirt, der auch Deutsch spricht. Zypriotische und internationale Küche ohne großen Aufwand, Salate und Snacks. Abends oft Karaoke. Kindermenü 2,50 CYL, Hauptgerichte 4,50–5,50 CYL, Club Sandwich 3,50 CYL.

Sóli-Aépia 19: Talaat Pasa St. 1 (Ktíma), Tel. 26 93 32 72, tgl. ab 9 Uhr. Schlichte Taverne mit grandiosem Blick auf Káto Páfos und das Meer, unmittelbar neben der Markthalle. Tagsüber preiswerte Tellergerichte, abends gutes *mezé*. Zweimal wöchentlich abends ab 20 Uhr griechische Live-Musik. Fleisch-*mezé* 7 CYL, Fisch-*mezé* 7,50 CYL, Tellergerichte meist 3,20–4 CYL, Glas offener Wein ca. 1 CYL.

Amore 20: Diónysos St. 1 (Káto Páfos), tgl. ab 10 Uhr. Restaurant auf der Terrasse des Diónysos-Hotels, das an jedem Abend ein Pizza- und Pasta-Buffet anbietet. Buffet ab 6 CYL.

La Boite 67 21: am Hafen. Einfache Bar mit Tischen und Stühlen direkt vor den Booten, gut für Snacks und Getränke. Bauernsalat 3,30 CYL, Sandwiches 2,50–3,50 CYL, Flasche Wein 5–8 CYL, Cocktails 3 CYL.

Zódia 22: Fellachológlou St./Ecke Atatürk St. (Ktíma), Tel. 26 93 84 18, Mo–Sa ab 9 Uhr. Einfache Grilltaverne mit gesprächigem Wirt, der zusammen mit einem Freund auch die Wandmalereien innen und außen geschaffen hat: vor allem Kopien kretisch-minoischer Kunst, aber auch ein Bild seines 1974 an die Türken verlorenen Geburtshauses in Zódia/Nordzypern. Hauptgerichte 2,95–4,50 CYL, auch zum Mitnehmen.

Christos 23: auf der Südseite der Markthalle (Ktíma), Mo–Sa ab 7 Uhr. 2005 modernisierte Marktkneipe, wo man trotz des modernen Mobiliars noch traditionelle Suppen in Schalen serviert bekommt, z. B. Gelberbsen- oder Kichererbsensuppe. Suppe 2,50 CYL.

Internet-Cafés:

Maroushia 24: Gladstone St. 1 (Ktíma), im Gebäude der Hellenic Bank, tgl. ab 10 Uhr. Lounge und Music-Bar in mehreren Räumen eines alten Hauses. Moderne, für konzentriertes Arbeiten allerdings zu laute Musik. Beliebter Treff junger Leute. Internet 1 CYL/30 Min.

Maroushia II 25: Poseidónos Av., Myrra Shopping Complex (Káto Páfos), Zugang zwischen den Restaurants Mooring's und Captain's View, Tel. 26 91 06 57, tgl. ab 10 Uhr. Sachlich-funktional, weder Barbetrieb noch Musik. Internet 1 CYL/30 Min.

Axel: Makários Ave. 62–64 (Ktíma). Beste Buch- und Schreibwarenhandlung der Stadt, gute Auswahl an Karten und Zypern-Literatur.

Cyprus Handicraft Service: Apóstolos Pávlos Ave. 64 (zwischen Ktíma und Káto Páfos). Staatlicher Kunsthandwerksladen mit kleiner Auswahl und fairen Preisen.

Ermés: Dimokratías Ave. (Korivós, Neustadt Richtung Geroskípou). Das einzige Kaufhaus der Stadt.

Kóstas Theodórou: Makarios Ave. 92 (Ktíma). Lederartikel zypriotischer Provenienz.

Play: Níkos Antoniádis St. 20 (Ktíma). Der beste CD- und DVD-Laden der Stadt, in dem garantiert keine Raubkopien verkauft werden.

Vavoúlas: Níkos Nikolaídis St. 18 (Ktíma). Exklusive Schuhmode, vor allem von griechischen Schuh-Designern.

Diskotheken:
Boogies Karaoke Club & Disco: Ágios Antónios St./Bar St. (Káto Páfos), tgl. 21–4.30 Uhr. Überwiegend britisches Publikum.
Rainbow: Ágios Antónios St. (Bar St.), Káto Páfos, tgl. ab 1 Uhr. Mainstream, Garage und House, besonders junges Publikum.
Starsky & Hutch: Ágios Antónios St./Bar Street (Káto Páfos), mind. Do–Sa ab ca. 21 Uhr. Überwiegend Musik der 1970er und 1980er Jahre, dazu Funk und Jazz.
Folklore-Shows:
Taverne Demókritos: Diónysos St. 1 (Káto Páfos), Tel. 26 93 33 71, tgl. ab ca. 20 Uhr Show. 3-Gang-Menü ca. 8–13 CYL, *full mezé* 8,40 CYL, auch vegetarisches *mezé* 7,50 CYL.
Taverne Pentarás: etwa 1,5 km westlich der Königsgräber an der Küstenstraße, Tel. 26 24 41 30, Fr um 20 Uhr Show, Nov.–Feb. geschl. Hier gehen auch Zyprioten gern hin. *Full mezé* 8 CYL.
Gays:
Different: Dalías St. (Ktíma), Tel. 29 93 46 68. Die einzige Gay-Bar in der Region.
Rembétiko:
Mezedoplío Ta Chnária: Fellachológlou St. 21/Ecke Atatürk St. im Innenhof der Agorá Háni (Ktíma), Tel. 26 93 58 38, Di–So ab 21 Uhr. Traditionelle, fast nur von Zyprioten besuchte Taverne, in der man *mezé* bestellt. Ihr Name bedeutet ›Fußspuren‹. Normalerweise Di, Fr/Sa ab ca. 21.30 Uhr griechische Live-Musik, darunter traditionelle Rembétiko-Lieder. Für Wochenendabende muss man meist mindestens eine Woche im Voraus reservieren!

Karnevalsumzug: Faschingssamstag in Káto Páfos.
Musical Sunday: April–Anfang Juli, bis Mitte Mai So 11, danach So 18 Uhr. Konzerte vor dem Türkischen Fort am Hafen, Eintritt frei.
Kataklysmós-Feiern: Pfingsten, mit Musik, Folklore und Markt am Hafen.
Fest der Chöre: Ende Juni im antiken Odeon.
International Festival of Ancient Greek Drama: Anfang Juli–Anfang Aug., Aufführungen im Odeon, Info-Tel. 22 67 49 20.

Parken in Páfos: Das Parken ist in Páfos für Tagesbesucher kein Problem. Für die Erkundung von Káto Páfos parkt man auf dem kostenlosen Großparkplatz am Hafen, für den Besuch von Ktíma am Großparkplatz unterhalb der Markthallen (0,30 CYL/Tag).

Cultural Window: Juli–Sept., kulturelle Veranstaltungen aus aller Welt, vorwiegend am Hafen.
Páfos Aphrodite Festival: Anfang Sept., an drei aufeinander folgenden Abenden wird am Türkischen Fort eine klassische Oper aufgeführt. 2006 gastierte das St. Petersburger Mariinsky-Theater mit Ein Maskenball, davor wurden u. a. Aida, Carmen, Tosca und Rigoletto aufgeführt. Infos unter Tel. 26 82 22 18, www.pafc.com.cy, Eintrittskarten ca. 20–45 CYL.
World Tourism Day: Ende Sept., Folklore-Veranstaltungen am Hafen.

Bowling:
Cuckatoos Bowling Centre: Ágios Antónios St. 25/Bar St. (Káto Páfos), Tel. 26 82 20 04, tgl. 11–3 Uhr. Zehn Bahnen, dazu acht Billardtische.
Cosmic Bowling: Apóstolos Pávlos Ave. (zwischen Ktíma und Káto Páfos), Tel. 26 95 32 53, tgl. 12–2 Uhr.
Golf:
An seinem Handicap arbeiten kann man im **Tsáda Golf Club** (s. S. 146f.), im **Secret Valley Golf Club** (s. S. 88) oder auf dem riesigen 18-Loch-Golfplatz **Aphrodite Hills:** (s. S. 136).
Mountainbiking:
The Aliáthon Holiday Village Bike Center: Poseidónos Av. (Káto Páfos), im gleichnamigen Hotel, Tel. 26 96 44 00, 99 52 22 95, Fax 26 96 47 00, www.aliathonvillage.com. Professionell geführtes Mountainbike-Center, Vermietung, Tages- und Wochenprogramme.
Strände:
Vor den meisten Hotels sind kleine Strände künstlich aufgeschüttet. Die meisten Gäste ziehen die Gärten der Hotels und ihre Pool-Flächen als Sonnenbadeplätze vor. Ein grö-

ßerer öffentlicher, künstlich aufgeschütteter Sandstrand liegt im Osten der Hotelsiedlung zwischen dem Hotel Alexander the Great und der alten SODAP-Kellerei. Schöner ist das Strandbad der C.T.O. in Geroskípou (Endhaltestelle der Stadtbuslinien 11 und 15) mit großen Liegewiesen, Duschen, Umkleidekabinen und Restauration. Ein langer, völlig schattenloser Sand-Kiesstrand liegt westlich des Hafens zwischen Archäologischem Park und Königsgräbern. Im Sommer stark überlaufen ist der feinsandige Strand in der Coral Bay. Fazit: Die Strände von Páfos sind nur zweite Wahl, einen reinen Badeurlaub verbringt man besser anderswo.

Tennis:
Plätze im Stadtpark von Ktíma (kostenlos) und am Strandbad von Geroskípou.

Wassersport:
Wassersportstationen vor den größeren Hotels. Neben Windsurfen gehört Parachuting zum Angebot. Schnellboote und Angel-Trips können am Hafen gebucht werden (s. u.).

Cydive: Poseidon Av., Myrra Complex (Káto Páfos), Tel. 26 93 42 71, www.cydive.com. Die beste Tauchschule vor Ort.

Aphrodite Water Park: Poseidónos Ave., am äußersten östlichen Ende (Káto Páfos), Tel. 26 91 36 38, www.aphroditewaterpark.com, Mai–Okt. 10–18 Uhr, Eintritt 13 CYL, Kinder (unter 12 J.) 7 CYL. Spaßbad.

Flughafen: 15 km östlich des Zentrums. Linienbusse fahren zu den Strandhotels von Geroskípou, Páfos und Coral Bay zwischen 8 und 18 Uhr alle zwei Stunden. Auch Taxis stehen bereit (ca. 8 CYL bis Néa Páfos).

Stadtbusse: Die Stadtbusse werden von der Firma Alepa Ltd. betrieben. Deren Hauptbüro befindet sich am Karavella Bus Terminal in Ktíma (Tel. 26 93 44 10, Fax 26 94 53 85). Dort sind auch gedruckte Fahrpläne erhältlich. Busse fahren entweder an diesem Terminal und/oder an der Markthalle ab. Fahrpeis je nach Strecke 0,60 oder 0,70 CYL. Die Busse verkehren Mo–Fr und Sa vorm., die Linien 11 und 15 auch Sa nachm. und So. Außer der Linie 15, die zwischen Mai und Okt. bis 23 Uhr fährt, verkehren die Busse auf allen anderen Linien nur tagsüber.

Linie 1 und 2: Karavella – Grívas Avenue – Geroskípou.

Linie 3: Karavella – Lémba – Kissonérga.

Linie 4: Karavella – Émba – Kloster Ágios Neófytos.

Linie 7: Karavella – Lémba – Pégeia.

Linie 10: Markthalle – Hafen – Königsgräber – Küstenstraße – Coral Bay (10A fährt weiter bis Ágios Geórgios).

Linie 11: Markthalle – Hafen – Poseidon Avenue (Hotelviertel) – C.T.O. Beach von Geroskípou.

Linie 15: C.T.O. Beach in Geroskípou – Hotelviertel – Küstenstraße – Coral Bay.

Fernbusse: Nach **Pólis** mit Néa Amoróza, Tel. 26 93 44 10, Mo–Sa etwa stdl. ab der Haltestelle hinter der Mobil-Tankstelle in der Pallikarídis St. (Ktíma). Nach **Limassol** und **Nicosia** mit Alépa, Tel. 99 62 50 27, Mo–Sa ab der Haltestelle am Platz über dem Hamam in der Nikodímou Mylóna St.

Sammel-Taxis: Tel. 26 92 38 00 und 77 77 74 74.

Bootsausflüge: Direkt am Hafen können allerlei Ausflüge mit ganz unterschiedlichen Schiffen gebucht werden. Dreistündige Touren mit dem **Segelschiff** entlang den Sea Caves kosten 12 CYL, viereinhalbstündige Törns bis Ágios Geórgios 19 CYL.

Speedboats zu mieten kostet für 40 PS-Boote 16 CYL/Std., für 200 PS-Boote 36 CYL/Std. Neuester Gag sind **Fast Attack Boats**, 100 km/h schnelle, 14-sitzige Schlauchboote mit 450 PS-Außenbordmotoren. Mit ihnen veranstaltet Tiger Trips (www.tiger-trips.com) 90-minütige Küstentörns für 22 CYL, 20-minütige Kurzrasereien gibt es ab 12 CYL.

Wer es geruhsamer liebt, bucht **Angeltörns** (3 Std. mit Angel 15 CYL, für Zuschauer 10 CYL) und im Sommer auch 4-stündige Abendausfahrten zum Tunfischfang für 25 bzw. 15 CYL. Einmal wöchentlich geht es frühmorgens auch zum Haifischfang (28 CYL).

Rund um Páfos

Reiseatlas
S. 1/2, 5

Zwischen den Felsen der Aphrodite im Osten und dem Kap Akámas im Westen ist Zyperns Küste besonders abwechslungsreich. Alte Kirchen und Klöster, schöne Dörfer, die Altertümer von Palaiá Páfos und die unberührte Natur der Akámas-Halbinsel lassen sich auf entspannten Tagestouren ganz geruhsam erkunden.

Zwischen Geroskípou und Ágios Geórgios wird die Natur von mehr und mehr neuen Villensiedlungen und Hotelanlagen verdrängt. Aber noch gibt es Freiräume wie die Bananenplantagen westlich der Stadt und Felder im Hinterland der Meeresgrotten. Östlich von Ágios Geórgios bietet dann die Akámas-Halbinsel Natur pur. Westlich von Geroskípou betreibt das Landwirtschaftsministerium Versuchsstationen, auf denen vor allem mit Obstbäumen experimentiert wird. Hier wachsen auch noch Getreide und Erdnüsse. An den Felsen der Aphrodite verhindern Steilküsten und die Schroffheit der Uferzonen fast jede Bebauung; die modernen Kolonisatoren sind auf von der Küste aus unsichtbare Hochflächen ausgewichen und haben dort das riesige Golfresort der Aphrodite Hills mit Villen und Hotels geschaffen. Wer dort hinauffährt, fühlt sich wie auf einem anderen Planeten angekommen.

In der unmittelbaren Umgebung der Stadt Páfos gehen die Dörfer heute fast ineinander über. Neubauten umzingeln die alten Ortskerne, von denen vor allem Lémba und Émba für den Páfos-Urlauber attraktiv sind. Für den kunsthistorisch Interessierten bildet das Höhlenkloster Ágios Neófytos einen Höhepunkt jeder Zypernreise. Mit Zyperns jüngster Geschichte wird der Reisende im Dorf Panagiá konfrontiert, dem Geburtsort des Erzbischofs Makários. Weinliebhaber können dort edle Tropfen direkt in der Kellerei des Klosters Chrysorrogiatíssa erstehen.

Geroskípou

Reiseatlas: S. 1, B 2
Der weitläufige Dorfplatz von **Geroskípou** wartet mit der einzigartigen **Kirche Agía Paraskeví** auf. Ihre fünf Hauptkuppeln sowie eine sechste, kleinere Kuppel über einer Märtyrerkapelle ruhen auf extrem niedrigen Tambouren und wirken altertümlich-flach. Innen deuten zwei Wandmalereien darauf hin, dass die Agía Paraskeví die älteste erhaltene Kirche Zyperns ist. An der rechten vorderen Seitenwand des linken Seitenschiffs erkennt man ein unmittelbar auf den Stein gemaltes, braunes Kreuz; in der Kuppel über dem Altar macht man trotz der die Sicht behindernden Ikonostase florale und geometrische Malereien in Ocker, Rot und Grün aus, die ein großes Kreuz umgeben. Diese Malereien stammen ganz offenbar aus der Zeit des Bilderstreits (726–843), jener Zeit, in der bildhafte Darstellungen der Heiligen und Kirchenfeste verpönt waren. Man darf also annehmen, dass die gesamte Kirche mit Ausnahme des später angebauten Narthex und des Glockenturms aus jener Zeit stammt. Die übrigen Wandmalereien, die teilweise in zwei Schichten übereinander liegen, werden ins 10., 12. und 15. Jh. datiert (tagsüber geöffnet).

Nur ein paar Schritte vom Dorfplatz entfernt steht rechts an der Straße in Richtung Limassol das Haus eines britischen Konsuls aus dem 19. Jh., in dem ein stimmungsvolles **Volkskundliches Museum** untergebracht ist.

Hier kann man u. a. auch sehen, wie noch bis Anfang des 20. Jh. in der Gegend von Páfos Seide gewonnen und verarbeitet wurde (Tel. 26 30 62 16, Juli/Aug. Mo–Fr 7.30–14.30; Sept.–Juni Mo–Mi, Fr 9–14.30, Do 9–17 Uhr, Eintritt 0,75 CYL).

Palaiá Páfos

Reiseatlas: S. 1, C 3
Alt-Páfos war in der Antike eine weitläufige Stadt, von der bisher nur wenig freigelegt werden konnte. Das heutige Dorf Koúklia steht an seiner Stelle und verhindert systematische Flächengrabungen. Von der alten Nationalstraße aus ist nur die niedrige Festung Covocle erkennbar, die sich am Rand eines niedrigen Tafelbergs erhebt. Eine ausgeschilderte Stichstraße führt hinauf.

Auf dem Gelände der Burg liegen die bedeutendsten Ausgrabungen von Palaiá Páfos: die des antiken Aphrodite-Heiligtums. Dessen Anblick ist zunächst eher enttäuschend. Man sieht weder Säulen noch Bögen noch figürliche Mosaike. Was die Archäologen dem Boden abrangen, ist dürftig. Das wenige, was man sieht, muss mit Leben erfüllt werden. Dazu kann die Lektüre antiker Schriftsteller beitragen.

Die Geschichte des Aphrodite-Heiligtums

Jedes Jahr im Frühling wurde im **Aphrodite-Heiligtum** das große Fest der Aphrodisien gefeiert. Seit hellenistischer Zeit landeten die Pilger im Hafen von Néa Páfos und zogen von dort in einer stimmungsvollen Prozession, begleitet von Musikern und festlich gekleidet, gesalbt und mit Blumen geschmückt, über Wiesen und durch heilige Haine gen Alt-Páfos. Was dann im Bereich des Heiligtums geschah, wissen wir nicht ganz genau.

Herodot, der griechische Historiker des 5. Jh. v. Chr., berichtet, an einigen Orten auf Zypern habe der Brauch der Tempelprostitution genauso geherrscht wie in Babylon. Von jenem Brauch berichtet er dann Genaues: Jede Frau musste sich vor ihrer Verheiratung

Mit dem Autor unterwegs

Autobahn meiden

Nehmen Sie für die Fahrt von Páfos nach Palaiá Páfos und Pétra tou Romioú auf keinen Fall die Autobahn, sondern die alte Nationalstraße. Sie fahren geruhsamer, können die Landschaft besser genießen und kommen direkt zu allen Sehenswürdigkeiten.

Coral Bay exklusiv

Die Coral Bay ist schön, aber im Sommer völlig überlaufen. Wenn Sie ein relativ ruhiges Plätzchen suchen, baden Sie dort, wo die Besitzer der Villen von Coral Bay am Strand liegen. Dazu biegen Sie dort, wo die Straße sich zum Strand abzusenken beginnt, nach links ins Villenviertel ein und halten sich dann an der nächsten Kreuzung rechts. Sie kommen ans Steilufer der Bucht. Dort führt ein Stufenweg an einen Strandabschnitt hinunter, der vom überlaufenen Hauptstrand aus zu Fuß nicht zu erreichen ist (s. S. 140f.).

Erst schauen, dann kaufen

Loukoúmia kann man auf Zypern überall kaufen. Sie sind ein typisches kulinarisches Souvenir. In **Geroskípou** stellen zahlreiche Konditoreien diese Masse aus Fruchtsirup und Mehl, die später noch mit Puderzucker bestäubt wird, her. Vormittags kann man in diese Konditoreien hineingehen und bei der Herstellung zuschauen. Danach werden die verschiedenen Sorten zum Verkosten gereicht – natürlich in der Erwartung, dass man auch etwas kauft (s. S. 130).

Hochwertige Souvenirs

Unverständlicherweise sind in den zypriotischen Museen kaum Repliken antiker oder mittelalterlicher Kunstwerke zu finden. Selbst der Museum Shop im Zypern-Museum in Nicosia verdient diese Bezeichnung kaum. In einer **Töpferei im Bergdorf Néo Chorió** bei Pólis aber können Sie exzellente Kopien antiker zyprischer Keramik zu erschwinglichen Preisen kaufen (s. S. 144).

Richtig Reisen-Tipp: Ostern rund um Páfos

Ostern ist das bedeutendste Fest im zypriotischen Festtagskalender. In Páfos und Umgebung kann man es besonders intensiv miterleben, wenn man weiß, wann man wo sein sollte. Wer alles sehen will, mietet sich zumindest von Samstag- bis Sonntagabend ein Auto; die für den Karfreitag vorgeschlagenen Ziele kann man gut zu Fuß oder mit dem Taxi erreichen.

Am Morgen des **Karfreitag** schmücken Frauen in allen Kirchen des Landes den Epitaph, das symbolische Grab Jesu, mit Blumen. Am Abend findet in allen Kirchen ein Karfreitagsgottesdienst mit anschließender Prozession durchs Dorf oder den Gemeindebezirk statt. Besonders stimmungsvoll-ländlich ist dieser Gottesdienst in der uralten Kirche Agía Paraskeví auf dem Dorfplatz von Geroskípou. Sehr viel prunkvoller ist die Atmosphäre in der Bischofskirche von Ktíma. Hier trifft die Prozession aus der Bischofskirche kurz vor ihrer Rückkehr vor den klassizistischen Bauten an der Grívas Avenue auf eine zweite Prozession. Sie verweilen für ein paar Minuten, um den von einem Chor vorgetragenen Gesängen zu lauschen.

Dem **Ostergottesdienst am Samstagabend** um 23 Uhr kann man in allen Kirchen beiwohnen. Meist fassen sie gar nicht alle Gläubigen, sodass der Gottesdienst auch über Lautsprecher auf den Kirchplatz übertragen wird. Besonders stimmungsvoll ist es, die Ostermesse im Kloster Ágios Neófytos mit zu erleben, wo sie von Mönchen und ihrem Abt zelebriert wird. Um auf der Heimfahrt nach Mitternacht nicht im Stau zu stecken, kommt man am besten schon gegen 22.30 Uhr, wendet und parkt mindestens 500 m vor dem Klosterparkplatz am Straßenrand.

Am **Sonntagmittag** isst man traditionell Lamm. Auch in vielen Hotels drehen sich Lämmer für die Gäste am Spieß. Wer früh zu Tisch geht, kann am **Nachmittag** in einigen Dörfern der Umgebung noch die traditionellen Osterspiele miterleben, die meist gegen 15 oder 16 Uhr beginnen. Was dort geschieht, erinnert oft an die Wettbewerbe in der einst so beliebten Fernsehreihe ›Spiel ohne Grenzen‹. Dem Einfallsreichtum sind jedenfalls keine Grenzen gesetzt: Sackhüpfen gehört ebenso zu den Disziplinen wie Eselrennen, bei denen die Männer Motorradhelme auf dem Kopf tragen. Wo und wann solche Spiele stattfinden, erfährt man bei der Touristeninformation in Páfos oder in den Hotels; manchmal stößt man auch nur zufällig darauf. Bei schlechtem Wetter können sie auch ganz ausfallen. In Kissonérga finden solche Spiele meist im Sportstadion statt. In Kannavioú an der Straße zwischen Stroumbí und Panagiá sperrt man dafür zeitweise die Durchgangsstraße auf Höhe der Tavernen unter Eukalyptusbäumen. In Panagiá, dem Geburtsort des Erzbischofs Makários, gibt man sich am Sonntagnachmittag stets würdevoller: Auf dem Platz vor dem Makários-Denkmal oder im modernen Freilichttheater unterhalb der Straße zum Kloster Chrysorrogiatíssa treten Folklore-Gruppen aus Zypern und manchmal auch aus Nordgriechenland auf, bei den Spielen probieren sich junge Leute in alten Haushalts- und Handwerkstechniken. Da die Osterspiele vorrangig für die Dorfbevölkerung und nicht für Touristen veranstaltet werden, ist man im zeitlichen Ablauf flexibel. Ist das Wetter am **Ostersonntag** zu schlecht, verschiebt man sie auf den Ostermontag, ohne das vorher in den Hotels an der Küste anzukündigen. Ansonsten gehört der Ostermontag der Familie und den Freunden. Man besucht einander, isst und trinkt oder unternimmt Ausflüge in die Berge oder an die See. Auf jeden Fall sind die beiden Ostertage für die Einheimischen anstrengend genug, sodass Banken und viele Geschäfte am **Osterdienstag** geschlossen bleiben, obwohl die Regierung ihn (noch nicht) zum Feiertag erklärt hat.

einmal im Tempel einem Fremden hingeben. Die Mädchen trugen ein Seil auf dem Kopf, das wie eine Krone wirkte. Auf den Wegen des Heiligtums gingen die männlichen Pilger auf und ab und erwählten eine Jungfrau, indem sie zu ihr sagten: »Ich rufe die Göttin über Dich«, und ihr eine beliebige Münze hinwarfen. Die Erwählte hatte kein Einspruchsrecht, durfte aber nach Erfüllung ihrer ›göttlichen Pflicht‹ nach Hause gehen, um dort dann den ehelichen Pflichten nachzukommen.

Recht sarkastisch führt Herodot noch die Beobachtung an, dass schöne Jungfrauen nicht lange im Tempel sitzen müssen, während er hässliche Mädchen gesehen habe, die dort schon drei oder vier Jahre verharrten, ohne ihre Pflicht erfüllt zu haben.

Der römische Komödiendichter Terenz erzählt in ›Die Brüder‹ von einem Mann, der eine ganze Schiffsladung junger Mädchen nach Páfos schickte – zu jener Zeit, um 160 v. Chr., gab es also wohl neben der Tempelprostitution schon eine rein kommerzielle. Sicherlich trug die Tempelprostitution dazu bei, ›Sextouristen‹ nach Páfos zu locken. Das Heiligtum hätte aber nicht über ein Jahrtausend bestanden, wenn nicht zahlreiche Pilger auch ernstere Anliegen gehabt hätten. Viele kamen, weil sie sich von der Teilnahme an den Mysterien Glück und Fruchtbarkeit, den Schutz der Göttin oder vielleicht auch ewiges Leben erhofften – so, wie es der orthodoxe Christ noch heute von der Teilnahme am Abendmahl erwartet. Im Rahmen dieser Mysterienfeiern wurde eine rituelle Heilige Hochzeit vollzogen: eine Verbindung zwischen dem Priesterkönig oder dem Hohepriester und der Göttin in Gestalt der Königin oder Hohepriesterin. Jeder Eingeweihte spendete dafür als Dank an die Göttin eine Münze und erhielt als materielle Gegengaben eine Prise Salz zur Erinnerung an die Geburt Aphrodites aus dem Meer sowie ein phallusförmiges Gebäck als Symbol der Fruchtbarkeit und des Lebens.

Was wir sonst noch über das Geschehen im Aphrodite-Heiligtum wissen, ist wenig. In römischer Zeit war es auch als Orakelstätte angesehen, seit 22 n. Chr. besaß es das Recht, Verfolgten Asyl zu gewähren – so, wie im Mittelalter ja auch christliche Kirchen in ganz Europa Asyl bieten durften. Blutige Tieropfer waren in diesem Bezirk verboten. Verehrt wurde kein figürliches Standbild der Göttin, sondern ein konischer Stein. Vielleicht ist es genau der, der in dem kleinen Museum (s. S. 134) gezeigt wird.

Besichtigung des Aphrodite-Heiligtums

Die Besichtigung sollte man im Nordostteil des Ausgrabungsgeländes beginnen. Die Grundmauern, die einen rechteckigen Hof auf drei Seiten umgeben, stammen aus der Zeit um 100 n. Chr. Im Norden und Süden gehören sie zu zwei **Säulenhallen,** in denen ein einfacher, geometrischer Mosaikfußboden teilweise erhalten ist. Im Osten lagen mehrere Räume und das Eingangstor. Was sich einst im Westen des Hofes befand, ist nicht mehr festzustellen. Von diesem so genannten **Heiligtum II** aus führte eine Rampe oder Freitreppe von der Mitte der Süd-Stoa hinunter ins **Heiligtum I.** Hier waren zumindest noch Teile des spätbronzezeitlichen Heiligtums verbaut, wie die großen, aufrecht stehenden Monolithen zeigen. Auch die Form des frühen Sanktuariums blieb bewahrt: Das Allerheiligste, der konische Stein, stand nicht in einem Tempel griechisch-römischer Prägung, sondern wie zuvor in einem offenen Hof. Vielleicht war er von einem Baldachin überdacht, wie römische Münzen nahe legen, die das Motiv allerdings unterschiedlich wiedergeben (vergrößerte Abbildungen an einer Wand im Museum). Auf dem Hof dürften von alters her zahlreiche Altäre und Votivgaben gestanden haben sowie ein nur recht kleiner, hallenartiger Bau, dessen Funktion unklar ist. Ebenso unklar ist übrigens auch die Bedeutung der auffälligen, tiefen Löcher in den spätbronzezeitlichen Monolithen (tgl. 9–16 Uhr, Eintritt 0,75 CYL).

200 m von der Festung entfernt liegt, gut ausgeschildert, seit 2002 wieder das Original des römischen Mosaiks **›Leda und der Schwan‹** an seinem ursprünglichen Fundort.

Religiosität oder Aberglaube: Im Auftrag der Kirche mussten die Schnüre um die Katholikí entfernt werden

Lange Zeit war es aus Sicherheitsgründen im Zypern-Museum ausgestellt.

Château de Covocle

Die Festung, auch Château de Covocle genannt, präsentiert sich als ein Konglomerat aus mittelalterlichen gotischen Bauten und türkischen Ergänzungen. Die Lusignans ließen von hier aus dereinst die Zuckerrohrproduktion auf ihren umliegenden Plantagen verwalten. In türkischer Zeit war die Festung ein großer Gutshof.

In dem zweiräumigen **Museum** sieht man außer dem konischen Stein und den Abbildungen der römischen Münzen auch Inschriftensteine mit zyprischer Schrift, Rüstungsteile und Waffen sowie Teile archaischer Skulpturen, die aus einer Belagerungsrampe stammen. Wer Zeit genug hat, kann ihren Fundort (s. u.) besichtigen (im Eintrittspreis des Aphrodite-Heiligtums inbegriffen, gleiche Öffnungszeiten).

Kirche Katholikí

Nur 150 m oberhalb vom modernen Eingang zum Aphrodite-Heiligtum steht rechts unterhalb der kleinen Straße die Katholikí-Kirche aus dem 12. Jh. Sie war noch Anfang dieses Jahrtausends mit Dutzenden dicker Schnüre umgürtet. Eine exakte Erklärung dafür gab es nicht. Manchmal hört man, die Schnüre sollten böse Geister abwehren oder bei Dürren und Seuchen helfen; andere versuchen den hier und da auf Zypern anzutreffenden Brauch durch antike Bezüge zu erklären: So wie die heiligen Bezirke der Antike von Temenos-Mauern umgeben gewesen waren, sollen hier die Schnüre den heiligen Bezirk umgrenzen; so wie Aphrodite einen Gürtel trug, der jeden, der sie sah, ihr gefügig machte, seien die Schnüre ein Gürtel für die Panagiá. Zurzeit versucht die offizielle Kirche, den abergläubischen Brauch zu unterbinden. Ob es ihr gelingt, muss die Zukunft zeigen.

Die antike Stadtmauer – Spuren einer Belagerung

An der Kirche vorbei kommt man ins heutige Dorf Koúklia. Folgt man hier dem Wegweiser nach Arkhimandríta, kommt man an einer privaten Reptilien-Ausstellung vorbei. 400 m hinter dem Ortsende-Schild zweigt ein Feldweg nach rechts auf die Kuppe eines niedrigen Hügels ab, der schon nach 20 m das umzäunte Ausgrabungsgelände der antiken Stadtmauer von Palaío Páfos streift (Auto an der Asphaltstraße stehen lassen!). Hier konnte anhand von Bodenfunden die Geschichte einer antiken Stadtbelagerung nachvollzogen werden (s. S. 52ff.).

Mittelalterliche Zuckerrohrfabrik

Wie in Kolóssi bei Limassol (s. S. 182f.) wurde im Mittelalter auch in Koúklia Zucker aus Zuckerrohr gewonnen. Hier gehörten die Zuckerrohrfelder und die Zuckerfabrik dem Herrscherhaus der Lusignans. Um diese Ländereien zu schützen, hatten sie die Festung Covocle erbauen lassen. In deren gotischer Halle wurden die Bücher über die Produktion geführt, bis der Zuckerrohranbau um 1610 eingestellt wurde, weil billigerer Rohrzucker aus Amerika die Absatzmärkte im Westen eroberte.

In Koúklia kann man gut erkennen, wie ausgefeilt das System der Zuckergewinnung war. Dort ist eine ebenerdige Halle erhalten, die einst von Bogen überspannt war. In ihr liegt ein riesiger Bodenstein von 3,40 m Durchmesser, auf dem sich ein von Tieren angetriebener Läuferstein bewegte, der den Saft aus dem Zuckerrohr herausquetschte. Eine zweite Feinpressung fand dann in einem Kellerraum mit Hilfe von Wasserkraft statt. Um dem Wasser mehr Kraft zu verleihen, wurde es von einem Aquädukt durch einen etwa 11 m langen, sich nach unten hin verjüngenden Druckkanal geleitet, dessen Austrittsloch in der Wand deutlich zu erkennen ist.

Nach dem Mahlen wurde der Zuckersaft durch Stoff gefiltert und anschließend in großen Kupferkesseln mehrmals gekocht, wobei er immer heller und damit hochwertiger wurde. Solche Kochstellen haben die Archäologen nahe dem Aphrodite-Heiligtum gefunden, wo im Mittelalter eine zweite Zuckerrohrfabrik stand. Sie sind heute vom Laien nicht mehr zu erkennen.

Für die weitere Zuckerverarbeitung waren Tongefäße notwendig, die mehrfach verwendet werden konnten. Zwischendurch mussten sie jedoch gereinigt werden. Drei solche Reinigungsbecken sind entlang der Südwand der Mühle erhalten. Die Gefäße selbst sind im Museum in der Festung Covocle zu sehen. Sie sind zweiteilig: Auf einem Blumentöpfen oder großen, bauchigen Vasen ähnlichen Gefäß saß eine Art Trichter mit einem Loch im Boden. In dieses konische Gefäß wurde der gekochte Sirup gegossen. Während die Flüssigkeit in den unteren Topf tropfte, blieben die Zuckerkristalle im oberen Topf hängen, härteten hier und wurden zugleich durch den Topf in die typische Zuckerhut- oder ähnliche Form gebracht. Insgesamt fanden die Archäologen in Koúklia über 6700 der konischen Auf- und über 3000 Untersätze.

Um zur direkt neben der Autobahn gelegenen Zuckerrohrfabrik zu gelangen, fährt man auf der alten Nationalstraße von der Abzweigung nach Koúklia weiter in Richtung Limassol. Wo ein nur aus der Gegenrichtung lesbares, großes blaues Schild mit der Aufschrift ›Tími, Páfos, Koúklia, Dóra, Archimandríts‹ steht, folgt man nach rechts einem Feldweg. 150 m weiter biegt man an einem grünen, zweiflügeligen Metalltor wieder nach rechts ab und steht 150 m weiter vor den Ausgrabungen, die ständig frei zugänglich sind.

2 Pétra tou Romioú

Reiseatlas: S. 2, D 3

Geschickte Fremdenverkehrswerbung hat einen landschaftlich besonders schönen, historisch aber nie erwähnten Küstenabschnitt zwischen Pissoúri und Koúklia zu einer der großen Attraktionen Zyperns gemacht. Hier begrenzen zwei Felsgruppen im Wasser eine lang gezogene, kaum gekrümmte Bucht: Die westlichen Felsen werden als Aphrodite-Felsen (Pétra tou Romioú) bezeichnet. Hier soll die schöne Göttin dereinst zum ersten Mal irdischen Boden betreten haben (s. S. 32f.). Der griechische Name des Felsens bedeutet ›Stein des Römers‹: Das Byzantinische Reich sah sich ja als Nachfolger des Römischen Reichs und seine Staatsbürger fühlten sich als Römer. Den Stein warf nach einer alten Legende der byzantinische Sagenheld Digenís (dessen Name sich bezeichnenderweise auch der zur Selbstüberheblichkeit neigende General Grívas als Beinamen gab), als Araber an dieser Stelle landen wollten. Vom Parkplatz mit Erfrischungs- und Andenkenkiosk aus geht man durch einen engen Tunnel an den Kieselsteinstrand, der weit über die Felsgruppe hinaus nach Westen reicht. Man kann hier auch baden, sollte aber wegen gefährlicher Unterströmungen nicht im Tiefen schwimmen!

Panoramic View: oberhalb der Küstenstraße, Tel. 26 99 90 05. Modernes Restaurant mit Panorama-Terrasse, auf der eine von einer amerikanischen Künstlerin gearbeitete, ästhetisch umstrittene Aphrodite-Statue steht. Gute Küche, an Wochenenden und Feiertagen große Auswahl an stets frischem Fisch. Hauptgerichte ab 4 CYL.

Aphrodite Hills

Etwa 2 km westlich der Aphrodite-Felsen steht unmittelbar an der Küstenstraße das Eingangstor zu den Aphrodite Hills, einem der größten Urbanisationsprojekte Zyperns überhaupt. Über Hügelzüge und Täler hinweg ist hier auf durchschnittlich 300 m Höhe ein riesiger 18-Loch-Golfplatz entstanden. Am Rande des Platzes und zwischen den Greens wurden Hunderte von Villen ganz unterschiedlicher Größe errichtet; ein Luxushotel bietet Golfern Quartier, die hier noch keine Villa besitzen. Auch für Nicht-Golfer lohnt es sich, das Gelände einmal zu durchqueren und zu sehen, wie man leben kann, wenn man das nötige Kleingeld besitzt (www.aphroditehills.com, www.aphroditeleisure.com).

InterContinental Aphrodite Hills: Tel. 26 82 90 00, www.ichotelsgroup.com. Im März 2005 eröffnetes Luxusresort mit 290 Zimmern, Tenniszentrum und Wellness- & Beauty-Zentrum. DZ ca. 110–350 CYL.

Golf: Clubhaus tgl. ab 7.30 Uhr geöffnet. *Green fee* für 9 Löcher je nach Saison 26–36 CYL, für 18 Löcher 45–64 CYL. Einzelunterricht 26 CYL/45 Min.

Die Küste zwischen Páfos und Ágios Geórgios

Zwischen Páfos und Ágios Geórgios gibt es eine ganze Reihe von kleineren historischen Sehenswürdigkeiten und touristischen Attraktionen, die bei entsprechendem Interesse besuchenswert sind. Außerdem findet man hier mit der Coral Bay und den Sea Caves zwei schöne Landschaftsformationen. Kurze Abstecher ins Binnenland führen in die Dörfer Lémba und Émba.

Ein mythischer Ort: Pétra tou Romioú

St. George

Reiseatlas: S. 1, B 2

3,5 km hinter der Zufahrt zu den Königsgräbern steht unmittelbar südlich des Großhotels **St. George** am Ufer eine moderne Bootshalle. Darin ist ein *Kaiki* ausgestellt, das an die Vorbereitungen zum Unabhängigkeitskampf der Zyprioten gegen die Briten erinnert. Oberst Grívas, der Anführer der EOKA A', war schon am 10. November 1954 heimlich in dieser Gegend an Land gegangen. Das ausgestellte Boot landete am 25. Januar 1955 mit fünf Mann Besatzung genau an diesem Küstenabschnitt, um Waffen für die Untergrundorganisation an Land zu schmuggeln. Die Bootsbesatzung und weitere acht Männer aus dem Dorf Chlórakas, die beim Entladen halfen, wurden von britischen Soldaten überrascht, festgenommen und mussten anschließend harte Gefängnisstrafen verbüßen.

Lémba

Reiseatlas: S. 1, B 2

Nach ca. 1 km passiert die Uferstraße kurz hinter den links der Straße stehenden Helios Bay Hotel Apartments und unmittelbar am Restaurant Kármi rechter Hand die Abzweigung zum nahen Künstlerdorf **Lémba.**

Nach 800 m auf der kleinen Straße Richtung Lémba folgt man dem Wegweiser zum ›Prehistoric Village‹ und erreicht sogleich das einzigartige, ständig frei zugängliche **Lemba Experimental Village.** Die Universität von Edinburgh hat hier 1976–1983 ein kleines Dorf ausgegraben, das ca. 3500–2500 v. Chr.

Richtig Reisen-Tipp: Die Bäder des Adónis

Zyperns originellster **Badeplatz** liegt nicht am Meer, sondern in einer kleinen Schlucht in den Bergen nordwestlich von Páfos. Hier bildet der ganzjährig Wasser führende Bach Mavrokólymbos ganz dicht hintereinander zwei schmale, etwa 8–10 m hohe Wasserfälle, bevor er viel weiter unten von einem kleinen Stausee aufgefangen wird. Die Fälle stürzen in zwei Felsen-Pools, die für ein paar Schwimmzüge tief genug sind. In den unteren der beiden Pools springen Mutige von einer 12 m hohen Felsklippe aus hinein. Der Platz hat sogar schon Filmteams angezogen; u. a. wurde hier eine Folge der Soap »Unter Uns« gedreht.

Besitzer dieses landschaftlichen Kleinods ist der 1947 geborene Schauspieler Bámbos Theodóros, der gut und gern Englisch spricht. Er hat mit eigener Hände Arbeit und ohne öffentliche Fördermittel die Wassermühle seines Großvaters am Schluchteingang wieder aufgebaut, die vom 17. Jh. bis 1959 ununterbrochen in Betrieb gewesen war. In seiner Kindheit hatte Bámbos hier viel Zeit verbracht. Mit dem Esel kam er vom Dorf hierher, um nach den Gemüsegärten und Obstbäumen seiner Eltern zu schauen. Schon damals badete er hier gern, bevor er mit ein paar Früchten im Korb wieder ins Dorf zurückkehrte.

Jetzt beherbergt die Wassermühle zugleich ein kleines Museum und eine Snack-Bar. In einigen Räumen lebt Bámbos den größten Teil des Jahres über. Zwischen der Mühle und den Felsen-Pools hat er kleine Pfade angelegt, in einen Baum über dem unteren Pool eine kleine Schaukel gehängt.

Vor allem hat Bámbos das Areal aber mit Statuen angereichert. Gleich hinter der Wassermühle grüßen Adonis und Aphrodite den Besucher. Auf dem Felskamm über der Schlucht hat er begonnen, den olympischen Götterhimmel zu rekonstruieren: Nach und nach sollen dort überlebensgroße Statuen aller zwölf olympischen Götter aufgestellt werden. Bambos wird zu jedem von ihnen eine Geschichte erzählen können, denn im Erfinden und Erzählen von Geschichten ist er ganz groß. So ist es auch seine Erfindung, dass der schöne Gott Adonis bevorzugt in den Felsen-Pools gebadet haben soll. Er findet viele Zuhörer, die gern auf seine Flunkereien eingehen: Frauen steigen ins Bad, weil es sie verjüngen kann, Männer, weil das Bad ihre Potenz steigern wird. Frauen mit Kinderwunsch berühren die Adonis-Statue an einer besonders delikaten Stelle, um schwanger zu werden.

Inzwischen hat auch die staatliche Tourismusbehörde die Attraktivität der Adonis-Bäder erkannt. Statt sie zu fördern, versucht sie allerdings, sie in ihren Besitz zu bringen. Bámbos kämpft dagegen vor Gericht. Es ist zu hoffen, dass er siegreich bleibt …

Die Zufahrt zum ›Adonis Bath‹ ist an der Küstenstraße ca. 300 m östlich der Abzweigung zur Coral Bay gut ausgeschildert. Zunächst fährt man ca. 3,7 km auf der Asphaltstraße zum Dorf Akoúrsos. Dann weist ein Schild auf eine holprige Piste, die alljährlich im Frühjahr ausgebessert wird. Sie führt durch Felder und Weiden hoch oberhalb des Stausees 3,2 km weit bis zu den Bädern des Adonis. Sie sind täglich von 10 Uhr bis Sonnenuntergang geöffnet, der offizielle Eintrittspreis beträgt 3 CYL. Bei Familien oder größeren Gruppen lässt Bámbos gern mit sich handeln. Im Internet sind Fotos von den Bädern des Adonis unter www.paphosfinder.com zu finden, wenn man auf der Startseite rechts unten ›The Paphos area photos‹ anklickt. Sicherheits-Freaks seien allerdings gewarnt: Eine ausreichende Haftpflichtversicherung hat Bámbos mit Gewissheit nicht abgeschlossen. Wer ins Wasser springt oder über die nirgends durch Geländer abgesicherten Pfade auf dem Gelände kraxelt, handelt auf eigene Verantwortung!

bewohnt war. Im Boden sind die Umrisse einiger Hütten und Herde zu erkennen sowie Löcher, in denen einst Holzpfosten standen, die Dächer trugen. Unmittelbar neben diesen Ausgrabungen haben die Schotten, den Bodenbefunden entsprechend, fünf Hütten wiederaufgebaut, sodass man sich vorstellen kann, wie die Menschen der Bronzezeit lebten. Wenn bei Ihrem Besuch nur vier Hütten zu sehen sind, hat ein Experiment aus dem Jahr 1994 Erfolg gehabt: Eine Hütte wurde nämlich in der – bisher nicht erfüllten – Hoffnung erbaut, dass sie im Laufe weniger Jahre wieder einstürzt. Man will sie dann vorsichtig wie einen antiken Bau untersuchen und so Rückschlüsse auf die archäologische Arbeit ziehen. Die vier anderen Hütten sind aber für längere Zeit gebaut: Sie wurden sogar innen und außen mit einer Farbe aus Ocker und Wasser bemalt. Neben Keramik jener Zeit diente ein bronzezeitliches, bemaltes Hausmodell als Vorlage. In der größten Hütte blieb ein Teil der Innenwand unverputzt, damit man sehen kann, dass die Mauern aus Lehmziegeln errichtet wurden. Man schichtete jeweils eine Reihe auf, ließ sie trocknen und machte sich dann an die nächste Reihe. Die Öffnungen im Fußboden sind Libationslöcher: Unter dem Boden der großen Hütten waren Kinder begraben, denen durch diese Löcher Flüssigkeiten geopfert wurden.

Auf der Hauptstraße kommt man dann sogleich ins heutige **Dorf Lémba** hinein, das sich zu einer Künstlerkolonie entwickelt hat. Man kann Ateliers besuchen und Souvenirs erstehen. Unübersehbar ist das **Cyprus College of Art** am oberen Ende der Dorfstraße: Dutzende höchst eigenwilliger, moderner Skulpturen zieren seinen großen Hof. Der Zypriote Stáss Paráskos, einst Kunstdozent in Cambridge, organisiert hier einmonatige Sommerkurse für Kunststudenten. In einer kleinen Galerie werden auch Zeichnungen und Aquarelle seiner Schüler ausgestellt. Besucher sind stets willkommen.

Blue Dolphin Art Studio: an der Straße vom Cyprus College of Art zum Experimental Village. Atelier und Galerie des Malers John Sabny und seiner Tochter Katie.

Spaß an der Kunst: Cyprus College of Art

Lémba Pottery: an der gleichen Staße, www.lembapottery.com. Moderne, künstlerische Gebrauchskeramik von George und Sotiroúla Georgiades. Georges Vater hatte schon in Kyrénia eine Töpferei betrieben, die nach 1974 entschädigungslos von türkischen Zyprioten übernommen wurde und als Galerie Dezayn 74 dort bis heute fortgeführt wird.

Émba

Reiseatlas: S. 1, B 2

In **Émba,** das man in etwa 20 Min. von Lémba aus auch bequem zu Fuß erreicht, sollte man zunächst die Platía ansteuern. Vor der bombastischen, 1995 fertig gestellten, fünfschiffigen **Basilika Ágios Andréas** (Baukosten 1 Mio. CYL) wirkt die alte **Kreuzkuppelkirche Panagiá Chriseleoússa** aus dem 12. Jh. wie ein Fossil. Die Wandmalereien im Innern des alten Gotteshauses werden gerade restauriert. Noch am besten zu erkennen sind der Pantokrator in der Kuppel und die Darstellung des Jüngsten Gerichts.

Im Kafenío gegenüber den Kirchen erklärt man Linienbusreisenden auch gern den Fußweg zur **Mosaikwerkstatt von Andréas Tapokoúdes** (Geórgios Neárchos St. 17). Autofahrer erreichen sie am besten von der Umgehungsstraße aus, die von Páfos nach Tála führt (Wegweiser am rechten Straßenrand). Andréas und seine Mitarbeiter fertigen seit Jahren hochwertige Kopien der antiken Mosaike von Páfos an. Ihre Kunden sind Hotels und Restaurants, aber auch Privatleute. Besucher sind herzlich willkommen.

Coral Bay

Reiseatlas: S. 1, B 1

Die **Korallenbucht** wird durch eine felsige Landzunge in zwei Hälften geteilt. Beide werden von einem Sandstrand gesäumt. Das hat viele ›Landentwickler‹ angezogen, die die Ufer an der Coral Bay so stark mit Ferienvillen, Ladenzeilen und Hotels bebauten, dass hier ein richtiger, großer Ort entstand. Die Strände sind im Sommer sehr stark besucht, zumal man hier nicht nur baden, sondern auch Wassersport betreiben und sich unter freiem Himmel massieren lassen kann. Korallen darf man allerdings ebenso wenig erwarten wie die einst viel beschriebene Romantik der Bucht: Ferienhäuser und ein großes Luxushotel haben die Landschaft zerstört. Nur die **Halbinsel Máa-Paleókastro,** die die Korallenbucht teilt, ist der Bauwut teilweise entgangen. Archäologen haben hier nämlich die Überreste einer um 1230 v. Chr. gegründeten und schon um 1150 v. Chr. wieder aufgegebenen Siedlung gefunden. Man erkennt eine etwa 70 m lange und bis zu 3,5 m breite Verteidigungsmauer aus großen Steinblöcken, die die Halbinsel zum Land hin schützte. Sie besteht aus zwei Teilen, die sich in der Mitte auf einer Länge von 2,5 m überlappen und so ein 4 m breites Tor bilden, von Archäologen ›Hundebein-Tor‹ genannt. Auch zur See hin war die Halbinsel befestigt. Zwischen den Mauern sind die Überreste vieler kleiner Häuser und eines größeren Gebäudes zu erkennen, das wahrscheinlich kultischen Zwecken diente. Die ersten Bewohner von Máa-Paleókastro waren wahrscheinlich räuberische Flüchtlinge aus der Ägäis, die um 1200 v. Chr. gewaltsam von Achäern verdrängt wurden. Die Achäer gaben den Ort jedoch schon nach 50 Jahren wieder auf.

Für die griechischen Zyprioten ist die antike Stätte von großer ideologischer Bedeutung. Sie beweist, dass sich griechische Achäer tatsächlich schon unmittelbar nach dem Trojanischen Krieg auf der Insel angesiedelt haben. Vor allem deswegen hat man hier auch ein kleines, in die Erde eingelassenes **Museum der mykenischen Kolonisation Zyperns** errichtet. Von außen gleicht der vom Turiner Stararchitekten Andrea Bruno entworfene Bau einem gerade gelandeten UFO. Schriftliche Erklärungen überwiegen die Zahl der – größtenteils nur in Kopie – ausgestellten Objekte bei weitem. Hier geht es weniger um Kunst und Archäologie als vielmehr um die Aussage, dass Zypern griechisch ist (Mo–Sa 10–16 Uhr, Eintritt 0,75 CYL).

Coral Beach: Tel. 26 88 10 00, Fax 26 81 37 78, www.leptos-hotels.com. Luxushotel direkt an einem 500 m langen Strand, 421 Zimmer, eigene Marina, großer

Wellness-& Beauty-Bereich, eigene Wassersportstation inkl. Tauchschule. Spezielle Internet-Tarife. Für Promi-Fans: In diesem Hotel ist der südafrikanische Herzspezialist Prof. Barnard gestorben. Im Winter DZ ab 100 CYL, Suiten bis 1700 CYL, im Sommer DZ ab 216 CYL, Suiten 2400 CYL.

Keralam: Coral Bay Rd., Aristo Coral Bay Complex, Tel. 26 62 28 77, tgl. ab 18 Uhr. Eins der besten indischen Restaurants der Insel, spezialisiert auf südindische Küche. Hauptgerichte ab ca. 5 CYL.

Snake George Reptile Park

Reiseatlas: S. 1, B 1

Im **Reptilienpark** des Österreichers Hans-Jörg Wiedl sind alle acht Schlangenarten Zyperns und eine Auswahl anderer Reptilienarten zu sehen, darunter Chamäleons und diverse Echsen (s. S. 20). Wiedl kam 1973 als österreichischer UN-Soldat auf die Insel. 1986 beschloss er, als Zivilist auf Zypern zu bleiben, um die einheimische Schlangenwelt weiter zu erforschen. Sein Hauptanliegen ist es, den Zyprioten ihre Angst vor diesen Tieren zu nehmen und ihnen klarzumachen, dass die meisten Schlangen für den Menschen völlig ungefährlich und ihm darüber hinaus sogar nützlich sind. So betreibt er vor allem Aufklärungsarbeit bei Lehrern und Schülern. In seinem kleinen Zoo kann man die Tiere nicht nur ausgiebig beobachten, sondern einige Exemplare sogar anfassen. So erfühlt man, dass sie keineswegs glatt oder gar glitschig sind. Auf Wunsch organisiert ›Schlangen-George‹ auch Exkursionen (aus Richtung Páfos hinter der Abzweigung zur Coral Bay vor der EKO-Tankstelle nach rechts abbiegen, dort Hinweisschild folgen, Tel. 99 98 76 85 und 26 93 81 60, tgl. 10–18 Uhr, Eintritt 1,50 CYL, www.snakegeorge-cy.com. Verlegung in die Nähe des Klosters Ágios Neófytos, S. 144f., für 2007/08 geplant!).

Páfos Bird Park

Reiseatlas: S. 1, B 1

Der 100 000 m² große **Vogelpark** und Tiergarten lohnt angesichts des hohen Eintrittspreises keinen Kurzbesuch. Wer sich aber gern stundenlang in Zoos aufhält, kommt hier auf seine Kosten. Vögel aus aller Welt, darunter über 60 Papageienarten, Strauße und Emus, Adler, Flamingos und Nashornvögel, bilden den Kernbestand der privaten Sammlung. Hinzu kommen zahlreiche Landtiere wie Schildkröten und Gazellen, Mufflons und Giraffen, Krokodile, Pythons und Boas. Auch ein Streichelzoo ist in dem 2003 eröffneten Park vorhanden, der im August bis zu 11 000 Besucher täglich zählt (Zufahrt an der Küstenstraße gut ausgeschildert, Tel. 26 81 38 52, tgl. ab 9 Uhr, Apr.–Sept. bis 20, Okt.–März bis 17 Uhr, Eintritt 9 CYL, www.pafosbirdpark.com).

Sea Caves

Reiseatlas: S. 1, A 1

Zwischen der Korallenbucht und Ágios Geórgios erstreckt sich eine niedrige Felsküste. An verschiedenen Buchten sind hier **Höhlen** eingeschnitten, in die das Meer eindringt. Man kann diese Höhlen zwar von der Klippenküste aus sehen, aber kaum zu ihnen hinabsteigen. Die Küste hier ist teilweise noch unverbaut, wird gerade erst urbanisiert. Noch lohnt sich eine Wanderung von der Endstation der Stadtbuslinie an der Taverne Arápis an der Coral Bay westwärts am Ufer entlang. Nach ca. 3,5 km erreicht man dabei eine erste Bucht mit Meereshöhlen, 1,5 km weiter eine zweite, größere. Von dort aus geht man ca. 1,5 km weit zur Hauptstraße nahe dem Páfos Bird Park, wo man wieder in einen Stadtbus einsteigen kann (Linie 10A, vorher Fahrplan besorgen). Autofahrer fahren vom Páfos Bird Park zunächst 900 m in Richtung Páfos zurück. Dann biegen sie auf Höhe eines Vorwegweisers nach Pégeia und Pólis nach rechts ab in die Odós Kafízi. Nach weiteren gut 200 m zweigt eine Straße nach links ab (handgeschriebener kleiner Wegweiser mit der Aufschrift ›Sea Caves‹). Nach weiteren 1000 m steht man an der größeren Bucht mit Meereshöhlen.

Sea Caves Tavern: Thalas, Spílion Ave., 200 m von der größeren Bucht mit den Meereshöhlen. Einfache Taverne, nur durch eine kleine Bananenplantage vom Meer getrennt, ländlich-ruhig. Hauptgerichte ab 4 CYL, Fisch-*mezé* 7 CYL, Bauernsalat 3 CYL.

Ágios Geórgios

Reiseatlas: S. 1, A/B 1/2

Die Siedlung des **hl. Georg** besteht vor allem aus einem großen, überwiegend zum Parken genutzten Platz am Steilabfall zum Meer hin. An seinem Rand stehen eine **moderne Georgskirche** und eine kleine, lang gestreckte **mittelalterliche Kapelle,** die ähnlich wie die Kirche am antiken Aphrodite-Heiligtum von Koúklia (s. S. 134) vor kurzem noch mit Schnüren umgürtet war. Davor stand ein Wunschbaum, an den wie vor der Kirche Agía Solomoní in Páfos Tücher geknotet waren. Beides versucht die offizielle Kirche jetzt als Aberglauben zu unterbinden. Nur wenige Schritte entfernt markiert ein Drahtzaun die Überreste dreier **frühchristlicher Basiliken** aus dem 6. Jh. Ihre Mosaikfußböden bestehen überwiegend aus geometrischen Motiven. Auf den Bildfeldern sind aber auch Vögel und Fische, ein Kalamar, ein Löwe, ein Bär, ein Wildschwein und ein Stier zu erkennen.

Vom Parkplatz führt eine Stichstraße hinunter zum großen Fischereischutzhafen mit dem etwa 50 m langen Grobsandstrand **Mandoúlis Beach.** Eine improvisierte *kantína* sorgt hier für Snacks und Getränke. Geht man von hier aus östlich am Felsufer entlang, kommt man am der Küste dicht vorgelagerten Inselchen Gerónisos vorbei zu den etwa 1 km entfernten **Meeresgrotten von Kantarkásti.**

SA Westend: an der Zugangsstraße, ca. 500 m zum Strand, Tel. 26 62 15 55, Fax 26 62 22 77, www.sawestend.com. Einfaches Hotel mit 28 schlicht, aber modern eingerichteten Zimmern, Pool. Die Inhaber haben ein eigenes Fischerboot und servieren ihren Fang im Hotelrestaurant. DZ 30 CYL.

St. George: am großen Platz direkt am Steilhang, Tel. 26 62 13 06, tgl. ab 8.30 Uhr. Große Terrasse mit Meerblick. Stets frischer Fisch. Fischgerichte 5–7,50 CYL, andere Hauptgerichte 3,50–5,50 CYL, Flasche Wein 4,90–7 CYL.

Sunset: an der Gabelung, an der die Straße zur Akámas-Halbinsel ansetzt. In der einfachen Taverne kann man Kilo-Beutel mit Pekan-Nüssen kaufen (4 CYL/kg), die im Garten der Taverne wachsen. Wer nett fragt, kann sich die Bäume auch zeigen lassen.

Auf der Akámas-Halbinsel

Reiseatlas: S. 5, A/B 2/3

Große Teile der Akámas-Halbinsel sollen demnächst zum Nationalpark erklärt werden. Geplant ist eine Fläche von 230 km². Dagegen protestieren die Einwohner der anliegenden Dörfer von Néo Chorió im Norden bis Ágios Geórgios im Süden heftig. Sie sollen ihren privaten Landbesitz hier gegen Grundstücke anderswo eintauschen. Das aber wollen sie nicht. Ihrer Meinung nach würde ein Nationalpark von 60 km² Größe vollkommen ausreichen. Die Gegner des großen Nationalparks nutzen die Halbinsel allerdings kaum für die Landwirtschaft. Nur einige große Schaf- und Ziegenherden ziehen hier durch die Landschaft. Sie bekämpfen den Plan vielmehr, weil sie hoffen, ihren Grund als Bauland für noch mehr Villen und Hotels eines Tages teuer verkaufen zu können.

Noch bleibt die Akámas-Halbinsel davon verschont. Hier lebt niemand, nur drei Tavernen sind im Sommer in Betrieb. Asphaltstraßen gibt es nicht, nur breite Pisten nahe der Küste und kurvenreiche Waldwege in den Bergen. Viele Strecken kann man bei trockenem Wetter auch langsam mit kleinen Pkws befahren – sehr viel angebrachter ist hier aber ein geländegängiges Fahrzeug. Genügend Trinkwasser sollte an Bord sein.

Am Ortsausgang von Ágios Geórgios beginnt die auf den ersten 1,5 km noch asphaltierte Straße auf die Akámas-Halbinsel (Wegweiser). Anfangs führt sie durch Weinfelder und Bananenplantagen, doch schon

Viel Natur und Einsamkeit: Akámas-Halbinsel

nach 600 m säumen nur noch einige Johannisbrotbäume den Weg. Dann durchquert die Piste unterhalb der Taverne White River ein Trockenbachtal. Am nahen Sandstrand werden Sonnenschirme und auch -liegen vermietet.

1 km weiter macht nahe dem sandigen **Toxéftra Beach** ein Wegweiser auf die Avákas Gorge (Avgás-Schlucht) und die Taverne Vikläri aufmerksam. Der Weg dorthin teilt sich. Zur **Avgás-Schlucht** hält man sich rechts und fährt einen Hang hinunter. Rechts unterhalb der Piste erstreckt sich eine ausgedehnte Grapefruit-Plantage, in der im November und Dezember viele ausländische Billiglohnarbeiter die Früchte ernten. Am Rand der Plantage endet auch der Fahrweg. Zu Fuß gelangt man nach ca. 1,5 km durch das von Oleanderbüschen bedeckte Tal an den Beginn der eindrucksvollen Schlucht, in die man bequem eine halbe Stunde lang hineinwandern kann. Wer die Schlucht in etwa einer Stunde ganz durchwandert, kommt an einer Piste zwischen dem Lára Beach und Káto Aródes heraus. In Káto Aródes könnte man sich ein (teures) Taxi aus Páfos rufen lassen.

An der Hauptpiste folgt 2,8 km hinter der Abzweigung zur Schlucht eine Nächste zum Lara Restaurant, einer nur im Hochsommer geöffneten Strandtaverne. Nach 800 m zeigt dann ein weiteres Schild den Weg zur **Lára Turtle Station** an, der (nur in der Brutzeit besetzten) Schildkrötenschutzstation der Lára Bay (s. S. 20f.).

12,7 km nach der Abzweigung zur Turtle Station lohnt erneut ein Abstecher von der Hauptpiste. Er führt über einen sehr steinigen Weg 2 km weit zur **Kapelle Ágios Konónas.** Der schlichte Bau steht in einer kleinen, idyllisch grünen Senke, die sich hervorragend für ein Picknick eignet. In der Nähe erkennt man alte Bauernhäuschen, die heute als Ställe dienen, neben der Viehtränke arbeitet gelegentlich ein Köhler. Die Kapelle wurde über einem einfachen, hellenistischen Grab errichtet, in das man durch eine winzige Öffnung hineinkriechen kann.

500 m hinter der Abzweigung zur Kapelle endet die Piste an der **Bucht von Joní.** Hier beginnt ein britisches Manövergelände. Wenn die rote Flagge gehisst ist, ist die Weiterfahrt nicht nur verboten, sondern wegen

Schießübungen auch höchst gefährlich. Am besten dreht man hier ohnehin um und fährt 5 km zurück in Richtung Lára, um dann an einer ausgeschilderten Abzweigung landeinwärts in Richtung Néo Chorió abzubiegen. Die Piste windet sich durch dichte, alte Kiefernwälder bergan, bis man nach 5,5 km die etwa 300 m hohe Kammlinie der Berge erreicht, von der sich ein grandioser Blick auf die Nordküste der Insel und insbesondere auf die Bucht von Pólis eröffnet.

Etwa 400 m weiter gabelt sich der Waldweg. Rechts geht es weiter nach Néo Chorió, links zur noch 11 km entfernten **Fontana Amorosa** (s. S. 156). Folgt man dem linken Weg, erreicht man nach gut 1 km eine Schranke. Hier kann man sein Fahrzeug stehen lassen und zu Fuß zur noch 500 m entfernten **Akámas Fire Look Out Station** gehen. Von diesem Feuerwachtturm aus bietet sich ein grandioser Rundblick über die gesamte Halbinsel sowie Teile der Nord- und Südküste Zyperns.

An der Stecke nach Néo Chorió signalisiert nach 1 km der schattige, wasserreiche **Picknickplatz Smigiés** die Rückkehr in die Zivilisation. In der Nähe dieses großen Platzes mit Tischen, Bänken und Grillvorrichtungen beginnt an der Piste auch der 3 km lange Rundwanderweg **Pissoromoútti Trail.** Im Kirchlein des Ágios Minás sieht man mehreren Wachs-Tamáta, menschliche Figuren oder Körperteile, die Gläubige zur Bekräftigung ihres Gebets um Heilung eines Menschen oder seiner kranken Gliedmaßen in der Kirche deponieren. Schließlich gelangt man ins lang gestreckte Bergdorf **Néo Chorió** mit Tavernen und einer einzigartigen Töpferei, in der exzellente Museumskopien hergestellt werden (s. S. 131).

Viklári: 750 m abseits der Piste zum Lára Beach, Tel. 22 99 10 88, Mai–Okt. tgl. ab 11.30 Uhr. Die wie eine fantastische Burg aus bizarren Küstenfelsen und anderem Gestein auf einer Hügelkuppe mit Panoramablick gelegene Gartentaverne serviert unter einem riesigen Weinrankendach nur eines: *soúvla*. Die großen Fleischstücke von Huhn und Schwein werden am Spieß über Holzkohle gegrillt und mit gebackenen Kartoffeln und Salat serviert. Man sitzt auf Holzstühlen an Steintischen und genießt den weiten Blick auf die Küstenlandschaft und das Meer. *Soúvla* ca. 5 CYL.

Triskélion Pottery: Néo Chorió, an der Hauptstraße, www.triskelionpottery.com, Mo–Fr 10.30–17, Sa 10–13 Uhr. Nancy Hockney und ihr Partner Ara Nigogossian produzieren in ihrer kleinen Töpferei schon seit 1988 qualitativ hochwertige Kopien antiker zyprischer Keramik. Diese sind so authentisch, dass sie sogar der Regierung als Gastgeschenk für ausländische Staatsbesucher dienen.

Von Páfos nach Panagiá

Nach Panagiá kann man auf verschiedenen Straßen gelangen. Der nachfolgend beschriebene Weg führt auf der Hauptstraße Richtung Pólis aus Páfos hinaus. Nach einem Abstecher zum Kloster Ágios Neófytos geht es dann weiter zum Golfplatz von Tsáda und von dort über das Kloster Chrysorrogiatíssa in den Geburtsort von Erzbischof Makários. Der Rückweg führt über die Dörfer Polémi und Stroumbí.

Kloster Ágios Neófytos

Reiseatlas: S. 1, B 1

Das an einem Hang in einem Talschluss oberhalb von Tála gelegene **Kloster** ist für Zypern von besonderer Bedeutung, weil seine Mönche zu den gelehrtesten der Insel gehören und der Klostergründer Neófytos als erster zypriotischer Mönch überhaupt Regeln für mönchisches Zusammenleben aufstellte. Nach seinem Kanon richten sich heute noch die meisten Inselklöster. Von besonderer künstlerischer Bedeutung sind die Wandmalereien in der Enkleístria, dem ursprünglichen Felsenkloster des Neófytos. Urlauber schätzen auch die fotogene Lage des Konvents und die Ruhe im Innenhof des gut gepflegten Klosterbaus unterhalb der Höhle.

Feierlich: Osternacht im Kloster Neófytos

Der Konvent hat seinen Ursprung in einem vom heiligen Neófytos gegründeten Höhlenkloster. Er ließ sich in zwei Wandmalereien in der Höhlenkirche abbilden, sodass man hier die einzigartige Möglichkeit hat, das ›authentische‹ Porträt eines Heiligen des 12. Jh. zu sehen. Neófytos wurde 1134 in Káto Drýs, einem Dorf bei Páno Léfkara, geboren. Nach seiner Erziehung durch Mönche und einer längeren Pilgerreise ins Heilige Land suchte er einen Ort der Weltabgeschiedenheit. Er wählte dafür diesen Fels in der Nähe von Páfos aus. Ein Jahr lang grub er sich eine Eremitage in das Gestein. Doch Einsamkeit fand er nicht – sein Ruf als frommer Mann zog viele andere Gläubige an, sodass er schließlich 1170 ein Kloster gründete. Der Heilige zog sich in eine neue Höhlenzelle oberhalb seiner alten Heimstatt zurück. Dort schrieb er die Klosterordnung nieder, verfasste zahlreiche christliche Hymnen, Kommentare und eine historisch besonders wertvolle Quelle: eine Schrift über die Besetzung Zyperns durch Richard Löwenherz. 1219 starb Neófytos und wurde in einem von ihm selbst in das Gestein gehauenen Grab im Höhlenkloster beigesetzt.

Noch zu Neófytos' Lebzeiten hatte der Maler Theodóros Apseoúdes 1185 den größten Teil des kleinen **Höhlenklosters,** die so genannte Enkleístria, ausgemalt. 1503 wurde ein Teil der Malereien erneuert. Zwei zeitgenössische Bildnisse des Klostergründers sind überliefert: Das eine zeigt ihn zwischen den beiden Erzengeln stehend, die ihn am Tag des Jüngsten Gerichts vor seinen Richter führen. Eine Inschrift besagt: »O, Ihr heiligen Beiden, ich bete inständig, dass dieses Bild Wahrheit werde.« Auf der zweiten Darstellung kniet Neófytos zu Füßen Christi, dessen Thron von Johannes dem Täufer und der Gottesmutter flankiert wird. Die Inschrift liest sich: »Sei durch die Bittgebete Deiner Mutter und Deines Täufers, die ehrerbietig neben Deinem Thron stehen, gnädig, o Christus, jetzt und immerdar demjenigen, der als Diener zu Deinen Füßen liegt«. Alle Malereien sind in den 1970er Jahren gereinigt worden und leuchten seitdem in alter Frische.

Gleiches gilt für die Wandmalereien im **linken Seitenschiff der Klosterkirche** aus dem frühen 16. Jh., die einen Gottesmutter-Hymnus der byzantinischen Kirchendichtung illustrieren. Dieser so genannte Akathist-Hymnus preist in 24 Strophen die Gottesmutter, erzählt ihr Leben von der Verkündigung bis zur Darstellung Jesu im Tempel und entwickelt in einem mystischen Teil eine eigene Mariologie. Vor der Ikonostase stehen im linken Seitenschiff die bedeutendsten Reliquien des Klosters: der Schädel des Heiligen und ein Sarkophag, der seinen von ihm selbst gezimmerten Sarg umhüllt.

Im Ostflügel des Konvents birgt das **Klostermuseum** in fünf modern gestalteten Räumen vor allem Ikonen und liturgische Gewänder und Geräte. Dem Schöpfer der Wandmalereien in der Enkleístria werden auch die beiden Ikonen Jesu und der Panagiá Eleoúsa im ersten Raum zugeschrieben, sie sind also Werke des 12. Jh. Bemerkenswert ist zudem die Handschriftensammlung im zweiten Raum mit einem Papyrus-Manuskript aus dem 6. Jh. als ältestem Objekt (Apr.–Okt. tgl. 9–12 und 14–16, Nov.–März tgl. 9–16 Uhr, Eintritt 0,50 CYL).

Tsáda Golf

Reiseatlas: S. 1, C 1

Zyperns erster **Golfplatz** wurde 1994 auf einem auf 550 m Höhe gelegenen Hochplateau angelegt, das bis dahin dem Bistum Páfos gehörte. Mitten im gepflegten Grün, das die früher hier gepflanzten Rebstöcke ersetzt, steht weiterhin das Kloster Stavrós tis Mýnthas mit seiner Kirche aus dem Jahr 1740. Der letzte Mönch hat es 2005 aus Gesundheitsgründen verlassen.

Clubhaus des Tsáda Golfclubs: Tel. 99 34 18 20, tgl. 7–22 Uhr. Attraktiv we-

Schafe zählen: Im Landesinneren trifft man immer wieder Hirten mit ihren Herden

gen des schönen Blicks über den Golfplatz. Opulentes englisches Frühstück, sonntagmittags traditionelles britisches ›Carvery Lunch‹. Hauptgerichte ca. 4–10,50 CYL, Apfeltorte 1,50 CYL.

Tsáda Golf Club: Tel. 26 64 27 74, Fax 26 64 27 76, www.cyprusgolf.com. *Green fee* 35 CYL, für 3 Runden 96 CYL.

Kloster Agía Moní (Ágios Nikólaos)

Reiseatlas: S. 2, D 1

Das **Mönchskloster** überrascht durch Leere. Hinter der zweigeschossigen Westfront öffnet sich ein weiter, gepflasterter Platz, an dem nur noch einige wenige kleine Gebäude aus dem 17. und 19. Jh. stehen. Am Ostrand des Platzes errichteten frühe Christen im 5. Jh. über einem antiken Hera-Tempel eine erste Kirche, deren Apsis unter Verwendung antiker Spolien errichtet wurde. Der Stopp lohnt nur für ›Klostersammler‹ (tgl. 10–12.30 und 14–16, im Sommer bis 18 Uhr).

Kloster Chrysorrogiatíssa

Reiseatlas: S. 2, D 1

Weitaus interessanter als das Kloster Agía Moní ist das **Kloster Chrysorrogiatíssa.** Es thront 2 km außerhalb des Dorfes Panagiá an einem steilen Weinberg. Von seiner Terrasse aus fällt der Blick weit über die Täler und Höhenzüge des zypriotischen Westens. Der Klosterhof ist romantisch eng, Kirche und Museum lohnen den Besuch. Einzigartig ist der Weinkeller des Klosters, den man im Herbst auch besichtigen kann. Zu den vom Kloster produzierten Weinen gehört inzwischen sogar ein Riesling. Wenn man Glück hat, darf man die Werkstatt im Kloster betreten, in der unter Anleitung des Abtes alte Ikonen aus ganz Zypern sachkundig restauriert werden.

Die Klostergründung geht wieder einmal auf die wundersame Auffindung einer uralten Ikone zurück. Hier lebte ein Einsiedler namens Ignátios, der der Legende nach 1152 am Tag Mariä Entschlafung in der Ferne ein seltsames Licht erblickte. Der Lichtschein leitete ihn nach Geroskípou, wo er in einer Höhle eine von Lukas selbst gemalte Marienikone fand. Ignátios nahm die Ikone mit auf seinen Berg und bald gab sie ihm zu verstehen, er solle eine Kirche bauen. Kaiser Manuel I. Komnénos, der bereits das Kloster Machéras gestiftet hatte, finanzierte auch diese Klostergründung. Der Inhalt dieser Legende ist auf einer Ikone dargestellt, die im **Klostermuseum** ausgestellt ist (Mai–Aug. tgl. 9.30–12.30 und 13.30–18.30, Sept.–April tgl. 10–12.30 und 13.30–16 Uhr, Eintritt frei). Die 1152 gefundene Ikone der Gottesmutter selbst befindet sich wie üblich an der Ikonostase; 1801 wurde sie ganz und gar mit getriebenem Kupfer beschlagen. Sie hilft bei Krankheiten, befreit Gefangene und steht in Seenot bei, wie zahlreiche Votivgaben in der Kirche bezeugen. Nach Aussagen des Abtes schützte sie 1974 das Kloster auch vor einer türkischen Bombe, die den heiligen Ort nur um Haaresbreite verfehlte.

Der blumenreiche Innenhof des Konvents ist einer der schönsten Zyperns. Von der Terrasse kann der Blick weit über die Insel schweifen. Man bemerkt dort auch eine vor der Wohnung des Abtes aufgehängte Flasche, in der eine Schlange in Spiritus liegt. Soll sie Unheil abwehren oder betrachtet der Igoúmen sie nur als Zierde, wie er selbst behauptet?

Klostertaverne: vor dem Eingang. Auf einer Panorama-Terrasse können die im Kloster gekelterten Weine auch zum Essen bestellt werden. Kleine Gerichte ab ca. 2,50 CYL.

Klosterladen: am Klosterhof, April–Nov. tgl. geöffnet. In dem kleinen Laden kann man die Klosterweine zu Preisen zwischen 2,15 und 5 CYL/Flasche schön verpackt kaufen.

Kirchweihfest der Mariengeburt: 7./8. Sept. Entlang der Straße von Panagiá zum Kloster werden zahllose Stände aufgebaut, an denen man essen und trinken, einkaufen und das zypriotische Bingo (s. S. 245) spielen kann.

Makários III. – Vom Bauernsohn zum Präsidenten

Die bedeutendste Persönlichkeit der zypriotischen Neuzeit ist ein Erzbischof: Makários III. Sein Bild hängt noch heute in fast jeder griechisch-zypriotischen Amtsstube, in vielen Kaffeehäusern, Omnibussen und Wohnzimmern. Sein Grab oberhalb des Kýkko-Klosters ist zur nationalen Wallfahrtsstätte geworden, sein ärmliches Geburtshaus in Panagiá zum Museum.

Die Eltern des am 13. August 1913 geborenen Michális Christódoulou Moúskos – so der bürgerliche Name des Erzbischofs – waren Bauern und Hirten. Sie lebten in einem kleinen Haus, das nur aus zwei Räumen bestand: einer fürs Vieh und einer für die Menschen und ihre Vorräte. In Panagiá ging Makários zur Volksschule. Da nach dem Tod der Mutter Makários' Vater mit drei Kindern nicht zurechtkam, gab er seinen Ältesten ins Kýkko-Kloster. Als Novize durchlief Makários hier seine ersten drei Jahre gymnasialer Erziehung. Danach finanzierte ihm das Kloster zunächst den vierjährigen Besuch des Panzyprischen Gymnasiums in Nicosia und anschließend vier weitere Jahre an der Theologischen Fakultät in Athen.

Nach dem Zweiten Weltkrieg ging Makários als Stipendiat des Weltkirchenrats zum Studium der Religionssoziologie nach Boston in die USA, wo er im April 1948 von seiner Wahl zum Bischof von Lárnaka erfuhr. Schon zweieinhalb Jahre später, am 18. Oktober 1950, wurde er mit gerade einmal 37 Jahren zum Erzbischof von Zypern gewählt.

Makários III. betrachtete sich von Anfang an nicht nur als kirchliches Oberhaupt der Zyprioten, sondern auch als politischer Führer seiner Volksgruppe. Er war ein glühender Verfechter der *Énosis,* der Bestrebung der Griechisch-Zyprioten zum Anschluss der Insel an Griechenland. Auch auf seinen zahlreichen Reisen ins Ausland verfocht er diesen Gedanken, insbesondere in Griechenland, Frankreich, Großbritannien und in den USA. Schon früh setzte er auf die Vereinten Nationen als Forum und als Mittel, die Zypernfrage aus der einseitigen Zuständigkeit der Westmächte herauszulösen. Als die UNO jedoch einen ersten griechischen Antrag auf Anerkennung des zypriotischen Selbstbestimmungsrechts am 17. Dezember 1954 ablehnte, sah auch Makários III. die Notwendigkeit zum bewaffneten Kampf. Seine Rolle innerhalb der EOKA, die am 1. April 1955 mit einer Attentatsserie den Guerillakrieg aufnahm, ist nicht eindeutig geklärt. Jedoch darf vermutet werden, dass zwischen ihm und dem EOKA-Führer, General Grívas, enge Kontakte bestanden. Die Briten verbannten Makários dann auch am 9. März 1956 auf die Seychellen. Nach einem Jahr durfte er Afrika wieder verlassen und traf am 17. April 1957 in Athen ein.

Es war abzusehen, dass Großbritannien einer Vereinigung Zyperns mit Griechenland auf keinen Fall zustimmen würde. Stattdessen schien das Schreckgespenst einer Teilung der Insel immer reellere Gestalt anzunehmen. Griechenlands Ministerpräsident Konstantínos Karamanlís und Makários III. schwenkten daher auf eine andere Linie um: Sie forderten nicht mehr *Énosis,* sondern die Unabhängigkeit der Kronkolonie. Nach der Suez-Krise war die Insel für die Briten zu einer Belastung geworden. Premierminister Macmillan erklärte sich zu Verhandlungen be-

Thema

reit. Im Februar 1959 wurden Makários III. und der türkische Volksgruppenführer Kücük zur Unterzeichnung des Zypern-Abkommens nach London gebeten. Makários stand vor der Alternative, entweder einen Vertrag zu unterschreiben, den Briten, Türken und Griechen unter sich ausgehandelt hatten, oder die Teilung der Insel zu riskieren. Nach längerem Zögern erklärte sich der Erzbischof mit dem Londoner Abkommen einverstanden. Es sprach den Briten zeitlich unbegrenzte Hoheitsrechte über zwei Militärbasen auf der Insel zu und diktierte Zypern eine Verfassung, die den türkischen Zyprioten im Vergleich zu ihrer Zahl unverhältnismäßig viele Rechte zusprach. Die türkischen Zyprioten sollten den Vizepräsidenten stellen, 30 % aller Parlamentsabgeordneten und den Vizepräsidenten des Parlaments. Im öffentlichen Dienst erhielten sie 30 % aller Stellen zugesprochen, bei Polizei, Feuerwehr und Armee gar 40 %. Ein Garantievertrag verpflichtete Zypern zum Verzicht auf das *Énosis*-Begehren. Er gab Großbritannien, Griechenland und der Türkei das Recht, bei Verletzung dieses Vertrages geeignete Maßnahmen durchzuführen – ohne diese jedoch genau zu bestimmen. Auf diese Vereinbarung berief sich die Türkei, als sie 1974 ihre Truppen auf Zypern einmarschieren ließ.

Am 13. Dezember 1959 wurde Makários III. zum Präsidenten dieser Republik von fremder Mächte Gnaden gewählt. Am 16. August 1960 konnte er sein Land in die Unabhängigkeit führen. Drei Jahre nach der Teilung und nach erfolglosen Wiedervereinigungsbemühungen starb er am 3. August 1977 an einem Herzinfarkt.

In Nicosia hat man Makários III. das größte Denkmal gesetzt

Panagiá

Reiseatlas: S. 2, D 1

Das geschäftige Weinbauerndorf **Panagiá** auf 800 m Höhe trägt den häufigsten Beinamen Mariens, also ›Allheilige‹. Auf ganz Zypern berühmt ist es als Geburtsort des Erzbischofs Makários. Das Gedenken an ihn wird hier intensiv gepflegt. Dank eines modernen Hotels und mehrerer restaurierter alter Bauernhäuser, in denen Urlauber wohnen können, ist es neuerdings auch zu einem kleinen Zentrum des ländlichen Tourismus geworden.

Vom Kloster Chrysorrogiatíssa her kommend, fährt man am besten zunächst einmal durchs Dorf und parkt auf Höhe des Hotels Oniró. Von dort geht es ein paar Schritte zurück. Rechter Hand liegt der gepflasterte Platz mit dem großen Makários-Denkmal, an dem das **Makários III. Historical & Cultural Center** steht. Es zeigt in einem einzigen Raum einige Erinnerungsstücke an den berühmtesten Sohn des Dorfes, u. a. die Kleidung, die er während des Coups von 1974 trug. Fotos seines Bruders und seiner Schwester sowie Kopien von Luftpostbriefen, die er aus Boston nach Zypern sandte, sind hier ausgestellt (tgl. 9–13 und 14–16 Uhr, Eintritt 0,30 CYL).

Hier erhält man auch den Schlüssel zum nahen, gut ausgeschilderten **Makários-Geburtshaus.** Es beeindruckt vor allem durch seine Schlichtheit. Zahlreiche Fotos an den Wänden illustrieren den Lebenslauf des Erzbischofs und ersten Präsidenten Zyperns (s. S. 148f.).

Sobald der Schlüssel zurückgebacht ist, kann man die Dorfstraße noch etwa 150 m weit in Richtung Kloster zurückschlendern und unterwegs in einem der Kaffeehäuser einkehren. Das älteste und meistbesuchte ist das an der kleinen Kreuzung, an der ein Wegweiser zum Geburtshaus von Makários steht. Unter einem Mauervorsprung am Haus gegenüber haben Dutzende von **Schwalben** ihre Nester gebaut, es herrscht reger Flugverkehr.

An der Straße Richtung Polémi lädt am Ortsausgang links die **Weinkellerei Vouní Panayiá** zur Besichtigung und Verkostung ein. Auf dem Weg hinab ins Tal kann man mit etwas Glück noch Köhler in Aktion sehen. Unten im Tal laden im Dorf Kannavioú Tavernen unter hohen Eukalyptusbäumen zur Rast ein.

Hinter Kannavioú steigt die Straße durch Weinberge bergan zum großen Dorf Polémi und erreicht dann bei **Stroumbí** die Hauptstraße zwischen Páfos und Pólis.

Oniró: an der Hauptstraße, Tel. 26 72 24 34, Fax 26 72 29 74. Einziges Hotel in Panagiá, mit Restaurant und Privatparkplatz. Zurzeit 17 große, sehr gepflegte Zimmer, Erweiterung in Bau. DZ im Winter 30 CYL, im Sommer 37 CYL.

Archontikó tou Meletíou: nahe dem Makários III Historical Centre, Tel. 26 23 50 11, Fax 26 24 73 95, www.agrotourism.com.cy (unter *Quick Search/Look for* ›Archontiko tou Meletiou‹ eingeben). Der Vermieter wohnt in Páfos, daher Vorausbuchung unbedingt notwendig. Drei Apartments und ein Studio in einem ansprechend restaurierten Natursteinhaus aus der Zeit um 1800. Schöner Innenhof und Garten. Je nach Größe 22–45 CYL.

Paláti tou Xylári: mitten im Dorf, Tel. 26 61 46 73, Fax 26 33 98 49, palati@cytanet.com.cy. Ein- und Zweiraum-Studios im traditionellen Stil in einem über 250 Jahre und drei über 100 Jahre alten, jeweils zweistöckigen Häusern. Innenhof und Garten, Aufenthaltsraum mit offenem Kamin. Insgesamt 4 Studios und Apartments. Studio 27 CYL.

Liakóto: neben dem Makários III Historical Centre, Tel. 26 23 55 97, Fax 26 24 20 25, www.agrotourism.com.cy. Ein 2-Schlafzimmer-Apartment und ein Studio in einem traditionellen Dorfhaus von 1810 mit Innenhof. Studio 20–25 CYL, Apartment 40 CYL.

Stélios House: mitten im Dorf, Tel. 26 72 23 43, Fax 26 25 03 37, www.agrotourism.com.cy. Kleines 2-Zimmer-Apartment in einem Steinhaus aus dem Jahr 1850. Vom Balkon fantastischer Blick; im Innenhof Sitzmöglichkeiten unter Weinranken. Auf Wunsch Frühstück mit regionalen Produkten von der Nachbarin. Apartment 27 CYL.

Weinfest Dionýsia: drei Tage am letzten Aug.-Wochenende auf dem Dorfplatz von Stroumbí, Infos: Tel. 26 63 31 09.

Pólis und der Nordwesten

Reiseatlas S. 5/6

Pólis und seine Umgebung sind der einzige Landstrich des griechischen Inselteils, der die Nordküste säumt. Eine intensive touristische Erschließung begann erst Ende der 1990er Jahre. Großhotels fehlen, die meisten Urlauber kommen auf eigene Faust hierher. Das Flair ähnelt am ehesten dem auf griechischen Inseln.

Im Bezirk Pólis gibt es auffällig viel unverbaute Landschaft. Hier findet man noch zahlreiche vom Tourismus kaum berührte Dörfer und eine Reihe von Siedlungen, in denen vor 1964 oder gar 1974 ausschließlich türkische Zyprioten lebten. Sie stehen heute leer und verfallen, werden nur noch von Viehzüchtern als Stallungen für ihre Schafe und Ziegen genutzt. Weite Teile des Bezirks sind üppig grün. Wiesen zieren sanfte Hänge, die nur schütter von Öl- und Johannisbrotbäumen bestanden sind. Im Hinterland von Pólis, wo vor 1964 viel Tabak angebaut wurde, werden jetzt überwiegend Orangen geerntet, in den höheren Lagen der Laóna-Dörfer baut man viel Wein an. Zwischen Pólis und dem Bad der Aphrodite säumen lange Kies- und Sandstrände die Küste. Östlich von Pólis sind Strände seltener und weniger attraktiv, dafür sind die Küstenorte hier vom ausländischen Tourismus noch so gut wie gar nicht entdeckt.

Pólis

Reiseatlas: S. 5, B 2

Pólis liegt am Rande einer von niedrigen Bergen umgebenen Küstenebene an der weitgeschwungenen Bucht von Chrysochoú. Die anmutige Landschaft strahlt große Ruhe aus, die hohen Berge des Tróodos sind in die Ferne gerückt. Die einzige **Platía** im Ort ist, obwohl nach Plänen eines Architekten ›verschönert‹, noch immer zentraler Treffpunkt von Einheimischen und Besuchern; in der angrenzenden Markthalle jedoch bieten immer weniger Händler Obst, Gemüse, Fleisch und Fisch an. Bars, Tavernen und Geschäfte konzentrieren sich auf die kurze Hauptstraße, deren Teilstück kurz vor der Platía als Fußgängerzone zwar vom modernen Zypern zeugt, ansonsten aber noch Dorfatmosphäre ausstrahlt. Wer mag, findet in Pólis schnell Kontakt zu anderen Urlaubern; man läuft sich unweigerlich immer wieder über den Weg. Die Reisebüros bieten mehr Mountainbike-, Jeep- und Wandertouren an als Exkursionen in klimatisierten Bussen und die Stadt ist so klein, dass man von jeder Unterkunft aus in wenigen Minuten in der freien Natur sein kann. Nach Páfos fahren ständig Linienbusse.

Wer Pólis als Urlaubsort wählt, sucht Ruhe, Natur und ein eher kommunikatives als lautes Nachtleben. Gebadet wird am Kiesstrand unterhalb des großen, in einem Eukalyptuswald gelegenen Campingplatzes, des Weiteren am langen Sand-Kies-Strand zwischen Pólis und Latsí (auch: Latchí oder Lakkí), am noch schöneren Strand westlich von Latsí und am Strand unterhalb des Touristenpavillons am Bad der Aphrodite.

Historische Sehenswürdigkeiten hat Pólis nicht zu bieten. Es steht auf dem Boden der antiken Stadt **Marion**, die im 10. Jh. v. Chr. von Athenern gegründet wurde und von den Kupferminen in der Umgebung lebte.

Mit dem Autor unterwegs

Zeit für gute Gespräche

Pólis ist ein Städtchen zum Relaxen. Wer hier auch noch mit Ortsansässigen gute Gespräche führen will, ist im **Art Café Kivótos 3000** und in **Costa's Corner** am richtigen Platz. Costas spricht exzellent Englisch, ist politisch engagiert und historisch interessiert – er hat zu fast allem, was auf Zypern geschieht, eine sehr ausgeprägte Meinung. Im Kivótos 300 kann auch der seine Fragen stellen, der nicht gut Englisch spricht. Wirtin Tina kommt aus Mecklenburg-Vorpommern. Die ehemalige Lehrerin für Kunst und Technik lebt seit 1995 in Pólis und ist mit einem Zyprioten verheiratet. Wenn nicht gerade Hochbetrieb herrscht oder sie sich intensiv um die Kinder im Lokal kümmern muss, ist sie gern zu einer Plauderei bereit (s. 153).

Im Dorf pausieren

Zumindest einmal während des Urlaubs sollte man sich auch in ein traditionelles Dorf-Kafenío setzen und einfach ein halbes Stündchen zuschauen, was passiert. Das Kafenío von Michális im stillen Dorf **Símou** ist ein idealer Platz dafür. Der Wirt und seine Gäste sind noch an den wenigen Fremden, die kommen, interessiert und unterhalten sich gern mit ihnen (s. S. 163).

312 v. Chr. wurde sie in den Diadochenkämpfen zerstört. Eine Neugründung unter dem Namen Arsinoe scheiterte, da die meisten Überlebenden sich bereits in Néa Páfos niedergelassen hatten. Von Marion und Arsinoe zeugt heute nur noch eine 1886 entdeckte und ausgeraubte **Nekropole.** Im 1999 eröffneten **Archäologischen Museum** an der Hauptstraße sind in zwei Sälen Funde aus der Region ausgestellt.

An die jüngere Geschichte erinnert die kleine **Moschee,** die am Ortsrand links der Straße nach Páfos steht: Bis 1974 versammelten sich hier die Moslems von Pólis zum Gebet.

C.T.O.: Vas. Stasioíkou A' Ave. 2, Tel. 26 32 24 68.

Marion: Marion St. 6, Tel. 26 32 14 59, Fax 26 32 21 24, www.marionhotel.com. Architektonisch wenig ansprechendes, modernes Hotel im Ort, mit Pool, etwa 5 Gehminuten von der Platía und 20 vom Strand. DZ Winter ca. 45 CYL, Sommer ca. 70 CYL.

Natura Beach: 1,4 km östlich des Zentrums am Strand, Tel. 26 32 31 11, Fax 26 32 28 22, www.natura.com.cy. Das beste Haus im Stadtgebiet von Pólis besteht aus einem umweltbewusst geführten Hotel mit 60 Zimmern sowie fünf Villen (max. 6 Pers.) mit jeweils eigenem Pool. Im Restaurant werden viele Gemüse und Kräuter aus eigenem, chemiefreien Anbau serviert, an der Hotelbar gibt es auch vielerlei zypriotische Kräutertees. Winter DZ ca. 40 CYL, Villa ca. 95 CYL, Sommer DZ ca. 58–64 CYL, Villa ca. 135 CYL.

Bougainvillea: Vergínas St. 13 (Straße zum Campingplatz), Tel. 26 81 22 50, Fax 26 32 22 03, www.bougainvillea.com.cy. 28 Apartments in kleinen Reihenbungalows. Schöner Garten, Pool, 5 Gehminuten zur Platía, 10 zum Strand. DZ 32–40 CYL.

Follow the Sun: nahe der modernen Hauptkirche, Tel. 26 32 15 43, www.followthesun.com.cy. 15 Apartments in einem blütenreichen Garten mit Pool, 200 m vom Ortszentrum und 800 m vom Strand entfernt. DZ Winter ca. 15 CYL, Sommer ca. 35 CYL.

Costa's Plataniá: am Ortsrand, Rezeption in der Bar Costa's Corner am nördlichen Beginn der Hauptgasse, Gríva Digéni St. 6, Tel. 26 32 21 81. Acht klimatisierte Studios, 3 Min. von der Platía. Im Winter ab 20 CYL, im Sommer ab 30 CYL.

Moustallákis: 15 m unterhalb der Fußgängergasse, tgl. ab 18 Uhr. Taverne mit stets freundlichem Service, frischen Blumen auf den Tischen und einem kostenlosen Digestif für die Gäste. Hauptgerichte 5–6 CYL, Bauernsalat 2,50 CYL.

Karoúzis: an der Straße zum Campingplatz, Tel. 26 32 18 88, tgl. ab 12 Uhr. Unscheinbares, schlichtes Mobiliar, gute zypriotische Küche. Hauptgerichte 3,30–9 CYL, Bauernsalat 3 CYL.

Art Café Kivótos 3000: Pávlos Georgíou St., zwischen Platía und Polizeistation, Tel. 99 55 51 93, Juli–Okt. Mo–Sa 16–24, Di–Sa auch 11–14, Nov.–Juni Di–Sa 11–18 Uhr. Kivótos heißt ›Arche‹. Tina aus Mecklenburg-Vorpommern und ihr sehr gut Deutsch sprechender Mann Sávvas Tamamoúnas haben hier in Pólis tatsächlich ein Lokal geschaffen, das einem Refugium gleicht. Kunst schmückt die Innenräume und den Garten, aus den Lautsprechern erklingen Klassik, Jazz und traditionelle griechische Musik. Auf den Tischen brennen Kerzen und Windlichter, draußen im Freien können die Gäste Tischfußball und Billard spielen. Für Kinder steht reichlich Spielzeug zur Verfügung, deutschsprachige Urlaubslektüre kann für 50 Cent ausgeliehen werden. Zu essen gibt es überwiegend Kuchen, Eis, Yoghurt und frische Waffeln. Waffeln 2 CYL, Eisbecher 2–2,80 CYL, diverse Teesorten 0,80–1,20 CYL.

Costa's Corner: Gríva Digéni St. 6, Tel. 26 32 21 81, tgl. ab 10 Uhr. Tagsüber Snack-Bar, abends gemütliches Pub mit kleiner Außenterrasse. Wirt Costas und seine Frau Maria, die beide gut Englisch sprechen, sind sehr gesprächsfreudig und reden auch gern über Geschichte und Politik Zyperns. Musikfarbe: Hits der 1970er bis 1990er Jahre.

City Club: an der Fußgängerstraße, Tel. 99 56 34 65, Öffnungszeiten stark saisonabhängig. Die Disco im Ort, im Winter auch gelegentlich Abende mit griechischer Live-Musik.

Liquid Lounge: Pávlos Georgíou St., tgl. 10–2 Uhr, www.liquidlounge-cyprus.com. Lounge Bar, betrieben vom englischen Paar Kati und Andrew. Große Cocktail-Karte, jeden Sonntagabend ›Curry Night‹, montags meist Live-Musik, manchmal Kunst- oder Fotoausstellungen.

Go-Kart:

Pólis Kart Circuit: 1 km außerhalb an der Straße nach Pomós, Tel. 99 89 06 66, tgl. 11–23 Uhr, 6 CYL/6 Min., 9 CYL/12 Min. Es gibt auch Elektrokarts für 4- bis 10-Jährige.

Tauchen:

Pólis Diving Centre: Ag. Nikólaos St. 1, am Parkplatz am oberen Ende der Fußgängergasse, Tel./Fax 26 32 10 71, www.polisdiving.com. Von zwei Briten sehr professionell geführte und gut ausgestattete Tauchschule.

Zum Bad der Aphrodite und zur Fontana Amorosa

Nur 8 km trennen Pólis vom Bad der Aphrodite, wo die Asphaltstraße in Richtung Akámas-Halbinsel endet. Zu Beginn wird man Zeuge davon, wie Pólis immer mehr mit seinen westlichen Nachbarorten Prodrómi und Pórto Latsí zusammenwächst. Danach führen nur noch einige Straßen zu vereinzelt stehenden Hotels und Strandtavernen. Schließlich umfängt den Reisenden eine der lieblichsten Landschaften der Insel mit sanft gewellten Hügeln, in der Johannisbrot- und Olivenbäume in lichten Hainen und auf Wiesen bis zum Meer hinunter stehen. Vom Bad der Aphrodite aus geht es dann hoch über dem Meer an der Steilküste entlang auf einem holprigen Feldweg hinunter in die Heidelandschaft der Nordküste der Akámas-Halbinsel bis zur Fontana Amorosa mit – allerdings eher mickrigem – Strand. Bis dorthin kann man von Pórto Latsí auch mit dem Boot fahren.

Pórto Latsí

Reiseatlas: S. 5, B 2

Latsí, das auch Lakkí und Latchí geschrieben und auf jeden Fall wie Latschí ausgesprochen wird, war ursprünglich der einzige Hafen der Region. In weitgehend straßenlosen Zeiten wurden von hier aus die landwirtschaftlichen Produkte der Region per Frachtensegler nach Kyrénia gebracht. Anfang dieses Jahrtausends verdoppelte man die Hafengröße. Heute liegen hier außer ein paar Fischerbooten vor allem Ausflugsdampfer und im Sommer zahlreiche Yachten. Die Fußgängern vorbehaltene Hafenpromenade wird von zahlreichen Cafés und Restaurants gesäumt. Lange Sand-Kiesstrände erstrecken sich zu beiden

Farben und Licht des Südens: Kapelle im Hotel Anassa

Seiten des Ortes. Kein Wunder, dass hier seit den 1990er Jahren immer mehr Hotels und Apartmentanlagen entstehen. Erfreulicherweise sind sie nicht zu bombastisch geraten. Sie haben die Landschaft zwar stark verändert, aber nicht total verschandelt.

Anassa: an der Uferstraße dezent beschildert, Tel. 26 88 80 00, Fax 26 32 29 00, www.thanoshotels.com. Das luxuriöseste und exklusivste Hotel der Insel in einem weitläufigen Gelände direkt am Meer. Die kleinsten Zimmer messen 47 m², die Präsidentensuite ist 161 m² groß. Zwei Pools, mehrere Bungalows mit Privat-Pool, großes Hallenbad, Thalassotherapie-Zentrum. Eigene Kirche, in der auch Trauungen vollzogen werden können. 188 Zimmer, Suiten und Bungalows. DZ ca. 250–330 CYL, Suiten bis zu 2200 CYL.

Aphrodite Beach: ausgeschilderte Zufahrt von der Küstenstraße aus, Tel. 26 32 10 01, Fax 26 32 20 15. Strandhotel in sehr ruhiger Lage inmitten der Natur, 40 Zimmer. Wirtstochter Gregoría hat in der Schweiz das Hotelfach studiert und spricht gut Deutsch. Hotelgäste dürfen sich im Garten nach Belieben alle Früchte pflücken, die gerade reif sind,

von Avocados bis zu Granatäpfeln, von Pfirsichen bis zu Feigen und Aprikosen. DZ im Winter 28 CYL, im Sommer 35–40 CYL.
Elía Latchí Holiday Village: landseitig an der Uferstraße am östlichen Ortsrand, Tel. 26 32 23 10, Fax 26 32 20 24, elialaki@logos.cy.net. Weitläufiges Feriendorf mit 142 Studios und Apartments an einem Hang mit viel Grün. Zwei Pools, Hallenbad, 200 m vom Strand entfernt. DZ im Winter ab 29 CYL, im Sommer ab 58 CYL.
Peter & Yiangos: am Hafen, Tel. 26 32 14 11, Fax 26 32 14 68. Viele langjährige Stammgäste, gutes dazugehöriges Fischrestaurant. Das alteingesessene Hotel wurde im Winter 2005/06 total renoviert, genaue Preise standen bei Redaktionsschluss noch nicht fest. DZ wahrscheinlich ab 25 CYL.
Soúli Beach: 400 m westl. vom Hafen an der Straße zum Bad der Aphrodite, Tel. 26 32 10 88, Fax 26 32 24 74, www.soulihotel.com. Einfaches Hotel mit 43 Zimmern und Pool direkt zwischen Straße und Meer, lange Sand-Kiesstrände zu beiden Seiten. DZ im Winter 25 CYL, im Sommer 36 CYL.

Peter & Yiangos: am Hafen, Tel. 26 32 14 11, tgl. ab 8 Uhr. Das älteste Restaurant im Ort, schon 1939 gegründet. Große Terrasse mit Hafenblick. Hauptgerichte ab 4 CYL, frischer Fisch 24–28 CYL/kg.
Pórto Latchí: am westlichen Hafenende, Tel. 26 32 15 29. Stimmungsvoll speisen in, vor und auf einer aufwendig restaurierten, mehrere Jahrhunderte alten Johannisbrotlagerhalle. Fisch-*mezé* 8,50 CYL, Languste 50 CYL/kg.
Ttakas Bay: ausgeschilderte Zufahrt von der Küstenstraße aus, Tel. 26 32 10 87. Urige Taverne mit großer Terrasse direkt an einem Sand-Kies-Strand, weithin gerühmt für sein *kléftiko* an Wochenenden. Fischgerichte 4,50–6,50 CYL, *kléftiko* 10 CYL/kg.

Rumours: an der Hauptstraße auf Höhe des Hafens, nur an Sommerwochenenden geöffnet. Große Diskothek.

Wassersport: mehrere Stationen zu beiden Seiten des Hafens. Wasserski, Windsurfen, Verleih von Katamaranen, Kanus und Jet-Bikes.

Bootsausflüge: mehrmals tgl. Ausflugsfahrten Richtung Fontana Amorosa, ca. 10 CYL/3 Std. Fahrten mit dem Glasbodenboot sind eher enttäuschend: Man sieht kaum Fische im Meer.

Bad der Aphrodite

Reiseatlas: S. 5, A 2
Als **Bad der Aphrodite** (Loutrá tis Afrodítis) wird ein kleiner, von Felsen und üppigem

Grün umrahmter Quellteich bezeichnet. Der Legende nach soll sich hier des Öfteren Aphrodite mit ihren Liebhabern zu zärtlichen Spielen getroffen haben. Darunter war auch Akámas, ein Sohn des sagenhaften Königs Theseus von Athen. Nach ihm ist die Halbinsel benannt.

Der Anblick des bemoosten, zum Baden nicht mehr geeigneten Tümpels ist den meisten Urlaubern nicht mehr als einen kurzen Blick und einen Schnappschuss wert. Dabei ist es eigentlich der ideale Ort, um über den Unterschied zwischen heidnischer und christlicher Religion nachzudenken, wie Friedrich Schiller ihn in seinem Hymnus »Die Götter Griechenlands« sehr provokant beschreibt. Wer das Gedicht von zu Hause mitgebracht hat, kann es hier am besten laut vortragen: »... Was unsterblich im Gesang soll leben, muss im Leben untergehn.«

Am Bad der Aphrodite beginnen zwei gut markierte, jeweils 7,5 km lange Rundwanderwege, der ›Aphrodite Trail‹ und der ›Adonis Trail‹. Auf beiden ist ein Höhenunterschied von etwa 350 m zu überwinden.

Baths of Aphrodite: am Parkplatz, tgl. ab 10 Uhr. Taverne mit schöner Terrasse direkt über dem Meer, Tische im Baumschatten, grandioser Blick entlang der Küste. Stets frischer Fisch. Stufen führen hinunter zu einem Strand mit bunten Kieselsteinen. Glas Wein 1,30 CYL, *moussaká* 4,50 CYL, Portionsgericht mit Fisch 5,95–7 CYL, Fisch-*mezé* 7,50 CYL.

Fontana Amorosa

Reiseatlas: S. 5, A 2

Vom Bad der Aphrodite führt ein breiter Feldweg in etwa zwei Stunden zur Fontana Amorosa. Das Ziel lohnt den Weg nicht, aber der Weg selbst ist schön. Zunächst steigt er durch Wiesen mit Johannisbrotbäumen, dann ist er in die Steilküste eingeschnitten. Nach etwa 30 Minuten senkt er sich in die weite Küstenebene hinab. Mehrere Buchten bieten abgeschiedene Bademöglichkeiten. Schließlich erreicht man vor einem kleinen, flach und felsig ins Meer vorspringenden Uferstück, an dem die Boote von Pórto Latsí anlegen, die **Fontana Amorosa.** Einst entsprang hier eine Quelle, deren Wasser angeblich ewige Jugend bescherte. Heute ist sie in Beton gezwängt und nahezu versiegt. Geht man noch eine halbe Stunde weiter, stößt man auf das Wrack eines gestrandeten Frachters. Der Rückweg ist mit dem Hinweg identisch.

Die Dörfer der Laóna

Droúseia

Reiseatlas: S. 5, B 3

Droúseia (Aussprache: Drúscha) ist ein großes Dorf hoch über der Ebene von Pólis. Vor 1960 lebten hier mehrere tausend Menschen. Die meisten von ihnen wanderten aus; einige der Ausgewanderten investierten später ihr Geld in ein Hotel, das schon Urlauber nach Droúseia brachte, als die anderen Laóna-Dörfer noch im Dämmerschlaf lagen. So gibt es hier mehrere Tavernen und Kafenía, in denen man gut mit Einheimischen ins Gespräch kommt. Ein kleines **Weberei-Museum** zeigt Webtechnik und -resultate (tgl. 8.30–12 und 14–16 Uhr, Eintritt 0,25 CYL).

Droushia Heights: an der Straße vom Zentrum nach Pólis, Tel. 26 33 23 51, Fax 26 33 32 53, www.dhcyprotels.com. Hotel mit 58 Zimmern und Studios in aussichtsreicher Lage, Pool. DZ oder Studio im Winter 30 CYL, im Sommer ab 40 CYL.

Fínikas: an der Hauptstraße zwischen Zentrum und Hotel, Tel. 22 33 23 36, tgl. ab 12 Uhr. Ländlich-urige Metzgerei-Taverne, in der auch Lammleber und die Weizenschrotsuppe *trachanás* serviert werden. Lammleber 4,50 CYL, *trachanás* 2,20 CYL, *mezé* 7 CYL.

Stathmós: an der Hauptstraße im Dorfzentrum, Tel. 99 69 91 82, tgl. ab 8 Uhr. Tagsüber Dorf-Kafenío, freitags und samstagabends *kléftiko* und *soúvla* auf ländliche Art, gelegentlich mit zypriotischer Folklore. Essen inkl. offenem Landwein 7 CYL.

Richtig Reisen-Tipp: Anders wohnen

Andréas Argyrópoulos hat lange in Südafrika gelebt und dort ein wenig Geld verdient. Das hat er in die Restaurierung eines stattlichen alten Dorfhauses aus dem Jahr 1912 investiert. 2003 war es so weit: **Sappho Manor House,** ein kleines Hotel im Zentrum von Droúseia, wurde eröffnet. Die geräumigen Zimmer öffnen sich zum Teil zum Innenhof mit kleinem Pool, zum Teil bieten sie einen schönen Fernblick. Andreas hat ein Herz für Traveller und Familien: Waschmaschine und Trockner des Hauses stehen allen Gästen zur Benutzung zur Verfügung.

Während man dort in einem sehr lebendigen Dorf mit Kafenía und Tavernen wohnt, empfängt den Gast des **Amarákos** im Dorf Káto Arkoudália unterhalb von Káthikas absolute ländliche Stille. Hier haben Angelikí und Ioúlia Economídou einen über 100 Jahre alten Gutshof zum kleinen Landhotel umgebaut. Mittelpunkt ist der große, gepflasterte Innenhof zwischen Natursteinmauern mit kleiner Bar und Restaurantterrasse. Hier wird das Frühstück mit hausgemachten Marmeladen, *haloúmi,* Tomaten, Oliven und Dorfeiern serviert. Mittags und abends kommt auf den Tisch, was die leidenschaftliche Köchin Angelikí täglich frisch zubereitet. Ein paar Schritte entfernt liegt der Hotel-Pool vor einer neuen Villa mit drei Schlafzimmern, die Angelikí ebenfalls vermietet.

Sappho Manor House: Droúseia, Tel. 26 33 26 50, Fax 25 31 50 06, www.agrotourism.com.cy, DZ im Winter ab 24 CYL, im Sommer ab 30 CYL.

Amarákos: Káto Arkoudália, Tel. 26 63 31 17, Fax 22 31 50 26, www.amarakos.com, DZ 42 CYL, Villa 126 CYL.

Ineía

Reiseatlas: S. 5, B 3

Über dem Portal der Dorfkirche von **Ineía** ist ein schönes volkstümliches Relief aus dem Jahr 1883 mit dem byzantinischen Doppeladler, zwei Löwen und zwei Cherubimen einen Seitenblick wert. Direkt an der Kirche zeigt ein kleines **Museum** die Arbeitsweisen traditioneller Korbflechter; einige Korbwaren sind auch zu kaufen (tgl. 11–13 Uhr, im Winter auch 14–15, im Sommer auch 16–18 Uhr, Eintritt frei, Spende erbeten).

Aródes

Reiseatlas: S. 5, B 3

Aródes besteht aus zwei Dörfern, Káto und Páno Aródes. Káto Aródes war bis 1974 ausschließlich von türkischen Zyprioten bewohnt, während die Griechen im Nachbarort Páno Aródes lebten. Die größtenteils zweigeschossigen, von bescheidenem Wohlstand zeugenden Häuser in Káto Aródes waren bis Ende der 1990er Jahre noch dem Verfall preisgegeben. Einige stürzten ein, die Wege und Gärten des Dorfes verwilderten. Viel zu spät erst überließ die Regierung die Häuser griechischen Zyprioten für einen symbolischen Preis zur Miete mit der Auflage, sie zu restaurieren. Beim Rundgang durch dieses Ruinendorf im Neuaufbau wird man auch die eigenartigen, bienenkorbartigen Toilettenhäuschen in den Ecken der Höfe bemerken, die wie Weltraumkapseln aus Fred Feuersteins Zeiten wirken. Sie waren ein in nur wenigen Dörfern verbreiteter Luxus.

Páno Aródes ist nicht minder sehenswert. Bei einem Erdbeben 1995 wurde die Kirche zwar schwer beschädigt, aber auf dem Kirchplatz laden antike Sarkophage zu einer näheren Betrachtung ein. Vier Gräber erinnern an 1957/58 gefallene Freiheitskämpfer aus der Gemeinde. Eine lange Reihe von Lehmbacköfen zeugt von einem einst intakten Gemeinschaftsleben, ins Kaffeehaus des Dorfes verirrt sich nur selten ein Fremder. Wie viele Familien noch im Dorf leben, erkennt man an der Zahl der am Kirchplatz neben der Telefonzelle aufgestellten grünen Postfächer: Es sind 120.

Káthikas

Reiseatlas: S. 5, B 3

Der Ort lohnt wegen seiner guten Tavernen und einer bestens auf Touristen eingestellten Weinkellerei einen Stopp. An der Dorfkirche präsentiert ein kleines **Kulturzentrum** auf Wunsch eine Videoshow über bäuerliches Leben, die Natur und die Wandermöglichkeiten in der Umgebung. Auch einige regionale Produkte kann man hier kaufen (Di–So 11–16 Uhr, Eintritt frei).

Kräftig geworben wird im Dorf für einen Besuch in der **Stérna Winery.** Die 1995 gegründete Weinkellerei liegt, unübersehbar ausgeschildert, 1200 m außerhalb des Ortes inmitten von Rebstöcken. Die Weinproben hier sind von Inhaber Sávvas Chrysánthou gut und unterhaltsam organisiert.

Araoúzos: an der Hauptstraße im Dorf Richtung Páfos, Tel. 26 63 20 76, tgl. 12.30–24, So nur bis 16 Uhr. Fast schon museal eingerichtete Taverne in einem alten, ebenerdigen Dorfhaus mit schattigem Innenhof. Hier bestellt man am besten ein *mezé* (7 CYL). Flasche Wein 5–6 CYL.

Farmyard Tavern: an der östlichen Umgehungsstraße, Tel. 99 42 17 06, Mo–Sa 11–17, So 12–15.30 sowie tgl. ab 19 Uhr. Moderne, rustikal eingerichtete Taverne mit außergewöhnlich gutem Service und feiner zypriotischer Küche, fantastischer Blick aufs Tróodos-Gebirge. So Lunch-Buffet. Hauptgericht ab 4,25 CYL, Bauernsalat als HG 3,50 CYL, Flasche Wein 5–11 CYL.

Imogens: im Zentrum gegenüber der Kirche, Tel. 26 63 32 69, tgl. ab 12 Uhr. Wenig Ambiente, aber erstklassige Küche. Die zypriotische Wirtin Helen und ihr griechischer Mann George haben lange in Ägypten gelebt und geben ihrem *mezé* einen leicht orientalischen Touch. *Mezé* 7 CYL, Flasche Wein ab 4 CYL.

Pégeia

Reiseatlas: S. 5, B 4

An der Straße zwischen Káthikas und Pégeia beginnt 500 m außerhalb von Káthikas der **Agiásma Nature Trail.** Er führt als Rundweg in etwa einer Stunde durch Wäldchen in eine Schlucht hinunter und wieder zum Ausgangspunkt zurück. Kurz darauf senkt sich die Straße in weitläufigen Kurven der Küstenebene von Páfos entgegen. Man genießt einen Blick ähnlich dem eines Piloten aus dem Cockpit.

Pégeia (Aussprache: Péja) ist dank seiner Tavernen und Pubs für die vielen Briten, die in der Umgebung Ferienhäuser besitzen, ein beliebtes abendliches Ausflugsziel. Ein altes zypriotisches Volkslied sagt, hier gäbe es die hübschesten Mädchen der Insel – urteilen Sie selbst!

Entlang der Nordküste ins Tróodos-Gebirge

Auf dieser Tour durch den am wenigsten bekannten Küstenstreifen der Republik Zypern wird man mit der jüngsten Vergangenheit und der tiefen Wundergläubigkeit der Zyprioten konfrontiert. Man erlebt ein Dorf, dessen Bewohner von der Köhlerei leben, und hat Zeit für eine ausgiebige Badepause. Die Tour mit dem Rad zu unternehmen empfiehlt sich nicht, da bei der Umrundung der türkischen Enklave Erenköy (Kókkina) erhebliche Höhenunterschiede zu überwinden sind.

Östlich von Pólis stehen in der Küstenebene zahlreiche Gewächshäuser, in denen Tomaten und Frühgemüse gedeihen. In den Dörfern entlang der Küstenstraße werden einige wenige Zimmer und Apartments vermietet; insgesamt ist die Region aber noch völlig untouristisch. Bereits kurz hinter Pólis sieht man rechter Hand Abraumhalden eines Kupferbergwerks, das bis 1979 in Betrieb war, und die dazugehörige Verladeanlage im Meer bei **Límni.** Über die Möglichkeit zur Wiederaufnahme des Kupferabbaus in dieser Region wird zurzeit diskutiert.

Pomós

Reiseatlas: S. 5, C 1

Pomós ist ein kleiner Fischerhafen fernab vom Massentourismus mit eher dürftigen Stränden und mehreren guten Fischtavernen. Eine Jeep-Piste führt von hier zum Picknickplatz **Livádia** und zur Forststation von **Stavrós tis Psókas.**

Sun Camero: am Ufer, ausgeschildert, Tel. 26 34 21 39, Fax 26 34 21 40, www.suncamero.com. 14 Studios und Apartments in einem modernen Haus direkt am Meer, Pool mit Bar, direkter Zugang über wenige Stufen zu einem kleinen Kiesstrand. DZ ab 25 CYL.

Paradise Jazz Festival: Mitte Sept. in der Taverne Paradise Place an der Hauptstraße, Tel. 26 34 25 37, www.paradisejazz.com, 3-Tages-Karte 28 CYL. Dreitägiges Freiluft-Festival mit Meerblick. 2005 sahen etwa 5000 Besucher 27 Jazz-Musiker aus sechs europäischen Ländern. Shuttle-Busse von Páfos und Pólis, Campingmöglichkeit auf dem Festivalgelände.

Die Ágios-Raffaíl-Kirche in Pachyámmos

Reiseatlas: S. 6, D 1

Hinter Pomós verlässt die Straße den Verwaltungsbezirk von Páfos. Der nächste Ort, **Pachyámmos,** liegt bereits im Bezirk Nicosia. Auf einem kleinen Plateau unmittelbar über dem Meer fällt die Anfang der 1990er Jahre im traditionellen Stil erbaute Kirche **Ágios Raffaíl** auf. Sie ist binnen zehn Jahren zu einer der bedeutendsten Wallfahrtskirchen Zyperns geworden. Hier sucht man individuell Heilung von schweren Krankheiten.

Der hl. Raffaíl ist der jüngste Heilige der griechisch-orthodoxen Kirche. Bis 1959 kannte ihn niemand. Am 3. Juli des Jahres fanden Arbeiter bei Ausschachtungsarbeiten in einem Olivenhain auf der griechischen Insel Lésbos ein wohlriechendes Skelett, zwischen dessen Kiefern ein byzantinischer Ziegel mit Kreuz lag. In der Folgezeit ereigneten sich mehrere wundersame Dinge auf Lésbos. Schließlich erschien der hl. Raffaíl einem Priester im Schlaf. Er offenbarte ihm, dass das Skelett das seine sei, und erzählte ihm seine Lebens- und Leidensgeschichte. Über dem Grab des Heiligen wurde 1962 ein Kloster errichtet. Seither vollbringt der Heilige Wunderheilungen Kranker – 45 Bücher, verfasst von der Äbtissin seines Klosters, künden davon. 1987 heilte der Heilige einen todkranken Zyprioten, der wiederum die Geschichte seiner Heilung so überzeugend erzählte, dass schnell zahlreiche Spenden für den Bau und die Ausschmückung dieser prächtigen Kirche in Pachyámmos zusammenkamen.

Der Innenraum der Kirche ist vollständig ausgemalt. Am interessantesten sind die Wandmalereien im hinteren Teil der Kirche, die die Lebensgeschichte des hl. Raffaíl und seiner Leidensgenossen, des heiligen Nikólaos und der heiligen Iríni, eines kleinen Mädchens, erzählen. Über der Südtür sieht man die Ankunft von Raffaíl und Nikólaos 1454 auf Lésbos. Über der Nordtür erkennt man, wie Raffaíl von Türken mit Knüppeln geschlagen und wie dem kopfüber Gehängten später der Kopf abgesägt wird. An der Decke des linken Seitenschiffes ist das Martyrium der drei Heiligen zu sehen. Nikólaos wird, an einen Baum gefesselt, enthauptet; der kleinen Iríni wird mit dem Säbel die linke Hand abgeschlagen, bevor sie in einem großen Vorratsgefäß den Feuertod erleidet.

Kókkina/Erenköy

Reiseatlas: S. 6, D 1

Auf der großzügig gepflasterten Terrasse vor der Ágios-Raffaíl-Kirche von Pachyámmos erinnert ein modernes Denkmal an nahezu 60 griechische Zyprioten, die bei kriegerischen Auseinandersetzungen um **Erenköy** – nach griechischem Verständnis Märtyrern gleich – im August 1964 ihr Leben ließen. Die türkische Enklave Erenköy (griech.: Kókkina) war damals der einzige von türkischen Zyprioten kontrollierte Hafen der Insel. Griechische Zyprioten unter General Grívas versuchten sie zu erobern. Mit massiven Bombereinsätzen griff die Türkei ein und erreichte, dass Erenköy (Kókkina) weiterhin türkisch-zypriotische Enklave blieb. Auf türkischer Seite kosteten die Kämpfe zwölf Tote. 1974 konnten die Türken Erenköy halten. Heute leben dort nur türkische Soldaten.

Die ursprünglichen Bewohner wurden auf die Karpass-Halbinsel umgesiedelt, wo sie das zuvor griechisch-zypriotische Dorf Aigialoúsa als neues Siedlungsgebiet erhielten. Sie benannten es in Neu-Erenköy, also Yenierenköy, um.

Die Straße von Pachyámmos nach Káto Pýrgos muss diese Enklave umgehen und steigt darum bereits in Pachyámmos zum Gebirge hin an. Links der Straße erkennt man griechisch-zypriotische und UN-Wachtposten, die mit argentinischen UN-Soldaten besetzt sind. Dahinter wehen die Flaggen der Türkei und Nordzyperns.

In etwa auf dem Scheitelpunkt dieser durch die Politik erzwungenen Umgehungsstrecke zweigt eine Asphaltstraße in gutem Zustand zur Forststation **Stavrós tis Psókas** und dann weiter zum **Kýkko-Kloster** ab. Sie ist gut befahrbar, wenn auch viele von den Hängen gespülte Steinchen auf der Fahrbahn liegen.

Káto Pýrgos

Reiseatlas: S. 6, D 1

Beim Ruinendorf Mansoúra erreicht die Straße wieder die Küste und bald darauf das lang gestreckte Dorf **Káto Pýrgos.** Man kann diesen Ort als absolut trostlos und trist empfinden, aber auch als besonders urig und unverfälscht. Touristisch liegt er trotz eines guten Sandstrandes am westlichen Ortsrand und einiger Kies- und Kieselsteinstrände bisher im Abseits: Gleich hinter Káto Pýrgos zieht sich die Demarkationslinie entlang. Viele Ortsbewohner wünschen sich hier dringlich einen Grenzübergang, um sehr viel schneller von Nicosia aus erreichbar zu sein. Noch aber dauert die Fahrt dorthin etwa drei Stunden – zu viel für einen Wochenend-Tourismus.

Die wenigen Hotels des Ortes stehen alle entlang der Hauptstraße am Meer. Sie bieten auch die einzigen wirklichen Restaurants. Im Dorfzentrum kommen einige wenige, sehr

Zukunft ungewiss: Die Kohlemeiler von Páno Pýrgos sind umstritten

einfache Kafenía und Tavernen hinzu. Sehenswürdigkeiten gibt es außer einer 1898 gepflanzten und entsprechend beschilderten Eiche vor einem der Kafenía keine.

Pýrgos Bay: an der Hauptstraße am westlichen Ortsrand, Tel. 26 52 20 01, Fax 26 52 26 18. 46 Zimmer, 2 km vom Ortszentrum direkt oberhalb einer Sandstrandbucht. DZ im Winter ca. 30 CYL, im Sommer ca. 40 CYL.

Iphigéneia: an der Hauptstraße, ca. 500 m westlich des Ortszentrums gelegen, Tel. 26 52 22 18. Einfaches, von Familie Christódoulos sehr herzlich und engagiert geführtes Hotel mit 36 Zimmern, ca. 70 m von einem dunklen und schnell abfallenden Kieselsteinstrand. DZ im Winter 20 CYL, im Aug. bis zu 30 CYL.

Eleónas: im Ortszentrum auf der Südseite der Hauptstraße, Tel. 99 54 12 25. Wirt Geórgios Zámbas serviert, was er gerade für seine zumeist einheimischen Gäste bereithält: einen Teller mit rohem Gemüse, eine sehr gut gewürzte gebratene Landwurst, zyprischen Schinken, gegrillte Fleischspießchen oder Koteletts, gekochte Eier – alles zu unschlagbar günstigen Preisen. Sattessen für unter 5 CYL.

Páno Pýrgos

Reiseatlas: S. 6, D 1

Etwa 4 km landeinwärts, oberhalb von Káto Pýrgos, wirkte der Weiler **Páno Pýrgos** noch bis vor kurzem wie ein Relikt aus längst vergangener Zeit. Von hier stammte überwiegend die Holzkohle, die überall im griechischen Teil Zyperns in kleinen blauen Plastiktüten angeboten wird. Ein Dutzend Familien betrieb in Páno Pýrgos je drei bis sechs Meiler, die guten Gewinn abwarfen. Die gesamte Umgebung des Dorfes war davon geprägt. Im Sommer schwelten die Meiler fast pausenlos, jeder ca. 8–15 Tage lang. Die Männer richteten die Meiler auf und waren für den Vertrieb der Holzkohle zuständig. Die Frauen bewachten die Meiler, brachen die Holzkohle und füllten sie ab.

Im Frühjahr 2006 kämpften die Köhler und ihre Familien um ihre Existenz. Das Landwirtschaftsministerium hatte ihnen die Köhlerei in Páno Pýrgos verboten, da sich die Nachbarn in Káto Pýrgos über Gesundheitsrisiken beschwert hatten. Ein Ersatz-Areal wurde ihnen aber nicht angeboten, sodass die Köhler einfach weiter ihrem Gewerbe nachgingen. Wie der Streit ausging, war bei Redaktionsschluss (Juni 2006) noch nicht bekannt. Vielleicht glimmen die Meiler ja auch weiterhin ...

Am unteren Ende des Dorfkerns ist zeitweise ein kleines *kafenío* geöffnet, in dem des Griechischen Mächtige leicht mit Einheimischen ins Gespräch kommen. Mokka 0,25 CYL.

Durchs Gebirge nach Nicosia oder Kýkko

Reiseatlas: S. 6, D–F1–3

Die Straße nach Páno Pýrgos zweigt von einer neuen, erst im Herbst 2005 fertig gestellten Asphaltstraße ab, die die Fahrzeit von hier nach **Nicosia** von über fünf auf nur noch drei Stunden verkürzt. Zunächst führt sie etwa 50 km weit durch die nördlichen Ausläufer des Tróodos-Gebirges. Ein lang gezogenes Flusstal wird ganz ausgefahren, ein anderes auf einer Brücke überquert. Etwa eine Stunde lang sieht man nur Wald, Berge und unberührte Natur; kein einziges Dorf liegt an der Strecke, bevor die Mesaória-Ebene in Sicht kommt. Man muss der Straße freilich nicht bis in die Ebene folgen, sondern kann schon vorher abbiegen und über Kámbos (wo es wieder Kafenía gibt) zum **Kýkko-Kloster** (mit Restaurant) und ins Zentrum des Tróodos-Gebirges gelangen. So erlebt man ein ganz anderes, weitgehend naturbelassenes Gesicht der Insel.

Von Pólis nach Panagiá

An den Ausläufern des Tróodos-Gebirges südöstlich von Pólis erstreckt sich in grandioser Landschaft und größter Einsamkeit eine Reihe ehemals türkisch-zypriotischer Dörfer. Ein Teil von ihnen wird heute nur noch von

Viehzüchtern bewohnt, in den übrigen Dörfern wurden griechische Zyprioten angesiedelt. Von Städten und Touristenzentren ist man hier Welten entfernt. Man kann diese Rundfahrt mit dem Pkw unternehmen, besser ist jedoch ein Jeep. Ein halber Tag reicht aus, ein ganzer schafft mehr Genuss.

Alte türkisch-zypriotische Dörfer

Reiseatlas: S. 5/6, B–D 2/3

Von der Straße nach Páfos zweigt schon kurz nach Verlassen der Stadt die Straße nach **Stení** ab, einem Dorf mit vielen neuen Häusern. Auf der Weiterfahrt ist tief rechts unterhalb der Straße bereits der **Stausee von Evrétou** zu sehen, der große Teile der Küstenebene von Pólis bewässert. In **Peristeróna,** dessen Name von den Tauben herrührt, die früher in den vielen kleinen Felshöhlen der Umgebung nisteten, lohnt ein Stopp im Kaffeehaus. Über **Meládia** mit vielen verlassenen türkischen Häusern kommt man nach **Lysós,** das zu etwa einem Drittel in Trümmern liegt. Hier nimmt man im Dorfzentrum nicht die ausgeschilderte Straße nach Stavrós tis Psókas, sondern fährt die unbeschilderte Straße rechts hoch, am Supermarkt vorbei und hält sich weiter am Berghang. Die Straße geht erst in eine zementierte Piste und dann in einen Feldweg über. Schon 1,8 km hinter dem Ortsanfang von Lysós erreicht man die ersten Häuser von **Meléndra,** wo nur noch eine Viehzüchterfamilie wohnt. 150 m hinter der kleinen Moschee mit dem winzigen Minarett gabelt sich die Piste; man fährt rechts abwärts. Die Ausblicke ins Tróodos-Gebirge sind großartig, der Anblick der verlassenen Häuser ist deprimierend. Nach 850 m säumen die Häuser des verlassenen Weilers **Zachariá** die Piste, bald darauf liegt rechts auf einem Feld am Wegesrand das Grab eines erst 1971 hier beigesetzten türkischen Zyprioten. 500 m weiter gelangt man nach **Kió,** das wie alle ehemals türkisch-zypriotischen Dörfer in dieser Region zwar keine Ortsschilder, wohl aber eine erst 1994 zugeteilte Postleitzahl besitzt. Am Ende des von einem Viehzüchter bewohnten Dorfes gabelt sich die Piste, man hält sich links und 400 m weiter rechts. Kurz darauf taucht unterhalb der Straße das erste wieder von mehreren Familien bewohnte Dorf auf, **Filoúsa.** Hier gibt es sogar ein Kaffeehaus.

Eine zementierte Piste führt von hier aus hinunter ins Tal des Stavrós-tis-Psókas-Bachlaufs, den man nahe der neuen **Skarfós-Brücke** erreicht, über die man später Richtung Pólis weiterfahren kann (200 m flussaufwärts steht noch die alte steinerne Skarfós-Brücke). Zuvor sollte man aber 1100 m weit zurückfahren und dann nach links abbiegen. 80 m weiter an einer Weggabelung hält man sich links und folgt dem Flusslauf

abwärts. Schon 3 km nach der Umkehr an der Brücke erreicht man den Weiler **Evrétou** am Ufer des gleichnamigen Stausees. Moschee und Schule sind nur noch Ruinen, auf dem unbefestigten Platz vor dem einzigen Haus tummeln sich schwarze Schweine, Schafe, Ziegen und Hühner, ein Zeichen dafür, dass es noch bewohnt ist.

Wer mit dem Pkw unterwegs ist, kehrt von hier zur Skarfós-Brücke zurück und fährt über sie nach **Símou** hinauf. Jeep-Fahrer können bei Evrétou auch den Fluss queren, der Piste hangaufwärts folgen und westlich von Símou auf die Asphaltstraße nach Pólis und Panagiá stoßen. In Símou lohnt auf jeden Fall ein Kurzbesuch im *kafenío* von Michális am Dorfplatz. Er begrüßt Fremde noch per Handschlag. Die Wände des Gastraums zieren Fotos, die Michális als Jockey auf der Rennbahn von Nicosia zeigen. Gern erzählt er von jenen Zeiten. Weil Nescafé bei ihm nur selten bestellt wird, lässt er ihn von den Gästen selbst zubereiten: Er stellt ganz einfach heißes Wasser, Zucker, Milch und die ganze Dose Nescafé auf den Gästetisch.

Von Símou führt eine gute Asphaltstraße über Miliá nach Kannavioú und von dort weiter nach Panagiá hinauf (s. S. 150).

Im *kafenío* von Michális geht es ungezwungen zu

Vergangene Pracht: Die Ruinen von Koúrion ruhen auf steilen Klippen hoch über dem Meer

Kapitel 2

Limassol und Umgebung

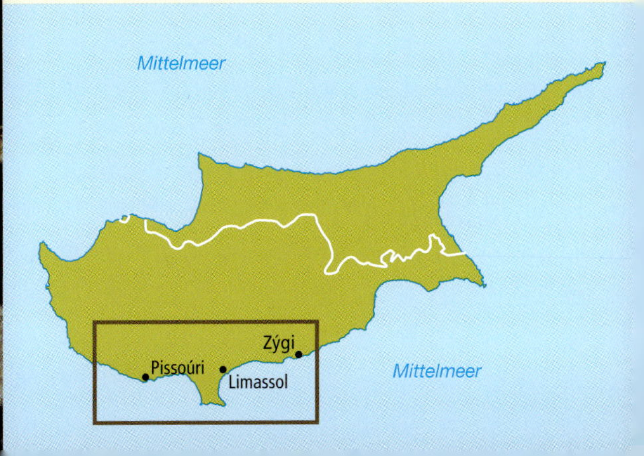

Auf einen Blick: Limassol und Umgebung

Zentral gelegen

Limassol (griech.: Lemesós, tk. Limasol) ist Zyperns zweitgrößte Stadt, Haupthafen der Insel und die Wirtschaftsmetropole des Landes. Sie hat am stärksten von der türkischen Invasion 1974 und dem Bürgerkrieg im Libanon profitiert, ist seitdem explosionsartig gewachsen. Längst ist sie mit ihren Nachbargemeinden verschmolzen und bildet mit ihnen zusammen ein über 15 km langes, wild gewachsenes Häusermeer zwischen der Küste und den Hügeln im Hinterland.

Nahezu auf voller Länge wird die Uferfront von einer vierspurigen Hauptverkehrsstraße gesäumt, die vor der vormittags quicklebendigen Altstadt zur jungen Palmenpromenade mit Mittelstreifen wird. Wo Limassol in den Nachbarort Germasógeia übergeht, beginnt das touristische Areal. Zwischen Hauptverkehrsstraße und Meer stehen zahlreiche Hotels vor allem der Ober- und Luxusklasse mit zumeist schönen Gärten an künstlich aufgeschütteten, schmalen Sandstränden. Dort werden alle Arten von Wassersport angeboten. Landseitig reihen sich Souvenirgeschäfte, Supermärkte, Bars, Restaurants, Nachtlokale meist niedrigen Niveaus und die Filialen von Fastfood-Ketten aneinander. Manche Hotelgebäude stehen mittlerweile sogar zwischen Uferstraße und Autobahn und gehen unverständlicherweise trotzdem nicht bankrott.

Ein großer Vorteil von Limassol ist seine zentrale Lage. Binnen einer guten Stunde kommt man nach Nicosia und Páfos sowie fast bis auf den Olymp. Mit Koúrion, Amathoús und Kolóssi sind bedeutende historische Stätten sogar per Linienbus bequem zu erreichen. Im Winter gibt es quasi vor den Toren der Stadt eine ganz besondere Sehenswürdigkeit: über 10 000 Flamingos leben dann im Salzsee von Akrotíri. Wer sich ein Fahrzeug mietet, ist zudem nicht auf Stadt- und Hotelstrände angewiesen, sondern kann in einer halben Stunde zu ganz verschiedenartigen, äußerst reizvollen Stränden und Buchten gelangen. Schnäppchenjäger werden in den vielen Geschäften der Altstadt fündig, Nachtaktive können griechische Musik aller Art genießen.

Highlight

3 **Koúrion/Curium:** Die neben Páfos bedeutendste archäologische Stätte Südzyperns liegt landschaftlich besonders schön auf steilen Klippen nahe dem Meer. Von den Theaterrängen schaut man übers Wasser in Richtung Afrika, vor der kilometerlangen Steilküste schweben manchmal mutige Drachenflieger in den Lüften, von den weitläufigen Überresten der hellenistisch-römischen Stadt kann man den Blick bis zum Olymp schweifen lassen (s. S. 185ff.).

Empfehlenswerte Route

Von Limassol nach Akrotíri: Eine Fahrt durch die Zypressenalleen und Obstplantagen von Fasoúri bis zum Salzsee von Akrotíri lässt fast vergessen, wie nahe die laute Großstadt ist. Im Winter sieht man dabei auch noch Tausende von Flamingos. Durch naturbelassene Landschaft geht es schließlich am ›Katzenkloster‹ vorbei bis zum Lady Mile Beach. Auf der Rückfahrt nach Limassol scheinen die Schiffe im Hafen wie Trugbilder auf dem Lande zu liegen, weil man von der Straße aus die Hafenbecken nicht sieht (s. S. 179ff.).

Reise- und Zeitplanung

Die Altstadt von Limassol sollte man auf jeden Fall an einem Vormittag besuchen, am besten am Samstag und auf keinen Fall an einem Sonntag. Ihr Reiz liegt in ihrer Lebendigkeit – und die ist nachmittags und an Sonn- und Feiertagen nicht zu spüren. Das Nachtleben hingegen spielt sich vor allem im Touristenviertel entlang der Uferstraße von Germasógeia ab. In der Altstadt muss man wissen, wo man hin sollte, um unterhalten zu werden.

Wenn man direkt in Limassol Urlaub macht, ist ein Mietwagen unnötig. Nach Páfos und Nicosia kommt man sehr preiswert mit dem Linienbus oder – für etwas mehr Geld und dafür sehr viel bequemer – mit dem Service-Taxi.

Im Rahmen einer Inselrundfahrt genügt es, eine Zwischenübernachtung in Limassol oder Umgebung einzuplanen. Um das Vibrieren der Stadt richtig mitzuerleben, quartiert man sich am besten in einem der einfachen Altstadthotels oder im guten Curium Palace ein. Ländliche Alternativen sind die traditionellen Häuser in Episkopí (s. S. 183f.) oder Pissoúri (s. S. 193).

Wer einen Tagesausflug von Agía Nápa, Lárnaca, Pólis oder Páfos aus nach Limassol unternimmt, sollte zuerst die Stadt besuchen. Auf dem Rückweg nach Páfos kann man dann am Nachmittag Kolóssi und Koúrion sowie zum Sonnenuntergang die Pétra tou Romioú (s. S. 135f.) ansteuern und an den Stränden von Avdímou oder Pissoúri eine Badepause einlegen. Urlauber aus dem Inselosten könnten auf dem Rückweg am Governor's Beach baden (s. S. 194f.) und Choirokoitía (s. S. 218f.) besichtigen.

Hat man Limassol schon einmal besucht und kommt ein zweites Mal vorbei, muss man die Stadt nicht mehr durchqueren. Man kann auf der Autobahn bleiben, auf der allerdings wegen des Baus von Straßenüberführungen noch auf Jahre hinaus mit gelegentlichen Staus zu rechnen ist.

Richtig Reisen-Tipps

Ein Vormittag in der Altstadt: Limassol kann nerven. Ein Bummel durch die Altstadt kann aber auch zum Erlebnis werden, nämlich dann, wenn man weiß, wie und wohin man gehen soll (s. S. 172).

Abends in Limassol: Ob Szene-Bar, Disco oder echte Bouzoúki – hier kann man die ganze Palette zyprischen Nachtlebens entdecken (s. S. 175).

Dem Übergang auf der Spur: In den Ausgrabungen der antiken Stadt Koúrion fällt es besonders leicht, die Zeiten des Übergangs vom antiken Götterglauben zum Christentum zu verstehen (s. S. 186).

Mittwochabends in Pissoúri: Im großen Bergdorf nahe dem Meer vertragen sich die Tavernenwirte gut und veranstalten gemeinsam einmal in der Woche einen Folkloreabend für Individualurlauber und Einheimische (s. S. 193).

Limassol

Cityplan S. 170

Über die Schönheit von Limassol und seine Eignung als Urlaubsort kann man streiten. Die einen können nicht verstehen, dass man hier Urlaub macht – und die anderen sind zu treuen Stammgästen geworden. Die hohe Qualität der meisten Strandhotels steht außer Frage. Ob man das Drumherum mag, ist reine Geschmackssache. Für die meisten jüngeren Zyprioten jedenfalls gibt es keine attraktivere Stadt als Limassol.

Reiseatlas: S. 3, B 3

Limassol (griech. Lemesós, tk. Limasol, 172 000 Einw.) zählte Anfang der 1970er Jahre nur 50 600 Einwohner, davon über 7000 türkische Zyprioten. Als die Türken 1974 Famagusta besetzten, stieg Limassol zur bedeutendsten Hafenstadt der Insel auf. Nach Ausbruch des Bürgerkriegs im Libanon 1975 übernahm es mehr und mehr Funktionen von Beirut. Libanesen und Araber kauften Wohnungen und Häuser in der Stadt, ehemals im Libanon ansässige Firmen verlegten ihren Hauptsitz nach Limassol und zogen Bankfilialen nach sich. Die traditionellen Industriebetriebe der Stadt, Weinkellereien, Schnapsbrennereien, Konservenfabriken und die Brauerei KEO, wurden um steuerkräftige Firmenniederlassungen ergänzt, die Kapital ins Land brachten und Arbeitsplätze schufen. Weil plötzlich Kapital da war, entstanden – quasi als Ersatz für Varósia – viele neue Hotels, obwohl eigentlich keine idealen Standorte dafür vorhanden waren. Einen erneuten Aufschwung erlebte Limassol nach dem Zusammenbruch der sozialistischen Staatenwelt in den 1990er Jahren. Jetzt floss viel Schwarzgeld aus Russland nach Limassol, mit dem hier Unternehmen gegründet wurden, die ihr so sauber gewaschenes Geld sofort wieder in Russland investierten.

Urlauber aus Mittel- und Nordeuropa, auffallend viele Russen, Ukrainer und Besucher aus den arabischen Ländern machen Limassol heute zu einer kosmopolitischen Metropole. Griechische, lateinische, kyrillische und arabische Buchstaben sind hier auf Speisekarten und vielen Reklameschildern fast gleich häufig zu finden. Seit 2006 ist Limassol auch Universitätsstadt: Die Technische Universität Zyperns wurde hier angesiedelt und soll bis zu 20 000 Studenten aufnehmen.

Der wirtschaftliche Aufschwung hat Limassol nicht gerade verschönert. Zwischen Meer und Altstadt türmt sich eine Häuserkette auf, die die Einheimischen oft ›The Wall‹ – ›die Mauer‹ nennen. Vor der ›Mauer‹ verläuft eine viel befahrene Straße. Zwischen ihr und dem Meer ließ die Stadtverwaltung 1985 eine Palmenpromenade anlegen, die auch als Parkplatz dient. Als schön mag mancher vielleicht die Sicht auf weit über 30 auf Reede liegende Schiffe empfinden. Der einzig erträgliche Ort an diesem verschandelten Küstenabschnitt – auf den viele Zyprioten gleichwohl stolz sind, weil er vom Wirtschaftswunder zeugt – ist für Traditionalisten das Straßencafé des aus der Kolonialzeit stammenden Hotels Continental.

Hinter der ›Mauer‹, ›*behind the wall*‹, zeigt Limassol ein ganz anderes, viel angenehmeres Gesicht. Vor allem in den engen Gassen rund um die Markthalle herrscht buntes Treiben. Da kommen noch Bauern in der traditionellen Pluderhose *vrácha* zum Einkauf, da werden an den Fleischständen die Zungen in den Rinderköpfen noch schwungvoll drapiert und mit Pfefferminzblättern dekoriert. Da gibt es preiswerte Körbe für den ländlichen Bedarf, rohe Oliven und Schnecken, Geflügel – zuweilen sogar noch lebendig –, Gemüse und Obst. Rund um die Markthalle haben sich Kafenía und Tavernen angesiedelt, in denen man preiswert isst und trinkt und dabei noch das lebhafte Treiben genießen und bei ambulanten Losverkäufern sein Glück auf die Probe stellen kann.

Überregional bedeutende historische Sehenswürdigkeiten sind die Burg, die ehemalige Johannisbrotmühle und die Ausgrabungen von Amathoús. Burg und Johannisbrotmühle liegen nahe der Markthalle unmittelbar nebeneinander. Die Ausgrabungen von Amathoús besichtigen Rundreisende am besten auf der Fahrt von oder nach Limassol.

Stadtrundgang

Alter Hafen/Skulpturenpark

Der von den Briten in den 1880er Jahren angelegte **Alte Hafen** 1 dient nur noch Fischer- und Ausflugsbooten als Anlegeplatz. Jetzt soll das Areal bis 2010 für 10 Mio. CYL total umgestaltet werden. Geplant sind viele neue Cafés und Restaurants, ein Wein- und ein Schifffahrtsmuseum, Ausstellungsräume und ein neuer türkischer Hamam als Wellness-Bad.

Nur wenig östlich des Alten Hafens stehen auf der Uferpromenade am Meer zahlreiche Skulpturen zeitgenössischer zypriotischer Künstler. Dieser **Skulpturenpark** ist abends ein beliebtes Bummelziel der Einheimischen, wenn die Skulpturen effektvoll angestrahlt werden (Eintritt frei).

Burg/Museum des Mittelalters

Das älteste Gebäude in Limassol ist die **Burg** 2 aus dem 13. Jh., deren heutiges Gesicht aus der Türkenzeit stammt. Die gotische Halle im Erdgeschoss ist besonders eindrucksvoll. Die zehn Räume im ersten Obergeschoss dienten in türkischer Zeit als Gefängniszellen. Heute birgt die Burg ein **Museum des Mittelalters**. Zu den wichtigsten Ausstellungsobjekten gehören Silberteller aus byzantinischer Zeit (7. Jh.), mittelalterliche Keramik sowie eine Münzsammlung. Im Vorhof wurde eine traditionelle Olivenpresse rekonstruiert.

An der Landungsmole: Hier ist Limassol Zyperns Tor zur Welt

Limassol: Cityplan

Bis 1974 lag die Burg im türkischen Stadtviertel, das sich gen Westen erstreckte. Dort tragen die Straßen noch heute türkische Namen – politischer Ausdruck der Tatsache, dass man die Teilung der Insel nicht anerkennen und den alten Zustand wiederherstellen will (Mo–Sa 9–17, So 10–13 Uhr, Eintritt 1 CYL).

Carob Mill/Johannisbrotmühle

Die ehemalige **Lanítis Carob Mill** **3** umrahmt die Burg von Limassol auf zwei Seiten. Sie dient heute nicht nur als Museum und Kulturzentrum, sondern ist mit den in ihren Gemäuern eingerichteten Restaurants und Café-Bars auch ein gehobener Szene-Treff der Stadt.

Sehenswürdigkeiten

1 Alter Hafen/Skulpturenpark
2 Burg/Museum des Mittelalters
3 Carob Mill/Johannisbrotmühle
4 Camı Kebir
5 Markthalle
6 Museum für Volkskunst
7 Archäologisches Museum
8 Keo-Weinkellerei
9 Amathoús

Übernachten

1 Amáthus Beach
2 Hawai Grandhotel & Resort
3 Curium Palace
4 Continental

Essen und Trinken

5 Artima
6 Algourída
7 Ladas Old Harbour
8 Scottis Steak House
9 Karatéllo
10 Cuckoo's Nest
11 Pantopoulíon
12 Nitayia
13 Apóllo Garden Café
14 Ta Kokkalákia

Johannisbrot war noch bis etwa 1960 eines der wichtigsten landwirtschaftlichen Exportprodukte der Insel. Jährlich wurden von 2 Mio. Bäumen etwa 50 000 t geerntet. In dieser erst 1937 erbauten Mühle des Unternehmens Lanítis wurden die Samenkerne gemahlen, weiterverarbeitet und für den Weltmarkt verpackt. Ein Teil dieser ehemaligen Industriemühle ist heute als Museum hergerichtet, viele der alten Maschinen wurden restauriert. Äußerst ausführliche Schrifttafeln, Fotos und Zeichnungen erklären alles, was man über Johannisbrot, seine Verwendung und Verarbeitung wissen möchte.

Johannisbrot wird übrigens auch heute noch auf Zypern geerntet: Mit jährlich etwa 18 000 t ist die Insel nach Spanien, Italien, Marokko, Portugal und Griechenland der sechstgrößte Produzent und steht für etwa 6 % der gesamten Weltproduktion.

Camı Kebir

Die **Große Moschee** 4 wurde zwischen 1540 und 1583 über den Ruinen einer mittelbyzantinischen Kirche errichtet, die wiederum auf einer zerstörten frühchristlichen Basilika stand. Teile der fünfeckigen Apsiden der im 13. Jh. aufgegebenen Kirche haben Archäologen freigelegt; sie sind nun unter Glas zu sehen (Genethlíou Mitélla St., Innenbesichtigung der Moschee nicht möglich).

Markthalle

Die **Markthalle** 5 aus britischen Kolonialzeiten ist trotz ihrer Modernisierung zu Anfang des Jahrtausends noch immer die interessanteste der Insel. Die ehemalige Fischmarkthalle ist heute zwar ein Restaurant, aber im restlichen Teil der Anlage wird noch immer mit Obst und Gemüse, Körben und ein wenig Fleisch gehandelt (Mo, Di, Do, Fr 5.30–14.30, Mi 5.30–13.15, Sa 5.30–13.45 Uhr).

Museum für Volkskunst

Das kleine **Museum für Volkskunst** 6 in einem klassizistischen Haus zeigt in drei Sälen Trachten, Möbel, Stickereien, Schmuck und Gerätschaften aus vergangenen Zeiten (Agíou Andréou St. 253, Okt.–Mai Mo–Fr 8.30–13.30, Juni–Sept. 16–18.30 Uhr, Eintritt 0,50 CYL).

Archäologisches Museum

Das **Archäologische Museum** 7 zeigt Funde aus der Region. Besonders interessant sind die Hathorkapitelle aus dem 5. Jh. in Saal 1, die aus den Ausgrabungen von Amathoús stammen. Sie belegen, dass

Richtig Reisen-Tipp: Ein Vormittag in der Altstadt

Einen geruhsamen Spaziergang durch die Altstadt beginnt man am besten am **Alten Hafen.** Von dort geht es an der **Burg** (s. S. 169) vorbei und dann rechts in die Genethlíou Mitélla Street hinein. Man kommt zur **Camı Kebir** (s. S. 171), der ehemaligen Hauptmoschee der Stadt. Schräg gegenüber kündet die Aufschrift Agora B' davon, dass es hier einmal eine zweite, quicklebendige Markthalle gab. Eine Passage führt zum **alten türkischen Hamam,** in dem Männer sich noch immer in sehr einfachem Ambiente waschen und massieren lassen können. Ein Blick hinein ist erlaubt.

Kurz darauf geht die Genethlíou Mitélla Street in die Agíou Andréou Street über, die teilweise Fußgängern vorbehalten ist. Sie ist die traditionelle **Haupteinkaufsgasse** der Stadt mit zahlreichen Schuhgeschäften.

Nach links biegt die Arch. Kyprianoú Street ab. An ihr liegen das **Rathaus** und das schöne Kolonialgebäude der **Hauptpost.** Biegt man vor der Hauptpost nach rechts in die Themidós Street ein, passiert man ein weiteres Kolonialgebäude mit der **Führerscheinstelle** der Stadt. Vormittags sitzen Schreiber davor, die der Bürokratie Unkundige beim Ausfüllen von Antragsformularen helfen. Interessant ist auch ein Blick zum nahen **Katasteramt** an der Athens Street. Auch da sitzen Schreiber an Klapptischen, zwei bis drei Kundenstühle neben sich und einen hypermodernen Aktenkoffer vor sich, setzen Gesuche auf und wickeln Formalitäten ab.

Ein **Kafenío** auf dem gleichen Grundstück bedient Beamte und Kunden gleichermaßen an jedem beliebigen Platz im Hof und in den Büros der Behörde. Von hier sind es dann nur noch wenige Schritte zur **Markthalle,** wo man weiter ins zypriotische Alltagsleben eintauchen kann.

selbst in der Zeit der griechischen Klassik auf Zypern orientalische Formen zu finden waren. Des Weiteren sind einige Terrakotten in Saal 2 sehenswert, die Szenen des antiken Alltags zum Thema haben: einen Menschen in einer Badewanne, der von einem anderen gewaschen wird, und zwei Figuren, die gemeinsam Brotteig kneten (Cannings/Ecke Byron St., Mo–Sa 9–17, So 10–13 Uhr, Eintritt 0,75 CYL).

Keo-Weinkellerei

Die größte **Weinkellerei** 8 der Insel liegt an der Uferstraße Richtung Neuer Hafen. Dazu gehört auch die auf dem gleichen Areal angesiedelte größte Brauerei des Landes. An jedem Werktagmorgen um 10 Uhr kann das Gelände kostenlos besichtigt werden. Am Ende der Führung darf man Wein und Sherrys sowie Bier verkosten. Am besten meldet man sich telefonisch an unter Tel. 25 36 20 53.

Amathoús

Amathoús 9 war in der Antike eines der bedeutendsten Stadtkönigreiche der Insel. Ähnlich wie Kítion an der Stelle des heutigen Lárnska dominierten hier bis ins 5. Jh. v. Chr. hinein die Phönizier Kult und Politik. Als einziger Stadtstaat schlug sich Amathoús 499 v. Chr. bei einem Aufstand der zyprischen Städte gegen die Perser auf die Seite der Asiaten. Noch im 19. Jh. war von Amathóus sehr viel mehr zu sehen als heute. Dann transportierten die Briten viele der schön behauenen Steine zum Bau der Hafenanlagen von Port Said und Alexandria nach Ägypten ab oder verwendeten sie für Neubauten in Limassol.

Heute besichtigt man hier vor allem die nahe der Uferstraße gelegenen Ausgrabungen einer frühchristlichen Basilika mit einigen wieder aufgerichteten Säulen. Sie stand auf der antiken Agorá, von der auch noch die

Grundmauern eines Nymphäums erhalten sind. Von hier aus wurden die verschiedenen Stadtviertel mit Trinkwasser versorgt (Aug.–Mai tgl. 9–17, Juni–Sept. tgl. 9–19.30 Uhr, Eintritt 0,75 CYL).

i **C.T.O.:** Spýrou Araoúzou Ave. 115 A (im Gebäude des Hotels Continental), Limassol, Tel. 25 36 27 56; George A' St. 35, Germasógeia (im Hotelviertel), Tel. 25 32 32 11, beide Mo–Fr 8–14.30, Mo, Di, Do, Fr auch 15–17.45, Sa 8–13.30 Uhr; außerdem zur Ankunft aller Fähr- und Kreuzfahrtschiffe im Passagier-Terminal des Hafens von Limassol, Tel. 25 34 38 68.

Amáthus Beach 1: Amáthus Ave. (8 km östlich der Stadt), Germasógeia, Tel. 25 83 20 00, Fax 25 32 74 94, www.amathushotel.com. Luxushotel mit 239 Zimmern an einem künstlich aufgeschütteten, dunklen Feinsandstrand. Großer Garten mit zwei Swimmingpools, Tennisplätze, Beauty- und Wellness-Bereich, Wassersportstation, Hallenbad. Das Hotel ist Mitglied der ›Leading Hotels of the World‹. DZ HS ab 194 CYL, NS ab 114 CYL.

Hawaii Grandhotel & Resort 2: Old Lefkosía-Lemesós Rd. (11 km östlich der Stadt), Tel. 25 63 43 33, Fax 25 63 45 88, www.hawaiihotel.com. Luxus-Strandhotel mit 231 Zimmern, exzellenter Küche, schönem Garten mit großem Pool, Hallenbad, Tennis, Squash, Wellness-Bereich und Wassersportstation, Mountainbike- und Rennradzentrum. 2005 als bestes Hotel und bestes Familien-Resort Zyperns ausgezeichnet. Rabatt für Online-Buchungen. DZ HS ab 182 CYL, NS ab 90 CYL.

Curium Palace 3: Byron Street 11, Neustadt von Limassol, Tel. 25 89 11 00, Fax 25 89 13 50, www.curiumpalace.com. Einziges First-Class-Hotel direkt in Limassol. 63 Zimmer, am Rand der Altstadt nahe dem Ar-

Ein Genuss – auch für die Augen: Der Markt von Limassol

Voller Leidenschaft: In den Clubs von Limassol wird bis zum Morgengrauen getanzt

chäologischen Museum gelegen. Klassisch-gediegenes Ambiente im Stil der 1950er Jahre und doch technisch hochmodern, Pool im Garten, Hallenbad, Wellness-Bereich. DZ ab 62 CYL.

Continental 4: Spýrou Araoúzou Ave. 115, Altstadt von Limassol, Tel. 25 36 25 39, Fax 25 37 30 30. Traditionsreiches Hotel mit nur 23 Zimmern direkt an der Uferpromenade (gebührenpflichtiger Parkplatz auf deren anderer Seite). Schlichte Zimmer zumeist ohne Balkon. Ideale Lage für eine Zwischenübernachtung in Limassol! DZ HS ab 30 CYL, NS 22 CYL.

Artima 5: Carob Mill, an der Burg, Tel. 25 82 04 66, tgl. 13–15 und ab 19.30 Uhr. Feines mediterranes Restaurant im Bistro-Stil, stets lebende Langusten im Bassin. Hauptgerichte ab 10 CYL, Languste 55 CYL/kg.

Algourída 6: Eleftherías St. 52, Altstadt, Tel. 25 76 36 36, Mo–Sa 19–24 Uhr. Feine internationale Küche in einer Villa aus dem Jahr 1875, serviert von einem zypriotischen Meisterkoch zu angemessenen Preisen. Hauptgerichte 8,50–16,50 CYL.

Ladas Old Harbour 7: Ag. Theklís St. (am alten Hafen), Mo–Sa ab 12 Uhr. Ältestes Fischrestaurant der Stadt in einem ehemaligen Johannisbrotlager aus dem Jahr 1823. Frischer Fisch ca. 30 CYL/kg.

Scottis Steak House 8: Soulíou St. 38/Ecke Makários Ave., Neustadt, Tel. 25 57 51 73, Mo–Sa ab 19.30 Uhr, Reservierung dringend empfohlen. Das schon 1968 gegründete, renommierteste Steakhouse der Stadt. Offene Küche, große Portionen, exzellenter gegrillter *haloúmi,* als Dessert-Spezialität *crêpe suzette* mit Eis oder frischer Sahne. *Haloúmi* 2 CYL, Steaks ab 9 CYL.

Karatéllo 9: Carob Mill, an der Burg, Tel. 25 82 04 64, tgl. ab 19 Uhr. Modernes Restaurant mit langen Holztischen in einer alten Johannisbrotmehlfabrik. Kreative zypriotische Küche, z. B. in Joghurt mariniertes Kaninchen, über Holzkohle gegrillt und mit Zitronensauce serviert. Hauptgerichte ca. 6–7 CYL.

Cuckoo's Nest 10: Ag. Andréou St. 228/ Ecke G. Katsounótou St., Altstadt, tgl. ab 12 Uhr. Urige kleine Taverne, von einem ehemaligen Seemann betrieben. Hauptgerichte ab 4,50 CYL, *mezé* 7,50 CYL, große Flasche Bier 1,50 CYL.

Pantopoulíon 11: Kanáris St./Athens St., Mo–Sa 11.30–15.30 und 19–24 Uhr. Das Lokal in der ehemaligen Fischmarkthalle von Limassol ist Taverne, Weinbar und Café zugleich. Die Auswahl auch an sonst selten angebotenen zypriotischen Spezialitäten ist ebenso beeindruckend wie die an zypriotischen Weinen. Abends kommt man vor allem zum *mezé*-Essen, Fr und Sa gibt es dazu Live-Musik. *Mezé* ab 7,50 CYL.

Nitayia 12: Ag. Theklís St. (am alten Hafen), tgl. ab 17 Uhr. Wirklich gutes asiatisches Restaurant: chinesische, japanische und thailändische Küche. Hauptgerichte ab 2,50 CYL.

Apóllo Garden Café 13: Iphigenías St. 14 D, Pastides Arcade, Altstadt, Tel. 25 36 28 90, im Winter nur tagsüber, im Sommer auch abends. Das einfache, versteckt gelegene Restaurant in einem paradiesischen Garten zwischen hohen Mauern bietet zwar nur englische und zypriotische Standardgerichte, gleicht aber dank seines vielen Grüns einer Oase inmitten der Steinwüste von Limassol. Da empfindet man sogar den Springbrunnen mit Apollon- und Aphrodite-Statuen, Säulen und Säulenstümpfen aus Gips und das Plastikmobiliar als wohltuend. Hauptgerichte ab 2 CYL, Eis 2–2,50 CYL, Brandy Sour 1,45 CYL.

Ta Kokkalákia 14: Ag. Andréou St. 239, Altstadt, Tel. 25 34 00 15, Mo–Sa 12–15 und ab 18.30 Uhr. Restaurant mit Garten, auf Safari-Stil getrimmt. Zypriotische und südafrikanische Küche, Spareribs als Spezialität. Hauptgerichte ab 5 CYL.

Richtig Reisen-Tipp: Abends in Limassol

Einen modernen zypriotischen Abend mit traditionellen Elementen beginnen Sie am besten in einer der **Szene-Bars in der Carob Mill** (s. S. 170f.) an der Burg in der Altstadt. Gegen 20.30 Uhr könnten Sie dann ins **Altstadt-Restaurant Edó Lemesós** (s. S. 177) gehen, wo Musiker von Tisch zu Tisch ziehen und griechische Musik spielen. Sehr viel lauter geht es im **To Karafáki** (Ag. Andréou St. 219, Tel. 25 37 11 11, *mezé* 10 CYL) zu, wo das einheimische Publikum zu späterer Stunde zu griechischer Live-Musik auch oft zu tanzen beginnt.

Wer Disco-Klänge liebt, fährt nach Germasógeia. Da öffnet der **Club Basement** (Georgíou A' Ave. 91, Tel. 25 32 57 52) täglich um 23 Uhr seine Türen. Entsprechend der frühen Zeit ist das Publikum meist sehr jung. Um 1 Uhr macht der Club **The Auld Triangle** (Georgíou A' Ave. 89, Tel. 25 32 53 89, www.triangledisco.com) auf, wo vier verschiedene DJs jede Nacht für einen ganz unterschiedlichen Sound sorgen. Gespielt wird alles ab den 1960er Jahren. Gegen 4 Uhr schließen die Clubs.

Wer statt westlicher Klänge lieber griechische Musik von klassischen Tönen bis zu modernem Rock hört, sucht an Wochenenden in der Altstadt das **Ellinádiko** (Ifigénias St. 6, Tel. 25 36 43 00, Fr/Sa ab 23 Uhr) auf. Da wird vor allem griechische Musik jeder Art gespielt und garantiert von Einheimischen dazu getanzt. Während hier die Getränke schon ab 4 CYL zu haben sind, zahlen Sie in einer echten Bouzoúki wie dem **Notes Studio** in der Altstadt (Eleftherías St. 5/Ecke Irínis St., Tel. 25 34 43 44, Fr/Sa 23.30–4 Uhr) für die Erstbestellung 15 CYL. Dafür erleben Sie aber auch ein griechisches Orchester mit Sängern und Sängerinnen und ein Publikum, das tanzende Freunde enthusiastisch feiert, indem es sie mit auf die Tanzfläche geworfenen Blumen überschüttet.

Artouch: Ag. Andréou St./Koumandarías St. 29, Altstadt. Gemälde, Skulpturen, Keramik und handgefertigter Schmuck aus Zypern und Griechenland.
Kovis Jewellery: Makários Ave. 211, Neustadt. Neben importiertem Schmuck gibt es hier auch Schmuck, den die Inhaberin Michaella Kovi selbst entworfen und angefertigt hat.
Orpheus Art Gallery: Athens St. 291/Arch. Kiprianou St., www.orpheusartgallery.com. Moderne Malerei und Keramik verschiedener Künstler aus Zypern und Griechenland.
Precious Metal Gallery: Anexartisías St., Agorá Anexartisías, Shop 17. Email- und Cloisonné-Arbeiten des Künstlers Dr. Paníkos Michaelídis.
Sabrina Shoes: Ag. Andréou St. 202. Hier werden Schuhe nach Maß und auch nach Ideen des Kunden angefertigt.
Staatliches Kunsthandwerkszentrum: Themídos St. 25, Altstadt.
Tásos Sawídes: Enóseos St. 5, Altstadt (beim Bischofspalast), Tel. 25 36 36 06. Erfahrener Ikonenmaler, bei dem Besucher auch Ikonen nach Wahl in Auftrag geben können.
The Bear Factory: Kostas Partassides St. 34, Neustadt, Tel. 25 34 10 40. Teddybären aus eigener handwerklicher Herstellung, auch Bärenfertigung nach Kundenwünschen.
Travellers' Tales: Ag. Andréau St. 4, Altstadt nahe der Burg, Tel. 25 87 83 40. Inhaber Eraclís Papaeracléous aus Kyrénia lebt davon, dass er Standard-Souvenirs vor allem an Kreuzfahrttouristen verkauft. Seine Leidenschaft aber gilt der internationalen Zypern-Literatur, die man bei ihm auch finden kann. Auch zwei Internet-Terminals stehen in seinem Laden in einer Fußgänger-Passage.

Café Strétto: Carob Mill, an der Burg, Tel. 25 82 04 65, tgl. ab 12 Uhr. Wer sich zur Szene zählt, lässt sich abends hier sehen. Der Cappuccino ist einer der besten der Insel, französischen Champagner gibt es in guter Auswahl. Cappuccino 2 CYL, Flasche Champagner ab 42 CYL.

Edó Lemesós: Irínis St. 111, Altstadt, Tel. 25 35 33 78 und 25 36 79 81, tgl. ab 19.00 Uhr. In dieser Musiktaverne am Rand des ehemaligen Türkenviertels sitzt man in den Zimmern einer alten Villa und genießt ein üppiges *mezé,* das hier sogar für Einzelpersonen serviert wird. Musiker ziehen ab etwa 21 Uhr von Tisch zu

Geselliger Zeitvertreib: Im Stadtpark von Limassol

Tisch und spielen griechische und zypriotische Lieder; der Service ist schnell und aufmerksam. *Mezé* 8 CYL, offener Wein 5–6 CYL/l.

K-Cineplex: Ariádni St. 8, Neustadt, Tel. 77 77 83 83. Kino mit fünf Sälen. Eintritt 4 CYL.

Notes: Eleftherías St. 5/Ecke Irínis St., Altstadt, Fr/Sa 23.30–4 Uhr. Typisch griechische *bouzouki,* in die Einheimische gehen, um hier mit Freunden griechisch zu Live-Musik zu tanzen. Ausländer sind willkommen, sollten allerdings besser nur zuschauen. Eintritt inkl. erstem Getränk 15 CYL.

Pórta: Genethíou Mitélla St. 17, Altstadt, Tel. 25 36 03 39, Mo–Sa ab 19 Uhr. Spezialität der

1988 eröffneten Taverne in einem alten, denkmalgeschützten Stallgebäude ist das *foukoútha*-Barbecue. Dabei werden Streifen von Rind- und Hühnerfleisch, *haloúmi,* Pilze und Zwiebeln auf einem speziellen Holzkohlengrill am Tisch gegart. Dazu werden eine gebackene Kartoffel und verschiedene Saucen von Knoblauchbutter bis Teriyaki serviert. Hauptgerichte ab 3,75 CYL, *mezé* 7,50 CYL, Barbecue 18 CYL/2 Pers., Flasche Wein 6–8,50 CYL.

Bogenschießen, Reiten, Sportschießen: Elías Country Club, Amathoús Ave. 128, Tel. 25 63 60 00, Fax 25 63 53 00, www.eliasbeach.com. Der Country Club gehört zum Hotel Elías Beach (dort Reservierungen und kostenloser Shuttle Bus). Er bietet Reitunterricht und Ausritte, eine Bogenschießanlage und Anlagen für alle olympischen Schießwettbewerbe.
Bootsausflüge: Lipsos Cruise Lines, Büro gegenüber der Burg nahe dem Alten Hafen, Tel. 80 00 85 85. Ganztägige Schiffsfahrten entlang der Küste (29 CYL inkl. Lunch) und kürzere Ausfahrten.
Bowling: Space Bowling, Hercules St. 1, Germasógeia, Tel. 25 31 00 00, tgl. 10–2 Uhr.
Geführte Touren: Wie in sämtlichen südzyprischen Städten bietet die C.T.O. in Zusammenarbeit mit zypriotischen Fremdenführern englischsprachig geführte Touren für Interessierte kostenlos an. Eine Voranmeldung ist allerdings erforderlich. Ganzjährig Mo um 10 Uhr startet ein Rundgang durch die Altstadt von Limassol (Tel. 25 36 27 56). Zwischen Oktober und April werden vom C.T.O.-Büro in Germasógeia aus kombinierte Bus-/Spaziergangstouren veranstaltet. Jeweils Mi 10 Uhr geht es ins Binnendorf Germasógeia und zum Stausee von Germasógeia (Tel. 25 32 32 11).

Musical Sundays: jeden So (Mai 20, Juni/Juli 21, sonst 11 Uhr) im Onisilos Seaside Theatre an der Uferstraße im Vorort Ágios Tychónas; griechische und zyprische Folklore, Jazz oder Klassik.
Großer Karnevalsumzug: Karnevalssonntag auf der Uferstraße.
Blumenfestival Anthestíria: Mitte Mai auf der Uferpromenade in Germasógeia. Ein Wochenende mit vielen Veranstaltungen und einem großen Festumzug inkl. Blumenparade am Sonntag.
Weinfestival: 12 Tage Ende Aug./erste Septemberhälfte im Stadtpark. Die Eintrittskarte berechtigt zu unbegrenztem Weinkonsum bei Folklore-Shows und Musikveranstaltungen zwischen 20 und 23 Uhr.

Stadtbusse:
Linie 30 fährt tgl. bis ca. 24 Uhr alle 15–30 Min. entlang der gesamten Uferstraße vom Neuen Hafen bis zum Hotel Meridien ganz im Osten des Hotelviertels.
Linie 2 fährt im Sommerhalbjahr vom Stadtbus-Terminal (Andréa Themistokléous St., nahe der Markthalle) Mo–Fr mehrmals tgl. zum Lady Mile Beach.
Linie 16 und 17 nach Kolóssi und Erími.
Busse nach Koúrion:
Mo–Fr um 10, 12.30 und 13.30 sowie Sa um 10, 11 und 13 Uhr zu den Ausgrabungen von Koúrion, Rückfahrt Mo–Sa 11.50 und 14.50 Uhr.
Fernbusse:
Nach Lárnaca (Tel. 24 64 34 92) Mo–Fr 8, 10, 13 und 16.30 Uhr sowie Sa 8 und 13 Uhr ab Altem Hafen.
Nach Nicosia (Tel. 25 37 05 92) und ins Tróodos-Gebirge (Tel. 25 55 22 20) ab Stadtbus-Terminal (Andréa Themistokléous St., nahe der Markthalle).
Service-Taxis:
Travel Express, Tel. 77 77 74 74.

Parken in Limassol
Innerhalb der Altstadt gibt es mehrere kleine, gebührenpflichtige Parkplätze, die man aber eher zufällig findet. Am einfachsten parkt man auf den gebührenpflichtigen Parkplätzen an der Uferpromenade etwa auf Höhe des Hotels Aquamarina. Sie liegen meerseitig, sind also nur aus östlicher Richtung erreichbar (Wendemöglichkeiten vorhanden).

Umgebung von Limassol

Reiseatlas S. 2–4

Die Umgebung von Limassol wird ganz unterschiedlich genutzt. Im Osten wurden an der Küste ein Elektrizitäts- und ein Zementwerk angesiedelt. Im Norden klettern immer mehr moderne Urbanisationen die Hänge hinauf in Richtung Tróodos. Im Südwesten und Westen gehört der Boden dem britischen Militär. Das schafft Sperrgebiete für den Menschen, aber auch Ruhezonen für die Natur.

Limassol zieht die Wirtschaft und die Menschen an. Das schlägt sich natürlich im Landschaftsbild nieder. Der Einfluss der Stadt schwindet erst östlich von Germasógeia und westlich von Episkopí. Die Halbinsel Akrotíri strotzt zwar von Antennen des britischen Militärs, ist zugleich aber auch ein Refugium für Flamingos und zahlreiche Zugvögel. Auf dem Gebiet der britischen Militärbasis liegen einige der letzten unverbauten Strände Südzyperns, die von jedermann aufgesucht werden dürfen. Auch im Heiligtum des Apollo Hylates stehen die antiken Gemäuer unter dem Schutz britischer Militäreinrichtungen, dafür aber auch inmitten ursprünglich gebliebener Wildnis. Östlich von Germasógeia zieht die Autobahn den gesamten Verkehr an sich. Dadurch sind hier die Küstenlandschaften von Ágios Geórgios Alamános und Governor's Beach noch naturnahe Oasen.

Akrotíri-Halbinsel

Der überwiegende Teil der **Akrotíri-Halbinsel** gehört zur Souveränen Britischen Militärbasis (SBA) von Akrotíri-Episkopí, die sich von hier aus noch etwa 13 km entlang der Küste westwärts bis hinter den Avdímou Beach erstreckt und auch die Ausgrabungen von Koúrion einschließt. Im äußersten Süden der Halbinsel liegt ein britischer Militärflughafen. Deshalb ist die Halbinsel südlich des Dorfes Akrotíri und des Salzsees auch durch Stacheldrahtzäune gesichertes militärisches Sperrgebiet.

Um zu den Plantagen von Fasoúri zu gelangen, verlässt man das Zentrum von Limassol auf der ufernahen Straße in Richtung Neuer Hafen und folgt dann den Wegweisern nach Akrotíri.

Fasoúri

Reiseatlas: S. 3, B 3

In den Plantagen von **Fasoúri** werden Orangen und Pampelmusen, Avocados, Kiwis und viele andere mediterrane und exotische Früchte angebaut. Zum Schutz vor dem Wind sind die einzelnen Haine von hohen Zypressen umgeben. Zypressen säumen auch als dichte Kette die Alleen, die durch die Plantagen hindurchführen und wie dunkle Hohlwege wirken. In den Plantagen liegen an der Straße nach Asómatos drei Fabriken, in denen die Früchte verpackt, zu Saft gepresst oder zu Marmelade verarbeitet werden.

Die schönste Route durch Fasóuri beginnt in Zakákia an der großen Taverne Kyrénia. Hier gabelt sich die Straße von Limassol her; man wählt den linken Weg zur Weiterfahrt. Er mündet auf die Straße von Kolóssi nach Akrotíri.

Akrotíri

Reiseatlas: S. 3, A 4

Auf der Weiterfahrt nach **Akrotíri** passiert man britische Antennenanlagen und sieht

links schon den Salzsee liegen. Im Dorf Akrotíri bleibt man auf der Hauptstraße. An ihr liegt rechter Hand das **Akrotíri Environmental Information Centre.** Es informiert ausführlich anhand von Fotos und Schrifttafeln über die Natur der Umgebung. Man kann sich einen kurzen Film anschauen und die sehr engagierten Mitarbeiter geben gerne Tipps zur Vogelbeobachtung und für kleine Wanderungen. Zwischen November und April lassen sich vom Dach aus durch ein Spektiv die bis zu 11 000 Flamingos im See von Akrotíri exzellent beobachten (tgl. 8.30–15 Uhr, Eintritt frei).

Ágios Nikólaos ton Gatón

Reiseatlas: S. 3, B 4

Wenige hundert Meter weiter südlich zweigt kurz vor dem Schlagbaum zum militärischen Sperrgebiet eine unbefestigte, beschilderte Straße nach links zum **Kloster des hl. Nikolaus der Katzen** ab. Falls es nicht gerade stark geregnet hat, kann man sie auch mit dem Pkw problemlos befahren. Die Piste führt durch flache Salzsteppe in der Nähe des Südufers des Salzsees. Nach ein paar Fahrtminuten liegt rechts des Weges das Kloster. In dem unscheinbaren, ganz ländlich wirkenden Gebäudeensemble leben seit 1983 wieder einige Nonnen. Sie malen Ikonen und halten unzählige Katzen, wie es die Tradition verlangt. Die Legende erzählt nämlich, das Kloster sei schon 325 von Kaiserin Helena gegründet worden. Sie habe ihm als Stiftungsgeschenk 100 Katzen übergeben, um damit der Schlangenplage auf der Halbinsel Herr werden zu können.

Auf der anderen Seite der Piste führt auf Höhe des Klosters ein sehr holpriger Feldweg bis ans Ufer des Salzsees heran. Den Pkw lässt man am besten an der Piste stehen und geht zu Fuß. Die Fläche des Salzsees misst etwa 9 km^2. Sein Boden liegt 2,5 m unter der Meeresoberfläche. Im Laufe des Winters füllt er sich mit Meer- und Regenwasser. Im Som-

Ágios Nikólaos ton Gatón: Das ›Katzenkloster‹ macht seinem Namen alle Ehre

Mit dem Autor unterwegs

Die schönsten Strände

Die Hotelstrände von Germasógeia sind meist so schmal, dass viele Gäste lieber in den schönen Gärten und am Pool liegen. Als bester Sandstrand vor den Hotels gilt der **Ágios Tychónas Beach** vor dem Hotel Four Seasons, der auch Nicht-Hotelgästen offen steht. Wenn Sie von einem ruhigen, völlig unverbauten Strand träumen, fahren Sie besser zum **Avdímou Beach** (s. S. 191f.). Reizvoll sind die geschliffenen weißen Felsschollen am **Ágios Geórgios Alamános Beach** (s. S. 194). Die größte Strandvielfalt finden Sie am **Governor's Beach** (s. S. 194f.), wo man auch gut baden kann. Eine Zementfabrik und ein Elektrizitätswerk am schräg gegenüberliegenden Ufer stören zwar manchen optisch, beeinträchtigen die Wasserqualität aber keineswegs.

Der **Koúrion Beach** ist ein Dorado für Surfer. Andere werden ihn wohl nur nach einer schweißtreibenden hochsommerlichen Besichtigung der Ausgrabungen des antiken Koúrion wirklich schätzen. Ähnliches gilt für den **Lady's Mile Beach:** Nach einer sommerlichen Rundfahrt mit Spaziergängen auf der Akrotíri-Halbinsel ist er okay, ansonsten wird man kaum ein zweites Mal kommen, obwohl man mit Stadtbus Nr. 30 von Mitte Juni bis Mitte Oktober preisgünstig hinkommt.

Romantisch wohnen

Zwei Pensionen westlich von Limassol sind Romantikern zu empfehlen, die keine hohen Ansprüche an den Komfort stellen, dafür aber historische Atmosphäre schätzen. Im **Bunch of Grapes Inn** in Pissouri (s. S. 192) wohnen Sie in einem über 100 Jahre alten Bauernhof, in **Antony's Garden House** in Episkopí (s. S. 185) in einer ehemaligen Karawanserei, deren Ställe zu Zimmern und Billardraum wurden. Im Bunch of Grapes werden Sie mit französischer Küche verwöhnt, gleich neben Antony's Garden House finden Sie ein stimmungsvolles Restaurant mit guter britischer und zypriotischer Kost.

mer trocknet der See aus und gleicht einer Salzwüste.

Am Ende der Piste muss man schließlich etwa 300 m weit über den Boden des Salzsees unmittelbar am Stacheldrahtzaun der Militärbasis entlangfahren, bis man am Lady's Mile Beach wieder eine befestigte Piste erreicht. Über sie gelangt man immer am Strand entlang bis zu einem kleinen, ganzjährig mit Wasser gefüllten Teich, der Hunderten von Wasservögeln eine Heimat oder einen Rastplatz bietet. Von hier aus sieht man auch die Schiffe im Hafen von Limassol. Sie scheinen auf der grünen Wiese zu liegen, denn die Hafenbecken sind von diesem Standpunkt aus nicht zu sehen.

Kolóssi, Erími und Episkopí

Die drei Dörfer liegen unmittelbar nördlich der britischen Militärbasis auf zypriotischem Hoheitsgebiet. Sie gehen fast nahtlos ineinander über und werden durch die alte Südküstenstraße B6 untereinander verbunden. Kolóssi lohnt auf jeden Fall einen Stopp.

Kolóssi

Reiseatlas: S. 3, A 3

In **Kolóssi** steht das einzige Bauwerk der Insel, das an die mittelalterliche Präsenz der Kreuzritter des Johanniterordens auf Zypern erinnert. Der Bergfried ihrer **Burg** erhebt sich über Weinfeldern aus der flachen Ebene. Im Jahr 1210 ließen die Kreuzritter vom Johanniterorden (s. S. 184) die Festung erbauen. Sie waren schon Jahre zuvor von den Lusignans auf die Insel geholt worden, um zur Unterwerfung der Zyprioten beizutragen. Auch nach der Übersiedlung des Ordens auf die Insel Rhodos im Jahr 1310 blieb eine Ordenstruppe – *commandaría* genannt – in Kolóssi stationiert. Die *commandaría* – im Übrigen Namensgeberin des berühmten Dessertweins – schützte und verwaltete den Ordensbesitz auf Zypern, zu dem 60 Dörfer und ausgedehnte Ländereien gehörten. Hörige Bauern mussten hier für den Orden Zuckerrohr anbauen. Wie wichtig den Johannitern dieser Besitz war, zeigt sich daran, dass sie die alte Burg noch 1454 durch eine neue ersetzten, von der der quadratische, 23 m hohe Wohnturm erhalten blieb. Innen ist er dreigeschossig. Über den als Lager dienenden Kellerräumen mit zwei Zisternen liegen die jeweils aus zwei länglichen Räumen bestehenden Wohngeschosse mit Kaminen. Die Löcher in halber Wandhöhe deuten darauf hin, dass ursprünglich hölzerne Zwischengeschosse eingezogen waren. Eine Wendeltreppe verbindet die Etagen miteinander und führt aufs Dach hinauf, von dem aus man einen schönen Blick über die Plantagen von Fasoúri bis nach Limassol genießt.

Die Burg steht inmitten eines gepflegten Gartens, in dem eine über 150 Jahre alte, gewaltige **Macherie** die Blicke auf sich zieht. Der Baum ist in Amerika beheimatet. Von seinem Standort aus sind die Wappen über der Ostseite der Burg am besten zu erkennen. Das unmittelbar unter der Krone ist das königliche Wappen der Lusignans. Es besteht aus vier Feldern: dem Wappen des Königreichs Jerusalem, dem Familienwappen der Lusignans, dem Wappen des Königreichs Zypern und dem Klein-Armeniens (von links oben nach rechts unten). Die drei anderen Wappen links, rechts und unter dem königlichen Wappen sind die bedeutender Johannisritter des 15. Jh.

Auf der gegenüberliegenden Seite erblickt man eine **mittelalterliche Halle** mit gotischen Gewölben und das Ende eines niedrigen Aquädukts. Es führte Wasser aus den Bergen heran und betrieb eine Zuckerrohrmühle. In der Halle wurde dann aus dem Saft durch mehrmaliges Aufkochen Zucker gewonnen. Dazu goss man den gekochten Sirup in ein konisches Gefäß mit einem Loch im Boden, das auf einem blumentopfähnlichen Behälter aufsaß. Während die Flüssigkeit in den unteren Topf tropfte, blieben die Zuckerkristalle im oberen Teil hängen, härteten aus und wurden zugleich in die typische Zuckerhutform gebracht.

Dem Aquädukt kann man zu Fuß ein Stück weit bis ins Dorf hinein folgen. Dabei sieht man dann auch die **Kapelle Ágios Evstáthios** aus dem 15. Jh., die einst wahrscheinlich als Ordenskapelle diente.

Bei genügend Zeit kann man sich von Kolóssi aus einen nur etwa 20-minütigen Abstecher zur historisch zwar bedeutungslosen, aber sehr originellen **Höhlenkirche Spilaío Panagías Vounarkótissas** gönnen. Man fährt von der Burg aus am Aquädukt entlang und biegt sofort bei der ersten Gelegenheit nach links ab, unterquert das Aquädukt und fährt 700 m weit immer geradeaus, wobei die Asphaltstraße in einen Schotterweg übergeht. Ein nur griechisch beschrifteter Wegweiser zeigt dann nach links. Vorbei an Orangen- und Olivenbäumen sind es nun noch 900 m bis ans Ziel. Eine etwa 8 m lange Höhle in niedrigem Fels birgt eine einfache, uralte Kapelle, in der billigste Druckikonen hängen. Vier anderswo ausgemusterte Polsterstühle bilden eine Bank. Vor der Felswand hat man einen kleinen, schattigen Garten mit Sitzbänken und Brunnen angelegt, wo man gut ein Picknick machen kann. Die meisten der handgeschriebenen Schilder an der Höhlenfassade verkünden keine Glaubensgrundsätze, sondern bemerken schlicht, dass die Öllämpchen hier nur mit Parafin und nicht mit echtem Olivenöl funktionieren …

Stadtbusse: 16 und 17 Mo–Fr ab Limassol.

Erími

Reiseatlas: S. 3, A 3

Unmittelbar vor der Brücke über den Trockenbachlauf, der **Erími** von Episkopí trennt, hat seit November 2004 das private **Cyprus Wine Museum** seine Pforten geöffnet. Wer nicht gerade eine umfassende Darstellung der zypriotischen Weinanbaugeschichte und -gegenwart erwartet, kann in diesem kleinen, sehr modern gestalteten Museum durchaus ein paar nette Details entdecken.

Man sieht ein paar antike Objekte mit Weinbezug, Fotos von Dionysos-Mosaiken aus Páfos, mittelalterliche Trinkbecher, diverse Fässer und Gläser und eine kurze Dia-Show. Dann geht es in den Weinkeller hinunter, wo über 220 verschiedene zypriotische Weine lagern – darunter auch einer mit dem deutschen Namen ›Glühwein‹. Fast alle der hier gelagerten Weine kann man kaufen, mehr als ein Dutzend auch verkosten. Commandaría und Tsivanía gehören natürlich auch zum Angebot (Tel. 25 87 38 08, www.cypruswinemuseum.com, tgl. 9–17 Uhr, feiertags geschl., Eintritt inkl. Weinprobe 2,50 CYL).

Episkopí

Reiseatlas: S. 3, A 3

Nur dann, wenn man an diesem Tag nicht noch viel vor hat, lohnt **Episkopí** einen Stopp. Der schon in der mittleren Bronzezeit besiedelte Ort lag im Mittelalter inmitten von Zuckerrohrplantagen und besaß ebenfalls eine Zuckerraffinerie. Die Türken pflanzten hier später Baumwolle an. Heute gedeihen rund ums Dorf vor allem Tafeltrauben, Gemüse und Getreide. In einem traditionellen, zweigeschossigen Haus im Dorf, das als **archäologisches Museum** eingerichtet wurde, sind einige Funde von Ausgrabungen in der Umgebung und aus Koúrion ausgestellt (Juni–Aug. Mo–Fr 9–14.30, Sept.–Juni Mo–Fr 9–14.30 und Do auch 15–17 Uhr, Eintritt 0,75 CYL, gut ausgeschildert).

Episkopianá: Kremástis St., am oberen Ortsrand von Episkopí, schlecht ausgeschildert, Tel. 25 93 50 93, Fax 25 93 50 94, www.episkopiana.com. Wer eine Nacht unter jungen Sportlern verbringen will, liegt hier richtig. Das moderne Hotel mit 100 Zimmern hat sich auf Sporttourismus spezialisiert. Es bietet je ein großes Hallen- und Freibad, Sauna, Fitness-Center, Rennradverleih und vier Fußballplätze, davon zwei mit Flutlicht. Fast das ganze Jahr über kommen Fußballmannschaften, vor allem aus dem ehemaligen Ostblock, für mehrwöchige Trainingslager hierher. Viele Zimmer bieten einen schönen Blick über das Dorf bis zum Meer, sodass das Hotel für Rundreisende durchaus eine Alternative zur Übernachtung in Limassol darstellt. DZ HS ab 66 CYL, NS ab 50 CYL.

Krankenpfleger und Korsaren – die Johanniter

Thema

Der Orden der Johanniter ist in seiner Geschichte immer weiter nach Westen gezogen. Nach der Vertreibung der Kreuzritter aus dem Heiligen Land verlagerte die Bruderschaft ihren Hauptsitz vorübergehend nach Zypern. In Kolóssi bei Limassol unterhielt sie ein Wirtschaftsgut mit wehrhafter Burg. Von dort zog man aber bald weiter, um Rhodos und später Malta zum Stützpunkt der Kämpfe gegen die Osmanen auszubauen.

Schon vor dem Ersten Kreuzzug betrieb eine christliche Laienbruderschaft in Jerusalem ein Hospital für erkrankte Pilger. Als die Teilnehmer des Ersten Kreuzzugs (1096–1099) Jerusalem eroberten, brachte das der Bruderschaft viel Arbeit, aber auch Ruhm ein. Viele Ritter, die hier gesund gepflegt wurden, überließen ihr Geschenke oder überschrieben ihr Besitztümer. Mit diesen Mitteln gründete sie weitere Krankenhäuser an den Pilgerwegen in Frankreich und Italien. 1113 verlieh der Papst der Bruderschaft den Status einer selbstständigen kirchlichen Gemeinschaft. In den folgenden Jahrzehnten vollzog sich der Wandel von der Spitalbruderschaft zum geistlichen Ritterorden, der über die karitativen Tätigkeiten hinaus militärische Aufgaben übernahm.

Die Zahl der Ordensritter belief sich meist auf 500–600 Mann, alle von hohem europäischem Adel. Sie bildeten die Elite einer internationalen, vielsprachigen Gemeinschaft, der darüber hinaus viele Priester und Laienbrüder angehörten: Obgleich ihre Hauptaufgabe in der Krankenpflege lag, dienten diese zugleich auch als Soldaten. Die Ritter selbst mussten als Zeichen der Demut zwar auch sporadisch in den Krankensälen Dienst tun, widmeten sich jedoch in erster Linie dem wirtschaftlichen Wohlergehen des Ordens sowie kriegerischen Unternehmungen gegen die Moslems. Da sie für Angriffe zu Lande zu schwach waren, konzentrierten sie sich auf Korsarenfahrten und griffen im gesamten Mittelmeer immer wieder osmanische Schiffe an. Ohne sich dessen zu rühmen, schlugen sie auch so manchen byzantinischen Frachtensegler zu ihrer Beute.

Als die letzten Kreuzritter 1291 aus dem Heiligen Land vertrieben wurden, war der Orden zunächst heimatlos. Die Lusignans boten ihm daraufhin auf Zypern Asyl an. Der Orden erwarb reiche Ländereien im Umland von Limassol, die er auch nach der Eroberung von Rhodos und den Inseln des Dodekanes bis ins 16. Jh. hinein behielt.

Ab 1309 war Rhodos der Hauptstützpunkt der Johanniter. Sie erbauten hier eine prächtige Stadt. Ihre mächtigen Befestigungen stellten aber für die Osmanen kein Hindernis dar: Am 1. Januar 1523 übergaben die Johanniter Rhodos und die Inselgruppe des Dodekanes nach Belagerung an die Osmanen.

Kaiser Karl V. überließ den Johannitern kurz darauf die Insel Malta als Lehen, die sie bis zu ihrer Vertreibung durch Napoleon im Jahr 1798 beherrschten. Mit Valletta schufen sie hier ein Musterbeispiel einer barocken Stadt. Aus jener Zeit stammt auch die Bezeichnung der Johanniter als ›Malteserritter‹.

Die karitativen Funktionen des einstigen Ritterordens leben bei uns bis auf den heutigen Tag in der evangelischen Johanniter-Unfallhilfe und dem katholischen Malteser-Hilfsdienst fort. Auf Zypern ist der Orden anders als auf Malta nicht mehr vertreten.

Antony's Garden House: Makários St. 30, im Zentrum von Episkopí, schlecht ausgeschildert, Tel. 25 93 25 02, Fax 25 93 31 13, www.agrotourism.com.cy. Die Pension mit nur neun Zimmern ist Teil einer ehemaligen Karawanserei. Bis zu 6 m hohe Bögen überspannen den Innenhof, in dem man inmitten eines üppigen, uralten Gartens immer ein ruhiges Plätzchen findet. Eine kleine Bar und ein riesiger Billardtisch aus Kolonialzeiten fördern die Kontakte unter den Hausgästen ebenso wie die freundliche Art des Inhabers, eines zypriotischen Architekten. DZ 22–32 CYL, je nach Auslastung und Saison.

The Village Inn: neben Antony's Garden House im Zentrum von Episkopí, Tel. 25 23 27 51, Mo–Sa ab 17 Uhr. Gepflegtes Restaurant mit britischer und zypriotischer Küche in einem alten Dorfhaus. Viele Stammgäste, darunter vor allem auf Zypern ansässige Briten und Zyprioten der Mittel- und Oberschicht. Lammbraten mit Minzsauce, Chicken Kiev und Beef Stroganoff sind hier Standardgerichte, zypriotisches *mezé* gibt es nur auf Vorbestellung. Hauptgerichte 6–10 CYL, *mezé* 8 CYL.

Kandoú und Sotíra

Reiseatlas: S. 2, F 3

Für Liebhaber byzantinischer Kirchen und archäologisch stark Interessierte lohnt von Episkopí aus ein Abstecher über **Kandoú** nach Sotíra. Von dort kann man dann auf der Autobahn Richtung Limassol wieder nach Episkopí zurückkehren. Der gesamte Schlenker nimmt etwa 90 Minuten in Anspruch. Er beginnt gleich hinter der Brücke, die von Erími nach Episkopí führt. Hier folgt man den Wegweisern zur Autobahn und nach Kandoú.

Kandoú ist ein ehemals türkisch-zypriotisches Dorf, in dem heute überwiegend griechische Zyprioten von der Karpass-Halbinsel leben. Man durchquert Kandoú auf der E601 und biegt unmittelbar vor dem Ortsende nach rechts in einen griechisch ausgeschilderten Feldweg ein. An der nachfolgenden Gabelung geht es rechts weiter. Wo der Feldweg sich direkt in ein Flussbett absenkt, biegt man nach links ab – nach 150 m steht man vor der 450 Jahre alten, ständig frei zugänglichen Kirche Agía Nápa.

In Kandoú zweigt eine beschilderte Asphaltstraße nach **Sotíra** ab, einem vom Tourismus völlig unberührten Weiler mit einem schönen Kafeníо unter einem hohen Eukalyptusbaum. Auf dem Hügel hinter dem Kafenío erblickt man einen Zaun, der die Ausgrabung einer neolithischen Siedlung umgibt. Man gelangt hinauf, wenn man vom Kafenío aus noch weiter ins Dorf geht bzw. fährt und dann in die zweite Straße links einbiegt. Die neolithische Siedlung war von etwa 4500–3900 v. Chr. bewohnt. Großartig ist der Blick bis zum Olymp, nach Limassol, auf die Halbinsel Akrotíri – und zu den britischen Antennenmasten am Heiligtum des Apollo Hylates.

Links am Wegesrand stößt man auf einen großen Monolithen mit rechteckigem Loch als Feldbegrenzung. Solche Lochsteine sind auf Zypern häufiger anzutreffen. In Antike oder Mittelalter dienten sie wahrscheinlich als Verankerung für die hölzernen Aufbauten von Ölmühlen und Weinpressen. Der Aberglaube der Bevölkerung stilisierte sie jedoch zu magischen Steinen. Ehepaare, die durch die Öffnung hindurchkriechen, sollen auf Kindersegen hoffen dürfen.

3 Koúrion/Curium

Reiseatlas: S. 2, F 3

Koúrion war der griechische Name der römischen Stadt Curium, die zypriotische und amerikanische Archäologen seit Jahrzehnten auf einem Felsplateau oberhalb der hier sehr schmalen Küstenebene freilegen. Eine moderne Siedlung namens Koúrion gibt es nicht.

Das Gelände der antiken Stadt besteht aus drei Teilen: dem Kerngebiet mit Theater, Mosaiken und frühchristlicher Basilika, dem antiken Stadion und dem Heiligtum des Apollo Hylates. Diese drei Bereiche liegen zwar dicht beieinander, sollten aber dennoch getrennt mit dem Auto angesteuert

Richtig Reisen-Tipp: Dem Übergang auf der Spur

Auch Offenbarungsreligionen wie das Christentum entstehen nicht urplötzlich aus dem Nichts heraus. Die verkündete Botschaft mag neu sein, die Rituale des Kults aber basieren auf Ansprüchen und Erwartungen der Menschen. Sie müssen erfüllt werden, um einer neuen Religion zum Erfolg zu verhelfen. Das wird in den Grundmauern der großen Basilika von Koúrion besonders deutlich.

Als das Christentum 381 Staatsreligion wurde, waren die meisten Zyprioten noch Anhänger heidnischer Götter. Ägyptische Gottheiten wurden ebenso verehrt wie griechisch-römische. Auch das endgültige Verbot der heidnischen Kulte durch Theodosius den Großen zehn Jahre später machte aus den Zyprioten keineswegs über Nacht Christen. Die große Mehrheit musste für den neuen Glauben erst noch gewonnen werden. Weil sie es gewohnt waren, ihre Gottheiten in prächtigen Tempeln und weitläufigen Heiligtümern zu verehren, konnte auch die neue Religion nicht ausschließlich auf ihre innere Überzeugungskraft setzen. Sie musste sich den Erwartungen derer anpassen, die sie gewinnen wollte. Kirchen waren notwendig, die an Größe und Pracht mit den Stätten der alten Götter konkurrieren konnten. Kleine Scheunendachkirchen wie später im zypriotischen Mittelalter hätten dafür nicht ausgereicht. Prächtige Basiliken waren gefragt.

Die kleine, bereits zum Christentum konvertierte Gemeinde von Koúrion war dabei in einer glücklichen Lage. Nach dem Erdbeben von 365 lag die Stadt noch immer größtenteils in Trümmern. So konnte die Gemeinde im Stadtzentrum preisgünstig ein Baugrundstück erwerben. Herumliegende Steinquader, Marmor und Säulen wurden kostensparend wiederverwendet. Handwerker, die mit ihnen umgehen konnten, gab es genug.

Der neue Kult brachte zwar viel Neues, hielt aber auch an alten Traditionen fest, die die Menschen schätzten. So wie an den Mysterien während des Aphrodite-Festes nur die Eingeweihten teilhaben durften, durften auch in der neuen Religion nur diejenigen an der mystischen Handlung der Kommunion teilnehmen, die geweiht, sprich: getauft waren. Es waren also Räumlichkeiten notwendig, in denen der Akt der Taufe vollzogen werden konnte, und Räumlichkeiten, in denen sich die Ungetauften aufhalten konnten, während die Gemeinde die Kommunion empfing. Dieser Platz für die Ungetauften – die Katechumenen – waren der Narthex, also der Vorraum der Hauptbasilika, und ihre beiden lang gestreckten Gänge im Norden und Süden, die im Grundriss jetzt wie ein viertes und fünftes Kirchenschiff wirken. Getauft wurde in einer eigenen Taufbasilika, die sich nördlich an die Hauptbasilika anschloss. Aus der Größe dieser Taufbasilika und der Katechumenen-Gänge kann man darauf schließen, wie groß die Zahl der Taufwilligen zur Erbauungszeit des ganzen Komplexes kurz nach 400 war.

So wie den antiken Göttern Opfer dargebracht worden waren, brachten auch die frühen Christen Opfer- und Votivgaben mit in die Kirche. Ein Raum neben dem Ost-Portikus mit den beiden Granitsäulen, durch den man heute die Basilika betritt, diente der Aufbewahrung wertvollerer Gaben. Im Innenhof mit dem sechseckigen Springbrunnen, dessen Wasserzuleitung noch gut zu erkennen ist, wurden nach Meinung mancher Forscher sogar Tiere als Geschenk für den Klerus dargebracht. In der kleinen Seitenkapelle nebenan wurden Votivgaben niedergelegt. Und so, wie die Priester der Antike in ihren Heiligtümern wohnten, lebten auch der Bischof und der Klerus von Koúrion im sakralen Bezirk. Ihre Wohnungen lagen im Obergeschoss über den Umgängen des nordwestlichen Atriumhofes, dem Vorhof zur Taufbasilika.

werden, da kein Fußweg sie miteinander verbindet. Ein viertes Areal ist der Koúrion Beach zu Füßen der antiken Stadt, an dem man baden, in mehreren einfachen Großtavernen essen und nach Voranmeldung sogar reiten kann.

Geschichte Koúrions

Koúrion wird bereits im 12. Jh. v. Chr. in einer ägyptischen Inschrift erstmals erwähnt. Die Stadt war das Zentrum eines der zyprischen Stadtkönigreiche und besaß aufgrund eines Apollon-Heiligtums überregionale Bedeutung. Ihre Blütezeit erlebte sie während der römischen Epoche, aus der auch der überwiegende Teil der freigelegten Bauten stammt. 365 n. Chr. wurde Curium durch ein Erdbeben stark zerstört, blieb aber noch bis zum Araberüberfall von 649 bewohnt. Die Überlebenden zogen anschließend auf das Gebiet des heutigen Dorfes Episkopí, das – wie der Name schon sagt – als Nachfolger Curiums auch Bischofssitz wurde.

Stadtgebiet

Der **Eingang** 1 liegt auf der Südseite der Ausgrabungen. Man kann nach Passieren der Kasse noch mit dem Auto weiterfahren bis zu einem Parkplatz am Theater. Von dort aus muss man das Grabungsgelände zu Fuß durchstreifen (Juni–Aug. tgl. 8–19.30, Sept.–Mai tgl. 9–17 Uhr, Eintritt 1 CYL).

Theater

2 Vom restaurierten Theater aus hat man einen unvergesslichen Blick auf den Strand, die Halbinsel Akrotíri und das Meer. In spätrömischer Zeit kamen nur die Besucher auf den schlechteren Plätzen in den Genuss dieses Panoramas: Ein 10 m hohes Skenengebäude verstellte die Aussicht. Das Theater, erstmals im 2. Jh. v. Chr. aus dem Fels geschlagen, erhielt die Grundzüge seiner heutigen Form um 100 n. Chr.; im 3. Jh. wurden die beiden untersten Sitzreihen entfernt, um Gladiatorenkämpfe und Tierhatzen veranstalten zu können. Die Tiere wurden vor dem Kampf in Kellern unterhalb der Zuschauerarena gehalten, die man noch heute von der nordöstlichen Außenseite des Theaters her betreten kann.

Haus des Eustolios

3 An das Theater grenzt das Haus des Eustolios, dessen Grundmauern und schöne Mosaike ein Dach vor den Unbilden der Witterung schützen soll. Die Villa eines reichen Römers, die nach dem verheerenden Erdbeben von 365 über einem älteren Palast entstand, besaß 35 Räume und eine Thermenanlage, die auch für die Öffentlichkeit zugänglich war. Sie ist an den aus Backstein aufgemauerten Hypokaustenpfeilern zu erkennen, die einen Marmorboden trugen. Aus einem Ofen strömte heiße Luft durch die Hypokausten und bildete so eine Fußbodenheizung.

Koúrion

Die Mosaike im Haus des Eustolios sind schon vom Christentum geprägt. Gleich am Eingang wird der Eintretende mit dem Wunsch begrüßt »Tritt ein zum Glück dieses Hauses«. Auf dem Boden des ehemaligen Kaltbades *(frigidarium)* hält eine Frau in einem Medaillon eine Art Eisenklammer in der Hand. Ihre Länge entspricht exakt dem römischen Fußmaß. Eine Inschrift identifiziert die Frau als ›Ktisis‹, also die Personifikation der Baukunst. Man kann die Bezeichnung aber auch als ›Schöpfung‹ deuten und daraus einen Bezug zum christlichen Wiederaufbau der einst heidnischen Stadt nach dem Erdbeben herleiten. Die Tierdarstellungen im größten Mosaik des Hauses verweisen wie die vielen griechischen Kreuze im geometrischen Dekor ebenfalls aufs Christentum: der Fisch als Symbol für Christus, die Vögel als Symbole für das ewige Leben. Dass sie tatsächlich als solche gemeint sind, bestätigt eine Inschrift im Mosaik: »Statt mit hohen Mauern und hartem Eisen, glänzender Bronze und gar Diamanten hat sich dieses Haus mit den hoch verehrten Symbolen Christi gegürtet.«

Frühchristliche Basilika

4 Die Besichtigung der Basilika (s. auch Richtig Reisen-Tipp, S. 186) führt zunächst in den **Ost-Portikus** mit den beiden Granitsäulen, die wahrscheinlich vom Heiligtum des Apollo Hylates stammen. Der nördliche **Katechumenen-Gang** führt vorbei an der **Schatzkammer** und einem **Wasserbecken**, das für rituelle Reinigungen gedient haben mag, wie sie gut 200 Jahre später auch im Islam zum Gebot wurden. Zwei Durchlässe führten vom Gang in die **Hauptbasilika**, ein weiterer in den **Narthex**. In den Narthex führte auch ein Durchgang vom großen **Atriumhof** her, der über den **Haupteingang** zum ganzen Komplex zu erreichen war. Den Atriumhof mit seinem Wasser-

Antikes Koúrion: Was blieb, ist die traumhafte Lage oberhalb der Küstenebene

becken in der Mitte umgaben zweigeschossige Kolonnaden. Östlich des Atriums schloss sich die **Taufbasilika** an, die einen **Portikus** mit umlaufenden Bänken für den Bibelunterricht besaß und einen **Narthex**. Das **Taufbecken** in Form eines griechischen, also gleichschenkligen Kreuzes wurde in späteren Jahren, als die Säuglingstaufe an die Stelle der Erwachsenentaufe trat, so verschlossen, dass die Priester die Kinder darin untertauchen konnten. Nach der Taufe zogen die neuen Gemeindemitglieder in einer Prozession hinüber in die Hauptkirche, wo unter einem gewaltigen, auf Säulen ruhenden **Baldachin** der Altar stand. Dem Narthex der Hauptkirche westlich vorgelagert ist ein zweiter **Atriumhof** mit Brunnen, neben dem eine **Kapelle** für die Darbringung der Votivgaben lag. Das römische Bodenmosaik aus diesem Raum, in dem auch noch zwei Bogenstellungen erhalten sind, verbrachte man in eine andere **Kapelle**.

Forum und weitere Mosaike

5 Schräg gegenüber vom heutigen Eingang zur Basilika liegt der Zugang zum Forum der antiken Stadt, von dem einige Säulen wieder aufgerichtet wurden. Am Nordwestrand wurde in den 1980er Jahren ein repräsentatives Nymphäum freigelegt, am Nordostrand sind die Hypokaustenpfeiler einer großen Thermenanlage zu finden.

Immer am Zaun entlang in Richtung Asphaltstraße gelangt man vom Forum aus zu den wenigen heidnischen Mosaiken, die sich in Koúrion erhalten haben. Die ersten beiden zeigen Gladiatorenkämpfe. In einem Bildfeld sind die Gladiatoren – deren Berufsstand sich teils aus ›Professionals‹, teils aus Sklaven rekrutierte – in Aktion zu sehen, im zweiten werden zwei Gladiatoren gerade von einem Schiedsrichter getrennt. Beide Mosaike stammen aus der Zeit um 300.

Noch etwas jünger ist das Mosaik direkt an der Hauptstraße, das ein entscheidendes Ereignis aus dem Leben Achills thematisiert. Als Knabe wurde er von seiner besorgten Mutter Thetis an den Hof des Königs der Insel Skýros gesandt, weil sie ihn vor seinem geweissagten Schicksal – dem Tod im Trojanischen Krieg – bewahren wollte. Dort wurde er wie ein Mädchen erzogen und musste Mädchenkleider tragen. Aber der listenreiche Odysseus wusste, dass die Achäer ohne Achill den Trojanischen Krieg nicht gewinnen könnten, und begab sich nach Skýros. Das Mosaik vergegenwärtigt den Moment, in dem er am Königshof zahlreiche Geschenke ausbreitet. Es sind vor allem Mädchenkleider, aber auch eine Kriegerrüstung mit Speer und Schild ist dabei. Odysseus lässt die Kriegstrompete blasen – und Achill verrät sich, indem er sofort zu den Kriegswaffen greift. Seine Freundin Deidameia versucht ihn noch zurückzuhalten – vergeblich, wie wir wissen.

Ein viertes Mosaik, das Ganymed und den Adler zeigt, ist so stark zerstört, dass von der Szene nur noch wenig zu erkennen ist.

Stadion

Auf die Hauptstraße in Richtung Páfos zurückgekehrt, passiert man rechter Hand schon nach 2 km die Mauern des um 150 n. Chr. erbauten römischen **Stadions** 6 von Koúrion (beschildert, frei zugänglich). Es besaß drei Eingänge, war 217 m lang und 17 m breit und bot auf sieben steinernen Sitzreihen etwa 6000 Zuschauern Platz. Am schönsten ist sein Anblick von Osten aus, wo auf einem niedrigen Hügel die Umzäunung einer weiteren, nicht sonderlich sehenswerten Basilika aus dem 5. Jh. zu erkennen ist.

Heiligtum des Apollo Hylates

Kurz darauf folgt an der Hauptstraße eine Abzweigung zum nahen, sehr sehenswerten **Heiligtum des Apollo Hylates** 7, dessen Lage noch schöner wäre, wenn die Briten hier nicht zahllose Antennenmasten aufgestellt hätten. Vom Kassenhäuschen aus geht man zunächst zur **Palästra,** einer Übungsstätte für Ringkämpfer aus römischer Zeit. Durch das **Koúrion-Tor** betritt man den heiligen Bezirk. Die Grundmauern mehrerer **Pilgerherbergen** sind gut erhalten. Den Besuchern des Heiligtums bot sich hier also, wie heutzutage denen der Klöster, die Gelegenheit zur Übernachtung. Sie konnten im **Nordwestgebäude** und in den fünf rechteckigen Sälen des Südbaus schlafen, die in der jetzt sichtbaren Form aus dem 1. Jh. stammen. Man lagerte sich auf die breiten, von Säulen umstandenen Emporen. Dort wo die Heilige Straße beginnt, ist rechts das Rund einer ehemaligen **Opfergrube** zu sehen. Rechts der Heiligen Straße stehen die Grundmauern von **Wirtschaftsgebäuden** und **Priesterwohnungen**; etwas abseits liegt links, leicht erhöht und durch Umzäunung markiert, das **Baumheiligtum.**

Heiligtum des Apollo Hylates

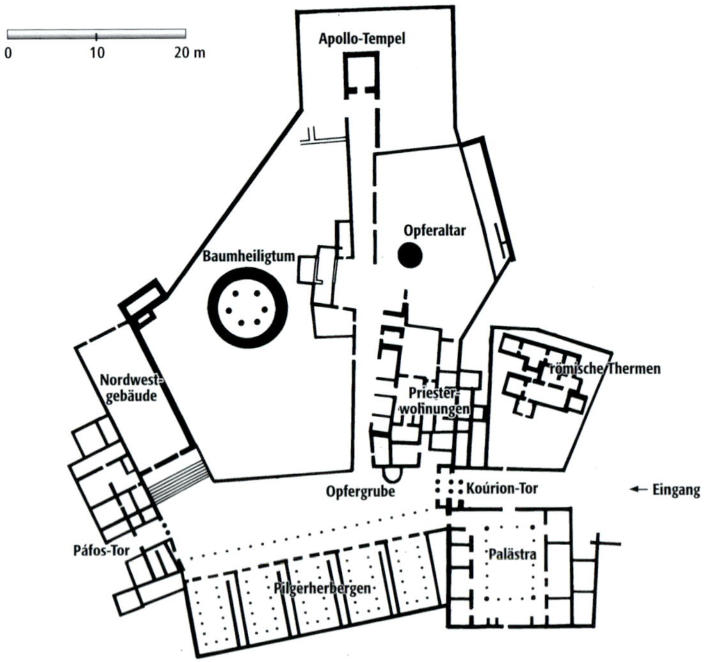

Knapp vor dem teilweise rekonstruierten **Tempel** ist dann rechts noch der antike **Opferaltar** zu erkennen, der vom 8. Jh. v. Chr. bis ins 4. Jh. n. Chr. hinein in Gebrauch war. Die Heilige Straße mündet auf den einzigen zypriotischen Tempel, der unserer Vorstellung von griechischen und römischen Tempeln nahe kommt. Er bestand aus einer Cella und einem Pronaos, also einem dunklen Kultraum und einem Vorraum, an dessen Front sich Säulen mit eigenartigen Kapitellen erhoben. Sie werden als nabatäisch bezeichnet, da man ähnliche Kapitelle in Petra, einst Hauptstadt der Nabatäer, heute Jordanien, gefunden hat. Der Tempel ist rekonstruiert. Alle dafür verwendeten Steinblöcke und Säulentrommeln wurden ohne Maschinenkraft direkt neben dem Tempel zugeschnitten. Je Säulentrommel benötigten die Steinmetze einen Monat (Juni–Aug. tgl. 8–19.30, Sept.–Mai tgl. 9–17 Uhr, Eintritt 1 CYL).

Koúrion Beach

Den über 1 km langen und bis zu 40 m breiten **Sand-Kies-Strand** unterhalb der Ausgrabungen erreicht man, wenn man von den Ausgrabungen zurück Richtung Hauptstraße fährt, dem Schild zur Taverne Ágios Ermogénis folgt und dort wieder nach rechts Richtung Küste abbiegt. Am westlichen Teil des Strandes besteht wegen starker Unterströmungen Badeverbot! Am östlichen Strandabschnitt liegen mehrere große Tavernen mit Selbstbedienung, die eher der Grundversorgung als kulinarischen Genüssen dienen. Gegenüber der Taverne Ágios Ermogénis haben Archäologen ein antikes Grab freigelegt.

Ágios Ermogénis: neben der gleichnamigen Kapelle am Weg zum Koúrion Beach, tgl. ab 9.30 Uhr. Angenehm kleine Taverne mit schattiger Terrasse unter Eukalyptusbäumen. Große Portionen, sehr gutes *kléftiko*. Hauptgerichte ab 4 CYL.

Reiten: Das sehr professionell geführte Curium Equestrian Centre (Tel. 99 56 42 32, curiumequestrian@hotmail.com, tgl. 7.30 Uhr bis Sonnenuntergang) arbeitet nur mit Vorausreservierungen. Erfahrene Reiter können Pferde für 15 CYL/Std. mieten, Anfänger Unterricht für 12 CYL/Std. nehmen. Auch Kurse im Dressur- und Springreiten.

Von Koúrion nach Pissoúri

Die alte Nationalstraße B6 führt von Koúrion überwiegend durch das Gebiet der britischen Militärbasis bis nach Pissoúri. Man erhält einen Eindruck davon, wie die britischen Soldaten und ihre Familien auf der Insel leben, und kann an einem völlig unverbauten Strand wie in Zyperns vortouristischen Zeiten baden.

Garnison Episkopí

Reiseatlas: S. 2, F 3

Heute sind die Wachtposten an den Einfahrten zur **Garnison** auf der B6 nicht mehr besetzt. Nur Reste von Sandsackbarrikaden zeugen noch von der Zeit, als die Briten sich aus Angst vor Anschlägen der irischen Terrororganisation IRA massiv schützten. Dass man sich hier im Herzen des britischen Hoheitsgebietes auf der Insel befindet, bemerkt man nur am Drahtzaun, der die schmucken Wohnviertel zur Straße hin abgrenzt, und an Straßennamen wie Waterloo und Gibraltar Street. Wegweiser machen auf britische Clubs und Schulen aufmerksam. Die Briten unterhalten ihre eigene Feuerwehr und Polizei *(SBA Police)*, eine Tankstelle, ein Kino, Supermärkte und Sportanlagen. Hat man die Wohnsiedlung passiert, senkt sich die Straße schließlich in ein grünes Tal hinab, von den Briten *Happy Valley* genannt. Hier gehen sie ihren Hobbys nach, spielen Polo, Cricket und Fußball, reiten und treiben Wassersport. Sogar einen (von der Straße aus nicht sichtbaren) Trockenskihang gibt es hier. Das Anhalten und Fotografieren innerhalb der Garnison ist verboten; bei Verkehrsunfällen muss neben der zypriotischen Polizei auch die britische Militärpolizei gerufen werden.

Avdímou Beach

Reiseatlas: S. 2, E 3

Nach Verlassen der britischen Garnison bietet sich beim einst türkisch-zypriotischen Dorf Avdímou die Gelegenheit zu einem 4 km langen Abstecher an den **Avdímou Beach.** Zwei schmale Straßen führen dorthin, erkenntlich an den Reklameschildern für die Tavernen Melánda Beach Restaurant und Kyrénia Beach Bar & Restaurant. Der Strand liegt noch auf dem Gebiet der britischen Militärbasis. Das hat ihn im Gegensatz zu den meisten anderen südzypriotischen Stränden vor einer umfassenden Bebauung gerettet. Außer den beiden Tavernen stehen keinerlei Gebäude an dem kilometerlangen Sandstrand. Liegestühle und Sonnenschirme stehen nur unmittelbar vor den beiden Lokalen, ansonsten ist hier alles naturbelassen.

Der Hauptstrand am Kyrénia Beach Restaurant ist etwa 1 km, der kleine Nebenstrand am Melánda Beach Restaurant etwa 150 m lang. Die Breite beträgt jeweils etwa 40 m.

Kyrénia Beach Bar & Restaurant: tgl. 10–21 Uhr. Das gepflegtere der beiden Lokale, englische Küche, Fisch. Hauptgerichte ab 4,50 CYL, Fischgerichte 7–8,50 CYL.
Melánda Beach Restaurant: Mo 7–17, Di–So 7–21.30 Uhr. Selbstbedienungslokal mit großer Freiluftterrasse. Englische Snacks mit zyprischen Elementen, z. B. Schwertfisch mit Pommes oder *moussaká* mit Pommes. Hauptgerichte ab 4 CYL.

Pissoúri

Reiseatlas: S. 2, E 3
Das große Bergdorf mit 1400 Einwohnern liegt nur wenige Kilometer entfernt wie ein Adlernest auf einem Hügel an der alten Nationalstraße B6. Mit seinem stimmungsvollen Dorfplatz und dem als historischem Gebäude sehenswerten Hotel-Restaurant Bunch of Grapes lohnt der historische Ortskern einen kurzen Stopp. Pissoúri wächst allerdings immer weiter in die Landschaft hinaus. Moderne Urbanisationen reichen mittlerweile bis ans Steilufer östlich des Pissoúri Beach.

Bunch of Grapes Inn: mitten im Dorf, Tel. 25 33 12 75, Fax 25 22 25 10, bogpisouri@hotmail.com. Elf Zimmer im Obergeschoss eines vor über 100 Jahren winkelförmig erbauten Bauernhauses mit blumenreichem Innenhof. Die einfach eingerichteten Zimmer sind von einem Umgang aus zu erreichen, zu dem hin sich die Zimmerfenster öffnen. DZ 27 CYL.
Victoria the Good Heart: zwischen Dorfplatz und Bunch of Grapes Inn, Tel. 25 22 11 82, nur Apr.–Okt. Sechs einfache Zimmer in einem modernen Haus der herzlichen Wirtsfamilie. DZ 25 CYL.

Bunch of Grapes Inn: Ioánnou Erotókritou St. 9, mitten im Dorf, Tel. 25 33 12 75, tgl. ab 8 Uhr. Im Erdgeschoss und Innenhof der gleichnamigen Pension. Pub im englischen Stil, Restaurant mit feiner internationaler Küche, z. B. Entenleber mit Bacon und Walnüssen in Knoblauchbutter (3,95 CYL) oder halbe gebratene Ente in Aprikosen-Brandy-Sauce (7,95 CYL). Traditioneller englischer ›Sunday Lunch‹ (7,95 CYL).
Tavernen am Dorfplatz: Vráka Tavern, Tel. 25 22 19 40; Sympósio Tavern, Tel. 25 22 26 88; Pissoúri Square Áristos, Tel. 25 22 15 79. *Mezé* in allen drei Tavernen 7,50 CYL.

Community Festivities: Juli–Mitte Sept. an fast jedem Freitag- oder Samstagabend im modernen Amphitheater der Gemeinde mit Musik, Tanz oder Komödienaufführungen.

Pissoúri Beach

Reiseatlas: S. 2, E 3
Von der B6 und aus dem Dorf Pissoúri führen Nebenstraßen durch Felder hinunter zum kilometerlangen Sand-Kies-Strand Pissoúri Beach. An seiner westlichen Hälfte stehen zwei große, zusammengehörende und gut in die Landschaft eingepasste Hotels, an seiner Mitte dehnen sich kleine Villen und Apartmenthäuser bis ins Hinterland aus. Die östliche Hälfte ist noch völlig naturbelassen. Die Siedlung selbst hat keinerlei Dorfcharakter, sondern dient allein dem Wohnen. Eine schmale, Fußgängern vorbehaltene Promenade säumt den westlichen und mittleren

Richtig Reisen-Tipp: Mittwochabends in Pissoúri

Zypriotische Folkloredarbietungen gehören mindestens einmal wöchentlich zum Standardprogramm nach dem Abendessen in guten Strandhotels und auch zu vielen Veranstaltungen, die die Küstengemeinden für ihre Gäste organisieren. Das Besondere an den **Cyprus Nights** auf dem schönen, relativ kleinen Dorfplatz von Pissoúri ist die ›heimelige‹ Atmosphäre. Man fühlt sich fast wie auf einem echten Dorffest. Die Wirte aller drei Tavernen an der Platía haben das sonst oft vorherrschende Konkurrenzdenken abgelegt und organisieren diese Mittwochabende zwischen Mai und September gemeinsam. Die Preise sind in allen drei Tavernen annähernd gleich, sodass es keine Rolle spielt, wo man telefonisch einen Tisch reserviert.

Tanz und Musik Zyperns sind ebenso wie die Griechenlands von den vielfältigen Einflüssen Anatoliens und des Vorderen Orients mitgeprägt. Besonders typische Instrumente sind die Violine und die *laoúto,* die vier Doppelsaiten hat und ursprünglich mit einer Gänse- oder Adlerfeder gespielt wurde. Häufig wird auch die *tamboúka,* eine Art Tambourin ohne Metallscheiben, eingesetzt. Zwei Tänze, die heutzutage fast immer aufgeführt werden, verlangen durchaus artistische Fähigkeiten. Beim ›Arabischen Tanz‹ balanciert der Tänzer zahlreiche Wassergläser auf seinem Kopf und vollführt damit gewagte Sprünge. Beim ›Feuertanz‹ steckt er sich hinten an seinen Gürtel einen langen Papierstreifen. Ein anderer Tänzer versucht, ihn mit einer Kerze oder einem Feuerzeug zu entzünden.

Auch in Pissoúri enden die Cyprus Nights meist mit dem Angebot an die Gäste, mit zu tanzen. Das hat dann freilich mit Folklore nichts mehr zu tun.

Strandabschnitt; nahe dem Wasser gibt es hier einige gute Tavernen. Insgesamt ist Pissoúri Beach ein angenehmer Badeort für den, der Ruhe sucht, ohne auf ein wenig Wassersport und einige kulinarische Alternativen verzichten zu wollen.

Columbia Beach Resort: am westlichen Strandabschnitt, Tel. 25 83 30 00, Fax 25 83 36 88, www.columbia-hotels.com. Eine ästhetische Perle unter Zyperns Hotels! Die Anlage ist hervorragend in die Landschaft eingepasst und wirkt durch die Verwendung traditioneller zypriotischer Architekturelemente wie ein fantastisches Dorf. Hallenbad und Außenpool-Landschaft sind miteinander verbunden, die Rasenflächen reichen bis zum Strand. Ein Hotelbus fährt täglich nach Limassol und zu den Golfplätzen der Region sowie 1–2 x wöchentlich zu den Ausgrabungen von Koúrion. DZ HS ab 190 CYL, NS ab 140 CYL, Menü im Hotelrestaurant 29 CYL.

Pelekános: in der Villensiedlung Ambelochóri, ca. 600 m vom Strand, Tel. 25 22 12 10, Fax 25 22 11 88, www.ampelohori-holidays.com. cy. 30 Wohneinheiten rund um einen Pool im schönen Garten. DZ HS 28 CYL, NS 20 CYL.

Simpósio: am zentralen Strandabschnitt, Tel. 25 22 11 58, tgl. ab 10 Uhr. Alteingesessene Strandtaverne mit guter Auswahl, Innenräume teilweise in alten Johannisbrotlagerhallen. *Mezé* 8 CYL, Fisch*mezé* 10 CYL, Flasche Wein 5–6,50 CYL.

Östlich von Limassol

Auf dem Weg von Limassol in die Regionen von Lárnaka oder Nicosia lohnt es sich zweimal, die Autobahn zu verlassen, wenn man auf der Suche nach schönen Badeplätzen ist. Rundreisende können zudem am Governor's Beach auch gut am Strand in einem kleinen Hotel übernachten.

Ágios Geórgios Alamános

Reiseatlas: S. 4, D 3

Das große **Nonnenkloster** abseits aller Dörfer wurde der Legende nach im frühen Mittelalter von einem deutschen Eremiten gegründet, der zusammen mit etwa 300 Pilgern auf dem Weg ins Heilige Land an Zyperns Küste gestrandet war. Der heutige Konvent, Heimat für über 40 Nonnen, wurde aber erst 1880 neu gegründet. Seine Gebäude sind noch jünger.

Unterhalb des Klosters kann man an der nahen Küste schön von glatten, weißen Kalkschollen aus angeln und baden; zwei Tavernen laden im Sommerhalbjahr zur Rast abseits allen Trubels ein.

Governor's Beach

Reiseatlas: S. 4, D 3

Trotz eines nahen Elektrizitäts- und Zementwerks bietet der Governor's Beach eine der schönsten Badelandschaften Zyperns. Man hat die Wahl zwischen langen Sandstränden mit angrenzenden Liegewiesen, Miniatur-Stränden unterhalb niedriger, weißer Klippen und glatten Felsschollen direkt im Wasser. Auf einem großen Campingplatz haben viele Zyprioten Wohnwagen fest installiert, in an-

Süßes Nichtstun: Pissoúri Beach bietet ideale Bedingungen zum Relaxen

deren Bereichen stehen Strandtavernen in gebührendem Abstand zueinander. Im August und an Wochenenden herrscht viel Trubel, dann sind nahe der Taverne Kálymnos auch ein Auto-Scooter und ein Kinderkarussell in Kaffeetassenform in Betrieb. Werktags und im Winter aber ist der Governor's Beach eine angenehme Oase der Ruhe mit Möglichkeiten zu schönen Strand- und Uferspaziergängen.

Andréas & Mélani: Tel. 25 63 23 14, Fax 25 63 24 24, www.cyprusvillages.de. Moderne Pension direkt am Strand, 15 Zimmer mit Meerblick. DZ HS 35 CYL, NS 25 CYL.

Andréas & Mélani: Restaurant im gleichen Haus wie die dazugehörige Pension. Große Auswahl auch an gekochten Gerichten, stets frischer Fisch. Sonnenliegen und -schirme auf der Liegewiese am Strand sind für Tavernengäste nach 15.30 Uhr kostenlos (sonst 2 CYL/Paar). Hauptgerichte ab 4 CYL.
Kálymnos: Bei Einheimischen beliebte Fischtaverne. Sie liegt nahe dem gleichnamigen Campingplatz direkt oberhalb des niedrigen Steilufers. Hauptgerichte ab 4 CYL.

Agía Nápa und Umgebung: Die Partyzone von Zypern

Kapitel 3

Lárnaka und Agía Nápa

Auf einen Blick: Lárnaka und Agía Nápa

Airport und Badeparadies

Lárnaka ist Zyperns Eingangstor. Hier landen fast alle Linien- und die meisten Charterflüge aus Europa. Aber in Zyperns drittgrößter Stadt und bedeutendstem Ölhafen bleiben nur wenige Urlauber. Einige quartieren sich in den großen Strandhotels im nahezu flachen Umland östlich von Lárnaka ein. Die meisten fahren jedoch noch etwa 50–60 km weiter nach Osten und verbringen ihre Badeferien in der Region von Agía Nápa und Paralímni-Protarás. Da erwarten sie die schönsten Strände Südzyperns und im Sommer äußerst lebhafte Urlaubsorte mit – insbesondere in Agía Nápa – regem Nachtleben. Außerdem sind Agía Nápa und Paralímni-Protarás eine ideale Urlaubsregion für alle, die gerne Fahrrad fahren, ohne gleich für Mountainbike-Weltmeisterschaften trainieren zu wollen. Die Gemeinden haben breite Radwege anlegen lassen, entlang der Küsten und über die besonders naturnahe Halbinsel am Kap Gréko führen weitgehend autofreie Wege und Pisten. Auch mit Kindern kann man hier problemlos radeln.

Westlich von Lárnaka spielen die Strände keine Rolle mehr. Außer einem empfehlenswerten Hotel am Kap Kíti und einem Club Aldiana gibt es dort keine Beach-Hotels. Hier macht man Urlaub im Hinterland, wohnt in Pensionen oder restaurierten Bauernhäusern in stillen Binnendörfern.

Die Landschaft im Südosten wird von flachen Küstenebenen, niedrigem Hügelland und kleinen Tafelbergen geprägt. Im Osten ist die Erde tiefrot und besonders fruchtbar. Dort ernähren vor allem Kartoffeln die Bauern. Ansonsten wird überwiegend Getreide auf weiten Feldern angebaut, das allerdings schon im Juni abgeerntet ist. Danach verwandeln sich die Felder in steppenartige Flächen. Eine Wiederaufforstung wird auf terrassierten Hängen intensiv betrieben; auf Wälder freilich wird man noch Jahrzehnte warten müssen. Ein wichtiger Wirtschaftsfaktor in dieser Region ist auch die britische Militärbasis von Dekéleia, die sowohl für griechische als auch für türkische Zyprioten Arbeitsplätze schafft.

Geschichtlich gesehen war die Region zu keiner Zeit von großer Bedeutung. Dennoch gibt es historische Monumente von überregionalem Rang – allen voran die jungsteinzeitlichen Dörfer von Choirokoitía und Kalavasós sowie die islamische Pilgerstätte der Hala Sultan Tekke.

Highlights

4 **Choirokoitía:** Schon vor über 8500 Jahren lebten die Menschen auf Zypern in steinernen Rundhütten. In Choirokoitía haben die Archäologen ein ganzes neolithisches Dorf ausgegraben. Zusammen mit den teilweise bis zum Dachansatz erhaltenen jungsteinzeitlichen Mauern vermitteln drei rekonstruierte Hütten am Eingang sehr anschaulich die Einzigartigkeit dieses Monuments (s. S. 218f.).

5 **Agía Nápa:** Geschichtsprofessoren mögen Agía Nápa nicht unbedingt als Highlight empfinden. Wer sich aber für schöne Strände und Küstenformationen, Slingshot-Kabinen und Bungee Jumping sowie nächtliche Bar- und Diskothekenvielfalt begeistern kann, erlebt hier einen Höhepunkt seiner Reise. Und selbst für die anderen lohnt die Fahrt hierher wegen des Nachbaus eines 2300 Jahre alten Schiffs im Museum Thálassa (s. S. 223ff.).

Empfehlenswerte Routen

Von Agía Ánna zum Kloster Stavrovoúni: Von Zyperns Opuntiendorf führt die Fahrt durch lieblich-grüne Hügellandschaft auf einen markanten Bergkegel, auf dem in fast 700 m Höhe das älteste Kloster der Insel steht. Man genießt einen Ausblick wie ein Pilot im Sinkflug auf Lárnaka (s. S. 215ff.).

Von Choirokoitía nach Páno Léfkara: Durch ein großes, stilles Hochtal mit Kloster führt die Fahrt hinauf nach Léfkara in berauschend schöner Hanglage (s. S. 218ff.).

Reise- und Zeitplanung

Lárnaka ist ein guter Ausgangspunkt einer Rundreise, wenn man hier auf dem Airport gelandet ist – insbesondere nach nächtlicher Ankunft mit Lufthansa. Das Taxi in eins der Stadthotels kostet maximal 6 CYL. Hier kann man gut den ersten Tag verbringen und sich auch nach einem preiswerten Mietwagen umschauen. Ebenso gut lässt sich bei nächtlichem Abflug auch die Wartezeit am Abend in einem der Cafés auf der Palmenpromenade verbringen.

Wer Lárnaka oder Agía Nápa/Paralímni-Protarás als Urlaubsort gebucht hat, sollte Ausflüge nach Agía Nápa bzw. Lárnaka sowie nach Nicosia auf jeden Fall mit dem Linienbus unternehmen. Das spart Geld und vermeidet die Parkplatzsuche.

Rundreisende sollten für die Region maximal zwei Reisetage mit Zwischenübernachtung in Lárnaka einplanen. An einem Tag besucht man die Sehenswürdigkeiten westlich der Stadt, den zweiten Tag kann man den ›roten Dörfern‹, *Kókkina Choriá,* im Hinterland von Agía Nápa und dem Badeort selbst widmen.

Im Winter sollte man Agía Nápa oder Paralímni-Protarás nur buchen, wenn man absolute Ruhe sucht!

Richtig Reisen-Tipps

Ferienhäuser auf dem Land: Seit 1987 vermietet Cyprus Villages restaurierte Bauernhäuser in verschiedenen Binnendörfern Zyperns. Der geografische Schwerpunkt liegt um Tochní zwischen Limassol und Lárnaka. Buchung und Betreuung sind sehr professionell. Man kann seinen Urlaub auf dem Land sogar mit Halbpension buchen oder mit Reiter- und Mountainbikeferien verbinden (s. S. 220).

Agía Nápa by night: Als Diskothekenzentrum der Levante, die zeitweise Ibiza den Rang als Metropole mediterranen Nachtlebens abgelaufen hatte, war Agía Nápa selbst ›Stern‹ und ›Spiegel‹ längere Geschichten wert gewesen. Seine Attraktivität insbesondere für junge Briten und Skandinavier ist ungebrochen, obwohl das Nachtleben jetzt in geordneteren Bahnen verläuft als zu Anfang des Jahrtausends (s. S. 228).

Lárnaka und Umgebung

Reiseatlas S. 4, 8/9

Lárnaka, Zyperns drittgrößte Stadt, besitzt die schönste Palmenpromenade der Insel. Die Altstadt beeindruckt dagegen mehr durch ihre quirlige Geschäftigkeit als durch alte Bausubstanz. Dafür kommen Kunstliebhaber in zwei bedeutenden Museen auf ihre Kosten. In der Umgebung findet man historische Stätten von überregionalem Rang, aber keinerlei bemerkenswert verlockende Strände.

Die meisten Urlauber sehen Lárnaka zuerst aus der Luft. Im Sinkflug aus Richtung Europa fliegt man meistens erst einmal am links unter der Maschine liegenden Flughafen vorbei und erkennt seine Lage zwischen dem Meer und dem großen Salzsee von Lárnaka. Dann wendet der Jet über der Bucht; von rechts rücken das Kraftwerk von Dekéleia und anschließend unmittelbar nebeneinander drei Hotelhochhäuser an einem langen, breiten und gänzlich schattenlosen Strand ins Blickfeld. Erst passiert man die Erdöllager Zyperns, dann den Handelshafen. Daran schließen sich die Altstadt und das ehemalige Türkenviertel von Lárnaka an, die am Ufer durch ein kleines türkisches Fort voneinander getrennt werden. Anschließend zieht die Kulisse der Apartmenthäuser am Mackenzie Beach vorbei, bevor das Flugzeug sicher und fast immer sanft auf der Landebahn aufsetzt.

Wer zum ersten Mal hier landet, wird vom Anblick der Insel zunächst eher enttäuscht sein. Die landschaftliche Lage Lárnakas ist weit weniger reizvoll als die anderer Städte Zyperns. Die Küstenebene wird von weitgehend kahlen, niedrigen Tafelbergen begrenzt; nur in der Ferne ragt bei guter Sicht der markante Kegel des Klosterbergs Stavrovoúni auf. Erst wenn man sie näher erkundet, offenbart die Landschaft ihre Reize. Dann entdeckt man grüne Täler und weite Getreidefelder vor kalkweiß schimmerndem Hintergrund, reizvolle Buchten, fruchtbare Äcker und schmucke Dörfer.

Lárnaka

Reiseatlas: S. 9, B 3

Die Stadt ist klar gegliedert, alles Sehenswerte liegt so dicht beieinander, dass man es gut zu Fuß erkunden kann. Zur Einstimmung geht man am besten zunächst einmal von der Marina bis zum Türkischen Fort die Uferpromenade entlang, besucht dann die Ágios-Lazáros-Kirche und bummelt durch die Altstadt zum Pierídes-Museum. Ein Abstecher in die Neustadt führt zum Archäologischen Museum und den Ausgrabungen des antiken Kítion. Von dort aus geht es wieder zur Marina und zur Uferpromenade zurück.

Kleine Stadtgeschichte

Während der Türkenherrschaft war Lárnaka Zyperns wichtigster Hafen und Handelsplatz. Hier konzentrierten sich nicht nur die Lagerhäuser der Handelsgesellschaften, auch ausländische Konsulate hatten hier ihren Sitz. Ein Reisender des 18. Jh. bezeichnete Lárnaka als besten Marktflecken der ganzen Insel, »weil alle Schiffe von Syrien hierher kommen, um ihren Einkauf zu machen, da sie billige Preise, sonderlich in Ansehung der Lebensmittel finden. In den Buden und Kramläden trifft man überdies alle Arten von europäischen Waren an.«

1881 verzeichnete Lárnaka fast 8000 Einwohner und war damit als zweitgrößte Stadt der Insel nur geringfügig kleiner als Nicosia. Unter den Engländern begann der Niedergang der Stadt. Zur Jahrhundertwende wurde Lárnaka von Limassol an Größe und Bedeutung überflügelt, Nicosia hatte sich an Einwohnerzahl und Fläche schon fast verdoppelt. Diplomaten zogen in die Hauptstadt, Famagusta wurde von den Briten zum wichtigsten Inselhafen ausgebaut. 1970 hatte Lárnaka ca. 21 000 Bewohner, darunter 4500 türkische Zyprioten, 400 Armenier, 100 Maroniten, 1100 Briten und 500 Einwohner anderer Nationalität.

Die türkische Invasion von 1974 wendete Lárnakas Geschick zum Guten. Inzwischen stieg die Einwohnerzahl um mehr als 200 % auf 46 000 Köpfe an. Der als Ersatz für den in der Pufferzone gelegenen Airport von Nicosia 1974/75 binnen sechs Monaten erbaute Flughafen verlieh Lárnaka wieder internationales Flair. Der Verlust von Famagusta sorgte für den raschen Ausbau des Hafens, der heute nach Limassol der zweitgrößte des Landes ist. Über Lárnaka werden 40 % des zypriotischen Seehandels abgewickelt.

Auch der Tourismus fasste erst nach 1974 in Lárnaka Fuß. Das einzige traditionsreiche Hotel war bis dahin das Four Lanterns an der 75 Jahre alten, von hohen Palmen gesäumten Uferpromenade. Man hat es 2004 abgerissen und will es durch einen neuen, profitableren Apartmentblock ersetzen: Denkmalschutz gilt auf Zypern nur wenig, wenn es um Geld und Gewinn geht.

Deutlicher als in Limassol durchdringen sich in Lárnaka das Leben der Einheimischen und das der Urlauber. Vom Rathaus der Stadt bis zum nackten Busen am Strand sind es nur 40 m; Cafés und Restaurants säumen den Sandstrand im Stadtzentrum und wirken ausgleichend zwischen der Urlaubswelt der Promenade und der Alltagswelt der Altstadt.

Ihren heutigen Namen erhielt die Stadt erst im Mittelalter. Mangels anderer Erklärungen wird er oft von *Larnax* abgeleitet, das im Alt-

Mit dem Autor unterwegs

Ankunft in Lárnaka

Wer mitten in der Nacht in Lárnaka landet, tut gut daran, ein Hotel im Voraus zu buchen. Ideal ist ein Zimmer mit Meerblick im **Hotel Sun Hall.** Da wacht man morgens auf, tritt auf den Balkon und blickt auf Yachten und Meer. Für kleinere Geldbeutel sind die **Livadhiótis Hotel Apartments** mitten in der Altstadt eine gute Alternative. Statt im Hotel zu frühstücken, geht man ins Kaffeehaus Stoá an der Lázaros-Kirche und trinkt dort einen Kaffee unter Einheimischen (s. S. 209).

Abendessen mit Live-Musik

Falls Sie Ihren ganzen Urlaub in einem der Hotels von Lárnaka verbringen, sollten Sie abends einmal ausgehen. Zwei Musiklokale unmittelbar an der Lázaros-Kirche bieten die Möglichkeit, ein zypriotisches *mezé* zu griechischer Musik zu genießen und vielleicht sogar selbst ein paar griechische Tanzschritte zu wagen: Das **Musical Ways** ist moderner und gepflegter, die **Black Turtle Tavern** bietet mehr Ursprünglichkeit (s. S. 210).

Politisch reisen

Um die Eigenarten der politischen Gegenwart Zyperns auf einer Autofahrt zu erleben, begibt man sich ins gemischt besiedelte Dorf Pýla (s. S. 211) in der UN-Pufferzone (s. S. 256). Danach verlässt der Reisende die Republik Zypern und fährt durch die Souveräne Britische Militärbasis (SBA) Dekéleia zum Kloster Ágios Kendéas (s. S. 234). Dabei folgt die Straße unmittelbar der Green Line. Nun kann man sich zur Kaffeepause niederlassen am Checkpoint Ágios Nikólaos, den Zyprioten bis 2003 nicht passieren durften. Sie mussten sich mit einem Blick von einem der ›View Points‹ im Dorf Derýneia (s. S. 234f.) auf Famagusta im türkisch besetzten Norden begnügen. Einer dieser Aussichtspunkte existiert noch heute: im Cultural Centre of occupied Ammóchostos. Die Mitarbeiter freuen sich, wenn man (auf Englisch) nach ihren Ansichten fragt.

Lárnaka: Cityplan

griechischen für ›Sarkophag‹ stand und heute ›Urne‹ bedeutet. Da beide Begriffe für eine lebendige Stadt nicht gerade schmeichelhaft sind, nennen viele Einheimische ihre Stadt *Skála,* abgeleitet vom französischen *Place d'Escale* (›Landeplatz‹).

Das antike Lárnaka hieß Kítion und wurde vom 13. Jh. v. Chr. bis zum Jahr 312 v. Chr. mehrheitlich von Phöniziern bewohnt. Zu Lebzeiten von Platon und Sokrates sprach man in Kítion nicht Griechisch, sondern Phönizisch. Geringfügige Spuren der phönizi-

Sehenswürdigkeiten
1 Türkisches Fort
2 Ágios Lázaros
3 Pierídes-Museum
4 Archäologisches Museum
5 Bamboúla
6 Kathári
7 Städtische Kunstgalerie
8 Paläontologisches Museum
9 Stadtpark

Übernachten
1 Sun Hall
2 Achilleos
3 Livadhiótis Hotel Apartments
4 Harry's Inn

Essen und Trinken
5 Für Elise
6 Momo
7 Brewery
8 Tudor Inn
9 Monte Carlo
10 Sis-Masis
11 Art Café 1900

schen Stadt wurden freigelegt und können besichtigt werden.

Stadtrundgang

Türkisches Fort

Unübersehbar erhebt sich am westlichen Ende der Palmenpromenade das **Türkische Fort** 1. Es wurde wahrscheinlich um 1625 an der Stelle einer venezianischen Festung errichtet und von den Briten, die es als Polizeistation und Gefängnis nutzten, renoviert. Im Innenhof sind antike Steinanker und große Vorratsgefäße aufgestellt, ein Ausstellungssaal präsentiert vereinzelte Funde sowie zahlreiche Fotos von den Ausgrabungsstätten in Lárnaka und Umgebung. Außerdem wurde hier der Salon eines osmanischen Hauses, ein so genannter Diwan, aus dem 18./19. Jh. rekonstruiert. Von den Zinnen des Forts aus hat man einen guten Ausblick auf die Stadt. Auch ohne Eintritt zu bezahlen, kann man vom Tor aus einen Blick in die rekonstruierte Galgenkammer gegenüber dem Kassenhäuschen werfen. Die letzte Hinrichtung fand hier 1945 statt. Freunde und Verwandte durften ihr auf Wunsch vom Torbau aus beiwohnen … (Mai–Sept. Mo–Fr 9–19, Okt.–April 9–17 Uhr, Eintritt 0,75 CYL).

Direkt neben dem Fort darf sich die **Al-Kebir-Moschee** neuen Lebens erfreuen. Die einstige Hauptmoschee der türkischen Zyprioten von Lárnaka dient heute den hier ansässigen Arabern als Gebetsstätte.

Lázaros-Kirche

Zur **Lázaros-Kirche** 2 sind es von der Moschee nur wenige Schritte. Auf den ersten Blick beeindruckt ihr hoher, mit schönen Reliefarbeiten verzierter Glockenturm. Wie alle Glockentürme der Insel durfte er erst Mitte des 19. Jh. angefügt werden, weil die Türken zuvor keine Konkurrenz zu ihren Minaretten und Muezzins duldeten. Die Kirche selbst stammt bereits aus dem frühen 10. Jh. Ihr Mittelschiff wurde ursprünglich von drei Kuppeln überspannt, die jedoch bei einem Erdbeben um 1800 einstürzten und durch eine flache Holzdecke ersetzt wurden.

Die Kirche ist jenem Mann geweiht, der laut Bibel von Jesus zum Leben erweckt wurde. Der zypriotischen Legende zufolge wurde er danach seines Lebens unter den Juden nicht mehr froh und flüchtete nach Zypern. Bei Lárnaka ging er an Land, vollbrachte mehrere Wunder und wurde später zum Bischof der Stadt gewählt. Als im Jahr 890 ein Sarkophag gefunden wurde, der den Namen des Heiligen verzeichnete, errichtete

Byzantinische Mehrkuppelkirche: Ágios Lázaros

man diese Kirche über der Fundstelle. Die Gebeine des Lázaros wurden allerdings schon bald nach ihrer Entdeckung nach Byzanz gebracht, von wo sie Kreuzritter 1204 nach Marseille verschleppten. Die Reliquien des hl. Lázaros werden heute auch im burgundischen Autun verehrt. Die Zyprioten stören sich nicht daran, da sie deren Echtheit bezweifeln. Auf wundersame Weise haben sie ihrer Meinung nach 1970 den Sarkophag des Heiligen in der Krypta der Kirche wiederentdeckt. Darin lag ein Schädel, der heute als Schädel des Lázaros in seiner Kirche ausgestellt und verehrt wird. In die Krypta kann man hinuntersteigen.

Des Weiteren verdienen die als Spolien verwendeten korinthischen Kapitelle aus spätrömischer Zeit Beachtung. An der Ikonostase neueren Datums betrachte man die figuralen Schnitzereien unterhalb der Ikonen, die Adam und Eva, die Opferung des Isaak sowie neutestamentarische Szenen zeigen. Bei den Ikonen, die die Erweckung des Lázaros zum Thema haben, fällt jeweils ein Mann auf, der sich ein Tuch vor die Nase hält. Damit soll darauf hingewiesen werden, dass Jesus tatsächlich einen drei Tage alten Leichnam zum Leben erweckte (April–Aug. tgl. 8–12.30 und 16–18, Sept.–März tgl. 14.30–17 Uhr).

Die flachen Bauten, die die Kirche auf drei Seiten umgeben, dienten einst als Pilgerherbergen. In einem der Anbauten ist heute ein kleines **Museum** untergebracht, in dem Ikonen, liturgisches Gerät und liturgische Gewänder zu sehen sind (tgl. 8.30–13 und 15–17.30 Uhr, Mi u. Sa nachmittags geschl., Eintritt 0,50 CYL).

Pierídes-Museum

Von der Lázaros-Kirche sollte man nun vorbei an der winzigen Städtischen Markthalle durch die viel zu verkehrsreiche Haupteinkaufsstraße der Altstadt, die Zínonos Kitiéos Street, gehen. An ihrem östlichen Ende fällt hinter markanten Araukarien ein Bau aus der Kolonialzeit auf, das private **Pierídes-Museum** **3**. In seinem Garten an der Straße ist eine Sammlung von Skulpturen zeitgenössischer zypriotischer Künstler zu sehen.

Das Erdgeschoss der Villa wurde Mitte des 19. Jh. erbaut, das Obergeschoss Anfang des 20. Jh. aufgesetzt. Dimítrios Pierídes hatte 1839 mit der Sammlung zypriotischer Altertümer begonnen. Alle nachfolgenden Generationen der Familie, deren Oberhäupter jeweils mehrere europäische Staaten als Konsul vertraten (u. a. das Deutsche Reich und Schweden), trugen weiter zum Wachstum der Sammlung bei. Zum Museumsbestand gehören über 2000 Objekte, die größtenteils die gleiche Qualität aufweisen wie die entsprechenden Exponate des Zypern-Museums in Nicosia.

Einzigartig ist ein chalkolithisches, 36 cm hohes Libationsgefäß in der Mitte des ersten Saales. Die Terrakottafigur eines nackten Mannes hockt auf einem Schemel. Der Mund mit Zähnen ist weit aufgerissen. Hier wurde einst Flüssigkeit eingefüllt, die dann aus dem kräftigen Penis wieder ausgegossen werden konnte. Wahrscheinlich vollzog man hiermit Fruchtbarkeitsriten.

In einer weiteren Vitrine in der Mitte des gleichen Saales ist ein 45,5 cm hohes, rot poliertes Tongefäß mit Henkel und zwei Tüllen aus der mittleren Bronzezeit zu sehen. Unter dem Rand ist es mit einer Reihe kleiner Figuren besetzt. Sie stellen u. a. eine Schwangere, eine Figur vor einem Brottrog und ein Kind in einer Wiege dar.

Von großer Schönheit sind außerdem ein 29 cm hohes Kompositgefäß, das aus zwei Vasen besteht, die zusammen ein menschliches Paar bilden (mittlere Bronzezeit) und vier archaische, etwa 18 cm hohe Terrakotta-Figuren von vier Tambourin spielenden Frauen. Sogar ihre Ohrringe sind deutlich erkennbar.

Der zweite Saal birgt mehrere kypro-archaische Vasen im Free-Field-Stil. Die Amphoren tragen auf ihren Bäuchen frei gemalte und nicht umrahmte Einzelmotive wie einen Fisch oder einen Vogel. Im Flur und zwei weiteren Sälen sind dann historische Landkarten, schöne Holztruhen, römisches Glas, mittelalterliche Keramik und ein gutes Dutzend Ikonen ausgestellt (Okt.–April Mo–Fr 7–17, Sa 7–13 Uhr; Mai–Sept. Mo–Fr 7–14, Sa 7–13 Uhr, Mo, Di, Do, Fr auch 17–19 Uhr, Eintritt 1 CYL).

Archäologisches Museum

Auf dem Weg zum **Archäologischen Museum** **4** passiert man nun zunächst die schräg gegenüber vom Pierídes-Museum gelegene Tourist-Information in einem Haus aus der britischen Kolonialzeit und die aus der gleichen Epoche stammenden Bauten der Post und der Polizei. Man biegt in die Hauptverkehrsstraße Grigóri Afxentíou Ave. ab und erreicht nach ca. 300 m das Archäologische Museum.

In den vier Sälen des Museums sind die Funde chronologisch geordnet. In **Saal I** steht ein Modell der neolithischen Siedlung Choirokoitía (S. 218f.). Hier ist auch eine neolithische Original-Bestattung zu sehen: ein über 6000 Jahre altes Skelett in Hockstellung, auf dem noch immer ein schwerer Stein liegt, der verhindern sollte, dass der Tote die Lebenden als Geist heimsucht.

In **Saal II** zeugen etliche Fayencen, Alabastergefäße und Kratere von engen Handelsbeziehungen Zyperns mit dem minoischen Kreta und dem mykenischen Griechenland. Besonders schön ist die Malerei auf einer glockenförmigen Vase in einer frei stehenden Vitrine in der Mitte des Raumes: Auf der Vorder- und Rückseite steht jeweils ein Rossebändiger zwischen ihm frontal zugewandten Pferden, die einen Streitwagen mit je einem Krieger darauf ziehen. Der Wagen hat keine Scheiben, sondern schon Speichenräder – und das im 13. Jh. v. Chr.! Einzigartig ist ein Kompositgefäß aus der protogeometrischen Zeit (um 1000 v. Chr.). Es besteht aus sieben gleichartigen, miteinan-

Pizza Inn

der verbundenen Vasen, die wie eine Ziehharmonika wirken.

Hinten links in Saal II findet man zwei steinerne Anker, wie man sie oft im Mittelmeerraum findet. Hier gibt eine Rekonstruktionszeichnung endlich einmal Auskunft darüber, wie sie überhaupt funktionierten: Durch das einzelne obere Loch nämlich war ein Tau geschlungen und in den beiden unteren Löchern saßen Steine oder Metallgegenstände wie Widerhaken, die den eigentlichen Anker bildeten, der sich auf dem Meeresgrund festsetzte.

Weitere Objekte der Alltagskultur findet man im gleichen Saal in Vitrine 5. Ein fast granatenförmiges Tonobjekt ist auf der einen Seite durchlöchert. Auf der anderen Seite besitzt es eine Öffnung, in die ein Schließstein eingeschoben ist. Das Ganze war ein Heizelement. Glühende Holzkohle wurde hineingeben, dann die Öffnung mit dem Schließstein verschlossen. Die Hitze wurde durch die vielen kleineren Löcher auf der anderen Seite abgestrahlt. Außerdem ist in dieser Vitrine eine tönerne Fackelhalterung zu sehen.

In **Saal III** werden vor allem Funde aus geometrischer und archaischer Zeit gezeigt sowie Importware aus Ägypten. **Saal IV** schließlich präsentiert Objekte aus klassischer, hellenistischer und römischer Zeit.

Lohnend ist auch ein Gang ums Museum in dessen Hinterhof. Eine große Sammlung der brustförmigen, *píthia* genannten Vorratsgefäße, wie sie noch bis vor 30 Jahren auf Zypern allgemein gebräuchlich waren, lagert dort neben einer vollständig rekonstruierten hellenistischen Ölpresse (Mo–Fr 9–14.30, Do auch 15–17 Uhr, Eintritt 0,75 CYL).

Antikes Kítion

Von diesem Hinterhof des Archäologischen Museums aus hat man schon einen guten Blick über einen Zaun hinweg auf das noch nicht zugängliche Ausgrabungsgelände **Bamboúla** 5. Französische Archäologen haben hier 1987 den Kriegshafen der phönizischen Stadt Kítion aus dem 5. Jh. v. Chr. freigelegt. In diesem Hafen gab es mindestens sechs überdachte Schiffsliegeplätze, jeder von ihnen ca. 6 m breit und 38–39 m lang. Eine Rekonstruktionszeichnung zeigt, wie sie einst aussahen. Schon vorher hatten Archäologen hier ein Heiligtum für die phönizischen Gottheiten Astarte und Melkart freigelegt, das wohl um 850 v. Chr. erbaut worden war.

Geht man am Bamboúla-Gelände vorbei, gelangt man nach etwa 850 m zur **Kathári** 6 genannten Ausgrabungsfläche. Dort erkennt man bei einem Rundgang durch das Areal teilweise von Schilf überwucherte Reste der Stadtmauer, die Grundmauern eines phönizischen Astarte-Tempels und weiterer Heiligtümer sowie Kupferwerkstätten mit Schmelzöfen. Letztere lagen aufgrund ihrer wirtschaftlichen Bedeutung in unmittelbarer Nähe zu den Tempeln und waren damit dem Schutz der Gottheiten unterstellt. Die gesamte Anlage wird in die Eisenzeit, also auf 1300–1000 v. Chr., datiert (Mo–Fr 9–14.30 Uhr, Eintritt 0,75 CYL).

Europe Square und Uferpromenade

Am schön gepflasterten Europa-Platz vor dem Eingang zur Marina stehen mehrere aufwendig restaurierte Lagerhallen aus dem 19. Jh. Einige von ihnen bergen jetzt das Städtische Kulturzentrum. Es beherbergt die **Städtische Kunstgalerie** 7 mit Werken zypriotischer Gegenwartskunst und ein **Paläontologisches Museum** 8. Es zeigt neben Fossilien u. a. den Schädel eines Zwergflusspferds und den Kiefer eines Zwergelefanten (Städtische Kunstgalerie Di–Fr 10–13 und 16–18, Mai–Sept. 17–19 Uhr, Sa 10–13 Uhr, Eintritt frei; Paläontologisches Museum Di–Fr 9–14, Sa/So 9–12 Uhr, Juni–Aug. So und Mo geschl., Eintritt frei).

Auf dem Rückweg zum Türkischen Fort entlang des Strandes passiert man die **Marmorbüste des Kímon.** Kímon, ein Sohn des Marathon-Siegers Miltiades, erschien als athenischer Feldherr im Jahr 450 v. Chr. mit einer Flotte vor der damals ja noch phönizischen Stadt Kítion, um sie von der Perser-

Palmen bestanden:
Die Uferpromenade von Lárnaka

Prostitution und Billiglöhne

Thema

Auch Zypern ist ein Multikulti-Land. Aber nicht alle Ausländer sind Touristen, Unternehmer oder Studenten. Mehrere tausend Osteuropäerinnen arbeiten – teilweise unfreiwillig – in Bordellen. Als Billiglohnarbeitskräfte werden Schwarzafrikaner und Asiaten ebenso wie Festlandstürken ausgebeutet.

Die Arbeitslosenquote ist in Südzypern äußerst gering. 2005 betrug sie nur 3,8 %, bis 2007 soll sie auf 3,4 % fallen. Da stellen auch die vielen ausländischen Arbeitskräfte kein Problem dar. In der Gastronomie stößt man überwiegend auf Mitarbeiter aus Osteuropa, in der Hotellerie sind im Süden wie im Norden häufig auch Pakistani und Bangladescher beschäftigt. Zudem arbeiten in etwa 18 000 zypriotischen Haushalten ausländische Beschäftigte – überwiegend Frauen aus Sri Lanka, Indonesien und von den Philippinen. Sie verdienen bei freier Kost und Logis im Durchschnitt etwa 1,50 €/Stunde: ein Fünftel von dem, was einheimische Kräfte für den Job verlangen würden. Ein neuer Job für Ausländer ist zunehmend in den Villenvierteln der Russen auf Zypern zu notieren: da sieht man viele Schwarzafrikaner mit Hunden Gassi gehen.

In Nordzypern liegt die Arbeitslosigkeit bei 20–30 %. Trotzdem gibt es auch hier zahlreiche ausländische Arbeitskräfte: Türken vom Festland. Bis zum 1. Juli 2005 konnten sie auf der Insel problemlos illegal arbeiten. »30 Jahre lang haben wir diese Leute auf unmenschlichste Weise ausgebeutet«, gab Nordzyperns Innenminister Ozkan Murat im August 2005 zu. Jetzt müssen sie eine Arbeitsgenehmigung beantragen, die ihnen aber problemlos ausgestellt wird, und sind kranken- und unfallversichert. Etwa 30 000 Festlandstürken, die zusätzlich zu den so genannten Neusiedlern im Norden sind, arbeiten für Billiglohn überwiegend auf den Baustellen im Hotel- und Urbanisationsbereich. Damit stellen sie ein Viertel aller in Nordzypern tätigen Arbeitnehmer.

In beiden Teilen Zyperns floriert das Geschäft mit Bordellen, hier *cabaret* genannt. Etwa 150 bieten ihre Dienste in Städten und auf dem Lande an. Die jungen Frauen darin stammen vor allem aus den Ländern des ehemaligen Ostblocks, vorwiegend aus Russland und der Ukraine. Ihre Zahl geht in die Tausende. Viele von ihnen sind unfreiwillig hier, wurden mit falschen Versprechungen auf die Insel gelockt. Oya Talat, Frau des nordzypriotischen Premiers, nannte auf einer UNFICYP-Konferenz das Beispiel einer 17-jährigen Moldawierin. Sie war als klassische Balletttänzerin angeworben, sofort nach Ankunft in ein Bordell gesteckt und dort in der ersten Nacht siebenmal vergewaltigt worden. Sie hatte dennoch ›Glück‹, wurde in die Psychiatrie zur Behandlung eingewiesen und dann auf Staatskosten nach Moldawien zurück gebracht.

Als einen Grund für die Existenz so vieler Bordelle haben Frauenrechtlerinnen die latent noch immer vorhandene, traditionelle Geringschätzung der Frau (auch) auf Zypern ausgemacht, wie sie auch im Ungleichgewicht der Löhne und der Benachteiligung auf dem Arbeitsmarkt zum Ausdruck kommt: Frauen verdienen in Südzypern 25 % weniger als ihre männlichen Kollegen, sind häufiger arbeitslos und besetzen nur 13,6 % der Führungspositionen (EU-Durchschnitt: 32,1%). Dabei machen auf Zypern mehr Mädchen als Jungen Abitur und studieren ebenso häufig.

herrschaft (und wahrscheinlich auch von den mit den Persern kollaborierenden Phöniziern) zu befreien. Als Kímon 449 v. Chr. vor Kítion starb, brachen die Athener die Belagerung ab. 1923 wurde die Büste aufgestellt, um damit einmal mehr die engen Bande zwischen Griechenland und Zypern zu demonstrieren.

Stadtpark

Wer längere Zeit in Lárnaka verbringt, kann auch dem winzigen **Stadtpark** 9 einen Besuch abstatten. Darin informiert ein ebenso miniaturhaftes **Naturgeschichtliches Museum** mit Tierpräparaten, Fossilien und Gesteinsproben rudimentär über Flora, Fauna und Geologie der Insel. Zwischen Wellensittichen und Enten vegetiert auch ein Mufflon auf dem Museumsgelände dahin (Di–So 10–13, 15–17 Uhr, Juni–Aug. 16–18 Uhr, Eintritt 0,20 CYL).

Vor dem Stadtpark erinnert eine **Büste des Zénon** daran, dass um 334 v. Chr. der Philosoph und Begründer der Stoa in Kítion geboren wurde. Nach Zénons Lehre wird die Welt von strenger Gesetzmäßigkeit gelenkt, die auf einer alles durchdringenden Vernunft beruht. Die Erkenntnis dieser Weltgesetze gilt den Stoikern als höchstes Ziel. Um sie zu erlangen, muss der Mensch sich allein von der Vernunft leiten lassen und sich von allen Affekten befreien – er braucht die ›stoische Ruhe‹. Innere Unabhängigkeit, Gemütsruhe und die Freiheit von Begierden sind die höchsten Tugenden. Gelehrt hat Zénon all dies freilich nicht in Kítion, sondern in einer Wandelhalle in Athen, der *Stóa poikílé,* nach der seine Philosophenschule denn auch benannt wurde.

C.T.O.: Vas. Pávlos Sq. (Altstadt nahe Marina), Tel. 24 65 43 22, und am Flughafen, Tel. 24 64 30 00. Stadtbüro Mo–Fr 8–14.30 Uhr, Mo, Di, Do, Fr auch 15–17.45, Sa 8–13.30 Uhr; Flughafenbüro rund um die Uhr.

Sun Hall 1: Athens Ave. 6, Tel. 24 65 53 41, Fax 24 65 27 17, www.aquasolhotels.com. Zentral, direkt gegenüber der Marina an der Uferpromenade, nur 30 m vom Strand. Viele der 112 komfortablen Zimmer mit frontalem Meerblick. Pool und kleines Hallenbad, Massage-Angebote. Bushaltestelle nach Agía Nápa und Nicosia direkt vor der Tür. DZ HS 80–98 CYL, NS ab 53 CYL.

Achilleos 2: Mítsi St. 56, Tel. 24 62 41 50, Fax 24 62 43 76, www.achilleoshotel.com. Ruhiges und zentrales Altstadthotel, nur 50 m von der Uferpromenade. 20 Studios, Dachgarten. DZ HS 30–36 CYL, NS 20–24 CYL.

Livadhiótis Hotel Apartments 3: Nikólaos Roússos St. 50, Tel. 24 62 62 22, Fax 24 62 64 06, www.livadhiotis.com. Freundliches, kürzlich renoviertes Hotel mit 18 Studios und Apartments direkt in der Altstadt, ca. 50 m von der Lázaros-Kirche und 150 m vom Fort. Großparkplatz 50 m entfernt (tagsüber gebührenpflichtig). Exzellentes Preis-Leistungs-Verhältnis. DZ HS 22 CYL, NS 20 CYL.

Harry's Inn 4: Thermopýles St. 2, Tel. 24 65 44 53. Als ›Traditional House‹ eingestufte Pension für bescheidene Ansprüche. Freundlich, kleine Bar, kleine Gartenterrasse. Nur Etagenbäder. DZ 13–16 CYL.

Für Elise 5: Stasínou St. 51, Tel. 99 64 80 58. Trotz des deutschen Namens ein stilvolles französisches Restaurant, Fr und Sa abends mit Piano-Musik. Hauptgerichte 7,65–14,50 CYL.

Momo 6: Grigóri Afxentíou Ave. 35 (Neustadt), Tel. 70 00 44 64. *Fusion cuisine* inmitten von Ledersofas, Spiegeln, Bambus, orientalischer Kunst und exotischen Pflanzen. Speisekarten mit für die verschiedensten Diäten wichtigen Angaben. Fajitas und Sushi, Pasta und Sandwiches, frischer exotischer Fisch und die vielleicht besten Salate der Insel. Hauptgerichte ab ca. 7 CYL.

Brewery 7: Athens St. 77, Tel. 77 77 24 44. Mikro-Brauerei, die sogar Weizenbier produziert; alle Biere auch in 3-Liter-Reagenzgläsern erhältlich. Modernes Interieur, kreative Gerichte aus aller Welt, große Portionen, viel Personal, abends mit DJ. Hauptgerichte 5,60–7,60 CYL, Salate 3,90–4,80 CYL.

Tudor Inn 8: Lala Mustafa St. 28A (im ehemaligen Türkenviertel), Tel. 24 62 56 08, Di–

Sa 19–24 Uhr. Britisch-gepflegtes kleines Restaurant und Steak House in einem wie ein Fachwerkhaus aussehenden Bau mit blumenreichem Garten; im Winter offener Kamin. Hauptgerichte 5,50–8,50 CYL, Steaks 11 CYL.

Monte Carlo [9]: Piale Pasha 28 (Uferstraße westlich des Forts), Tel. 24 65 38 15, tgl. ab 12 Uhr. Fischrestaurant mit einer ins Meer hinausgebauten Terrasse, auf der man ganzjährig speisen kann. Auch Schnecken in Tomatensauce sind erhältlich. *Mezé* 8 CYL, Fisch-*mezé* 9,50 CYL, 3-Gang-Menü 5,80 CYL.

Sis-Masis [10]: Piale Pasha 8 (an der Uferstraße westlich des Forts), Tel. 24 65 02 32. Armenisches Restaurant, wo man u. a. auch armenische Nudelgerichte genießen kann. Nudel- und andere Hauptgerichte ab 3,50 CYL.

Fastfood-Ketten: Goody's, Starbucks, McDonald's, Pizza Hut und KFC bilden eine etwa 100 m lange Fastfood-Meile entlang der Uferpromenade.

Restaurant für alle Sinne

Die Malerin María Pyrgoú und ihr Partner Mários Dianéllou haben 1993 ein etwa 100 Jahre altes Stadthaus restauriert und in eins der schönsten Restaurants Zyperns verwandelt. Im Erdgeschoss nimmt seit Dezember 2005 eine Weinbar die ehemalige Waschküche ein. Hier kann man jeden Abend ein paar verschiedene der über 100 im Weinkeller lagernden Weine aus aller Welt auch glasweise bestellen. Michael, der Sohn der Inhaber, ist der Sommelier und hat sich seine Kenntnisse vor allem in Australien und Neuseeland erworben. Im Obergeschoss sitzt man in kleinen Räumen zwischen Bücherregalen, historischen Schwarz-Weiß-Fotos und zahlreichen Aquarellen und Gemälden, darunter auch Akte und Landschaften von Maria Pyrgoú. Serviert wird überwiegend zypriotische Küche. Zum Dessert genießt man einen von Maria selbst aufgesetzten Zitronenlikör. Die Musikuntermalung reicht von Jazz über Klassik bis Rock der frühen Jahre, das Preis-Leistungs-Verhältnis ist vorbildlich. Wer mag, kann hier morgens auch schon frühstücken.

Art Café 1900 [11]: Stasínou St. 6 (Altstadt), Tel. 24 65 30 27, Mi–Mo 9–12 und ab 18 Uhr. Hauptgerichte meist 4,50–5 CYL, 1 l Hauswein 3,50 CYL.

Staatliches Kunsthandwerkszentrum: Kosmá Lysióti St. 6 (Altstadt).

Stephan's Shirts: Evanthías Pierídi St. (zweigt am Hotel Les Palmiers von der Uferpromenade ab). Maßschneider für Herrenhemden.

Black Turtle Tavern: Mehmet Ali St. 11 (an der Lázaros-Kirche). Mi, Fr/Sa ab 20 Uhr. Einfache Musiktaverne in der ersten Etage eines alten Wohnhauses. Vegetarisches *mezé* 7 CYL, Fisch- oder Fleisch-*mezé* 8 CYL, Flasche Wein 5–6,50 CYL.

Club Deep & Club Topaz: Athens St. (neben McDonald's), Tel. 99 63 89 86, Mi–So. Zwei Diskotheken im gleichen Haus. Mainstream, griechische Hits, Funky und Deep House.

Musical Ways: an der Lázaros-Kirche, Tel. 99 54 39 01, Fr/Sa ab 20 Uhr. Moderne Taverne mit griechischer Live-Musik, zu der auch ausländische Gäste gern tanzen. *Mezé* 10 CYL, Flasche Wein 8–13 CYL.

Palmyra – To Palió Kafenío: Kléanthi Kalógera St. 24, Tel. 99 17 08 30. Die andere Art, den Abend zu verbringen: in einem uralten Kaffeehaus mit Bögen und Schilfrohrdecken mit schickem Mobiliar, griechischer und arabischer Musik, Tee, Mokka und Wasserpfeife. Wirtin Moíra ist mit einem Syrer verheiratet, der Authentizität garantiert. Wasserpfeife 5 CYL/Füllung.

Savino Cocktail Bar: Watkins St. 11 (Altstadt), Laiki Geitoniá, tgl. ab 18 Uhr. Bar mit langem Tresen. Wirt Ángelos legt Blues, Jazz und ältere Rockmusik auf.

Kataklysmós: Gründonnerstag bis Dienstag nach Pfingsten, zur Erinnerung an die Sintflut. Jahrmarkt entlang der Uferpromenade, zahlreiche Konzerte und Folkloreveranstaltungen auf Bühnen am Meer.

Stadtbusse: Die Linien 22 und 24 verbinden den Flughafen Mo–Fr zwischen 7.30 und 17.30 Uhr 8 x sowie Sa zwischen 7.30 und 12 Uhr 4 x tgl. mit der Ermoú Street und der Uferpromenade (Tel. 24 65 74 66).

Fernbusse: Busse nach Agía Nápa und Nicosia fahren Mo–Sa mehrmals täglich von der Uferpromenade nahe dem Hotel Sun Hall nach Agía Nápa, Limassol und Nicosia, nach Agía Nápa auch So. Über weitere Busverbindungen informiert die Tourist-Information.

Pýla

Reiseatlas: S. 9, B 3

Das einst kleine Dorf **Pýla** wäre nicht der Rede wert, wenn es kein politischer Sonderfall auf Zypern wäre. Hier haben auch nach 1974 noch griechische und türkische Zyprioten zusammengelebt, denn das Dorf liegt in der UN-Pufferzone. Somit gehört es weder zum griechischen noch zum türkischen Teil der Insel, sondern steht quasi unter UN-Verwaltung.

Wer das Dorf Pýla in Richtung Südzypern verlässt, wird häufig vom Zoll kontrolliert, denn in Pýla werden auch Waren aus der Türkei und Nordzypern verkauft. Pass oder Personalausweis benötigt man aber nicht, um ins Dorf zu kommen.

Auf dem Weg dorthin flattern rechts der Straße die türkische und die griechische Flagge zwar einträchtig nebeneinander im Wind, markieren aber die Trennung: Die eine steht vor der türkischen, die andere vor der griechischen Grundschule. Immerhin eint der gemeinsame Schulweg die Dorfkinder bis zum sechsten Schuljahr; danach setzt die Trennung erst richtig ein. Wer eine weiterführende Schule besuchen will, muss je nach Volksgruppenzugehörigkeit entweder nach Famagusta oder nach Lárnaka fahren. Abends ist man dann in Pýla wieder friedlich vereint. Die absurde Situation setzt sich auch später fort. Ihren Militärdienst müssen die jungen Männer von Pýla auf beiden Seiten der Grenze ableisten. Auch die Älteren gehen häufig verschiedene Wege: Türkische Zyprioten fahren zum Arzt- oder Krankenhausbesuch nach Famagusta, ihre griechischen Landsleute nach Lárnaka. Der entscheidende Unterschied zwischen beiden Volksgruppen lag noch bis 2003 darin, dass sich die türkischen Zyprioten von Pýla in der Republik Zypern frei bewegen durften, während den griechischen Zyprioten des Dorfes die Einreise in den türkisch besetzten Inselteil verwehrt war.

Die merkwürdige Sonderstellung Pýlas ›zwischen den Fronten‹ erlebt man am intensivsten, wenn man sich längere Zeit (am besten abends) auf den Dorfplatz setzt. Unterhalb des nur noch selten besetzten UN-Wachthäuschens auf dem Werkstattdach tafelt man in der Taverne des alten Pétros ganz exzellent, im Kaffeehaus unmittelbar gegenüber sitzen auf einer kahl wirkenden Terrasse überwiegend türkische Zyprioten im türkischen Kahvehana, trinken Kaffee und aus der Türkei importiertes *Efes*-Bier. Geht man ein paar Schritte, sieht man das hohe Minarett der Anfang der 1990er Jahre neu erbauten Moschee, die natürlich einen Kirchenneubau nach sich zog.

Salzsee von Lárnaka

Reiseatlas: S. 9, B 4

Der **Salzsee von Lárnaka,** an dem der bedeutendste Inselflughafen liegt, bietet je nach Jahreszeit ein völlig unterschiedliches Bild. Im Winter und Frühjahr stimmt seine weite Wasserfläche mit einem Umfang von 15 km eher heiter. Im Hochsommer aber demonstriert er mit seiner ganzen sand- und salzverkrusteten Öde die zerstörerische Kraft der Sonne. Eine uralte Legende erklärt den Salzsee denn auch als Gottesstrafe: Der von den Toten wieder auferstandene Lázaros (s. S. 203f.) kam nach Zypern. Hungrig und durstig betrat er bei Lárnaka erstmals den Boden der Insel. Da sah er einen großen, üppig tragenden Weingarten und mitten darin eine kleine Hütte. Er ging hin und bat die Besitzerin um ein paar Trauben. Sie aber wollte ihm weismachen, ihre Reben seien vertrocknet und trügen keine Beeren. Lázaros war erbost. »Weil du mich angelogen hast, soll dein Weingarten wirklich austrocknen und sich in einen Salzsee verwandeln!« rief er aus – und sogleich ließ Gott den Salzsee entstehen. Noch heute werden hier angeblich Spuren vertrockneter Weinstöcke gefunden.

Die Zyprioten aber konnten dem ›Fluch‹ wahrscheinlich schon im Altertum, mit Sicherheit aber in Mittelalter und Neuzeit beträchtlichen Segen abgewinnen: Sie ernteten das Salz. Zuletzt wurden jährlich ca. 9000 t Salz gewonnen. Seit den 1990er Jahren ist der Abbau aus Rentabilitätsgründen eingestellt. Importiertes Salz ist billiger.

Die Salzkruste des Sees, dessen Boden bis zu 2,5 m unter dem Meeresspiegel liegt, wird in normalen Jahren etwa 3 cm dick. Sie bildet sich, weil der See in jedem Winterhalbjahr mit Meerwasser aufgefüllt wird. Es sickert durch den schmalen Sand- und Dünenstreifen hindurch, der den See vom offenen Meer trennt. 1983 konstruierte man zudem eine kurze Pipeline, über die bei Bedarf Salzwasser in den See gepumpt werden konnte.

Hala Sultan Tekke

Am westlichen Ufer des Salzsees steht in einem Palmenhain die **Hala Sultan Tekke,** deren Restaurierung im Rahmen eines UN-Programms im Herbst 2005 abgeschlossen wurde. Die kleine, kunstgeschichtlich belanglose Moschee wurde 1816 an der Stelle erbaut, wo Moslems schon seit längerem das Grab einer engen Vertrauten des Propheten Mohammed verehrten. Die mit den arabi-

Ein Bild wie aus 1001 Nacht: Hala Sultan Tekke

schen Eroberern nach Zypern gekommene Hala Sultan kam 649 durch einen Sturz von ihrem Maultier ums Leben. Am Abend vor ihrem Begräbnis, so erzählt die Legende, seien aus Jerusalem oder Mekka drei mächtige Monolithen herübergeschwommen oder -geschwebt, die seitdem über dem Grab ein Trilithon bilden. Bis 1974 war die Tekke nicht nur ein bedeutendes Pilgerziel der türkischen Zyprioten, sondern auch arabischer Gläubiger aus Palästina. Im Hof der Moschee ist eine Urgroßmutter König Abdallahs von Jordanien beigesetzt. Von der Tekke aus lohnt ein etwa 15-minütiger Spaziergang in nördlicher Richtung entlang des Ufers des Salzsees bis hin zu einem im Frühjahr blühenden ›Wald‹ aus Riesenfenchel.

Vom Salzsee über Mazotós nach Choirokoitía

Statt über die Autobahn in Richtung Choirokoitía und Limassol zu fahren, kann man auch die Landstraße nehmen und sieht unterwegs das schönste frühchristliche Mosaik der Insel, Dromedare und typisch zypriotische Wachspuppen in einer Kirche.

Kíti

Reiseatlas: S. 9, A 4

Das Dorf **Kíti** trägt den Namen der antiken Stadt, die sich einst auf dem Boden Lárnakas erhob. Hier steht die Kirche **Panagía Angelóktistos,** die ›von den Engeln erbaute Ma-

rienkirche‹. Ihre Apsis schmückt das bedeutendste christliche Mosaik der Insel. Es stammt wahrscheinlich aus dem 6. Jh. Vor einem goldenen Hintergrund steht die Gottesmutter mit dem Kind auf dem Arm auf einem prunkvollen, mit Edelsteinen besetzten Podest. Von links und rechts treten die beiden Erzengel wie Himmelsfürsten heran, deren herrliche Flügel von edlen Pfauenfedern gebildet werden. Jeder von ihnen trägt in einer Hand eine mit einem Kreuz bekrönte Kugel, in der anderen ein Zepter. Die Szene wird von einem farbenfrohen Band eingefasst, in dem zwischen Akanthusblättern und Brunnen auch Enten, Papageien und Hirsche zu erkennen sind.

Das Mosaik schmückte ursprünglich eine frühchristliche Basilika, von der nur die Apsis erhalten blieb. Die Apsis bezog man im 12. Jh. in den Neubau einer Kreuzkuppelkirche ein. Ein Jahrhundert später erhielt diese einen gotischen Vorbau, der einem der mächtigsten fränkischen Adelsgeschlechter der Insel, den Gibelets, als Privatkapelle diente. Die Grabplatte einer Dame aus jener Familie, die 1302 hier beerdigt wurde, lehnt noch an einer Kapellenwand.

Auf dem schönen Kirchhof vor der Kirche mit seinem einladenden Kafeníon stehen mehrere, auch Terpentin-Pistazien genannte, Terebinthen. Die Gallbildungen dieser Bäume, die sie im Winter bedecken, lieferten in der Antike einen gelben Farbstoff, die Rinde Terpentin. Das Alter der Bäume wird auf über 300 Jahre geschätzt. Eingerahmt wird der Kirchhof von einer Mauer, in die schöne Reliefplatten vom ehemaligen Kirchturm eingearbeitet sind, der auf Wunsch der Archäologen abgerissen wurde, um den Originalzustand des Gotteshauses wiederherzustellen.

Perivólia/Kíti Beach

Reiseatlas: S. 9, A/B 4

Von Kíti führt eine Straße durchs Dorf in die weitgehend moderne Siedlung **Perivólia** und von dort aus ans **Kap Kíti.** Dort steht ein schöner, kleiner Leuchtturm aus britischer Kolonialzeit. Zu seinen Füßen beginnt ein guter, langer Sandstrand unter niedrigem Steilufer, der als der schönste der ganzen Region Lárnaka gelten darf. Im Hinterland erhebt sich auf einem Feld der Pýrgos Kitíou, ein Wachtturm aus venezianischer Zeit.

Fáros Holiday Village: Fros Ave., Perivólia, Tel. 24 42 21 11, Fax 24 42 21 14, www.farosvillage.com, nur April–Okt. geöffnet. Wer aus welchen Gründen auch immer ein paar Tage Badeurlaub in der Region Lárnaka verbringen will, wohnt am besten hier. Die 134 Zimmer verteilen sich auf 17 Gebäude. Bar und Pool liegen auf einer großen Wiese direkt über dem Steilufer. DZ 39–60 CYL, je nach Buchungstermin und Reisezeit. Spezielle Internet-Discounts!

Mazotós

Reiseatlas: S. 4, F 4

Kurz vor dem Ortseingang aus Richtung Kíti liegt links der Straße der **Daktári Camel Park,** in dem 45 Dromedare gehalten werden. Kurz darauf steht rechts der Straße das **Museum Cóstas Argiroú** (Di 9–12 und 14–16, So 9–12 Uhr, Eintritt 1 CYL), das Werke dieses zeitgenössischen zypriotischen Bildhauers zeigt. Im Dorf selbst sollte man zur **Kirche Ágios Xénophon** am oberen Dorfrand hinauffahren. Alte und neue Kirche gleichen Namens grenzen an einen Friedhof mit prächtigen, teilweise sogar fantasievoll gestalteten Gräbern. Im Innern der alten Kirche entdeckt man fast zwei Dutzend lebensgroße Wachsfiguren *(tamatá)* und eine Reihe von Köpfen aus Wachs, alles Votivgaben von Gläubigen. Der besseren Haltbarkeit wegen sind einige in Zeitungspapier eingewickelt. Andere schmücken Fotos und Zettel mit Danksagungen an den Heiligen. In der Kirche liegt ein Buch aus, in das Gläubige ihre Wünsche an den hl. Xénophon hineinschreiben.

Von Mazotós geht es durch sanftes Hügelland weiter nach **Alaminós,** wo am Straßenrand ein venezianischer Wachtturm auf einem Feld steht. Er diente wahrscheinlich der sicheren Einlagerung von Ernteabgaben. Anschließend geht die Fahrt über Kofinoú weiter nach Choirokoitía.

Hoher Spaßfaktor: Ein Ausritt auf dem Dromedar im Daktári Camel Park

Daktári Camel Park: Mazotós, Tel. 24 99 12 43, tgl. 9 Uhr bis Sonnenuntergang. Wer möchte, kann auf den Dromedaren auch einen kurzen Ausritt unternehmen, ab 5 CYL.

Über Pyrgá und Stavrovoúni nach Choirokoitía

Eine weitere Alternative zur Autobahnfahrt von Lárnaka in Richtung Choirokoitía und Limassol ist die Landstraße durch das leicht hügelige Hinterland über Agía Ánna nach Pyrgá. Von dort geht es entlang der Autobahn weiter bis ins neolithische Choirokoitía. Dabei kann man gut einen Abstecher hinauf auf den weithin sichtbaren, markanten Klosterberg Stavrovoúni unternehmen. Von dort oben genießt man einen wunderschönen Blick weit über Lárnaka hinaus und sieht auf der anderen Seite schon das Tróodos-Gebirge recht nah.

Agía Ánna

Reiseatlas: S. 8, F 3

Ein solch kleines, romantisches Dorf wie **Agía Ánna** erwartet man in der Nähe von Lárnaka gar nicht. Mehr Opuntien als hier wachsen wohl an keinem anderen Ort auf Zypern. Besonders schön gestaltet ist der Dorfplatz an der Hauptstraße, wo in restaurierten Natursteinbauten nicht nur das Gemeindeamt und die Landarztpraxis untergebracht sind, sondern auch eine erstklassige Taverne.

Auf der Weiterfahrt nach Pyrgá passiert man jetzt viele uralte, aber zurückgeschnittene Ölbäume, terrassierte Hänge mit Neupflanzungen, kleine Kiefernwäldchen mit Bienenkästen sowie Auto- und Traktorenwracks unter Orangen- und Eukalyptusbäumen. Die Landschaft ist ausgesprochen lieblich. Wer die Fahrt über den Klosterberg Stavrovoúni und Choirokoitía fortsetzt und über das stille Dorf Vávla und Léfkara wieder Richtung Meer fährt, lernt eine der landschaftlich schönsten Strecken der Region kennen.

Paradosiakí Tavérna: Tel. 22 53 25 00, im Sommer tgl. ab 12 Uhr. Innen sitzt man unter Rundbögen und einer traditionellen, aus Rohr geflochtenen Decke, draußen auf der Platía zwischen Blumentöpfen. Hauptgerichte ab 3 CYL, Flasche Wein 3,50–14 CYL.

Pyrgá

Reiseatlas: S. 8, F 3

Pyrgá muss zu Zeiten der Lusignans eine größere Bedeutung gehabt haben als heute. Das zeigt die kleine Kapelle **Agía Ekateríni** (tgl. 9.30–17 Uhr, wenn während dieser Zeit geschlossen, Schlüssel im Kafenío holen, Eintritt 0,75 CYL), die jetzt zwischen der protzigen, modernen Dorfkirche und einem Kindergarten mit grellbuntem Spielplatz eingezwängt ist. In dem gotischen Bau aus dem frühen 15. Jh. sind einzigartige Fresken zu finden, die byzantinische und lateinische Stilmerkmale miteinander vereinen. Da das kleine Gotteshaus einst eine königliche Ka-

Kloster mit Aussicht: Stavrovoúni

pelle der Lusignans war, sind die Fresken französisch beschriftet. Auf der Darstellung der Kreuzigung ist das Stifterbildnis von König Janus und seiner zweiten Frau, Charlotte von Bourbon, zu erkennen.

Mesaória: etwa 200 m hinter der königlichen Kapelle an der Hauptstraße Richtung Tavrovoúni/Limassol, tgl. ab 9 Uhr. Café und Imbiss. Frisch gepresster Orangensaft, Verkauf von schwarzen und grünen Oliven, Obst und Gemüsen der Saison. Nicht schön, aber urig. *Sheftaliá* als Hausspezialität.

Stavrovoúni

Reiseatlas: S. 8, F 4

Der 688 m hohe Klosterberg **Stavrovoúni** ragt weithin sichtbar fast völlig freistehend aus dem niedrigen Hügelland zwischen Lárnaka und dem Tróodos-Gebirge auf. Eine gute, aber serpentinenreiche Straße mit einem Gefälle bis zu 9,1 % führt bis zum Kloster auf dem Gipfel hinauf. Das dürfen allerdings nur Männer betreten. Frauen müssen sich mit dem prächtigen Rundblick vom Parkplatz aus und der Besichtigung der 1986–1990 erbauten Kapelle Aller Heiligen von Zypern begnügen, die vollständig ausgemalt werden soll (tgl. 7–15 Uhr).

Das Kloster Stavrovoúni gilt als ältestes Zyperns. Allerdings stammen die heutigen Gebäude vom Ende des 19. Jh., da die Anlage nach einem verheerenden Brand im Jahr 1888 neu errichtet werden musste. In der Antike befand sich hier oben ein Tempel, der mutmaßlich Aphrodite geweiht war. 327 wurde er der Legende nach durch ein Kloster ersetzt. Ein Sturm hatte die hl. Helena, Mutter Kaiser Konstantins des Großen, auf der Rückfahrt von ihrer Pilgerreise ins Heilige Land an Zyperns Südküste verschlagen. Mit sich führte sie drei aus dem Unterteil des von ihr gefundenen Kreuzes Christi gefertigte Kreuze, ferner die Nägel, ein Stück Seil sowie die Dornenkrone von Christi Kreuzigung. Ein Traum bedeutete ihr, eins der Kreuze auf Zypern zu lassen. Ein Licht wies ihr den Weg auf ebendiesen Berg. Bei einem Mameluckenüberfall 1426 ging die Kreuzesreliquie zwar verloren, die Christen der Insel aber glauben, ein Splitter davon sei in dem in Silber gefassten Kreuz erhalten, das ganz rechts in der Ikonostase der Klosterkirche verwahrt wird und tgl. zwischen 11 und14 Uhr den Gläubigen gezeigt wird (Eintritt nur für Männer tgl. 7–15 Uhr).

Wo die Straße vom Kloster wieder das Hügelland erreicht, steht rechter Hand etwas abseits das Kloster **Agía Varvára.** Es gehört zum Kloster auf dem Berg und wird ebenfalls noch von einigen Mönchen bewohnt. Von hier aus bewirtschaften sie die Felder des Klosters. Frauen haben auch zu ihm keinen Zutritt – sonntags dürfen sie allerdings die (keineswegs sehenswerte) Klosterkirche betreten.

4 Choirokoitía

Reiseatlas: S. 4, E 2

In **Choirokoitía** (sprich: Schirokitía) kann man sehen, wie Menschen auf Zypern vor 8–9000 Jahren lebten. Es gibt zwar noch Spuren von etwa 17 anderen neolithischen Siedlungen dieser Zeit auf Zypern – dabei eine in der Nähe in Kalavasós-Tenta –, aber nirgendwo sonst gewinnt man ein so gutes Bild vom einstigen Aussehen des Dorfes. Zudem haben hier die Archäologen am Ausgang zum Grabungsgelände einige Hütten vollständig rekonstruiert, sodass die zum Verständnis nötige Fantasie anschaulich gefördert wird.

Die Lage der Siedlung war gut gewählt, denn das neolithische Dorf lag an einem teilweise von einem Fluss umschlängelten Hügel. Das Flussbett spendete den Menschen Trinkwasser und lieferte die zum Bau der Rundhütten und zur Herstellung von Gefäßen benötigten Steine. In der ersten Phase von Choirokoitía, die vermutlich bis 6000 v. Chr. währte, kannte man Keramik noch nicht. Die Entfernung zum Meer war so gering, dass man auf Muscheln, Fische und Krebse als Nahrungsmittel zurückgreifen konnte. Andererseits schuf die Nähe zum damals noch waldreichen Gebirge bequeme Jagdmöglichkeiten auf Dam- und Rotwild. Pfeilspitzen aus Feuerstein wurde in Choirokoitía ebenso gefunden wie Muschelschalen.

Zeitreise ins Neolithikum: Choirokoitía

Spuren von Speiseresten geben weiteren Aufschluss über den Speisezettel der Steinzeitmenschen: Schafe, Ziegen und Schweine wurden domestiziert, Weizen, Gerste, Linsen und Erbsen angebaut.

Wie die etwa 1000 Dorfbewohner wohnten, lässt sich an den bisher freigelegten Rundhütten deutlich ablesen. Allerdings können die vielen einander überschneidenden Mauern den Besucher verwirren: Der heutige Anblick repräsentiert ja nicht den Bauzustand eines bestimmten Jahres. Die Archäologen haben sich vielmehr durch viele verschiedene Schichten hindurchgegraben, die Zeugnis von jahrtausendelanger Besiedlung ablegen.

Klar zu erkennen ist aber, dass die insgesamt über 50 steinernen Hütten unterschiedlich groß sind. Ihr Durchmesser beträgt bis zu 10 m. Die Mauern sind bis zu 3 m stark aus unbeschnittenen Steinen und Schotter sowie Stampferde und ungebrannten Lehmziegeln aufgerichtet. In einigen Häusern trugen Pfeiler aus Steinen, Stampferde und Lehmziegeln hölzerne Emporen von halber Raumgröße. Solche Emporen findet man heute noch in alten zypriotischen Bauernhäusern, zu sehen beispielsweise im Geburtshaus des Erzbischofs Makários in Panagiá (s. S. 150). Die Dachform der Rundhütten ist unter Archäologen umstritten. Offenbar gab es sowohl Hütten mit flachen als auch mit konisch gewölbten Dächern. Der Ansatz dafür ist bei einigen Hütten noch schwach zu erkennen. Zum Dachbau wurden Materialien wie Holz, Schilfrohr und Lehm verwendet (Sept.–Mai tgl. 9–17 Uhr, Juni–Sept. Mo–Fr 9–19.30, Sa/So 9–17 Uhr, Eintritt 0,75 CYL).

Rund um Choirokoitía

Choirokoitía kann man gut zum Ausgangs- und Endpunkt zweier Rundfahrten machen, die sich auch problemlos zu einer einzigen Rundfahrt verbinden lassen. Sie bietet viel Abwechslung: schöne Dörfer, gute Einkaufsmöglichkeiten, herrliche Landschaften, ein idyllisches Kloster und mehrere gute Restaurants. Sogar romantisch übernachten kann man unterwegs.

Ein echter Geheimtipp – Restaurant Vasilikis
Was wie eine Art Autobahnraststätte aussieht, entpuppt sich beim Essen als ein Hort erstklassiger, authentisch zypriotischer Küche zu sehr günstigen Preisen bei freundlichem, schnellem Service. Täubchen und *kolokássi* (ähnlich einer Süßkartoffel) stehen ebenso auf der Karte wie *kléftiko, afélia,* Blumenkohl, Artischocken oder ein Nudelauflauf – und zu jeder Bestellung kommt ein Tellerchen mit ganzer Zwiebel, Zitrone, Tomate, Oliven, Pepperoni und Brot kostenlos mit auf den Tisch (an der Kreuzung oberhalb des Eingangs zu den Ausgrabungen von Choirokoitía, Tel. 24 32 21 40, tgl. 6–1 Uhr. Täubchen 2 CYL, andere Hauptgerichte 3–5 CYL).

Kloster Ágios Minás

Reiseatlas: S. 4, D 1

Das **Nonnenkloster** aus dem Jahr 1470 liegt einsam in einem Hochtal zwischen den Dörfern Káto Drys und Vávla über einem Bachlauf. Der Innenhof ist besonders blumenreich, in der Klosterkirche hängen zahlreiche neue Ikonen. Die meisten von ihnen haben einige Nonnen des Klosters selbst gemalt. Wer Glück hat, kann ihnen in ihrem kleinen Atelier im Obergeschoss beim Malen zuschauen. Die Nonnen nehmen auch Bestellungen entgegen.

House in Nature: im Dorfzentrum von Vávla (ausgeschildert), Tel. 24 34 21 47, www.agrotourism.com.cy. Traumhaft ruhig schläft man in diesem 250 Jahre alten Bauernhaus, dessen herzliche Inhaberin Maria hier geboren wurde und aufwuchs. Sie hält es liebevoll in Schuss und heißt auch Gäste, die nur einen Kaffee trinken wollen, im Innenhof zwischen Hund, Katzen und Wellensittichen freundlich willkommen. Ein kleiner Pool steht Hausgästen zur Verfügung. DZ 35 CYL.

Richtig Reisen-Tipp: Ferienhäuser auf dem Land

Die Erfolgsgeschichte des Sofrónios Potamítis begann mit einer kleinen Taverne und ein paar primitiven Cabanas am Governor's Beach (s. S. 194f.). Um überhaupt Touristen dorthin zu bekommen, ließ man jeden Tag einen alten Bus von Limassol zur Taverne fahren. Dann kam Sofrónios auf die Idee, in den umliegenden Binnendörfern alte, verfallende Häuser zu kaufen, sie technisch zu modernisieren, neu herzurichten und an Urlauber zu vermieten. 1987 war das erste Geschäftsjahr seiner Firma **Cyprus Villages.** Jetzt hat das Unternehmen über 120 Häuser vor allem in den Dörfern Tochní, Kalavasós und Psematisménos im Angebot. Die meisten davon gehören Sofrónios selbst. Er füllt sie mit der Hilfe von Reiseveranstaltern aus aller Welt; sein Büro in Tochní vermietet aber auch ad hoc. Und das sogar ohne Mindestaufenthaltsdauer. Die Häuser sind ganz unterschiedlich eingerichtet und entsprechend unterschiedlich im Preis. Die Inneneinrichtung ist immer geschmackvoll, traditionelle gusseiserne Betten sind ebenso zu finden wie dunkle Holz- und leichte Korbmöbel. Einige der Häuser verfügen sogar über einen privaten Pool. Alle Hausmieter dürfen den Pool an der Tochní Taverne benutzen, wo der Ex-Koch eines Fünf-Sterne-Hotels kreativ nach alten zypriotischen Rezepten zaubert. Zudem haben die Gäste von **Cyprus Holidays** Gelegenheit, an vielen Aktivitäten von Wanderungen über Mountainbike-Touren bis hin zu Mini-Kochkursen teilzunehmen, und können auch regelmäßig bei der Herstellung von *haloúmi* in einer Käserei zusehen.

Mehr Infos: Cyprus Villages, Tochní, Tel. 24 33 29 98, Fax 24 33 22 95, www.cyprusvillages.de. Zahlreiche Pauschalprogramme inklusive Reit- und Bike-Urlaub im Internet. Studios inkl. Transfer und Leihwagen für 2 Pers. ab ca. 340 CYL/Woche.

Léfkara

Reiseatlas: S. 4, E 1

Léfkara ist einer der größten Orte in den Ausläufern des Tróodos-Gebirges. Er besteht aus einem Unter- und einem Oberdorf, Káto und Páno Léfkara. Das Unterdorf wird kaum besucht, im auf 600 m Höhe gelegenen Oberdorf hingegen reiht sich in den beiden parallel verlaufenden Hauptgassen ein Souvenirgeschäft ans andere. Trotz aller Schaufenster sollte man auch einen Blick auf die stattlichen, gut gepflegten alten Häuser des Dorfes werfen.

Léfkara ist wegen seiner traditionellen **Hohlsaumstickereien** *(lefkarítika)* auf ganz Zypern berühmt. Die Souvenirgeschäfte verkaufen diese Arbeiten in Form von Glasuntersetzern und Tischdecken, Bettbezügen und Kopfkissen, Blusen und anderem mehr. Die Frauen zeigen gern, wie die Stickereien hergestellt werden. Die Technik ist mindestens 500 Jahre alt; schon Leonardo da Vinci kaufte hier 1481 Spitzen für ein Altartuch des Mailänder Doms. »Leonardo, Leonardo!« ist denn auch ein Lockruf, mit dem die Verkäuferinnen Aufmerksamkeit auf sich ziehen wollen. Doch Vorsicht! Weil die echten *lefkarítika*-Arbeiten arbeitsaufwendig und teuer sind, haben findige Geschäftsleute auch Billigware aus Taiwan unter ihre Produkte gemischt, die für Kleinumsätze sorgen sollen.

Während die Frauen des Dorfes seit eh und je in Heimarbeit der Stickerei nachgingen, waren die Männer noch bis in die 1940er Jahre in aller Welt unterwegs, um die *lefkarítika* zu verkaufen. Obwohl seitdem der Handel mit *lefkarítika* nur noch von lokaler Bedeutung ist, ist der so ins Dorf eingekehrte Wohlstand noch heute sichtbar. Fast jeder im Ort spricht Englisch. Zwischen den vielen Läden finden sich auch Werkstätten von Silberschmieden, die seit vielen Jahren hier **Silberfiligranarbeiten** fertigen. Und schließlich gibt es in Páno Léfkara in der Hauptgasse neben der kleinen Markthalle einen *loukoúmia*-Bäcker, bei dem man zuschauen kann, wie diese orientalische Variante unserer Geleefrüchte produziert wird.

Léfkara nennt zwei Museen sein Eigen. Im **Volkskundlichen Museum** im so genannten Patsalós-Haus wird das Übliche gezeigt: Möbel, Trachten, Schmuck, Hohlsaumstickereien und Haushaltsgegenstände (Mo–Sa 10–16 Uhr, Eintritt 0,75 CYL). Ganz außergewöhnlich und auf jeden Fall einen Besuch wert ist das 2005 eröffnete **Fatsá Wax Museum.** Es zeichnet die zypriotische Geschichte nach anhand von über 150 Wachsfiguren, die in der Herstellung bis zu 6000 CYL pro Stück kosten. Kitsch wird vermieden, die Ausstellung ist geschmackvoll, unterhaltsam und sehr lehrreich zugleich. Durch englischsprachige Erklärungstafeln werden alle Szenen ausführlich erläutert; Audioführungen werden in mehreren Sprachen – darunter auch Deutsch – angeboten. Antike und Mittelalter werden erfreulich kurz abgehandelt. Mehr Aufmerksamkeit gilt dem Alltagsleben im 19. und frühen 20. Jh. und vor allem der jüngeren zypriotischen Geschichte seit 1955. Man sieht Widerstandskämpfer kurz vor ihrer Hinrichtung, den Coup gegen Erzbischof Makários 1974, UN-Blauhelmsoldaten an einem Checkpoint und sogar den Akt der Unterzeichnung der EU-Beitrittsverträge (Mai–Okt. tgl. 9–19, Nov.–April tgl. 9–17 Uhr, Eintritt 3,50 CYL).

Agorá: an der unteren Hauptgasse, Tel. 24 34 29 01, Fax 24 34 29 05. 1995 eröffnetes Hotel mit 18 Zimmern rund um einen Innenhof mit Pool. Das Gebäude war früher die Markthalle des Dorfes. Gutes Restaurant (Hauptgerichte ab 3,50 CYL). DZ 32–46 CYL.
Lefkaráma Village: an der unteren Hauptgasse nahe der Kirche, Tel./Fax 24 34 21 55, www.lefkarama.com. Von der Inhaberfamilie Lee und Janice Riches sehr engagiert geführtes, 2005 eröffnetes Hotel in einem Haus aus dem frühen 19. Jh. mit schönem Innenhof. Alle zehn Zimmer schlicht-modern möbliert, u. a. mit traditionellen schmiedeeisernen Betten (im Familienzimmer sogar als Himmelbett). DZ 25–29 CYL.

Agorá:
s. Unterkunft.

Tochní

Reiseatlas: S. 4, E 2

Tochní hat sich in den letzten Jahren zum Zentrum des zypriotischen Dorftourismus entwickelt. Mehr darüber erfahren Sie im Richtig Reisen-Tipp S. 220.

Kalavasós

Reiseatlas: S. 4, D 2

Die unter einem futuristisch wirkenden, auch beim Vorüberfahren auf der nahen Autobahn sehr auffälligen Schutzdach liegenden Ausgrabungen von Kalavasós-Tenta machen Choirokoitía den Ruf streitig, die älteste relativ gut erhaltene jungsteinzeitliche Siedlung Zyperns zu sein. Auf einem vorgeschriebenen Rundgang, der kaum länger als 15 Minuten in Anspruch nimmt, wird man durch das 9500 Jahre alte, an einem ganz niedrigen Hügel gelegene Dorf geführt. Man erkennt auch hier zahlreiche Grundmauern von Rundhütten, die bis zu 1,5 m hoch erhalten sind. Tür- und Fensteröffnungen sowie Nischen sind deutlich auszumachen. Ein ausführlicher Führer auf Englisch ist an der Kasse erhältlich (Mo–Fr 9–16 Uhr, Eintritt 0,75 CYL).

Reiten: Drapeiá Farm, am Ortsrand von Kalavasós, dort ausgeschildert, Tel. 24 33 29 98. Reitunterricht, stunden- und tageweise Ausritte. Auskunft auch über Cyprus Villages (s. S. 220), www.cyprusvillages.de

Zygí

Reiseatlas: S. 4, E 2

Zygí gilt auf Zypern als das Dorado der Fischesser – ungeachtet seiner Nähe zu einem Zementwerk und eines wenig attraktiven Küstensaums. Es gibt hier etwa 15 Tavernen, die sich alle auf frischen Fisch spezialisiert haben und zumeist mit eigenen Vertragsfischern zusammenarbeiten. Als Ausländer wird man die Siedlung trotz einiger alter Johannisbrot-Lagerhäuser im Zentrum kaum als romantisch und attraktiv empfinden.

Agía Nápa und Umgebung

Reiseatlas S. 9/10

Nach der türkischen Invasion 1974 hat sich der äußerste Südosten Zyperns zur bedeutendsten sommerlichen Urlaubsregion der Insel entwickelt. Hier liegen die schönsten Sandstrände Südzyperns. Agía Nápa gilt als Ibiza der Levante, als das Nightlife-Zentrum des östlichen Mittelmeers. Davon unbeeindruckt leben die Menschen in den vielen beschaulichen Dörfern im Hinterland weiter vom Kartoffelanbau.

Der Strandreigen von Agía Nápa nimmt seinen Anfang am kleinen Flusshafen Potamós tou Liopetríou und reicht über den Agía Thékla Beach, die Makroníssos und die Níssi Bay fast bis zum Hafen des Städtchens. Hinter dem Hafen beginnt der lange Ortsstrand mit feinstem Sand vor hohen Sandanwehungen und niedrigen Dünen. Danach wird die Küste erst einmal schroffer. Schöne Felsformationen prägen das Ufer der unter Naturschutz stehenden Halbinsel Kap Gréko, auf deren anderer Seite dann mit dem Kónnos Beach unterhalb eines Steilufers die vielfältigen Sandstrände von Paralímni-Protarás beginnen, die sich bis an die Demarkationslinie heranziehen.

Jenseits dieser Grenze, in Varósha, einem Stadtteil von Famagusta, lag bis 1974 das Haupturlaubsgebiet Zyperns mit 16 000 Hotelbetten. Aber schon bald nach der türkischen Invasion fassten viele der Hoteliers, die dort alles verloren hatten, wieder Mut und bauten ganz nahe der alten Heimat neue Unterkünfte. Agía Nápa, wo vorher nur das Níssi Beach als Großhotel gestanden hatte, entwickelte sich auch dank der Nähe zum Flughafen von Lárnaka in den 1980er Jahren zum Touristenzentrum. In den 1990er Jahren wuchs dann auch das Hotelviertel von Paralímni-Protarás zu beachtlicher Größe heran.

Beide Orte, Agía Nápa und Paralímni-Protarás, leben heute überwiegend vom Fremdenverkehr. Anders als in Páfos oder Limassol konzentriert er sich hier aber auf das Sommerhalbjahr. Im Winter sind Agía Nápa und Protarás eher triste, wenig belebte Steinwüsten.

Dafür geht im Sommer die Post ab. Protarás bietet dabei ein eher durchschnittliches Nachtleben, das sich vor allem auf internationale Restaurants und Pubs entlang der schön gepflasterten Hauptstraße zwischen Nationalstraße und Meer konzentriert. Agía Nápa hingegen genießt besonders in Großbritannien, Irland und Skandinavien einen Ruf als Party-Metropole. Hierher kommen im Hochsommer ganze Charterladungen junger Urlauber, um die Nächte durchzufeiern und die Tage am Strand in der Sonne zu braten. Bekannte DJs aus England und Skandinavien werden regelmäßig für Events eingeflogen, von denen manche sogar live in England im Fernsehen gezeigt werden. Trotzdem kann man in Agía Nápa und erst recht in Protarás auch einen ruhigeren Strandurlaub verbringen, denn viele der Hotelanlagen liegen abseits der Nightlife-Zentren am Meer. Nur eins darf man in beiden Orten und an seinen Stränden nicht erwarten: Beschaulichkeit und einsame Flecken.

Die Landschaft in dieser Region ist überwiegend flach und auf den ersten Blick nicht sonderlich reizvoll. Der Boden ist über weite Strecken hinweg intensiv rot gefärbt. Der eisenhaltige Grund ist ideal für den Anbau von

Kartoffeln, die ihrer hohen Qualität wegen nach ganz Europa exportiert werden. Die Dörfer im Binnenland bezeichnet man der Bodenfarbe wegen auch als *Kókkina Choriá*, als ›Rote Dörfer‹ also. Sie sind ganz bäuerlich geprägt und haben keinerlei Sehenswürdigkeit von überregionalem Rang zu bieten. Der Urlauber kann sich ganz auf die Küste konzentrieren.

5 Agía Nápa

Reiseatlas: S. 10, E 3

Die Orientierung in **Agía Nápa** fällt leicht. Historische Keimzelle und Zentrum des Ortes ist das altehrwürdige Kloster Agía Nápa am Seferís Square. Unmittelbar oberhalb des Klosters beginnt das Nightlife-Viertel mit der Loúka Loúka Street als Hauptarterie. Hier drängen sich Clubs und Diskotheken dicht an dicht, Schnellrestaurants und Döner-Buden stillen den Appetit zwischendurch. Vom Seferís Square führt die Makários Avenue hinunter zum Hafen. An der Verkehrsampel zweigt nach Westen die Níssi Avenue mit dem Luna Park ab, vom Seferís Square nach Osten die Krýo Neró Avenue mit der Touristen-Information und dem unbedingt besuchenswerten Museum Thálassa.

Kloster Agía Nápa

Das **Kloster Agía Nápa** 1 stammt aus der Zeit um 1570 und wurde in den 1960er Jahren grundlegend renoviert. Die Anlage erinnert mit ihren venezianisch-gotischen Zügen an mitteleuropäische Klöster. Im jederzeit frei zugänglichen Innenhof fließt Wasser aus einem römischen Eberkopf. Ein venezianischer Brunnen unter einer Kuppel zeigt drei Porträts, die an die Legende von der Klostergründung erinnern. Ein venezianisches Edelfräulein hatte sich hierhin zurückgezogen, wo einige Jahrzehnte zuvor ein Jäger eine vom Apostel Lukas gemalte Marienikone in einer Höhle gefunden hatte. Sie suchte bei der Gottesmutter Trost, weil ihre Eltern ihr eine nicht standesgemäße Hochzeit verweigert hatten. Die Mittel zur Klostergründung verweigerten sie ihr jedoch nicht. Heutzutage steht das Kloster, in dem schon lange keine Mönche oder Nonnen mehr leben, im Zeichen der Toleranz: zum einen, weil hier sogar Touristen in Bikini oder Shorts kopfschüttelnd geduldet werden; vor allem aber, weil in den Räumen des Klosters und in einem moder-

Mit dem Autor unterwegs

Ein etwas anderer Strand

Die **Kónnos Bay** zwischen Agía Nápa und Protarás ist der schönste Strand in Zyperns Südosten. Eine kurvenreiche, schmale Straße und eine Treppe führen durch ein kleines Wäldchen zu ihm hinunter. Er ist völlig unverbaut, nur auf dem Felsen im Norden der kleinen Bucht sind Teile des Luxushotels Grecian Park zu erkennen. Wer nicht baden will, sitzt in einem kleinen Café im Grünen mit Blick aufs Meer. Das Wasser in der Bucht ist glasklar und auch für Kleinkinder zum Planschen geeignet, da es hier keinerlei gefährliche Strömungen gibt. Wassersportler wissen das Wassersportzentrum Mike's Water Sports zu schätzen. Es vermietet Speedboats mit bis zu 115 PS, Wasserskier und Jet Bikes, Kajaks und Tretboote. Auch Parakiting wird angeboten (Tel. 99 60 58 33).

Ein beispielhaftes Museum

Wer auch im Südosten Zyperns auf der Suche nach einem kulturellen Glanzlicht ist, geht ins moderne **Museum Thálassa** im Herzen von Agía Nápa. Hier kann man leicht eine Stunde und mehr verbringen und hinterher in der Museumsbar noch abseits jeden Trubels ein wenig verschnaufen (s. S. 225).

Eine echte Taverne

Fast alle Restaurants und Tavernen in den Badeorten im Südosten sind neu, gesichtslos sowie ganz und gar auf Massentourismus abgestellt. Eine wohltuende Ausnahme ist da die **Taverne Nápa** in Agía Nápa, die stets gut besucht ist – auch von Einheimischen (s. S. 227).

Agía Nápa: Cityplan

nen Anbau seit 1978 ein Konferenz- und Begegnungszentrum für die christlichen Kirchen des Mittleren Ostens zu Hause ist, das mit Unterstützung der Evangelischen Landeskirche von Westfalen entstand. Die Höhle, in der vor fast 500 Jahren die Marienikone gefunden wurde, wird noch immer als Kirche genutzt (frei zugänglich).

Vor dem Südeingang zum Kloster steht ein auf Zypern nur selten zu sehender Baum: eine Sykomore *(Ficus Sycomorus)*. Seine Heimat ist Nordafrika. Im alten Ägypten war das Holz der Sykomoren für die Sarkophagherstellung besonders begehrt. Dieser Baum hier ist über 600 Jahre alt, hat einen Stammumfang von über 7 m und eine Höhe von etwa 26 m.

Kirche Agía Nápa

In der ersten Hälfte der 1990er Jahre wurde der hl. Mutter vom Walde eine neue und äußerlich eher monumentale denn ästhetisch sehr gelungene **Agía-Nápa-Kirche** 2 (Panagía) errichtet. Das Innere der dreischiffigen Basilika ist jedoch überwältigend schön: Die Kirche ist vollständig mit neuen Fresken im traditionellen Stil ausgemalt. Man findet all die neu- und alttestamentarischen Darstellungen, die auch in den vielen mittelalterlichen Kirchen der Insel zu sehen sind. Dazu gehören z. B. das Mandylion am Bogen über der Ikonostase oder die Agía Sophía mit ihren drei Töchtern Glaube, Hoffnung und Liebe links vom Nordportal. Ebenso wie in der Klosterkirche Ágios Neófytos bei Páfos haben hier auch die 24 Bilder des Akathist-Hymnus Platz gefunden. Für das ungeübte Auge und den nicht bibelfesten Betrachter leicht zu erkennen sind z. B. die Darstellung der Himmelfahrt Christi im Gewölbe über dem Altarraum sowie die

Sehenswürdigkeiten	
1	Kloster Agía Nápa
2	Kirche Agía Nápa
3	Museum Thálassa
4	Hellenistisch-römische Gräber

Übernachten	
1	Níssi Beach
2	The Dome Beach
3	Limanáki Beach
4	Eligónia Hotel Apartments
5	Kallénia Hotel Apartments

Essen und Trinken	
6	Espéria
7	Nápa
8	Stamná

Kreuzigung über und die Entschlafung Mariens unter der Empore.

Museum Thálassa

Das **Meeresmuseum** 3 von Agía Nápa ist eins der modernsten und schönsten Museen des Landes. Mehr als um das Meer selbst, das hauptsächlich durch eine Muschel- und Fossiliensammlung vertreten ist, geht es hier jedoch um die Schifffahrt – vor allem in der Antike. Eindeutiger Mittelpunkt der Ausstellung ist die ›Kyrénia II‹, ein originalgetreuer Nachbau eines vor 2300 Jahren versunkenen Schiffs. Taucher bargen das Wrack vor der Küste von Kyrénia, wo es heute im Museum in der Hafenfestung zu sehen ist (S. 316f.). Die Replik des neuen Schiffs wurde 1982–1985 auf einer Werft bei Piräus aus dem gleichen Holz wie das Original mit den Werkzeugen, die auch in der Antike zur Verfügung standen, erbaut. Danach segelte es bei unterschiedlichsten Wetterbedingungen durch das östliche Mittelmeer und legte dabei weit über 20 000 Seemeilen zurück. Wie das Wrack vor den Tauchern auf dem Meeresgrund lag, zeigt ein Nachbau der Fundsituation vor dem Bug des Schiffes. Darüber wird auf einer Großleinwand ein Film von den archäologischen Tauchgängen gezeigt.

Ein anderes Beispiel für experimentelle Archäologie ist das im Museum ausgestellte Papyrusboot vom Typ ›Papyrélla‹, der auf der griechischen Insel Korfu noch Anfang des 20. Jh. weit verbreitet war. Die Replik wurde aus korfiotischem Papyrus erbaut. Fünf Kayaksportler ruderten das Papyrusboot in nur sieben Tagen von der griechischen Hafenstadt Lávrio bei Athen zur Insel Mílos, einem Hauptfundort für das in der Jungsteinzeit hoch begehrte Obsidian. Sie konnten damit nachweisen, dass der Obsidianhandel mit Papyrusbooten zwischen dieser Insel und weit entfernten Zielen wie dem Festland nahe Athen auch schon vor 12 000 Jahren möglich war (Krýo Neró Ave. 14, Sommer Di 18–22 Uhr, Mi–So 9–13 und 18–22 Uhr; Winter Di–So 9–17 Uhr, Eintritt 1,50 CYL).

Weiterhin zählen zu den unbedingt beachtenswerten Objekten im Museum die Replik eines tönernen Bootsmodells aus der späten Bronzezeit (ca. 1500 v. Chr.) nach einem Originalfund aus einem Grab bei Kyrénia sowie das Tonmodell eines archaischen Schiffes samt Kapitän und drei Seeleuten, das in Amáthous gefunden wurde. Das 50 cm lange, 25 cm hohe und 18 cm breite Prachtstück gibt einen guten Eindruck vom Aussehen der Schiffe im 6. Jh. v. Chr.

Hellenistisch-römische Gräber

Von der antiken Besiedlung der Region zeugen 19 **Gräber aus hellenistischer und römischer Zeit** 4, die sich etwa 250 m östlich vom Hotel Dome am Strand erstrecken. Meist führen Stufen in die Grabkammern hinunter, die ursprünglich mit Kalksteinplatten verschlossen waren. In der Grabkammer war der Tote dann in einem Tonsarkophag beigesetzt (jederzeit frei zugänglich).

Diese Art von Papyrusboot fuhr schon vor 12 000 Jahren durch die Agäis

C.T.O.: Krýo Neró Ave. 12 (nahe dem Kloster), Tel. 23 72 17 96.

www.agianapa.com.cy ist die offizielle Website der Gemeinde.

www.ayianapa.com ist ein kommerzieller Führer durchs Nachtleben, in den auch jeder, der möchte, seine eigenen Party-Fotos einstellen kann.

www.ayianapasound.com informiert ebenfalls aktuell über die Disco-Szene an Zyperns Küste und trägt den Agía-Nápa-Sound in alle Welt.

Níssi Beach [1]**:** Níssi Ave., 3 km westlich, Tel. 23 72 10 21, Fax 23 72 16 23, www.nissi-beach.com. Das Strandhotel mit der ältesten und daher üppigsten Gartenanlage der gesamten Region. 270 Zimmer, Pool, Hallenbad, Wassersportstation und Tauchschule. DZ HS 100–116 CYL, NS 60–75 CYL.

The Dome Beach [2]**:** 5 km westlich, Tel. 23 72 10 06, Fax 23 72 10 10, www.domehotel.com.cy. Ruhig auf der Halbinsel Makrónissos zwischen zwei flach abfallenden Sand-

buchten gelegenes Strandhotel mit 205 Zimmern, zwei Swimmingpools und fünf Kunstrasen-Tennisplätzen, Squash-Halle und Fitnesscenter, Bogenschießanlage sowie Mountainbikeverleih und Wassersportstation mit eigener Tauchschule. Tagsüber gute Linienbusverbindung. DZ HS 80–90 CYL, NS 56–69 CYL.

Limanáki Beach 3: 1st October St. 18, Tel. 23 72 16 00, Fax 23 72 23 45, www.ayianapahotels.com. Modernes Hotel fast unmittelbar am Hafen, ca. 150 m vom Strand, mit 72 Zimmern, Pool, Hallenbad. DZ HS 64 CYL, NS 23 CYL.

Eligónia Hotel Apartments 4: Krýo Neró Ave. 1, Tel. 23 81 92 92, Fax 23 81 92 93, www.eligonia.com. 22 einfach eingerichtete, aber geräumige Studios und Apartments, sehr zentral direkt am Klosterplatz. Kleiner Pool im Innenhof, Fahrradverleih. HS 28 CYL, NS 14 CYL.

Kallénia Hotel Apartments 5: Krýo Neró Ave. 5, Tel. 23 72 18 70. Zehn einfache Studios in zentraler Lage beim Kloster. DZ 19 CYL.

Espéria 6: am Hafen, Tel. 23 72 16 35. Gepflegtes Restaurant direkt am Hafen, Terrasse mit schönem Blick aufs Meer und Kap Gréko. Hauptgerichte ab 5 CYL, Fisch-*mezé* 10 CYL.

Nápa 7: Dimokratias St. 15 (an der Straße nach Paralímni), Tel. 23 72 12 80, tgl. ab 16 Uhr. In der 1976 gegründeten und damit ältesten Taverne des Ortes sind die Wände voller Graffiti dankbarer Gäste aus aller Welt. Draußen sitzt man unterm Weinrankendach, drinnen unter einer traditionellen, geflochtenen Decke. Im Winter brennt hier ein Kaminfeuer. Die zypriotischen Spezialitäten sind Spitzenklasse. So wird das *tavvás* hier mit Knoblauch, Nelken, Zimt und Zimtrinde gewürzt, das *stifádo* in einer feinen Essigsauce serviert. Hauptgerichte ab 4,75 CYL, *mezé* 7,50 CYL, Flasche Hauswein 5,25 CYL.

Stamná 8: Dimokratías St. 8 (an der Straße nach Paralímni), Tel. 23 72 13 86, tgl. ab 12 Uhr, im Winter z. T. geschlossen. Taverne im ältesten Haus des Ortes, gutes zypriotisches Essen. Hauptgerichte ab 4,75, *mezé* 8 CYL.

Kinderspaß

Kindgerechter als der große Luna Park ist der **Kikiríko Fun Park.** Hier können die Kleinen auf Hüpfburgen spielen und in einem mit Bällen gefüllten Pool planschen, in einen Wal hineinsteigen und einen kleinen Berg erkraxeln (Nissi Ave. 53, Tel. 999 69 39 55, Mai–Sept. tgl. 17–21 Uhr, Eintritt 3,50 CYL).

Richtig Reisen-Tipp: Agía Nápa by night

Ein guter Einstieg in die Nacht ist das **Bedrock Inn** (Ippokratous St. 2), das ganz auf Fred und Wilma Feuerstein getrimmt ist. Das Personal trägt Leopardenfelle, der DJ sitzt in einem überdimensionierten Straußenvogel-Ei. Man wählt regelmäßig das Hinterteil mit dem größten Sex-Appeal, Mr. & Mrs. Flintstone und Miss Bedrock, vergnügt sich ansonsten bei Karaoke und Cocktails. In der **Sea Cavern** (Agías Mávris St.) kann man eine Runde Billard spielen oder Sport auf Großbildschirmen betrachten, im **Luke Kelly Irish Pub** (Agías Mávris St. 28) fließt irisches Bier in Strömen. Sehr stylish geht es hingegen in der **Guru Ethnic Bar** (Odysséas Elítis St. 11) zu, wo man sich sogar mit Akupunktur und Nackenmassagen verwöhnen lassen kann. Ganz auf Reggae eingestellt ist die **Freedom Reggae Bar** (Áris Veloúchtis St.), während Indie und Alternative Rock die Musikfarbe des **Heaven Rock Garden** (Agías Mávris St. 2) sind.

Zwischen 1 und 1.30 Uhr öffnen die Clubs ihre Pforten. Türsteher lesen allzu stark Angetrunkene aus, Kassierer verlangen meist 3–10 CYL Eintritt. Auf den vier Areas des **Castle Club** (Loúkas Loúka St. 14) haben bis zu 2000 Gäste inmitten der Imitation einer mittelalterlichen Burg Platz. Viel kleiner ist der **Black&White Club** (Loúkas Loúka St. 6), der an jedem Abend eine andere Musikrichtung in den Mittelpunkt stellt. Wer drin ist im **Carwash** (Agías Mávris St. 24), kann man schon draußen beim Schlangestehen auf Video-Bildwänden sehen. Der angesagte Club spielt überwiegend Musik der 1970er bis 1990er Jahre. Zum Abkühlen gut geeignet ist der **River Reggae Club** (Misiaoúli St./Ecke Kavazóglou St,.) mit seinem Pool, der bis 7 Uhr morgens geöffnet ist.

Hier geht die Post ab: Agía Nápa ist eine Hochburg des Nachtlebens

Beach Parties: mehrere Beach Bars veranstalten an Sommernachmittagen Parties am Strand. So gibt es in der Macrónissos Beach Bar westlich vom Hotel Dome Mi und Sa um 14.30–18 Uhr eine Wet & Wild-Party, in der Níssi Bay Beach Bar tgl. zwischen 15 und 19 Uhr eine Party mit renommierten Szene-DJs.
Bungee-Springen: Níssi Bay, Apr.–Okt. tgl. 10–19 Uhr, www.bungeedownunder.com. 61 m hoher Bungee-Kran schon seit 1992 unfallfrei in Betrieb. 1. Sprung 35 CYL, 2. Sprung 30 CYL, Tandemsprung 60 CYL.
Geführte Touren: die Fremdenverkehrszentrale veranstaltet häufig kostenlose, auch auf Deutsch geführte Ausflüge mit kleinen Wanderungen oder Spaziergängen in Agía Nápa und Umgebung. Auskunft darüber gibt das Info-Büro der C.T.O.
Go-Kart: EMU Riding Centre, neben dem Waterpark, Tel. 23 72 44 44, tgl. 9–22 Uhr, 6 CYL für 6 Min., 7 CYL für 10 Min., 20 % Ermäßigung für Waterworld-Besucher.
Lunapark: Níssi Ave., tgl. ca. 15–5 Uhr. Auf dem Dauer-Rummelplatz können sich Kinder und Erwachsene nicht nur in herkömmlichen Fahrgeschäften vergnügen. Ein Skycoaster lässt sie aus 33 m Höhe den freien Fall in Bauchlage erleben (25 CYL), beim Slingshot werden zwei Mutige in einer an Gummibändern zwischen zwei Kränen aufgehängten Kabine in zwei Sekunden mit 160 km/h auf 90 m Höhe geschossen (1. Abschuss 12 CYL, 2. Abschuss 5 CYL).
Mini-Golf: Níssi Ave. (neben McDonald's), im Sommer rund um die Uhr geöffnet.
Spaßbad: Waterworld, an der Straße nach Agía Thékla, gut ausgeschildert, Tel. 23 72 44 44, www.waterworldwaterpark.com, tgl. 10–18 Uhr, Eintritt 14 CYL, Kinder 3–12 J. 7 CYL. Ein Freizeit- und Abenteuerpark mit hollywoodreifen Kulissen und rasanten Fahrerlebnissen auf Wasserrutschen, von denen die größte 150 m lang ist.
Tauchen: Scuba Base Diving, Nissi Ave. 17, Tel. 23 72 24 42, Fax 23 72 28 82. Sun Fish Divers, Makários Ave. 26, Tel. 23 72 13 00, www.sunfishdivers.com. Q Divers, Makários Ave. 27, Tel. 23 72 40 66, Fax 23 72 45 45, www.qdivers.com (nur für Taucher mit Schein, keine Tauchschule).

Musical Sundays: Musik und Folklore April–Okt. jeden So auf dem Seféris Square, Nov.–März an fast jedem So im Rathaus.
Agía Nápa Festival: drei Tage Ende Sept. auf dem Seféris Square Folklore, Live-Musik, allerlei Unterhaltung vor allem für Kinder.

Busverbindungen: die private Busgesellschaft EMAN (Makários Ave. 32a, Tel. 23 72 13 21, Fax 23 72 21 90, www.emantravel.com) bietet Linienverbindungen und relativ preisgünstige Busausflüge an. Die Fahrpläne sind saisonabhängig. Mindestens stündl. verkehren tagsüber außer sonntags Busse zwischen Agía Nápa und Paralímni-Protarás. (0,70 CYL) und etwa zweistündlich zwischen Agía Nápa und Lárnaka (Rückfahrticket 3,50 CYL, Fahrzeit ca. 50 Min.). Nach Nicosia fährt der Bus tgl. außer So um 8 Uhr ab, Rückfahrt ab Nicosia 15 Uhr (Rückfahrticket 5 CYL, Fahrzeit ca. 80 Min.). EMAN-Tagesausflüge führen mindestens 1 x wöchentl. nach Famagusta und Kyrénia (22 CYL), nach Limassol (9 CYL), nach Páfos (15 CYL) und zum Kýkko-Kloster (17 CYL).
Bootsverbindungen: Ein Badeboot fährt im Sommer tägl. vom Hafen um das Kap Gréko herum zur Kónnos Bay und nach Protarás. Auskunft bei EMAN, Tel. 23 71 13 21.

Kap Gréko

Reiseatlas: S. 10, F 3
Agía Nápa ist ein fahrradfreundlicher Ort. So führt denn auch ein Radweg von hier entlang der Autostraße bis zur Halbinsel **Kap Gréko.** Sie beeindruckt durch steil abfallende Klippen, im Volksmund *palaces* genannte Felsformationen und ihre urwüchsige Vegetation. Hier blühen etwa 30 verschiedene Orchideenarten, Krokusse und Herbstzeitlose, Meerzwiebeln, Sandlilien und viele andere mediterrane Pflanzen. Das eigentliche Kap kann nicht betreten werden, da dort eine

Sendeanlage von Monte Carlo und eine zypriotische Radarstation stehen. Man kann auf der Halbinsel jedoch schöne Wanderungen unternehmen. So führt der Europäische Fernwanderweg vom Hotel Grecian Sands in Agía Nápa immer an der Küste entlang bis zu einem Tafelberg nahe dem Kap. Ein 1 km langer Naturlehrpfad führt zudem von der auch per Auto erreichbaren Kapelle Agíi Anárgyri zur Kónnos-Bucht. Die Kapelle wurde 1992 über einer kleinen Höhle am Meer erbaut, in die man über Stufen hineingelangt.

Paralímni-Protarás

Reiseatlas: S. 10, F/E 2

Zwischen der Demarkationslinie und der Kónnos Bay erstreckt sich eine über 12 km lange Küstenzone mit einer Vielzahl von Sandstränden und Hotelanlagen. Der nördliche Bereich gehört zum Binnendorf **Paralímni,** der südliche wird unter dem Namen **Protarás** vermarktet. Die Hotelansiedlungen dazwischen werden gelegentlich auch als Pernerá bezeichnet.

Eine Art Ortskern besitzt nur Protarás entlang seiner etwa 1200 m langen, als schmale Einbahnstraße angelegten Hotels Road; ansonsten liegen Geschäfte und Restaurants zerstreut in der gelegentlich von Feldern und Brachen durchbrochenen Hotel- und Strandlandschaft. Hierher kommt man zum Badeurlaub. Wer Zypern sehen will, fährt anderswo hin.

Paralímni

Das Binnendorf **Paralímni** bezeichnet sich stolz als ›Hauptstadt des freien Teils des Bezirks Famagusta‹. Der Dorfplatz ist der größte Zyperns; sein unterer Teil ist ganz modern und sehr originell gestaltet: Hier kann man einen Aussichtsturm besteigen, Freiluftschach spielen, Konzerten und Aufführungen auf einer kleinen Freilichtbühne beiwohnen – und drei Kirchen besichtigen. Die größte von ihnen, Ágios Geórgios, entstand Anfang der 1990er Jahre und ist innen fast vollständig ausgemalt. In der Kuppel erkennt man Christus als Pantokrator, über der Südtür Mariä Entschlafung. Die Nordtür wird von Maria von Ägypten und dem hl. Zósomas flankiert: Maria war eine alexandrinische Prostituierte, die ihrem Gewerbe sogar auf einem Pilgerschiff nach Jerusalem nachging. Als sie dort aus Neugier die Grabeskirche betreten wollte, wurde sie wie von unsichtbarer Hand immer wieder zurückgestoßen. Vor einer Marienikone bekannte sie sich zum Christentum und verbrachte die nächsten 47 Jahre als reuige Einsiedlerin in der Wüste. Dort fand sie der hl. Zósomas und feierte mit ihr das Abendmahl. Als sie kurz darauf starb, begrub er sie mit Hilfe eines Löwen. Ihre Lebensgeschichte hat Emil Nolde zu einem Triptychon und Rainer Maria Rilke zu Gedichten inspiriert; selbst in Goethes »Faust« tritt sie am Ende des zweiten Teils auf.

Die beiden anderen Kirchen sind älteren Datums. Eine weitere Georgskirche ist relativ jung und stammt aus dem 19. Jh., die Kirche der Panagía mit ihren gotischen Elementen aus der Zeit der Lusignans. Beide sind meist verschlossen.

1, 2, … 3: Klippenspringer bei Agía Napa

Protarás

Wer in der Region Urlaub macht, kann einen Spaziergang hinauf zur modernen Kapelle Profítis Ilías unternehmen, die weithin sichtbar auf einem niedrigen Fels westlich der Hauptstraße von Agía Nápa nach **Protarás** steht. Von hier aus hat man einen weiten, aber keineswegs von allen als schön empfundenen Blick über die Küstenregion von Paralímni-Protarás. Neben der Kapelle steht einer der auf Zypern mehrfach zu findenden Wunschbäume: Zahllose Papiertaschentücher und einige Stoffstreifen sind an seine Äste geknotet. Was man sich beim Festbinden wünscht, soll in Erfüllung gehen.

Eine von vielen Besuchern als überteuert empfundene Attraktion ist das **Ocean Aquarium von Protarás.** Außer Fischen aus allen Weltmeeren sieht man einige hier doch recht deplatziert wirkende Pinguine … (an der

An der Strandpromenade von Protarás

Hauptstraße nahe der Abzweigung zur Kirche Agía Triáda, tgl. 10–20 Uhr, Eintritt 6,50 CYL).

C.T.O.: Protará-Kávo Gréko Ave. 356, Tel. 23 83 28 65.

Grecian Park: Kónnos St. 81, Tel. 23 83 20 00, Fax 23 83 28 70, www.grecianpark.com. Luxushotel in einzigartiger Lage auf einem Fels hoch über der Kónnos Bay. 245 Zimmer und Suiten, lagunenartiger Pool und Hallenbad, Wellness-Center. Besondere Programme für Hochzeitsreisende. DZ 103–123 CYL.

Happy Days: Hotels Road, Tel. 23 81 40 10, Fax 23 82 07 56, nur April–Okt. geöffnet. Familiär geführtes Haus mit 14 Apartments, Taverne und Pool, ca. 100 m vom nächsten Strand. Supermarkt im Haus. Gut geeignet für 1–2 Zwischenübernachtungen. DZ ca. 25–27 CYL.

Sao Paulo: Hotels Road 43, Tel. 23 83 26 10, tgl. ab 12 Uhr. Schöner Blick über die Flamingo Bay, Samba-Tänzer, lateinamerikanische Tanz-Show einmal wöchentlich, brasilianisches *mezé* (10-teilig) 8,70 CYL.

Pieros Village Tavern: Protará-Kávo Gréko Ave. (links der Straße am Ortsausgang Richtung Agía Nápa), Tel. 23 83 16 16, tgl. ab 12 Uhr. Gute Küche, nettes Wirtspaar. Viele einheimische Gäste, die auch schon einmal zur Gitarre greifen; manchmal tanzt der Wirt dazu. Um sein Lokal leichter auffindbar zu machen, steht meist ein Tisch werbewirksam auf dem Gehsteig. *Mezé* mit Getränken ca. 8–10 CYL.

Reiten: Moonshine Ranch, abseits der Straße nach Kap Gréko, Tel. 99 60 50 42. Ausritte auf Pferden und Eseln. Eselsritt ca. 10 CYL/Std., Pferd ca. 15 CYL/Std.

Spaßbad: Protarás Water Park, am nördlichen Ortsende, Tel. 23 83 38 88, Mai–Sept. tgl. 10–18 Uhr. Speziell für Familien mit Kindern konzipiert. Wassertiefe maximal 1 m, umlaufender Kanal für Fahrten im Schwimmring oder auf kleinen Schlauchbooten. Erw. 8 CYL, Kinder (3–10 J.) 4 CYL.

Tauchen: Herbie's Diving Paradise, Odós Pernerá 36, Pernerá, Tel. 23 81 42 92.

Pubs und Diskotheken konzentrieren sich auf die Hotels Road in Protarás.

Boogie's Disco: Hotels Road, Tel. 23 81 12 77, tgl. 1–5 Uhr. Gespielt werden die aktuellen Charts, aber auch Hits vergangener Jahrzehnte.

Magic Dancing Waters: Hotels Road, Tel. 99 62 31 43, April–Okt. tgl. ab 21 Uhr. 18 400 Düsen und 480 bunte Scheinwerfer sorgen für spritzige, bunte Wasserspiele. Die Musikuntermalung stammt von Bach und Beethoven, Míkis Theodorákis, Tom Jones u. v. a.

Linienbusse: mehrmals tgl. über Paralímni nach Derýneia, Liopétri, Xylofágou und Lárnaka sowie nach Agía Nápa. Mo–Sa um 7 Uhr nach Nicoia, Rückfahrt ab Nicosia um 13.30 Uhr.

Dörfer im Hinterland

Im Hinterland der Strände liegen eine ganze Reihe kleiner und großer Dörfer, die man als Zypern-Rundreisender keineswegs gesehen haben muss. Wer jedoch in der Region Urlaub macht, kann sie auf Ausflügen per Fahrrad oder Moped ansteuern. Sie sind hier nachfolgend in der Reihenfolge einer Rundfahrt beschrieben, die von Agía Nápa über Xylotýmvou, das Kloster Ágios Kendéas und Derýneia nach Paralímni-Protarás und Agía Nápa zurückführt. Teile der Strecke führen durch die britische Militärbasis Dekéleia und durch die UN-Pufferzone.

Agía Thékla

Reiseatlas: S. 10, D 3

20 m südwestlich der modernen Kapelle über einem selten übervollen Strand markiert ein weißes Kreuz den Eingang in ein römisches Familiengrab, in dem die **hl. Thékla** schon seit Jahrhunderten verehrt wird.

Loúkas: 300 m westlich der Kirche Agía Thékla, tgl. ab 11 Uhr. Noch in ländlicher Umgebung gelegen, gut für eine Mahlzeit nach dem Baden. Hauptgerichte ab 3,50 CYL.

Potamós tou Liopetríou

Reiseatlas: S. 10, D 3

Wie in alten Zeiten liegen hier auf den letzten 200 m vor der Mündung eines schmalen Flusses ins Meer noch Hunderte kleiner Fischerboote an primitiven Stegen vertäut. Die typischen bunten Körbe für die Netze stehen an Deck und am Wasser, alles wirkt recht unaufgeräumt und improvisiert. Zwei einfache Tavernen am Ufer servieren garantiert stets frischen Fisch, moderne ›Verschönerer‹ waren noch nirgends am Werk. Wer Authentizität sucht, findet sie hier.

Liopétri

Reiseatlas: S. 10, D 3

In **Liopétri** widmen sich im Sommer und Herbst noch einige Bewohner der traditionellen Korbflechterei. Ganz in der Nähe des Dorfplatzes erinnert die als Gedenkstätte eingerichtete, steinerne Akhyroónas-Scheune (Barn of Liopétri) an den Tod von vier Freiheitskämpfern im Jahr 1958. Sie hatten sich in der Scheune verschanzt und kämpften gegen die Briten, bis ihnen die Munition ausging.

Xylotýmvou

Reiseatlas: S. 9, C 3

Das große Dorf, dessen Bewohner vor allem vom Kartoffelanbau leben, liegt auf dem Gebiet der britischen Militärbasis Dekéleia. Auf ihr sind in erster Linie Infanterie und Pioniere stationiert. Viele Soldaten leben hier zusammen mit ihren Familien, sodass **Dekéleia** neben seinen militärischen Einrichtungen auch all das bietet, was zu einer englischen Kleinstadt gehört: Die Briten betreiben hier auch eine eigene Meerwasserentsalzungsanlage.

An der Hauptstraße, die Xylotýmvou umgeht, steht neben der neuen Kirche des hl. Raffaíl, die innen gerade ausgemalt wird, das schmucke Nonnenkloster **Agía Marína kai Ágios Raffaíl.** Erst 1992 gegründet, entwickelt es sich dank der anhaltenden Wundertätigkeit des hl. Raffaíl zu einem bedeutenden Pilgerziel. Im Torbau steht ein moderner Wasserspender mit Gläsern für Durstige be-

Toiletten-Tempel
Auf dem Klosterareal **Agía Marína kai Ágios Raffaíl** (s. S. 234) stehen heute bereits fünf Kirchen und Kapellen, weitere werden mit Sicherheit hinzukommen. An Einzigartigkeit übertroffen werden sie bei weitem von der Toilettenanlage auf der Nordwestseite der großen Raffaíl-Kirche: Sie wurde im Stil eines antiken griechischen Tempels mitsamt Säulen und Dreiecksgiebel erbaut.

reit, der blumenreiche Klosterinnenhof ist eine Augenweide.

500 m weiter zweigt von der Umgehungsstraße eine kleine Asphaltstraße ab (kein Wegweiser). Sie führt nach wenigen Metern zu zwei kleinen, einander unmittelbar benachbarten Kirchen: **Ágios Jónas** aus dem Jahr 1984 und die von einer modernen Mauer umgebene Kirche **Ágios Vassílios** mit einigen wenigen Freskenresten unbekannten Alters.

Kloster Ágios Kendéas

Reiseatlas: S. 10, D 2

Das **Kloster des hl. Kendéas** steht unmittelbar am Rand der UN-Pufferzone, die hier stellenweise nur durch ein einfaches, dünnes Seil markiert ist. Es pflegt einen ungewöhnlichen Stil. Romantik und Schönheit sind ihm fremd. Die Außenmauern bestehen aus Betonbausteinen, das Klostertor aus billigem Blech. Der Fußboden im Klosterhof ist blanker Zement, der Zellentrakt Beton. Er ist ebenso wie die Klosterkirche in einem gräußlichen Hellblau gestrichen. Auf dem Klosterhof stehen Blechtische und -bänke für müde Pilger, in der Klosterkirche hängen die wohl billigsten Ikonen der Insel. Wer Bizarr-Skurriles liebt, wird sich hier wohl fühlen (zugänglich nur Mo–Sa 9.30–12 und So 7.30–12 Uhr).

Derýneia

Reiseatlas: S. 10, E 2

Derýneia liegt nicht mehr als 3 km Luftlinie vom nordzypriotischen Famagusta entfernt. Deswegen war es bis zur Schaffung der Reisefreiheit zwischen Nord und Süd im Jahr 2004 eine Touristenattraktion. Es gab mehrere so genannte, von Besitzern grenznaher Häuser betriebene ›Famagusta View Points‹. Von deren Terrassen aus konnte man nach dem Kauf eines Erfrischungsgetränks durch Ferngläser ins türkisch besetzte Zypern hinüberschauen und sich politisch durch ausliegende Broschüren über die Lage ›informieren‹ lassen.

Ein Relikt aus diesen Zeiten ist das moderne **Cultural Centre of occupied Ammóchostos – View Point,** das jährlich über

30 000 ausländische Besucher zählt. Auch hier liegen Ferngläser für den Blick nach Famagusta bereit, obwohl man die Stadt inzwischen längst bequem auf organisierten Busausflügen oder auf eigene Faust besuchen kann. Wer mag, kann sich hier zahlreiche englischsprachige Videos über das Zypern-Problem zeigen lassen, mit Mitarbeitern diskutieren oder an verschiedensten Veranstaltungen teilnehmen (Mo–Fr 7.30–16.30, Sa 9.30–16.30 Uhr, Eintritt frei).

Im als kleine Fußgängerzone gestalteten Dorfzentrum lohnt das **Derýneia Folkloric Museum** einen Kurzbesuch. Hier sieht man in einem alten Bauernhaus, wie das Leben eines zypriotischen Bauern auf Zypern noch vor 50 Jahren ausgesehen hat (Dem. Lipértis St. 2, Tel. 23 74 03 53, Mo–Sa ca. 9–17 Uhr, Eintritt 1 CYL).

The Fernági Tavern: Derýneia, Athínon St. 2/Ecke Dimokratías St., Tel. 23 82 77 00, Mo–Sa ab 18 Uhr. Traditionelle Taverne in einem alten Natursteinhaus, die ihren Gästen in folkloristischem Flair gute zypriotische Küche serviert. Mi abends meist Live-Musik. Hauptgerichte ab 4,25 CYL, 1 l Hauswein 4 CYL.

Authentische Fischeridylle: Potamós tou Liopetríou

Nicosia: Nachtleben in der geteilten Stadt

Kapitel 4

Nicosia und Umgebung

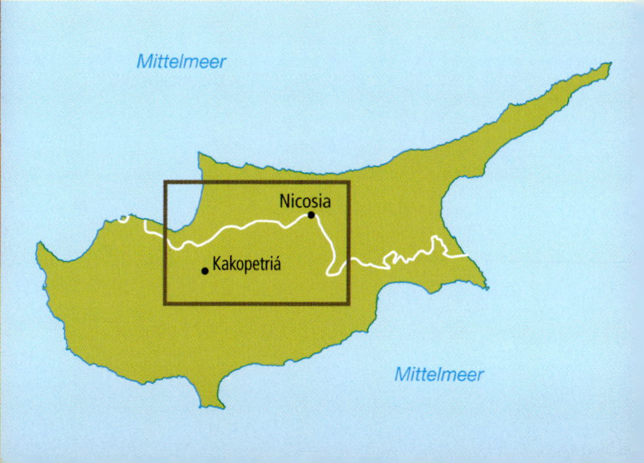

Auf einen Blick: Nicosia und Umgebung

Zwischen den Gebirgen

Nicosia ist die letzte geteilte Hauptstadt Europas. Sie liegt im Zentrum der Mesaória, einer Ebene, die sich von der Mórfou-Bucht im Westen quer über die Insel bis zur Famagusta-Bucht im Osten erstreckt. Hängt hochsommerlicher Dunst über der Stadt, sind die Berge kaum zu erahnen. An klaren Wintertagen hingegen sieht man sie von Nicosia aus deutlich in ihrer ganzen Ausdehnung: das 1000 m hohe Kyrénia-Gebirge im Norden und das fast 2000 m hohe Tróodos-Gebirge im Südwesten. Bis ans Meer ist es nicht weit. Nach Kyrénia/Girne jenseits des nördlichen Gebirges fährt man über moderne Autobahnen eine halbe Stunde, bis Lárnaka an der Südküste 40 Minuten.

Nicosia ist in zweierlei Hinsicht geteilt: Nicht nur politisch, sondern auch architektonisch. Den historischen und topografischen Kern bildet eine fast kreisrunde Altstadt, die noch vollständig von einer Stadtmauer aus venezianischer Zeit umgeben ist. Um die Altstadt herum hat sich ein Kranz von Neubauten gelegt. An ihrer Höhe und Ausdehnung kann man erkennen, welches Areal zum griechisch- und welches zum türkisch-zypriotischen Teil der Insel gehört. In der Altstadt hat Nicosia auf beiden Seiten der sie durchschneidenden Green Line viel Flair und Charakter. Hier hält man sich gerne auf. Die Neustädte sind gesichtsloser Wildwuchs. Hier genießen die Einheimischen das Gefühl der Modernität. An ihrem Rand liegen Industrie- und Gewerbegebiete: Im Süden vor allem östlich der Autobahn zur Küste, im Norden am Highway Richtung Famagusta.

In der Mesaória, der ›Ebene zwischen den Bergen‹, sind Sehenswürdigkeiten rar. War im Mai das Getreide abgeerntet, zogen die Wohlhabenden sich schon immer lieber an den Rand des Tróodos-Gebirges zurück. Dort erbaute man Kirchen und Klöster, dorthin führen auch Tagesausflüge von der Hauptstadt aus.

Highlights

6 Nicosia: Die Altstadt von Nicosia ist nicht nur voll mit Sehenswürdigkeiten und Museen, sondern bietet tagsüber auch viel urbanen Flair und gute Shopping-Möglichkeiten. Einen besonderen Reiz gewinnt sie, wenn man Gemeinsamkeiten und Gegensätze zwischen Nord und Süd beobachtet (s. S. 240ff.).

7 **Asínou:** Die äußerlich ganz unscheinbare, völlig einsam gelegene Scheunendachkirche aus dem 11. Jh. bietet innen 900 Jahre alte Fresken von einzigartiger Schönheit in bestem Erhaltungszustand (s. S. 270ff.).

Empfehlenswerte Route

Durch das Soléa-Tal: Obstbäume prägen das wasserreiche Tal zwischen der Mesaória und dem Tróodos, in dem auch Galáta und Kakopetriá liegen (s. S. 273f.).

Reise- und Zeitplanung

Wer von der Küste mit dem Ausflugsbus nach Nicosia kommt, erlebt in der Regel zunächst eine etwa einstündige Führung durch das Zypern-Museum. Danach werden gemeinsam die Kathedrale Ágios Ioánnis und vielleicht noch das Ikonen-Museum im Erzbischöflichen Palast besichtigt. Anschließend verbleibt etwas Freizeit für einen Bummel über die Haupteinkaufsstraße Lídras Street und durch das restaurierte Altstadtviertel Laikí Geitoniá.

Wer für einen Tagesausflug mit dem Linienbus oder Mietwagen anreist, tut gut daran, diesem Programm zu folgen. Mittwoch und Sonntag sind ungünstige Tage für einen Nicosia-Besuch. Mittwochs bleiben die Läden nachmittags geschlossen, sonntags ist generell wenig los in der Stadt. Auch manche Museen sind sonntags geschlossen.

Nicosia ist im Hochsommer eine heiße Stadt. Oft steigen hier die Temperaturen im Juli und August mittags auf über 40 °C an. Da macht ein Stadtbummel keinen Spaß mehr. Wer es irgendwie einrichten kann, kommt in diesen Monaten am besten schon vor 8 Uhr morgens in der Stadt an, verbringt die Mittagszeit in klimatisierten Museen oder auf schattigen Restaurant-Terrassen oder fährt zurück ans Meer.

Lohnend ist zumindest eine Übernachtung in Nicosia – am besten in einem Hotel in der südlichen Altstadt. Dann kann man an den Vormittagen die Museen in beiden Teilen besuchen, an einem Mittag in der Laikí Geitoniá im Süden und am anderen im Sedir Han Café im Norden essen und nachmittags in der Lídras Street shoppen. Den Abend verbringt man am besten in der südlichen Altstadt.

Wer zwei Nächte in Nicosia bleibt, kann auch einen der vorgeschlagenen Tagesausflüge in die Umgebung unternehmen (s. S. 268ff.). Der nach Asínou und Kakopetriá ist der schönere, der zweite nach Tamassós und zum Kloster Machairás ist vor allem für diejenigen interessant, die diese Strecke ohnehin für die Weiterfahrt zum nächsten Etappenziel wählen möchten.

Richtig Reisen-Tipps

Zypriotisches Bingo spielen: Nicht nur bei Kirchweihfesten spielen die Zyprioten gern eine äußerst kuriose Variante des vor allem in Merry Old England so beliebten Bingo. An einer markanten Straßenecke in der Altstadt von Nicosia kann man sein Bingo-Glück an jedem Abend probieren (s. S. 245).

Nicosia von oben: Von der elften Etage des Hermes-Hochhauses an der Lídras Street aus überblickt man nicht nur ganz Nicosia, sondern auch fast die gesamte Mesaória-Ebene. Bei klarem Wetter sind ein Großteil des Kyrénia-Gebirges und die höchsten Gipfel des Tróodos zu erkennen. Nebenbei wird noch die Stadtgeschichte Nicosias erzählt (s. S. 249).

Silvester in Nicosia: Am Morgen des letzten Tages im Jahr bewirten die Geschäftsleute in der Altstadt Kunden und Passanten kostenlos und üppig mit Fleisch vom Holzkohlengrill, Tresterschnaps und Whisky. Für den Abend spendiert die Stadt ein Live-Konzert und ein schönes Feuerwerk (s. S. 262).

6 Nicosia

Cityplan S. 242/243

Zyperns Hauptstadt liegt im touristischen Dornröschenschlaf. Wenn überhaupt, kommen ausländische Besucher meist nur für ein paar Stunden tagsüber her. Dabei kann man hier echt zypriotisches Leben am besten studieren. Und auch die Folgen der Inselteilung sind nirgends deutlicher als in der Altstadt, die von einer hässlichen Grenze durchzogen wird.

Reiseatlas: S. 8, E 1

Nicosia ist schön und interessant. Was die Stadt aber einzigartig macht, ist ihre Teilung. Die Grenze, von den griechischen Zyprioten nur Demarkationslinie genannt, durchzieht die kreisrunde Altstadt in ihrer Mitte von West nach Ost und setzt sich auch in den Neustädten fort. Man nennt sie Green Line: UN-Offiziere zeichneten sie 1964 mit einem grünen Stift in einen Stadtplan ein, um innerhalb der Altstadt griechisches und türkisches Siedlungsgebiet voneinander zu trennen. Inzwischen hat man den Begriff in der Umgangssprache auf die gesamte Demarkationslinie übertragen.

Sie erinnert an die einstige Berliner Mauer und ist doch ganz anders. Es fehlt die deutsche Perfektion. Statt Mauer, Sichtschutzzäunen und Todesstreifen trennen hier ›nur‹ Sandsackbarrikaden, blau-weiß gestrichene Öltonnen und Lattenzäune die Menschen, die ohnehin nicht das Bedürfnis haben, heimlich auf die andere Seite zu wechseln. Hier und da verläuft die Grenze einfach an Hauswänden entlang, deren Fenster mit Sandsäcken ausgefüllt wurden. Einkaufsstraßen enden unmittelbar an Wachtposten, hier wie dort kann man in Cafés direkt an der Demarkationslinie sitzen.

Dieser traurige Zustand wird sich wohl auch nach einer Friedenslösung für Zypern nicht schlagartig ändern. Aber immerhin hat zumindest die griechisch-zypriotische Seite 2006 einen Dreijahresplan beschlossen. Er stellt über 15 Mio. Euro für Verschönerungsmaßnahmen im Green-Line-Bereich bereit: Parks und Sportplätze sollen geschaffen, kleine Plätze, Radwege und Bürgersteige angelegt werden. Selbst das neue Rathaus von Nicosia will man unmittelbar an der Green Line errichten.

Beide Teile der Altstadt von Nicosia profitieren schon seit 1989 von einem bikommunalen ›Nicosia Master Plan‹, der von der EU finanziert und von den Vereinten Nationen betreut wird. Er sieht nicht nur die Restaurierung zahlreicher historischer Gebäude innerhalb der mittelalterlichen Stadtmauern vor, sondern auch die ganzer Stadtviertel. Die Arbeiten gehen zwar nur schleppend voran, zeigen aber schon einige eindrucksvolle Ergebnisse wie das Arab-Ahmet- und das Samanbahce-Viertel im Norden oder das Chrysaliniótissa-Viertel im Süden.

Zusammen mit der Hoffnung auf eine baldige Lösung des Zypern-Problems hat der ›Nicosia Master Plan‹ zur Belebung der gesamten Altstadt geführt. Seit Mitte der 1970er Jahre hatte sie sich zusehends entvölkert. Man zog in die Neustadt. Viele Häuser standen leer oder wurden nur noch tags-

Drei Namen, eine Stadt

Nicosia ist der venezianische und englische Name der Inselhauptstadt. Die Griechen nennen sie Lefkosía, die Türken Lefkoşa.

über als Läden und Werkstätten genutzt. Jetzt ist es wieder chic, in einem restaurierten Altstadthaus zu wohnen. Die Lídras Street in der südlichen Altstadt ist wieder zu einer Haupteinkaufsstraße geworden, zunehmend mehr alte Häuser werden für stimmungsvolle Restaurants und Kunsthandwerkerläden genutzt.

Die Neustadtviertel von Nicosia mögen für die Einheimischen interessant sein, für Urlauber sind sie es nicht. Eine einzige Ausnahme bildet vielleicht die Archbishop Makários Avenue im Süden mit ihren vielen Straßencafés, Geschäften und Einkaufszentren. Ansonsten sind beide Neustädte eindeutig für Autofahrer konzipiert. Zyprioten unternehmen zwar auch hier des Öfteren einen Zug durch Kneipen, Bars und Restaurants, fahren dabei aber von einer zur anderen Adresse mit dem Auto.

Kurze Stadtgeschichte

An der Stelle des heutigen Nicosia stand auch schon im Altertum eine Siedlung, von der kaum mehr als der Name bekannt ist: Lédra, Lídra oder auch Lidir. Es war das Zentrum eines nicht sehr mächtigen Stadtkönigreichs. In hellenistischer Zeit hieß die Stadt dann schon Lefkosía. Die französischen Kreuzritter fanden hier wohl eine kleine Siedlung vor, die sie um 1200 zur Hauptstadt ihres Inselkönigreichs erhoben. Im 13. und 14. Jh. soll sie über 250 Kirchen und Kapellen besessen haben. Hier standen die Paläste der Lusignans und des römisch-katholischen Erzbischofs sowie etliche Klöster. Die meisten dieser Bauten waren im Stil der Gotik errichtet. Als die Venezianer Ende des 15. Jh. die Macht über Zypern ergriffen, ließen sie viele Gebäude abreißen, um die Befestigungsanlagen zu erweitern und sich freies Schussfeld zu schaffen. Am 25. August 1570 begannen die Osmanen die Belagerung der Stadt, schon am 9. September des gleichen Jahres konnten sie sie erobern. 20 000 ihrer Bewohner starben dabei. Die Osmanen behielten Nicosia als Inselhauptstadt ebenso bei wie 1878 die Briten. 1960 wurde Nicosia dann zur Hauptstadt der Republik Zypern. Bereits Anfang 1964 hielten UN-Truppen Einzug, die Altstadt wurde geteilt.

Mit dem Autor unterwegs

Erste Orientierung

Wenn Sie nur ein paar Stunden für einen kurzen Altstadtbummel Zeit haben, gehen Sie von der Platía Eleftherías aus die Lídras Street hinunter bis zur Green Line. Ist der Checkpoint geöffnet, passieren Sie ihn und gehen im Nordteil weiter zum Büyük Han und zur Sophienkathedrale. Danach kehren Sie in den Süden zurück und gehen nun durch die Faneroménis- und die Onásgoras-Straße zur Platía Eleftherías. Dort halten Sie sich links und stehen nach zwei Minuten in der Laikí Geitoniá. Insgesamt benötigen Sie für diesen Spaziergang mit Besuch im Norden mindestens drei Stunden, ohne Nordzypern 90 Minuten.

Stress adieu!

Seit 2005 kann man in den **Omeriye-Bädern** wieder romantische Dampfbäder nehmen und sich sogar trendigen Wellness-Behandlungen unterziehen. Wer es lieber ganz traditionell mag, wählt den **Büyük Hamam** im Nordteil der Altstadt (s. S. 247 und 257).

Der beste Tipp fürs Mittagessen!

Im Schatten der kleinen Arablar-Moschee in Südnicosia kann man in der einfachen **Taverne Matthéos** werktags hervorragend zu Mittag essen (s. S. 263).

Sehenswertes in der südlichen Altstadt

Platía Eleftherías und Stadtmauer

Die gesamte Altstadt von Nicosia ist noch vollständig von einer fast 5 km langen, mächtigen Mauer umgeben. Die Venezianer ließen

Nicosia: Cityplan

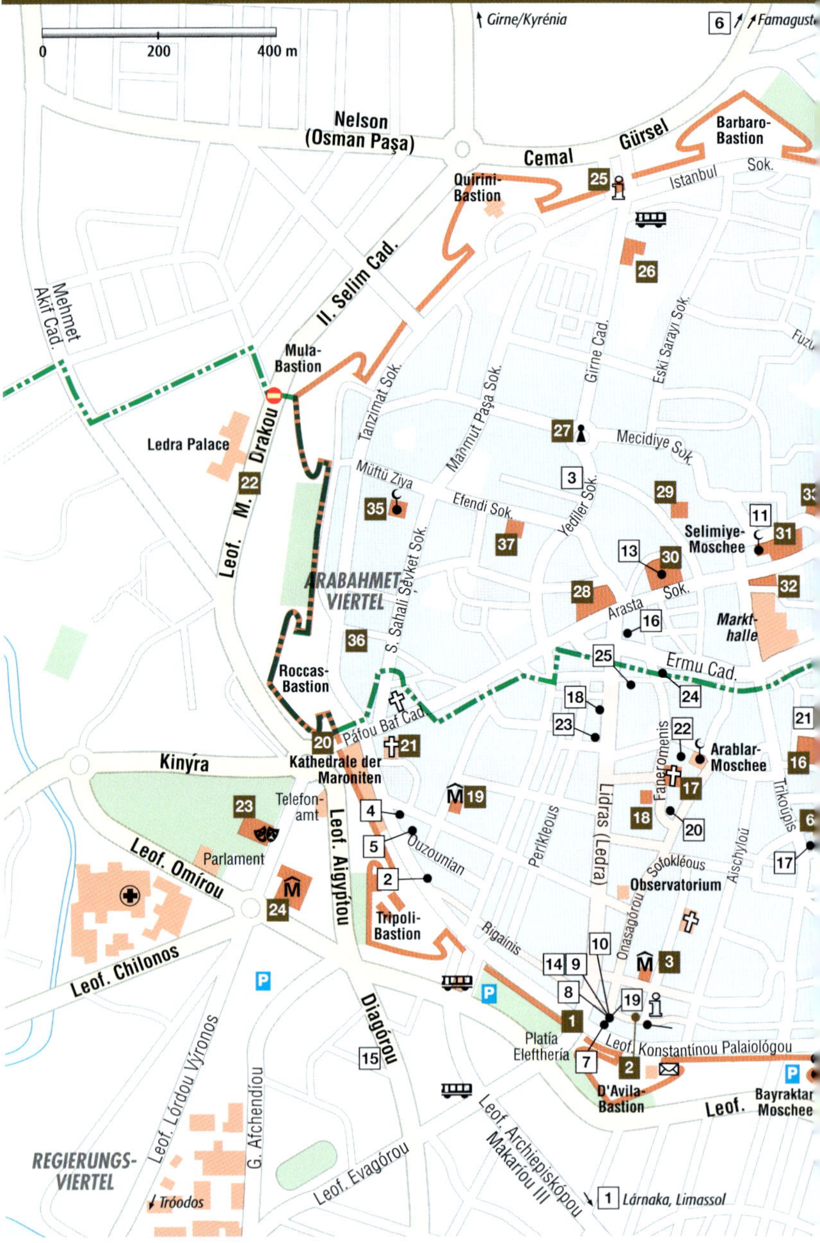

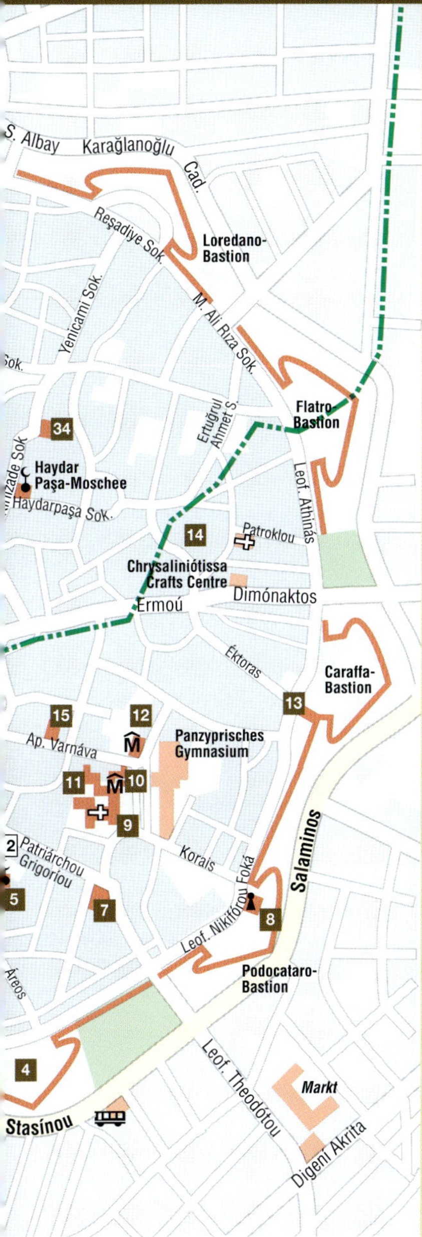

Sehenswürdigkeiten

1 Platía Eleftherías
2 Laikí Geitoniá
3 Levéntis-Museum
4 Costanza-Bastion
5 Omeriye-Moschee
6 Omeriye-Bäder
7 Haus des Chatzigeorgákis Kornésios
8 Freiheitsdenkmal
9 Erzbischöflicher Palast, Makários-Statue, Panzyprisches Gymnasium
10 Kathedrale Ágios Ioánnis
11 Ikonen-Museum
12 Museum des Nationalen Kampfes und Ethnografisches Museum
13 Famagusta-Tor
14 Chrysaliniótissa-Viertel
15 Städtisches Zentrum für Moderne Kunst
16 Markthalle
17 Kirche Faneroménis
18 Museum der Bank of Cyprus
19 Motorrad-Museum
20 Páfos-Tor
21 Maronitenviertel
22 Checkpoint Old Ledra Palace Hotel
23 Stadttheater und Stadtpark
24 Zypern-Museum
25 Kyrénia-Tor
26 Mevlevi Tekke
27 Atatürk-Platz
28 Büyük Hamam
29 Kumarcılar Han
30 Büyük Han
31 Selimiye-Moschee/Sophienkathedrale
32 Bedesten
33 Sultan-Mahmud-Bibliothek/Lapidarium
34 Lusignan-Haus
35 Arab-Ahmet-Moschee
36 Arab-Ahmet-Viertel
37 Wohnhaus des Dervis Paşa

Nicosia: Cityplan

Übernachten

1 Hilton Cyprus
2 Holiday Inn
3 Saray
4 Classic
5 Castelli
6 City Royal
7 Centrum
8 Rími
9 Sky
10 Tony B&B

Essen und Trinken

11 Konak
12 Erodós
13 Sedir Han
14 Fanous
15 Friday's
16 Melita & Europe
17 Zanettos
18 Kath'Odón
19 1900
20 To Steki tou Lozándra
21 Saint George – O Dímos
22 Matthéos
23 Heraclís
24 Berlin No. 2
25 Ta Kalá Kathoúmena

sie von zyprischen Arbeitern, die zum Frondienst gezwungen wurden, in nur drei Jahren zwischen 1567 und 1570 errichten. Mit ihren abgeschrägten Außenseiten und dem tiefen Wallgraben davor, in den der Pediéos-Fluss eingeleitet wurde, entsprach sie damals den modernsten militärtechnischen Erkenntnissen. Trotzdem hielt sie der schon im Jahr ihrer Fertigstellung erfolgten osmanischen Belagerung nicht stand: Nach nur 14 Tagen Kampf wurde sie von den Osmanen überwunden. Sie blieb dabei jedoch nahezu unzerstört. Drei Tore führten durch die Mauer in die Stadt: das Famagusta-Tor im Südosten, das Páfos-Tor im Westen und das Kyrénia/Girne-Tor im Norden. Elf Bastionen verstärkten die Mauern. Sie waren nach den Namen derjenigen italienisch-fränkischen Adelsfamilien benannt, die den Bau der Mauern finanziell besonders tatkräftig unterstützt hatten. Im alten Wallgraben finden sich heute vor allem Park- und Sportplätze. Auf der Mauer führt eine Straße nahezu vollständig um die Altstadt herum.

Einen Übergang von der Neu- in die Altstadt bildet die **Platía Eleftherías** 1, der Freiheitsplatz. Er ist heute der zentrale Ort für Großveranstaltungen und Kundgebungen. Flankiert wird er von der D'Avila-Bastion, auf der die Kolonialbauten des alten Rathauses und des Hauptpostamts stehen. Es lohnt sich, einen Blick auf die Rückseite des Postamts zu werfen: Da reiht sich Postfach an Postfach. Ähnliche, nur kleinere Postfach-Batterien findet man auch in vielen zypriotischen Dörfern: Sie ersetzen den Briefträger.

Laikí Geitoniá

Die ›**Volkstümliche Nachbarschaft**‹ 2 war das erste restaurierte Viertel in der Altstadt Nicosias. Schon in den frühen 1980er Jahren hatte die Stadtverwaltung von Südnicosia hier auf 2000 m^2 alte Häuser aus dem 19. Jh. restaurieren oder alten Gebäuden nachempfundene Neubauten errichten lassen. Gassen und Plätze wurden im alten Stil gepflastert, die Gebäude dann zumeist an Gastronomen und Einzelhändler verpachtet. Romantischer als hier ist die Altstadt in Südnicosia nirgends. Allerdings hat sie auch nicht die Authentizität der später im Rahmen des ›Nicosia Master Plan‹ restaurierten Viertel erlangt. Dafür findet man hier viele Tavernen und gerade für Touristen interessante Geschäfte.

Levéntis-Museum

Das **Museum der Stadtgeschichte Nicosias** 3 wurde 1989 in einem Palais aus dem Jahr 1892 untergebracht. Auf zwei Etagen zeigt es ganz unterschiedliche Objekte: von Fossilien bis hin zu Ausstellungsstücken aus der Zeit des Freiheitskampfes gegen die Briten. Ein Modell im Erdgeschoss gibt das Aussehen der Stadt im 16. Jh. wieder. Es basiert u. a. auf historischen Karten und Stichen, die ebenfalls im Museum ausgestellt sind. Kleidungsstücke sowie Möbel und vielerlei Objekte der Alltagskultur illustrieren das Leben auf Zypern in osmanischer Zeit und während der britischen Kolonialherrschaft (Leventis Municipal Museum, Ippokrátous St. 17, Tel. 22 66 14 75, Di–So 10–16.30 Uhr, Eintritt frei).

Costanza-Bastion und Bayraktar-Moschee

Die sonst als Parkplatz genutzte **Costanza-Bastion** 4 verwandelt sich an jedem Mittwochvormittag in einen übersichtlichen, gut besuchten Obst- und Gemüsemarkt. Überragt wird er vom Minarett der **Bayraktar-Moschee** aus dem 18. Jh. Der Legende nach wurde diese an der Stelle errichtet, an der es im Jahr 1570 einem osmanischen Soldaten erstmals gelungen war, das Banner des Sultans auf der venezianischen Stadtmauer aufzustellen.

Omeriye-Moschee

Betrachtet man die heute von syrischen Moslems verwaltete **Moschee** 5 genauer, erkennt man unschwer viele gotische Stilelemente: Die Moschee erstand aus den Ruinen einer im 15. Jh. erbauten und bei der türkischen Belagerung 1570 schwer beschädigten Marienkirche eines Augustinerklosters. Da deren Dach weitgehend zerstört war, ersetzten es die osmanischen Architekten durch das bis heute erhaltene Flachdach und fügten dem Bau ein Minarett an. Wegen Baufälligkeit kann es leider zurzeit nicht bestiegen werden (Zutritt in die Moschee tagsüber gestattet, Schuhe ausziehen!).

Richtig Reisen-Tipp: Zypriotisches Bingo spielen

Die Spielleidenschaft der griechischen Zyprioten beunruhigt die Regierung. Sie setzten nämlich allein mit ihren Kreditkarten im Jahr 2005 fast 20 Mio. Euro in den Spielcasinos Nordzyperns, Großbritanniens, Israels und Russlands um – Geld, das dem Fiskus entgeht. Früher waren sie weitaus sparsamer. Da begnügten sie sich mit einem einfachen Bingo-Spiel auf Kirchweihfesten. Solch ein typisches Bingo-Spiel kann man heute noch jeden Abend in Nicosia an der Ecke Platía Eletherías/Rígainis Street finden. Da steht ein meist mürrischer Mann mit einem Karren, auf dem die möglichen Gewinne aufgebaut sind: Teddybären und elektronischer Tand, Whiskyflaschen, Zigarettenstangen und mehr. Auf einem selbst gefertigten Spielbrett ist ein in Streifen geschnittenes Zentimetermaß mit den Zahlen von 1 bis 90 aufgeklebt. Die Streifen werden von Nägeln gesäumt. Der Spieler wählt, was er gewinnen will, und erfragt die Höhe des dafür notwendigen Einsatzes. Dann zieht er zwei Lederstreifen mit einer kleinen Auswahl von Zahlen zwischen 1 und 90. Danach schießt er wie beim Flipper-Spiel eine Kugel ab. Sie bleibt irgendwo zwischen den Nägeln auf einer Zahl liegen. Findet der Spieler diese Zahl auf einem seiner Lederstreifen wieder, hat er das vorher ausgewählte Objekt seiner Begierde gewonnen.

Weitaus populärer als dieses Bingo-Spiel ist beim kleinen Mann von heute allerdings der Kauf von Rubellosen. Zahlreiche Losverkäufer ziehen damit durch Straßen und Lokale der Stadt. Was man wann gewinnt, ist auf den Losen genau in Englisch beschrieben.

Omeriye-Bäder

Schräg gegenüber der Moschee fallen die kleinen Kuppeln eines niedrigen Baus ins Auge, den Lula Mustafa Pasha gegen Ende des 16. Jh. als öffentlichen **Hamam** 6 stiftete. Er wurde im Rahmen des ›Nicosia Master Plan‹ aufwendig restauriert und steht heute wieder Erholungswilligen offen (Tillýrias Sq., Führungen nur Mo 11–17 Uhr, Teilnahme 1,25 CYL. Di–So Zutritt nur für Dampfbad- und Wellness-Gäste, Basiseintritt 10 CYL für 2 Std. Wer sich weiter verwöhnen lassen möchte: 20-minütige Kopf- oder Fußmassage 6 CYL, 50-minütige Ganzkörpermassage 20 CYL. Di, Do und Sa 9–21 Uhr nur für Herren; Mi, Fr, So 9–21 Uhr nur für Damen).

Haus des Chatzigeorgákis Kornésios

Wie wohlhabende Bürger des Osmanischen Reichs im 18. Jh. lebten, zeigt das in jener Zeit entstandene **Haus des Herrn Kornésios** 7 am besten. Er war der Sohn eines reichen, christlichen Textilhändlers und mit einer Nichte des amtierenden Erzbischofs verheiratet. Zwischen 1770 und 1809 fungierte er als Dragoman, also als Mittler zwischen dem Sultan und den Christen der Insel. Er war einerseits für die Steuereintreibung bei den Christen verantwortlich und bezog dafür ein Gehalt vom Sultan; andererseits hatte er das Recht, Anliegen der Christen auf der Insel unter Umgehung des jeweiligen Gouverneurs direkt am Serail des Sultans vorzutragen. Sein Stadthaus ist der prächtigste Profanbau Südnicosias aus osmanischer Zeit. Besonders beeindruckend sind der auf drei Seiten von Arkaden umschlossene Innenhof und der im traditionellen Stil wieder eingerichtete Empfangssaal im Obergeschoss. Chatzigeorgákis Kornésios fand übrigens ein grausames Ende: Aufgrund einer Intrige wurde er verhaftet, nach Konstantinopel gebracht und dort enthauptet (Patriarch Grigórios St., Mo–Fr 8.30–15.30 Uhr, Eintritt 0,75 CYL).

In der Omeriye-Moschee

Freiheitsdenkmal

Das aussagekräftige und fotogene **Denkmal** 8 steht seit 1970 auf der Podocataro-Bastion. Es zeigt zwei bewaffnete EOKA A'-Kämpfer, die ein Gefängnistor öffnen. Aus ihm treten quasi stellvertretend für das gesamte Volk zwölf Menschen heraus: ein Priester, ein Fischer, ein Beamter mit Jackett und Krawatte, eine Mutter, ein Kind usw. Sie alle haben mitgekämpft und mitgelitten. Jetzt werden sie mit der Freiheit belohnt, die sich als Göttin personifiziert über allen erhebt.

Dem Freiheitsdenkmal schräg gegenüber sind die restaurierten Reste eines Aquädukts zu sehen, das im 18. Jh. erbaut wurde. Es zog sich vom Kyrénia-Tor im Norden bis zum Famagusta-Tor quer durch die gesamte Stadt und speiste zahlreiche Brunnen mit Wasser.

Makários-Statue und Panzyprisches Gymnasium

Vom Freiheitsdenkmal führt eine breite Straße geradewegs auf das 1987 aufgestellte, monumentale **Denkmal des Erzbischofs Makários III.** 9 zu, in seinem Gigantismus ein Meisterwerk des schlechten Geschmacks. Es steht unmittelbar vor dem **Erzbischöflichen Palast,** der, einem königlichen Palast gleich, rechtzeitig zur Unabhängigkeit Zyperns im Jahr 1960 fertig gestellt wurde. Auf der anderen Seite des Platzes liegt der bescheidenere, klassizistische Bau des **Panzyprischen Gymnasiums,** das auch Erzbischof Makários III. besuchte und an dem Lawrence Durrell in den 1950er Jahren als Lehrer tätig war. Es wurde schon 1812 gegründet, also noch in tiefster osmanischer Zeit. Die benachbarte Servérios-Bibliothek ist ihm angegliedert, das Gebäude erhielt seine heutige Form 1989 (Innenbesichtigungen der drei Gebäude sind nicht möglich).

Kathedrale Ágios Ioánnis

Am nördlichen Ende des erzbischöflichen Palastes schließt sich ein kleiner Platz an, auf dem die unaufdringlich wirkende, **orthodoxe Kathedrale** 10 der Hauptstadt, Ágios Ioánnis, steht. Sie wurde 1665 an der Stelle einer aus fränkischer Zeit stammenden Benediktinerkirche erbaut, von der noch das Wappen der Lusignans und ein Kreuzigungsrelief über dem Westportal zeugen. Nachdem die Kirche des hl. Johannes des Evangelisten um 1720 zur Kathedrale erhoben worden war, ließ man sie innen ganz und gar ausmalen. Die Szenen aus dem Neuen Testament, die dramatische, vielfigurige Darstellung der Kreuzigung und der Jesse-Baum über dem Südtor, weisen deutlich westliche Einflüsse auf. Sie sind insgesamt hervorragende Werke der nachbyzantinischen Zeit. Der Glockenturm stammt erst aus dem Jahr 1858; vorher duldeten die Türken keine Konkurrenz für ihre Minarette und Muezzins.

In der Johanneskathedrale werden seit dem 18. Jh. die Erzbischöfe Zyperns geweiht. Während der Zeremonie steht der Erzbischof auf dem in den Boden vor der Ikonostase eingelassenen, byzantinischen Doppeladler-Relief (teilweise durch ein Podest verdeckt). Der Doppeladler war ein Symbol des Byzantinischen Reiches. Seine beiden Köpfe standen für den Anspruch des Kaisers, Herr über West- und Ostrom zu sein. Heute repräsentiert das Symbol die orthodoxe Kirche. Unweit davon steht der Thron des Erzbischofs an der südlichen Seitenwand. Neben ihm sitzen bei wichtigen Anlässen der Staatspräsident und der Botschafter Griechenlands. Über dem Ehrenstuhl des griechischen Botschafters stellen Malereien in vier Feldern die Legende von der Auffindung der Gebeine des Apostels Bárnabas dar: Dieser Fund begründete im 5. Jh. die Autokephalie (s. S. 45) der zypriotischen Kirche. Im Bildfeld links oben sieht man, wie der Apostel dem zypriotischen Bischof Anthémios im Jahr 477 im Traum erscheint und ihm bedeutet, wo sein – des Apostels – Grab zu finden sei. Das benachbarte Bildfeld zeigt, wie Anthémios an der vorbezeichneten Stelle den unversehrten Leichnam des Apostels mit einem handgeschriebenen Matthäus-Evangelium auf der Brust findet. Im Bildfeld links unten bringt Anthémios dieses Evangelium dem byzantinischen Kaiser Zénon als Beweis dafür dar, dass die zypriotische Kirche von einem Apos-

Richtig Reisen-Tipp: Nicosia von oben

Zum Ermés-Kaufhaus an der Lídras Street gehört ein turmartiger Aufsatz, der so genannte **Shakolas Tower.** Ihn krönt ein nahezu rundum verglaster Raum, Observatorium genannt. Von hier aus können Sie ganz Nicosia überblicken.

Die Aussicht reicht fast immer auch bis zum Kyrénia-Gebirge im Norden der Insel und zum Tróodos im Südwesten; an manchen Tagen ist sogar Mórfou zu sehen. Wer mag, kann sich dabei über Kopfhörer eine Kurzfassung der Stadtgeschichte anhören. Minarette und Kirchtürme ragen aus der Metropole auf, die gotische Sophienkathedrale mit ihren Minaretten fällt als pittoreskes Stilgemisch beider Religionen auf. Wer genau hinschaut, erkennt, dass zwischen den beiden Minaretten ein Draht gespannt ist, an dem die Flaggen der Türkei und Nordzyperns hängen.

Lang gestreckte Ziegeldächer markieren alte Karawansereien und den modernen Erzbischöflichen Palast – und über die Stadt verteilt wehen fünf verschiedene Fahnen: die griechische, die der Republik Zypern, die türkische, die der selbst ernannten ›Türkischen Republik Nordzypern‹ und die der Vereinten Nationen. Am Hang des Kyrénia-Gebirges macht das Auge die größte Flagge der Welt aus: die der ›Türkischen Republik Nordzypern‹. 165 m^2 groß prunkt sie, aus Steinen gelegt, provokativ am Hang. Bei der vierten Renovierung im Winter 1993/94 wurde der Kalkanstrich durch Acrylfarben ersetzt, um die Flagge noch haltbarer zu machen. Und auch die selbstgefällige weitere Anwesenheit britischen Militärs wird augenfällig: durch ihre weißen Radarkuppeln auf dem Gipfel des Olymp (Eingang/Fahrstuhl in der Arsinóis St., tgl. 9.30–17 Uhr, Eintritt 0,50 CYL).

Im Überblick: Über Nicosia bricht die Dämmerung herein

tel gegründet wurde. Daraufhin erhält Anthémios vom Kaiser die Privilegien, die dem zypriotischen Erzbischof noch heute zustehen: wie der Kaiser mit roter Tinte unterschreiben, ein purpurnes Gewand anlegen und statt des Bischofsstabes ein Zepter tragen zu dürfen (Archbishop Kyprianoú Sq., Mo–Sa 8–12 und Mo–Fr 14–16 Uhr, Eintritt frei).

Ikonen-Museum

Aus einem Flügel des Erzbischöflichen Palastes, unmittelbar gegenüber dem Südeingang der Kathedrale, ertönt oft byzantinische Kirchenmusik. Sie wird hier unterrichtet. Gleich nebenan schließt sich der Bau der Makários-Stiftung mit dem äußerst sehenswerten **Ikonen-Museum** 11 an. Hier wurden wertvolle Ikonen aus zahlreichen Kirchen und Klöstern Zyperns zusammengetragen. Die älteste, noch in enkaustischer Technik (Nr. 1, gleich rechts in der Ecke), stammt aus dem 8. oder 9. Jh. Bei dieser Technik dient nicht Eidotter, sondern Bienenwachs als Bindemittel für die Farben. Beim Rundgang sind die typischen Merkmale zypriotischer Ikonen gut zu erkennen. Häufig sind die Stifter der Ikonen mit ihren Familien klein abgebildet; im Fall einer von katholischen Mönchen in Auftrag gegebenen Ikone mit lateinischer Beschriftung ist es die Bruderschaft. Der Heiligenschein (Nimbus) ist häufig als erhabenes, bemaltes Gipsrelief aufgetragen, manchmal sogar der gesamte Bildhintergrund. Mehr oder minder wird in einigen Ikonen auch der Einfluss westlicher Malerei deutlich.

In einem 1992 eröffneten zweiten Museumsraum werden sechs einzigartig schöne, frühchristliche Mosaike aus dem 5. Jh. gezeigt. Sie stammen aus der Kirche Panagía Kanakariá im türkisch besetzten Teil der Insel, wurden dort gestohlen und bei einer amerikanischen Kunsthändlerin wiedergefunden. 1989 verurteilte ein Gericht in Indianapolis sie dazu, die Mosaike an die Kirche von Zypern als rechtmäßige Eigentümerin zurückzugeben (Archbishop Kyprianoú Sq., Mo–Fr 9–16.30, Sa 9–13 Uhr, Eintritt 1 CYL).

Im gleichen Gebäude finden sich drei weitere, für Urlauber kaum besuchenswerte Galerien. Die European Art Gallery zeigt drittrangige Werke europäischer Maler des 16.–19. Jh., die Modern Art Gallery Werke moderner zypriotischer Künstler, darunter Stas Paráskos und Adamántios Diamántis. Eine dritte Ausstellung ist dem griechischen Freiheitskampf gegen die Osmanen gewidmet (gleiche Öffnungszeiten wie Ikonen-Museum, Eintritt im Preis inbegriffen).

Museum des Nationalen Kampfes und Ethnografisches Museum

Weiter nördlich folgt das **Museum des Nationalen Kampfes** 12, das Erinnerungsstücke und Dokumente aus der Zeit von 1955–1960 zur Schau stellt. Fotos zeigen zerfetzte, verbrannte und gefolterte Menschen, eine historische Galgenkammer ist als Gedenkstätte integriert: Zartbesaiteten und Kindern muss von einem Besuch abgeraten werden! (National Struggle Museum, Archbishop Kyprianoú Sq., Tel. 22 30 45 50, Mo–Fr 8–14, Do außer im Juli/Aug. auch 15–17.30 Uhr, Eintritt frei).

An der Nordseite der Johanneskathedrale schließt sich der Alte Erzbischöfliche Palast aus dem frühen 18. Jh. an. Heute beherbergt er eine gute **Volkskundliche Sammlung** mit landwirtschaftlichen Geräten, alten Trachten, Möbeln, Webarbeiten, Stickereien, Keramik, Schmuck, Korbwaren, Haushaltsgegenständen und einigen Werken naiver zypriotischer Maler (Cyprus Ethnographic Museum, Archbishop Kyprianoú Sq., Tel. 22 43 25 78, Mo–Fr 9–13.30 Uhr, Eintritt 1 CYL).

Famagusta-Tor

Das **Famagusta-Tor** 13, das besterhaltene der drei mittelalterlichen Stadttore von Nicosia, lohnt nur dann den Besuch, wenn es wegen Sonderausstellungen geöffnet ist (Termine im monatlichen Veranstaltungskalender oder bei der Tourist Information). Von außen wirkt es nämlich eher unscheinbar. Darf man jedoch eintreten, erstaunt man ob der 35 m Länge des Torgangs und der Größe der Seitenräume, die im Innern der Mauer von ihm abgehen.

Chrysaliniótissa-Viertel

Im Gegensatz zum restaurierten Altstadtviertel Laikí Geitoniá ist das nach seiner Kirche benannte **Chrysaliniótissa-Viertel** 14 kein Touristenmagnet mit Tavernen und Geschäften, sondern ein sehr ruhiges, bescheidenes Wohnviertel. Im Rahmen des ›Nicosia Master Plan‹ wurden hier 26 alte Wohnhäuser restauriert und 15 neue Häuser, ein Kindergarten und ein Studentenwohnheim architektonisch gut eingepasst. Einziehen durften nur sozial schwache, junge Familien. So wollte man der Überalterung der Altstadt entgegenwirken. Zusätzlich schuf man ein kleines Kunsthandwerkerzentrum (s. S. 266).

Städtisches Zentrum für Moderne Kunst

Am kurzen Weg vom Erzbischöflichen Palast und dem Ikonen-Museum zur Markthalle und ins Stadtzentrum kommt man am **ehemaligen Elektrizitätswerk** 15 Nicosias vorbei. Erbaut 1913–1936, versorgte es die Stadt bis in die Nachkriegszeit hinein mit Strom. Heute dient seine geräumige Maschinenhalle für wechselnde Ausstellungen zeitgenössischer Kunst (Municipal Centre of Modern Arts, Apostle Varnavas St., Di–So 10–15 und 17–23, So 10–16 Uhr).

Markthalle

Die **Markthalle** 16 lohnt keinen Umweg. Nur samstags sind sie und der große freie Platz davor von buntem Marktleben erfüllt. Ansonsten ist in die schon 1932 erbaute Halle große Ruhe und enttäuschende Leere eingezogen. Die modernen Supermärkte am Stadtrand sind dafür verantwortlich.

Kirche Faneroménis

Die **größte orthodoxe Kirche** 17 der Altstadt, 1872 geweiht, ist künstlerisch ohne Belang. Am östlichen Rand des Kirchhofs birgt ein marmornes Mausoleum die Gebeine des Erzbischofs Kyprianós und zahlreicher anderer Priester. Sie waren 1821 ›prophylaktisch‹ von den Türken enthauptet oder gehängt worden, um die Zyprioten davon abzuhalten, sich dem griechischen Freiheitskampf anzuschließen.

In der Nordostecke des Kirchhofs steht auf einem weiteren kleinen Platz die mittelalterliche Kapelle Stavrós tou Misiríkou, die von den Türken durch Anfügung eines winzigen Minaretts in die **Arablar-Moschee** verwandelt wurde. Gleich daneben gibt es mit der einfachen Taverne Matthéos werktags die Gelegenheit zu einem köstlichen Mittagessen (s. S. 263).

Museum der Bank of Cyprus Cultural Foundation

Das modern gestaltete **Museum** 18 mit archäologischen Funden vom Neolithikum bis zum Mittelalter bietet für besonders an Archäologie Interessierte eine Ergänzung zum Zypern-Museum. Cafeteria im Obergeschoss (Faneroménis St. 86, Mo–Fr 10–17 Uhr, Eintritt frei).

Motorrad-Museum

Im privaten **Cyprus Classic Motorcycle Museum** 19 sind über 150 Motorräder aus der Zeit zwischen 1914 und 1983 zu sehen (Gra-

Rígainis Street

Von der Lédra Street zweigt kurz vor dem Freiheitsplatz die Rígainis Street (auch: Régaina Street) nach rechts ab, die mit ihren Seitengassen so etwas wie die ›Reeperbahn Zyperns‹ darstellt. Zwischen Geschäften eingestreut findet man zahlreiche ›Cabarets‹, in denen Striptease-Tänzerinnen aus Asien und Osteuropa UN-Soldaten, Zyprioten und Urlauber aus den arabischen Ländern zu neppen versuchen. Die Fotos in den Schaukästen zeugen von der absoluten Niveaulosigkeit der Darbietungen. Nahe dem Dionisíou Solomoú Square (zentraler Busbahnhof für die innerstädtischen Linien) mündet die Rígainis Street wieder auf die Stadtmauer. Auch als Frau kann man den Weg durch die Rígainis Street selbst mitten in der Nacht bedenkenlos allein nehmen – Gefahr droht auf den viel zu schmalen Bürgersteigen nur durch Autos, Straßenprostitution gibt es nicht.

Süd und Nord: Ein UN-Posten wacht über die Green Line in der geteilten Stadt

níkou St. 44, Mo–Fr 9–13 und 15–19, Sa 9–13 Uhr, Eintritt 1 CYL).

Páfos-Tor

Vorbei am Hotel Holiday Inn und der Feuerwehrstation der Stadt kommt man nun auf einen kleinen Platz an der Green Line. Auf dem Dach eines Hauses steht ein nur noch zeitweise besetztes Wachhäuschen der UN. Sandsäcke füllen leere Fenster in Hausruinen aus. Eine **Franziskanerkirche** treibt hier einen Keil in die Grenzlinie. Zum römisch-katholischen Gottesdienst am Sonntagmorgen ist sie stets gut gefüllt: Die vielen philippinischen und srilankesischen Christinnen, die zum Niedrigstlohn in zypriotischen Haushalten arbeiten, treffen sich hier. Unmittelbar hinter dem Chor der Franziskanerkirche beginnt der türkisch-zypriotische Teil der Altstadt.

Das heutige **Páfos-Tor** 20 ist ein nur zwölf Schritte breiter Mauerdurchbruch für Autofahrer. Sieht man nach links oben, erblickt man auf der Stadtmauer die Flaggen Griechenlands und der Republik Zypern, schaut man nach rechts oben, wehen dort die Flaggen der Türkei und Nordzyperns. Die Stadtmauer bildet hier unmittelbar die Grenze. Das historische Páfos-Tor liegt wenige Schritte links dieses Mauerdurchbruchs. Es ist inzwischen für Fußgänger wieder passierbar.

Maronitenviertel

Neugierige besuchen vor dem Passieren des Páfos-Tors noch kurz das winzige **Maronitenviertel** 21. Dort steht, nur ein paar Schritte vom Gebäude mit dem UN-Wachhäuschen auf dem Dach entfernt, die Kathedrale der Maroniten (s. S. 44). Die Westwand der modernen Kirche ziert ein Mosaik mit der Darstellung der zwölf Apostel. In ihren Heiligenscheinen sind ihre Namen in griechischer Schrift zu lesen, während die Texte in den Bibeln, die sie in Händen halten, lateinisch geschrieben sind. Da die Maroniten ja mit der römisch-katholischen Kirche uniert sind, erinnert das Kircheninnere an eine katholische und nicht an eine orthodoxe Kirche. Unmittelbar an die Kirche grenzt die maronitische Schule; der Kirche gegenüber liegt ein Kafenío, in dem bezeichnenderweise ein Foto des Papstes hängt.

Checkpoint Old Ledra Palace Hotel

22 Das prachtvolle, in einem leicht orientalisierenden Stil erbaute Hotel Ledra Palace war bis 1974 das führende Hotel der Insel. Es bot 200 Zimmer und Suiten, einen Ballsaal und weitläufige Gartenanlagen, einen Pool und die größten Konferenz-Möglichkeiten der Insel. Seit der türkischen Invasion 1974 ist es seiner eigentlichen Funktion beraubt. Es steht seitdem in der UN-Pufferzone und dient jetzt nur noch etwa 80 britischen UN-Soldaten als zwar geräumige, aber technisch nicht mehr ganz perfekte Unterkunft. Noch auf griechisch-zypriotischer Seite residieren unmittelbar am griechisch-zypriotischen Grenzposten die griechische Botschaft und das Goethe-Institut. Auf türkisch-zypriotischer Seite schließt sich der ›Club der Auslandspresse‹ an (obwohl es außer Türken keine ausländischen Journalisten in Nordzypern gibt). Direkt in der UN-Pufferzone erteilt ein modernes Informationsbüro am Straßenrand Auskunft über den ›Nicosia Master Plan‹.

Stadttheater und Stadtpark

Das 1967 eingeweihte **Stadttheater** 23, mit 2200 Sitzen größter Theatersaal der Insel, erhebt sich am Rande des **Stadtparks** von Nicosia. Die einzige grüne Oase der Stadt ist nur sonntags stets gut besucht. Dann treffen sich hier die vielen asiatischen Haushalts- und Gartenhilfen der wohlhabenden Zyprer zu Gesprächen, Musik, Flohmarkt und Picknick. Man fühlt sich wie nach Colombo oder Manila versetzt. Im Stadttheater finden Theaterveranstaltungen aller Art statt, über das Programm informieren die Theaterkasse und die Tourist-Information.

Zypern-Museum

Das **Archäologische Nationalmuseum Zyperns** 24 wurde 1908–1924 von den Briten errichtet. Der klassizistische Bau ist inzwischen viel zu klein geworden, um alle wichtigen Funde der Insel ausstellen zu können. Gleichwohl wurde der Fehler vermieden, die Sammlungen zu überladen; das Zypern-Museum ist sehr übersichtlich geblieben. Für einen Rundgang sollte man ca. ein bis zwei Stunden veranschlagen. Die ersten beiden Säle präsentieren Funde aus der Jungsteinzeit, der Kupfersteinzeit und der Bronzezeit.

Übergänge zwischen Nord und Süd
Bei Redaktionsschluss für dieses Buch (Juli 2006) gab es zwei Checkpoints für den Übergang zwischen Nord und Süd. Der Übergang am alten **Ledra Palace Hotel** am Rande der Altstadt war nur für Fußgänger und Radfahrer geöffnet, der Übergang im Neustadtviertel **Ágios Dométios** nur für Kraftfahrzeuge aller Art. Ein dritter Übergang direkt an der **Lídras Street** war im Gespräch. Wenn er kommt, wird er nur für Fußgänger geöffnet sein.

Saal 1

Wie wertvoll Artefakte aus Stein im Neolithikum waren, zeigt in Saal 1 eine Schale aus Andesit (vorn an der rechten Seitenwand), die offenbar einmal zerbrach. Man bohrte auf jeder Seite der Bruchkante je zwei Löcher in den Stein, so dass man beide Teile wieder aneinanderbinden konnte. Besonders interessant sind auch die kleinen Idole (links vom Durchgang zu Saal 2). Die Speckstein-Figuren aus dem Chalkolithikum sind kreuzförmig, der Hals ist phallusartig lang gestreckt. Arme und Beine sind deutlich herausgearbeitet, vereinzelt sind Brüste angedeutet. Dass diese Figuren als Amulett getragen wurden, zeigen einige Exemplare, die selbst solch ein kreuzförmiges Idol um den Hals tragen.

Saal 2

In Saal 2 beeindrucken neben Zeugnissen aus dem antiken Alltagsleben zahlreiche Kompositgefäße: zu fantasievollen Gebilden zusammengesetzte Kannen, Vasen, Henkel, Schalen und Figuren.

Saal 3

Dieser Raum widmet sich der Entwicklung der Keramik und der Vasenmalerei auf Zypern von der Bronzezeit bis zum Hellenismus. Ein besonders schönes Einzelstück ist ein konischer Fayence-Rhyton aus dem 13. Jh. v. Chr. (freistehende Vitrine im vorderen Teil des Saals). Die Oberfläche des 28 cm hohen, eiswaffelförmigen Gefäßes, dessen Henkel abgebrochen ist, besteht innen und außen aus graublauem Email. Erhabene Stege unterteilen die Außenseite in drei horizontale Friese. Im obersten Bildfeld galoppieren zwei Stiere und eine Ziege bzw. Antilope. Im mittleren sieht man zwei Jäger, die jeweils einen Stier verfolgen. Das untere Bildfeld ist mit senkrecht stehenden Spiralen verziert. All diese farbigen Dekorationen sind teils aufgemalt, teils in Einlegearbeit bzw. Emailtechnik ausgeführt. Besondere Aufmerksamkeit haben in Saal 3 auch die *Vasen* im Free-Field-Style verdient (Mitte der rechten Seitenwand). Die zweifarbigen Motive sind ohne jede Umrahmung auf die Oberfläche gemalt und wirken dadurch fast wie Stickereien. Die wohl Berühmteste ist eine Kanne aus dem 7. Jh. v. Chr., auf der ein Stier an einer Lotusblüte schnüffelt.

Saal 4

Der kleine, runde Raum wartet mit einem Höhepunkt der Museumstour auf: In einer großen Vitrine stehen Hunderte von Terrakottafiguren, die spontan an die Terrakottaarmeen aus Xi'an in China erinnern. Einige sind lebensgroß, andere nur 10 cm hoch. Sie stammen aus der Zeit von 625–500 v. Chr. und wurden in einem Heiligtum bei Agía Iríni in Nordzypern gefunden. Man sieht überwiegend Männer in verschiedensten Gewandungen, aber auch Stiere und Streitwagen. Offenbar dienten sie wie die *tamáta* in orthodoxen Kirchen als Votivgaben, die das Gebet des Pilgers auch nach dem Verlassen des Heiligtums vor Ort gegenwärtig sein lassen sollten.

Saal 5

Hier wird die Entwicklung der Bildhauerkunst auf Zypern von archaischer bis in späthellenistische Zeit skizziert. Die Einflüsse der vorderasiatischen und ägyptischen Kunst auf das archaische Zypern werden besonders deutlich. Am Ende des Saals steht die auf so vielen Postkarten abgebildete, ästhetisch umstrittene Aphrodite von Sóli aus dem 1. Jh. v. Chr. Bemerkenswert ist auch die Reliefplatte mit dem Kopf des Dionysos. Man sollte sie einmal von hinten betrachten: Da zeigt ein zweites, bei offiziellen Führungen meist verschwiegenes Relief einen artistischen menschlichen Paarungsakt, der an die berühmten erotischen Szenen an den Tempeln von Khajuraho in Indien erinnert.

Saal 6

Im Mittelpunkt von Saal 6 steht die übermannshohe Bronzestatue des römischen Kaisers Septimius Severus (193–211). Die Römer dachten praktisch, der Kopf war austauschbar. So konnte man den Torso auch weiterverwenden, wenn der Herrscher wechselte.

Saal 7

Der lang gestreckte Saal 7 präsentiert in seinem vorderen Teil zahlreiche Objekte aus Kupfer. Besonders beachtenswert sind eine hervorragend modellierte bronzene Kuh und der Gehörnte Gott von Enkómi. Neben ihm steht in derselben Vitrine ein Krieger mit erhobenem Speer auf einem Kupferbarren, der die Form einer gespannten Ochsenhaut hat: offenbar auch eine Schutzgottheit, die den Reichtum der Insel behütet. Kupferbarren in Form gespannter Ochsenhäute sieht man in anderen Vitrinen in verschiedenen Formen. Der kleinste von ihnen mag Händlern als Reisekasse gedient haben.

In der Mitte von Saal 7 hängt an der linken Seitenwand ein römisches Mosaik. Es zeigt eine Jagdhündin mit einem erbeuteten Wildvogel. Der Auftraggeber hat damit wohl seinem Lieblingshund Phiria ein Denkmal setzen wollen, denn die Inschrift bedeutet ›Phiria ist schön‹. Der hintere Teil des Saals birgt Gold- und Silberfunde, Glas und Siegel.

Säle 8–10

Aus Saal 7 führen Treppen hinunter in Saal 8, in dem verschiedene zypriotische Grabtypen und Begräbnisarten anschaulich dargestellt sind. In Saal 9 sind Grabmonumente aus dem 6. bis 3. Jh. v. Chr. zu sehen, Saal 10 zeigt die Entwicklung der zypriotischen Schrift anhand zahlreicher Inschriftensteine auf.

Saal 11

In Saal 11 sind die bedeutendsten Funde aus den Königsgräbern von Sálamis ausgestellt: Thronsessel und ein Bett mit Elfenbeinintarsien, ein mächtiger Bronzekessel mit Greifenprotomen und bronzene Beschläge sowie Schmuckteile des Wagens, mit dem der tote König ins Grab gebracht wurde (alles um 710 v. Chr.). Außerdem sind hier die Tonköpfe aus dem Scheingrab des Nikokréon aus Sálamis zu sehen (s. S. 344).

Säle 12–14

Saal 12 ist ein Beispiel für gute, moderne Museumspädagogik: Anhand mehrerer anschaulicher Dioramen erhält man hier eine Vorstellung davon, wie in Vorgeschichte und Antike Kupfer gewonnen und verarbeitet wurde.

Im kleinen Saal 13 sind römische Großplastiken aus dem Gymnasion von Sálamis zu sehen. Saal 14 ist dann wieder interessanter. Hier sind wie im ersten Saal Idole ausgestellt, die allerdings nicht kreuz- oder brettförmig gestaltet sind. Die Oberfläche dieser Keramik-Idole aus der frühen Bronzezeit ist poliert und mit geometrischen Mustern verziert. Sie dienten als Grabbeigaben. Einen Einblick in den antiken Alltag gewinnt man noch einmal in der Vitrine links hinten in der Ecke, in der mehrere Terrakotten gebärende Frauen zeigen.

Berühmte Dame im Zypern-Museum: Aphrodite von Sóli

Die UNFICYP – Blauhelme auf Zypern

Thema

Truppen der Vereinten Nationen sind seit 1964 auf der Insel stationiert. Doch in den letzten Jahren haben sich ihre Aufgaben gewandelt. Sie schützen nicht mehr nur den Frieden, sondern arbeiten tatkräftig mit bei der Schaffung eines neuen, auf irgendeine Art geeinten Zyperns.

Fast 900 Soldaten aus zwölf Nationen sowie etwa 70 Polizeioffiziere und 150 lokal rekrutierte zivile Mitarbeiter bilden die ›United Nations Forces in Cyprus‹ (UNFICYP). Mit ihrer Hilfe kontrolliert die UN die Pufferzone *(Buffer Zone)* zwischen den beiden Inselteilen. In den fünf Dörfern innerhalb dieser Zone ist UNPOL, die Polizei der Vereinten Nationen, Garant von Sicherheit und Ordnung. Zudem kümmert sich die UNFICYP um die im Süden verbliebenen türkischen und die im Norden wohnenden griechischen Zyprioten. Mittlerweile wurde die Zahl der Patrouillen in der Pufferzone stark reduziert. Auch viele der Wachttürme dort sind meist unbesetzt.

Stattdessen wirkt die UNFICYP jetzt bei vielen anderen Maßnahmen in der Pufferzone mit: dem Bau neuer Checkpoints und vor allem der Entminung des Grenzgebiets. Zwischen 2004 und 2006 zahlte die EU dafür 4 Mio. € Zuschüsse, Slowenien und Kanada gaben noch einmal 275 000 € dazu. Insgesamt sind 51 Minenfelder zu räumen. Bis April 2006 waren 22 von ihnen geschafft. Auf deren Fläche von über 1 km^2 kann jetzt wieder Ackerbau betrieben werden.

Die beiden für die UNFICYP auf der Insel stationierten Militärhubschrauber stehen auch für Rettungsflüge bei Unfällen oder medizinischen Notfällen in der Pufferzone zur Verfügung. Außerdem gibt die UNFICYP monatlich das Magazin ›Blue Beret‹ auf Englisch heraus, das aktuell über ihre Arbeit informiert. Im Internet ist es unter www.unficyp.org zu lesen.

Seit 1964 sind die Friedenstruppen auf Zypern stationiert

Sehenswertes in der nördlichen Altstadt

Kyrénia-Tor/Girne-Tor

Von dem mittelalterlichen **Torbau** 25 ist nur noch das Torhaus erhalten; der Turmaufbau stammt aus türkischer Zeit. Wie eine Insel erhebt sich das Tor zwischen zwei Straßen, derentwegen die Briten 1931 eine Bresche in die 350 Jahre alte Mauer schlugen. Heute ist im Torgebäude die Tourist-Information von Nordnicosia untergebracht.

Mevlevi Tekke

Geht man vom Kyrénia-Tor altstadteinwärts, liegt gleich linker Hand das ehemalige Kloster der Tanzenden Derwische, die **Mevlevi Tekke** 26. Dieser Orden mit Hauptsitz im türkischen Konya war bereits im 13. Jh. vom Dichter und Mystiker Mevlane gegründet worden. Seine Mitglieder, die Sufis, lebten in Armut und versuchten, sich durch ekstatische Tänze in einen Zustand religiöser Entrückung zu versetzen. Kemal Atatürk verbot den Orden in der Türkei 1925. In Nordzypern blieb er unter britischer Herrschaft bis 1954 bestehen. In der Mevlevi Tekke sind heute lebensgroße Puppen von tanzenden und musizierenden Derwischen zu sehen. Eine lange Reihe von mit Tüchern voller Koransprüche geschmückten Sarkophagen birgt die sterblichen Überreste zahlreicher Derwische. Die Tekke fungiert seit 1963 auch als Museum für türkische Volkskunde. So präsentiert es auch türkisch-zypriotische Volkskunst, insbesondere Keramik und Waffen (Mai–Okt. Mo–Fr 9–13 und 14–17 Uhr, Nov.–April Mo–Fr 9–14 Uhr, Eintritt 4,50 YTL).

Atatürk-Platz

Die Hauptstraße, Girne Caddesi, mündet auf den **Atatürk-Platz** 27, der sein modernes Aussehen 1993 mit großer finanzieller Unterstützung der EU erhielt. Von einem Hausdach schaut das große Porträt Atatürks auf eine antike Säule aus Sálamis hinunter. Die Venezianer ließen sie hier aufstellen und mit den Wappen venezianischer Adelsfamilien schmücken. Am Platz liegt auch das Saray-Hotel, von dessen öffentlich zugänglichem Dachgarten aus man ganz Nicosia fast so gut wie vom Shakolas Tower im Süden überblicken kann.

Büyük Hamam

Der ›**Große Hamam**‹ 28 wurde vor etwa 500 Jahren auf den Überresten einer katholischen Georgskirche aus dem 14. Jh. erbaut. Damals lag das Straßenniveau noch etwa 1 m tiefer als heute, deswegen versinkt das Eingangsportal jetzt fast im Boden. Dieser Hamam ist im Gegensatz zum Omeriye-Bad im Süden der Altstadt noch ein traditionelles Türkisches Bad ohne Konzessionen an modernes Wellness-Styling. Hierher kommt man, um sich zu waschen, zu schwitzen und sich massieren zu lassen. Zwei Stunden Zeit sollte man mitbringen; Handtücher, Seife und Holzsandalen werden zur Verfügung gestellt (tgl. 7–22.30 Uhr, Besichtigung 1 CYL, Baden 5 CYL, Massage 5 CYL, jeweils plus Trinkgeld).

Kumarcılar Han

Die kleine Karawanserei **Kumarcılar Han** 29 wird gerade binnen kurzer Zeit zum zweiten Mal aufwendig restauriert. Ihre zwei Geschosse mit 52 Zimmern öffnen sich auf einen idyllischen Innenhof, der mit seinen Galerien wie ein mittelalterlicher Kreuzgang wirkt. Die Räume im Erdgeschoss dienten den Karawanen, die noch in den 1930er Jahren mit Dromedaren durch Zypern zogen, als Lagerräume für Waren. Im Obergeschoss lagen die Schlafräume.

Büyük Han

Die ›**Große Karawanserei**‹ 30, gleich nach der türkischen Eroberung Zyperns 1571/72 erbaut, war in osmanischer Zeit der Handelsmittelpunkt der Stadt. Heute ist sie eine ihrer großen Touristenattraktionen. Der durchgehend zweigeschossige Bau umschließt einen großen, rechteckigen Hof mit einem Reinigungsbrunnen und einem kleinen Betsaal in der Mitte. In den 68 spartanisch eingerichteten Kammern des Obergeschosses nächtigten die durchziehenden Händler und Kaufleute. In den Räumen darunter befanden sich die Stallungen für ihre Pferde, Maultiere und Kamele sowie die Lager für ihre Waren. Heute haben sich im Büyük Han zahlreiche türkische und nordzyprische Kunsthandwerker und Künstler mit ihren Ladenateliers niedergelassen. In einer Ecke des Innenhofs findet sich eins der originellsten Restaurants der Stadt (Mo 8–21, Di–Fr 8–24, Sa 8–16 Uhr, So geschl., Eintritt frei).

Selimiye-Moschee/ Sophienkathedrale

Der monumentalste Bau in der Altstadt von Nicosia wirkt wie aus Frankreich in die Levante versetzt. Die Lusignans ließen die **Sophienkathedrale** 31 1208–1236 im gotischen Stil als ihre Krönungskirche erbauen. Als die Türken 1570 Nicosia eroberten, wurden den Kirchtürmen Minarette aufgesetzt und die Kirche in eine Moschee umgewandelt. Bei der Einfügung des Mihrabs – der Gebetsnische Richtung Mekka – ergaben sich Schwierigkeiten: Aufgrund der Länge der Kirche und der Pfeilerstellung im Innenraum war der nach Mekka hin auszurichtende Mihrab nicht für alle Gläubigen sichtbar. Deswegen erhielt die Moschee zwei weitere, kleine Mihrabs – ein Kuriosum in der islamischen Welt. Weil die Mihrabs schräg in die Kirchenwand eingesetzt wurden, liegen heute noch die Teppiche diagonal zur Ausrichtung der Kathedrale: auch das ein seltener Anblick. Den Skulpturenschmuck der Kathedrale zerschlugen die Türken weitgehend. Erhalten blieben jedoch einige Könige, Propheten und Bischöfe über dem Hauptportal.

Bedesten

Unmittelbar südlich der Kathedrale steht die Ruine des **Bedesten** 32. Diese in osmanischer Zeit als Markthalle und Getreidespeicher genutzte Kirche des hl. Nikolaus der Engländer liegt heute weitgehend in Ruinen. Erbaut wurde sie von den Byzantinern im 12. Jh. Ihr Name stammt aus dem 14. Jh., als sie dem Orden des hl. Thomas von Canterbury als Ordenskirche diente. Ein kleines künstlerisches Schmuckstück ist das Relief mit der Darstellung Mariä Entschlafung an der Nordwand.

Sultan-Mahmud-Bibliothek und Lapidarium

Dem Chor der Sophienkathedrale gegenüber erhebt sich der Kuppelbau einer 1829 errichteten **Bibliothek** 33 mit einem angebauten Pavillon im Stil des osmanischen Rokoko. Zum etwa 1900 Werke umfassenden Bestand gehören prachtvolle Koran-Ausgaben und wertvolle türkische, persische und arabische Handschriften. Der Bibliothekswärter schließt interessierten Besuchern auch das benachbarte **Lapidarium** (Steinsammlung) in einem venezianischen Haus des 11. Jh. auf, wo mittelalterliche Architekturfragmente, Grabplatten und Sarkophage recht lieblos verwahrt werden (Mai–Okt. Mo–Fr 9–13 und 14–17 Uhr, Nov.–April Mo–Fr 9–14 Uhr, Eintritt 3 YTL).

Lusignan-Haus

34 Das besonders schöne, gründlich restaurierte Wohnhaus zeigt über seinem gotischen Portal die Wappen der Lusignans. Prachtvoll sind die geschnitzten und farbig bemalten Holzdecken; das Mobiliar stammt aus der Zeit der Lusignans und der Osmanen (Mai–Okt. Mo–Fr 9–13 und 14–17 Uhr, Nov.–April Mo–Fr 9–14 Uhr, Eintritt 3 YTL).

Arab-Ahmet-Moschee

Die relativ kleine **Moschee** 35 aus dem Jahr 1845 gilt als schönste der Stadt. Auf ihrem Friedhof sind zahlreiche Grabsteine zu finden, die bis ins 16. Jh. zurückreichen, in den Boden der Moschee sind christliche Grabsteine aus dem Mittelalter eingelassen.

Arab-Ahmet-Viertel

36 Das reizvollste Viertel der gesamten Altstadt war schon in Mittelalter und ottomanischer Zeit eine bevorzugte Wohngegend, da sie die höchstgelegene Fläche der Stadt einnimmt. Die meisten Häuser hier wurden im

Selimiye-Moschee: Von den Lusignans als Krönungskirche erbaut

OTOBUS
BUS
Saçaklı Ev
Eaved House

späten 19. und frühen 20. Jh. erbaut, wobei oft Teile mittelalterlicher und osmanischer Vorläufer mit einbezogen wurden. Nach außen hin bilden die Häuser entlang der Gassen eine geschlossene Front. Dahinter jedoch erstrecken sich Innenhöfe und Gärten. Ähnlich wie beim Chrysaliniótissa-Viertel im Süden standen bei der Sanierung dieses Viertels nicht touristische Aspekte im Vordergrund, sondern städtebauliche. So gibt es hier keine Geschäfte und nur ein Restaurant, dafür aber viel Wohnfläche, eine Stadtbibliothek, eine kleine Kunstgalerie und ein Kulturzentrum.

Um einen guten Eindruck vom Viertel zu erlangen, geht man am besten die Straße Salahi Sevket Sokak entlang und unternimmt kurze Abstecher in Seitengassen wie Dervis Paşa Sokak, Kamil Paşa Sokak und Hafiz Hasan Efendi Sokak. An der Salahi Sevkef Sokak stehen auch die armenische Kirche und das ehemalige Benediktinerinnen-Kloster Notre Dame de Tyre, das jetzt scheinbar von anatolischen Neusiedlern bewohnt wird. Sowohl Kirche als auch Kloster zeigen noch viele Merkmale aus ihrer Erbauungszeit im 13./14. Jh., sind aber leider in äußerst ruinösem Zustand.

Wohnhaus des Dervis Paşa

37 Wie ein wohlhabender türkischer Zypriote gegen Ende des 19. Jh. lebte, zeigt dieses stattliche Haus im Kahramanzade-Viertel. Hier lebte ein gewisser Hacı Derviş, der 1891 die erste türkischsprachige Tageszeitung der Insel ins Leben rief. Man sieht den Empfangs- und die Wohnräume im ersten Stock, genießt die Stille des Innenhofs und sieht Möbel, Trachten sowie land- und hauswirtschaftliche Geräte aus vergangener Zeit (Mai–Okt. Mo–Fr 9–13 und 14–17 Uhr, Nov.–April Mo–Fr 9–14 Uhr, Eintritt 3 YTL).

i **Südnicosia:**
C.T.O.: Aristokýprou St. 11, Laikí Geitoniá, Altstadt, Tel. 22 67 42 64. Mo–Fr 8–14.30, Mo, Di, Do, Fr auch 15–17.45, Sa 8–13.30 Uhr.
Nordnicosia:
Girne Kapisi Tourist Information Office: im Kyrénia Gate (Girne Kapisi), Tel. 227 29 94. Mo–Sa 9–17 Uhr.

Hilton Cyprus 1: Archbishop Makários Ave. (Südnicosia-Neustadt), Tel. 22 37 77 77, Fax 22 37 77 78, www.hilton.com. Größtes und luxuriösestes Hotel der Hauptstadt, 298 Zimmer, Innen- und Außenpool, Tennis, Squash, Beauty- und Fitness-Center. DZ offiziell ab 212 CYL, angeboten im Sommer ab ca. 100 CYL, im Winter ab 169 CYL.
Holiday Inn 2: Rígainis St. 70 (Südnicosia-Altstadt), Tel. 22 71 27 12, Fax 22 67 33 37. Äußerlich das hässlichste, innen das komfor-

Und nach der Besichtigungstour: ein Bummel durch die Gassen von Laikí Geitoniá

tabelste Altstadt-Hotel. 140 sehr unterschiedliche Zimmer, mehrere Restaurants, Fitness-Center mit Hallenbad, Dampfbad und Massagen. Zimmer zur Straße hin bei geöffnetem Fenster sehr laut. Ungünstiges Preis-Leistungs-Verhältnis, wenn man den offiziellen Tarif von 188 CYL fürs DZ bezahlen muss; v. a. im Sommer Sonderpreise ab ca. 100 CYL.

Saray [3]: Atatürk Maydani (Nordnicosia-Altstadt), Tel. 228 31 15, Fax 228 48 08, zekai.altan@superonline.com. Das Hotel im einzigen Hochhaus in der Altstadt von Nordnicosia bietet vom Dachrestaurant aus einen großartigen Rundblick über die ganze Stadt. Die Atmosphäre im Hotel wirkt stark unterkühlt, das Personal mehr an den Gästen des hoteleigenen Spielcasinos als an Urlaubern interessiert. DZ im Sommer ca. 160 YTL, im Winter ca. 130 YTL.

Classic [4]: Rígainis St. 94 (Südnicosia-Altstadt), Tel. 22 66 40 06, Fax 22 67 00 72, www.classic.com.cy. Auf der Stadtmauer nahe dem Páfos-Tor, 57 Zimmer, klassisch-modern, vor allem von Geschäftsreisenden genutzt. DZ ab 114 CYL.

Castelli [5]: Ouzounian St. 38 (Südnicosia-Altstadt), Tel. 22 71 28 12, Fax 22 68 01, www.castelli-hotel.com. 46 individuelle Zimmer in einem Stadthaus an der Stadtmauer, verspielt bis leicht verkitscht eingerichtet,

Richtig Reisen-Tipp: Silvester in Nicosia

Am Silvestermorgen lebt die traditionelle zypriotische Gastfreundschaft noch einmal wie in alten Zeiten auf. Schon ab morgens 10 Uhr zieht der Rauch von Holzkohlenglut und der Duft frisch gegrillten Fleisches durch die Einkaufsgassen der Altstadt von Nicosia. Viele Geschäftsleute – ob Autovermieter, Textilverkäufer oder Besitzer von Bars und Tavernen – haben vor ihren Läden große Grills aufgebaut, über denen sich saftige Stücke von Rind-, Schweine-, Lamm- und Hühnerfleisch an langen Spießen drehen. Plastikbecher stehen neben Whisky-, Ouzo- und Tsivanía-Flaschen. Geschäftsfreunde und Stammkunden, aber auch zufällig vorbeigehende Passanten werden freundlich aufgefordert, sich zu bedienen. *»Kopiaste«* heißt es dann, komm her und teile mit uns!

Der letzte Nachmittag des Jahres verläuft ganz ruhig. Die Geschäfte sind geschlossen, man bereitet sich auf den Abend vor. Die Gesetzteren haben einen Platz fürs Silvester-Menü in einem der Hotels oder Edel-Restaurants der Stadt gebucht, wo es zugeht wie überall bei solchen Festivitäten in Europa. Die jüngeren Leute hingegen zieht es meist auf die Platía Eleftherías. Hier hat die Stadtverwaltung eine große Bühne aufbauen lassen, wo an jedem Silvesterabend bekannte griechische oder zypriotische Sänger und Gruppen Konzerte geben. Um Mitternacht zeigen die Zyprioten dann viel Disziplin. Individuelle Böllerei gibt es kaum; man vergnügt sich mit der Betrachtung des großen, von der Stadtverwaltung finanzierten Silvester-Feuerwerks. Schon 20 Minuten nach Mitternacht ist keinerlei Knallerei mehr zu hören.

technisch hochmodern. Zum Haus gehört ein exzellentes polynesisches Restaurant, in dem abends häufig kubanische Live-Musik gespielt wird. DZ ab ca. 100 CYL.

City Royal 6: Kemal Asik Cad. 19 (Nordnicosia-Neustadt), Tel. 228 76 21, Fax 228 75 80, www.city-royal.com. Modernes Hotel nahe dem Busbahnhof. 86 Zimmer, Spielcasino und Diskothek, Spa-Bereich mit Pool, Sauna und Dampfbad. DZ ab ca. 80 YTL.

Centrum 7: Pasikrátous St. 15 (Südnicosia-Altstadt), Tel. 22 45 64 44, Fax 22 87 35 60, www.centrumhotel.net. Modernes Hotel mit 40 Zimmern zwischen Platía Eleftheria und Laikí Geitoniá, sehr freundliche, z. T. Deutsch sprechende Mitarbeiter. Die 300er-Zimmer haben besonders große Balkone. Freier Internet-Zugang, ZDF-Empfang auf Zimmerfernsehern. DZ im Sommer ab 60 CYL, im Winter 47 CYL.

Rími 8: Solonós St. 5 (Südnicosia-Altstadt), Tel. 22 68 01 01, Fax 22 66 08 16, rimi@cylink.com.cy. 26 Zimmer in einem restaurierten Altstadthaus über einer Taverne unmittelbar im schönen Altstadtviertel Laikí Geitoniá. DZ ab ca. 50 CYL.

Sky 9: Solónos Street 7 C (Südnicosia-Altstadt), Tel. 22 66 68 80, Fax 22 67 20 96, www.skyhotel.ws. 24 einfach, aber geschmackvoll eingerichtete Zimmer mit kleinen Balkonen, sehr zentrale Lage an der Laikí Geitoniá. Hoteleigenes libanesisches Restaurant im Erdgeschoss. DZ im Sommer 40 CYL, im Winter 30 CYL.

Tony B&B 10: Solónos St. 13 (Südnicosia-Altstadt), Tel. 22 66 77 94, Fax 22 66 22 25. Traveller-Treff nahe der Laikí Geitoniá. Einfach, aber nett geführt. DZ ab ca. 30 CYL.

Konak 11: Selimiya Maydani 28 (Nordnicosia-Altstadt), Tel. 229 12 12, tgl. ab 10 Uhr. Sehr stimmungsvolles, gepflegtes und stilvolles Restaurant in einem alten Prachthaus auf der Nordseite der gotischen Kathedrale. Serviert wird in mehreren kleinen Räumen auf zwei Geschossen sowie im stimmungsvollen Innenhof. Gäste sind auch zum Kaffee oder auf einen Drink willkommen; für besondere Gelegenheiten können quasi private Räume gebucht werden. Tagessuppe 4 YTL, Hauptgerichte 11–20 YTL.

Erodós 12: Patr. Grigoríou St. 1 (Südnicosia-Altstadt), Tel. 22 75 22 50, tgl. ab 16 Uhr. Modernes Restaurant und Bar mit vielen schattigen Plätzen am Platz vor der Omeriye-Moschee. Riesenauswahl auch an Salaten und Nudelgerichten. Salate 3–4,50 CYL, Pasta 4–5,50 CYL, Steaks 8–10 CYL, *moussaká* 4,25 CYL, Crêpes 3 CYL.

Sedir Han 13: Büyük Han (Nordnicosia-Altstadt), Mo, Do 9–20, Di/Mi, Fr 9–24, Sa 9–16 Uhr, So geschl. Stimmungsvoller kann man in Nicosia kaum speisen. Man sitzt an einfachen Tischen im Innenhof der großen Karawanserei, kann vormittags zusehen, wie die ausgesprochen leckeren zyprischen *ravioli* täglich frisch hergestellt werden. Sie sind wahlweise mit Käse- oder Hackfleischfüllung erhältlich. Die Frau des Wirts spricht Deutsch, die Atmosphäre ist ausgesprochen fröhlich und freundlich. *Ravioli* 7 YTL, *kléftiko* 12,50 YTL, *ayran* 2,50 YTL, *mokka* 1 YTL.

Fanous 14: Solonos St. 7 G (Südnicosia-Altstadt), Tel. 22 66 66 63, tgl. ab 12 Uhr. Libanesisches Restaurant am Rande der Laikí Geitoniá. Libanesisches *mezé* 8 CYL.

Friday's 15: Diagorou St. 12 (Südnicosia-Neustadt), Tel. 22 67 44 11. Crossover-Küche, fantasievolle Cocktails und Long Drinks, Biere aus aller Welt, erstklassige Smoothies und vieles mehr im US-Stil auf zwei Etagen nahe der Altstadt. Smoothies 2,70 CYL, Long Island Tea 4,90 CYL, Hamburger 5,20–5,70 CYL, Cajun Chicken Fingers 6,20 CYL, Spare Ribs 7,50 CYL.

Melita & Europe 16: Arasta Litra Sok. (Nordnicosia-Altstadt), Tel. 227 20 63. Auf nordzypriotischer Seite direkt auf der im Süden Lídras genannten Straße unmittelbar an der Green Line. Englisches Frühstück 8 YTL, *adana kebab* 7 YTL, *mokka* 1,50 YTL.

Zanettos 17: Trikoupi St. 65 (Südnicosia-Altstadt), Tel. 22 76 55 01, Mo–Sa 12–14 und 20–24 Uhr. Taverne seit 1938, 2006 von dem zypriotischen Magazin ›Time Out‹ zur besten traditionellen Taverne Zyperns gewählt. Man isst überwiegend *mezé* (7,50 CYL).

Kath'Odón 18: Lídras St. (Südnicosia-Altstadt), nahe der Green Line, Tel. 22 66 16 56. *Mezedopolío* griechischer Art, neben zypriotischen vor allem typisch griechische Gerichte. *Mezé* mit 7 Gerichten 4 CYL, *full mezé* 6,80 CYL.

1900 19: Pasikrátous St. 11–15 (Südnicosia-Altstadt), Tel. 22 66 76 68, tgl. ab 12 Uhr. Stilvolles Restaurant mit typisch griechischer Küche, *retsína* aus Thessaloníki. Hauptgerichte 5–6 CYL.

To Stéki tou Lozándra 20: Faneroménis St. 67–69 (Südnicosia-Altstadt), Tel. 22 67 57 57, Mo–Sa ab 12 Uhr. Traditionelles *mezedopolío* griechischer Art, viele leckere griechische Kleinigkeiten wie Lammleber (3,40 CYL), *spetsofaí* (2,40 CYL) und gegrillten Oktopus (5 CYL). Hier trinkt man bevorzugt *oúzo* von der Insel Lesbos (Plomári, 0,2 l 5 CYL).

Saint George – O Dímos 21: Dimarchías St., Paléo Dimarchíou Sq. 27, gegenüber Markthalle (Südnicosia-Altstadt), Mo–Sa 6–22 Uhr. Einfache, familiäre, sehr preiswerte Markt-Taverne, Suppen, Lammvariationen und vegetarische Gerichte. Hauptgerichte 3–4,50 CYL.

Matthéos 22: Léfkonos St. 6 (Südnicosia-Altstadt), Tel. 22 75 58 46, nur Mo–Sa 8–16 Uhr. Eine der wenigen traditionellen und zugleich sehr preiswerten Tavernen der Stadt, Plätze drinnen und draußen direkt vor der kleinen Moschee Arablar Camli. Exzellente Küche, auch ausgefallene Gerichte wie Täubchen, gegrillte Schafsköpfe, Weizenschrotsuppe *trachanás* oder gefüllte Zwiebelblätter *kremidófilla*. Zum Brot werden automatisch Zitrone, Chili, Lauchzwiebeln und Rettich auf den Tisch gestellt. Die aktuellen Tagesangebote stehen nur auf Griechisch auf einem Holzbrett. Alle Hauptgerichte 3–3,50 CYL.

Heraclís 23: Lídras St. 110 (Südnicosia-Altstadt), Tel. 22 66 41 98, tgl. ab 10 Uhr. Eissalon, Café und Snack-Bar mit großem Garten, ideal für Familien mit kleineren Kindern. Spielplatz, Videospielgeräte, Eis aus eigener Herstellung seit 1939, ohne künstliche Aromastoffe und Konservierungsmittel. Eisbecher 1,60–2,60 CYL, Pizza 3,40–3,80 CYL, Crêpes 2,50–3,30 CYL, Spaghetti Bolognese 2,90 CYL.

Berlin No. 2 24: Faneroménis St. (Südnicosia-Altstadt), Snack-Bar mit Tischen und Stühlen direkt an der Green Line. Ideal zur Beobachtung des Grenzsoldaten-Alltags. Sandwiches ab 1,25 CYL, Baguettes ab 2,50 CYL, Cola-Cognac 2 CYL.

Einen Frappé, bitte! – ***Ena frappé, parakaló!***

Ta Kalá Kathoúmena 25: Lidras St., Stoá Papadópoulou nahe Green Line (Südnicosia-Altstadt), So geschl. Eins der wenigen traditionellen Kaffeehäuser der Stadt, abseits jeglichen Straßenverkehrs in einer alten Passage unter Weinblättern. Mokka 0,50 CYL.

Internet-Café: IntenCity Media Networks, Capital Centre, Archbishop Makários Ave., rund um die Uhr geöffnet.

Viele Artikel renommierter internationaler Marken sind in Nicosia preiswerter als in Mitteleuropa zu haben. Der Kauf lohnt aber wohl nur für den, der über die Preise zu Hause gut informiert ist. Wenn nicht anders erwähnt, liegen alle unten genannten Geschäfte in der Altstadt Südnicosias. Dort ist die Lídras Street die Haupteinkaufsstraße; im Norden Nicosias ist es die Arasta Street zwischen Sophienkathedrale und Green Line.

Antiquitäten:

Stamátis Antiques: Aristkýprou St. 20 (Südnicosia-Altstadt), am Rand der Laikí Geitoniá. Skurrile Sammlung von Tand, Kunsthandwerk und Antiquitäten. Alte Werbe- und Straßennamensschilder, Relikte aus dem Zweiten Weltkrieg und der britischen Kolonialherrschaft, Zinndosen und viel Kurioses.

Bücher:

MAM: K. Palaiologou St. 19 (Südnicosia-Altstadt), www.mam.com.cy. Buchhandlung auf der Stadtmauer auf Höhe der Laikí Geitoniá. In dem Laden ist man bemüht, die gesamte Zypern-Literatur der Erde vorrätig zu haben. Politisch missliebige Bücher fehlen allerdings meist.

Comics:

The Original Cartoon Store: Lídras St. 190. Cartoon-Figuren als und auf Tassen, Puppen, Wecker, T-Shirts, Aschenbechern.

Designer Outlet:

Tag: Zena Kanther St. 20 (Südnicosia-Neustadt). Labels wie DKNY, Moschino, Nike, Armani, Boss, Replay und Versace bis zu 70 % unter Normalpreis.

Kaufhäuser:

Ermes: Lídras St. 171. Überwiegend Mode und Kosmetik, auch CDs und Haushaltswaren, im obersten Geschoss eine Cafeteria.

Marks & Spencer: Onásgoras St. 5. Kleines Kaufhaus, vor allem Textilien und Kleidung.

Kunsthandwerk:
Cyprus Handicraft Centre: Athalassa Av. 186 (Südnicosia-Neustadt, nahe dem Beginn der Autobahn nach Lárnaka/Limassol ausgeschildert). Der größte staatlich geförderte Laden mit zypriotischem Kunsthandwerk aller Art, u. a. Keramik, Stick- und Webarbeiten, Korb-, Kupfer- sowie Silberwaren. Leder und Mosaike.
Baoúla: Éktoras St. 34 (Südnicosia-Altstadt). Naive Malerei und bemalte und/oder beschnitzte Holztruhen.
Chrysaliniótissa Crafts Centre: Dimónaktos St. 2, Mo–Sa 10–13, Mo–Fr auch 15–18, Mai–Sept. 16.30–19.30 Uhr. Kleines Kunsthandwerkszentrum mit Ladenateliers. Im Angebot sind Glas, Keramik, Kerzen, Ikonen, Holzschnitzereien und Gemälde.
Michalías Handicrafts: Léfkon St. 33 (Südnicosia-Altstadt), Mo–Sa nur 9–14.30 Uhr. Kacheln, Teller und Vasen, teilweise aus eigener Herstellung.

Lingerie:
Damart: Archbishop Makários Ave. 46. Zyperns führendes Geschäft, renommierte internationale Marken.
Märkte:
Mittwochs bis ca. 14 Uhr fotogener Bauernmarkt auf der Costanza-Bastion der Stadtmauer vor der kleinen Bayraktar-Moschee.
Samstags bis ca. 16 Uhr großer Bauernmarkt rund um die Markthalle in der Altstadt von Nordnicosia, ab ca. 15.30 Uhr Ausverkaufspreise!
Sonntags Flohmarkt auf der Bastion vor dem Hotel Holiday Inn.
Maßschneidereien:
C. Kavalláris & Sons: Onásgoras St. 30; **Costas Ioannou:** Faneroménis St. 51.
Schreibgeräte:
The Pen Shop: Lídras St. 91. Füllfederhalter, Kugelschreiber usw. u. a. von Waterman, Parker und Rotring.

Naschwerk: Die süßen Erinnerungen an Zypern gibt es auf der ganzen Insel

Schuhgeschäfte:
Viele renommierte internationale Marken sind in der Lídras Street vertreten, so z. B. Ecco (Hausnr. 55A), Clarks (Nr. 121) und Bata (Nr. 93) sowie Mocassino aus Griechenland (Nr. 130). Birkenstocks gibt es in der kurzen Seitenstraße Apollónos St. Sportschuhe aller bekannten großen Marken führt Spike, Onásgoras St. 20.
Spielzeug:
Mávros: Lídras St. 138. Alle großen internationalen Marken wie Playmobil, Lego, Barbie, Ravensburger, Fisher-Price auf zwei Etagen.

Aegeon: Ektoros St. 40 (Südnicosia-Altstadt), Tel. 22 43 32 97, Mo–Sa 20–23 Uhr. Stimmungsvolle Taverne in einem Altstadthaus. Hier bestellt man meist *mezé* und lässt sich überraschen. Kein Schild weist auf das Lokal hin: Ohne Reservierung ist kein Platz zu bekommen. *Mezé* je nach Zusammenstellung ca. 8–12 CYL.
Itháki Venue: N. Fokas St. 33/Ecke Thiseos St. (Südnicosia-Altstadt), Tel. 22 43 41 93, www.ithakivenue.com. So/Mo geschl. Etablierte Diskothek mit relaxter Atmosphäre, wo auch tatsächlich viel getanzt wird. Verschiedene Themennächte mit unterschiedlichen Musikrichtungen. Fr/Sa Reservierung empfehlenswert.
O Kapetánios: Rígainis St. 76 E (Südnicosia-Altstadt), Tel. 22 66 08 62, Do–Di ab 22 Uhr. In der kleinen, sehr einfachen Suppenkneipe auf der Stadtmauer treffen sich Nachtschwärmer und Nachtarbeiter(innen) jeder Couleur zur Stärkung oder Ausnüchterung. Besonders beliebt sind die säuerliche Kuttelsuppe *patsá* und die vitaminreiche Gemüsesuppe *chortósoupa*. Suppen ab 2 CYL.
Théatro Éna: Athinás Ave. 4 (Südnicosia-Altstadt), Tel. 22 34 82 03. Kleines Privattheater mit zwei Bühnen, auf denen überwiegend moderne Stücke aus aller Welt aufgeführt werden.
To Tzellári: Korai St. 24–25 (Südnicosia-Altstadt, zwischen Freiheitsdenkmal und Erzbischöflichem Palast), Tel. 22 43 10 99, Mo–Sa 21–2 Uhr. Rustikal eingerichtete Taverne, in die man geht, um Live-Musik á la Theodorákis zu hören. Manchmal wird am späteren Abend vom Publikum auch dazu getanzt. *Mezé* ab 10 CYL, Flasche Wein ab 8 CYL.
Xefóto: Aischyloú St. 6, Laikí Geitoniá (Südnicosia-Altstadt), tgl. ab 11 Ihr. Rustikal eingerichtete, tagsüber überwiegend von Touristen besuchte Taverne, abends ab ca. 20 Uhr griechische und internationale Live-Musik, zu der die Gäste später meist auch tanzen: Griechisch, aber auch Walzer und Rumba ...

Stadtbusse:
Stadtbusse wird ein Urlauber in Nicosia nur dann benötigen, wenn er in einem Hotel in der Neustadt wohnt. Ansonsten sind alle Ziele in Nord- und Südnicosia schneller und besser zu Fuß zu erreichen. Zentrale Stadtbusstation in Südnicosia ist der Solomós Square, in Nordnicosia der Fernbusbahnhof.
Fernbusse:
In **Südnicosia** gibt es keinen zentralen Busbahnhof. Busse nach Lárnaka, Limassol, Páfos, Pólis, Plátres und Kýkko fahren am Solomós Square ab. Busse nach Kakopetriá, Tróodos, Agía Nápa und Paralímni-Protarás starten an der Costanza-Bastion.

Der zentrale Busbahnhof für **Nordnicosia** ist der Yenisehir Terminal, Dogan Sok., an der Straße nach Famagusta. Vom Girne-Tor aus führt der Stadtbus Nr. 4 dorthin. Busse nach Girne/Kyrénia starten vom Busbahnhof Mo–Sa 8–17 Uhr ca. halbstündlich, nach Famagusta ca. alle 2 Std. Sonntags sowie vor 8 und nach 17 Uhr fahren die Fernbusse vom Girne-Tor ab.
Service-Taxis:
In **Südnicosia** lässt man sich ein Service-Taxi am besten vom Hotel rufen. Inselweit unterwegs ist Travel Express, Tel. 22 73 08 88, www.travelexpress.com.cy. Auf der Website sind auch die aktuellen Fahrpreise veröffentlicht.

In **Nordnicosia** fahren die Service-Taxis nach Famagusta vom Itimat-Taxistand unmittelbar westlich des Girne-Tores ab. Richtung Girne starten sie an der Taxistation Kombos, Ekim Sok. 29.

Die Umgebung von Nicosia

Reiseatlas S. 7/8

Nicosias landschaftlichen Reiz machen die Berge im Norden und Südwesten aus, die fast immer von der Stadt aus zu sehen sind. In der Mesaória, der Ebene dazwischen, gibt es kaum lohnenswerte Ziele. Wer viel Zeit hat, unternimmt eine Tagestour zum Kloster Machairás. Und wer ohnehin von Nicosia aus ins Tróodos-Gebirge weiterfahren will, lässt sich den Besuch der Marienkirche von Asínou mit ihren einzigartig gut erhaltenen Fresken nicht entgehen.

Die fruchtbare Schwemmlandschaft der Mesaória-Ebene, von der Demarkationslinie fast genau in zwei Hälften geteilt, ist touristisch gesehen völlig bedeutungslos. Außerhalb von Nicosia stehen hier keinerlei Hotels, die Dörfer sind langweilig-öde. Schön wird die Landschaft erst wieder am Rande des Tróodos-Gebirges. Über die ersten, leicht gewellten Vorberge ziehen sich weite Getreidefelder, an einigen Stellen zeugen bizarre Abraumhalden von früherer Kupfergewinnung. Gleich dahinter sind die Hänge höherer Hügel von Wäldern bestanden, steigen Straßen durch teilweise sehr grüne Flusstäler ins Gebirge an. Immer wieder faszinierend ist der Blick von oben über die Ebene auf Nicosia und das Kyrénia-Gebirge im Hintergrund. Man fühlt, wie die Luft besser und kühler wird, und versteht, warum sich Mönche, Nonnen und Wohlhabende wie schon im Mittelalter so auch heute lieber am Gebirgsrand niederlassen als in der im Hochsommer oft unerträglich heißen, stickigen Mesaória.

Von Nicosia über Peristeróna nach Asínou

Man verlässt Nicosia auf der gut mit ›Tróodos‹ ausgeschilderten Schnellstraße. Sie passiert den seit 1974 für zivile Flugzeuge geschlossenen Flughafen von Nicosia, der jetzt nur noch von den UN benutzt werden darf, und verlässt hinter Kokkinotrimithiá den Dunstkreis der Hauptstadt mit ihren Vorortsiedlungen.

Peristeróna

Reiseatlas: S. 7, B 1

Einen ersten Halt lohnt das Dorf **Peristeróna.** Von der Brücke über den meist ausgetrockneten Peristeróna-Fluss aus eröffnet sich ein fotogener Anblick: Hinter einer der ältesten Kirchen Zyperns erhebt sich ein schlankes Minarett. Bis 1964 lebten hier Moslems und Christen nebeneinander; im Januar jenes Jahres zogen es 476 türkische Zyprioten jedoch vor, in den türkischen Teil der Altstadt von Nicosia umzusiedeln.

Die Moschee ist heute verschlossen, die Kirche der hl. Hilárion und Bárnabas hingegen wird Besuchern gern geöffnet (beim Wirt des Kaffeehauses auf dem Kirchplatz fragen). Zuvor sollte man sie von außen betrachten. Fünf archaisch anmutende Kuppeln überdecken den Bau, der ins 10. Jh. datiert wird. Ähnliche Kuppeln trifft man auf Zypern nur noch bei der Agía Paraskeví in Geroskípou (s. S. 130) an. Das Vorbild dieses Kirchentyps war die Johannes-Basilika von Ephesus. Der Innenraum ist weitgehend schmucklos, von den ehemaligen Wandmalereien blieben nur dürftige Bruchstücke erhalten. Im Narthex werden unter erbarmungswürdigen Zuständen eine Bibel aus dem Jahr 1604 und die byzantinische Holztür der Kirche aufbewahrt. Zwei fränkische Grabplatten, die denen der Marienkirche von Kíti ähneln, bezeugen, dass die Kirche in fränkischer Zeit als römisch-katholisches Gotteshaus diente.

Die Erzengelkirche von Vyzakiá

Reiseatlas: S. 7, B 2

Von der gut ausgebauten Hauptstraße nach Tróodos zweigt hinter Astromerítis eine schmale Straße ab. Sie führt durch leicht erhöht über der Mesaória gelegene Getreidefelder ins Dorf Vyzakiá hinunter und überquert eine Brücke. Kurz darauf stößt man rechter Hand auf ein modernes Wohnhaus. Hier sollte man halten. Ein paar Schritte weiter entdeckt man dann rechts unterhalb der Straße, versteckt in einem alten Olivenhain, eine winzige Kapelle mit tief hinuntergezogenem, rotem Ziegeldach. Es ist eine **Erzengelkirche** aus dem 16. Jh., in der sich ein einzigartiger Zyklus von Wandmalereien erhalten hat. Viel Geld stand für ihre Konstruktion und Ausmalung offenbar nicht zur Verfügung. Deswegen wurde wohl ein weniger gewandter Maler herangezogen, der mit der orthodoxen Ikonografie zwar etwas vertraut war, dessen Malstil jedoch bestenfalls als volkstümlich zu bezeichnen ist. Gerade ihre technische Unvollkommenheit und ihre Naivität machen heute den Reiz der Malereien aus. Schauen Sie sich z. B. die Nasen der Figuren an, insbesondere die der zwei wichtelähnlichen Soldaten in der Darstellung der Gefangennahme Christi: Der Maler kannte offenbar die überlängten, feinen Nasen der klassischen byzantinischen Malerei, vermochte jedoch selbst nur äußerst unförmige Gesichtserker hervorzubringen.

Sein vergebliches Bemühen um natürliche oder auch klassische Proportionen wird überall sichtbar. Vergleichen Sie etwa die spindeldürren Arme des gekreuzigten Christus mit seinen Beinen oder die Kopf-Körper-Relation des mit Joseph in der Geburtsszene sprechenden Schäfers! Apropos Kreuzigung: Der Gesichtsausdruck der beiden mit Chris-

Mit dem Autor unterwegs

Picknick einplanen

Wenn Sie einen Tagesausflug nach Politikó und zum Kloster Machairás unternehmen, sollten Sie ein Mittagessen im Restaurant von Fikárdou einplanen. Sollten Sie jedoch erst am frühen Nachmittag eintreffen, ist ein Picknick irgendwo in der freien Natur zwischen Machairás und Fikárdou ist eine Alternative. Fürs Lokalkolorit sorgt ein im Kloster Ágios Irakleídios bei Politikó eingekaufter Becher Kloster-Marzipan. Dafür benötigen Sie allerdings einen Löffel, den Sie am besten schon aus dem Hotel mitbringen.

Kakopetriá genießen

Kakopetriá ist nicht überall schön. Um den Ort richtig genießen zu können, parken Sie Ihr Fahrzeug am besten auf dem ausgeschilderten Großparkplatz unterhalb der Umgehungsstraße. Von dort gehen Sie fünf Minuten zu Fuß bis zur Platía mit ihren Banken, Grilltavernen und dem Supermarkt. Folgen Sie der Straße ein paar Schritte weiter bergab, überqueren Sie die Flussbrücke und wenden Sie sich gleich dahinter nach links. So kommen Sie zur alten Wassermühle und zum Fantasieschloss des Hotel-Restaurants Mýlos – The Mill. Wenn Sie nun wieder über die Brücke zurückgehen und die Stufen ersteigen, stehen Sie auf der **historischen Hauptgasse** von Kakopetriá. Hier ist das Dorf am schönsten, auch wenn die alten Damen, die Kräuter und Honig vor ihren Haustüren verkaufen, manchmal nerven können. Gehen Sie die Gasse aufwärts, gelangen Sie zum kleinen **Café Galíni/Serenity.** Durchqueren Sie den Raum und setzen Sie sich auf der Rückseite des Hauses auf den kleinen Balkon über dem rauschenden Wildbach, dann werden Sie den ganzen ursprünglichen Reiz von Kakopetriá erfühlen. Danach gehen Sie die Gasse noch 50 m weiter bergan und biegen dann nach links auf die Autostraße ein, der Sie hoch über dem Bachbett folgen können bis zurück zum modernen Dorfplatz (s. S. 273ff.).

tus Gekreuzigten drückt eher selige Trunkenheit denn qualvollen Martertod aus. Adams Schädel unter der Kreuzigung weist deutlich eine Schweinsnase auf und trägt ein abscheuliches Gebiss. Die rührende Naivität des Malers kommt auch in der Gestalt des Longinos zum Ausdruck, der Christus mit der Lanze in die Seite sticht: Er ist kein römischer Legionär, sondern ein harlekinhafter, venezianischer Adliger des 16. Jh. Dass der Maler Vorstellungen von der Welt der Vornehmen am venezianischen Hof hatte, zeigen auch die Gabeln, mit denen sechs der Jünger am Abendmahlstisch sitzen – Luxusgeräte, die im Mittelalter nur selten gebraucht wurden. Bei aller Naivität sind diese Malereien von einer starken Ausdruckskraft und Menschlichkeit, die den durchgeistigten Figuren der klassischen byzantinischen Kunst mit Absicht fehlt (Kirche meist verschlossen, im Kaffeehaus oberhalb der Dorfkirche nach dem Schlüssel fragen, Trinkgeld üblich).

7 Die Marienkirche von Asínou

Reiseatlas: S. 7, B 2
Ein Beispiel für jene andere Kunst, insbesondere der komnenischen Renaissance, liegt nur wenige Kilometer von Vyzakiá entfernt. Der Priester von Nikitári verwahrt den Schlüssel zur **Marienkirche Panagía Forviótissa von Asínou,** der kunsthistorisch bedeutendsten aller zypriotischen Kirchen. Sie steht völlig unscheinbar auf einer kleinen Hochebene außerhalb des Dorfes. 400 Jahre älter als die Kirche von Vyzakiá, entstand Asínou durch Stiftung eines hohen, wohlhabenden byzantinischen Richters oder Steuereintreibers. Eine Inschrift unter der Darstellung der hl. Héna und Konstantin (erkennbar an ihren Kronen und kaiserlich-prunkvollen Gewändern) datiert die Weihung der Kirche nach byzantinischer Art ins Jahr 6614 nach Adam – was

Außen unscheinbar, innen ein echtes Highlight: Die Marienkirche von Asínou

Marienkirche von Asínou: »Petrus führt die Gerechten ins Paradies«

umgerechnet die Jahre 1105 oder 1106 ergibt. Die Jahreszahl 6614 ist freilich nicht in arabischen Ziffern, sondern in Buchstaben angegeben.

Bauweise

Vor Betreten der Kirche sollte man sie von außen genau in Augenschein nehmen. Schon von weitem lassen sich Unterschiede im Mauerwerk ausmachen: Der Narthex wurde offenbar später erbaut als Naos und Apsis. Die Stützpfeiler sind eine noch jüngere Anfügung. Wenn man die Außenmauer von Naos und Apsis näher betrachtet, erkennt man zunächst die billige Bauweise mit Feldsteinen und einem primitiven Mörtel, der keineswegs dem Standard der Zeit entsprach. Das müssen offenbar auch die Bauherrn als Mangel empfunden haben, denn sie ließen später eine ockerfarbene Putzschicht auftragen, in der regelmäßig eingeritzte Linien und rötliche Farbstriche den Eindruck von großen, wohlbehauenen Quadern vorgaukeln. Schon vor über 900 Jahren liebte man es also, Illusionen zu erwecken.

Fresken

Wenn man nun den Nordeingang der Kirche aufsucht, erkennt man Reste einer scheinbaren Außenbemalung, nämlich des unteren Teils einer Hadesfahrt Christi. Sie lässt darauf schließen, dass das Satteldach der Kirche ursprünglich noch tiefer heruntergezogen war und dass die Kirche zumindest einen ›Umgang‹ besaß. Wenn man dann noch genauer unters Ziegeldach schaut, erkennt man deutlich, dass dieses Ziegeldach nur eine zweite Hülle bildet: Der Naos wird von einem Tonnengewölbe gedeckt, die Apsis von einer Halbkuppel, der Narthex von einer Voll- und zwei Halbkuppeln, das Ziegeldach wurde darüber gestülpt. Interessant ist in diesem Zusammenhang das Stifterbildnis über der Südtür im Innern des Naos. Da bringt Maria für den Kirchenstifter Niképhoros und dessen hinter ihm etwas kleiner dargestellten Ehefrau dem thronenden Christus ein Kirchenmodell dar, das bereits das Satteldach, aber noch nicht den Narthex und die äußeren Stützpfeiler zeigt. Die Malerei stammt nachweislich aus den Jahren 1105/06. An ihr scheiden sich die Geister. Ist sie im Originalzustand oder wurde sie im 14. Jh. übermalt? Wenn die Malerei original ist, bedeutet das, dass die Satteldächer eine genuin zypriotische Erfindung sind. Wurde sie später übermalt, kann man die These halten, dass die Satteldächer erst mit den Franken auf die Insel kamen und für das Originaldach aus Tonnen und Kuppeln so etwas wie eine Schutzhaut bildeten.

Auf den Beginn des 12. Jh. gehen insgesamt fast 30 Malereien im Naos und in der Apsis zurück. Sie wirken elegant, scheinen oft sogar Reichtum und Würde des Lebens am kaiserlichen Hof widerzuspiegeln. Das wird im linearen, rhythmischen Faltenwurf der reich bestickten Gewänder, wie z. B. in der Szene Mariä Entschlafung oder im Stifterbildnis, sehr schön deutlich. Zum würdevollen, höfischen Erscheinungsbild trägt die vorsichtige Überlängung der Figuren ebenso bei wie die gefasste und doch individuell geprägte Mimik, beispielsweise in den Gesichtern während der Apostelkommunion (hinter dem Altar in der Apsis) oder im Ausdruck der Trauer des Paulus bei Mariä Entschlafung.

Zu den erhaltenen, später nie übermalten Szenen aus der Zeit um 1107 gehören außer den schon erwähnten u. a. auch das Abendmahl, der Einzug nach Jerusalem, die Fußwaschung und die Erweckung des Lázaros. Ebenfalls aus jener Zeit stammt die äußerst lebendige Darstellung der 40 Märtyrer in der Nordwestecke des Naos – eine Szene, die sich in den byzantinischen Kirchen Zyperns oft findet. Sie wurde insbesondere von der byzantinischen Militäraristokratie als Vorbild verehrt. Der Legende nach waren die 40 Märtyrer in spätrömischer Zeit als Soldaten in Klein-Armenien stationiert. Als sie sich zum Christentum bekannten, wurden sie gemartert und dann halbnackt auf einen zugefrorenen See gestellt. An seinem Ufer lockten Heißwasserbäder, die aufzusuchen ihnen für den Fall der Absage an den neuen Glauben in Aussicht gestellt wurde. Zu sehen sind nun 39 frierende und blutende Gestalten auf dem Eis, die eng beieinander stehen und einen schon Geschwächten in der vordersten Reihe in vorbildlichem Korpsgeist stützen. Über ihnen schweben bereits die Märtyrerkronen: 38 in drei Reihen, zwei weitere in den Händen des in einem Medaillon gegenwärtigen Christus. Rechts auf dem Bogen über dem Bild geht einer der Gepeinigten resignierend in eins der verlockend heißen Bäder, doch sein Platz wird sogleich von einem sich neu zu Christus bekennenden Soldaten aus der Wachmannschaft eingenommen, der sich auf dem Bogen links dem Martyrium anschließt (und folgerichtig noch keine blutenden Wunden aufweist).

Die meisten der Malereien im Narthex und die restlichen Malereien im Naos sind ca. 230 Jahre später im 14. Jh. entstanden. Auch sie sind höchst expressiv, auch hier versuchten die Maler den Figuren Würde und Eleganz zu verleihen. Aber gegen die Malereien vom Beginn des 12. Jh. fallen sie sichtlich ab: Die Figuren wirken gedrungener, die Gesichter manchmal bäurisch. So schreibt man denn die ›Fresken‹ aus der Zeit um 1107 einem höfischen Maler aus der Hauptstadt zu, während die rustikaleren Malereien aus dem 14. Jh. als Provinzkunst gelten.

Ins Doppeldorf Galáta-Kakopetriá

Reiseatlas: S. 7, A 3

Über Nikitári kehrt man auf die Hauptstraße ins Tróodos-Gebirge zurück und lässt kurz darauf die Mesaória-Ebene hinter sich. Die Straße führt dicht an der durch Wachtposten und Fahnen gekennzeichneten Demarkationslinie vorbei und steigt dann im von zahlreichen Pappeln und Obstbäumen geprägten Soléa-Tal sacht an zum **Doppeldorf Galáta-Kakopetriá.** Bereits kurz vor der Abfahrt ins tiefer gelegene Dorf Galáta vermag das inzwischen schon geübte Auge rechts unterhalb der Straße zwei idyllisch auf freiem Feld gelegene Kirchen mit Ziegeldach zu erkennen. Ihre kurz nach 1500 entstandenen Wandmalereien weisen – Folge der Übernahme der Insel durch die Venezianer im Jahr 1489 – deutlich Einflüsse westlicher Renaissance-Kunst auf. Die ikonografischen Regeln der Orthodoxie sind hier zwar befolgt worden, Würde und geistiger Gehalt vieler Darstellungen weichen aber einem stärkeren Naturalismus und Individualismus in Gestik, Mimik und Porträt. In vielen Nebenszenen sind die Physiognomien nicht mehr überlieferten Regeln, sondern offenkundig der eigenen Umgebung entnommen worden.

Besonders deutlich kommt der starke Individualismus in der größeren der beiden Kirchen, der **Panagía Podíthou,** zum Ausdruck. Da kniet ein alter, bärtiger Mönch in leidenschaftlicher Anbetung vor dem Gekreuzigten, stützt sich zugleich aber auf einen Stock – undenkbar in der klassischen byzantinischen Kunst. Auch die Dynamik der Figurengruppen ist ganz und gar unbyzantinisch, ebenso wie der weiche, nur noch menschliche Gesichtsausdruck der Apostel in der Apostelkommunion.

18 Jahre jünger als in der Panagía Podíthou sind die Malereien in der kleinen, näher an der Straße neben Pistazienbäumen gelegenen **Kirche des Erzengels Michael (Panagía Theotókos).** Wie dort war auch hier ein zum orthodoxen Glauben übergetretener Lateiner der Stifter. Die Wandmalereien sind rustikaler als in der Panagía Podíthou und in manchem sogar rührend-naiv: Man betrachte z. B. den Hahn in der Verleugnung des Petrus oder den Schäfer in der Geburtsszene, der selbst aussieht wie ein Schaf. Einen einmaligen Einfall hatte der Maler in der Darbringung Jesu im Tempel: Da hält Joseph die beiden weißen Tauben nicht bloß auf seinen wie üblich mit einem Tuch bedeckten Händen, nein – wie auf den Märkten der Zeit üblich, sitzen die beiden Tauben in einem kleinen Vogelbauer.

Zwischen dem Dorfplatz von Galáta und dem von Kakopetriá passiert die enge Dorfstraße noch mehrere kleine Scheunendachkirchen, in denen sich jedoch nur wenige Reste von Malereien erhalten haben. Dort wo sie kurz vor der **Platía von Kakopetriá** auf einer Brücke den rauschenden Bach überquert, beginnt ein schöner Fußweg durch den unter Denkmalschutz stehenden, historischen Dorfkern. Er liegt auf einem Felsrücken, der zu beiden Seiten von Wasser umflossen wird. Viele Häuser wurden in den letzten Jahren im traditionellen Stil restauriert, sodass ein Rundgang lohnt. Auf dem Dorfplatz findet man eine große Zahl von Tavernen. An Hochsommerabenden herrscht hier ein Betrieb wie in der Großstadt, denn an heißen Tagen flüchten viele Menschen aus Nicosia gern hierher.

Etwa 5 km außerhalb des Dorfes liegt unterhalb des Olymp in einem stillen Seitental die ehemalige Klosterkirche **Ágios Nikólaos tis Stégis** aus dem frühen 11. Jh. (Der Weg dorthin ist von der Verbindungsstraße zwischen dem Dorfplatz und der Straße nach Tróodos ausgeschildert). Auch sie trägt ein Scheunendach. An den Wandmalereien aus dem 11.–17. Jh. fällt ikonografisch auf, dass an der Nordwand der Kirche die Szenen der Verklärung Christi und der Erweckung des Lázaros ohne die sonst übliche Abgrenzung der Bildfelder nahtlos ineinander übergehen. Der Maler machte auf diese Weise die theologische Wahrheit sinnfällig, dass Jesu Fähigkeit, Menschen vom Tode zu erwecken, eine direkte Folge seiner Verklärung ist.

i Nach den **Schlüsseln für die Kirchen** im Kafenío von Galáta fragen.

Línos Inn: an der Hauptgasse im historischen Ortszentrum von Kakopetriá, Tel. 22 92 31 61, Fax 22 92 31 81 (telefonische Reservierungen werden nur Mo–Sa 10–16 Uhr angenommen!), www.linos-inn.com.cy. 22 traditionelle Zimmer in verschiedenen alten Häusern im historischen Dorfzentrum, teilweise mit Jacuzzi, offenem Kamin und/oder Himmelbett. Vermietet wird auch eine moderne Villa in einem neueren Dorfteil mit Platz für bis zu 8 Personen, Pool und Garage. DZ 44–64 CYL, Villa je nach Saison 800–1000 CYL/Woche.

Mýlos – The Mill: im Bachtal unterhalb des historischen Ortszentrums von Kakopetriá, 100 m von der Flussbrücke, Tel. 22 92 25 36, Fax 22 81 39 70, www.cymillhotel.com. Eins der originellsten Hotels der Insel. Inhaber Jánnis Aristídou hat sich einen Traum verwirklicht und in seinem geliebten Heimatort ein fantastisches Gebäude errichtet, das jahrhundertealt aussieht, aber erst Mitte der 1980er Jahre in dreijähriger Bauzeit entstand und keinerlei historische Vorbilder hat. Das Restaurant eröffnete schon 1987, die Lizenz für das Hotel wurde nach Erfüllung aller Feuerschutzauflagen erst 1999 erteilt. Das traditionelle Holzdach, die tönernen Wein- und Wasserkaraffen und viele weitere Details der Innenausstattung hat der Wirt selbst entworfen. Ein Blick auf die Website lohnt auf jeden Fall! 13 Zimmer, DZ 46 CYL.

Ekáli: Gríva Digéni Ave. 22, Kakopetriá, Tel. 22 92 25 01, Fax 22 92 25 03, www.hekalihotel.com. Einfaches, gut geführtes und freundliches Hotel im oberen Teil des neuen Dorfes. DZ im Sommer 50 CYL, im Winter 30 CYL.

Mýlos – The Mill: im gleichnamigen Hotel. Aussichtsreicher kann man in Kakopetriá nicht speisen. Die Vorspeisen sind zypriotisch und international, die Hauptgerichte überwiegend international. Forelle und Steaks stehen im Vordergrund. Im Sommer kann man auch vor dem Gebäude unter Bäumen am rauschenden Wildbach sitzen; im Winter sorgen innen offener Kamin und Fußbodenheizung für angenehme Temperaturen. Hauptgerichte 5,50–8,50 CYL, Forelle 7,25 CYL, Fl. Wein 5,25–225 CYL.

Village Pub & Restaurant: am unteren Ende der Hauptgasse durchs historische Ortszentrum von Kakopetriá, Tel. 22 92 26 16, Di–So ab 18 Uhr. Nichtraucher-Lokal, gute vegetarische Gerichte, *mezé* erst ab 6 Personen. Vegetarische Gerichte 2,50–3 CYL, andere Hauptgerichte 4–9 CYL, *mezé* 7,50 CYL.

Mesostráto: an der Hauptgasse im historischen Zentrum von Kakopetriá, gepflegte Taverne mit gutem *mezé*. Hauptgerichte 4–6,50 CYL, *mezé* (21 Tellerchen) 7,50 CYL, *mezé* (13 Tellerchen) 5,50 CYL, Forelle 5,50 CYL.

Zoúmos: an der Platía von Kakopetriá nahe der Flussbrücke, Tel. 22 92 21 54, tgl. ab 10 Uhr. Gepflegte Grilltaverne mit gutem, vielsprachigem Service. Hauptgerichte 3,40–5,50 CYL, *mixed grill* 5–6 CYL, *mezé* 7,50 CYL.

Village Café Serenity – I Galíni: an der Hauptgasse im historischen Zentrum, tagsüber geöffnet, im Sommer auch abends. Kleines *kafenío* im traditionellen Stil in einem vom Wirt selbst restaurierten Haus. Winziger Balkon mit Tischen und Stühlen, von dort traumhaft schöner Blick ins grüne Waldbachtal. Keine Speisen, nur Getränke und Süßes. Mokka 0,50 CYL.

Nach Tamassós und zum Kloster Machairás

In den nordöstlichen Vorbergen des Tróodos sind heute Touristenbusse immer noch selten. Außerdem fehlen entlang der gesamten Route Unterkunftsmöglichkeiten, sodass man letztlich abends wieder nach Nicosia zurückkehren oder in andere Orte des Tróodos weiterfahren muss. Mit öffentlichen Verkehrsmitteln ist diese Route nicht zu bewältigen, man ist auf einen Wagen angewiesen. Höhepunkte der Fahrt sind drei noch bewohnte Klöster und die immer wieder wechselnden Ansichten des Gebirges.

Káto Defterá

Reiseatlas: S. 8, D 2

Man verlässt Nicosia in Richtung Stróvolos, Lakataïmela und Defterá, in denen viele in der Hauptstadt arbeitende Pendler wohnen. In **Káto Defterá** führt ein Wegweiser zur Höhlenkirche **Panagía Chrysospiliótissa,** deren exotischer Anblick ein wenig an buddhistische Felsenklöster erinnert. Vom großen Parkplatz führt eine Brücke über den Fluss Pediéos auf die Felswand zu. Über eine Rampe erreicht man die kunsthistorisch unbedeutende, für den Volksglauben aber äußerst wichtige Kirche: Die Gottesmutter soll die Höhle mit ihren Fingernägeln aus dem Gestein gekratzt haben, um hier in aller Ruhe den Tod Jesu beweinen zu können.

Politikó

Reiseatlas: S. 8, D 2

Nächstes Ziel auf dieser Strecke ist das Dorf **Politikó,** das antike Tamassós. Das Stadtkönigreich war seinerzeit für seinen Kupferreichtum berühmt.

Nur wenige Schritte von den unübersichtlichen **Ausgrabungen** eines Astarte-Aphrodite-Tempels entfernt, sind zwei Königsgräber aus der archäischen Epoche (um 630 v. Chr.) gut erhalten. Sie zeigen deutlich, dass in der Übergangsphase von Holz- zu Steinbauten Elemente der Holzarchitektur in Stein nachgeahmt wurden. Man erkennt Blindfenster und Blindtüren, an denen sogar die hölzernen Verriegelungen nachgebildet sind. Die Decke ist so behauen, als sei sie aus Holzbalken zusammengefügt.

Auf der anderen Seite des Dorfes erhebt sich hinter einem lichten Olivenhain das Nonnenkloster **Ágios Irakleídios** (Herakleídios), dessen Innenhof jeden Blumenfreund entzücken wird. Verehrt wird hier der erste Bischof von Tamassós, der von den Aposteln Bárnabas und Paulus selbst eingesetzt worden war und später den Märtyrertod erlitt. Links vom Eingang führen Stufen in eine kleine Höhlenkapelle hinab, in der Herakleídios der Legende nach bestattet wurde. Rund 350 Jahre später entstand über seinem Grab eine große Basilika, von der lediglich Reste des Mosaikfußbodens erhalten sind. Das älteste Gebäude der heutigen Klosteranlage ist eine Kreuzkuppelkirche aus dem 14. Jh. Im 15. Jh. entstand das südliche Schiff der Klosterkirche, im 16. und 17. Jh. das nördliche. Gegenstand besonderer Verehrung ist die Schädelreliquie des hl. Herakleídios. Besonders schön ist die Ikone der stillenden Gottesmutter im linken Feld der Ikonostase. Dieser recht seltene Typus der Mariendarstellung hat seinen Ursprung in Ägypten: Den zum Christentum bekehrten Heiden sollte *Maria lactans* das Bild der stillenden Isis ersetzen. Vor Verlassen des Klosters sollte man unbedingt den kleinen Verkaufsladen aufsuchen: Das Marzipan aus eigener Produktion ist sehr zu empfehlen.

Blick in die Ferne: Die Bronzestatue erinnert an den Freiheitskämpfer Afchendíou

Kloster Panagía tou Machairás

Reiseatlas: S. 7, C 3

Über Perá geht es nun zurück zur Hauptstraße, die in Kapédes in eine schmale, kurvenreiche Bergstraße übergeht. Sie führt durch dichten Nadelwald und an mehreren Picknickplätzen vorbei zum **Kloster Machairás** in 800 m Höhe.

Zwei moderne Mosaike links und rechts der Klostertür erzählen die Gründungslegende: Zwei Eremiten fanden im Jahr 1170 nahe einer Quelle eine von einem Messer bewachte Marienikone. Sie reisten nach Konstantinopel und berichteten dem byzantinischen Kaiser von ihrem Fund. Dieser stiftete daraufhin 1172 Geldmittel und Ländereien zur Klostergründung. Die heutigen Gebäude wurden nach einem Brand im Jahr 1892 alle neu erstellt, die Klosterkirche in den späten 1980er Jahren vollständig im traditionellen Stil ausgemalt. Die alte Ikone, deren Auffindung zur Klostergründung führte, hängt heute, über und über mit getriebenem Silber verkleidet, an der Ikonostase. Sie hat im Laufe der Geschichte vielerlei Wunder gewirkt, von denen moderne Zeichnungen an den Wänden des Balkons im Obergeschoss der Zellentrakte künden.

Von einer Terrasse neben dem Kloster blickt die Anfang der 1990er Jahre errichtete **Monumentalstatue des Freiheitskämpfers Grigóris Afchendíou** ins Pediéos-Tal. Eine Straße führt an ihr vorbei ein Stück weit ins Tal hinein. Wo der Asphalt endet, erblickt man einen Fahnenmast. Er steht neben einer Grotte, in der sich Afchendíou am 3. März 1958 verschanzte, als britische Soldaten auf der Suche nach EOKA-Kämpfern das Tal durchforsteten. Zehn Stunden lang leistete er ihnen erbitterten Widerstand, bis die Briten seine Höhle sprengten und Afchendíou darin verbrannte. Was von seiner Kleidung übrig blieb, ist in einem kleinen Museumsraum im Kloster ausgestellt.

Fikárdou

Reiseatlas: S. 7, C 3

Vom Kloster führt die Hauptstraße weiter ins Tróodos-Gebirge hinein. Man durchquert das fast nur noch an Wochenenden belebte Dorf Lazaniás und gelangt dann auf der anderen Seite der Passhöhe an den Ortsanfang von Goúrri, wo eine Straße ins noch 2 km entfernte Dorf Fikárdou abzweigt, das seit 1978 unter Denkmalschutz steht. In der Scheunendachkirche am Ortseingang findet nur noch am 29. Juni ein Gottesdienst statt; am Vorabend trifft man sich zu einem großen Kirchweihfest. Zahlreiche Häuser aus dem 19. Jh. sind noch gut erhalten; die meisten aber lediglich noch am Wochenende bewohnt. Zwei von ihnen, die 1986 auch mit dem Europa-Nostra-Preis ausgezeichnet wurden, können von innen besichtigt werden (Mai–Okt. Di–Sa 10–17, So 10.30–14 Uhr; übrige Monate Di–Fr 9–16, Sa 9–15.30, So 10.30–14 Uhr, Eintritt 0,75 CYL).

Yannákos: an der Kirche. Gepflegtes Kaffeehaus im traditionellen Stil. Auf zwei Etagen servieren Wirt Yannákos und Familie auch ausgefallene zypriotische Spezialitäten; am Tresen wird selbst destilliertes Rosenwasser verkauft. Hauptgerichte ab 4 CYL.

Rückweg nach Nicosia

Über Kaló Chorío erreicht man das schon wieder viel tiefer gelegene Dorf Agrokipiá mit dem 2 km südlich gelegenen Nonnenkloster **Ágios Pandelímonas.** Einen Besuch lohnt schon der prächtige Innenhof, in dem riesige Kakteen, Palmen sowie Tausende von Blumen gedeihen. Auf dem Rückweg nach Agrokipiá hat man dann schon eine der vielen Abraumhalden vor Augen, die vom intensiven Kupferabbau in dieser Region bis 1974 zeugen.

In Mitseró kommt man noch dichter an ihnen vorbei. Das Kupfererz wurde von hier mit Lastwagen nach Karavostási (Gemikonağı, s. S. 328) an der Bucht von Mórfou gefahren, wo es über eine erst 1961 geschaffene, moderne Anlage verladen wurde. Da diese seit 1974 im türkisch besetzten Inselteil liegt, wurde die Förderung aus Rentabilitätsgründen eingestellt.

In Peristeróna (s. S. 268f.) erreicht man die Hauptstraße, die zurück nach Nicosia oder weiter ins Tróodos-Gebirge führt.

Viel unberührte Natur: Im Diarízos-Tal

Kapitel 5

Tróodos-Gebirge

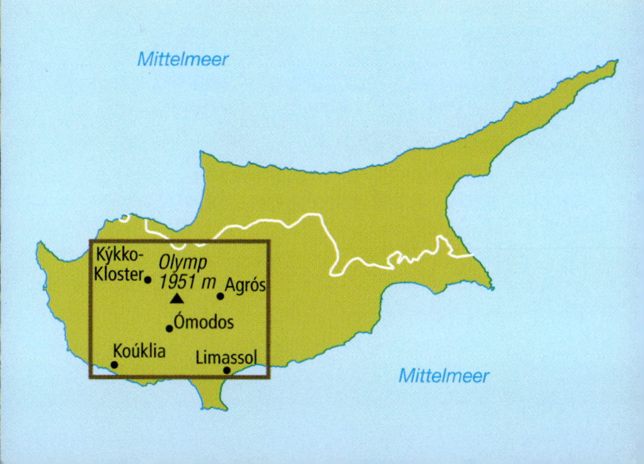

Auf einen Blick: Tróodos-Gebirge

Wälder, Wein und Wanderwege

Am Tage wirkt das fast 2000 m hohe Tróodos-Gebirge wie ein zwar großes, aber wenig gegliedertes Mittelgebirge. Aus dem Flugzeug erkennt man schon eher seine Vielgliedrigkeit. Überwältigend schön wird sie, wenn man in der Abenddämmerung im Gebirge unterwegs ist. Dann entfaltet sich die kompakte Masse plötzlich, staffelt sich Höhenzug hinter Höhenzug, jeder in einem anderen graublauen Ton. Der Wechsel zwischen Berg und Tal scheint kein Ende nehmen zu wollen; nur manchmal ist in der Ferne das Meer zu sehen. Ist es schließlich Nacht, lassen Lichter viel deutlicher als am Tage erkennen, wo die vielen hundert Dörfer des Tróodos liegen, denn im Sonnenlicht verschmelzen ihre Konturen mit denen der Landschaft.

Die meisten Dörfer sind enttäuschend pragmatisch modernisiert worden, nur wenige haben romantisch-musealen Charakter. Von ihrem Alter zeugen häufig Scheunendachkirchen mit Resten von Freskenschmuck. Auch nach außen hin beeindruckend sind die jahrhundertealten Klöster, von denen viele weiterhin als Zentren spirituellen Lebens und gern besuchte Pilgerziele äußerst lebendig sind.

Faszinierend ist die Natur, der man auf einer ganzen Reihe gut ausgeschilderter Wanderwege am nächsten kommt. Besonders ursprünglich geblieben ist dabei der riesige Páfos-Wald im Nordwesten. Dort kann man 50 km weit fahren, ohne auf ein Dorf zu stoßen. Wo kein Wald steht, wird Landwirtschaft betrieben. Etliche Täler und Hänge im Süden und Osten des Tróodos gehören zu den bedeutendsten Weinanbaugebieten der Insel. Andere Täler haben sich auf Kirschen oder Rosen spezialisiert.

Highlights

8 **Kýkko-Kloster:** Zyperns reichstes und prächtigstes Kloster liegt völlig einsam in unberührter Gebirgslandschaft (s. S. 300ff.).

9 **Ómodos:** Im Dorf mit dem schönsten Dorfplatz der Insel leben die Menschen

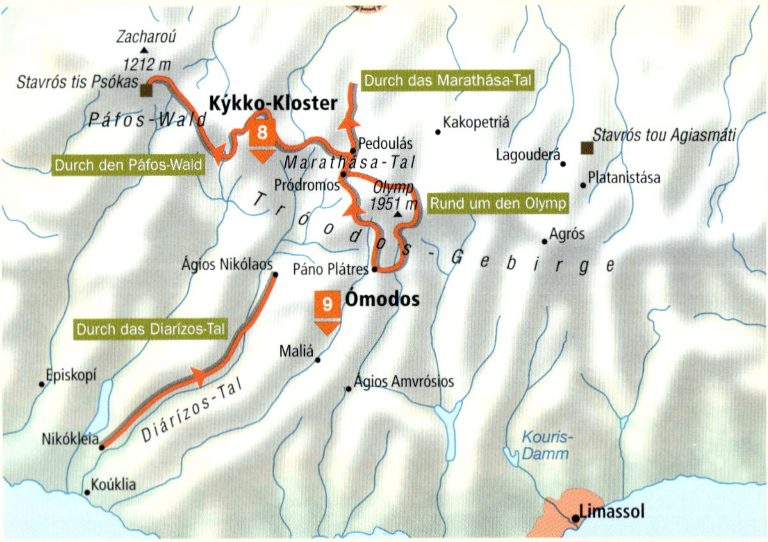

noch immer vorwiegend vom Weinanbau (s. S. 306f.).

Empfehlenswerte Routen

Rund um den Olymp: Auf 1600–1700 m Höhe schlängelt sich eine schmale Ringstraße rund um den höchsten Berg Zyperns (s. S. 294ff.).

Durch das Marathása-Tal: Eine kurvenreiche Fahrt von Pródromos, dem höchstgelegenen Dorf Zyperns, durch das Kirschental der Insel (s. S. 298f.).

Durch den Páfos-Wald: Durch die Waldeinsamkeit des westlichen Tróodos führt diese Straße von Pródromos über das Kloster Kýkko bis zur Forststation im Páfos-Wald (s. S. 303ff.).

Durch das Diarízos-Tal: Verlassene Dörfer, große Schaf- und Ziegenherden und viel unberührte Natur prägen das Tal, durch das man von Nikókleia nahe der Küste nach Ágios Nikólaos und weiter zum Olymp gelangt (s. S. 309).

Reise- und Zeitplanung

Der in den Badeorten an der Küste angebotene Standardausflug ins Gebirge führt zum Kýkko-Kloster. Dabei erlebt man auch die Schönheit der Landschaft – meist jedoch nur im Vorüberfahren durch die Scheibe. Als Ergänzung empfehlenswert ist auf jeden Fall ein Busausflug in die Dörfer des Tróodos und für den, der die Enge in den Fahrzeugen und die zu hohen Kosten nicht scheut, auch eine Jeep-Safari.

Wer auf eigene Faust mit dem Mietwagen unterwegs ist, sollte fürs Gebirge mindestens zwei Tage einplanen. Für Zwischenübernachtungen kommen vor allem die Orte Agrós, Páno Plátres und Pedoulás sowie das am nördlichen Gebirgsrand gelegene Kakopetriá (s. S. 273ff.) in Frage. Nur dort gibt es größere Hotels, die an Gäste gewöhnt sind, die nur eine Nacht bleiben. An Sommerwochenenden sind Vorausreservierungen empfehlenswert!

Richtig Reisen-Tipps

Shopping im Gebirge: In den Bergdörfern des Tróodos kann man kulinarische Produkte und andere Souvenirs häufig direkt beim Erzeuger kaufen und meist sogar vorher den Herstellungsprozess erleben. Hier lesen Sie, wo Sie am besten Rosenwasser und *dschudschúko,* Kasslerfleisch, gute Weine, leckere Marmeladen und manches mehr erstehen (s. S. 286).

Wanderungen am Olymp: Zwei Wanderungen am Olymp sind auch Urlaubern zu empfehlen, die in ihren Ferien nur ein wenig wandern möchten. Die eine führt in etwa zwei Stunden auf über 1800 m Höhe fast eben um Zyperns höchsten Berg herum, die andere in etwa drei Stunden durch ein urwaldhaft grünes Bachtal zu Wasserfällen und einer Forellenzuchtstation (s. S. 296).

Latein verstehen: Entlang der vielen Naturlehrpfade und Wanderwege im Gebirge weisen kleine Schilder immer wieder auf besondere Bäume, Büsche oder Blumen hin. Beschriftet sind sie aber nur auf Griechisch und Latein. Hier finden Sie einen Schlüssel, um die lateinischen Pflanzennamen verstehen zu können (s. S. 304).

Wer sich zwei Tage Zeit nimmt, kann an einem Tag den östlichen Tróodos mit Agrós, Stavrós tou Agiasmáti und Lagouderá erkunden, zum Olymp hinauffahren und in Páno Plátres oder Pedoulás nächtigen. Am zweiten Tag fährt man durchs Marathássa-Tal zum Kýkko-Kloster und entweder über Ómodos oder über Stavrós tis Psókas zurück an die Küste.

Im Gebirge kann es zu jeder Jahreszeit regnen; im Winter muss insbesondere im Januar und Februar mit Schneefällen sowie vor allem nachts mit Glatteis gerechnet werden.

Der östliche Tróodos

Reiseatlas S. 3, 7

Der östliche Teil des Tróodos-Gebirges wird weitaus seltener besucht als das Gebiet westlich der Hauptverbindungsstraße zwischen Limassol, Páno Plátres und der Mesaória-Ebene. Hier gibt es nur wenige Hotels und Tavernen. Hauptsehenswürdigkeiten sind vor allem die vielen Scheunendachkirchen und natürlich die abwechslungsreiche Landschaft.

Obwohl auch der östliche Tróodos im Papoútsa eine Höhe von über 1500 m erreicht, wirkt er überall wie ein Mittelgebirge. Schroffe Felsen und alpine Steilwände gibt es nirgends, Täler und Hänge sind überwiegend grün. Obst, Nüsse und vor allem Wein werden angebaut. Die Periochí Koumandarías ist Zyperns Hauptanbaugebiet für die Commandaría-Traube, aus der der gleichnamige Süßwein hergestellt wird. Als Hauptort dieser Region darf das Dorf Kaló Chorío gelten. Wirtschaftlich bedeutender ist Agrós mit dem einzigen großen Hotel der ganzen Region und mehreren Kleinbetrieben, in denen Rosenwasser und kulinarische Spezialitäten Zyperns hergestellt werden. Agrós eignet sich auch am besten als Ausgangsort für eine Erkundung des östlichen Tróodos.

Agrós

Reiseatlas: S. 3, B 1

Wie viele andere Dörfer im Tróodos hatte auch **Agrós** in den ersten Jahren der zypriotischen Unabhängigkeit unter der Abwanderung seiner jüngeren Bewohner zu leiden. Viele emigrierten nach Nordamerika. Sie verloren die alte Heimat jedoch nicht aus den Augen und gründeten 1979 zusammen mit dort Gebliebenen eine Gesellschaft, die sich die Entwicklung des Dorfes vornahm. Heute ist sie in der Hand von etwa 2000 Kleinaktionären. Man kaufte Bauland und stellte es für 154 neue, moderne Wohnhäuser zur Verfügung, man errichtete ein Großhotel, das Arbeitsplätze schaffen und vor allem zypriotische Urlauber in die Gegend locken sollte. Das ist gelungen. Einige Emigranten kehrten zudem nach Agrós zurück und gründeten hier kleine Unternehmen wie die Rosenwasser-Manufaktur, die heute die eigentliche Touristenattraktion des Dorfes darstellt. Die Dorfkirche Panagía Eleoússa birgt einige alte Ikonen aus einem Kloster, das bis 1894 an der Stelle des heutigen Gotteshauses stand. Innen wurde die Kirche 1930–1934 vom einheimischen Maler Solónas Frangoúlis ausgemalt, dessen Gesamtwerk auch ein kleines, neues Museum in der Nähe der Kirche gewidmet ist. Markanter als die Kirche sticht aus dem Ortsbild allerdings eine moderne Sporthalle mit schreiend grünem Dach hervor. Hier können Sportler aus aller Welt 34 verschiedene Sportarten trainieren; außerdem trägt das in der ersten Liga spielende Basketball-Team von Agrós hier seine Heimspiele aus.

i **Ródon:** an der Hotelrezeption informiert man auch Nicht-Hotelgäste gern über die Region.

www.agros.org.cy: gute Homepage der Gemeinde mit vielen Fotos, auf Englisch.

Ródon: Tel. 25 52 12 01, Fax 25 52 12 35, www.swaypage.com/rodon. Wie ein Palast thront das Hotel mit seinen 153 Zimmern und Apartments hoch über dem

Dorf in markanter Lage. Es gibt einen Pool und einen Tennisplatz, das Hotel wurde im Winter 2005/06 total renoviert. DZ Ostern und Aug. 50 CYL, sonst 40 CYL.
Vláchos: an der Hauptstraße im Dorfzentrum, Tel. 25 52 13 30, Fax 25 52 18 90. Einfaches Hotel mit 18 Zimmern, familiär geführt. DZ Ostern und Aug. 26 CYL, sonst 20 CYL.

Kaoúras: an der Platía im Dorfzentrum nahe der Kirche, gut für ein schnelles Mittagessen. Hauptgerichte ab 3,50 CYL, Bauernsalat 3 CYL.

Agrós Festival: 15./16. Aug. Musik und Folklore, Jahrmarkt, Landwirtschafts- und kulturelle Ausstellungen.
Kirchweihfest: 20./21. Nov. an der Panagía Eleoússa mit großem Jahrmarkt.

Busverbindung mit Limassol durch die Gesellschaft *PEAL*, Tel. 25 55 22 20. 1–2 x tgl., Abfahrt an der Kirche.

Kaló Chorío und Louvarás

Fährt man von Limassol nach Agrós, führt die schönste Route durch das schluchtartige Tal des Garýllis-Baches und am malerisch auf einem niedrigen Hügel gelegenen Dorf Gerása vorbei durch liebliches Hügelland mit herrlichen Landschaftspanoramen zunächst nach Kaló Chorío.

Kaló Chorío

Reiseatlas: S. 3, B 1
Das Dorf mit seiner schon 1924 gegründeten genossenschaftlichen Weinkellerei bezeichnet sich selbst auf einem großen Schild am Straßenrand stolz als ›The World Capital of Commandaría‹.

Die **Kellerei,** die werktags besichtigt werden kann, liegt ebenso unmittelbar an der Dorfstraße wie die kleine Kirche **Ágios Geórgios** aus dem Jahr 1768. Besonders schön ist eine Ikone des hl. Georg, auf dessen Pferd auch ein kleiner Junge mit einer Teekanne

Mit dem Autor unterwegs

Wurst und Schinken im Kaffeehaus

Das Kaffeehaus in **Potamítissa** hat die Gemeinde bauen lassen. Die Terrasse wird wie in alten Zeiten von einem hölzernen Geländer gesäumt, über den Innenraum mit seinem Steinfußboden spannt sich eine traditionelle Decke mit Holzbalken und Rohr-Flechtwerk. Im Winter brennt drinnen das Feuer im offenen Kamin. Der Pächter ist auch Schlachter. Auf Wunsch serviert er ein Tellerchen mit seiner geräucherten Landwurst und seinem exzellenten Räucherschinken (s. S. 289).

Picknick am Kloster

Das kürzlich restaurierte und wiederbelebte **Kloster Mesa Pótamos** zwischen Káto Amiántos und Páno Plátres ist noch ein Geheimtipp unter den Klöstern im Gebirge. Nur 400 m vom Konvent entfernt wurde einer der schönsten Picknickplätze des Tróodos angelegt. Man sitzt nahe einer Quelle, deren Wasser herrlich schmeckt, und kann mitgebrachte Würste, Fleisch und *haloúmi* grillen, wenn man etwas Holzkohle dabeihat (s. S. 290).

Tea Time im Forest Park

Das Forest Park Hotel am Rand von **Páno Plátres** stammt aus der britischen Kolonialzeit. Den Zimmern im Altbau merkt man das an; sie werden nicht jedem gefallen. Ohne Komfortverlust kann man britischen Kolonialgeist an der Bar und auf der Terrasse erleben. Bei einem Kännchen (Teebeutel-)Tee und Kuchen fällt die Vorstellung leicht, wie man hier einst die Tea Time zelebrierte (s. S. 292).

Der Duft des Bäckerparadieses

Der Bäcker von **Ómodos** ist ein fleißiger Mann. Vom frühen Morgen bis zum Nachmittag ist sein Ofen in Betrieb. Am Duft ist sein Geschäft auch ohne Ladenschild leicht zu erkennen. Das Brot kann man hier meist noch warm erwerben, dazu Kuchen und Píttas mit verschiedensten Füllungen (s. S. 307).

sitzt. Der Legende nach hatte einmal eine verzweifelte Mutter den Heiligen gebeten, ihren Sohn aus muselmanischer Gefangenschaft zu befreien. Der Knabe war dort als Sklave für den Teeausschank im Hause eines reichen Mannes zuständig. Georg riss ihn von seiner Arbeit fort und brachte den Jungen seiner Mutter zurück.

Der interessanteste Monat für einen Besuch in Kaló Chorío ist der späte September. Dann liegen die frisch geernteten Commandaría-Trauben überall in Gärten und Höfen zum Trocknen aus, um ihren Zuckergehalt zu steigern.

Village Tavern: an der Hauptstraße, Tel. 25 54 27 37. Gepflegte Taverne, in der man natürlich auch ein Gläschen *commandaría* erhalten kann. Hauptgerichte 3–6,50 CYL, *mezé* 7 CYL.

Louvarás

Reiseatlas: S. 3, B 1

Am Ortsanfang von Kaló Chorío zweigt eine Straße in den nur 4 km entfernten Weiler **Louvarás** ab. Hier steht die Kirche **Ágios Mámas** aus dem Jahr 1455. Unter ihren Wandmalereien aus dem Jahr 1495 ist links der Westtür eine seltene Darstellung der drei Töchter der

Weit schweift der Blick: Von der Akámas-Halbinsel bis zum schneebedeckten Tróodos

Agía Sophía (Heilige Weisheit) zu sehen: der *Pistís* (Glaube), *Agápis* (Liebe) und *Elpís* (Hoffnung). Man kann sie als Allegorien dieser Tugenden betrachten, aber auch als Darstellungen dreier Mädchen, die unter Kaiser Hadrian in Rom das Martyrium erlitten.

Unmittelbar über der Westtür sind die beiden Ehepaare abgebildet, die die Ausmalung der Kirche stifteten. Links davon ist anschaulich und rührend zugleich dargestellt, wie Jesus zwei in einer Höhle lebenden Männern die Teufel austreibt. Rechts vom Stifterbildnis findet man die Beweinung Christi. In den vier Bildfeldern über diesen drei Darstellungen erkennt man von links nach rechts das Letzte Abendmahl, die Fußwaschung, den Verrat durch Judas sowie Christus vor den Hohepriestern Annas und Kaiphas. Der Kirchenpatron Mámas ist, so wie es die Legende berichtet, auf einem Löwen reitend dargestellt. Mámas war einst zur Entrichtung von Steuern zum Gouverneur bestellt worden. Auf dem Weg begegnete dem Heiligen ein Löwe, der ihn in die Stadt trug. Bei diesem Anblick erließ der Gouverneur Mámas sogleich alle Steuern. Fortan war der Heilige immer auch der Schutzheilige der Steuersünder.

Richtig Reisen-Tipp: Shopping im Gebirge

In den Dörfern des Tróodos gibt es viele Kleinbetriebe, die die Naturprodukte der Region verarbeiten. Was sie herstellen, wird auch an der Küste oder in den Städten verkauft. Hier jedoch kann man bei der Herstellung zusehen, wenn man zur richtigen Jahreszeit kommt. Besonders eifrig ist man in **Agrós** (s. S. 282f.) im östlichen Tróodos. Die **Metzgerei Kafkalia** an der Hauptstraße produziert das ganze Jahr über *loúndsa,* die zypriotische Variante des Kasslerfleisches, *pastoúrma,* einen Rinderschinken, und *loukaniká,* geräucherte Schweinewürste. Verkauft werden sie zwar in einem neuen Laden, aber wer fragt, darf meist auch einen Blick in die Räucherkammer im älteren Nachbarhaus werfen.

Fährt man dann die Hauptstraße etwas weiter in Richtung Hotel Rodon, zweigt nach links eine ausgeschilderte Straße zur **Rosenwasser-Destillerie** von Christákis Tsolákis ab. Chris ist äußerst kreativ. Er produziert nicht nur das traditionelle Rosenwasser, sondern stellt auch Rosen-Liköre und Rosen-Brandy, Rosen-Kosmetika und Rosen-Marmelade her. Auch Kerzen mit Rosenduft und sogar einen Cabernet Sauvignon mit einem Hauch von Rosen-Aroma gibt es bei ihm. Abgefüllt wird das meiste in Keramikgefäße, die er in der eigenen Werkstatt brennt. Die Erntezeit für die Rosen sind der Mai und manchmal noch die ersten Junitage. Geerntet wird morgens zwischen 4 und 9 Uhr, verarbeitet werden die Blüten den ganzen Tag über. Urlauber, die gern einmal einen Morgen mithelfen wollen, einige der jährlich 600 000 Rosenblüten zu ernten, sind nach vorheriger Absprache herzlich willkommen. Wer sich vorab schon einmal einen Einblick in die Aktivitäten des Christákis Tsolákis verschaffen will, schaut ins Internet. Unter www.rose-tsolakis.com sieht man nicht nur viele Fotos, sondern kann die Produkte sogar per Post und Kreditkarte ordern.

Fast so gut wie Herr Tsolákis ist sonst im Gebirge nur noch das **Kýkko-Kloster** organisiert. Etwa seit der Jahrtausendwende setzt es seinen Namen für Produkte ein, die auf Ländereien und in Betrieben des Klosters hergestellt werden. Etiketten mit dem berühmten Namen des Konvents zieren Marmeladen und Honig, Süßes aller Art und sogar einen kräftigen Tresterschnaps, den *dsivanía.*

Zu den Produkten des Klosters gehören auch die *glyká,* die in keinem zypriotischen Haushalt fehlen. Es sind in Zuckersirup eingelegte Früchte aller Art. Tomaten kann man ebenso zu *glyká* verarbeiten wie Pflaumen und Kirschen, Trauben, Bergamotte, Bananen und Feigen. Besonders originell sind die grün eingelegten Walnüsse *(karídia),* also Walnüsse, um deren harte Kernschale noch die fleischige Außenschale sitzt. In Sirup eingelegt, werden sie schwarz.

Auf allen zypriotischen Märkten und an allen Verkaufsständen vor Klöstern und auf Kirchweihfesten wird *dschudschúko* angeboten. Es sieht einer Wurst ähnlich, ist aber rein pflanzlich. Traubenmost wird in einem großen Kessel durch langes Kochen eingedickt. In den Kessel werden immer wieder an einer Astgabel befestigte, über 1 m lange Bindfäden eingetaucht, an denen Nüsse oder Mandeln wie Perlen aneinander gereiht sind. Darum herum legt sich die Traubenmostmasse. Das ganze Jahr über kann man der im Herbst vielerorts praktizierten Herstellung in einem Haus an der Straße zwischen Kalopanagiótis und Moutoullás (s. S. 298) zusehen. Das Haus ist nicht zu verfehlen: Viele Meter *dschudschúko* hängen auf seiner Terrasse an der Straße stets zum Trocknen aus. In **Moutoullás** selbst kann man auch eine der **Tischlereien** am Straßenrand besuchen. Sie stellen u. a. traditionelle Brotteig-Knettröge in Miniaturgrößen her, die sich als Brotkorb für zu Hause eignen.

Rundtour um Agrós

Eine insgesamt etwa 55 km lange Rundfahrt über zumeist schmale, kurvenreiche Straßen führt von Agrós am 1554 m hohen Berg Papoútsa vorbei in stille Bergdörfer und zu zwei besonders schönen Scheunendachkirchen, die die Unesco in ihre Liste des Welterbes aufgenommen hat. Größere Tavernen gibt es unterwegs nicht. Man muss mit einem Salat und Gegrilltem in kleinen Snacks-Bars vorlieb nehmen oder sich auf ein Picknick vorbereiten.

Wanderung von Stavrós tou Agiasmáti nach Lagouderá:
Ein 7 km langer, gut markierter Wanderweg führt von Stavrós tou Agiasmáti zunächst ca. 50 Minuten durch Wald bergan. Danach folgt der Pfad etwa 90 Minuten lang der Kammlinie des Bergrückens und trifft dann auf einen Feldweg, dem man nach rechts bis ins Dorf folgt. Da es in Lagouderá kein Taxi gibt, muss man entweder den gleichen Weg wieder zurückgehen oder sich dort von einem Mitreisenden abholen lassen – am besten direkt an der Kirche Panagía Arakiótissa.

Palaichóri

Reiseatlas: S. 7, C 3
Palaichóri ist ein großes Dorf in einem Talkessel mit vielen alten Häusern und zwei besuchenswerten Kirchen. Die **Panagía Chryso-Pantanássa** am Dorfplatz ist eine dreischiffige Basilika mit Scheunendach. Die Szenen an der Südwand des rechten Seitenschiffes sind dem Marienleben gewidmet, die an der Nordwand des linken Seitenschiffes dem Leben des hl. Nikólaos. Acht Bildfelder zwischen den Arkaden der Südwand des linken Seitenschiffes berichten von der Auffindung und Aufrichtung des Kreuzes Christi. Die zweite historische Kirche des Ortes, **Metamórphosis tou Sotiroú,** erhebt sich auf einem Hügelkamm. Ihr Bildprogramm aus dem 16. Jh. ist nahezu vollständig erhalten.

Askás

Reiseatlas: S. 7, B 3
Von Palaichóri aus steigt eine Nebenstraße hangaufwärts in Richtung Álona. Nachdem sie den Bergkamm erreicht hat, senkt sie sich in ein anderes Tal hinab, in dem tief unten schon die alten Ziegeldächer von **Askás** zu sehen sind. Die Johannes dem Täufer geweihte **Pfarrkirche** stammt aus dem 16. Jh. und birgt beachtenswerte Wandmalereien. Am Ortsende zweigt von der Hauptstraße eine in einen Feldweg auslaufende Straße (nur auf Griechisch beschrifteter Wegweiser) zur stets zugänglichen Kirche **Agía Paraskeví** aus dem Jahr 1518 ab. Über der Stiftungsinschrift erblickt man das Mandílion, das als Beweis für die Bilderfreundlichkeit Christi dient. An der Nordwand sind der hl. Mámas und der hl. Georg abgebildet. Hinter ihm sitzt auf einem Pferd wie so oft auf zypriotischen Georgsdarstellungen die kleine Figur des *Thermodátis* (›Teekannen-Einschenker‹). Der Knabe hatte der Legende nach als Sklave bei Tisch dienen müssen und war vom hl. Georg aus der Gefangenschaft befreit worden.

Platanistása

Reiseatlas: S. 7, B 3
An der Hauptstraße folgt bald darauf in einer Linkskurve ein leicht zu übersehender Wegweiser ins nur noch 2 km entfernte **Platanistása.** Hier wohnt der Schlüsselverwahrer für die weit außerhalb des Dorfes völlig einsam am Waldrand gelegene Kirche **Stavrós tou Agiasmáti,** eine der schönsten Scheunendachkirchen der Insel. Man frage im Kafenío oder in der Gemischtwarenhandlung am Dorfplatz nach ihm.

Achilléas: an der Platía. Einfache Snack-Bar, die gebratene Landwurst, *seftaliá*, Koteletts und *haloúmi* serviert. Hauptgerichte ab 3 CYL.

Stavrós tou Agiasmáti

Reiseatlas: S. 7, B 3
Das Dach der zum Unesco-Weltkulturerbe zählenden Kirche ist so tief heruntergezogen,

dass es auch noch einen Umgang ums Gotteshaus bedeckt, dessen Zweck unbekannt ist. Im Innern der Kirche nennt eine Inschrift über der Südtür ausnahmsweise einmal den Maler mit Namen: Philipp tou Goul. Er hat 1495 auch die Kirche des Ágios Mámas in Louvarás ausgemalt. Bestens erhalten sind die 30 neutestamentarischen Szenen, die das Kircheninnere in einer oberen Reihe umschließen, während in der unteren Reihe wie üblich Kirchenväter und Heilige zu sehen sind. Die 30 Szenen beginnen mit der Geburt Mariens und enden mit ihrer Entschlafung. Viele der Figuren wirken rustikal, so insbesondere die hebräischen Jungfrauen in der Darbringung Mariens im Tempel. Nebenszenen deuten ländliches Leben an, so z. B. die Geburt Christi, die u. a. einen Hirten zeigt, der gerade ein Schaf melkt. Zugleich sind die Malereien aber auch von der westlichen Renaissance beeinflusst. Das zeigt sich vor allem an den Hintergrundgebäuden, bei denen sich Philipp tou Goul um die Illusion von Räumlichkeit bemühte.

Westlichen Einfluss verrät schließlich auch das Thema einer zehnteiligen Bildsequenz in einer Nische der Nordwand. Hier wird die Legende von der Auffindung des Kreuzes Christi durch Kaiserin Hélena erzählt – ein Thema, das besonders unter den Kreuzrittern beliebt war, deren besonderes Anliegen ja der Schutz des Grabes Christi gewesen war. Von links oben nach rechts unten sieht man: (1) Hélena befiehlt die Juden zu sich und befragt sie nach dem Verbleib des Kreuzes. Sie leugnen, davon zu wissen. (2) Die Juden stehen erneut vor Hélena und präsentieren ihr einen gewissen Judas, der wisse, wo das Kreuz zu finden sei. Er leugnet. (3) Hélena lässt Judas in einen ausgetrockneten Brunnen werfen. (4) Nachdem Judas versprochen hat, bei der Auffindung des Kreuzes zu helfen, betet er in Golgatha und bekommt durch eine göttliche Vision den entscheidenden Hinweis. (5) Ausgrabungen finden an der von Judas genannten Stelle statt; (6) die Kreuze Christi und der beiden mit ihm Gekreuzigten werden gefunden und (7) Kaiserin Hélena dargebracht. (8) Um die Echtheit des Kreuzes Christi zu prüfen, wird es an das Bett einer Sterbenden getragen, die sofort gesundet. (9) Ein weiteres Gebet enthüllt dem inzwischen zum Bischof von Jerusalem geweihten Judas auch noch den Ort, der die Nägel birgt, mit denen Christus ans Kreuz geschlagen wurde. (10) Er bringt sie Hélena dar, die vor ihnen niederkniet.

Lagouderá/Panagía Arakiótissa

Reiseatlas: S. 7, B 3

Nachdem man den Schlüsselverwahrer ins Dorf Platanistása zurückgefahren, ihm ein gutes Trinkgeld gezahlt und vielleicht mit ihm einen Kaffee getrunken hat, ist **Lagouderá** auf der anderen Seite eines mächtigen Bergrückens das nächste Ziel aller an byzantinischer Kunst interessierten Reisenden. Am Dorfrand steht eine der **Panagía** geweihte Kirche aus dem 12. Jh. 1968–1973 untersuchten US-Wissenschaftler die laut Stiftungsinschrift auf 1192 zu datierenden Fresken und reinigten sie – jetzt sind sie wieder so farbenkräftig wie vor 800 Jahren. 1192 war Zypern schon ein Jahr unter der Herrschaft der Kreuzfahrer, die Maler in dieser Kirche aber stammten noch aus Konstantinopel und brachten Werke zustande, die mit den Höhepunkten der komnenischen Kunst in den Zentren des Reiches mithalten konnten. In Eleganz und höfischer Art gleichen sie den Malereien von Asinoú, aber die Farbpalette ist noch reicher und die Technik um vieles ausgefeilter. Hier handelt es sich um echte Fresken! Trocknete der Putz vor der Fertigstellung des Bildfeldes aus, wurde er erneut befeuchtet oder gar eine neue, feuchte Putzschicht aufgetragen – z. B. an dem Gesicht Mariens in der Szene Mariä Darbringung im Tempel gut zu erkennen. Als Meisterwerk ganz im Sinne klassischer byzantinischer Kunst gilt die Darstellung des Pantokrators in der Kuppel dieser Kreuzkuppelkirche: Christus ist hier wirklich der kaiserliche Weltherrscher!

Rückweg oder Weiterfahrt

Auf der Weiterfahrt in Richtung **Kyperoúnda** erblickt man nach Erklimmen des nächsten

Bergkamms vor sich den **Olymp** in seiner ganzen Ausdehnung. Die Straße windet sich durch Weingärten und Mandelbaumhaine hinunter in den großen Taltrichter von Kyperoúnda, der mit Hilfe einer Reihe kleiner Regenauffangbecken bewässert wird. 6 km vor Kyperoúnda zweigt an der modernen Kirche von Chandriá eine Straße in das noch 8 km entfernte Agrós ab; über Kyperoúnda erreicht man nach 18 km die Sommerfrische Tróodos (s. S. 297).

Von Agrós nach Páno Plátres oder Tróodos

Eine landschaftlich besonders reizvolle Strecke führt von Agrós über Potamítissa und Peléndri nach Káto Amiántos und von dort entweder über die Sommerfrische Tróodos oder das Kloster Mesa Pótamos nach Páno Plátres im westlichen Tróodos. Sie kombiniert Kultur- mit Natursehenswürdigkeiten und bietet gute Möglichkeiten zum Picknick.

Potamítissa

Reiseatlas: S. 7, B 4

Das in viel Grün eingebettete Dorf lohnt vor allem wegen seines schönen Kaffeehauses (s. S. 283) einen Zwischenstopp. Bei dieser Gelegenheit kann man auch einen Blick auf die Dorfkirche werfen, die über einem Bach erbaut wurde.

Peléndri

Reiseatlas: S. 7, A 4

Das für seine guten Äpfel bekannte Dorf besitzt mit der Scheunendachkirche **Timío Stavrós** ein weiteres Kirchlein, das zum Unesco-Weltkulturerbe zählt (Schlüssel im

Fern vom Tourismus an der Küste zeigt sich Zypern ländlich

vorletzten Haus vor der Kirche). Sein Mittelschiff stammt aus dem 13. Jh., das Nordschiff aus dem 14. und das Südschiff aus dem 16. Jh. Die Fresken sind nur zum Teil erhalten und zeigen vor allem Szenen aus dem Marienleben.

Einen Besuch wert ist auch die private **Weinkellerei Kóstas Tsiákkas,** 2005 zur zypriotischen ›Winery of the year‹ gewählt. Hier kann man sogar einen zypriotischen Riesling erstehen.

Oberhalb der kleinen Straße von Peléndri nach Káto Amiántos steht auf einem bewaldeten Hügel eine **Gedenkstätte für die Gefallenen des zypriotischen Freiheitskampfes** gegen die Briten. Die etwa 1,5 km lange Zufahrt ist nur auf Griechisch mit ›To Iróon ton Apeleftherotikón‹ beschildert. Wer mag, kann sich hier Dokumente, Fotos und Videos zum Thema anschauen (Di–Fr 9.30–13, So 10.30–13 Uhr, Eintritt frei).

Káto Amiántos

Reiseatlas: S. 7, A 3

Der Ort liegt zu Füßen der größten Narbe, die der Bergbau der zypriotischen Natur zugefügt hat. Es ist eine gewaltige Mine, in der zwischen 1904 und 1988 auf 320 ha Fläche im Tagebau Asbest abgebaut wurde. Das Asbest-Gestein durchzieht hier in Form von bis zu 2 cm dicken Chrysolit-Adern den Serpentinit. In den 1930er Jahren arbeiteten in der Mine bis zu 10 000 Menschen, die Jahresproduktion erreichte bis zu 40 000 t. Bis 1942 wurde das gewonnene Gestein mit Hilfe einer 30 km langen Seilbahn zur Verschiffung nach Limassol gebracht; später übernahmen Lkw diese Aufgabe. Seit 1981 ging der Asbest-Umsatz stetig zurück, 1988 gab die Betreibergesellschaft auf. Jetzt ist die zypriotische Regierung bemüht, das ganze Areal zu renaturalisieren. Bis 2015 sollen die Arbeiten abgeschlossen sein. Aber bis alle Narben verheilt sind, werden sicherlich noch einige Jahrzehnte mehr vergehen.

In **Káto Amiántos,** dessen Name schlicht Unter-Asbest bedeutet, wohnten ebenso wie im höher gelegenen Páno Amiántos (Ober-Asbest) zahlreiche Bergbauarbeiter. Heute arbeiten viele Dorfbewohner in Limassol, wohnen aber weiterhin im Dorf, das so am Leben bleibt.

Páno Amiántos

Reiseatlas: S. 7, A 3

Fährt man von Káto Amiántos zur Sommerfrische Tróodos hinauf, kann man die ehemalige Asbest-Mine immer wieder aus den verschiedensten Perspektiven betrachten. An einem Parkplatz am Straßenrand gibt eine Tafel der Forstverwaltung ausführlich auch auf Deutsch weitere Informationen zum Asbest-Abbau und der Asbest-Verwendung. Am oberen Rand der Mine passiert man dann auch den Weiler **Páno Amiántos,** der fast nur aus einfachen Wellblechhütten und ein paar alten Steinhäusern besteht. Heute lebt hier niemand mehr.

Mesa Pótamos

Reiseatlas: S. 7, A 4

Statt von Káto Amiántos nach Páno Amiántos weiterzufahren, kann man die Tour auch über Mesa Pótamos nach Páno Platres fortsetzen. Man folgt dafür in Káto Amiántos zunächst dem grünen Wegweiser mit der Aufschrift ›Mesá Pótamos 7 km‹. Nach 700 m gabelt sich der Weg: Rechts geht es auf Asphalt einmal außen um das Dorf herum. Hält man sich hingegen auf der geradeaus weiterführenden Staubstraße, kommt man nach 6,5 km zum **Kloster Mesa Pótamos.** Der Konvent stand jahrzehntelang leer, erst seit Beginn dieses Jahrtausends leben wieder Mönche in den mittlerweile restaurierten und modernisierten Gebäuden aus Naturstein, Holz und Ziegeln. Neue Wandmalereien im Torhaus lassen erkennen, wem das Kloster geweiht ist: Johannes dem Täufer.

Beim Kloster macht ein Wegweiser auf die nahen **Mesa Pótamos-Wasserfälle** aufmerksam, die sich je nach Jahreszeit mehr oder minder kräftig über zwei Stufen ergießen.

An einem großen, schattigen Picknickplatz (s. S. 283) vorbei führt die Erdstraße dann weiter nach Páno Plátres, wo sie bei der Forellenzuchtstation ›Psiló Déndro‹ die Hauptstraße B 8 erreicht.

Der westliche Tróodos

Karte S. 293

In Teilen des westlichen Tróodos hat der Tourismus schon eine lange Tradition. Kolonialbeamte und arabische Scheichs genossen hier die angenehme Frische der Sommerabende, Pilger zogen zum Ký́kko-Kloster und verbrachten gleich mehrere Tage am heiligen Ort. Darüber hinaus gibt es aber auch sehr einsame Regionen, über denen manchmal sogar noch Geier ihre Kreise ziehen.

Der 1951 m hohe Gipfel des Olymp ist von vielen Orten im westlichen Tróodos aus fast immer zu sehen. Weiße Radarkuppeln, mit deren Hilfe die Briten weite Teile des Nahen Ostens optisch und akustisch ausspähen, markieren ihn eindeutig. Dicht unter dem Gipfel liegt auf über 1700 m Höhe die kleine Sommerfrische Tróodos mit Hotel, Jugendherberge, Postamt, Campingplatz, Skiclub, ein paar einfachen Restaurants und Verkaufsbuden. Der höchste, ständig bewohnte Ort am Tróodos ist Pródromos auf 1400 m Höhe. Touristische Metropole der Region ist das noch einmal 300 m tiefer gelegene Páno Plátres, wo man an Hochsommertagen der höheren Temperaturen wegen schon wieder die erfrischende Kühle von Swimmingpools zu schätzen weiß.

Als touristische Nebenzentren können Kakopetriá im Soléa-Tal (S. 273ff.) und Pedoulás im Marathása-Tal (S. 298) gelten. Erst langsam entstehen auch in einigen anderen Dörfern erste kleine, ländliche Hotels und Pensionen. Hier liegt für Zypern noch viel Entwicklungspotenzial auf dem Gebiet eines alternativen, sanften Tourismus.

Bisher leben die Menschen, die nicht in die Städte zur Arbeit pendeln, im westlichen Tróodos überwiegend von Weinanbau und -verarbeitung, vom Obstanbau, von Forstwirtschaft und Viehzucht. Eine ausgesprochene Weinanbauregion ist die Gegend um die Dörfer Ómodos und Koiláni. Größtes zusammenhängendes Waldgebiet der Insel ist der Páfos Forest im Nordwesten mit dem Zederntal und der Forststation Stavrós tis Psókas als besuchenswerte Zentren. Sehenswürdigkeiten der Region sind außer der überall schönen und immer abwechslungsreichen Landschaft in erster Linie Kirchen und Klöster. Vor allem im Südwesten gibt es aber auch noch einige alte Dörfer, die durch ihre bauliche Geschlossenheit zu den schönsten der Insel zählen: Foiní, Lófou und Vouní zum Beispiel.

Páno Plátres

Die Häuser von **Páno Plátres** 1 sind so sehr zwischen Bäumen versteckt, dass man die wahre Größe des Ferienortes auf 1100 m Höhe kaum wahrnimmt. Zeichen für die Ankunft im Ortszentrum ist ein kleiner gebührenpflichtiger Parkplatz vor der Tourist-Information und Polizeistation. Sehenswürdigkeiten hat Páno Plátres nicht zu bieten. Man kommt der frischen Gebirgsluft wegen hierher und wohnt in Hotels mit solch exotischen Namen wie ›Edelweiss‹, ›New Helvetia‹ oder ›Petit Palais‹. In großen Tavernen sitzt man unter schattigen Bäumen, genießt Unmengen von Fleisch vom Holzkohlengrill oder frische Forellen, meldet sich für sonntags zum original englischen Sunday Lunch an. Gebadet wird in mehr oder minder kleinen Pools von Hotels und Tavernen. Zwischendurch fährt man mit dem Auto im Gebirge spazieren und

Wohl bekommt's: Zwischen Páno Plátres und Ómodos liegt ein Weinanbaugebiet

manchmal versucht man auch einen kleinen Spaziergang auf Waldwegen, für die aber die Schuhe der meisten Damen wenig geeignet sind. Sommerabende verbringt man in der Dorf-Disco. Im Juli und August sorgen verschleierte Frauen aus arabischen Ländern für orientalisches Flair, an Januar- und Februarwochenenden bringen britische Soldaten durch Skier auf dem Autodach ein wenig alpine Atmosphäre in den Ort.

Für mitteleuropäische Urlauber mit beschränkter Zeit reicht eine Stunde Aufenthalt, um einen kurzen Einblick ins platrische Urlaubsleben zu nehmen. Für alle, die Wanderungen oder Exkursionen ins Gebirge planen, ist Páno Plátres ein guter Standort.

i **C.T.O.:** Platía, Tel. 25 42 13 16, Mo–Fr 8–16 Uhr.

Forest Park: 25 42 17 51, Fax 25 42 18 75, www.forestparkhotel.com.cy. Das beste Hotel im Gebirge liegt am nördlichen Ortsrand auf einem großen, privaten Waldgrundstück und wird von den Inhabern noch ganz persönlich geführt. Es bietet 137 Zimmer, Pool und Tennisplatz. Die Zimmer im stimmungsvollen Altbau sind höchst unterschiedlich, die im Neubau moderner und technisch besser ausgestattet. DZ HS 80 CYL, NS 56 CYL.

Pendéli: Archbishop Makários Ave. 12, Tel. 25 42 17 36, Fax 25 42 18 08, www.pendelihotel.com. Das moderne, in dritter Generation von der Inhaberfamilie geführte Hotel mit 81 Zimmern und Pool liegt im Ortszentrum. Im Winter 2005/06 wurde es total renoviert. Im kleinen Spa-Bereich mit Sauna werden auch verschiedene Massagetypen angeboten. DZ HS ab 64 CYL, NS ab 38 CYL.

Petit Palais: Tel. 2542 27 23, Fax 25 42 10 65, www.petitpalaishotel.com. Modernes, viergeschossiges Hotel im Ortszentrum, von den Zimmern in den oberen beiden Etagen genießen Besucher einen schönen Panoramablick. DZ HS 40 CYL, NS 30 CYL.

Edelweiss: Spýrou Kyprianoú St. 53, Tel. 25 42 13 35, Fax 25 42 20 60, www.edelweisshotel.com.cy. Etwa 800 m oberhalb des Zentrums an der Straße zur Forellenzuchtstation

Psiló Déndro, 20 Zimmer. Sehr hilfsbereite Mitarbeiter, die auch Tipps für Wanderer und Skifahrer geben können. DZ HS 34 CYL, NS ab 20 CYL.

Lanterns: Tel. 25 42 25 99, Fax 25 81 30 08, miltosp@logosnet.com.cy. Pension direkt im Ortszentrum mit 7 kleinen, modern eingerichteten Zimmern. DZ 28 CYL.

Psiló Déndro: an der oberen Ortsumgehungsstraße, gut ausgeschildert, tgl. 11–16 Uhr, im Aug. länger. Waldlokal mit angeschlossener Forellenzuchtstation. Die Forellen werden auf einem fast 10 m langen Holzkohlengrill zubereitet und mit Salzkartoffeln und Salat serviert. Schattige Plätze unter hohen Bäumen zwischen frei laufenden

Westlicher Tróodos

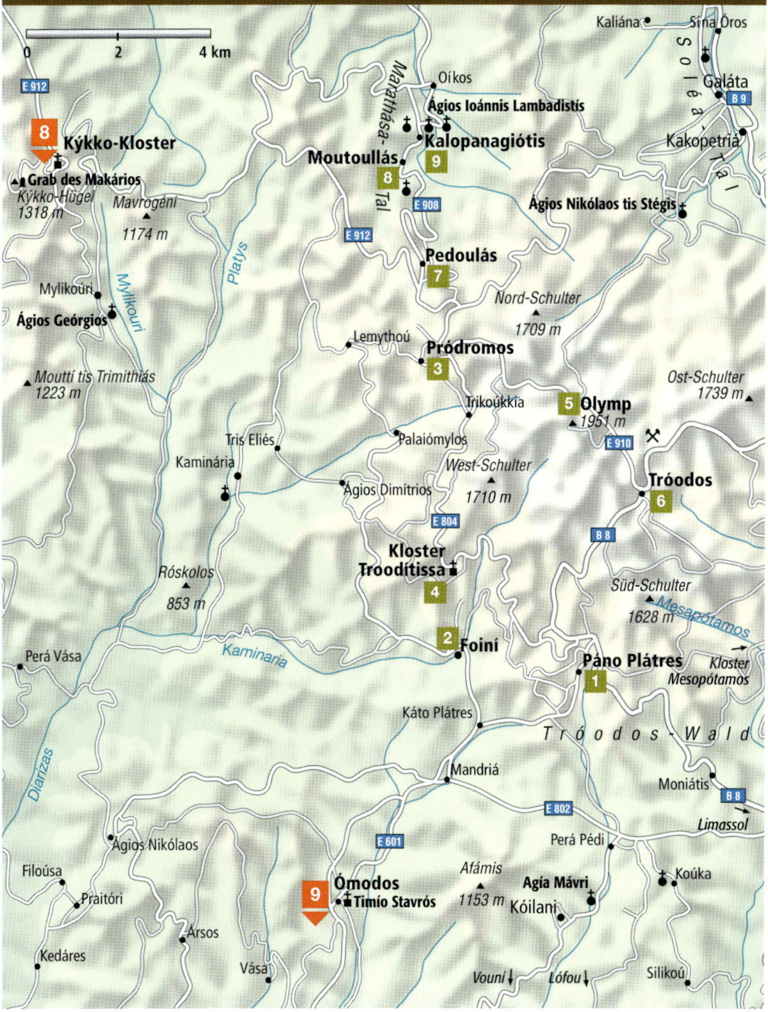

Hühnern, mittags oft mehrere Reisegruppen. Forelle ca. 6 CYL, Flasche Wein ca. 4,50–12 CYL.

Yiolandel: Im Ortszentrum, Tel. 25 42 17 20, tgl. ab 10 Uhr. Gepflegtes Restaurant mit zypriotischer sowie internationaler Küche. Auf den Tisch kommen viele vegetarische Gerichte, darunter auch vegetarische *moussaká*, hausgemachter Apfelkuchen und Karamelleiscreme. Spezialitäten sind Fondue und das sonntägliche Lunch-Buffet (Tischreservierung erbeten). Hauptgerichte ab 4,50 CYL, *mezé* 8 CYL, Fondue 12 CYL, Sunday Lunch Buffet 9,50 CYL.

Skylight: an der Dorfstraße unterhalb des Hotels Pendéli, tgl. ab 11 Uhr. Restaurant in einer Chalet-Anlage mit kleinem Pool. Hauptgerichte ab 3 CYL, *mezé* 7 CYL.

Linienbusverbindung: nach Tróodos Mo–Fr 10.30, Rückfahrt 15 Uhr; nach Limassol Mo–Fr 8 und 15.15, Sa 18.15 Uhr, zurück Mo–Fr 9.30 und 13.30, Sa 12.30 Uhr; nach Nicosia Mo–Sa 5.50, zurück 12.30 Uhr.

Taxi: Tel. 25 42 33 33 und 99 42 94 53.

Rund um den Olymp

Eine schöne und insgesamt nur etwa 25 km lange Rundtour führt von Páno Plátres aus über Foiní nach Pródromos und von dort über die Sommerfrische Tróodos wieder zurück nach Páno Plátres. Unterwegs bieten sich Möglichkeiten für Wanderungen und Spaziergänge, für einen kurzen Ausritt im Sommer und im Winter sogar für ein paar Stunden auf Skiern. Gut essen kann man unterwegs in Pródromos. Kirchenliebhaber können von Pródromos noch einen Abstecher ins Marathása-Tal (s. S. 298f.) einbauen.

Foiní

Foiní 2 zählt zu den schönsten und am wenigsten vom Massentourismus berührten Dörfern im zentralen Teil des Tróodos-Gebirges. Bis vor drei Jahrzehnten war es für seine vielen Töpfereien berühmt, in denen auch die großen, überall auf Zypern verbreiteten Vorratsgefäße hergestellt wurden. Heute arbeiten in Foiní nur noch zwei kleine Töpfereien für den touristischen Bedarf. Wie es hier früher zuging, zeigt jedoch anschaulich das private **Pilaváki-Museum** (tgl. 9–12 und 13–18 Uhr). Inhaber Theofánis Pilavákis oder seine auch Deutsch sprechende Frau führen Besucher oft persönlich durch die Ausstellung. Zu sehen sind neben vielen der *pithári* genannten großen Vorratsgefäße, die Wandertöpfer aus Foiní früher auf ganz Zypern anfertigten, auch eine historische Töpferwerkstatt samt Brennofen und eine tönerne Sauna, in der sich früher Wöchnerinnen nach dem Gebären reinigten.

Kaffeehäuser: Für eine kurze Rast am schönsten sind die einfach-urigen Kaf-

feehäuser an den Plätzen an beiden Enden der Dorfstraße.

Foiní: nahe dem großen Dorfplatz. Gepflegte zypriotische und internationale Küche, gute Steaks, gemütliche Atmosphäre. Sonntagmittags typisch englischer ›Sunday Lunch‹. Hauptgerichte ab 3,80 CYL, *mezé* 6,50 €.

Pródromos

Mit 1700 m über Meereshöhe ist **Pródromos** 3 das höchstgelegene Dorf Zyperns. Es ist Standort der zypriotischen Forstakademie, an der auch zahlreiche Schüler aus arabischen Ländern studieren. Über dem Ort thront die imposante Ruine eines Hotels aus Kolonialzeiten, das im 19. Jh. nach Berengaria, der Gemahlin von König Richard Löwenherz, benannt worden war. Immer wieder einmal ist die Rede davon, es zu restaurieren – aber wenn sich nicht bald ein Investor für das einzigartig gelegene Objekt findet, verfällt es wohl vollständig.

Sehenswertes hat das Dorf nicht zu bieten, aber man kann hier gut und günstig eine Mittagspause direkt an der Hauptstraße einlegen.

The Byzántio: an der Hauptkreuzung, Tel. 25 46 20 47. Große Taverne mit sehr gutem, preiswertes Mittagsbuffet an jedem Tag. Exzellent z. B. das *stifádo* mit karamellisierten Zwiebeln und vielen schwarzen Pfefferkörnern. Hauptgerichte ab 3,50 CYL, Mittagsbuffet 4,50 CYL.

Eingebettet in die Bergwelt des Tróodos: Das ehemalige Töpferdorf Foiní

Kloster Troodítissa

Von Pródromos braucht man mit dem Auto nur gut fünf Minuten bis zum **Kloster Troodítissa** 4, das an einer Straße zurück nach Páno Plátres liegt. Das Männerkloster wurde abseits jeder anderen menschlichen Siedlung in einem Talschluss erbaut. Seine Mönche bewirtschafteten in der Umgebung Apfelgärten. Obwohl die Bauten allesamt aus der Zeit nach der letzten Feuersbrunst im Jahr 1842 stammen oder, wie die schlichte Sommerresidenz des Bischofs von Páfos, überhaupt erst ein Werk der Nachkriegszeit sind, vermag es von allen zypriotischen Klöstern noch am ehesten die Ruhe zu vermitteln, die Mitteleuropäer von solchen Orten erwarten. Um sich diese Ruhe zu bewahren, ist der Zutritt zum Kloster nur orthodoxen Christen oder Ausländern in Begleitung von Zyprioten gestattet – nicht-orthodoxe Urlauber können es nur von außen betrachten.

Die Klostergründung geht wie so oft auf Zypern auf die wundersame Auffindung einer Marienikone kurz vor der Jahrtausendwende zurück. Diese Ikone, angeblich vom Evangelisten Lukas gemalt, genießt noch heute höchste Verehrung. Der Legende nach hilft sie bislang unfruchtbaren Frauen, ein Kind zu bekommen. Man weiß von ihr auch ein anderes Wunder zu berichten: Ein Mann aus Beirut hatte seinen ersten Sohn dem Kloster versprochen und ihn auch tatsächlich als Novizen nach Troodítissa gebracht. Nach einigen Jahren reute ihn sein Gelöbnis. Er kam, um seinen Sohn heimzuholen. Da löste sich ein Stein aus der Kirchenmauer und hätte den Jüngling beinahe erschlagen, wenn sich nicht plötzlich die Ikone der Gottesmutter über ihm gezeigt hätte, um den Stein abzufangen. Daraufhin blieb der junge Mann natürlich sein Leben lang im Kloster. Der Stein steckt übrigens immer noch in der Rückwand jener Ikone.

Im Kloster wird ein mit Silber beschlagener Ledergürtel verwahrt, den dereinst eine Frau stiftete, deren Kinderwunsch nach der Pilgerreise erfüllt worden war. Diesen Gürtel

Richtig Reisen-Tipp: Wanderungen am Olymp

Zwei leichte Wanderungen erschließen die Schönheit des Hochgebirges. Auch für Autoreisende, die nur eine kurze Unterbrechung einlegen wollen, ist der Rundwanderweg **Artemis-Trail** bestens geeignet. Er führt in etwa1800 m Höhe auf fast ebenen Waldwegen um den höchsten Inselberg herum. Die Gesamtstrecke von ca. 7 km kann man geruhsam in zwei Stunden zurücklegen. Der Start- und Zielpunkt ist gut markiert. Man fährt von Tróodos zunächst in Richtung Pródromos und biegt auf die Straße zum (nicht zugänglichen) Gipfel des Olymp ab. Kurz hinter der Abzweigung beginnt der Wanderweg. Über 30 Täfelchen weisen auf Pflanzen und andere Sehenswürdigkeiten hin. Immer wieder genießt man einen großartigen Fernblick.

Völlig anders ist die Wanderung auf dem **Kaledonia-Trail.** Auch er ist etwa 7 km lang, führt aber stetig durch ein enges Tal abwärts, in dem ein Bach rauscht. Der muss etwa 20-mal auf Trittsteinen überquert werden. Fernblick hat man nicht, dafür wird der Weg von üppigem Grün und besonders schönen Erdbeerbäumen gesäumt. Der Pfad beginnt unterhalb der Straße von Tróodos nach Plátres. An der Abzweigung der kleinen Zufahrtsstraße zum Pfad steht ein Schild ›Caledonian Waterfalls‹. Hier kann man sich vom Linienbus, der täglich um 10 Uhr von Páno Plátres nach Tróodos fährt, absetzen lassen oder seinen Wagen parken. Der besagte Wasserfall auf der Hälfte des Weges stürzt stolze 15 m in die Tiefe. Der Pfad endet an der Forellenzuchtstation Psiló Déndro. Von dort sind es 15 Minuten ins Ortszentrum von Páno Plátres, wo man ein Taxi zurück seinem Fahrzeug nehmen kann.

legen sich auch heute noch Pilgerinnen um, wenn sie von der Panagía Fruchtbarkeit erbitten. Den mythenkundigen Reisenden mag der Gürtel an die antike Fruchtbarkeitsgöttin Aphrodite erinnern, die durch ihren wundersamen Gürtel die Männer an sich band. Eine Beziehung legt auch ein Beiname des Klosters nahe, der erst in diesem Jahrhundert außer Gebrauch kam: ›Kloster zur Allheiligen der Aphrodite‹.

Olymp

Mit dem griechischen Olymp hat der höchste Berg Zyperns nur eins gemeinsam: Er ist der höchste des Landes. Anders als das nordgriechische Bergmassiv hat der zypriotische **Olymp** 5 überhaupt keinen alpinen Charakter, sondern gleicht eher sanften Hügelkuppen. Die Bezeichnung als Olymp ist relativ jung, auf Griechisch heißt er eigentlich Chionístra. Mit den olympischen Göttern wird er in der antiken Mythologie nirgends in Verbindung gebracht: Die genossen Nektar und Ambrosia lieber in ihrer griechischen Heimat.

Der Doppelgipfel des Olymp darf seit 2001 aus Angst vor Terroranschlägen nicht mehr betreten werden. Den einen entstellen die Antennen von Fernsehen, Funk und Flugsicherung, den anderen die Radarkuppeln des britischen Militärs. Die Straße hinauf endet vor einem Tor etwa 50 Höhenmeter unterhalb der Radar- und Abhöranlage. Bis dorthin kann man zwar auf Asphalt fahren, es lohnt aber bestenfalls der schönen Schwarzkiefern wegen, die hier oben gedeihen.

Tróodos

Die 1700 m hoch gelegene Sommerfrische besteht nur aus ganz wenigen festen Häusern, die bis auf das Postamt alle dem Fremdenverkehr dienen. In **Tróodos** 6 erreicht die Hauptstraße B8/B9 von Nicosia über Páno Plátres nach Limassol ihren Scheitelpunkt; eine kleine Nebenstraße zweigt von ihr nach Pródromos und Richtung Gipfel des Olymp ab. Nahe Tróodos liegen an der von ganz jungen Zedern gesäumten Straße mehrere große Picknickplätze und ein Campingplatz, an der Straße nach Pródromos hat nahe der Siedlung der zypriotische Skiclub seine Station mit Café und Skiverleih. Direkt in Tróodos beginnt der 7 km lange, völlig ebene Naturlehrpfad **Chrómion-Trail,** auf dem man auch bei wenig Zeit zumindest einmal 200–300 m weit gehen sollte, um die herrliche Waldluft hier oben erahnen zu können. Am Ortsrand Richtung Páno Plátres kann man im Sommer Pferde besteigen und kurze, geführte Ritte durch den Wald unternehmen. In einer kleinen Senke unterhalb der Siedlung, die man von der Straße nach Páno Plátres aus erreicht, gibt es eine große Taverne und Tennisplätze. Hier informiert das Tróodos Visitors Centre mit Hilfe von Fotos, Objekten und einem zehnminütigen Videofilm über einige Aspekte der Geologie, Flora und Fauna des Tróodos-Gebirges. Am Besucherzentrum beginnt ein nur 250 m langer Naturlehrpfad, auf dem man mit Hilfe von lateinisch, griechisch und englisch beschrifteten Tafeln einige Pflanzen und Gesteinsformationen in freier Natur benannt bekommt (tgl. 10–16 Uhr, Eintritt 0,50 CYL).

Jubilee: an der Straße Richtung Pródromos, Tel. 25 42 01 07, Fax 25 67 39 91, www.jubileehotel.com. Im 1935 erbauten Hotel mit 37 Zimmern auf 1757 m Höhe herrscht noch eine sehr gediegene Kolonialzeit-Atmosphäre: Polstermöbel, Tische und Stühle erwecken nostalgische Gefühle, zur Ausstattung gehören dem Stil entsprechend mit Filz bedeckte Kartenspieltische, Pool-Billard sowie ein separates Fernsehzimmer. Im Winter trifft man sich in der Bar am offenen Kamin. Das Hotel liegt absolut ruhig etwa 400 m vom Ortszentrum entfernt direkt im Wald. DZ April/Mai 28 CYL, Juni und Sept. 36 CYL, übrige Monate 53 CYL.

Mehrere kleine **Grill-Restaurants** an der Hauptstraße. Ein Restaurant auch im **Hotel Jubilee,** ein weiteres am **Tróodos Visitors Centre.**

Mountainbikes: Verleih im Hotel Jubilee für 10 CYL/Tag.
Reiten: 10 Min. geführter Ritt 3 CYL, 20–25 Min. 5 CYL.

Linienbus: nach Páno Plátres Mo–Sa 15 Uhr.

Durch das Marathása-Tal

Von Pródromos aus senkt sich die Straße ins Marathása-Tal hinab. Sie passiert das im Wald versteckte, ehemalige Churchill Pinewood Valley Hotel. Gleich dahinter führt eine Nebenstraße ins Dorf Pedoulás hinunter. Von der Hauptstraße zweigt kurz vor Erreichen von Pedoulás eine gute Asphaltstraße zum Kýkko-Kloster ab. Für die Fahrt durchs Marathása-Tal bleibt man auf der Straße nach Pedoulás.

Pedoulás

Pedoulás 7 ist das Zentrum des zypriotischen Kirschenanbaus. Unübersehbar ist ein weißes Holzkreuz hoch über dem Dorf, das ein aus der australischen Emigration Zurückgekehrter seinem Heimatdorf stiftete. In Pedoulás, das mit seinen zahllosen Wellblechdächern wenig romantisch wirkt, ist die **Scheunendachkirche des Erzengels Michael** einen Kurzbesuch wert. Die Wandmalereien aus dem Jahr 1474 sind rustikal, aber weitgehend frei von westlichen Einflüssen. Einen guten Eindruck von der Kleidung wohlhabender Zypriotinnen vermittelt das Stifterbildnis über der Nordtür, das einen Priester mit seiner Frau und seinen beiden Töchtern bei der Übergabe der Kirche an den Erzengel Michael zeigt. Der Kirche gegenüber nimmt ein kleines, modernes **Ikonenmuseum** das klassizistische Gebäude der ehemaligen Grundschule des Dorfes ein. Die ältesten Ikonen in der Sammlung sind eine Panagía Hodigítria aus dem 13. Jh., eine Panagía Eleoússa und ein hl. Georg aus dem 14. Jh. (April–Okt. tgl. 9.30–13 und 14–18 Uhr, Nov.–März tgl. 9.30–13 und 14–17 Uhr, Eintritt frei).

Jack's: an der Hauptstraße, Tel. 22 95 23 50, Fax 22 95 28 17. Modernes Haus, die meisten der 20 Zimmer mit Panoramablick. DZ HS ca. 60 CYL, NS ca. 40 CYL.
Christy's Palace: an der Hauptstraße, Tel. 22 95 26 55, Fax 22 95 33 37. Beileibe kein Palast, sondern ein schlichtes, kürzlich renoviertes Hotel mit 21 Zimmern. DZ HS 32 CYL, NS ca. 25 CYL.

Harry's Spring Water: an der Straße vom alten Hotel Pinewood Valley unterhalb von Pródromos nach Pedoulás (wer von der neuen Hauptstraße kommt, fährt ins Dorf Pedoulás hinein und biegt dann an der Tafelwasserfabrik Krínos nach rechts ab). Sehr urige, an einer Quelle gelegene Taverne mit einer außergewöhnlichen Vielfalt an Speisen, z. B. Lammkopf, Lammleber und das gepökelte Ziegenfleisch *tsamarélla*. Hauptgerichte ab 4 CYL, Forelle 5,50 CYL.
Two Flowers: an der Hauptstraße, Tel. 22 95 23 72. Modernes Restaurant, meist Salate und Gegrilltes. Hauptgericht ab ca. 3,50 CYL.

Moutoullás

Der nächste Ort im Marathása-Tal, **Moutoullás** 8, ist wegen seines Mineralwassers auf ganz Zypern bekannt. In Werkstätten an der Hauptstraße werden noch die traditionellen Holztröge zum Teigkneten *(woúrnes)* sowie die langen Bretter mit runden Vertiefungen *(sanídes)* hergestellt, in denen die Brotlaibe aufgehen können. Heute werden diese Gerätschaften gern als Dekoration für Hotels, Restaurants und Privathäuser genutzt. Eine Großbäckerei an der Hauptstraße beliefert Nicosia mit schmackhaften Sesamkringeln *(koulouria);* noch weiter unten, linker Hand an der Hauptstraße, kann man das ganze Jahr über Zeuge sein, wie *dschoudschoúko* produziert wird.

Wer mag, kann in Moutoullás auch noch eine **byzantinische Kirche** besichtigen. Sie steht am Hang oberhalb des ersten Kaffeehauses, ist der Panagía geweiht und mit einigen schlecht erhaltenen Wandmalereien aus dem Jahr 1280 geschmückt. Nach dem Schlüsselverwahrer erkundige man sich im Kaffeehaus an der Hauptstraße.

Kalopanagiótis

Kalopanagiótis 9 ist das letzte Dorf im Tal. Über dem Bachlauf erhebt sich auf einem kleinen Plateau das heute unbewohnte Kloster **Ágios Ioánnis Lambadistís** mit einem romantischen Innenhof. Die Klosterkirche vereint drei Kirchen aus verschiedenen Jahrhunderten unter einem ›Scheunendach‹: eine Kreuzkuppelkirche aus dem 11. Jh. und eine tonnengewölbte Kirche aus dem 18. Jh. teilen einen gemeinsamen Narthex. Eine überwölbte Kapelle im Nordteil stammt aus dem späten 15. Jh. und wurde offenbar von den Franken als römisch-katholische Kirche genutzt. Interessant ist ein Stilvergleich zwischen den deutlich von der italienischen Renaissance geprägten Wandmalereien in der lateinischen Kapelle und den byzantinischen in den beiden anderen Kirchen sowie im Narthex. Die Wandmalereien im Narthex, die überwiegend Wunder Christi darstellen, weisen eine Besonderheit auf: Die Bilder werden von langen Bibelzitaten begleitet, was sonst kaum üblich ist.

Unmittelbar hinter dem Kloster führt ein freundlicher Herr Besucher durch ein modernes, effektvoll ausgeleuchtetes **Museum** mit alten Ikonen aus dem Besitz des Klosters und kleinen Kirchen in der Umgebung des Dorfes (Museum und Kloster Di–So 8–12 und 13.30–18 Uhr, Eintritt 0,50 CYL).

Der Bach, der unmittelbar am Kloster vorbeifließt, mündet in die Bucht von Mórfou. Von der Brücke unterhalb des Klosters etwa 100 m weit bachaufwärts gelangt man zu schwefelhaltigen Quellen, die noch für Trink- und Badekuren genutzt werden. Ein Stück weiter oben erstreckt sich ein kleiner Stausee, der u. a. auch der Forellenzucht dient. Von Kalopanagiótis kann man in die Mesaória weiterfahren oder über Gerakiés zum Kýkko-Kloster.

Olga's Katoi: an der Straße vom Dorf zum Kloster, Tel. 22 35 02 83 und 22 95 24 32. Zehn traditionell eingerichtete, unterschiedlich große Studios in einem restaurierten, alten Gebäudekomplex mitten im Dorf, teils mit Balkon. Nachts hört man nur die Nachtigallen (ab Ende April), stets genießt man den Blick von der großen Terrasse aufs Kloster. Unbedingt reservieren, da die Wirtin nicht ständig anwesend ist! DZ 35 CYL.

Angenehm bescheiden: Kloster Ágios Ioánnis Lambadistís

8 Kýkko-Kloster

Das Kýkko-Kloster ist das reichste und größte Kloster Zyperns. Über seine Schönheit gehen die Meinungen weit auseinander, da zahlreiche dem Kloster zugehörige, moderne Bauten die nähere Umgebung profanisieren. Darunter sind z. B. zwei hotelähnliche Pilgerherbergen mit einer Bettenkapazität für insgesamt 600 Menschen, ein Supermarkt und über 20 Kioske, an denen Nüsse, Trockenobst, Tresterschnaps, dschoudschoúko, Kriegsspielzeug und Souvenirs verkauft werden, des Weiteren eines der größten Restaurants Zyperns. Im Kloster selbst leben nur noch etwa 20 Mönche, von denen die Hälfte meist im Palast des Kýkko-Klosters in der Neustadt von Nicosia weilt, um den Klosterbesitz zu verwalten (tgl. von Sonnenauf- bis -untergang).

Geschichte des Klosters

Wertvollster Besitz des Klosters ist eine Marienikone. Sie wurde nicht nur – wie so oft auf Zypern – vom Evangelisten Lukas selbst gemalt, sondern darüber hinaus auch noch auf vom Erzengel Gabriel gespendetem Holz angefertigt. Die solcherart doppelt geheiligte Ikone soll im 11. Jh. in diese weltabgeschiedene Gegend gelangt sein: Im Tróodos lebte ein Eremit, der eines Tages vom byzantinischen Gouverneur schwer gekränkt worden war. Als den hohen Beamten kurz darauf heftige Ischiasschmerzen befielen, bedeutete ihm ein Traum, dass diese nur durch den Eremiten geheilt werden könnten. Der bat sich als Lohn für die Heilung ebendiese Marienikone aus, die bis dahin in Konstantinopel verwahrt worden war. Der Gouverneur übergab die Ikone dem Eremiten, der Ischiasnerv wurde geheilt und in der Folgezeit entstanden die ersten Klosterbauten. In den nachfolgenden Jahrhunderten erwies die Ikone ihre Wirksamkeit vor allem gegen Trockenheiten. Ganze Dörfer und Staatsdelegationen zogen nach Kýkko, um dort Regen zu erbitten. Zum Dank beschenkten sie das Kloster mit ausgedehnten Ländereien. Solche *metóchia* besaß Kýkko gar im zaristischen Russland, in Kleinasien und dem Vorderen Orient.

Die heutige nationale Bedeutung von Kýkko kann ermessen werden, wenn man weiß, dass General Grívas im Unabhängigkeitskampf gegen die Engländer in Klosternähe sein Hauptquartier hatte und dass der spätere Erzbischof Makários als Novize in ebendieses Kloster eingetreten war. Zudem liegt sein Grab ganz in der Nähe.

Klosterbesichtigung

Die heutigen Klostergebäude stammen alle aus der Zeit nach dem letzten großen Brand im Jahr 1813. Ihre Pracht übertrifft die aller anderen zypriotischen Klöster bei weitem. Die **Klosterkirche** mit ihrer außergewöhnlich langen Ikonostase wurde in den 80er Jahren des 20. Jh. vollständig im traditionellen Stil ausgemalt. Die Wandelgänge in den beiden Innenhöfen werden von Hagiografen aus

Nicosia noch immer mit neuen, goldreichen Mosaiken geschmückt. Das **Klostermuseum** ist eins der am prächtigsten ausgestatteten Museen der Welt: Die Böden bestehen aus verschiedenfarbigem Marmor und Granit, die Decken aus geschnitztem und vergoldetem Nussbaumholz. Leise erklingt Kirchenmusik, die Ausstellungsobjekte sind perfekt ausgeleuchtet: Ikonen und kostbar bestickte Tücher, Weihekreuze mit feinster Schnitzarbeit, liturgische Gewänder ebenso wie vergoldete Reliquiare, antike Vasen, alte Handschriften, frühchristliche Marmorreliefs und viele Kostbarkeiten mehr (Winter 10–16 Uhr, Sommer 10–18 Uhr, Eintritt 1,50 CYL).

Sonntagstaufen

In der Klosterkirche finden an nahezu jedem Sonntag des Jahres Massentaufen statt. Das prunkvolle Kirchenschiff ist dann vom Geschrei der Babys erfüllt. An langen Tischen wickeln Eltern ihre Kinder ein und aus. Fotografierende Familienangehörige blitzen durch die Gegend oder drehen Videofilme. Verwandte und neugierige Zuschauer stehen in mehreren Reihen um den Priester und seinen Kirchendiener, für die nervender Alltag ist, was für die Familien eins der größten Feste ihres Lebens bedeutet. Dementsprechend barsch geht der Priestermönch auch mit Eltern und Kindern um, scheucht schon einmal eine Mutter zu-

Kleidungsvorschiften im Kýkko-Kloster
Männer in Shorts und Frauen in Hosen oder kurzen Röcken dürfen die Klosterkirche nicht betreten! Während früher Tücher und lange Röcke zur Verhüllung des Unziemlichen im Klosterhof kostenlos bereitlagen, werden sie jetzt an den Verkaufsständen am Parkplatz für 1 CYL/Stück vermietet!

Im Kýkko-Kloster lässt man seine Kinder gerne taufen

Die Macht der Kirche

Thema

Nicht alle Klöster auf Zypern stellen ihren Reichtum so demonstrativ zur Schau wie das Kýkko-Kloster im Tróodos-Gebirge. Wohlhabend sind sie dennoch alle: Ihr Landbesitz ist heutzutage Gold wert. Politisch ist Zyperns Kirche noch immer sehr einflussreich – schließlich war mit Makários III. ja auch ein Erzbischof Zyperns erster Präsident.

Zyperns Kirche ist nicht auf Kirchensteuer angewiesen. Der Bauboom hat ihr Vermögen in unbekannte Höhen anschwellen lassen. Schließlich gehören die Klöster und Diözesen zu den großen Landbesitzern der Insel. Über Jahrhunderte hinweg haben sie Grund und Boden durch Schenkungen und Erbschaften angehäuft, mit denen sich so mancher Gläubige für Wunder bedankte oder den Einzug ins Paradies zu erreichen hoffte.

Die Mönche bearbeiten die Ländereien fast gar nicht mehr. Viel Acker- und Weideland ist verpachtet, anderes verkauft. Das Geld wird u. a. in Industrieunternehmen investiert. Steuern zahlt die Kirche nicht – weder für Landverkäufe noch für Kapitaleinkünfte. Der Staat kann die Kirche nur alljährlich bitten, den Staatshaushalt mit freiwilligen Steuerzahlungen zu stützen: so wären z. B. 2005 etwa 70 Mio. € fällig gewesen, davon 15 % aus Kapitalertrag und 85 % aus Landverkäufen.

Die politische Macht der Kirche basiert weniger auf der Gläubigkeit der Zyprioten als vielmehr auf der maßgeblichen Unterstützung der Kirche und des Erzbischofs Makários III. für die Freiheitskämpfer der EOKA zwischen 1955 und 1959.

Seit dem Tod von Makários III. sind das Amt des Staatspräsidenten und des Erzbischofs zwar voneinander getrennt; die Kirche gibt aber immer noch zu allen wichtigen politischen Fragen ihre Meinung kund. So unterstützte sie auch in der Frage des Annan-Plans eindeutig den propagandistischen Feldzug von Präsident Papadópoulos für die Ablehnung des Wiedervereinigungsplans.

Mischt auch politisch mit: Die Kirche auf Zypern

rück, die sich nicht an die Reihenfolge hält, wischt sich mit dem nackten Arm den Schweiß von der Stirn. Keineswegs feierlich taucht der Priester, der vor allem mit einer großen Schürze bekleidet ist, die Kinder in eins der beiden Taufbecken. Die sehen eher wie große Kochtöpfe aus. Keinen Moment lang halten die Kirchenbesucher in ihrem Gemurmel und in ihren Unterhaltungen inne. Der Priester leiert zum zehnten oder zwanzigsten Mal die vorgeschriebenen Verse herunter. Aufpassen muss er nur, dass er Knaben und Mädchen ins jeweils für ihr Geschlecht bestimmte Taufbecken eintaucht. Ein Versehen könnte schlimme Folgen haben: Wer im gleichen Taufwasser zum Christenmenschen wurde, ist fortan lebenslänglich miteinander verwandt, darf also einander nicht heiraten. Während all dies geschieht, ziehen an der Ikonostase in nicht enden wollenden Schlangen die Gläubigen vorbei, um die Ikonen zu küssen – eine Pflicht, die auch die gerade Getauften auf den Armen ihres Paten zum ersten Mal erfüllen.

Throní und Makários-Grab

Eine etwa 2 km lange Stichstraße führt von Kýkko auf den bewaldeten Hügel Throní hinauf. Auf einer seiner beiden Kuppen steht eine kleine, auf drei Seiten offene Kapelle mit einer modernen Mosaik-Ikone, die der Marienikone des Klosters entspricht. Zu dieser Stelle wurde jahrhundertelang die Ikone der Gottesmutter von Kýkko in Prozessionen hinaufgetragen, um Regen für die Heimat der Pilger zu erflehen. Nur wenige Schritte von der Kapelle entfernt entstand 1977 ein neues Pilgerziel: das Grab des Erzbischofs. Den Platz hat er ebenso ausgewählt wie die Inschrift auf der Grabplatte. Sie richtet sich bezeichnenderweise nur an die griechischen Zyprioten – und versichert ihnen, dass der Erzbischof immer bei ihnen und mit ihnen sein werde.

Kloster: die Gästezimmer werden nur an orthodoxe Gläubige vergeben.

Kloster: im großen, vom Kloster verpachteten Restaurant am Parkplatz mit den Verkaufsbuden darf jeder essen. Die Auswahl ist groß, der Blick in Richtung Olymp großartig. Hauptgerichte ab 4 CYL.

Klosterladen: im Angebot zahlreiche Produkte mit Kýkko-Etikett: Kräutertees und Tresterschnaps, Liköre, Weine inklusive *commandaría*, Mineralwasser und manches mehr. Kreditkarten werden akzeptiert.

Jenseits von Kýkko

Bis etwa zur letzten Jahrtausendwende war kurz hinter dem Kýkko-Kloster die Welt der Asphaltstraßen zu Ende. Inzwischen gibt es zwei Möglichkeiten, über Asphalt weiterzufahren und dabei die Einsamkeit dieser Region mit Bergen, Tälern und Schluchten zu genießen.

Über Kámpos nach Nicosia oder Káto Pýrgos

Reiseatlas: S. 6, E 1–3, S. 7/8, A–E, 1/2
Vom Kloster führt die E912 nordwärts. Vor Tsakístra zweigt eine Straße Richtung Stavrós tis Psókas ab. Fährt man weiter geradeaus, kommt man durch Tsakístra nach Kámpos, einem Zentrum der Forstwirtschaft mit großem Sägewerk. Schön ist die grüne Platía, auf der man das Plätschern eines Baches und den Gesang vieler Vögel hört. Kurz vor der Demarkationslinie trifft die Straße dann auf eine neue Asphaltstraße, die Nicosia mit Káto Pýrgos verbindet.

O Kámbos: Tel. 22 94 27 88, Fax 22 94 27 89. Große Taverne unter Platanen und Walnussbäumen auf der Platía. Im gleichen Haus werden auch acht Apartments vermietet. Da es weit und breit keine andere Unterkunft gibt, sollte man unbedingt vorab telefonisch reservieren! Hauptgerichte ab 3 CYL, Zimmer ca. 20–25 CYL.

Über Stavrós tis Psókas nach Pólis oder Páfos

Reiseatlas: S. 5/6, B–D 2/3; S. 1, B/C 1/2
Folgt man zwischen Kýkko und Tsakístra der

Richtig Reisen-Tipp: Latein verstehen

Für Naturfreunde hat die Forstbehörde des Landes zahlreiche Naturlehrpfade eingerichtet. Mit lateinischen Namen beschriftete Hinweisschilder machen auf Vegetationsformen aufmerksam. Bei den zypriotischen Fremdenverkehrsämtern sind manchmal Broschüren in deutscher Sprache erhältlich, die dies näher erläutern. Für den, der sich die Broschüren nicht besorgen konnte, hier einige Übersetzungen:

Aesculus hippocastanum	Rosskastanie
Alnus orientalis	Orientalische Erle
Alyssum troodi	Tróodos-Steinkraut
Arabis	Gänsekresse
Arbutus andrachne	Kolchischer Erdbeerbaum
Asphodelus microcarpus	Asphodelie/ Affodil
Asplenium ceterach	Streuschuppiger Milzfarn
Balotta integrifolia	Gottvergess
Berberis cretica	Kretische Berberitze
Castanea sativa	Esskastanie
Cedrus brevifolia	Zypernzeder
Cistus creticus	Kretische Zistrose
Colchium troodi	Tróodoszeitlose
Cotoneaster nummularia	Wilder Quittenbaum
Crataegus momogyna	Eingriffeliger Weißdorn
Cyclamen persicum	Frühlingsalpenveilchen
Epilobium angustifolium	Weidenröschen
Euphorbia veneris	Venus-Wolfsmilch
Genista sphacelata	Zwergstechginster
Hedera helix	Efeu
Hypericum confertum	Johanniskraut
Juniperus foetidissima	Tróodos-Wacholder
Juniper oxycedrus	Stechwacholder
Juniper phoenicia	Phönizischer Wacholder
Jurinea cypria	Zyprischer Flockenwurz
Lonicera etrusca	Etruskische Heckenkirsche
Mentha longifolia	Zyprische Rossminze
Morus alba	Maulbeerbaum
Pinus brutia	Aleppokiefer
Pinus negra	Schwarzkiefer
Pistacia terebintha	Terebinthpistazie
Platanus orientalis	Orientalische Platane
Populus nigra	Afghanische Schwarzpappel
Prunus avium	Süßkirsche
Prunus cerasus	Sauerkirsche
Pteridium quilinum	Adlerfarn
Quercus alnifolia	Goldeiche
Quercus coccifera	Kermeseiche
Quercus lusitanica	Portugiesische Eiche
Rhamnus alaternus	Immergrüner Kreuzdorn
Rosa canina	Gemeine Hundsrose
Rubia tenuifolia	Färberröte
Salvia fruticosa	Salbei
Sequoiadendron giganteum	Mammutbaum
Smilax aspera	Stechwinde
Sorbus aria	Kretischer Vogelbeerbaum/ Mehlbeere
Tamus communis	Schmerzwurz
Urginea maritima	Meerzwiebel

Abzweigung nach Stavrós tis Psókas, bemerkt man die Wiederaufforstungsbemühungen der zypriotischen Verwaltung besonders deutlich. Überall entlang der neuen Asphaltstraße sind junge Zedern gepflanzt, viele Hänge werden von auffällig in Reih und Glied stehenden Neupflanzungen anderer Bäume, vor allem Kiefern, bedeckt. Grandios ist der Fernblick, der zunächst von etwa Káto Pýrgos bis zum Kyrénia-Gebirge und dann auch Richtung Páfos bis nach Pólis und zur Akámas-Halbinsel reicht.

Auf dem Weg nach Stavrós tis Psókas kann man einen Abstecher auf guter unbefestigter Straße ins Zederntal (Cedar Area) unternehmen. In Stavrós tis Psokás muss man sich dann spätestens entscheiden, ob man auf Asphalt über Pachyámmos nach Pólis weiterfahren will oder – ebenfalls auf Asphalt – über Lysós und Stení. Eine dritte Alternative wäre die Fahrt über noch nicht vollständig asphaltierte Waldstraßen nach Panagiá (s. S. 150).

Zederntal

Reiseatlas: S. 6, D 3

Folgt man nun den Wegweisern zur Cedar Area, kann man mit viel Glück am Himmel über Zyperns größtem zusammenhängendem Waldgebiet Gänsegeier, Falken und vielleicht sogar einen Kaiseradler entdecken. Auf jeden Fall bieten zwei markierte Rundwege am Pistenrand Gelegenheit zu kurzen Wanderungen (s. u.).

Im Tal der Zedern parkt man am besten in der Straßenkehre, an der neben einem kleinen Picknickplatz ein Brunnen sprudelt. Hier beginnt auch ein 2,5 km langer, bequemer Fußweg auf den mit 1362 m höchsten Berg im westlichen Tróodos-Gebirge, den Trípylos. In seinem ersten Teil ermöglicht er großartige Ausblicke auf einen Teil der 40 000 Zedern, die in diesem Gebiet gedeihen. Sie wachsen in Höhen von 150–1500 m, werden bis zu 25 m hoch und erreichen einen Stammdurchmesser bis zu 1,20 m. Insgesamt gibt es auf der Insel inzwischen wieder etwa 130 000 zumeist sehr junge Exemplare dieser zypriotischen Unterart der Libanon-Zeder, nachdem ihr Bestand um die Jahrhundertwende dem Aussterben nahe war.

Zwei Rundwanderwege

Auf zwei Wanderwegen erschließt sich dem Besucher die Landschaft besonders gut. Der 2,5 km lange **Nature Trail Mouttí tou Stavroú** beginnt unmittelbar an der Abzweigung der Zufahrtsstraße zur Forststation von der Hauptstraße Kýkko-Pachyámmos. Der etwa 5 km lange **Nature Trail Hortéri** setzt etwa auf der Hälfte dieser Zufahrtsstraße an und umrundet den 1291 m hohen Hügel Hortéri, den man auf einem etwa 20-minütigen, beschilderten Abstecher auch erklimmen kann.

Stavrós tis Psókas

Reiseatlas: S. 6, D 2

Mitten im Páfos-Wald liegt Zyperns bedeutendste Forststation auf 780 m Höhe. Sie wurde 1948 an der Stelle eines verlassenen Klosters errichtet, das den Namen **Stavrós tis Psókas** (Kreuz der Masern) trug. Der Name stammt von einer nahen Quelle, deren Wasser nach altem Volksglauben Heilung bei Masern verschaffte. Heute sind hier etwa 40 Mitarbeiter beschäftigt, von denen einige ganzjährig in der Station leben.

Neben Büros und Unterkünften für die Mitarbeiter gibt es hier einen Hubschrauberlandeplatz, eine kleine Gästeherberge und einen Campingplatz, einen großen Picknickplatz mit Grillstellen und Sitzbänken für etwa 600 Hungrige unter schattigen Bäumen, Trinkwasserquellen und ein kleines Restaurant mit Lebensmittelkiosk, das hauptsächlich die Bedürfnisse der Forstarbeiter befriedigen soll. In einem Mufflon-Gehege kann man mit etwas Glück die scheuen Tiere in natürlicher Umgebung sehen. Die Wildschafe, die auf der Insel schon in der Steinzeit zu Hause waren (Knochenfunde in Choirokoitía) und auf einem römischen Mosaik in Páfos sowie auf einem Fresko in der Kirche von Asínou abgebildet sind, waren 1930 fast ausgerottet: Man zählte nur noch 15 Exemplare. Strikte Schutzmaßnahmen haben seit 1938 wieder zum Anwachsen des Bestandes auf etwa 2000 Tiere geführt. Die Hörner der Widder können bis zu 73 cm lang werden.

An der Kreuzung im Zentrum von Stávros tis Psókas geben Wegweiser Hilfe für die Weiterfahrt. Nach Pólis sind es über Asphalt noch 34 km, nach Panagiá über Piste und Asphalt 22 km, nach Páfos über Panagiá 51 km.

Forest Station Rest House: Tel. 26 99 91 44 und 26 35 23 24. Einfache Unterkunft, nur 12 Betten, darum unbedingt telefonisch voranmelden. Bett im Sommer 8 CYL, im Winter 10 CYL.

9 Ómodos

Reiseatlas: S. 2, F 1

Das 750 m hoch gelegene Weinbauerndorf Ómodos besitzt den wohl schönsten Dorfplatz Südzyperns. Etwa 100 m lang und 20 m breit fällt er schön gepflastert und von Cafés unter Maulbeerbäumen gesäumt zum Hauptportal des Heiligkreuzklosters ab. Wendet man sich vor dem Kloster nach links, steht man sogleich am Anfang der beiden Hauptgassen des alten Ortskerns, der Linou Street und der Dimos Panagias Halkidikis Street. Am besten geht man Letztere zuerst entlang, wendet sich dann an der Taverne Katoi nach rechts und biegt dann wieder nach rechts in die Linou Street ab, die einen zurück zu Kloster und Platía bringt.

Das **Kloster,** in dem heute niemand mehr lebt, stammt in seiner heutigen Form aus der Zeit um 1816. Gegründet wurde es der Legende nach aber schon 327. Damals machte Kaiserin Hélena, die Mutter Kaiser Konstantins, bei ihrer Rückkehr aus dem Heiligen Land auf Zypern Station und ließ einige Reliquien zurück, denen ihre Pilgerfahrt nach Jerusalem gegolten hatte: Sie hatte das Kreuz Christi gesucht und gefunden. In der Klosterkirche werden in zwei vergoldeten Silberkreuzen Splitter von jenem Kreuz sowie Teile des Hanfseils, mit dem Christus gebunden wurde, verwahrt. Ein weiterer religiöser Schatz ist die Schädelreliquie des Apostels Philipp.

In den Klostergebäuden sind heute zwei kleine Museen untergebracht. Im Erdgeschoss erinnert das **National Struggle Museum** vor allem anhand von Fotos und Gegenständen aus deren persönlichem Besitz an die EOKA-

In Ómodos kann man viele regionale Produkte kaufen

Kämpfer, die zwischen 1955 und 1959 im Kampf gegen die Briten starben. Kurze, auch ins Deutsche übersetzte Texte erzählen ihre Lebensläufe. Im ehemaligen **Kapitelsaal** im Obergeschoss ist die schön geschnitzte Holzdecke interessanter als die Ausstellung von elf Ikonen (Sommer tgl. 8–19 Uhr, Winter tgl. 8–16 Uhr, Eintritt frei).

In den Gassen im alten Ortskern haben mehrere Privatleute ihre traditionellen Häuser als Museen hergerichtet. Wer der Kauferwartung ihrer Besitzer, die Wein und Handarbeiten anbieten, entgehen will, begnügt sich besser mit der Besichtigung des **Linós-Hauses,** in dem eine alte Weinpresse aufwendig restauriert wurde. Die dortige Wärterin möchte zwar auch ihre Handarbeiten verkaufen, drängt sie jedoch nicht auf und verweigert sogar die Annahme von Trinkgeldern.

Am Rande des heutigen Dorfes liegen mehrere Weinkellereien, die besichtigt werden können. Besonders gut auf Besucher eingestellt ist die **Olympus Winery** unterhalb der Straße in Richtung Páno Plátres (Mo–Fr 10–16 Uhr).

Von Ómodos aus kann man durch das Diarízos-Tal (s. S. 309) in Richtung Páfos weiterfahren oder über Péra Pedí und Koiláni (s. S. 308) in Richtung Limassol.

Katoí: Dímos Panagías Halkidikís St., Tel. 25 42 12 30, tgl. 11–16, Di–So auch ab 19 Uhr. Stimmungsvolles, kleines Kellerlokal, in dem man abends bei Kerzenlicht speist. Hauptgerichte ab 3,75 CYL, Bauernsalat als Hauptgericht 2,20 CYL.

Avlí tou Themistókli: Dímos Panagías Halkidikís St., Mo geschl. Taverne mit schöner Terrasse im alten Ortskern. Hauptgerichte ab 3,75 CYL, *mezé* 7,50 CYL, Flasche Wein 4,50–15 CYL.

Stávros: am unteren Ende des Parkplatzes, Tel. 25 42 26 47, im Winter Mo geschl. Von einem jungen Ehepaar geführtes, besonders sauberes Restaurant-Café. Von der Terrasse schöner Blick auf die Weinberge. Hauptgerichte ab 3,50 CYL.

Panicos: im oberen Teil der Platía, Tel. 25 42 23 89. Alteingesessene Taverne, die auch Spezialitäten wie gegrillte Lammleber serviert. Hauptgerichte ab 3 CYL, Lammleber 4,50 CYL, *mezé* 6,50 CYL.

George's Bakery: Ioannides Christodoúlos St. 2 (zwischen Parkplatz und Platía). Wirklich der beste Bäcker weit und breit (s. S. 283).

Soúni Handicraft Centre: Línos Street. Inhaber Démpsi ist Glasbläser und verkauft überwiegend seine selbst hergestellten Produkte.

Stained Glass Studio: am oberen Teil der Platía. Fenster, Türen und Rahmen aus Tiffany-Glas, auch einige kleinere Objekte zum Mitnehmen als Souvenir.

Kirchweihfest: 13./14. Sept. mit Jahrmarkt auf der Platía.

Dörfer zwischen Ómodos und der Südküste

Um von den Badeorten an der Südküste nach Páno Platrés zu fahren oder von dort ans Meer zurückzukehren, gibt es viele verschiedene Möglichkeiten. Am schnellsten kommt man auf der gut ausgebauten B8 zwischen Páno Plátres und Limassol voran. Interessanter ist die Fahrt über kleinere Straßen, an denen einige der schönsten Dörfer Südzyperns liegen.

Agía Mávri

Reiseatlas: S. 2, F 1

An der Straße zwischen den Dörfern Péra Pédi und Koiláni steht am Ufer eines ganzjährig Wasser führenden Baches die stets geöffnete **Kapelle Agía Mávri** aus dem 15. Jh. Innen haben sich einige Fresken aus dem 17. Jh. erhalten. Vor der Kirche sprudelt ein Quell, der der Legende nach durch ein Wunder entsprang: Die hl. Mávri wünschte sich Nonne zu werden, ihr Vater jedoch wollte sie verheiraten. In der Hochzeitsnacht floh Mávri an die Stelle, wo heute ihre Kirche steht. Maria öffnete den Boden für sie, der sie verschluckte. Um ihren Vater von einer weiteren Verfolgung abzuhalten, ließ Maria einen starken Wasserschwall hervorbrechen, den wir heute als Quelle vor uns sehen.

Dass die hl. Mávri noch immer als wundertätig verehrt wird, bezeugt im Inneren der Kapelle eine außergewöhnlich große Anzahl von wächsernen Votivgaben: Puppen von Erwachsenen und Kindern oder auch nur einzelne Körperteile wie Köpfe oder Beine aus Wachs, zum Schutz vor Feuchtigkeit meist in Zeitungspapier gewickelt. Im Schummerlicht dieser Kapelle wirken die bis zu 40 cm großen Gebilde besonders makaber.

Agía Mávri: gegenüber der Kirche, Tel. 25 47 11 40, tgl. ab 11 Uhr. Über dem Bachbett im Grünen gelegen, an Wochenenden und im August weithin für ein üppiges *mezé* bekannt. Im Winter wird auch die zypriotische Sülze *piktí* serviert, das ganze Jahr über gibt es Riesenkoteletts vom Schwein. Dazu wird ein sehr guter offener Rotwein aus dem Nachbardorf Koiláni serviert. Hauptgerichte ab 4,50 CYL, *mezé* 7,50 CYL.

Koiláni

Reiseatlas: S. 2, F 1

Mit einem halben Dutzend kleiner Kellereien ist das Dorf ein Zentrum für zypriotische Qualitätsweine engagierter Winzer. Alle Kellereien können besichtigt werden, was besonders zwischen September und November lohnt. Zwei von ihnen liegen an der Zufahrtsstraße zum Ort: die Vardális Winery und die Agía Mávri Winery. Die übrigen Weinkellereien findet man leicht anhand der Tafel mit dem Ortsplan, die am Großparkplatz am Ortseingang aufgestellt ist. Da lässt man sein Fahrzeug auf jeden Fall am besten stehen, denn die Gassen im Dorf sind eng und oft nur Einbahnstraßen.

Koiláni war bis 1974 ein gemischt besiedeltes Dorf, in dem türkische und griechische Zyprioten friedlich nebeneinander lebten. Davon zeugt noch die Existenz einer Moschee. Koilánis lange christliche Geschichte belegt das kleine Kirchenmuseum neben der 1914 erbauten Hauptkirche Panagía.

Von Koiláni führt eine aussichtsreiche Höhenstraße zwischen Weinbergen und tiefen Schluchten über Vouní (s. u.) nach Ágios Amvrósios und dann – das Meer in Sichtweite – über Páno Kivídes weiter nach Kandoú.

Vouní

Reiseatlas: S. 2, F 2

Vouní ist in seiner altertümlichen Kompaktheit ein einzigartiges Dorf, dessen Schönheit besonders von der Umgehungsstraße aus gesehen ins Auge fällt. Viele alte und unverputzte Natursteinhäuser stehen dachlos oder mit roten Ziegeln gedeckt dicht aneinander in leichter Hanglage. Der Anblick erinnert ein wenig an Bilder aus Arabien oder der griechischen Mani. Das ganze Dorf steht heute unter **Denkmalschutz,** beim Spaziergang durch die Gassen sind noch viele historische Architekturelemente zu erkennen.

Am oberen Ortsrand von Vouní haben die Briten Mary und Patrick Skinner 1995 einen Eselpark geschaffen, das **Cyprus Donkey Sanctuary.** Hier haben etwa 120 alte und kranke oder auch ganz einfach von ihren ehemaligen Besitzern hier abgegebene Tiere eine neue, letzte Heimat gefunden. Besucher können auf den kräftigsten von ihnen reiten, alle Esel füttern und Patenschaften für Tiere übernehmen. Es gibt ein Souvenirgeschäft und einen Picknickplatz (Mo–Sa 10–16 Uhr, Eintritt 1 CYL, Kinder unter 12 Jahre frei, www.donkeycyprus.com).

Lófou

Reiseatlas: S. 2, F 2

Statt direkt an die Küste zurückzufahren, kann man von Ágios Amvrósios aus einen Abstecher nach Lofoú unternehmen und von dort aus dann am Koúris-Stausee entlang zur Küstenautobahn bei Limassol gelangen.

Lófou ist wie Vouní ein besonders schönes Dorf. An Wochentagen außerhalb des Ferienmonats August herrscht auch hier nur sehr wenig Leben, aber die meisten alten Häuser von Lófou sind gut in Schuss, denn sie werden als Zweitwohnsitze von Zyprioten und Ausländern gepflegt. Viel traditionelle Architektur ist erhalten, die Existenz des Dorfes schon für das 14. Jh. urkundlich belegt. Es lohnt sich, zumindest eine halbe Stunde lang durch die engen, gepflasterten Gassen zu spazieren und dabei auch immer wieder einen Blick in die grünen Vorhöfe der Häuser zu nehmen, unter denen sich nicht weniger als insgesamt 73 Zisternen verbergen sollen.

I Lófou: am oberen Dorfrand, an der Umgehungsstraße ausgeschildert, Tel. 25 47 02 02, Fax 25 47 11 55, www.cyprus-living.co.uk (dort unter »properties for rent«), Restaurant tgl. ab 12 Uhr. Restaurant in einem alten Dorfhaus mit kleinem Innenhof voller Geranien. Hier kocht Wirt Kóstas noch selbst traditionelle zypriotische Gerichte (Hauptgerichte ab 4 CYL). Wohnen kann man in 6 unterschiedlich großen, sehr geschmackvoll eingerichteten Studios mit Natursteinwänden und traditionellen Zimmerdecken. Studio je nach Größe und Saison 40–50 CYL.

Durch das Diarízos-Tal von Ómodos nach Páfos

Die kürzeste und landschaftlich reizvollste Verbindung zwischen Ómodos und Páfos führt durch das Diarízos-Tal. Es macht einen verwilderten, weitgehend menschenleeren Eindruck, denn in seinen Dörfern lebten vor 1974 überwiegend türkische Zyprioten. Deren Häuser verfallen, nur ihre kleinen, bescheidenen Moscheen werden instand gehalten. Feigen- und Mandelbäume verwildern, tragen Früchte, die man bedenkenlos pflücken kann. Große Schafs- und Ziegenherden ziehen durchs Tal, das vom im Sommer nur als Rinnsal daherfließenden Bach Diarízos durchflossen wird.

Ágios Nikólaos

Reiseatlas: S. 2, E 1

Von Omódos aus fährt man am besten zunächst zum großen Dorf **Ágios Nikólaos** hoch über dem Diarízos-Tal. Es war bis 1974 von türkischen Zyprioten bewohnt. Als Moschee diente ihnen von 1571–1974 eine christliche Kirche, die ursprünglich zweischiffig war. Das intakt gebliebene Schiff diente dem orthodoxen Ritus, das nur noch in Ruinen erkennbare dem römisch-katholischen. Die heutigen Bewohner wurden nach 1974 aus einem Dorf bei Morfoú geschlossen hierher übersiedelt. Dort hatten sie Orangen angebaut; in Spezialkursen des Landwirtschaftsministeriums mussten sie erst zu Weinbauern umgeschult werden, bevor sie die vorher Moslems gehörenden Weingärten von Ágios Nikólaos übernehmen konnten.

Kidási

Reiseatlas: S. 2, E 2

Beim Weiler Kidási verlässt man die Gebirgsregion, wie deutlich an Palmen und Zitrusbäumen erkennbar. Der heutige Ort ist nach einem Erdbeben 1953 als Behelfssiedlung neu entstanden; die Ruinen des alten Dorfes sind auf der anderen Flussseite noch zu erkennen.

Mamónia

Reiseatlas: S. 2, D 2

Unterhalb der Taverne Mýlos an der Straße hat sich noch eine alte Wassermühle erhalten. Die Taverne selbst gleicht mit ihren Dekorationsobjekten an den Wänden beinahe einem ethnologischen Museum.

Mýlos: an der Dorfstraße, tgl. ab 10 Uhr. Ländliche und wie ein kleines volkskundliches Museum eingerichtete Taverne. Serviert wird, was gerade da ist, vor allem also Gegrilltes. Hauptgerichte ab 3,50 CYL.

Nikókleia

Reiseatlas: S. 1, C 2

Das Dorf, das den Namen des letzten Königs des Stadtkönigreichs Páfos trägt, liegt am Ausgang des Diarízos-Tals nahe dem großen Asprokrémmos-Stausee, mit dessen Hilfe große Teile der Küstenregion zwischen Páfos und Limassol bewässert werden.

Vasilías Nikóklis Inn: Tel. 26 43 22 11 Fax 26 43 24 67, www.vasilias-nikoklis-inn.com. Natursteinbau am Dorfrand mit acht Zimmern, blütenreichem Garten, Bar und Restaurant. Die Inhaber Tássos und Dóra Konstantínou kümmern sich sehr nett um ihre Gäste und geben ihnen auch viele Tipps für Unternehmungen aller Art. DZ ca. 25–30 CYL, je nach Saison und Buchungslage.

Strand-Highlight: Golden Beach auf der Karpass-Halbinsel

Kapitel 6

Nordzypern

Auf einen Blick: Nordzypern

Ein zauberhaftes Gebirge

Fast ganz Nordzypern steht landschaftlich im Bann des Kyrénia-Gebirges. Etwa 100 km lang und bis zu 1003 m hoch zieht es sich mit seinen Zacken und Kuppen, Wäldern und Felshängen weite Teile der Nordküste entlang. Im Westen setzt dann das Tróodos-Gebirge jenseits der Mesaória einen Kontrapunkt, an dem Nordzypern auch noch einen ganz geringen Anteil hält. Im Osten geht das Gebirge jenseits der Burg Kantára in sanft gewelltes Hügelland mit kleinen, fruchtbaren Binnentälern über, das sich bis hin zur äußersten Nordostspitze zieht. Dort sind besonders schöne Strände zu finden.

Ein wenig Industrie und Gewerbe konzentrieren sich auf die Außenbezirke von Nicosia und Famagusta. Ansonsten prägen Landwirtschaft und Wälder, zunehmender Tourismus und neue Urbanisationen sowie leider noch immer türkische Militärcamps das Bild. In der Mesaória werden Getreideanbau und Viehzucht betrieben, nördlich des Kyrénia-Gebirges behaupten sich Orangen- und Zitrushaine immer schlechter gegen die zunehmende Bebauung. Auch die Umgebung von Güzelyurt wird von Zitrushainen geprägt, während auf der Karpass-Halbinsel auf kleinräumigen Feldern Getreide und Feldfrüchte, aber auch Oliven und Johannisbrot gedeihen.

Touristisches Zentrum Nordzyperns ist eindeutig der Großraum von Kyrénia mit seinen vielen Großhotels an der Küste und dezenteren Hotelanlagen an den Hängen des Gebirges. Die Chance, die Fehler Südzyperns zu vermeiden oder sich auch einige südzyprische Anlagen zum Vorbild zu nehmen, wurde nicht genutzt. Das hat der Region manches von ihrem früheren Charme genommen. So sind die in größerem Abstand voneinander erbauten Hotels am langen Strand von Salamis zu einer echten Alternative für eher Ruhe liebende Urlauber geworden. Auf die Karpass-Halbinsel arbeiten sich die Großinvestoren langsam vor. Einerseits steht dort die größte Hotelanlage der ganzen Insel, andererseits findet man dort aber auch noch völlig unverbaute Strände, an denen man nur in sehr primitiv-naturnahen Cabañas und Hütten wohnen kann – oder zeltet.

Der Urlauber kann hier ebenso unbeschwert reisen wie im Süden. Nur die Verständigungsprobleme sind größer: viele der Einwanderer vom türkischen Festland sprechen noch nicht einmal Englisch.

Highlights

10 **Kyrénia:** Der schönste Inselhafen, eine faszinierende Gebirgskulisse und ein interessantes Museum machen die Stadt an der Nordküste zur Beauty Queen (s. S. 314ff.).

11 **Bellapaís:** Eine gotische Klosterruine, die majestätisch über Orangen- und Zitrushainen thront (s. S. 320ff.).

12 **St. Hilárion:** Von der Kreuzritterburg wie aus einem Walt-Disney-Film blickt man manchmal bis Anatolien hinüber (s. S. 322f.).

13 **Famagusta:** Einst eine der reichsten Städte der Welt – heute ein melancholisch stimmendes Freilichtmuseum (s. S. 334ff.).

14 **Salamis:** Antike Stätten, versteckt in einem Zauberwald aus Riesenfenchel direkt am Meer (s. S. 340ff.).

15 **Golden Beach:** Eine völlig unverbaute Mini-Sahara im äußersten Nordosten der Insel (s. S. 349ff.).

Empfehlenswerte Routen

Von Kyrénia durchs Gebirge nach Esentepe: Von der Passhöhe am Fünffingerberg Beşparmak führt eine schmale Asphaltstraße unterhalb der Kammlinie am Nordabfall des Kyrénia-Gebirges bis nach Esentepe östlich von Kyrénia. Unterwegs bieten sich Möglichkeiten zu Wanderungen und Spaziergängen, zum Picknick oder Mittagessen in idyllischer Natur und zur Besichtigung alter Kirchen und Klöster (s. S. 329ff.).

Von Boğaz zum Kloster Ágios Apóstolos Andréas: Auf der Karpass-Halbinsel fühlt man sich in eine andere Welt und in eine andere Zeit versetzt. Wilde Esel stehen am Straßenrand, unverbaute Sandstrände und Dünenlandschaften laden zum Baden ein. Sogar gute Übernachtungsmöglichkeiten sind neuerdings vorhanden (s. S. 345ff.).

Reise- und Zeitplanung

Wer nur für eine Woche kommt, besucht an einem Tag je nach Urlaubsstandort entweder Kyrénia mit Bellapaís und St. Hilárion oder Famagusta mit Salamis. Jeweils einen weiteren Tag sollte man auf jeden Fall der Karpass-Halbinsel und ganz Nicosia widmen – und einen natürlich seinem Urlaubsort selbst.

Bei zwei Wochen Zeit ist beim Ausflug auf die Karpass-Halbinsel eine Zwischenübernachtung angebracht. Außerdem kann man einen ganzen Tag dem Kyrénia-Gebirge auf der Route zwischen Fünffingerberg und Esentepe widmen, einen anderen einem Ausflug in den Westen nach Güzelyurt und Vouní.

Wer aus Südzypern einen geführten Ausflug in den Norden bucht, sollte nicht zuviel ins Programm packen. Besser als eine Tour, auf der Kyrénia und Famagusta an einem Tag besucht werden, ist die Aufteilung der Ziele auf zwei Ausflugstage. Will man Nordzypern vom Süden aus auf eigene Faust im Rahmen von Tagesausflügen besuchen, quartiert man sich am besten für ein oder zwei Nächte in Nicosia ein.

Im Winterhalbjahr kommen in Nordzypern nur die Stadt Kyrénia und eventuell noch Bellapaís als Standorte in Frage. Anderswo ist es dann nicht nur ruhig, sondern totenstill.

Richtig Reisen-Tipps

Sommerabende in Karaman: Das schmucke Bergdorf wird heute fast nur von Ausländern bewohnt. Das hält Neubauten weitgehend fern und schafft schöne Shops und Lokale (s. S. 325).

In den Gräbern von Salamis: Die Königsgräber von Salamis erschließen sich dem Besucher in ihrer ganzen Bedeutung, wenn er weiß, was die Archäologen dort vorgefunden haben und wo die Objekte heute zu sehen sind (s. S. 343).

Kyrénia und der Westen

Reiseatlas S.6, 11–14

Kyrénia ist für die Zyprioten wie ein Zauberwort. Jeder im Süden weiß, auch wenn er jung ist und noch nicht dort war: Der Ort, den die Türken Girne nennen, ist Zyperns schönstes Städtchen. Seine Schönheit wird ganz wesentlich vom Kyrénia-Gebirge mitgeprägt, das bis an die Bucht von Mórfou reicht. Auch dort gibt es noch Interessantes zu sehen.

In Kyrénia (15 000 Einw.) fällt es schwer, sich für eine Blickrichtung zu entscheiden. Wer eigentlich den Blick aufs Meer liebt, gerät mit der Gebirgs-Kulisse im Rücken ins Schwanken, wohin er sich wenden soll. Die Entscheidung wird einem genommen, begibt man sich hinauf zur Kreuzritterburg St. Hilárion oder zur gotischen Abteiruine von Bellapaís: Da hat man Berge und See zugleich vor Augen.

Das Kyrénia-Gebirge ist keine starre Szenerie. Lichteinfall und eigener Blickwinkel verändern es ständig. Manchmal hängen Nebelschwaden in den Wänden, lassen Wolkenlöcher nur Spotlights der Sonne zu. An einigen Tagen hängt der Abendhimmel in vielerlei Rot- und Orangetönen über den Bergen, blitzt die untergehende Sonne nur noch sporadisch auf ihrem Weg ins Abendland zwischen den Gipfeln auf. Wer viel Glück hat, erlebt ein Gewitter über Kyrénia, bei dem Blitze über den Bergen zucken und Donner die Hänge herunterrollt.

Von Kyrénia schwärmen die Zyprioten. Nordzyprische Ministerien, die Gäste zu bewirten haben, bringen sie zum Mittagessen an den Bilderbuch-Hafen, Bewohner der Hauptstadt kommen nach Feierabend und an Wochenenden hierher. Dank einer modernen Autobahn beträgt die Fahrzeit von Nicosia bis an die Stadtgrenze von Kyrénia keine halbe Stunde – nur innerhalb der Stadt geht es dann meist im Stop-and-Go-Tempo weiter.

Der kühle Chronist muss freilich bemerken, dass Kyrénia viel von seiner einstigen Romantik verloren hat, seit die kleine Altstadt von einer rasant wachsenden, völlig planlos angelegten Großstadt umzingelt ist. Um die Schönheit Kyrénias empfinden zu können, muss man sich in dieser Altstadt einrichten, am Hafen seinen Stammplatz suchen, höchstens noch 200 m weit am Ufer entlang in Richtung Westen bis zum traditionsreichen Dome-Hotel gehen.

Für einen reinen Badeurlaub gibt es in Nordzypern bessere Ziele als die Region um Kyrénia. Als Standort ist sie nur ideal, wenn man die Schönheit der Altstadt und die nahen Ausflugsziele St. Hilárion und Bellapaís mehrfach genießen möchte. Auch Ausflüge lassen sich gut unternehmen: ins Gebirge, an der Küste entlang Richtung Osten bis hin nach Kantára oder in westliche Richtung. Da liegen mit Sóloi und Vouní zwei wenig besuchte antike Ausgrabungsstätten und mit Léfke Zyperns einziges Palmendorf.

10 Girne/Kyrénia

Cityplan: S. 316

Nur etwa 200 x 300 m groß ist Kyrénias Altstadt und nimmt nur noch einen winzigen Bruchteil des gesamten städtischen Konglomerats von Kyrénia samt Nachbarorten ein. Die mittelalterlichen Stadtmauern und der markanteste ihrer Rundtürme sind gut erhalten. Vom Marktviertel senkt sich die Altstadt hinab zum birnenförmigen Hafenbecken, das im Osten von einer mächtigen byzantinisch-venezianischen Festung überragt wird.

Am Rathausplatz vor der Altstadt fahren die Minibusse in die Umgebung und nach Nicosia ab; hier herrscht tagsüber ständig viel Betrieb. Das schlichte Marktviertel grenzt südwestlich an den Rathausplatz. Schnurstracks führt von hier aus eine Ausfallstraße über das Kyrénia-Gebirge nach Nicosia. Nach Westen hin beginnt am Platz die Ziva Riski Caddesi als Haupteinkaufsstraße der Stadt.

Kurze Stadtgeschichte

Kyrénia wurde im 10. Jh. v. Chr. von achäischen, also griechisch sprechenden Siedlern gegründet. Es entwickelte sich zu einem der Stadtkönigreiche der Insel. Da die Siedlung nicht an ihren Haupthandelsrouten lag, schenkten ihr Ptolemäer und Römer nur wenig Beachtung. Die Byzantiner errichteten eine erste kleine Burg an der heutigen Stelle. Die Lusignans bauten sie aus und sicherten die benachbarte Siedlung durch eine Stadtmauer. Schließlich gaben die Venezianer der Burg ihre heutige Gestalt, die Osmanen nutzten sie weiter. Unter den Briten entwickelte sich die idyllische Kleinstadt zu einem beliebten Urlaubsort der Kolonialbeamten. Kyrénia war bis 1974 eine multikulturelle Stadt, in der etwa 3200 griechische und 1000 türkische Zyprioten mit jeweils etwa 30 Armeniern und Maroniten sowie über 400 Ausländern friedlich zusammenlebten.

Alter Hafen

Der alte, heute auch Marína genannte **Hafen** **1** ist der soziale Mittelpunkt der Stadt. An seinem Kai sind Segel- und Motoryachten, Fischer- und Ausflugsboote vertäut. Auf der Hafenpromenade stehen Tische, Stühle und Sonnenschirme vor alten, zumeist drei- bis viergeschossigen Häusern. In diesen Häusern wurde früher vor allem Johannisbrot gelagert, um es nach Alexandria und in andere Mittelmeerhäfen zu exportieren. An den Stufen, die in die Altstadt führen, steht noch ein Turm der Stadtmauer.

Mit dem Autor unterwegs

Süßes Nichtstun

In der Nordwestecke des Klostergartens von **Bellapaís** verführt ein kleines Restaurant genauso dazu, Stunden im Schatten des Klosters zu verbringen, wie das Kaffeehaus vor dem Eingang. Der Baum des Müßiggangs, wie ihn Lawrence Durrell beschrieb, existiert zwar nicht mehr, doch seine jüngeren Geschwister auf der Terrasse des Kaffeehauses haben die gleiche Wirkung: Wer sich zur Rast niederlässt, mag kaum noch aufstehen – so idyllisch ist es hier (s. S. 322).

Tagesausflug nach Kyrénia

Für einen Ausflug von Südzypern nach Kyrénia ist der Linienbus ungeeignet. Sie kämen damit nicht nach St. Hilárion und Bellapaís – unverzichtbare Bestandteile einer Kyrénia-Tour. Wenn Sie nicht mit dem Mietwagen in den Norden fahren wollen, nehmen Sie sich am besten am Checkpoint in Nordnicosia ein Taxi. Der Ausflug dürfte Sie ca. 70–90 €/Taxi kosten.

Baden wie in alten Zeiten

Wenn Sie einen einfach-urigen Strand im Stadtgebiet von Kyrénia suchen, steuern Sie den **Aile Plajı** 2,5 km östlich des Hafens an. Sie gehen oder fahren auf der Straße nach Catalköy zum Hotel und Restaurant Courtyard Inn. Ihm gegenüber führt ein Weg zur Küste. Halten Sie sich nach 60 m an der Gabelung links und sie stehen nach 700 m an einer Sandbucht zwischen niedrigen Felsen. Außer einer improvisierten Strandbar gibt es hier keine touristischen Einrichtungen.

Wohn-Alternativen

Am alten Hafen in Kyrénia wohnt man am stimmungsvollsten. Wer einen Mietwagen hat, ist in Karaman und Bellapaís gut aufgehoben. In Bellapaís ist das Ambelia Tourist Village der beste Tipp (s. S. 321f.). In Karaman wohnen Sie im Hilárion Village oder in Dorfhäusern (s. S. 325f.).

Kyrénia: Cityplan

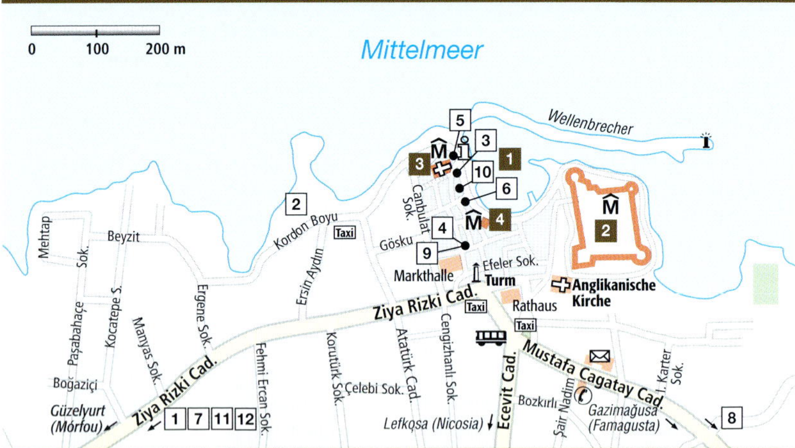

Sehenswürdigkeiten
1 Alter Hafen
2 Festung und Schiffswrack-Museum
3 Ikonen-Museum
4 Volkskundliches Museum

Übernachten
1 Jasmine Court
2 Dome
3 White Pearl
4 Nostalgia Boutique Hotel
5 Yellow Lion Inn
6 Atlantis
7 Riviera Beach Bungalows
8 Courtyard Inn

Essen und Trinken
9 Ferman
10 Canli Balik – O Psaras apo to Zygí
11 Altinkaya
12 Chinese House

Der mittelalterliche Hafen wird seit der ersten Hälfte des 20. Jh. durch einen vorgeschobenen Wellenbrecher geschützt. Zuvor endete die Hafenmauer am kleinen Leuchtturm, wo heute das britische Zollgebäude steht. Von dort aus konnte im Mittelalter eine eiserne Kette zu einem kleinen Turm gespannt werden, z. B. im Fall eines Piratenangriffs. Ein kleiner, brüchiger Damm, in den auch römische Säulenstümpfe eingearbeitet wurden, verbindet den Turm mit dem Ufer.

Festung und Schiffswrack-Museum

Die **Festung** 2 von Kyrénia ist der größte und besterhaltene mittelalterliche Wehrbau Zyperns. Eine erste Burg hatten hier schon die Byzantiner errichtet. Die Lusignans verstärkten und modernisierten sie im 13. Jh. Als die Venezianer 1489 die Herrschaft über Zypern übernahmen, passten sie die Verteidigungswerke den Erfordernissen der Zeit an. Die Mauern wurden niedriger, dafür aber dicker, um dem Hagel von Stein- und Eisenkugeln aus den modernen Geschützen besser widerstehen zu können. Dass die Burg so gut erhalten ist, ist dem Umstand zu verdanken, dass sich Kyrénia 1570 kampflos den Osmanen ergab.

Man betritt die Festung über eine Brücke, die heute den meist mit Wasser gefüllten Burggraben anstelle der mittelalterlichen

Zugbrücke überspannt. Die Burgmauern ragen hier 20 m hoch aus dem Grabengrund auf. Im Torweg führt ein dunkler Gang nach rechts zu einer Ausfallpforte, für Entlastungsangriffe der Belagerten gedacht. Nach links gelangt man über einen anderen Gang zur effektvoll ausgeleuchteten Kreuzkuppelkirche Ágios Geórgios aus dem 12. Jh., deren Kuppel auf vier Marmorsäulen mit frühchristlichen Kapitellen ruht.

Der Torweg passiert den Sarkophag des Sadik Paşa, eine Nachbildung des 1974 zerstörten Originalgrabs des osmanischen Eroberers von Kyrénia. Hier im Torbau ist auch das königliche Wappen der Lusignans zu sehen.

Eine Rampe steigt kurz darauf auf den Nordwestturm der Festung hinauf. Von dort oben kann man den schönsten Blick über die Stadt und ihre Umgebung genießen. Im Burghof bietet hier ein kleines Café Getränke und Souvenirs an.

In den sich anschließenden Räumen der Burg sind verschiedene Modelle antiker Gräber zu sehen, die türkisch-zypriotische Archäologen nach der Invasion von 1974 freilegten. Grabfunde wie Glas und Schmuck, Münzen und Keramik sind ausgestellt, zahlreiche Rekonstruktionszeichnungen erläutern die Objekte. Anschaulich ist auch das Modell einer neolithischen Hütte mit Feuerstelle und der lebensgroßen Figur einer Frau davor.

Im gleichen ehemaligen Wohntrakt der Burg ist das einzigartige **Schiffswrack-Museum** untergebracht. Ausgestellt ist hier ein 1969 bei Kyrénia von amerikanischen Unterwasserarchäologen geborgenes, 2300 Jahre altes Schiff mitsamt Teilen seiner Ladung. Ursprünglich war das Boot 4,4 m breit und 14,3 m lang; dem Wrack fehlen in der Länge 2,3 m. Ansonsten ist der Schiffsrumpf sehr gut erhalten. Er wurde aus dem Holz der Aleppokiefer zusammengezimmert, wobei im Gegensatz zu heute zunächst die Planken hochgezogen und danach erst die Spanten eingesetzt wurden. Bleiringe im Bug des Schiffes bezeugen ein Segel, das das Schiff etwa 4–5 Knoten schnell gemacht haben dürfte. Am Schiffskörper waren mehrere Reparaturen festzustellen, die zusammen mit den Radiokarbondaten des Holzes darauf schließen lassen, dass das Boot bereits etwa 80 Jahre alt war, als es um 300 v. Chr. dicht vor der Hafeneinfahrt Kyrénias sank. Aus der Ladung des Schiffes ließ sich die Route, die es zuletzt fuhr, rekonstruieren. Die über 400 Weinamphoren an Bord stammten von verschiedenen Inseln zwischen Sámos und Rhodos. Die 29 Hand-Getreidemühlen, die sowohl als Fracht wie als Ballast dienten, wurden auf der Insel Kós gebaut. Außerdem beförderte das Schiff auf seiner letzten Fahrt 9000 Mandeln in verschiedenen Krügen. Mandeln, Amphoren und Mühlen sind im Museum ebenso zu sehen wie das Tafelgeschirr der Besatzung. Man fand vier Holzlöffel, vier Ölkännchen, vier Salztöpfchen und vier Trinkbecher – offensichtlich bestand die Besatzung also aus vier Mann. Sie kochten in bronzenen Töpfen und bereicherten ihren Speisezettel durch frisch gefangenen Fisch, wie über 300 für Netze bestimmte Bleigewichte bezeugen.

In der Südostecke der Burg führen dann 44 Stufen in einen venezianischen Turm aus dem frühen 16. Jh. Drei Szenen à la Wachsfiguren-Kabinett sollen hier ›The real life of Venetian soldiers‹ zeigen: ruhend, trinkend am Tisch und eine Kanone bedienend.

Dem modernen Gruseltrend folgend hat man im Lusignan Dungeon Folter- und Gefängnisszenen aus der zyprischen Historie nachgestellt. Die Geschichte dazu ist auf Erklärungstafeln nachzulesen (Burg und Museum Mai–Sept. tgl. 9–18.30 Uhr, Okt.–April tgl. 9–16 Uhr, Eintritt 9 YTL).

Ikonen- und Volkskundliches Museum

Vom ehemaligen Zollgebäude mit der Tourist-Information führt eine Gasse hinauf zur Kirche des Erzengels Michael mit einem markanten Kirchturm. Das im 19. Jh. errichtete Gotteshaus dient heute als **Ikonen-Museum** **3** (Juni–Aug. Di–Fr 9–14 Uhr, Sept.–Mai Di–Fr 9–13 und 14–16.45 Uhr, ganzjährig So 9–14 und 15.30–18 Uhr, Eintritt 3 YTL).

Überwältigende Kulisse: Kyrénia liegt zwischen Meer und Gebirge

An der Hafenfront zwischen Zollgebäude und Burg gibt es schließlich noch ein kleines **Volkskundliches Museum** 4. Es zeigt außer einer etwa 100 Jahre alten Ölmühle vor allem land- und hauswirtschaftliche Geräte, Stickereien und Möbel aus dem 19. Jh. (Öffnungszeiten wie Ikonen-Museum, Eintritt 3 YTL, für Besitzer eines Tickets zur Burg kostenlos).

i **Girne Marina Tourist Information Office:** im alten Zollgebäude an der Westseite des alten Hafens, Tel. 815 21 45, Fax 815 60 79, enfgirne@kktc.net. Mo–Sa 9–17 Uhr.

Jasmine Court 1: Naci Talat Caddesi, am westlichen Stadtrand am Meer, Tel. 815 14 50, Fax 815 14 88, www.jasminecourthotel.com. Eins der besten Hotels der Insel, 384 Zimmer und Suiten, Spielcasino, Diskothek, großer Pool, hoteleigener Strand, mehrmals tgl. kostenloser Shuttle-Service ins 1,5 km entfernte Stadtzentrum. DZ HS 270 €, NS 140 €.

Dome 2: Kordon Boyu, Tel. 825 24 53, Fax 815 27 72, www.domehotelcyprus.com. Das traditionelle Luxushotel der Stadt aus den 1930er Jahren bietet modernisierten klassisch-gediegenen Charme und eine Felsterrasse mit Salz- und Süßwasserpool direkt am

Meer. 159 Zimmer auf vier Etagen, Spielcasino. DZ HS ab 94 €, NS ab 52 €.

White Pearl 3: Eftal Akca Sok. 23, Tel. 815 04 29, Fax 816 01 10, www.whitepearlhotel.com. Das einzige Hotel direkt am Hafen, 7 der 10 Zimmer mit totalem Hafenblick und kleinem Balkon. Freundliche, familiäre Atmosphäre, die Zimmer haben Namen statt Nummern, Dachgarten-Café und -Bar. DZ 65 €.

Nostalgia Boutique Hotel 4: Cafer Paşa Sok., Tel. 815 30 79, Fax 815 90 05. Hotel in zwei Altstadthäusern, kleiner Pool im Innenhof eines der beiden. DZ HS ab 66–80 €, NS ab 52–60 €.

Yellow Lion Inn 5: Eftal Akca Sok. 23, am Alten Hafen, Tel. 815 93 87, Fax 815 31 43. Einfaches Hotel auf der Westseite des Hafens gegenüber der Tourist-Information, 4 der 7 Zimmer mit eingeschränktem Hafenblick, die anderen ohne jeden Ausblick. Meist nur türkischsprachige Mitarbeiter an der Rezeption. DZ HS ab 63 €, NS ab 50 €.

Atlantis 6: Eftal Akca Sok. 4, Tel. 815 25 05, Fax 815 54 40. Hotel in der zweiten Reihe, im Stil der 1970er Jahre erbaut und eingerichtet, viele Zimmer mit Blick über die davor liegenden Hausdächer auf Teile des Hafens. Für eine Zwischenübernachtung geeignet. DZ HS ab 56 €, NS 50 €.

Riviera Beach Bungalows 7: Tel. 822 20 26, Fax 822 20 62, www.rivierahotel-northcyprus.com. 62 Studios (34 m²) und Bungalows (36–42 m²) in einem 34 000 m² großen, alten und üppigen Garten direkt an einer 350 m langen Sandbucht, familiär geführt und besonders auch für Familien geeignet. Schöner Pool, 250 m² groß und mit kleinem Felsenwasserfall. DZ HS ab 36 €, NS ab 30 €.

Courtyard Inn 8: Karakum, 2 km vom Stadtzentrum an der Straße Richtung Bellapaís, Tel./Fax 815 33 43, www.courtyard-inncyprus.com. Vom sehr britischen Pakistani Mohammad ausgesprochen engagiert und herzlich geführte kleine Bungalowanlage um einen Pool mit nur 8 Zimmern. Gemütliches Pub und gutes europäisches, zypriotisches und indo-pakistanisches Essen. Ideal für kommunikationsfreudige, anglophile Gäste. Kleine Sandbucht Aile Plajı 700 m entfernt. Zimmer ab 123 €/Woche, Hauptgerichte 14–28 YTL, Flasche Wein 20–35 YTL.

Einmal zumindest wird wohl jeder Gast am alten Hafen essen. Die Auswahl reicht von Pizza und Burgern bis hin zu frischem Fisch und *mezé* oder auch italienischen Spezialitäten. Preiswerter isst man in der Regel in den Restaurants abseits des Hafens.

Ferman 9: in der Altstadt im Hotel Nostalgia, Tel. 815 37 17, tgl. ab 12 Uhr. Erstklassige indo-pakistanische Küche. Hauptgerichte ab 16 YTL.

Canli Balik – O Psaras apo to Zygí 10: am alten Hafen, Tel. 815 21 82, tgl. ab 11 Uhr. Der türkisch-zypriotische Inhaber stammt, wie es der Name des Restaurants besagt, aus dem südzyprischen Zygí. Gut für frischen Fisch. 3-Gänge-Menü 20 YTL, *mezé* (Fisch oder Fleisch) 22 YTL.

Altinkaya 11: meerseitig an der Straße von Kyrénia nach Lapta, 8 km westlich von Kyrénia, Tel. 821 83 41, tgl. ab 12 Uhr. Auch nach Meinung vieler Einheimischer eins der besten Fischrestaurants Nordzyperns. Einfach eingerichtet, guter Service, direkt am Wasser gelegen. Hauptgerichte ab ca. 10 YTL.

Chinese House 12: Karaoğlanoğlu Road, Tel. 815 21 30, tgl. 12–15 und ab 19 Uhr. Das älteste authentische China-Restaurant Nordzyperns. Hauptgerichte ab 10 YTL.

Shamrock Irish Bar: Cafer Paşa Sok. 7. Guinness (*pint*) 6 YTL, Glas Wein 4 YTL.

The Round Tower – Girne Art Gallery: In einem Rundturm der Stadtmauer bietet Linda Smith, die den Turm auf eigene Rechnung restaurierte, auf zwei Etagen in stimmungsvoller Atmosphäre Gemälde und Aquarelle, Fotos und Antiquitäten, Bücher und Handarbeiten aus Nordzypern zum Kauf an.

Bootsausflüge: im Sommerhalbjahr ab altem Hafen zu den Stränden westlich und östlich von Kyrénia, u. a. mit dem Segelschiff Barbarossa, dem Nachbau eines kalifornischen Frachters. Schnorchelausrüstung an Bord. Tagestouren ca. 30 €. Infos abends auf den Booten.

Parken in Kyrénia

In der Altstadt einen Parkplatz zu ergattern ist schier unmöglich. Am besten parkt man auf dem großen, nur tagsüber gebührenpflichtigen Parkplatz am Kreisverkehr zwischen Alt- und Neustadt, auf den die von Nicosia her kommende Straße direkt mündet.

Paragliding:

Highline Paragliding Air Tour, Ümraniye Sok. 10, Gönyeli, Tel. 054 28 59 43 43, www.highlineparagliding.com. Von einem Startpunkt in 750 m Höhe im Kyrénia-Gebirge westlich von St. Hilárion starten erfahrene Paraglider mit ihren Passagieren zu einem einzigartigen Flug über Hänge und Küstenebene bis zu ihrem Landepunkt nahe dem Meer bei Kyrénia. Vorerfahrung ist dafür nicht notwendig, wohl aber etwas Zeit zur (telefonischen) Organisation des Fluges.

Reiten:

Çatalköy Riding Club: Tel. 053 38 45 47 41, Anrufe nur Di–So erwünscht, Vorauszahlung bei Reservierung notwendig. Sehr britisch geführter Reitstall. Einzelunterricht 22 €/30 Min., Gruppenunterricht 15 €/30 Min. 90-minütigen Ausritte nach Bellapaís 29 €, 3-stündige Ausritte nach Buffavento 50 €. Nach Vereinbarung auch Fahrunterricht mit Gespann von einem Mitglied der Royal Horse Artillery Ihrer Majestät.

Tauchen:

Nautilus: Alsancak, an der Hauptstraße, Tel. 227 31 60 und 53 38 62 98 03, www.nautilusdivingcyp.com. Tauchgänge u. a. zu der Stelle, wo das 2300 Jahre alte Schiffswrack gefunden wurde.

Busbahnhof: am Rathausplatz. Busse nach Lapta und Nicosia Mo–Sa tagsüber alle 15–30 Min.; nach Güzelyurt/Mórfou ca. 2–4x tgl.; zur Karpass-Halbinsel Mo–Fr mittags und spätnachmittags.

Sammeltaxi: Taxifirma Kombos am Rathausplatz, Tel. 815 34 03. Nach Nicosia (auch abends und So) sowie mehrmals tgl. nach Famagusta.

11 Beylerbeyí/Bellapaís

Reiseatlas: S. 12, E 3

Mit **Bellapaís** hat die französische Gotik eine Enklave zwischen Palmen und Zypressen gefunden. Am Rande des am Hang des Kyrénia-Gebirges gelegenen Dorfes ragen die mächtigen, graubraunen Mauern einer Abteiruine noch bis unters ehemalige Dach auf, grüßen spitzbogige Fenster die Levante. Der historische Dorfkern ist noch sehr ursprünglich. Seine Bewohner sind heute türkische Zyprioten, deren Familien vor 1974 in Mári nahe der Autobahn von Choirokoitía nach Limassol lebten; zuvor war Bellapaís überwiegend griechisch-zypriotisch besiedelt.

Der britische Romancier Lawrence Durrell, der in den 1950er Jahren in Bellapaís lebte, machte in seinem Zypern-Buch ›Bittere Limonen‹ das Dorf, die Abtei und einen Maulbeerbaum auf dem Dorfplatz unsterblich: *The Tree of Idleness,* der Baum des Müßiggangs.

Wer sehen will, wo Durrell damals lebte, geht vom Kloster aus die Hauptgasse ins Dorf hinauf. Eine Plakette macht an einem der Häuser auf sein ehemaliges Domizil aufmerksam.

Geschichte

Augustinermönche gründeten hier im Jahr 1205 die gotische Abtei Bellapaís, deren stimmungsvolle Ruine weithin sichtbar am Rande des Dorfes über der Küstenebene thront. Im Laufe des 13. Jh. übernahmen die Mönche die Ordensregeln der Prämonstratenser. Im 13. und 14. Jh. war das Kloster das bedeutendste der Insel; im 15. Jh. setzte sein Niedergang ein. Unter der Herrschaft Venedigs verwandelte es sich in einen ›Sündenpfuhl‹, über den ein venezianischer Inspektor berichtete, dass manche Mönche mit bis zu drei Frauen zusammenlebten, der Kinderreichtum der Mönche das Klostervermögen auffresse, die Bauten zerfielen. Die Osmanen schließlich übergaben Bellapaís der orthodoxen Kirche, die die Klosterkirche bis 1974 als Gemeindekirche nutzte.

Rundgang

Im auf drei Seiten von einem Kreuzgang umschlossenen Klosterhof recken sich seit den 1940er Jahren vier Zypressen in den Himmel. Ansätze des gotischen Maßwerks lassen die einstige Schönheit der sakralen Architektur erahnen. Gut erhalten ist das die Nordseite des Klosterhofs einnehmende Refektorium, eine 30 m lange und 11 m breite Halle mit Kreuzrippengewölbe. Von der begehbaren Kanzel in der Nordwand aus wurde den Mönchen während des Mahls vorgelesen, an der Ostwand saß erhöht der Abt. Durch eine Tür in der Westwand kam das Personal aus der Küche heraus, von der eine Treppe in die Kellergewölbe hinunterführt, die einst als Vorratslager dienten.

Das ehemals zweigeschossige Gebäude an der Ostseite des Klosterhofs ist nur noch eine Ruine. Im Erdgeschoss lag rechts der Kapitelsaal, in dem die Mönche sich zu Lesungen aus der Bibel und den Ordensregeln versammelten, links ein Arbeits- und Gemeinschaftsraum. An seinen Wänden sind an mehreren Steinblöcken verschiedene Ritzmarken zu erkennen. Damit markierten Steinmetze ihren Anteil am Mauerwerk, für den sie stückweise entlohnt wurden. Im Obergeschoss dieses Osttrakts lag das Dormitorium, der Schlafsaal der Mönche, von dem es einen direkten Durchgang in die Klosterkirche gab. Die dreischiffige Basilika steht jetzt leer.

Wo nun der hübsche Klostergarten im Westen des Kreuzgangs liegt, stand einst das Wohn- und Arbeitsgebäude der Laienbrüder (Mai–Sept. tgl. 9–19 Uhr, Okt.–April tgl. 9–16.45 Uhr, Eintritt 6 YTL).

Bellapaís Monastery Village: unterhalb des Dorfes, von der Zufahrtsstraße ausgeschildert, Tel. 815 91 71, Fax 815 90 58, www.bellapaismonasteryvillage.com. 2000 eröffnete und seitdem ständig weiter ausgedehnte Urbanisation mit kleinem Hotel, Suiten und Villen. Zwei Außenpools, ein Hallenbad, großer Wellness- und Spa-Bereich. Elegant eingerichtet, aber ohne viel Atmosphäre. Kinder unter 12 Jahren sind unerwünscht. DZ HS 95 €, NS ab 65 €.

Ambélia Tourist Village: am oberen Dorfrand, Zufahrt am Ortseingang beim Militärcamp ausgeschildert, Tel. 815 36 55, Fax 815 77 01, www.cyprus-ambelia.com. Die schon vor 1974 gegründete Bungalowanlage wirkt fast wie ein kleines, schmuckes Dorf. Die zweckmäßig eingerichteten Bungalows für max. 5 Personen liegen an gepflasterten Gassen in Hanglage über den üppig grünen Garten verteilt, Bougainvilleen ranken sich an den Häusern empor. Von der Pool-Terrasse und -Bar aus fällt der Blick aufs Kloster und Meer. Einen Transfer auch vom Flughafen her organisiert das Hotel, das unter belgischem und deutschem Management steht. DZ HS ab 48 €, NS ab 40 €, Mietwagen empfehlenswert.

Kybele: am Rande des Klostergartens, Tel. 815 75 31, tgl. ab 10 Uhr, www.kybele.biz. Gepflegtes Restaurant mit stets fein eingedeckten Tischen, fantastischer Blick auf Kyrénia, die Küstenebene und das Meer. Zypriotische und internationale Küche. Hauptgerichte 15–25 YTL.

The Abbey Bell Tower: am Platz vor dem Kloster, Tel. 815 75 07, tgl. ab 12 Uhr. Modernes Restaurant mit schöner Dachterrasse, von dort Blick auf Kloster und Meer. Kostenlose Abholung vom Hotel. Hauptgerichte ab 15 YTL.

Tree of Idleness: am Platz vor dem Kloster, Tel. 815 33 80, tgl. ab 11 Uhr. Modernes Restaurant mit neu gepflanztem Maulbeerbaum auf der Terrasse. *Mezé* 25 YTL.

North Cyprus International Bellapaís Music Festival: ca. 20. Mai–25. Juni, Tel. 054 28 54 64 17, www.bellapaisfestival.com, Tickets bei der Tourist-Information in Girne oder im Restaurant Kybele an der Abteiruine von Bellapaís. Etwa ein Dutzend klassischer Konzerte mit Musikern und Sängern aus etwa ebenso vielen Ländern.

12 St. Hilárion

Reiseatlas: S. 12, D 3

Die Kreuzritterburg **St. Hilárion** ist schon von der Küstenebene aus gut zu erkennen. Man kann auf einem Waldweg von Lapta aus in ca. vier Stunden hinaufwandern, muss dabei aber aufpassen, nicht in militärische Sperrgebiete zu geraten und zurückgeschickt zu werden. Die Autozufahrt zweigt 7 km südlich von Kyrénia von der Hauptstraße nach Nicosia ab. Zwar führt auch sie durch ein militärisches Gebiet, dieses wird aber nur bei Schießübungen gesperrt. An anderen Tagen darf man es durchfahren. Ist gesperrt, fällt der Verzicht schwer. Denn bei der Anfahrt kommt eine Burgruine in Sicht, wie sie trotz der Waldbrandschäden in und um die Burg schöner nirgends zu finden ist. Zinnengekrönte und mit halbrunden Türmen gespickte Mauern umschließen einen 700 m hohen Fels, auf dem weitere, diesmal rechteckige Türme aufragen; in halber Höhe stehen die gut erhaltenen Außenmauern palastähnlicher Bauten.

Augustinerabtei Bellapaís: Enklave der französischen Gotik

Geschichte

Die Festung ist nach einem nicht näher zu bestimmenden Eremiten benannt, der einst hier oben siedelte. Aus der Einsiedelei entstand ein Kloster, das bereits im 10. Jh. burgähnlich befestigt wurde. Kaiser Friedrich II. konnte 1228 auf seinem Weg ins Heilige Land der Versuchung nicht widerstehen, diese Burg zu belagern. Durch Verrat fiel sie seinen Truppen in die Hände – die Staufer wiederum wurden dann vom Heer der Lusignans belagert. Nach dem Rückzug der Staufer 1232 bauten die Lusignans die Burg zu einer Sommerresidenz aus, um hier der Hitze der Ebene zu entfliehen. Zugleich bildete St. Hilárion zusammen mit den Burgen von Buffavénto und Kantára eine Verteidigungskette, von der aus feindliche Flotten schon früh gesichtet werden konnten. Die Venezianer schließlich zeigten an den Bergfestungen kein Interesse mehr, die Burgen begannen zu verfallen.

Rundgang

Vom Parkplatz aus gelangt man zunächst in die weitläufige Unterburg. Vorbei an Zisternen und ehemaligen Stallungen und einer einführenden Ausstellung mit ausführlichen Erklärungen auf Englisch und aussagekräftigen Illustrationen steigt man auf einem guten Weg zum Torbau der Mittelburg empor. In ihr ist die inzwischen dachlose ehemalige Klosterkirche aus dem 10./11. Jh. z. T. restauriert worden. Die Große Halle des Palastes brannte 1995 weitgehend aus, wurde aber mittlerweile res-

Einstige Sommerfrische in schwindelerregender Höhe: St. Hilárion

tauriert und beherbergt jetzt das einfache Café Lusignan. Die ausgestellten, erstklassigen Naturfotos stammen vom Sohn des Wirts, Mustafa Gürsel, und sind käuflich zu erwerben. Schön ist die Aussicht vom Belvedere, der im Südosten der Großen Halle liegt.

Wer über genügend Zeit verfügt, kann von hier aus über einen Serpentinenweg und 221 Stufen noch weiter hinaufsteigen zur Oberburg mit weiteren Gebäuderesten und dem berühmten Fenster der Königin. Mit seinen beiden Bänken und dem gotischen Maßwerk ist es der stimmungsvollste Aussichtspunkt der Burg (Mai–Sept. tgl. 9–18 Uhr, Okt.–April 9–16.30 Uhr, Kassenschluss jeweils 1 Stunde früher, Eintritt 6 YTL)

Entlang der Küste nach Westen

Der erste Ort westlich von Kyrénia ist Karaoğlanoğlou/Ágios Geórgios, das inzwischen ganz mit Kyrénia zusammengewachsen ist. Heute ist das Dorf Standort einer Privat-Universität, der Girne American University. Der moderne Campus wirkt wie eine Stadt für sich. Bevor man die Zufahrtsstraße zur Universität passiert, lohnt sich vor allem am späten Nachmittag ein Abstecher hinauf ins Bergdorf Karaman/Kármi, einen der idyllischsten Orte ganz Zyperns.

Karaman/Kármi

Reiseatlas: S. 12, D 2

Die kurvenreiche Bergstraße nach **Karaman** zweigt in Karaoğlanoğlou von der Küstenstraße ab. Für den Fall, dass der Wegweiser wieder einmal – wie so oft – fehlt, hier eine exakte Kurzbeschreibung: Sie passieren in Karaoğlanoğlou aus Kyrénia kommend zunächst linker Hand eine kleine Grünanlage mit Atatürk-Statue und zwei Fahnenmasten. 50 m weiter geht es zwischen dem einfachen Lokal Parasut und einer Metzgerei mit der Aufschrift ›Kasap‹ links hinein in die Süleymanrecep Sokak – die richtige Straße nach Karaman!

Man kommt zunächst durch das Dorf **Edremit/Trimíthi.** In dessen ehemaliger Kirche ist heute eine Kunstgalerie untergebracht, im gegenüberliegenden Haus an der Hauptstraße werden unübersehbar schöne Korbwaren zum Kauf angeboten.

Bevor man das zwischen Bäumen am Hang in 300 m Höhe gelegene Karaman erreicht, lohnt für archäologisch stark Interessierte noch ein kurzer Abstecher zur **bronzezeitlichen Nekropole Paléalona,** die jederzeit frei zugänglich ist. Man erreicht sie über eine schmale Asphaltpiste, die in derselben Rechtskurve nach links von der Hauptstraße abzweigt, in der ein anderer Weg zum ausgeschilderten Restaurant Duckworth House führt. Auf einer Grundfläche von etwa 400 m^2 wurden im Bereich der Nekropole zwischen 2000 und 1600 v. Chr. zahlreiche Gräber angelegt. In das besterhaltene kann man hinuntersteigen. An der nördlichen Seitenwand lässt sich das Relief einer stilisierten menschlichen Figur erkennen. In einem anderen Grab wurde eine aus Kreta stammende Tasse gefunden, die zyprische Handelskontakte mit den kretischen Minoern belegt.

Das Zentrum von **Karaman** markiert die kleine Kirche, in der sonntags manchmal anglikanische Gottesdienste stattfinden. An den kleinen, steilen Gassen rund um die Kirche liegen schöne Gärten, ein altertümlicher Gemischtwarenladen, Kunsthandwerksläden, Restaurants und ein Pub. Alle Häuser sind von ihren ausländischen Pächtern sehr gut gepflegt; es macht ganz einfach Freude, hier durch die Gassen zu bummeln.

Hilárion Village: 900 m (zu Fuß 500 m) unterhalb der Dorfkirche an der Straße zur Küste, Tel. 822 25 62, Fax 822 27 67, www.hilarion-cyprus.com. Weitläufige Anlage mit acht Bungalows und zehn Studios in einer blütenreichen, alten Gartenanlage, in der auch Pool und Pool-Bar liegen. Deutsches Management. Eigene Landwirtschaft mit organisch

Richtig Reisen-Tipp: Sommerabende in Karaman

Ein Abend in Karaman kann sehr idyllisch und stimmungsvoll sein. Man genießt den gepflegten Gesamteindruck des Dorfes, die schön und liebevoll restaurierten Häuser, das stimmige Gesamtbild ohne störende Neubauten, aber auch ohne Hausruinen. Die Gärten sind prächtig. Orangen- und Zitronen gedeihen darin, Feigen- und Eukalyptusbäume, Agaven, Palmen, Zypressen, Geranien und eine Vielzahl von Blumen. Die Restaurants sind gepflegt und bieten durchweg beste zypriotische und internationale Küche, die Stimmung im Pub The Crow's Nest könnte britischer kaum sein. Das Pub trägt seinen Namen, der für das Krähennest auf alten Segelschiffen steht, zu Recht: Der Ausblick von der Terrasse ist fantastisch.

Man kann einen Besuch in Karaman aber auch dazu nutzen, den ausländischen Dorfbewohnern, die ja alle gut Englisch und zum Teil auch Deutsch sprechen, Fragen zur türkisch-zypriotischen Siedlungspolitik zu stellen. Häuser und Grundstücke haben vor 1974 ausschließlich griechischen Zyprioten gehört. Sie haben bis heute dafür keine Entschädigung erhalten, wollen zum größten Teil ihren Besitz auch nicht verkaufen. Andererseits wäre das Dorf ohne die ausländischen Pächter und deren zum Teil auch großes finanzielles Engagement längst verfallen und beileibe kein Schmuckstück mehr. Haben sie aber dadurch ein Anrecht auf ihre Domizile und Gärten erworben? Müssen die früheren Besitzer ihre Grundstücke nun zwangsweise verkaufen oder sollen sie gegen Entrichtung einer Ausgleichszahlung in ihr Kármi zurückkehren dürfen? Es gibt viele Fragen, über die die heutigen Bewohner des Dorfes nachdenken sollten …

angebautem Olivenöl, Obst und Gemüse. Auch für Nicht-Hausgäste offenes Restaurant mit exzellenter Küche und guter Auswahl auch für Vegetarier. DZ HS ab 48 €, NS ab 33 €.
Ferienhausvermittlung: Brigitte Wieschollek, Tel./Fax 822 25 68, Häuser ab ca. 250 €/Woche.

Levant: 20 m von der Kirche, Tel. 054 28 53 89 85 und 053 38 47 18 99, im Sommer Fr–Mi 12–15 und ab 19 Uhr, im Winter Fr/Sa ab 19, So 12–15 Uhr. Gepflegtes Restaurant mit zypriotisch-levantinischer Küche. Hauptgerichte ab 15 YTL.
Treasure: in der ehemaligen Dorfschule, 500 m unterhalb der Dorfkirche an der Straße, Tel. 822 24 00, Mo/Di, Do–Sa ab 18.30, So ab 11.30 Uhr. Gemütliches Restaurant mit kleiner Bibliothek und Spielesammlung, im Winter offenes Kaminfeuer. Hauptgerichte ab 12 YTL.

The Crow's Nest: 30 m unterhalb der Kirche, Tel. 822 25 67, Di–Sa 12–15 und ab 19, So 12–20 Uhr. Großartiger Ausblick von der Terrasse aus, gemütlicher Innenraum. Das Inhaberpaar Pat und Ginny ist sehr kommunikationsfreudig, ihr Pub ein Treffpunkt für alle in Karaman und Kyrénias Umgebung lebenden Ausländer. Zu den angebotenen Snacks gehören leckere, hausgemachte Suppen, Toasts und Jacket Potatoes. Bar-Snacks 5–7 YTL.

Westlich von Karaoğlanoğlou

Reiseatlas: S. 11/12, B/C/D 2/3

Von Karaoğlanoğlou bis Lapta hat man das Gefühl, durch eine einzige Großstadt zu fahren. 7 km westlich von Kyrénia passiert man ein furchterregend aggressiv wirkendes Denkmal: Hier landeten am 20. Juli 1974 die ersten türkischen Invasionstruppen. Am **Invasions-Denkmal** sind erbeutete Panzer und Geschütze ausgestellt, ein Museum präsentiert Fotos von der Invasion und Erinnerungsstücke an die türkischen und türkisch-zypriotischen Opfer.

3,5 km weiter westlich stehen ein großer Wegweiser zum Camelot Beach Club und ein kleiner schwarz-gelber mit der Aufschrift ›Lambousa Ancient City‹. Folgt man ihm, kommt man nach 300 m zu den spärlichen Überresten der spätantik-frühchristlichen Stadt **Lamboúsa** mit den byzantinischen Kirchen Ágios Eválios an der Küste und Ágios Evlámbios auf einem angrenzenden Kasernengelände.

Hinter Lapta wird die Fahrt dann wieder erfreulicher. Die Straße folgt noch einige Kilometer der Küste und wendet sich dann landeinwärts über das Dorf **Çamlıbel** und die Ausläufer des Kyrénia-Gebirges der Mesaória und der Stadt Güzelyurt/Mórfou zu. Hier werden viele Orangen angebaut; an einigen improvisierten Ständen am Rande der Olivenhaine kann man frisch gepressten Orangensaft genießen und manchmal auch – auf Englisch – mit den Bauern ins Gespräch kommen.

Mýrtou-Pigádes

Reiseatlas: S. 11, C 3

Auf der Strecke zwischen Çamlıbel und Güzelyurt lohnt für große Archäologie-Liebhaber der kurze Abstecher zum spätbronzezeitlichen Stierheiligtum von **Mýrtou-Pigádes.** Um es zu finden, folgt man an der Straßengabelung, an der es rechts weiter nach Güzelyurt/Mórfou geht, der Hauptstraße nach Nicosia. Nach 600 m folgt rechts eine Tankstelle, nochmals 2300 m weiter ist rechts gleich neben der Straße eine schmale, kurze Zypressen- und Oleanderallee zu sehen, die auf das nur 150 m von der Hauptstraße entfernte Heiligtum zuführt. Blickfang ist hier ein 1952 entdeckter und anschließend rekonstruierter vierstufiger Steinsockel, der von stilisierten Stierhörnern gekrönt wird. Dazu gehört ein etwa 70 x 70 m großes Areal, in dem außer Grundmauern vieler kleiner Räume auch eine große Zisterne zu erkennen ist.

Güzelyurt/Mórfou

Reiseatlas: S. 11, B 4

Am Ortsrand von **Güzelyurt** (13 000 Einw.) erinnert eine alte Lokomotive links der Straße daran, dass die britischen Kolonialherren Zypern sogar mit einer Eisenbahn bedacht hatten, die Mórfou einst mit Nicosia und der Hafenstadt Famagusta verband.

In Güzelyurt parkt man am besten unmittelbar neben dem Archäologischen Museum bzw. neben der Kirche Ágios Mámas im Stadtzentrum, den beiden einzigen Sehenswürdigkeiten des sehr verschlafen wirkenden Provinzstädtchens. Im Erdgeschoss des **Archäologischen Museums** wird eine Anhäufung von Tierpräparaten aus aller Welt als ›Naturkundliche Sammlung‹ präsentiert. Ein Kuriosum, das Kinder anlockt, ist ein angeblich dreiköpfiges Schaf. Im Obergeschoss dagegen ist in fünf Räumen eine durchaus ernst zu nehmende archäologische Sammlung zu finden. Die Exponate stammen aus den Jahrtausenden vom Neolithikum bis zur byzantinischen Epoche. Am auffälligsten ist eine 1960 im Meer bei Salamis gefundene römische Statue der ephesischen Artemis. Dieser Typus wird häufig auch als ›Vielbrüstige Artemis‹ bezeichnet. Manche Altertumswissenschaftler vermuten, dass diese ›Brüste‹ in Wahrheit die Hodensäcke von Opfertieren darstellen, die den in Tempeln aufgestellten Artemis-Statuen als Fruchtbarkeitssymbol an die Brust geheftet wurden (Mai–Okt. tgl. 8–19, Nov.–April tgl. 8–13 und 14.30–17 Uhr, Eintritt 4,50 CYL).

Den Schlüssel zur Kirche **Ágios Mámas** erhält man im Archäologischen Museum. Der Bau aus dem 18. Jh., in dem gotische Stilelemente anklingen, beeindruckt in erster Linie durch seine schönen Säulenkapitelle und eine holzgeschnitzte Ikonostase aus dem 16. Jh. In einer bogenförmigen Nische der Nordwand gilt ein byzantinischer Sarkophag als letzte Ruhestätte des hl. Mámas; eine ganze Reihe von Malereien erzählt hier Ereignisse aus dem Leben des frühchristlichen Heiligen. Über dem Westportal ist er zudem in einem Relief dargestellt, das ihn mit einem Lamm im Arm darstellt – der hl. Mámas gilt u. a. als Schutzheiliger der Hirten und Herden.

Orange Festival: zweite Maihälfte, einwöchiges Fest mit viel Musik und Folklore.

Lefke/Léfka

Reiseatlas: S. 6, F 2

Hinter Güzelyurt nähert sich die Straße wieder der Küste. Unbedingt empfehlenswert ist hier ein kurzer Abstecher in die Universitätsstadt **Lefke** (6500 Einw.). An der modernen privaten European University of Cyprus studieren über 4000 türkisch-zypriotische, türkische und arabische Studenten Anglistik, Publizistik, Ökonomie, Architektur und Bauingenieurwesen. Lefke ist vielleicht die schönste

Einen Blick in die Kirche Ágios Mámas sollte man sich nicht entgehen lassen

Stadt des zypriotischen Binnenlands. Am Ufer eines Baches gelegen, der ganzjährig Wasser führt, ist Lefke in üppiges Grün eingebettet; sogar Dattelpalmen wachsen hier. Zudem ist der Ort nur locker bebaut; es gibt noch eine ganze Reihe alter Häuser mit traditionellen Holzerkern. Ein geistig-islamisches Zentrum ganz Nordzyperns ist die am obersten Stadtrand inmitten von Palmen gelegene Piri-Osman-Paşa-Moschee. Besonders beeindruckend ist ihr Anblick an klaren Tagen, wenn der Olymp, Zyperns höchster Berg, im Hintergrund zum Greifen nah erscheint.

Lefke Gardens: im Ortszentrum ausgeschildert, Tel. 728 82 23, Fax 728 82 22, www.northcyprus.net. 5 Zimmer in einem restaurierten ottomanischen Landhaus aus dem 19. Jh. mit Restaurant und Bar, 16 weitere Zimmer in einem neueren Annex. Die Inhaberin Gönul Taskin, Tochter eines gut situierten Zitrusfrüchte-Exporteurs aus Lefke, hat aus dem einstigen Hotel Istanbul ein schlichtes, aber schönes Schmuckstück gemacht, das wie eine Mischung aus Hotel und Museum wirkt. DZ ca. 35 €.

Gemikonağı/Karavostási

Reiseatlas: S. 6, F 1

An der Küste zeugt die weit ins Meer vorspringende Verladebrücke von **Gemikonağı** vom Kupferbergbau in dieser Region bis 1974. Die amerikanische Cyprus Mines Corporation wurde 1911 auf den antiken Kupferbergbau in dieser Gegend aufmerksam und legte Bergwerke an, die bis zu 100 m unter den Meeresspiegel in die Tiefe gingen. Man betrieb ein eigenes Kraftwerk, ein eigenes Schienensystem, ein eigenes Hospital und verschiffte das Erz direkt von Gemikonağı aus.

Sóloi

Reiseatlas: S. 6, F 1

Kurz darauf sind die Ausgrabungen der antiken Stadt **Sóloi** erreicht. Sie gilt als athenische Gründung aus der Zeit um 600 v. Chr. Bis ins 4. Jh. wurde hier Kupfer abgebaut. Die Archäologen haben bisher nur die Überreste einer frühchristlichen Basilika und eines Theaters freigelegt. Der Mosaikfußboden unter dem modernen Schutzdach zeichnet sich durch sehr schöne Tierdarstellungen aus. Wie überall auf Zypern (und nicht etwa nur im Norden) war die Bewachung und Pflege der Altertümer so schlecht, dass die Mosaike zwangsläufig unter rücksichtslosen Besuchern zu leiden hatten. Oberhalb der Basilika wurde in den Hang eines kleinen Hügels im 2. Jh. ein Theater hineingebaut, das etwa 3500 Zuschauern Platz bot. Sein heutiger Zustand ist das Ergebnis von Restaurierungsarbeiten im Jahr 1963 (Mai–Sept. tgl. 10–17, Okt.–April tgl. 9–16.45 Uhr, Eintritt 4,50 YTL).

Soli Inn: an der Uferstraße, Tel. 727 73 41. Modernes Hotel mit großem Pool, nur durch die wenig befahrene Uferstraße vom Meer getrennt. Gut geeignet für ein oder zwei Zwischenübernachtungen, sehr freundlicher Service im viel zu großen Speisesaal. Außerhalb der Hochsaison wohnen hier vor allem wohlsituierte Studenten und Dozenten der Universität von Lefke. DZ je nach Größe 30–50 €.

Mardin: 500 m östlich der Ausgrabungen an der Uferstraße, Tel. 727 74 39, tgl. ab 10 Uhr. Erstklassige Taverne direkt am Meer, sehr freundlicher und schneller Service. Inhaber Süleyman Oral Mardinli begrüßt seine Gäste in der Regel mit Handschlag. Auf der Karte stehen auch zahlreiche kleine Gerichte, die man sich nach eigenem Gusto zu einem *mezé* zusammenstellen kann. *Mezedákia* 1,50–2,50 YTL, Hauptgerichte ca. 12,50 YTL.

Vouní

Reiseatlas: S. 6, E 1

5 km westlich von Sóloi legten schwedische Archäologen 1928/29 auf dem 255 m hohen Hügel **Vouní** die Überreste eines Palastes aus der Zeit um 500 v. Chr. frei, der bereits 120 Jahre später wieder zerstört wurde. Wer hier residierte, weiß man nicht. Auf jeden Fall ge-

noss er einen weiten Blick auf das Tróodos-Gebirge, die Ebene von Mórfou und das Meer. Der auf drei Geländestufen angelegte Palast war von einem Wall umgeben. Er besaß etwa 140 Räume und an der Nordseite sogar eine kleine Thermalbadeanlage, die zu den ältesten im östlichen Mittelmeerraum gehört. Das Wasser wurde aus einer noch erkennbaren Zisterne bezogen. Zur Palastanlage gehörte auch ein der Göttin Athena geweihter Tempel aus klassischer Zeit, von dem aber nur spärliche Fundamente erhalten blieben (Mai–Sept. tgl. 10–17 Uhr, Okt.–April tgl. 9–16.45 Uhr, Eintritt 4,50 YTL).

Im April und Mai lohnt von Vouní aus die Weiterfahrt nach **Yeşilırmak/Limnítis,** das seinen guten Ruf den in dieser Jahreszeit geernteten Erdbeeren verdankt.

Entlang der Küste nach Kantára

Reiseatlas: S. 12, E/F 2; S. 13–14, A–E 2
Von Kyrénia bis Çatalköy fährt man zunächst noch durch städtisch geprägtes Gebiet mit mehreren Großhotels am Ufer. Danach wird die Landschaft immer schöner. Das Gebirge zeigt sich immer wieder anders, neue Urbanisationen halten sich in Grenzen und stören kaum. Die Küstenstraße lässt **Esentepe** rechts am Hang liegen und führt durch grüne Küstenstriche mit lockerem, uraltem Johannisbrotbaumbestand. Schließlich passiert sie auf dem Gemeindegebiet von **Tatlitsu/Akanthoú** zwei kleine Sand-Kies-Buchten mit einfacher, namenloser Taverne, die seit 2006 auch fünf ganz einfache, aber neu erbaute Cabañas vermietet.

Schon 1 km weiter folgt ein zweiter, meist menschenleerer Sandstrand. Dann zweigt nach rechts eine erste Straße nach Kantára und Iskele ab. Wer nicht baden oder essen will, kann über sie die Burg von Kantára auf landschaftlich sehr schöner Strecke erreichen. Bleibt man an der Küste, passiert man einen langen Kieselsteinstrand, fährt unter bizarren Sandsteinformationen entlang, umfährt einen namenlosen Sandstrand und kommt dann zur rötlichen, 500 m langen Sandsichel der **Kaplica Bay.** Etwas höher sieht man landeinwärts das Dorf **Kaplica/Dávlos** mit einer neuen Moschee am unteren und einer alten Kirche am oberen Dorfrand. Durch Kaplica hindurch führt die Straße hinauf zur Burg von Kantára und von dort über das Dorf Kantára weiter nach Iskele und Boğaz (s. S. 345).

Der besondere Reiz der **Burg von Kantára** liegt in dem einzigartigen Blick, den man durch das Burgtor auf die Karpass-Halbinsel genießt, auf der das Kyrénia-Gebirge in niedrige Hügellandschaft ausläuft. In entgegengesetzter Richtung kann man den Gebirgsverlauf bis zum Fünffingerberg und bei guter Sicht sogar bis an sein westliches Ende verfolgen. Im Winter sieht man auch häufig den Klosterberg Stavrovoúni in der Nähe von Lárnaca und die türkische Küste. Von der im 10. Jh. erstmals erbauten, 630 m hoch gelegenen Burg selbst sind fast nur die Außenmauern erhalten; zu erkennen sind auch noch Zisternen und Kasernenräume (tgl. 9–16.45 Uhr, Eintritt 4,50 YTL).

Kaplica: an der Uferstraße, Tel. 387 20 32, Fax 387 20 31, www.kaplicabeach.8m.com. Unscheinbares Haus mit großer Taverne auf Straßen- und 7 Zimmern auf Strandniveau darunter. Hier kann man morgens direkt aus dem Bett an den Strand und ins Meer gelangen, ohne sich erst etwas überziehen zu müssen, und die Abende bei Meeresplätschern auf der Zimmerterrasse verbringen. Die Taverne wird von Zyprioten auch für ihren stets frischen Fisch geschätzt, den man wahlweise mit Blick auf die Burg Kantára oder aufs Meer genießen kann. DZ je nach Saison und Auslastung 20–35 €. Fischplatte 23–25 YTL, Hauptgerichte ab 13 YTL.

Beşparmak/Pentadáktylos und Buffavénto

Reiseatlas: S. 12, E/F 3
Nach dem Felsmassiv im zentralen Kyrénia-

Gebirge, das wie eine Hand mit fünf Fingern aussieht und deswegen auf türkisch **Beşparmak,** auf griechisch **Pentadáktylos** heißt, wird manchmal auch das gesamte Kyrénia-Gebirge benannt. Von der Nordküste aus führt eine gut ausgebaute, aber stark von Lkw befahrene Straße am 740 m hohen Felsmassiv vorbei zur Passhöhe mit einer Taverne, die man sich auf jeden Fall einmal auch von innen angeschaut haben sollte.

Sofort hinter der Taverne biegt nach links die Höhenstraße durchs Gebirge nach Esentepe (s. S. 332), nach rechts eine sehr holprige, besser nur mit Geländewagen befahrene Piste an den Fuß der Festung **Buffavénto** ab. Die Kreuzritterburg Buffavénto thront in 954 m Höhe auf dem Gebirgskamm. ›Die dem Wind trotzt‹ lautet die Übersetzung ihres Namens. Von allen drei Burgen im Kyrénia-Gebirge ist sie die am schlechtesten erhaltene. Man muss sein Fahrzeug unterhalb der Festungsruine auf einem kleinen Plateau mit einem uralten Olivenbaum stehen lassen. Das Denkmal dort erinnert an die Opfer eines Flugzeugunglücks am 27. Februar 1988, bei dem 15 Menschen ums Leben kamen. Die Maschine war aus unerfindlichen Gründen hier gegen den Berg gerast. Der Weg zur Burg hinauf ist klar zu erkennen. Man benötigt für ihn etwa 45 weitgehend schattenlose Minuten. Oben ist man fast immer mit sich, dem Wind, der Sonne und der Natur allein.

Beşparmak-Buffavénto: auf der Passhöhe an der Hauptstraße von Kyrénia über Çatalköy nach Değirmenlik und Famagusta (an der Kreuzung mit der Piste nach Buffavénto und der Straße durchs Gebirge nach Esentepe), Tel. 53 38 64 53 88, tgl. ab 10 Uhr. Sehr freundliche Wirtsfamilie. Restaurant im Blockhüttenstil, dezent folkloristisch eingerichtet, fantastischer Blick auf den Fünffingerberg Beşparmak und ein sehr gutes *kebab*. Wer mag, kann auch zypriotische Mixed Pickles, *toursí*, in ihren verschiedenen Formen probieren. Bemerkenswert: An der Wand hängt eine Sure aus dem Koran unmittelbar neben einer Kreuzigungsikone. *Full kebab* ca. 8,50 €.

Durchs Gebirge von Beşparmak nach Esentepe

Die Fahrt durchs Kyrénia-Gebirge auf einer schmalen, aber guten Straße von der Passhöhe am Beşparmak bis hinunter nach Esentepe an der Nordküste bietet eins der schönsten Landschafts- und Naturerlebnisse ganz Zyperns. Unterwegs kann man alte Klöster und eine urige Forststation mit Herbarium besichtigen, im Wald auf guten Picknickplätzen rasten und kleine Wanderungen auf gut markierten Pfaden unternehmen. Insgesamt ist die Fahrt inklusive Abstecher zum Kloster Antifonítis nur 32 km lang, sodass man sie gut als geruhsamen Tagesausflug von Kyrénia aus unternehmen kann. Die Route führt größtenteils über Asphalt, nur der hin und zurück 10 km lange Abstecher zum Kloster Antifonítis führt über einen Waldweg, der aber auch von Pkw befahrbar ist. Wer einen Geländewagen gemietet hat, kann vor der Fahrt über diese Route problemlos auch noch einen Abstecher zur Burg Buffavénto unternehmen.

Zum Kloster Sourp Magar/ Armenomonastiro

Die einspurige Asphaltstraße, die an der **Blockhaustaverne** 1 auf der Passhöhe beginnt, windet sich zunächst am Nordhang des Gebirgskamms entlang und gewährt freien Blick auf den Fünffingerberg Beşparmak und das Meer. Nach 2,5 km erreicht sie den **Picknickplatz Kapali Böge ›Andizli Boğaz‹**. Hier beginnen mehrere Wanderpfade, deren Länge und Verlauf eine Schautafel genügend ausführlich beschreibt.

Die Straße führt nun durch einen schönen Wald mit Kiefern, Zedern und markanten Erdbeerbäumen. An ihrem rötlichen, ganz glatten und scheinbar rindenlosen Stamm sind Letztere gut zu erkennen. Früchte tragen sie zwischen etwa November und Februar. Nach 3 km erreicht die Straße den **Picknickplatz Girne Kayasi,** wo der 3,5 km lange Pfad F vom vorherigen Picknickplatz her endet. Ein paar Schritte führen zu einem Aussichtspunkt

Von Beşparmak nach Esentepe

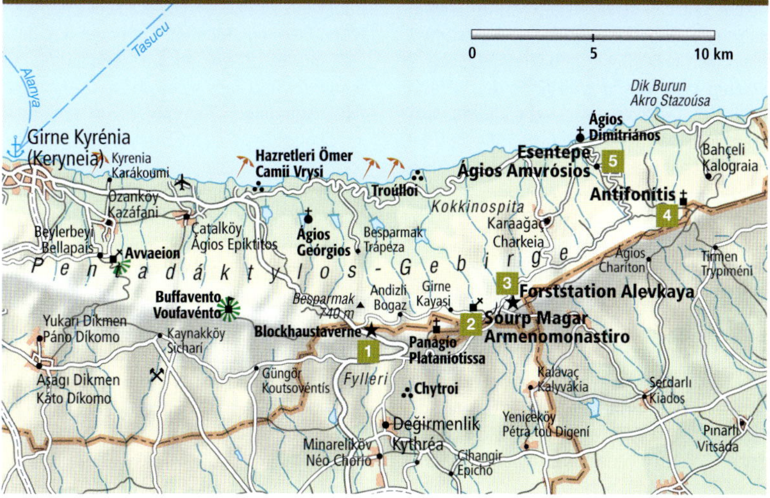

mit prächtigem Blick entlang der Nordküste. Ein mit einem dicken roten Punkt auf großem Stein markierter Wanderpfad führt von hier 1,6 km weit hinunter zum Kloster Sourp Magar, das der Wegweiser hier ›Ermeni Monastery‹ nennt.

Fährt man mit dem Auto weiter, kommt man nach weiteren 2,7 km wieder zu einem großen Picknickplatz mit Getränkekiosk und Campingmöglichkeiten. Ein Waldweg führt ins Tal hinunter zum 2,5 km entfernten Kloster Sourp Magar. Ist die Schranke an seinem Anfang nicht verschlossen, kann man auch mit dem Auto hinunterfahren.

Das **Kloster Sourp Magar** 2 war eine Gründung aus Ägypten stammender koptischer Eremiten. Im 16. Jh. wurde es von armenischen Mönchen übernommen, die es dem hl. Makários widmeten, den die Armenier Magar nennen. Nach türkischen Massenmorden an Armeniern 1895/96 wurde das Kloster verlassen und von den Briten in ein Ferienheim für Waisen umgewandelt. Nach der türkischen Invasion von 1974 wurde das Kloster erneut zerstört und ist jetzt dem völligen Verfall preisgegeben. Heute ist es nur noch eine romantische Ruine inmitten alter Obstbäume. Nur wenige Mauern stammen vom mittelalterlichen Konvent, die meisten Mauerreste zeugen von einem Wiederaufbau um 1812.

Forststation Alevkaya und Herbarium

300 m hinter dem Picknickplatz gabelt sich die Straße. Links geht es weiter nach Esentepe, rechts führt ein 250 m langer Abstecher zur **Forststation Alevkaya** 3. Bungalows aus Kolonialzeiten dienen als Büros, Lager und Unterkünfte für Forstbeamte und Waldarbeiter, ein schmuckes Häuschen beherbergt Büros und das Herbarium. Hier werden in einem kleinen Raum Samen und Früchte Zyperns in kleinen Schubladen verwahrt, die der Besucher aufziehen kann. Getrocknete Pflanzen aus dem Kyrénia-Gebirge liegen zwischen verstaubten Aktendeckeln, in Rahmen sind ein paar Schmetterlinge aufgespießt, an der Wand hängen Fotos von den Orchideen Zyperns. Der Laie genießt das liebenswerte Flair vergangener Zeiten, lernt aber nichts dabei, während das Herbarium für einen guten Botaniker wahrscheinlich eine Fundgrube sein dürfte (tgl. 8–16 Uhr, Eintritt frei).

Alevkaya: tagsüber geöffnet. Gleich gegenüber vom Herbarium stehen die Tische und Stühle einer urigen Taverne unter schattigen Bäumen. Hunde und Katzen tummeln sich zwischen zumeist einheimischen Gästen, gegrillt wird am Rande der Terrasse im Freien. Die Portionen sind groß, die Pommes frites werden mitsamt Schale serviert, der Salat mit frischen Korianderblättern. Hier mag man verweilen … *Full kebab* ca. 9 €.

Kloster Antifonítis

Auf die Hauptstraße zurückgekehrt, fährt man nun an einem weniger schönen Picknickplatz mit Zementtischen vorbei und kommt nach 11,6 km an eine Abzweigung, an der ein schwarz-gelber Wegweiser mit der Aufschrift ›Antifonidis Church‹ steht. Hier beginnt der 5,2 km lange Waldweg zum **Kloster** 4. Das schon vor 1974 verlassene griechisch-orthodoxe Kloster liegt sehr schön und völlig einsam im Grünen, der Wärter betreibt in einem Anbau und im Klosterhof ein kleines Kafenío und hat nichts dagegen, wenn man an seinen Tischen einen selbst mitgebrachten Imbiss zu sich nimmt.

Die Klosterkirche gehört architektonisch zum mittelalterlichen Achtstützentyp, der auf Zypern sonst nur noch in der Burgkirche von St. Hilárion vorkommt. Acht Säulen tragen in einem nicht ganz runden Kreis die Kuppel. Der Narthex und die Außenkolonnaden sind fränkische Anbauten. Die nur schlecht erhaltenen Fresken im Innern stammen aus dem 12. und 15. Jh. Noch am deutlichsten zu erkennen sind Teile eines Jesse-Baums und eines Jüngsten Gerichts, beide aus dem 15. Jh. (tgl. 9–16 Uhr, Eintritt 4 YTL).

Esentepe/Ágios Amvrósios

Auf die Asphaltstraße zurückgekehrt, erreicht man nach 1,4 km die griechisch-orthodoxe Kirche von **Esentepe** 5. Sie steht heute leer, denn die griechisch-zypriotischen Dorfbewohner wurden 1975 zwangsweise in den Süden umgesiedelt. Heute leben hier vor allem anatolische Bauern, die die neue Moschee am unteren Dorfrand aus Dankbarkeit für ihre neue Lebenschance nach Rauf Denktasch benannten, der ihnen ihre neue Staatsbürgerschaft schenkte.

Am unteren Dorfrand stößt man dann auf die Küstenstraße. Links geht es weiter nach Girne (s. S. 314ff.), rechts nach Kaplica (s. S. 329) und zur Burg Kantára (s. S. 329). Wer zum Abschluss der Fahrt noch ein wenig in äußerst angenehm-ländlicher Umgebung bei freundlichen jungen Leuten einkehren will, fährt 2 km in Richtung Kaplica und rastet im Antique Bar und Café.

Das Leben kann so schön sein!

Famagusta und der Osten

Reiseatlas S. 14–16

Famagusta wird nicht jedem gefallen. Aus Ödflächen und gesichtslosen Häusern ragen dort die Ruinen einer der reichsten Städte des mediterranen Mittelalters auf. Bereits ihre Vorläufer aus älteren Epochen waren bedeutende Zentren: Enkómi, Salamis und Constantia. Aus einer anderen Zeit scheint auch die urtümlich gebliebene Landschaft der Karpass-Halbinsel zu stammen, die fast bis ans türkisch-syrische Festland reicht.

Anders als in Kyrénia ist die Altstadt von Famagusta kein Schmuckstück. Nur wenige Menschen leben noch innerhalb ihrer mittelalterlichen Mauern, allein einige Werkstätten sind in alten Lagerhallen aus Kolonialzeiten noch in Betrieb. In der Altstadt gibt es ein einziges, sehr einfaches Hotel und nur etwa ein Dutzend abends meist geschlossene Restaurants. Die Markthalle wirkt ausgestorben, die Menschen kaufen lieber in der Neustadt ein. Dort spielt sich auf den Hauptverkehrsstraßen entlang der Staus auch das abendliche Leben ab. Famagusta ist außerhalb der Mauern eine junge Stadt, bevölkert von Tausenden Studenten vor allem aus der Türkei und Asien. An den Privatuniversitäten Nordzyperns gibt es keinen Numerus clausus – da kann jeder studieren, wenn die Eltern es finanzieren können.

Auch der Hafen von Famagusta, bis 1974 Haupthafen der ganzen Insel, verliert zusehends an Bedeutung. Er versandet; Geld für seine Instandhaltung fehlt. Im Süden grenzt Famagusta unmittelbar an das ehemals rein griechisch besiedelte Neustadtviertel Varósia, wo am Strand Hotels mit 16 000 Betten und dahinter die Wohnhäuser der griechischen Zyprer standen. Zwischen dem Landtor und Varósia ist in Alleen und alten Villenvierteln noch etwas vom ehemaligen Flair der Stadt erhalten geblieben.

Durch Varósia und die Demarkationslinie nach Süden hin begrenzt, dehnt sich das neue Famagusta immer weiter nach Norden aus. Es reicht schon fast bis zum riesigen Ausgrabungsgelände der antiken Stadt Salamis. Entlang der Ausgrabungen und auch noch ein Stück weiter nördlich und südlich davon dehnt sich ein kilometerlanger Strand aus, an dem sich die Hotels noch nicht so dicht drängen wie in Kyrénia. Einen ruhigen Badeurlaub kann man hier bestens verbringen.

Nördlich von Salamis wird Nordzypern wieder ganz ländlich. Eine 80 km lange Straße führt von hier bis zum äußersten Nordostzipfel Zyperns nahe dem Kloster des hl. Andréas. Bisher gab es entlang dieser Strecke nur einen einzigen, kleinen Badeort, Boğaz. Der ist inzwischen zur Stadt angewachsen, in dem es zwar Villen für Tausende gibt, aber kaum ständige Bewohner. Trotzdem kommt hier am Hauptplatz am Hafen mit seinen Fischtavernen noch etwas mediterrane Atmosphäre auf. Ein paar Kilometer weiter entsteht gerade am herrlichen Sandstrand von Bafra eine monströse Hotelstadt, die die Fremdenzimmerzahl Nordzyperns auf einen Schlag nahezu verdoppeln soll: 10 000 neue Betten sind hier für den Anfang geplant. Die Hotels waren bei Redaktionsschluss (Juli 2006) schon weitgehend fertig.

Hinter Bafra aber sind moderne Urbanisationen weiterhin die Ausnahme. Hier steht noch immer das Landschafts- und Naturerlebnis des Reisenden im Vordergrund. Ein

Mit dem Autor unterwegs

Die Hotels von Salamis

Am Strand von Salamis stehen vier Hotels. Am auffälligsten ist das 20-geschossige **Salamis Bay Conti** mit 399 Zimmern und Bungalows, großem Pool und Hallenbad, Konferenzzentrum für bis zu 1000 Teilnehmer, Spielcasino und Diskothek, Wellness-Bereich und Wassersportzentrum. Klein und bescheiden nimmt sich das in seinem Schatten erbaute, über 35 Jahre alte Hotel **Mimoza** mit einfachen Zimmern und einem Pool mit Swim-up-Bar aus. Im Hochsommer muss man allerdings mit lauter Musikbeschallung aus der benachbarten Taverne rechnen. Die gehört zur neuen Pension und Bungalowanlage **Koca Reis.** Hier wohnt man einfach und ganz zwanglos am Strand.

Abseits des großen Trubels steht das **Park Hotel** mit seinen roten Ziegeldächern und dem Pool auf Strandniveau am Meer. Die kürzlich renovierten Zimmer wirken ebenso wie die Atmosphäre im Hotel gediegen konservativ, die ganze Anlage hat etwas von einem übergroßen Schweizer Chalet: Der Kern des Park Hotel war in britischer Kolonialzeit die Offiziersmesse der Region. Ein 2005/06 erbautes Apartmenthaus unmittelbar südlich hat dem Hotel zwar seine einsame Lage genommen, dennoch ist es für ein paar ruhige Strandtage noch immer die beste Empfehlung an der Bucht von Salamis (s. S. 342).

Petri Heil!

Mesut Dindar, Englisch sprechender Inhaber des Hotels und Restaurants **Blue Sea** zwischen Dipkarpaz und dem Andréas-Kloster, lebt seit 16 Jahren in diesem einsamen Landstrich am Meer. Seine Frau ist eine exzellente Köchin, er selbst ein leidenschaftlicher Fischer. Eins der meist zwölf Boote im kleinen Schutzhafen gleich unterhalb des Hotels gehört ihm. Hotelgäste nimmt er gern zum Fang mit aufs Meer hinaus – oder leiht ihnen auch sein Boot, wenn sie gern einmal auf eigene Faust hinausfahren wollen (s. S. 349f.).

paar kleine, private Hotels sind entstanden, stehen aber ruhig und vereinzelt nahe oder direkt am Meer. Für ganz entspannte Badetage sind sie nahezu ideal.

Bei der gesamten Fahrt von Salamis zum Kloster Ágios Apóstolos Andréas ist der Weg das Ziel. Die Sanftheit der Hügel, das Grün der Felder in kleinen Hochtälern, grandiose Küstenszenerien und hinter Dipkarpaz dann auch noch wilde Esel werden zum Erlebnis. Auch die besondere politische Situation Zyperns kann man hier wieder einmal anders erleben: In Dipkarpaz und Sipahi leben noch einige hundert griechische Zyprioten; viele kleine Dörfer hingegen werden heute ausschließlich von anatolischen Bauern bewohnt, die ihre archaischen Sitten und Gebräuche auch auf Zypern aufrechterhalten. Hier während des Fastenmonats Ramadan auch nur eine Tasse Mokka zu erhalten ist fast unmöglich.

Das Kloster selbst ist eher enttäuschend. Kunsthistorisch ist es bedeutungslos, nicht einmal fotogen kann man es nennen. Trotzdem ist es für viele griechische Zyprioten zusammen mit dem Ký́kko-Kloster in Südzypern das bedeutendste christliche Wallfahrtsziel der Insel. Fliegende türkisch-zypriotische Händler haben sich darauf eingestellt und betreiben auf dem Klostervorhof einen bunten Markt.

13 Famagusta/Gazimağusa/Ammóchostos

Reiseatlas: S. 14, E 4

Die 3500 m langen Festungswälle von Famagusta (28 000 Einw.) umschließen eine der bizarrsten Altstädte der Welt. Man mag ihr einen melancholischen Reiz abgewinnen oder sie nur schlicht als verwahrlost empfinden – ohne ihren Besuch bleibt jedes Zypernbild unvollkommen. Da stehen Händler mit Zigaretten und Nüssen in der dachlosen Apsis einer jahrhundertealten Kirche, parken Autos innerhalb der Mauerreste eines venezianischen Gouverneurspalastes. Vor der gotischen Kathedrale mit ihrer prächtigen Fassade und dem aufgesetzten Minarett versammelt sich eine moslemische Trauergemeinde, vor einer byzantinischen Kreuzkuppelkirche spielen türkische Soldaten Basketball. Aus dem Maßwerk gotischer Fenster flattern Tauben auf, vor der Kirche des hl. Nikolaus trocknet Wäsche im Wind.

Die Neustadt von Famagusta hat keine Sehenswürdigkeiten zu bieten. Einen Kurzbesuch lohnt aber auf jeden Fall das Palm Beach Hotel, um von dessen Terrasse aus in Ruhe zur Geisterstadt Varósia hinüberblicken zu können.

Geschichte der Stadt

Famagusta hat wahrlich schon bessere Zeiten gesehen. Der hellenistische Herrscher Ptolemaios II. gründete die Stadt im 3. Jh. v. Chr. und benannte sie nach seiner Gattin, Arsinoe. Als Sarazenen im Jahr 648 das benachbarte Salamis-Constantia zerstörten, ließen sich die Überlebenden in den Überresten der ptolemäischen Stadt nieder. Sie gaben ihr bereits damals den Namen, den sie auf Griechisch heute noch trägt: Ammóchostos, ›die im Sand Versunkene‹. 1136 erhielt sie erneut Zuzug, als ein byzantinischer Kaiser die Bewohner der Stadt Tell Hamdoun in Kleinasien zwangsweise hierhin übersiedeln ließ.

Am bedeutsamsten für die Entwicklung der Stadt wurde aber das Jahr 1291. Damals fiel die Feste Akkon in Syrien, die 100 Jahre lang der Hauptsitz der Kreuzfahrer gewesen war, als letzter christlicher Vorposten im Heiligen Land. Kreuzritter und christliche Händler, die Akkon zu einer blühenden Hafenstadt gemacht hatten, flüchteten zu Zehntausenden nach Zypern, wo die Ritterorden schon zuvor Grund erworben und wohin viele Kaufleute auch schon Kapital transferiert hatten. Famagusta profitierte davon genauso, wie fast 700 Jahre später Lárnaka und Limassol Nutzen aus der Kapitalflucht aus dem Libanon ziehen sollten.

Kaufleute aus Italien und Frankreich, Katalanien und Griechenland, Byzanz und Armenien, ja selbst aus den afrikanischen Küstenländern betrieben fortan ihre Geschäfte von Famagusta aus. Diese wurden auch noch dadurch gefördert, dass der Papst allen römisch-katholischen Seefahrern unter Androhung der Exkommunikation den direkten Handel mit den islamischen Besetzern des Heiligen Landes verbot. So konnte Zypern zum willkommenen bzw. sogar gottgefälligen Handelsmittelpunkt der Levante aufsteigen. In seinen besten Jahren machten in Famagusta jährlich etwa 100 Schiffe aus Vorderasien fest. Der Wert jeder einzelnen Ladung konnte bis zu 100 000 Golddukaten betragen.

1372 ließ das Glück Famagusta im Stich. Der Kommerz hatte über die Ideologie gesiegt. Die westlichen Handelsflotten durften die Häfen des Nahen Ostens wieder direkt anlaufen; Famagusta verlor den so gewinnbringenden Zwischenhandel. Schon ein Jahr später plünderten die Genueser die Stadt und brachten sie für die nächsten 91 Jahre unter ihre Kontrolle. 1489 schwangen sich schließlich die Venezianer zu ihrem neuen Herrn auf und bescherten Famagusta noch einmal eine glanzvolle Zeit.

Als die türkischen Heerscharen es 1571 als letzte Stadt der Insel nach zehnmonatiger Belagerung eroberten, setzte der Niedergang ein. Die Türken besserten zwar die Stadt-

Eine Stunde in Famagusta

Ist man nur im Rahmen eines Tagesausflugs nach Famagusta gekommen, der auch weiter nach Salamis führen soll, genügt für eine Stadtbesichtigung eine gute Stunde. Es lohnt sich aber auch, einen halben Tag hier zu verbringen.

Für einen Kurzbesuch der Altstadt folgt man am besten den Wegweisern zum Hafen und fährt dann an der Arsenal-Bastion in die Altstadt hinein. Dort geht es an der Seemauer entlang bis zum Othello-Turm, in dessen Nähe übrigens meist Parkplätze frei sind. Man besucht den Turm, schlendert dann hinüber zur gotischen Kathedrale, bummelt die Fußgängerstraße am Palazzo del Provveditore entlang zum Landtor hinauf und kehrt dann zum Auto zurück.

Famagusta: Cityplan

mauer aus, fügten ein paar gotischen Kirchen ein Minarett an und errichteten einige Bäder und kleinere Moscheen – den Rest aber überließen sie Wind und Wetter. Die prächtigen Bauten verfielen; im 19. Jh. wurden Teile von ihnen sogar als Baumaterial für den Suez-Kanal nach Ägypten verschifft.

Als Zypern 1960 unabhängig wurde, war die Altstadt fast ausschließlich von türkischen Zyprioten bewohnt. Nach dem Ausbruch der Feindseligkeiten zwischen griechischen und türkischen Zyprioten im Jahr 1964 entwickelte sie sich gar zu einer türkisch-zypriotischen Enklave, die von UN-Soldaten gesichert werden musste. Ihre Bewohner hatten keinen Anteil an der Entwicklung des neuen Stadtviertels Varósia entlang des langen Sandstrandes südlich der Stadt, den die griechischen Zyprioten zum Touristenzentrum der Insel mit mehr als 10 000 Fremdenbetten ausbauten. Als dann im Hochsommer 1974 türkische Truppen gen Famagusta marschierten, um einen Anschluss Zyperns an Griechenland zu verhindern, kam für die erneut prosperierende Stadt schlagartig der zweite ›Knock-out‹. Türkische Flugzeuge bombar-

Sehenswürdigkeiten
1 Othello-Turm
2 Lala-Mustafa-Paşa-Moschee
3 Cafer-Paşa-Bad
4 Palazzo del Provveditore
5 Sinan-Paşa-Moschee
6 Landtor
7 Siegesdenkmal
8 Kathedrale Ágios Geórgios
9 Ágios Nikólaos
10 Agía Zoní
11 Kertikli Hamam
12 Karmeliterkirche
13 Armenische Kirche
14 St. Anna
15 Nestorianerkirche
16 Doppelkirche des Templer- und Johanniterordens

Übernachten
1 Palm Beach
2 Portofino
3 Altun Tabya

Essen und Trinken
4 Cyprus House
5 D & B
6 Petek Pastanesi

dierten die Hotels in Varósia, weil griechische Scharfschützen von hier aus die Altstadt beschossen. Schließlich nahmen türkische Soldaten Varósia ein und riegelten es ab. Varósia wurde eine Geisterstadt, zu der außer türkischem Militär niemand mehr Zutritt hat. Zur Übernahme der Hotels fehlten Know-how, Personal und Kapital – ganz abgesehen von einer auch nur irgendwem einleuchtenden Rechtfertigung. Seit 1974 verrottet Varósia. Nur an einem einzigen Fleck des kilometerlangen Sandstrandes stehen gelegentlich noch bunte Sonnenschirme: vor dem türkischen Offizierskasino.

Die Rückgabe von Varósia an die griechischen Zyprioten zählt bis heute zu den Hauptforderungen der Republik. Als von der UN vorgeschlagene ›vertrauensbildende Maßnahme‹ soll sie allen weiter reichenden Vereinbarungen vorausgehen. Seitdem Varósia eine Geisterstadt ist, konzentriert sich der Tourismus von Famagusta auf die vielen Hotels, die am Sandstrand nördlich der Ausgrabungen von Salamis stehen. In der Stadt selbst gibt es nur wenige Unterkunftsmöglichkeiten.

Altstadt-Rundgang

Ein ausführlicher Rundgang beginnt am besten am **Othello-Turm** 1. Die seit der britischen Kolonialzeit so genannte Zitadelle am Hafen mit einer schönen gotischen Halle aus dem 14. Jh. wurde im 16. Jh. von den Venezianern durch Verstärkung ihrer Mauern der modernen Kriegstechnik angepasst. Besucht wird sie vor allem, weil sie aus unerfindlichen Gründen als Schauplatz des düsteren Ehe- und Eifersuchtsdramas von Othello und Desdemona gilt – von dem niemand weiß, ob es überhaupt je stattfand. In Shakespeares 1604 geschriebenem Trauerspiel steht noch nicht einmal, dass es in Famagusta spielt. Als Schauplatz ist nur »ein Hafen auf Zypern« angegeben. Und ob die Novelle des Venezianers Giraldo Cinzio, die Shakespeare wahrscheinlich als Vorlage diente, auf historischen Tatsachen beruht, weiß auch niemand zu sagen. Der Weg auf den Turm, der von 1964 bis 1974 als Beobachtungsposten der UN diente, lohnt schon allein wegen des schönen Blickes über den Hafen und die Altstadt (Mai–Sept. tgl. 9–19, Okt.–April tgl. 9–13 und 14–16.45 Uhr, Eintritt 6 YTL).

Als bedeutendstes Bauwerk der Altstadt gilt die **Lala-Mustafa-Paşa-Moschee** 2. Sie wurde 1298–1326 als Kathedrale des hl. Nikolaus im reinsten gotischen Stil erbaut. Mit sparsamsten Mitteln wandelten die Türken die Kirche 1571 in eine Moschee um und benannten sie nach dem Anführer des Erobererheeres. Die Kathedrale erhielt ein Minarett und

Einst Kathedrale, heute Moschee: Lala-Mustafa-Paşa

einen Reinigungsbrunnen; in die Südwand wurde ein Mihrab geschlagen. Man zerstörte die christlichen Skulpturen und übertünchte die Wandmalereien. Vor der Moschee steht eine Sykomore, ein Maulbeerfeigenbaum, der gleichen Alters wie der Bau sein soll.

Nicht weit davon entfernt sieht man an der Lima Yolu die spärlichen Ruinen einer um 1300 erbauten Franziskanerkirche und das ehemalige **Cafer-Paşa-Bad 3**, das heute als Bar und Diskothek genutzt wird.

Südlich des Bades umschließen die zerfallenen Mauern des **Palazzo del Provveditore 4**, des Palastes des venezianischen Statthalters, einen Parkplatz und ein schönes Café unter schattigen Bäumen. Vom Café aus gelangt man ins **Namik-Kemal-Museum.** Es erinnert an einen 1840 geborenen türkischen Dichter, Historiker und Journalisten, der hier von 1873 bis 1876 wegen seiner kritischen Verse gefangengehalten wurde. Kemal (gest. 1888) gilt heute als bedeutender Vorläufer der Jungtürken, die unter Kemal Atatürk zu den Wegbereitern des modernen türkischen Nationalstaats wurden. Südwestlich des Palazzo kommt man zur **Sinan-Paşa-Moschee 5**, 1358–1360 auf Kosten eines venezianischen Kaufmanns aus dem Gewinn einer einzigen Handelsfahrt als dreischiffige, gotische Kirche St. Peter und Paul erbaut.

Im **Landtor 6** ist auch die Tourist-Information der Stadt angesiedelt. Das Tor ist Teil der von den Venezianern um 1490 begonnenen und erst 1565 abgeschlossenen Stadtbefestigungen, die man von der Bastion über dem Landtor aus gut überblicken kann. Die Stärke der 3500 m langen Stadtmauer erreicht 7 m, ihre größte Höhe beträgt 18 m. Das Landtor heißt auf Türkisch *Akkule* (›Weißer Turm‹), denn 1571 hissten hier die Venezianer als Zeichen der Kapitulation die erste weiße Fahne.

Dem Landtor gegenüber steht in der Neustadt in der Mitte eines Kreisverkehrs das **Siegesdenkmal 7**. Es erinnert an die Einnahme Famagustas im Jahr 1974 und an die türkisch-zypriotischen Opfer der Kämpfe zwischen 1963 und 1974. Die Betonskulptur wird vom Haupt Kemal Atatürks bekrönt.

Auf dem Weg zum Seetor und zurück zum Othello-Turm kann man nun an der eindrucksvollen Ruine der orthodoxen **Kathedrale**

Ágios Geórgios 8 entlanggehen. Als byzantinische Kirche im gotischen Stil ist sie weltweit einzigartig: Offenbar waren die orthodoxen Christen Famagustas im 15. Jh. dem überwältigenden Reichtum ihrer katholischen Umgebung so sehr erlegen, dass sie deren Bauform übernahmen. Die ältere, unmittelbar an die Südwand der gotischen Kathedrale anschließende Kirche im typisch byzantinischen Stil macht den Unterschied zwischen beiden Architekturformen schlagartig deutlich: das nach innen gekehrte Wesen der Orthodoxie und das nach äußerer Pracht Strebende des spätmittelalterlichen Katholizismus.

Liebhaber byzantinischer Kirchen können 200 m weiter südwestlich inmitten von Gärten und Kakteen noch die Überreste zweier Kreuzkuppelkirchen, **Ágios Nikólaos** 9 und **Agía Zoní** 10, aufspüren.

Weitere Sehenswürdigkeiten und ein Blick auf Varósia

Wer Famagusta mehr als einen Kurzbesuch abstattet, kann den Stadtrundgang vom Othello-Turm aus zu weniger bedeutenden Monumenten fortsetzen:

Vorbei an der Ruine der einschiffigen, frühgotischen Kirche St. Georg der Lateiner und dem Türkischen Bad **Kertikli Hamam** 11 gelangt man an den Rand eines militärischen Sperrgebiets, in dem die Ruinen der mittelalterlichen **Karmeliterkirche** 12, der **Armenischen Kirche** 13 und der **Kirche St. Anna** 14 liegen. Vom Kirchenreichtum des mittelalterlichen Famagusta und seiner wahrhaft multikulturellen Atmosphäre zeugen auch noch die **Nestorianerkirche** 15 aus dem Jahr 1359, die heute von einer Universität genutzt wird, und die **Doppelkirche des Templer- und Johanniterordens** 16, die mittlerweile zur Hälfte als private Kunstgalerie dient …

Ein Besuch Famagustas ist unvollständig ohne einen Gang oder eine Fahrt zum **Palm Beach** 1. Das elegante Fünf-Sterne-Hotel liegt am Grenzzaun zur **Geisterstadt Varósia.** Touristen sind doch manchmal ein hartgesottenes Völkchen! Beim wahrhaft einmaligen Anblick bombardierter Häuser und verrottender Hotels genießen sie ihren Brandy Sour auf der Terrasse und die Sonne am feinsandigen Strand.

i **Gazimagusa Tourist Information Office:** Surlariçi Akkule (im Landtor), Tel. 366 28 64, Fax 366 06 36, enfmagusa@kktc.net. Mo–Sa 9–17 Uhr.

Palm Beach 1: Deve Limani, Tel. 366 20 00, Fax 366 20 02, www.northernpalmbeach.com. Einziges First-Class-Hotel der Stadt. 108 Zimmer, am Strand und an der Grenze zu Varósia. Großer Pool, Diskothek, Wassersportstation. DZ NS 95 €, HS 140 €.
Portofino 2: Fevzi Çakmak Bulvari 9 (Neustadt zwischen Landtor und Hafen), Tel. 366 43 92, Fax 366 29 49, www.portofinohotel-cyprus.com. Modernes, gepflegtes Hotel mit Parkplatz, Pool und Sauna, für Altstadtbesichtigungen günstig gelegen. DZ 47–55 €.
Altun Tabya 3: Altstadt, Kizilkule Yolu 7 (nahe dem Landtor), Tel. 366 34 04. Einziges Hotel in der Altstadt. Sehr einfach, verwohnt und renovierungsbedürftig, aber immerhin ruhig gelegen. 17 Zimmer, nur mit Deckenventilatoren. DZ 25–35 €.

Cyprus House 4: Hastahane Cad. 32 (Kolonialviertel zwischen Landtor und Varósia), Tel. 336 48 45, im Winter So. geschl. Folkloristisch eingerichtetes, alteingesessenes Restaurant in ehemaliger Polizeistation, große Auswahl an teilweise originellen zypriotischen Gerichten. Hauptgerichte 10–25 YTL.
D & B 5: Altstadt, Namek Kemal Maydani 14 (nahe der Kathedrale), Tel. 366 66 10. Modernes Restaurant auf zwei Etagen, Pizza, Pasta, Steaks und Salate. Viele junge Gäste, deren Musik als Klangfarbe. Pizza 7–11 YTL, Salate 6–8 YTL, Steaks 14–15 YTL.
Petek Pastanesi 6: Altstadt, an der Straße vom Seetor zum Othello-Turm, tgl. 8–24 Uhr. In der vielleicht besten Konditorei ganz Zyperns sitzt man im Winter am Kamin, im Sommer in einem lauschigen Dachgarten. Die Auswahl an Kuchen und anderen süßen Leckereien aus Orient und Okzident ist überwältigend, der Service gut. Kuchen ca. 3–6 YTL.

Wassersport: im Hochsommer Station mit großem Angebot am Strand des Palm Beach.

Lion's Garden: an der Straße nach Salamis. Restaurant, Bar und spätabends auch Disco im wohl auffälligsten Haus der Region. Monumentaler Kitsch mit Löwen, Engelchen und Statuen innen und erst recht außen.

International Famagusta Art and Culture Festival: s. S. 342.

Busbahnhof: an der Straße vom Landtor Richtung Nicosia, etwa 500 m vom Seetor entfernt. Von hier aus auch Service-Taxis. Verbindung mit Girne und Nicosia Mo–Fr ca. 7.30–17.30 Uhr etwa stündlich, mit der Karpass-Halbinsel Mo–Fr mittags und spätnachmittags.

12 Salamis

Reiseatlas: S. 14, D 4

Die an Kilometern kurze Rundfahrt führt zu den bedeutendsten archäologischen Denkmälern Nordzyperns in **Salamis** und Umgebung. Wer nur über wenig Zeit verfügt, sollte auf jeden Fall das Theater und das Gymnasion von Salamis, die Königsgräber sowie das nahe Bárnabas-Kloster besuchen. Dafür benötigt man mindestens zweieinhalb Stunden.

Die Straße von Famagusta nach Salamis führt an einer der privaten Universitäten Nordzyperns und der Kaserne der UN-Soldaten vorbei. Auf ihrer Höhe unterhielten die Briten unmittelbar am Meer während und kurz nach dem Zweiten Weltkrieg ein Internierungslager, in dem Juden festgehalten wurden, die illegal nach Palästina einzureisen versucht hatten. Literarisch beschrieben wird das Leben in diesem Lager von Leon Uris in seinem Bestsellerroman ›Exodus‹.

Heute ist Salamis nicht nur eine archäologische Stätte, sondern auch Standort mehrerer Strandhotels (s. S. 342).

Geschichte

Salamis war in den ersten sieben Jahrhunderten des 1. Jt. v. Chr. Zyperns bedeutendste und bis ins 7. Jh. n. Chr. hinein wohl auch größte Stadt – also mehr als 1500 Jahre lang. Teukros, Sohn des Königs Telamon von der griechischen Insel Salamis, soll sie nach dem Trojanischen Krieg gegründet haben. Im 4. Jh. wurde Salamis zu Ehren Kaiser Konstantins II. in Constantia umbenannt, weil er wesentlich zum Wiederaufbau beitrug, als die Stadt von zwei nur zehn Jahre auseinander liegenden Erdbeben zerstört worden war. Die arabischen Überfälle in der Mitte des 17. Jh. bescherten Constantia zusammen mit weiteren Erdbeben den Untergang.

Die weitläufigen Ausgrabungen der Stadt Salamis liegen in einem zum großen Teil naturbelassenen Wald aus Kiefern und Riesenfenchel zwischen der Küstenstraße und dem Meer. Einst lebten hier bis zu 100 000 Menschen. Im heute umzäunten, über 5 km^2 großen Areal der antiken Metropole ist aber erst ein Bruchteil der antiken Bauten freigelegt worden. Vor der türkischen Invasion 1974 waren die Ausgrabungen in vollem Gange; seit jenem Ereignis ruhen sie.

Rundgang

Um einen Überblick über die archäologische Stätte zu gewinnen, steigt man am besten zuerst auf den obersten Rang des **Theaters** hinauf. Ursprünglich fasste es 15 000 Zuschauer. In der Orchestra steht noch ein Dionysosaltar, auf dem in der Antike vor jeder Darstellung dem Gott des Theaters ein Opfer dargebracht wurde. Bis 1959 war die Ruine des Theaters vollständig von Sand bedeckt und von Mimosen überwuchert. Nur an einer Bodenvertiefung war es zu erkennen. Es wurde in Augusteischer Zeit erbaut, also um die Zeitenwende und diente den frühen Christen nach einem Erdbeben nur noch als Steinbruch. Von den einst 50 Sitzreihen fanden die Archäologen nur noch die sieben untersten vor; der Rest wurde in der Folgezeit rekonstruiert. Heute finden im Theater im Sommer gelegentlich Folkloreveranstaltungen und Konzerte statt.

Salamis

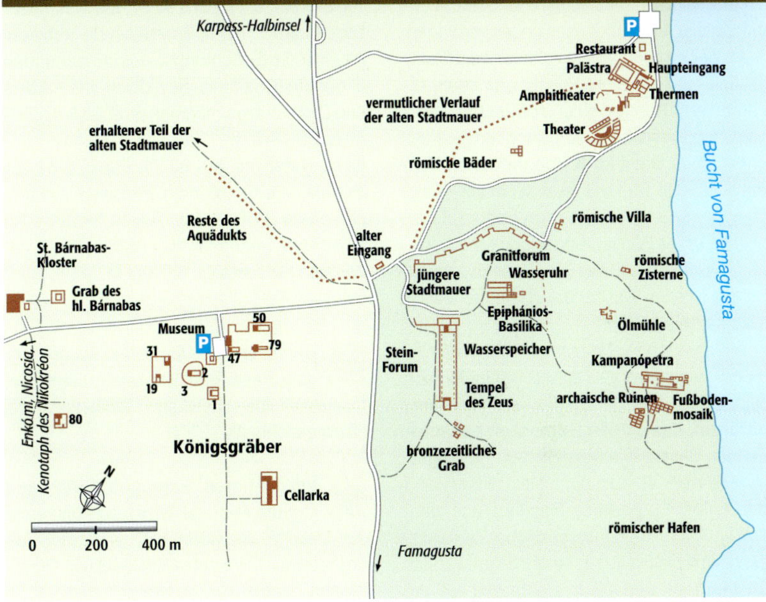

Zwischen dem Theater und dem an den aufrecht stehenden Säulen gut zu erkennenden **Gymnasion** markiert eine Bodenvertiefung das antike Amphitheater. Zwischen ihm und den Überresten von Stufen des antiken Stadions hindurch kommt man in den säulenumstandenen Hof der **Palästra** des antiken Gymnasions. Diese 52,5 m x 39,5 m große Sportstätte, die vor allem für Ringkämpfe genutzt wurde, entstand im 2. Jh. Schon bald nach den Erdbeben von 332 und 342 musste sie neu erbaut werden. Man griff dabei auf Säulen von verschiedenen anderen zerstörten Bauten der Stadt, vor allem vom Theater, zurück. Da sie unterschiedlich lang waren, musste man den Größenunterschied durch verschieden hohe Säulenbasen ausgleichen, was einen höchst seltenen Anblick ergibt. Auch für die Pflasterung der Umgänge verwandte man Kacheln verschiedener Herkunft. Sie ergaben zwar schöne, aber doch recht bunt zusammengewürfelte Mosaike, in die auch verschiedene Inschriften eingearbeitet wurden. Eine heute noch deutlich zu erkennende **Gemeinschaftslatrine** platzierte man in einem Raum in der Südwestecke der Palästra. Der östliche Säulengang der Palästra bildete den Übergang zu den ebenfalls nach den Erdbeben wiederhergestellten **Thermen.** An seinem Nord- und Südende lagen zwei noch erkennbare, kleine Schwimmbecken.

In der Therme ist das System der Hypokaustenheizung noch deutlich zu erkennen. Hier findet man verschiedene Wasserbecken und stark beschädigte Überreste zweier römischer Mosaike sowie einer römischen Wandmalerei. Leider verhindert kein Wärter, dass sich unverantwortliche Touristen verbotenerweise ein Stück als Souvenir mitnehmen.

Wer über genügend Zeit verfügt, kann im Ausgrabungsgelände von Salamis weitere Überreste aus der Antike entdecken. Bedauerlicherweise fehlt jedweder Wegweiser, sodass die Suche nach den einsam und verborgen im verwildernden Gelände gelegenen

Stätten zeitaufwendig werden kann. Hat man genügend Muße, lässt sie sich aber auch gut mit einem Bad am einsamen Sandstrand unterhalb des Ausgrabungsgeländes verbinden.

An der Straßengabelung hinter dem Theater hält man sich links. Hinter den kaum erkennbaren Resten einer **römischen Villa** geht man meerwärts und gelangt so zur frühchristlichen **Basilika Kampanópetra.** Vom dreischiffigen Bau mit zwei schmalen Katechumenen-Gängen aus dem späten 4. Jh. blieben einige Säulen, Bogen und Mosaikfußböden erhalten. Südlich der Basilika können Schnorchler im Wasser die Überreste antiker Kaimauern erkennen.

Anschließend kehrt man zur Kreuzung hinter der römischen Villa zurück und geht nach links zum rechts der Straße liegenden **Granitforum,** das an den zahlreichen herumliegenden Säulen aus ägyptischem Rosengranit erkennbar ist. Kurz darauf folgt linker Hand die **Ágios Epiphánios-Basilika** aus dem späten 4. Jh., die in frühchristlicher Zeit wahrscheinlich die Hauptkirche der Stadt war. Mit 58 m Länge und 42 m Breite war sie die größte Basilika der Insel.

Vorbei an einer großen Zisterne aus dem frühen 7. Jh., die über ein teilweise noch erhaltenes, einst 60 km langes Aquädukt mit frischem Wasser aus den Kyrénia-Bergen gefüllt wurde, kommt man schließlich zum Römischen Forum, auch **Steinforum** genannt. Von den Säulenhallen und Läden, die den 228 x 55 m großen Marktplatz umgaben, blieb fast nichts erhalten; auch vom Zeus-Tempel, der sich auf einem Podium im Süden des Forums erhob, ist kaum noch etwas zu sehen (Mai–Sept. tgl. 9–19, Okt.–April tgl. 9–13 und 14–16.45 Uhr, Eintritt 9 YTL).

Salamis Bay Conti: nördlich der Ausgrabungen, Tel. 378 82 00, Fax 378 81 18, www.salamisbay-conti.com. Für Liebhaber großer Hotels mit allem Drum und Dran (s. S. 334). DZ 130 €.
Park: südlich der Ausgrabungen, Tel. 378 82 13, Fax 378 91 11, www.parkhotelonline.com. Für den, der es etwas ruhiger mag (s. S. 334). DZ HS 65 €, NS 59 €.
Mimoza: nördlich der Ausgrabungen, unmittelbar neben dem Hotel Salamis Bay Conti, Tel. 378 82 19, Fax 378 90 77, www.mimozabeachhotel.com. Für Sparsame, die trotzdem häufiger die Einrichtungen des benachbarten Großhotels Salamis Bay Conti wie Casino und Disko nutzen möchten (s. S. 334). DZ HS 60 €, NS 48 €.
Koca Reis: Tel. 378 82 29, Fax 378 83 22, www.kocareisresort.com. Preiswert, einfach, nahe dem Großhotel und doch familiäre Atmosphäre, wenn man das Gespräch mit der Wirtsfamilie sucht (s. S. 334). DZ 43 €, Bungalow 58 €.

Bedi's: am Eingang zu den Ausgrabungen. Restaurant mit großer Terrasse, fast unmittelbar am Strand. Große Auswahl. Hauptgerichte ab 12 YTL.

International Famagusta Art and Culture Festival: letzte Juni- und erste Juli-Dekade, Tel. 366 09 50, www.magusa.org/festival. Etwa zehn Rock-, Jazz-, Pop-, Klassik- und Folk-Konzerte im Othello-Turm und im antiken Theater von Salamis. Beginn jeweils 21 Uhr, Eintritt Othello-Turm 5 YTL, Theater von Salamis 10 YTL.

Königsgräber

Noch bedeutender als die Grabungen in der Stadt Salamis war für die Archäologen die Entdeckung der **Königsgräber,** die zwischen 1962 und 1974 freigelegt wurden. Sie liegen links der Straße zum Bárnabas-Kloster und sind erkennbar ausgeschildert. Man parkt am winzigen Museum und erkundet den Bezirk von hier aus zu Fuß. Auf jeden Fall anschauen sollte man sich die Gräber 47, 79 und 50 gleich östlich des Museums sowie das gegenüberliegende, durch Grabhügel und Schutzdach gut zu erkennende Grab 3. Im kleinen Museum sind einige wenige Funde aus den Gräbern, die Rekonstruktion eines Leichenwagens mit Bronzeschmuck sowie viele Fotos und Zeichnungen von den Ausgrabungen zu sehen (Mai–Sept. tgl. 8–19 , Okt.–April tgl. 8–17.30 Uhr, Eintritt 4,50 YTL).

Richtig Reisen-Tipp: In den Gräbern von Salamis

Anders als in Páfos, wo die so genannten Königsgräber keine letzten Ruhestätten für Monarchen, sondern nur für wohlhabende und hochgestellte Beamte aus hellenistisch-ptolemäischer Zeit waren, legten die Archäologen in Salamis wirkliche Königsgräber frei. Sie fanden die Grabkammern jedoch weitgehend leer vor. Schatzräuber hatten sie bereits seit langem restlos ausgeräumt. Aber sie waren nur in die durch Erdhügel markierten, aus Stein aufgemauerten Grabkammern hineingestiegen und konnten nicht wissen, dass ihnen breite *drómoi* vorgelagert waren. In diesen *drómoi* konnten die Archäologen noch fündig werden.

Die *drómoi* von Salamis waren bis zu 12,8 m breite Zugangswege zur Grabkammer, deren Bodenniveau tiefer liegt als die sie umgebende Fläche. Darum fallen die *drómoi* immer zur Grabkammer hin ab. Manche waren sehr lang wie in Grab 3 (24,6 m), andere sehr kurz (2,7 m bei Grab 80). Ihr Boden bestand aus festgestampfter Erde, die Seitenwände waren manchmal mit Steinplatten verkleidet oder mit Schlammziegeln aufgemauert. Sie endeten in einem Própylon, zu dem meist einige Stufen hinaufführten. Vom Própylon her öffnete sich ein Durchlass in die eigentliche, meist recht enge und niedrige Grabkammer.

In den *drómoi* fanden die Archäologen viele, z. T. bis heute dort belassene Skelette von Pferden und Eseln. Die Pferde wiesen noch deutliche Überreste reichen Schmuckes auf. Man fand elfenbeinerne und bronzene Scheuklappen und sogar Kopfbänder aus dünnen Goldblechstücken. Im Boden mancher *drómoi* hatten Deichsel und Wagen Abdrücke hinterlassen, sodass ihre Form rekonstruiert werden konnte.

All diese Funde erlauben Rückschlüsse auf die Begräbnisrituale: Der Leichnam wurde auf einem offenen Wagen bis in den Drómos gefahren. Hier wurde dann der Wagenaufbau mit dem Toten abgenommen; die Zugtiere wurden geschlachtet. Wenn sechs Pferde nahezu gleichzeitig getötet wurden, dürfte es dabei recht wild zugegangen sein. Dass nicht alle Tiere im gleichen Augenblick getötet wurden, erkennt man in Grab 47: Die Schädelknochen des Pferdes liegen in ganz unnatürlicher Haltung auf den Rippen und lassen vermuten, dass das Tier in Todesangst zu flüchten versuchte, sich dabei den Hals am Jochbalken verrenkte und sich im Niederfallen das Genick brach.

Nicht immer blieb es übrigens bei Pferdeopfern. Zumindest in einem Grab (Grab 2) fand man auch ein menschliches Skelett und dazu verstreut andere Menschenknochen. Hier haben wohl Sklaven ihr Leben lassen müssen.

Der Leichnam des vornehmen Toten wurde in einigen Fällen mitsamt dem Wagenaufbau in der Grabkammer beigesetzt. Häufiger jedoch fand man im *drómos* auch noch Spuren eines Scheiterhaufens oder gar auf Einäscherung hinweisende Reste des Toten selbst: so z. B. in Grab 1, wo sie in Tuch gewickelt in einem Bronzekessel lagen, der sich in einer Grube unter der Grabkammer befand.

Bevor *drómos* und Grabkammer mit Erde zugeschüttet wurden, gab man dem Toten noch allerlei mit in die Ewigkeit: in Schalen, Krügen und Amphoren z. B. Lebensmittel, Olivenöl und Honig, aber auch Purpurschneckenhäuser und Bratspieße, Waffen, Schmuck und sogar Möbel. Die prächtigsten Möbelstücke fanden sich in Grab 79. Es waren Reste dreier Thronsessel, eines Tisches, eines Schemels und eines Bettes aus Holz und Elfenbein, verziert mit Silberplättchen und Glasfluss. Sie gehören heute zu den wertvollsten Exponaten im Zypern-Museum in Südnicosia. Hier in Salamis verblieben nur wenige Grabfunde von geringer Bedeutung. Fotos zeigen aber, was in Südnicosia zu sehen ist.

Cellarka-Bezirk

Wenige hundert Meter südöstlich der Königsgräber und von hier aus auch gut zu Fuß erreichbar, diente der ständig frei zugängliche **Cellarka-Bezirk** als Nekropole für das Volk. Auf einer Fläche von 1092 m² entdeckten die Ausgräber rund 100 Gräber. Allerdings stammen sie nicht alle aus der gleichen Zeit, sondern wurden im Verlauf von fast 400 Jahren zwischen etwa 700 und 320 v. Chr. aus dem harten Kalkstein gehauen. Anfangs besaßen diese Gräber noch kleine Zugangskorridore, so genannte *Drómoi.* Als der Raum immer enger wurde, schuf man neue Begräbnisplätze in diesen *Drómoi* und in den Seitenwänden der vorhandenen Grabkammern oder hatte nur noch Platz für einen fast senkrechten Schacht zur Grabkammer. All diese Gräber waren Familiengräber, wie auch die Vielzahl gefundener Schädel und Skelettreste in einzelnen Kammern bewies. An der Oberfläche war der Grabbesitz jeder Familie durch eine kleine Quadermauer angedeutet. Die Toten lagen teilweise auf aus dem Fels gehauenen Liegen, teilweise auf hölzernen Liegen oder in hölzernen Särgen. Kinder wurden auch in Amphoren beigesetzt. Die Begräbnisrituale waren sehr viel einfacher als bei der Beisetzung von Königen. Zeugnisse von Pferdeopfern fand man nur in zwei Gräbern – und in einem Grab sogar ein Menschenopfer. Häufig waren kleine Scheiterhaufen dicht unter der Oberfläche, auf denen einige Zeit nach dem Begräbnis Lebensmittel, Sesamkörner, Tongefäße und keramische Nachbildungen von Schmuck und Gebrauchsgegenständen im Feuer geopfert wurden.

Bárnabas-Kloster

Reiseatlas: S. 14, D 4

Von den Königsgräbern und dem Cellarka-Bezirk aus sind deutlich die Kuppeln des **Bárnabas-Klosters** zu sehen. Es birgt seit 1992 das schönste **archäologische Museum** Nordzyperns. In den ehemaligen Mönchszellen sind Funde aus der zypriotischen Vergangenheit vom Neolithikum bis zur byzantinischen und fränkischen Zeit ausgestellt, in der Klosterkirche aus dem 18. Jh. Ikonen aus nordzyprischen Kirchen.

Im Kloster lebten bis 1974 drei alte Mönche, die nach der türkischen Invasion ins Kloster Ágios Geórgios Alamános zwischen Lárnaka und Limassol umzogen. Sie malten die rechte Seitenkapelle der Kirche mit vier Szenen aus, die wie in der Kathedrale Ágios Ioánnis in Nicosia (s. S. 248ff.) die Auffindung des Apostelgrabes zeigen. Bárnabas stammte aus Salamis und erlitt hier durch syrische Juden den Märtyrertod. Über seinem 90 m vom Kloster entfernten Grab steht heute eine 1953 errichtete Kapelle.

Enkómi

Reiseatlas: S. 14, D 4

Dort wo die Straße von Salamis und dem Bárnabas-Kloster auf die Straße nach Nicosia (tk. Lefkoşa) mündet, legten französische und zypriotische Archäologen die Überreste der bronzezeitlichen Stadt **Enkómi** frei. Die um 2000 v. Chr. gegründete Siedlung war bis zu ihrer Aufgabe um 1075 v. Chr. ein bedeutendes Zentrum der zypriotischen Kupferverhüttung und -verarbeitung. Von hier stammen einige der schönsten bronzezeitlichen Funde im Zypern-Museum von Nicosia, z. B. der ›Gehörnte Gott von Enkómi‹ oder der auf einem Kupferbarren stehende Krieger mit erhobenem Speer. Die Besichtigung der Ausgrabungen ist für den Laien wenig ergiebig. Man erkennt das rechtwinklige Straßennetz und eine Vielzahl von Grundmauern. Anhand ihrer Bauweise aus großen, regelmäßig behauenen Steinquadern kann man Heiligtümer und den vermutlichen Königspalast von einfachen Wohnhäusern und Werkstätten unterscheiden (Mai–Sept. tgl. 8–19, Okt.–April tgl. 8–17.30 Uhr, Eintritt 4,50 YTL).

Kenotaph des Nikokréon

Reiseatlas: S. 14, D 4

Fährt man nun durch das heutige Dorf **Tuzla** (Enkómi) zur Küstenstraße zurück, sieht man am Ortsausgang links der Straße den **Kenotaph des Nikokréon,** einen ehemals ca. 10 m hohen, runden Erdhügel mit einem Durchmesser von etwa 50 m (eingezäunt, zurzeit nicht zu betreten). Die Archäologen trugen ihn zu drei Vierteln ab und fanden hier ein rechteckiges Postament von 17 m Länge und 11,5 m Breite aus sonnengetrockneten Schlammziegeln. Auf allen vier Seiten führten je vier Stufen zu ihm hinauf, an der Westseite zusätzlich noch eine Rampe. Stufen und Rampe waren weiß verputzt, sodass sie wie Marmor wirkten. Auf dem Postament fanden die Ausgräber einen Schuttkegel, unter dem die Überreste eines großen Scheiterhaufens zum Vorschein kamen. Darin fanden sie Speerspitzen und Reste von Schilden, 100 Alabastren aus Gips, Kränze aus vergoldeten Blättern, Beeren und Blüten sowie Spuren von Samen, Getreidekörnern und Früchten – vor allem aber Bruchstücke von mehreren ganz oder annähernd lebensgroßen Statuen. Eine Grabkammer oder auch nur Spuren einer Bestattung konnten die Archäologen jedoch nicht entdecken.

Da die gesamte Anlage mit ziemlicher Sicherheit ins späte 4. Jh. v. Chr. zu datieren war, glaubte der Leiter der Ausgrabungen, Vássos Karageórghis, hier auf einen Kenotaph (also ein Grabdenkmal) für den letzten König von Salamis – Nikokréon – gestoßen zu sein. Er herrschte in der Zeit der Diadochenkämpfe um die Aufteilung des Weltreichs Alexanders des Großen. Offiziere aus der Armee von Ptolemaios I. überfielen mit ihren Truppen Salamis und zwangen Nikokréon, der sich in seinem Palast verschanzt hatte, zum Selbstmord. Seine Familie schloss sich ihm an und setzte den Palast in Brand. Der König und seine Familie kamen im Feuer um. Später, so Karageórghis' Vermutung, errichtete sein Volk für ihn den Kenotaph und verbrannte in einer eindrucksvollen Trauerfeier die Statuen der Königsfamilie zusammen mit Opfergaben auf dem großen Scheiterhaufen des Kenotaphs.

Über die Karpass-Halbinsel

Die Zyprioten vergleichen die Form ihrer Insel manchmal mit einer Pfanne, deren Stiel die Karpass-Halbinsel darstellt. Die Griechen nennen sie Karpassía, die Türken Karpaz. Ihre Spitze am Kap Andréas reckt sich weit in Richtung Asien und verweist in etwa auf die Grenze zwischen der Türkei und Syrien. Mit einigen Abstechern ist eine Fahrt von Salamis zum Kloster und zurück etwa 200 km lang. Die Straßen sind gut, aber schmal; mit fünf Stunden reiner Fahrzeit muss man rechnen.

Yeni Iskele/Tríkomo

Reiseatlas: S. 14, D 3

Hinter den Ausgrabungen von Salamis führt die Küstenstraße am weithin sichtbaren Hotelhochhaus Salamis Bay vorbei. Wer mehr als einen Tag Zeit hat, kann kurz darauf einen ersten Abstecher ins Dorf **Yeni Iskele** (3000 Einw.) unternehmen, den Geburtsort des griechisch-zypriotischen Freiheitskämpfers und späteren Terroristenführers General Grívas. Die heutigen Bewohner des Dorfes stammen aus dem Türkenviertel von Lárnaka. Im Ortszentrum ist die kleine Kreuzkuppelkirche **Ágios Iakóvos** aus dem 15. Jh. meist verschlossen, während die Kirche **Ágios Theotókos** aus dem 12. Jh. an der Straße nach Geçitkale seit 1991 als Ikonenmuseum dient. Auch einige Freskenreste sind erhalten.

Boğaz/Bogázi

Reiseatlas: S. 14, E 2

An der Küstenstraße folgt als erste Siedlung **Boğaz** mit einem kleinen Fischerhafen. Der schön gestaltete Hauptplatz des Ortes mit einem Erfrischungskiosk, Sitzbänken und mehreren Restaurants liegt zwischen Hafen und Uferstraße. Am Südrand des Platzes beginnt ein kurzer, schmaler Sandstrand, gut für ein Bad zwischendurch. An Wochenenden herrscht in Boğaz viel Trubel, denn dann kommen die Städter aus Famagusta und Nicosia hierher zum Fischessen; werktags aber ist Boğaz trotz der vielen auf dem Gemeindegebiet neu entstandenen Urbanisationen still und beschaulich.

Boğaz: an der Uferstraße, ca. 50 m nördlich des Hafenplatzes, Tel. 371 25 59, Fax 371 25 57, www.bogazhotel.com. Die Lage an der Uferstraße ist ein Nachteil, ansonsten aber ist das modernisierte Hotel mit seinen 48 Zimmern ein durchaus angenehmer Ort für ein oder zwei Zwischenübernachtungen. Viele Nordzyprioten verbringen hier auch einen ganzen Urlaub. Es gibt ein Hallen- und ein Freibad, gleich auf der gegenüberliegenden Straßenseite führen Stufen hinunter zum Hotelstrand. DZ HS 55 €, NS 45 €.

Boğaz Terrace: am Hafenplatz, Tel. 371 25 59, tgl. ab 9 Uhr. Zum Hotel gehöriges Restaurant am Strand, freundliche Atmosphäre. Hauptgerichte 20–25 YTL.
Kemal'in Yeri: am Hafenplatz, Tel. 371 25 15, tgl. ab 9 Uhr. Taverne im Blockhausstil mit vielen Tischen auf dem Platz und im Dachgarten. Fischgerichte 15–25 YTL.

Tauchen: Oceanis 11, an der Uferstraße, Tel. 371 35 73 und 053 38 68 76 67. Ideal gelegen für Tauchgänge im kristallklaren Wasser vor der Karpass-Halbinsel.

Bafra/Vokolída

Reiseatlas: S. 14, F 2
Bafra ist ein kleines, stilles Dorf, etwa 2 km von einem der schönsten, längsten und breitesten Sandstrände ganz Zyperns entfernt. Das wird sich ab 2007 ändern. Entlang des Strandes wird das größte Bauvorhaben Nordzyperns realisiert. Neun Investoren aus der Türkei haben das Land erworben, um hier zehn Hotels mit über 10 000 Betten aus dem Boden zu stampfen. Die Betreiber planen das erste von ihnen namens Artemis noch 2006 in Betrieb zu nehmen. 3500 Arbeitsplätze sollen hier geschaffen werden. Der Staat hat mit etwa 16 Mio. € in Infrastrukturmaßnahmen wie Straßenbau und Stromversorgung investiert.

Boltaşli/Genliçik

Reiseatlas: S. 15, B/C 3
Vorbei an einer Abzweigung nach **Mehmetçik** (Galáteia), das sowohl für seinen ›heldenhaften‹ Kampf gegen die griechische Nationalgarde 1974 als auch für seine guten Trauben und das daraus hergestellte *dschoudschoúko* bekannt ist, geht es weiter. Auf den Feldern stehen vereinzelte Johannisbrot- und Olivenbäume, alte Lehmziegelhäuser säumen die Straße. In **Kumyalı** (Kóma tou Gialoú) bie-

Tatort eines Kunstraubs: Panagía Kanakária

tet sich wieder Gelegenheit zu einem Abstecher an einen Strand, wo am kleinen Fischereischutzhafen das Restaurant Pelican steht.

In **Ziyamet/Leonárisso** lohnt unbedingt der 3 km lange Abstecher nach **Boltaşli/Vothylakas.** Kurz vor dem Ortsbeginn steht im Weiler **Genliçik/Lythrangómi** unmittelbar links der Straße die äußerlich gut erhaltene, ehemalige Klosterkirche **Panagía Kanakária** aus dem 12. Jh. Ihre Apsis war ursprünglich mit frühchristlichen Mosaiken geschmückt. Kunsträuber lösten sie zwischen 1974 und 1978 sorgfältig ab. Als die amerikanische Kunsthändlerin Peggy Goldberg sie über das Genfer Auktionshaus des Erzherzogs Geza von Habsburg dem Getty-Museum für 20 Mio. Dollar zum Kauf anbot, flog der Diebstahl auf. Im August 1989 verurteilte ein Gericht in Indianapolis die auf Gutgläubigkeit plädierende Kunsthändlerin zur entschädigungslosen Rückgabe der einzigartigen Kunstwerke an die Kirche von Zypern. Heute sind sie im Ikonenmuseum von Nicosia zu sehen. Die Kirche ist verschlossen, lohnt aber auch von außen den Blick.

Pelican: Tel. 375 57 83, im Sommer tgl. ab 9 Uhr, Hauptgerichte ab 15 YTL.

Yeni Erenköy/Aigialoúsa

Reiseatlas: S. 15, C 2

Die Hauptstraße führt durch viele Gemüsefelder und an zwei Tabakfabriken vorbei nach **Yeni Erenköy.** ›Neu-Erenköy‹ erinnert an die türkisch-zypriotische Enklave Erenköy (Kókkina) zwischen Pólis und Káto Pýrgos im Westen der Insel (s. S. 151ff.), die 1964 von der Zivilbevölkerung verlassen werden musste und seitdem nur noch von türkischem Militär gehalten wird.

Von hier aus lohnt ein Abstecher ins nahe Dorf **Sipahi,** in dem noch einige griechisch-zypriotische Familien leben und sogar ein winziges Kaffeehaus betreiben. Hier sind am Ortsrand die in einem Olivenhain versteckten Bodenmosaike der dreischiffigen Basilika **Agía Trías** aus dem 6. Jh. sehenswert. Geometrische Motive überwiegen; im nördlichen Schiff sind zwei Paar Sandalen dargestellt – wahrscheinlich ein Symbol für Pilgerschaft. Man erkennt auch noch das Baptisterium und die Fundamente des ehemaligen Bischofspalastes (tagsüber geöffnet, Eintritt 2 YTL).

Stichstraßen führen auf der Weiterfahrt noch im Gemeindegebiet von Yeni Erenköy an zwei schöne Strände hinunter. Besonders reizvoll ist der **Erenköy Halk Plajı** mit zwei von Felsen eingerahmten Sandbuchten, einer Taverne und sogar einer deutschsprachigen Tauchschule. Einen kleinen Fischerhafen, ein Restaurant und ein 2006 fertig gestelltes Hotel findet man am etwa 300 m langen Sandstrand **Malibu Beach.**

Malibu: am Malibu Beach, Tel. 374 42 64. Das Hotel war bei Redaktionsschluss noch im Bau, genauere Daten waren nicht zu ermitteln. Es wird ca. 40 Zimmer haben.

Yenierenköy: Tel. 374 43 50, Mai–Sept. tgl. 8–24 Uhr. Großes Restaurant am Erenköy Halk Plajı. Hauptgerichte ab 12 YTL.

Mephisto-Diving Marion Buchmüller: Malibu Beach und Erenköy Halk Plajı, Tel. 867 37 74, www.mephisto-diving.com. PADI-Kurse für Anfänger und Fortgeschrittene, auch Vermittlung von Unterkünften.

Von Yeni Erenköy nach Dipkarpaz

Reiseatlas: S. 15/16, C/D 2

Hinter der Abzweigung zum Malibu Beach passiert die Uferstraße die **Kapelle Ágios Thèrsos.** Sie steht über einer Grotte mit einer heiligen Quelle, deren Wasser Hautkrankheiten heilen soll. Tücher, wie sie anderswo auf Zypern gelegentlich noch zur Unterstützung der Gebete an Bäume geknotet werden, sind hier in Mauerritzen gesteckt.

Vorbei an zwei noch recht einsam gelegenen, kleinen Hotels geht die Fahrt weiter und erreicht 8,5 km hinter Ágios Thýrsos einen kilometerlangen, sehr breiten Sandstrand mit größtenteils begrünten Dünen im Hinterland. Die Straße führt 3 km lang um dieses Dünen-

Über Kaleburnu nach Dipkarpaz
Statt von Ziyamet auf der Hauptstraße über Yeni Erenköy nach Dipkarpaz weiterzufahren, kann man auch die seit 2006 gut asphaltierte Nebenstrecke über Kaleburnu wählen. Sie führt durch besonders reizvolle Landschaft und an noch völlig untouristischen Dörfern vorbei. Yeni Erenköy und seine Strände kann man sich dann auf der Rückfahrt anschauen.

gelände herum. Am besten lässt man den Wagen gleich bei Erreichen des Dünenstrandes auf einem der beiden Parkplätze stehen und geht zu Fuß in die Sandwüste hinein. In Sommernächten sollte man den Strand nicht betreten, denn hier bauen Meeresschildkröten ihre Nester!

Balci Plaza: 2,2 km östlich von Ágios Thèrsos, meerseitig abseits der Küstenstraße (Wegweiser), Tel. 053 38 62 93 03, www.balciplaza.com, ganzjährig geöffnet. 2005 eröffnete Anlage. 12 Apartments in zwei Gebäuden auf einem riesigen Grundstück mit Rasen, Gemüsegarten, Gerste- und Zwiebelfeldern, Eseln, Schafen, Ziegen und Hühnern. 200 m davon entfernt (auf gleichem Grundstück) die dazugehörige Taverne. Absolut ruhig, zurzeit die beste Unterkunft auf der Karpass-Halbinsel. Mietwagen erforderlich, kilometerlanger, menschenleerer Dünenstrand 6,8 km östlich. DZ ab 45 €, im Restaurant Hauptgerichte ab 10 YTL.
Theresa: 700 m östlich von Ágios Thýrsos an der Küstenstraße, Tel. 374 42 66, Fax 374 40 09, www.theresahotelcom, ganzjährig geöffnet. 18 einfache, relativ kleine Zimmer mit sehr einfachen Bädern gegenüber der gleichnamigen, für gutes *kebab* bekannten Taverne über einer winzigen Sandbucht. DZ HS 25 €, *full kebab* 15–20 YTL.

Dipkarpaz/Rizokárpaso

Reiseatlas: S. 16, D 2
12 km hinter Ágios Thýrsos ist **Dipkarpaz** erreicht, der letzte Ort auf der Halbinsel. Er liegt in einer flachen Talsenke, die Häuser sind locker über die Felder verstreut. Kühe und Schafe gehören zum Straßenbild. Die Kirche **Ágios Synésios** und eine neu erbaute **Moschee** markieren das Zentrum. Hier kann man im griechisch-zypriotischen Kaffeehaus von Níkos L. Siámpi an der Hauptstraße dem einzigen griechisch-orthodoxen Priester begegnen, der noch im Norden Zyperns lebt. Er betreut in Rizokárpaso und Umgebung die letzten 300 im Norden ausharrenden Griechen. Sie leben von der Landwirtschaft und UN-Hilfslieferungen. Ihre Freizügigkeit ist eingeschränkt: Felder außerhalb ihres Dorfes dürfen sie nicht bewirtschaften, ebenso ist es ihnen untersagt, Boote zu besitzen. Die griechischen Schulen in Sipahi und Dipkarpaz führten bis 2004 nur sechs Klassen, für einen weitergehenden Schulunterricht mussten die Kinder in den Süden. Deswegen verließen viele Familien Dipkarpaz. Seit 2004 gibt es hier wieder ein griechisches Gymnásion, sodass der Schulbesuch bis zum 9. Schuljahr möglich ist.

Karpaz Arch Houses: nahe der Straße zum gut ausgeschilderten Restaurant Oasis at Ayfilon im oberen Dorfteil, Tel. 372 20 09, Fax 372 20 07, www.archhouses.com. 13 geräumige Zimmer in mehreren ehemaligen Bauernhäusern, die 2001/02 restauriert wurden. Hier wohnt man wirklich unter Bauern! DZ 25 €.

Zengin: an der Hauptstraße neben dem griechisch-zypriotischen Kaffeehaus, tgl. ab 12 Uhr. Einfaches türkisch-zypriotisches Essen. Hauptgerichte ab 10 YTL.

Ágios Fílon und Aféndrika

Reiseatlas: S. 16, D/E 1
Folgt man von der Hauptkreuzung im Dorfzentrum von Dipkarpaz der Ausschilderung zum Restaurant Oasis at Ayfilon, durchquert man zunächst die höher gelegenen Teile von Dipkarpaz in ihrer ganzen Ländlichkeit und sieht dann vor sich direkt an der Nordküste ein Dutzend hohe Palmen aufragen. Hier steht inmitten von Mittagsblumen äußerst malerisch die kleine **Kirche des hl. Fílon** über

den Grundmauern einer frühchristlichen Basilika. Ein paar Schritte weiter laden die Tische und Stühle der viel beworbenen Taverne Oasis über einem 40 m langen Sandstrand zum Verweilen ein. 300 m weiter westlich erstreckt sich eine etwa 600 m lange Feinsandsichel völlig schattenlos entlang des hier azurblau-türkisfarbenen Meeres.

An der Kirche macht ein schwarz-gelber Wegweiser auf eine schmale Asphaltstraße nach ›Aphéndrika‹ aufmerksam. Nach 5 km passiert sie ein Dünengelände mit vorgelagertem Sandstrand, 1300 m weiter endet der Asphalt. Eine auch von Pkw gut befahrbare Piste führt weiter ins Gebiet der antiken Stadt **Aféndrika,** von der aber nur noch drei Kirchenruinen zeugen. Alte Bauernhäuser liegen äußerst idyllisch in der von Johannisbrot- und Olivenbäumen und im Frühling auch von Gerstenfeldern geprägten Küstenlandschaft. 1,5 km hinter dem Schild ›St. George Church‹ zweigen Fahrspuren nach links ab, die nach 120 m an einer ganz einsamen Bucht mit 200 m langem Feinsandstrand enden.

Oasis at Ayfilon: Tel. 053 38 68 55 91 und 054 28 56 50 82, www.oasishotelkarpas.com. Schon auf der Tavernenterrasse hat man das Gefühl, am Ende der Welt zu sitzen. Wer das nicht als Stress, sondern als Genuss empfindet, fühlt sich vielleicht auch in den sechs am Meer erbauten, Mönchszellen nicht unähnlichen Zimmern wohl. Die Wände sind in Wischtechnik gestaltet, über dem Bett hängt ein Moskitonetz, an den Wänden Kelims. Die Nasszellen sind viel besser als von außen zu vermuten. DZ HS 45 €, NS 32 €, Hauptgerichte ab 12 YTL.

15 Golden Beach

Reiseatlas: S. 16, E 1/2

3 km außerhalb von Dipkarpaz erreicht die Straße zum Andréas-Kloster die Südküste der Halbinsel. Kurz darauf steht rechts das kleine **Hotel Blue Sea** (s. unten) unmittelbar über einem winzigen, modernen Fischerhafen. Daran schließt sich ein paar Meter westlich ein schmaler Feinsandstrand an.

2,6 km weiter macht das einfache **Hotel Livana** auf sich aufmerksam. Zehn offene Hütten auf Stelzen auf dem Sandstrand der Bucht vermitteln ein wenig Karibik-Feeling; auf einer kurzen Felszunge gleich nebenan sitzen meist Angler unter Schilfrohr-Dächern.

Nach etwa 10 km führt die Straße in etwa 1 km Entfernung am ausgedehntesten Strand ganz Zyperns, dem **Golden Beach/Nagkómi Beach** vorbei. Er ist über 5 km lang, viele hundert Meter breit, besteht aus goldgelbem Sand, Dünenarealen und haushohen Sandaufwehungen an den Hängen der teilweise bis an den Sand ragenden Hügel. Noch gibt es hier weder Strom noch fließend Wasser oder gar Kanalisation, kein einziges Hotel, keine Villensiedlung, keinen Tavernenneubau. Verschiedene Stichstraßen führen zu einfachsten Tavernen, die in gebührendem Abstand zueinander liegen und meist erst aus der Nähe zu erkennen sind. Sie alle vermieten auch primitive Schlafgelegenheiten, gestatten das Zelten auf ihren Grundstücken. Bisher machen hier überwiegend Nordzyprioten Urlaub – ohne jedweden Komfort, dafür aber so ursprünglich, wie das sonst auf der Insel nirgends mehr möglich ist.

Schließlich steigt die Straße wieder bergan. Bei der **Taverne Big Sands** sollte man auf jeden Fall stoppen, um einen Blick von oben zurück auf den von hier wie eine Mini-Sahara wirkenden Golden Beach zu werfen, in einer Hängematte zu verschnaufen oder ein wenig zu schaukeln. Im Hochsommer wird man hier wie an den meisten anderen Tavernen des Golden Beach rund um die Uhr bewirtet – bei so viel Schönheit mag mancher nicht schlafen …

2,4 km nach dem letzten Blick auf den Traumstrand ist das Kloster des hl. Andréas erreicht.

Blue Sea: Tel. 372 23 93, Fax 372 22 55. Modernes Hotel mit 12 geräumigen Zimmern in der ersten Etage, großem Restaurant mit verglaster Halbkreisterrasse und Meerblick, überspannt von einem Fischernetz. Ein Feinsandstrand ist nah,

Häuslebauer

Thema

Allein in Südzypern wurden in den letzten zehn Jahren über 80 000 neue Wohneinheiten fertig gestellt, die meisten davon Einfamilienhäuser. Jetzt eifert der Norden dem Süden nach. Neue Urbanisationen und Straßen zerstören dabei Küstenlandschaften, Oliven- und Johannisbrothaine.

Jenny und David aus Irland haben ihr Haus bei Lárnaka in Dublin gekauft. Zypern kannten sie bis dahin nicht. Aber ein Verkäufer auf einer Immobilienmesse hatte ihnen die Immobilie im Süden so schmackhaft gemacht, dass sie sie unbesehen erwarben. Sie bereuen es nicht. Wie sie haben inzwischen Zehntausende Iren und Briten Häuser und Apartments in beiden Teilen der Insel erworben. Bereits jetzt verbringen 27 % aller ankommenden Ausländer ihre Zeit auf Zypern in den eigenen vier Wänden.

Dass so viele von ihnen Briten sind, liegt zum einen daran, dass sie es gewohnt sind, Immobilien zu kaufen, und zum anderen an den hohen Preisen im Vereinigten Königreich. Wer sein Haus dort verkauft, kann davon nicht nur ein neues auf Zypern erwerben, sondern zusätzlich die Rente aufbessern. In Südzypern liegt der Durchschnittspreis einer Wohneinheit bei ca. 150 000 €, im Norden darunter. Käufer in Nordzypern gehen dabei häufig ein ihnen nicht bewusstes Risiko ein: Steht das Haus auf ehemals griechisch-zypriotischem Grund, können bei einer Wiedervereinigung eventuell Entschädigungszahlungen fällig werden.

Die Natur leidet unter dem Bauboom. Einsame Strände werden zu Sandkisten am Rande neuer Städte, für Straßen und Urbanisationen werden Zehntausende von Oliven-, Johannisbrot- und Zitrusbäumen gefällt. Vor allem im Norden kreiert der Wunsch der Ausländer nach Natursteinhäusern ein Umweltproblem: Durch unlizenzierte Steinbrüche werden ganze Landschaftsbilder verändert.

Zwiespältiges Glück: Der Traum vom Haus im Süden

sonnen kann man sich aber auch auf der Hotelwiese mit Meerblick. DZ HS 58 €, NS 29 €, Hauptgerichte ab 14 YTL.

Livana: Tel. 372 23 96. Sehr einfaches Hotel. Zimmer mit Balkon und Meerblick über der Taverne sowie 10 sehr einfache, offene Holzhütten auf Stelzen am Strand (nicht abschließbar). DZ HS 28 €, NS 20 €, Hauptgerichte ab 10 YTL.

Big Sand: Tel. 053 38 65 34 88, im Hochsommer rund um die Uhr geöffnet. Sehr einfache Holzhütten, traumhaft über dem Golden Beach gelegen, aber vom Hygienestandard mehr als zweifelhaft. Hütten ca. 10–15 €, Hauptgerichte ab 12 YTL.

Hasan's Turtle Beach: Tel. 053 38 64 10 63, im Hochsommer rund um die Uhr geöffnet. Einfachste Holzhütten, 200 m vom Meer. Inhaber Hasan Kormaz engagiert sich sehr für den Schutz der am Strand Eier ablegenden Meeresschildkröten. Hütten ca. 10–15 €, Hauptgerichte ab 12 YTL.

Kloster Ágios Apóstolos Andréas

Reiseatlas: S. 16, F 1

Nachdem man von der Straße aus noch einmal einen weiten Blick auf die grandiose Dünenlandschaft unter sich genießen konnte, ist dann auch schon das **Andréas-Kloster** erreicht. An einen großen, asphaltierten Platz grenzen zahlreiche einfache, allmählich verfallende **Pilgerherbergen.** Von 1974 bis 2003 war das Kloster für die griechisch-orthodoxen Christen aus dem Süden nicht zugänglich. Nur ein altes Bauernehepaar, das als Provokation für die Moslems mehrere frei herumlaufende Schweine hielt, und einige türkisch-zypriotische Polizisten waren stets hier.

Jetzt herrscht im Sommer und an Wochenenden am Kloster meist Hochbetrieb. Touristen und Pilger kommen zuhauf und haben viele Händler dazu bewogen, hier täglich einen improvisierten Markt zu veranstalten. Nüsse, Obst und andere Lebensmittel werden ebenso angeboten wie Kinder- und Kriegsspielzeug, Billig-Souvenirs und einfacher Schmuck.

Das Kloster selbst ist wenig fotogen. Die Hauptkirche aus dem Jahr 1867 ist kunsthistorisch uninteressant. Nur zum Meer hin zeugt eine **gotische Kapelle** aus dem 15. Jh. von der historischen Bedeutung dieses entlegenen Fleckens. Die Klostergründung geht der Legende nach auf den Apostel selbst zurück: Auf einer seiner Fahrten von seinem Missionsgebiet zurück nach Jerusalem ging das Trinkwasser an Bord aus. Der Kapitän erblindete vor Durst, die Besatzung verzweifelte. Der Apostel Andréas gab dem Kapitän seine volle Sehkraft zurück und wies ihn an, an der Stelle des heutigen Klosters an Land zu gehen. Dort ließ der Apostel einen Quell entspringen, der noch heute in der Nähe des Meeres aus der Erde sprudelt und als heilig gilt. Die Seeleute ließen sich daraufhin vom Apostel taufen und legten auf ihrer nächsten Reise am Quell eine Andréas-Ikone nieder, die zur Keimzelle des Klosters wurde. Andréas selbst kam 1967 noch einmal hierher zurück: Aus Pátras auf dem Peloponnes, dem Ort des Martyriums des Apostels, brachte ein griechischer Zerstörer die Schädelreliquie des Heiligen nach Famagusta. Von dort aus wurde sie, begleitet von Zehntausenden, zu einem Besuch ins Kloster getragen. Heute wird sie wieder in Patras verwahrt.

Vom Kloster aus kann man auf Asphalt noch 1,3 km weiter bis zum Restaurant Sea Bird auf einem Felsvorsprung fahren. Unterhalb des Restaurants bietet ein 200 m langer Feinsandstrand Gelegenheit zum Baden.

Sea Bird: Tel. 053 38 63 29 73. Frischer Fisch ist hier stets die Empfehlung des gut Englisch sprechenden Wirts, der im Sommer auch 5 sehr einfache Holzhütten als Fremdenzimmer vermietet. DZ 15 €, Hauptgerichte ab 12 YTL.

Massenwallfahrten nach Ágios Apóstolos Andréas: Am 15. Aug. und am 30. Nov. Pilger kommen zu Tausenden mit Autos und Bussen aus Südzypern; manche übernachten auch in den sehr einfachen Gästezellen des Klosters.

Register

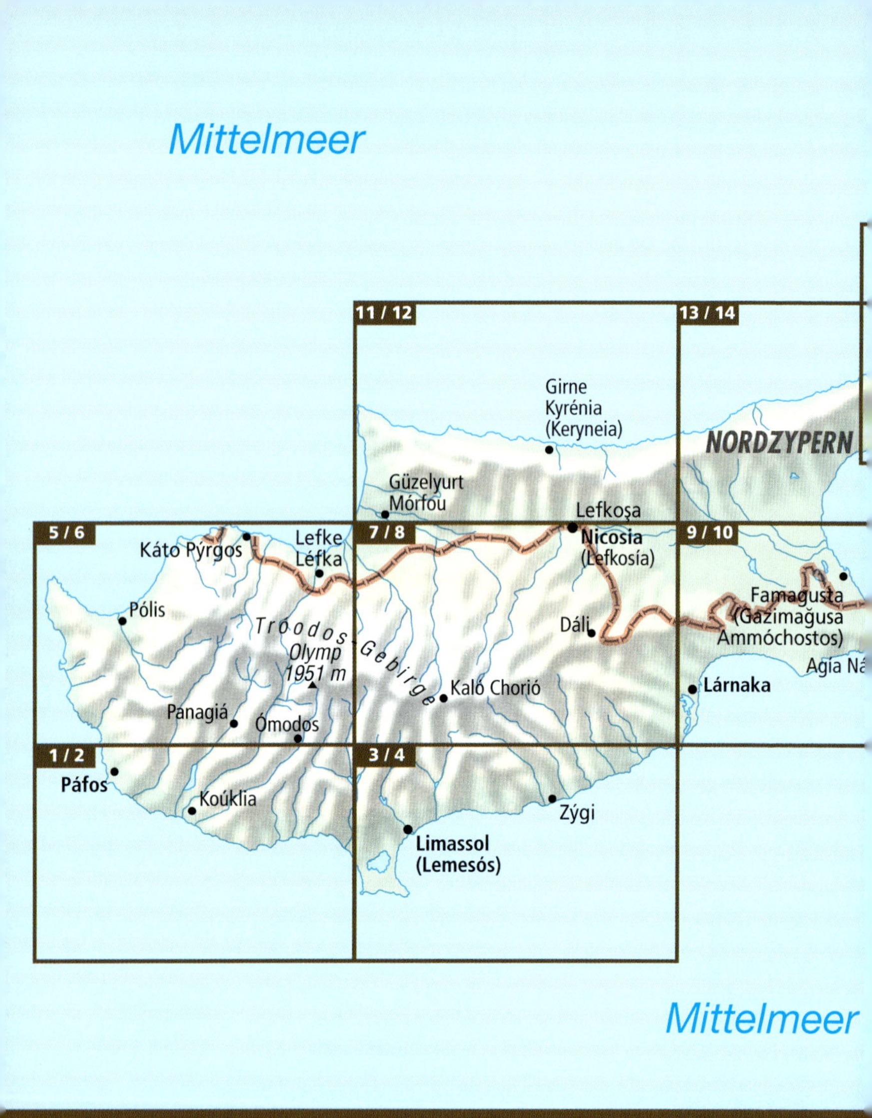

Mittelmeer
11 / 12
13 / 14
Girne
Kyrénia
(Keryneia)
NORDZYPERN
Güzelyurt
Mórfou
Lefkoşa
5 / 6
7 / 8
Nicosia
(Lefkosía)
9 / 10
Káto Pýrgos
Lefke
Léfka
Pólis
Tróodos-Gebirge
Olymp
1951 m
Dáli
Famagusta
(Gazimağusa
Ammóchostos)
Agia Ná
Kaló Chorió
Lárnaka
Panagiá
Ómodos
1 / 2
3 / 4
Páfos
Koúklia
Zýgi
Limassol
(Lemesós)
Mittelmeer

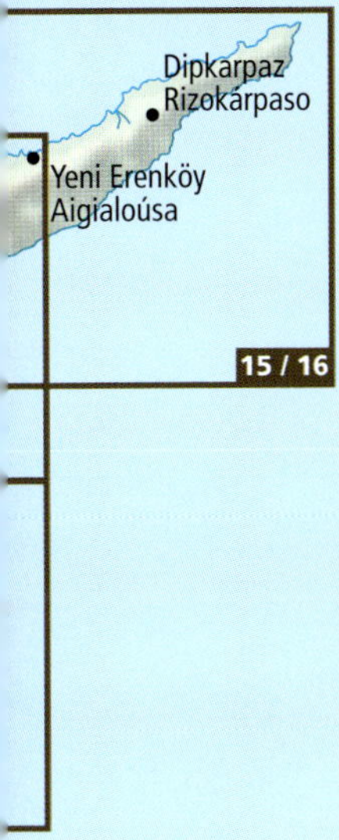

Legende

- Autobahn mit Anschlussstelle
- Schnellstraße mit Anschlussstelle
- Fernstraße
- Hauptstraße
- Nebenstraßen; Straße ungeteert
- Straße in Bau; Straße in Planung
- Fahrweg
- Straße für Kfz gesperrt
- Tunnel
- Eisenbahn
- Fähre, Schiffsverbindung
- Distriktgrenze
- Nationalpark; Naturpark
- Sperrgebiet
- A5 B5 Straßennummern
- Hafen, Ankerplatz; Yachthafen
- Windsurfing; Wasserski
- Internationaler Flughafen
- Nationaler Flughafen; Flugplatz
- Nationalpark; Naturreservat
- Archäol. Stätte; Sehenswürdigkeit
- Kloster; Kirche; Ruinen
- Burg; Burgruine; Schloss
- Bergbau (stillgelegt); Moschee
- Turm; Leuchtturm; Windräder
- Badestrand; Wasserfall
- Berggipfel; Pass
- Campingplatz; Aussichtspunkt
- UN-Pufferzone
- Britische Militärzone
- Grenzlinie in UN-Pufferzone mit Checkpoint

Bei den Orten in Nordzypern ist zuerst der türkische, darunter der griechische Name angegeben.

Reiseatlas Zypern

A
B
C
1
2
3
4
Toxéfra Beach
Avgás-Schlucht
Ágios Geórgios
Akr. Drépano
Nísi Gerónisos
Ágios Geórgios Pegeias
Káthikas
Giolou
Drymou
Miliá
Thriniá
Argáki tis Kampoudas
548 m
Ágios Dimitri
654 m
E 709
E 711
E 714
E 703
512 m
Páfos Bird Park
Sea Caves
Akoursós
Polémi
PÁFOS
Snake George Reptile Park
Pégeia
Stroumpí
525 m
Choúlou
Mavrokólympos
Agía Paraskeví
Bäder des Adonis
Koili
Letymvou
Palaikastro-Maa
E 708
Ágios Neófytos
638 m
B 7
E 702
Koúrdaka
Coral Bay
E 701
Kallépeia
Ormos ton Karallion
Tála
594 m
Pitargou
Tsáda
E 707
E 724
Kissónerga
Panagía Chryseleousa
Trimithousa
Amarg
Lémba
Émba
Mesógi
Moro Nero
564 m
Axylou
Ágios Geórgios
Chlórakas
E 710
Episkopí
PÁFOS
Anavargos
Koniá
Marathoúnta
Tafoi ton Vasileon
Natá
E 608
Ezoúsa
Archäologischer Park
Agía Marinoúda
E 606
Néa Páfos
Agía Paraskeví
Geroskípou
Agía Varvára
Káto Páfos
E 705
Kolóni
Anaríta
Tími
Achéleia
Nikókl
Internationaler Flughafen Páfos
B 6
E 603
Palaiá Páfos
Brachoi Mouliá
Mandriá
Tími Beach
Akr. Zefyros
200 m
(Fels
Mittelmeer
(Mesógeios)
1000 m

1 cm = 2,5 km
1 : 250.000
0
5 km
10 km
D
E
F
1
2
3
4
6
Asprogiá
Panagiá
Panagía
Agía Moní
882 m
Vretsiá
Ágios Mamas
Kolinou
856 m
Gefyra Roudia
Gefyra Kelefou
Kaminária
Treís Eliés
Ágios Dimítrios
Panagía Troodítissa
Foiní
Caledonian Falls
Páno Plátres
Káto Plátres
Mesá Potamos
1724 m
Tróodos
1951
Koilíneia
Galatariá
Ampelítis
807 m
Ágios Nikoláos
Fáleia
Pentaliá
Ágios Ioánnis
Arminou
Ágios Nikólaos
Filoúsa
Mesana
Salamioú
Kédares
Arsos
Vása
Ómodos
Mandriá
Moniátis
868 m
Péra Pedí
Agía Mávri
Koiláni
Kouka
Kryos
Silíkou
Lófou
Vouní
Potamioú
Maliá
Kissoúsa
Ágios Geórgios
Ágios Therápon
636 m
Monágri
630 m
Agía Marina
Kelokédara
Paoura
771 m
Kidási
Mantra toú Tavrou
695 m
Trachypédoula
Ágios Sávvas
Potamos
Stavrokónnou
Ágios Geórgios
Cholétria
Mamónia
Máronas
Moúsere
Dorá
Tofoulia
776 m
Páchna
Ágios Amvrósios
LEMES
Fasoúla
Diárizos
Kafkalla
530 m
Chápotámi
Akradies
557 m
Paramali
Káto Kivídes
Stítes
531 m
Páno Kivídes
Páno Archimandríta
Maokremmos
475 m
Ágioi Patéres
Anógyra
Lithovouno
Souskioú
Laona
502 m
Ágios Thomás
Tímios Stavrós
Prastió
Zanakia
Soúni
Rofesia
386 m
Sotíra
Aléktora
Platanísteia
Dasia
Avdímou
Kalogenata
Paramáli
Ieoron Apollonos Hylates
Kandoú
Happy Valley
90 m
98 m
Koúrion
toú Romioú
(Aphrodite)
Pissoúri
Trachonas
276 m
Pikrokremmos
Avdímou Beach
Koúrion Beach
Pissoúri Beach
180 m
Kolpos
Episkopís
Rhodos, Iraklio
200 m
E 606
E 601
E 802
E 804
A 6
B 6

A
B
C
1
2
3
4
7
Páno Kyperoúnda
Polýstypos
Alona
Askás
1724 m
Amíandos
Tróodos
Káto Amíandos
Dymes
Agrós
1420 m
Palaichóri
Panagía Chryso-Pantanássa
Farmakás
Kampí
E 923
E 903
Caledonian Falls
Tróodos
Mesá Potamos
E 801
Loumata
Potamítissa
Pelendri
Ágios Ioánnis
Ágios Theódoros
Papoútsa 1554 m
Odoú
Sykópetra
Tímios Stavrós
E 806
Káto Mylos
1180 m
E 110
Ágios Pávlos
Ágios Konstantínos
Melíni
Moniátis
868 m
873 m
884 m
Mesovoinos
Ágios Geórgios
941 m
Zoopigí
Kouka
Trimíklini
Ágios Mámas
Kaló Chorió
Arakapás
Eptagóneia
B 8
Kryos
Ágios Mámas
Louvarás
Dieróna
Kapileió
Silíkou
Láneia
Agía Paraskeví
Eloros 1001 m
690 m
Periochi Koumandarias
Kelláki
Lófou
Dóros
Limnátis
Prastió
725 m
Limnatis
762 m
682 m
Monágri
Therápon
636 m
Gerása
Lemesós Forest
790 m
Korfi
Amirou
Apesiá
Apsioú
Kyparissia
LEMESÓS
Germasógeia
668 m
692 m
Mathikolóni
Garyllis
Kyra
Pýrgos
Alassa
Spitáli
Fasoúla
Akroúnta
Káto Kivídes
Stítes 531 m
476 m
Paramytha
E 109
Foinikária
Kouris-Damm
Palódeia
Germasogeia-Damm
Armenochóri
382 m
Parekklisiá
Soúni
Panagía Evangelistria
Ágios Tychon
B 8
E 110
Germasógeia
147 m
E 601
Polemidia-Damm
Agía Filaxis
Ágios Athanásios
Mouttagiáka
A 1
Agía Nápa
Koúris
Páno Polemídia
Amathoús
Káto Polemídia
Mésa Geitoniá
Ágios Tychónas Beach
Kandou
A 6
E 113
Ypsonas
B 6
Kastro
Episkopí
Erími
Kolóssi
Kolóssi
Zakákia
Koúrion
Trachóni
Koúrion Beach
Plantagen von Fasouri
LIMASSOL (LEMESÓS)
Asómatos
E 601
Tzerkézoi
AKROTIRI - BRITISCHE MILITÄRZONE
Alyki
Lady's Mile Beach
Ágios Nikólaos ton Gatón
Akrotíri
Akrotíri
Kolpos Akrotíriou
64 m
59 m
Akr. Zevgári
Akr. Gáta
Rhodos, Iraklio

1 cm = 2,5 km
1 : 250.000
0
5 km
10 km
D
E
F
Machairás Forest
Ágios Geórgios
737 m
Kataxylos 559 m
Delikipos
Kourtelidrotoos
612 m
Kórnos
Pyrgá
8
416 m
Vasilikon Parakklision
E 104
Trémithos
Agía Varvára
Ágios Modéstos
A 1
476 m
Kasi 495 m
Vavatsiniá
Lefkara-Damm
688 m
Stavrovoúni
Klavdiá
A 5
1
Agía Marína
LÁRNAKA
Poúzis
Archangelou
Páno Léfkara
Káto Léfkara
Panagía tis Agapis
Dhypotamos-Damm
Aetomouttí 416 m
41
Alethrikó
B 5
Panagía Galaktotrofousa
357 m
B 1
40
Anglisídes
6
Káto Drys
Vávla
Lágeia
Ágios Minás
412 m
E 105
12
203 m
Vasilikos
Parsada
E 133
Skarínou
Kofinoú
Anafotída
13
Ágios Xénophon
Alaminós
Mazotós
Pýrgos Alaminou
Vása
Choirokoitía
Choirokoitía
Ágios Theodóros
314 m
Pentaschoinos
283 m
Akonia 84 m
Petounta
Tóchni
14
Asgáta
Kalavasós
Ágioi Anargyroi
2
Akro Petounta
439 m
B 1
E 108
A 1
Psematisménos
E 106
Maróni
Kalavasós Tenta
15
Monagroúlli
Pentákomo
Mári
E 107
Ágios Trakleidios
Moní
18
84 m
Zýgi
179 m
16
19
17
Ágios Geórgios Alamános
Governor's Beach
Akr. Dolos
200 m
3
Mittelmeer
(Mesógeios)
4
Hefa
4

A
B
C
1
2
3
4
Mittelmeer
(Mesógeios)
Kolpos
Chrysochoús
Akr. Pomós
Pomós
Panagía Galateroúsa
Néa Dímmata
Chill To
600 m
200 m
E 704
Káto Gialiá
Ágios Geórgios
Gialiá
Korakas
447 m
902 m
Argáka
Nísi Mazáki
Akr. Arnaoútis (Akámas)
Fontana Amorosa
211 m
Moutti tis Sofiras
370 m
Nísi Ágios Geórgios
Loutrá tis Afrodítis (Bad der Aphrodite)
Límni
Mauroli
Makoúnta
E 713
Lakkí (Latsi)
Pólis
Bucht von Joní
Mavri Schinia
428 m
Ágios Konónas
Smigies
Prodrómi
Kynoúsa
Pelathoúsa
Ágios Merkoúrios
Nísi Koppos
Ágios Mámas
Néo Chorío
B 7
114 m
Akro Geranisos
E 709
Chrysochoú
Aptoullina
Androlíkou
Flampouros
494 m
Karamoullídes
Ágios Geórgios
Goudí
Stení
Peristeróna
Lysós
Meládia
Meládra
Zacharia
Panagía toú Flou
Faslí
Skoullí
Chóli
Tremithoúsa
Kió
Filoúsa
Amoúdi Beach
Akr. Lára
17 m
Lára Turtle Station
Ágios Geórgios
Droúseia
Kritou Téra
Evrétou Damm
Evrétou
Moutti toú Kourkouta
Ineía
Káto Akourdáleia
Saramá
Lára Beach
Káto Aródes
Páno Aródes
E 712
Ágioi Anárgyroi
Símou
Ágios Geórgios
Avgás
Avgás-Schlucht
Giolou
Drymou
Lása
Fyti
Miliá
Toxéfra Beach
Káthikas
Thriniá
Ágios Geórgios
Akr. Drépano
Nísi Gerónisos
Ágios Geórgios Pegeias
E 709
654 m
E 711
Argáki tis Kampoútas
548 m
E 703
Ágios Dimitrianós
E 714
Sea Caves
Páfos Bird Park
512 m
Akoursós
Polémi
PÁFOS
Snake George Reptile Park
Pégeia
Stroumpí
525 m
Agía Paraskeví
Mavrokólympos
Choúlou
Bäder des Adonis
Koili
Palaikastro-Maa
E 708
Letymvou
Ágios Neófytos
638 m
B 7
E 702
Koúrdaka
Coral Bay
E 701
Ormos ton Karallion
Kallépeia
Tála
594 m
Pitargou
Tsáda
E 707
E 724
Kissónerga
Panagía Chryseleousa
Trimithoúsa
Amargeti
Moro Nero
Lémba
Émba
Mesógi
1

1 cm = 2,5 km 1 : 250.000
0 5 km 10 km

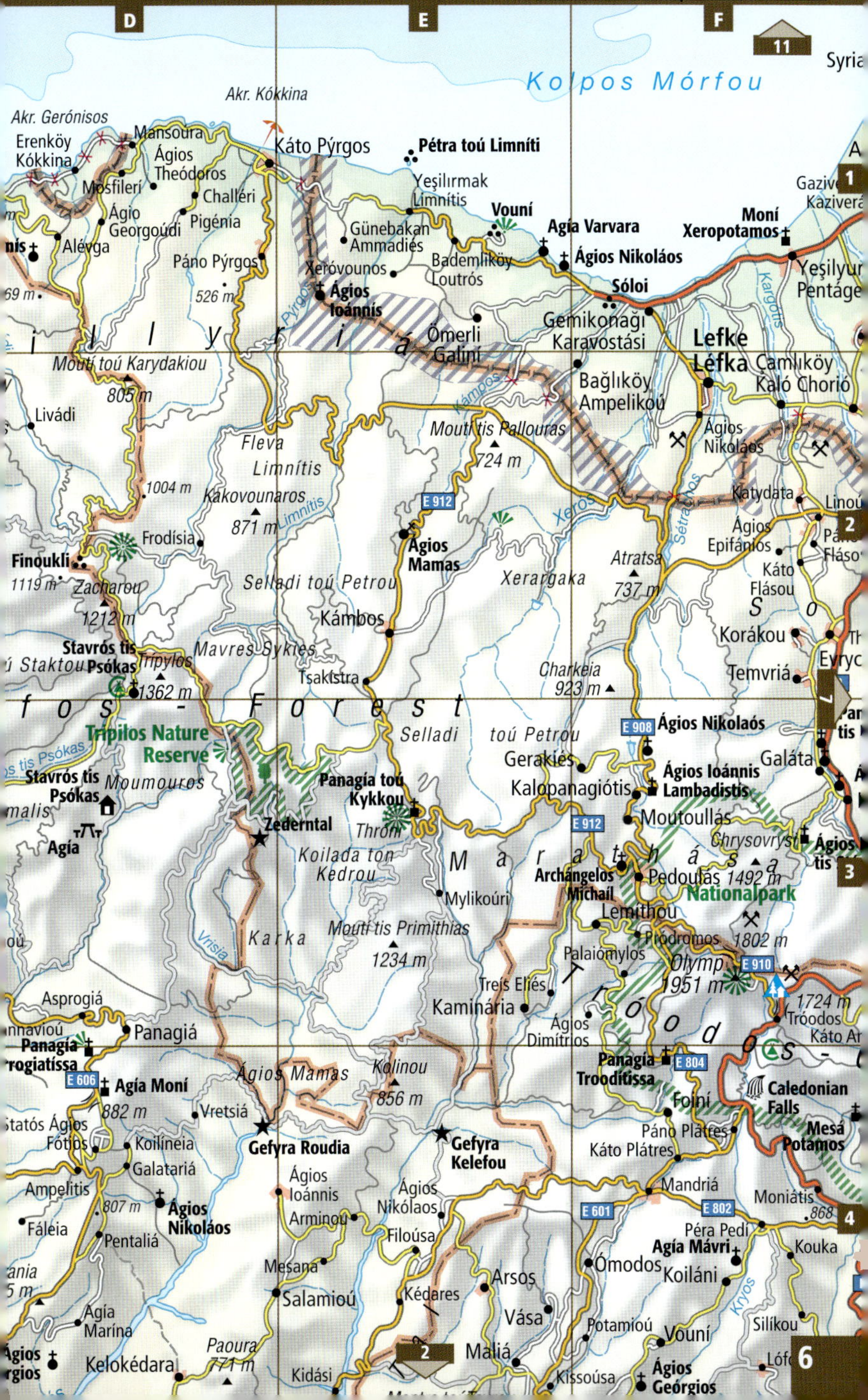

A
B
C
1
2
3
4
11
9
3
Yayla
Syrianochóri
Güzelyurt
Mórfou
Ágios Mamas
Ágios Geórgios Rigatis
Gürpinar
Agía Marína
Türkeli
Ágios Vasíleios
Mevevi
Kyra
Ovgos
Aydınköy
Prastió
Güneşköy
Nikítas
Akçay
Argáki
Serhatköy
Fylliá
Gaziveren
Kazíverá
Zümrütköy
Kátokopiá
Gayretköy
Avlóna
Déneia
Moní
Potamos
Aşagı Bostancı
Káto Zódeia
Yukarı Bostancı
Páno Zódeia
Kokkinotrimithiá
Yeşilyurt
Pentágeia
Eliá
Kargotis
Astromeritis
Akáki
B 9
Peristeróna
Doğancı
Eliá
Sotír
Çamlıköy
Kaló Chorió
Taşköy
Pétra
Taşpınar
Angolémi
Ágios Varnavas tis Ilaris
Méniko
E 906
Káto Koutrafás
Páno Koutrafás
Potámi
Oroúntan
Ágios Nikoláos
Akaki
Epsilos
331 m
Katydata
Linoú
E 908
Páno Flásou
Káto Flásou
Nikitári
Vyzakiá
Archangelo Michäil
LEFKOSÍA
Peristeróna
Ágios Ioánnis
Asínou (Panagía Forviótissa)
Agía Marína
Káto Moni
Ágios Pandelímonas
Solea
Ágios Theódoros
Ágios Georgios
Ágios Kyriakos
Lambodousa
Mitseró
E 905
Agrokipiá
Korákou
Evrychou
Atsas
Temvriá
B 9
Xyliátos
E 903
E 904
Panagía tis Podíthou
Adelfoi Forest
Panagía
Galáta
Kapoura
Xyliatós-Damm
Ágios Epifánios
Kaló Chorió
Ágios Sozómenos
Kakopetriá
Kannavia
Stavrós toú Agiasmáti
Pitsyliá
E 907
Archángelos
Kourdáli
Ágios Nikólaos tis Stégis
Panagía Arakiótissa
Koutellorotsos
1266 m
E 906
Maroullenas
Spília
Lagouderá
Goúrri
Chandriá
Livádia
Platanistása
1802 m
Karvounas
Fterikoúdi
E 904
E 910
Kyperoúnda
Polystypos
Platys
Alona
Aplíki
Palaichori-Damm
Páno Amíandos
Askás
1724 m
Agridiá
Tróodos
Agrós
1420 m
Palaichóri
Panagía Chryso-Pantanássa
Káto Amíandos
Dymes
E 923
E 903
Tróodos-Gebirge
Farmakás
Potamítissa
Ágios Ioánnis
Papoútsa
1554 m
Kampí
Caledonian Falls
E 801
Pelendri
Louvarás
Ágios Theódoros
Mesá Potamos
Tróodos
Káto Mylos
1180 m
Odoú
Tímios Stavrós
Sykópetra
E 806
E 110
873 m
Ágios Pávlos
Ágios Konstantínos
Moniátis
868 m
Melíni
884 m
Mesovoinos
Ágios Geórgios
941 m
Zoopigí
Kouka
Trimíklini
Kaló Chorió
Arakapás
Eptagóneia
Ágios Mámas
B 8
Kryos
Ágios Mámas
Kapileió
Dierόna
Silíkou
Láneia
Louvarás
Koumandaria
Agía Paraskeví
Eloros
690 m
Kelláki
Dóros
Limnátis
Periochi
Prastió
725 m

1 cm = 2,5 km 1 : 250.000
0 5 km 10 km
KIZILAY TRACHÓNAS
LEFKOŞA
NICOSIA (LEFKOSÍA)
Gönyeli Kioneli
Ortaköy Ortakioi
Hamitköy Mándres
Demirhan Trachóni
Gökhan Vóni
Balıkesir Palaikythro
Palati Archiepiskopoú
Alayköy Gerólakkos
Ágios Dometíos
Enkómi
Aglangiá
Athalassa
Internat. Flughafen Lefkosía (geschlossen)
Makedonitissa
Archángelos Michail
Stróvolos
Kavkallokampos
Káto Lakataïmeia
Páno Lakataïmeia
Lakataïmeia
Latsiá
Géri
Ercan Airport
Panagía Chrysospiliótissa
Ágioi Trimithiás
Páno Defterá
Káto Defterá
Tséri
Kantara 324 m
Metalleio
Ágios Sozómenos
Margo
Agía Marína
Pyrógi
Psimolófou
Ergátes
Tsiflikoudi
Alykós
Potamiá
Episkopeió
Tamassós
Politikó
Perá
Ágios Irakleídios
Katsagkasa 382 m
Margí
Kotsiátis
Nísou
Dáli
Idálion
Ágioi Apostoloi
Perá Chorio
Akıncılar Louroukína
Lympía
Analióntas
Kampiá
Agía Varvára
Archángelou
Kataliόntas
Alámpra
Lympia-stuwdam
Agía Marína
Schinnomouttí 388 m
Panagía Chrysogalatousa
Kapedes
Gerakies 415 m
Mathiátis
Siá
Lythrodóntas
Mosfiloti
Psevdás
Agía Ánna
Agía Thékla
Appidaki 416 m
Xylias 612 m
Oxys 737 m
Ágios Geórgios
Kórnos
Pyrgá
Vasilikon Parakklision
Machairás Forest
Delikipos
Kourtelidrotoos
Agía Varvára
Ágios Modéstos
Kataxylos 559 m
Vavatsiniá
Lefkara-Damm
Kasi 495 m
476 m
688 m
Stavrovoúni
Klavdiá
LÁRNAKA
Agía Marína
Archángelou
Páno Léfkara
Káto Léfkara
Dhypotamos-Damm
Panagía tis Agapis
Aetomouttí 416 m
Alethriko
Panagía Galaktotrofousa
357 m
Anglisídes
Kivisíli
Vávla
Káto Drys
Lágeia
Ágios Minás
203 m
412 m
Parsada
Skaríno
Kofinoú
Anafotída
Ágios Xénophon
A 9
A 1
A 2
A 5
B 9
B 13
B 16
B 22
B 1
B 2
B 5
B 17
E 116
E 902
E 119
E 901
E 903
E 902
E 102
E 103
E 104
E 105
E 133
E 201
Pedhieos
Aimyros
Gialias
Aloupos
Pouzis
Trémithos
Vasilikos
Argaki trou Petráti
Kikla Tekke
Kirklar Tymvou
12
4
6
8

A
B
C
1
2
3
4
13
Gökhan
Vóni
Duzova
Exo Metóchi
Cukurova
Kourou
Balıkesir
Palaikythro
Aslanköy
Angastína
Ulukışala
Marathóvounos
Nergisli
Génagra
Alaniçi
Peristeróna
Ágios Geórgios
Muratağa
Marátha
Agía Marína
Kurudere
Mousoulíta
Merras toú Strongylou
Dörtyol
Prastió
Meriç
Móra
Farákkos
Paşaköy
Askeia
Turunçlu
Strongylós
Agía Savvas
Korkut
Gaidou
Ercan Airport
Gaziköy
Afánteia
İnönü
Sínta
Vadili
Vatilí
Ágios Andronikos
Mantres toú Prastiou
Kırklar
Tymvou
Kiklar Tekke
Orta Bouroun
140 m
Akdoğan
Lysi
Köprülü
Koúklia
Çayönü
Kalopsid
Dilekkaya
Agía
Mesovouni
Ágios Spyridon
Ársos
Türkmenköy
Kontéa
Ágios Synesios
Tremetousiá
Paliovrysi
Incirli
Makrásyka
Troullo
Pyrógi
Kirikkale
Meloúseia
Elia
240 m
Athíenou
Düzce
Achna
Petrofáni
Dasáki Ac
E 201
Karavo
256 m
Troúlloi
Ágios Neofytos
Pérgamos
Ágios Vassílios
Agía Marína
Enteaio
350 m
Avdelleró
Ágios Ioánnis
Gerakomouttí
208 m
Pýrgos Pylás
Pýla
(Pile)
Tymvos Pylás
Xylotýmvou
E 310
E 311
Dekéleia
Ormídei
E 301
Vorókliní
E 303
Pallourokampos
Ágios Antónios
Kelliá
Kóchi
A 3
Livádia
B 3
Dekéleia Beach
Kolpos Lárnakas
Agía Ánna
Ágios Geórgios
Aradíppou
LÁRNAKA
Kaló Chorío
A 2
B 2
E 104
Trémithos
Kamáres Aquädukt
Agía Faneromeni
Skála
Alyki
Makenzie Beach
Hala Sultan Tekke
B 4
Klavdiá
A 5
209 m
Dromolaxiá
Internationaler Flughafen Lárnaka
Ágios Geórgios tis Arperas
69 m
Alethrikó
Meneoú
Tersefánou
Panagía Angeloktistos
Kíti
Kivisíli
Softádes
Pýrgos Kitíou
Perivólia
Kíti Beach
Akr. Kíti

D
E
F
14
1
2
3
4
Spatharikó
Panagía Paradeisiotissa
Kolpos Ammóchostou
Içel
Tormenekşe Limniá
Yeniboğaziçi Ágios Sérgios
Barnabas-Kloster
Sálamis
Enkomi Alasia
Tuzla Egkomi
FAMAGUSTA (GAZIMAĞUSA AMMÓCHOSTOS)
Yiálias
Limni
Agía Paraskeví
Katharounerou
Ydatodexameni Agiou Nikolaou
Varósia
Güvercinlik Acherítou
Ágios Nikólaos
Ágios Geórgios
Vrysoúlles
Ágios Geórgios
Derýneia
Agía Marína
Ágios Kendéas
E 308
E 312
E 305
Agía Triás
Chalospitia
Frénaros
Agía Marína
Avgórou
Paralímni
Paralímni
Pernéra
Sotira
E 304
E 304
Protarás
Liopétri
Profítis Ilías
Ágios Andréas
Ágios Andronikos
B 3
175 m
Agía Saranta
E 306
Protarás Beach
Waterworld
Agía Nápa
E 305
Agía Thékla
Agía Thékla
Ágios Geórgios
Órmos Kónnos
E 306
Agíi Anárgyri
E 307
Kónnos Beach
Makronissos Bay
Níssi Beach
Sandy Beach
Sea Caves
Nature Trail
100 m
Potamós tou Liopetríou
Potamós Beach
Órmos Kermia
98 m
Akr. Gkréko
Akr. Pýla
200 m
Mittelmeer (Mesógeios)

A
B
C
1
2
3
4
200 m
Nísi Kormakíti
Akr. Kormakítis
Sadrazamköy
Liverá
Ágios Geórgios
Kayalar
Orga
Vavylás
Acheiropoietos
Lambousa
Ágios Ioánnis Pródromos
Koruçam
Kormakítis
Geçitköy
Pánagra
Karsiyaka
Vasíleia
Lâpta
Lápithos
Cherissa
Mantra
122 m
Ágios Panteleïmon
Çamlıbel
Myrtou
Kozan
Lárnakas tis Lapithou
Alemdağ
Agridáki
Palaiokastron
Akdeniz
Agía Eiríni
Tepebaşı
Diórios
Margi
Karpaşa
Karpáseia
Mýrtou-Pigádes
Hisarköy
Kampylí
Panagía ton Katharon
Machaneia
Kılıçaslan
Konteménos
Özhan
Asómatos
Merras tis Platias Pallouras
Aloupos
Ágios Geórgios
Kremmos
Lapatsa
301 m
Vathykopia
74 m
122 m
Kalkanlı
Kaló Chorío
Kapouti
Profítis Ilías
Yılmazköy
Skylloura
Tombou toú Skourou
Serrákhis
Ágios Geórgios Rigatis
Yayla
Syrianochóri
Pnasi
Gürpınar
Agía Marína
Türkeli
Ágios Vasíleios
Mevevı
Kyra
Güzelyurt
Mórfou
Ágios Mamas
Ovgos
9
Aydınköy
Prastió
Akçay
Argáki
Serhatköy
Fylliá
Gaziveren
Kaziverá
Güneşköy
Nikítas
Zümrütköy
Kátokopiá
Gayretköy
Avlóna
Déneia
Moní Potamos
Aşağı Bostancı
Káto Zódeia
Yukarı Bostancı
Páno Zódeia
Kokkinotrimithia
Yeşilyurt
Pentágeia
Kargotis
Eliá
Astromerítis
Peristeróna
Akáki
B 9
Doğancı
Eliá
Camlıköy
Chorió
Taşköy
Pétra
Taşpınar
Angolémi
Ágios Varnavas tis Ilaris
Sotír
B 9
7
E 906
Méniko
Potámi
Káto
Páno
11

1 cm = 2,5 km 1 : 250.000
0
5 km
10 km
D
E
F
1
2
3
4
Mittelmeer
(Mesógeios)
Alanya
Tasucu
Mare Monte Beach
200 m
Girne
Kyrénia
(Keryneia)
Acheiropoiitos
Karaoğlanoğlou
Ágios Geórgios
Edremit
Trimíthi
Karaman
Karmi
Paléalona
Festung
St. Hilárion
Pyrokemmos
Kyrenia
Karákoumi
Özanköy
Kazáfani
Beylerbeyi
Bellapais
Avvaeion
Çatalköy
Ágios Epíktitos
Hazretleri
Ömer Camii
Vrysi
Ágios
Geórgios
Besparmak
Trápeza
Troúlloi
13
Pınarbaşı
Kriní
Kömürtü
Kiomourtzou
Profítis
Ilías
Buffavénto
Voufavénto
Pentadaktylos
Armenomonastiro
Sourp Magar
740 m
Panagio
Platanio
Yukarı Dikmen
Páno Díkomo
Kaynakköy
Sichari
Aşagı Dikmen
Káto Díkomo
Güngör
Koutsovéntis
Fylleri
Chytroi
Değirmenlik
Kythréa
Kioneli-
Damm
Kanlí-
Damm
Minareliköy
Néo Chorio
Gönyeli
Kioneli
Jinnar
Hamitköy
Mándres
Demirhan
Trachóni
Gökhan
Vóni
Haspolat
Mia Mileá
Ortaköy
Ortakioi
KIZILAY
TRACHÓNAS
Balıkesir
Palaikythro
LEFKOŞA
Palati
Archiepiskopou
B 13
Pedieos
Aimyros
Agia
Marína
Alayköy
Gerolakkos
Ágios
Dométios
B 16
NICOSIA
(LEFKOSÍA)
Internat. Flughafen
Lefkosía (geschlossen)
Makedonitissa
Enkómi
Aglangiá
Athalássa
Ercan Airport
A 9
E 116
Archángelos
Michaíl
Kavkallokampos
Stróvolos
Káto
Lakatámeia
Lakataïmeia
B 22
8
B 9
E 902
E 119
Ágioi
Panagía
Kikla
12

A
B
C
1
2
3
4
Mittelmeer
(Mesógeios)
200 m
Ágios Charalampos
Afrodision
Ágios Merkourios
Ágios Savvas
Mersinlik
Akanthoú
Ágios Nikoláos
Kantára
Dik Burun
Akro Stazoúsa
Ágios Dimitriános
Elaiovouno
Olympos
740 m
Ağillar
Mándres
Ágios Polychroníos
Bahçeli
Kalograia
Troúlloi
Esentepe
Ágios Amvrósios
Antifonítis
Yarnaçköy
Ágios Nikoláos
Mallıdağ
Meloúnta
Çınarlı
Platáni
Ágios Iakovos
379 m
Kokkinospita
Karaağaç
Charkeia
Tirmen
Trypiméni
Epfa Potamoi
Ágios Fokas
12
Ágios Chariton
NORDZYPERN
Giailas
935 m
Armenomonastiro/
Sourp Magar
Alevkaya
Görneç
Kornókipos
Panagio 668 m
Plataniotissa
Çemlica
Goufes
Gönendere
Knódara
Geçitkale
Lefkónoiko
Akova
Gypsou
Ydatoc
Kalavaç
Kalyvákia
Sütlüce
Psyllátos
Chytroi
Değirmenlik
Kythréa
Serdarlı
Kiados
Pınarlı
Vitsáda
Yıldırım
Miliá
Yeniceköy
Pétra toú Digení
Geçitkale
Airport
Cihangir
Epichó
Gökhan
Vóni
Çukurova
Kourou Monastíri
Alaniçi
Peristeróna
Ágios Geórgios
Düzova
Exo Metóchi
Ulukışala
Marathóvounos
Nergisli
Génagra
Balıkesir
Palaikythro
Aslanköy
Angastína
Kopris
Muratağa
Marátha
Agia Marína
Kurudere
Mousoulíta
Meriç
Móra
Farakkos
Merras toú Strongylou
Dörtyol
Prastió
Agía Savvas
Paşaköy
Askeia
Turunçlu
Strongylós
Korkute
Gaidou
Ercan Airport
Gaziköy
Afánteia
İnönü
Sınta
Vadili
Vatilí
Mantres tou Prastiou
Kırklar
Tymvou
Ágios Andronikos
Kiklar Tekke
Orta Bouroun
140 m
9
Akdoğan
Lysi
Köprülü
Koúklia
Dilekkaya
Agía
Çayönü
Kalopsida
Mesaória

1 cm = 2,5 km 1 : 250.000
0
5 km
10 km
D
E
F
15
1
2
3
4
10
14
Ágios Andr
Esenkö
Koilán
Mavrokremmos
Nísi Kernadia
Nísi Sernos
Nísi Skales
Balalan
Platanissos
Ziya
Leon
Yedikonuk
Eptakómi
Aspromoutti
165 m
Nísi Galounia
Kavallaropetra
329 m
Solo
Kumya
Kóma
Kaplica Bay
Kaplıca
Davlós
Ágios Nikólaos
330 m
Kairos
Büyükkonuk
Kómi
Panagía tis Kyras
Mehmetçik
Galáteia
Lithosourka
Kantára
Mersinlik
Flamoúdi
Kilitkaya
Krídeia
Sazlıköy
Livadia
Pamuklu
Tavrou
Forest
Kantára
725 m
Zeybekköy
Ágios Efstáthios
Bafra
Vokolída
Tuzluca
Patríki
Turnalar
Geráni
Çayırova
Ágios Theódoros
Panagía toú Tochniou
Ergazi
Ovgoros
Nísi tis Pallouras
Ardahan
Árdana
Troulli
38 m
Topçuköy
Ágios Andrónikos
Kalecik
Gastriá
Valea
Yarköy
Ágios Ilias
Knídos
Zeytin Burnu
Akr. Elaia
Ágios Ioánnis
Foradomantra
Boğaztepe
Monarga
Boğaz
Bogázi
Yeni Iskele
Tríkomo
Panagía Theotokou
Sınırüstü
Sygkrási
Bahçeler
Perivólia
Ágios Epifánios
Karamoúlis
Aygün
Ágios Geórgios
Kuzucuk
Arnadi
200 m
Ötüken
Spatharikó
Panagía Paradeisiotissa
Içel (Mersin)
Kolpos Ammóchostou
Mormenekşe
Limniá
Yeniboğaziçi
Ágios Sérgios
Barnabas-Kloster
Sálamis
Enkomi
Alasia
Tuzla
Egkomi
FAMAGUSTA
(GAZIMAĞUSA
AMMÓCHOSTOS)
Yiálias
Limni Katharounerou
Agía Paraskeví
Ydatodexameni Agiou Nikolaou
Varósia

A
B
C
1
2
3
4
14
200 m
Ágios Thýrsos
Malibu Beach
Erenköy Halk Plajı
Nísia Skaloudia
Akr. Plakoti
Agía Glykeria
Ágios Dimítrios
Ágios Fanourios
Agía Trías
Yeni Erenköy
Aigialoúsa
Sipahi
Zygos
357 m
Yeşilköy
Ágios Andrónikos
Adaçay
Melánarga
Kuruova
Koróveia
Karpas
Esenköy
Koilánemos
Panagía Kanakária
Derince
Ágios Symeón
Nitóvikla
Boltaşli
Vothylakas
Lythrangómi
Ágios Sergios
Taşlıca
Néta
Nísi Kernadia
Mavrokremmos
Nísi Sernos
Nísi Skales
Balalan
Platanissos
Ziyamet
Leonárisso
Yedikonuk
Eptakómi
Aspromoutti
165 m
Kavallaropetra
329 m
Agía Anna
Solomoni
Kumyalı
Kóma toú Gialoú
330 m
Kairos
Büyükkonuk
Kómi
Panagía tis Kyras
Mehmetçik
Galáteia
Sazlıköy
Livádia
Pamuklu
Tavrou
Zeybekköy
Ágios Efstáthios
Tuzluca
Patríki
Bafra
Vokolída
Çayırova
Ágios Theódoros
Nísi tis Pallouras
Troulli
38 m
Kalecik
Gastriá
Valea
Knídos
Zeytin Burnu
Akr. Elaia
Ágios Ioánnis
Famagusta